FOOD AND BEVERAGE
BUSINESS
MANAGEMENT

餐饮企业
管理
大百科

《餐饮企业管理大百科》编写组　编

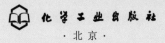

化学工业出版社

·北京·

内容简介

　　《餐饮企业管理大百科》是一部专为餐饮业界量身打造的全方位、实战型管理宝典，共分为七篇，深度剖析餐饮企业从策划筹备到稳健运营的每一步精髓。内容涵盖了餐饮企业策划与开业筹备、餐饮企业店面运营与管理、餐饮企业营销推广与促销、餐饮企业采购与仓储管理、餐饮企业食品安全与卫生、餐饮企业成本控制与优化、连锁餐饮企业管理与运营等关键领域，旨在为餐饮企业构建一个完整且系统的管理智慧库。

　　本书着重强化内容的实用性与可操作性，巧妙融合文字阐述与直观图表，既降低了理解门槛，又提高了阅读效率，使读者能够快速理解和掌握餐饮企业管理的关键知识与技能。无论您是餐饮行业的领航者、一线奋斗的员工、职业院校学子，还是餐饮管理自学路上的探索者，本书都将为您提供宝贵的实战指南与灵感启迪。

图书在版编目（CIP）数据

餐饮企业管理大百科 /《餐饮企业管理大百科》编
写组编 . -- 北京 ：化学工业出版社，2025. 4. -- ISBN
978-7-122-47365-3

Ⅰ. F719.3

中国国家版本馆 CIP 数据核字第 20256ZN751 号

责任编辑：陈　蕾　　　　　　　　　　　文字编辑：李　彤　杨振美
责任校对：杜杏然　　　　　　　　　　　装帧设计：溢思视觉设计／程超
　　　　　　　　　　　　　　　　　　　　E-mail: isstudio@126.com

出版发行：化学工业出版社（北京市东城区青年湖南街 13 号　邮政编码 100011）
印　　装：盛大（天津）印刷有限公司
787mm×1092mm　1/16　印张 35¼　字数 875 千字　　2025 年 5 月北京第 1 版第 1 次印刷

购书咨询：010-64518888　　　　　　　　　售后服务：010-64518899
网　　址：http://www.cip.com.cn
凡购买本书，如有缺损质量问题，本社销售中心负责调换。

定　　价：198.00 元

前言

在现代市场经济的浪潮中，竞争如同企业的生命之源，是推动其不断前行的强大动力。随着经济的飞速发展，各行各业都面临着日益激烈且残酷的竞争挑战，考验与机遇并存。为了在这场没有硝烟的战争中立于不败之地，企业不仅需要以创新的思维和策略来适应全新的竞争环境，更需从内部管理入手，深挖潜力，实施精益化管理，并辅以严格的过程控制。

餐饮业，作为一个充满竞争与挑战的行业，其排他性较弱的特点使得每一家餐饮企业都置身于一个广阔而复杂的竞争舞台。在这里，生存压力与发展机遇并存，要想脱颖而出，实现扭亏为盈与跨越式发展，绝非易事。这要求企业必须具备敏锐的市场洞察力，能够及时转变经营观念，紧跟时代步伐，不断创新，并在变化中灵活调整策略，积极寻求企业的生存与发展之道。

餐饮企业的管理，确实是一项错综复杂、多维度且深层次的系统工程。它涵盖了日常运营的方方面面，餐饮企业需要全面考虑各个环节的相互关系和影响，制定出符合自身实际情况的管理策略和方案，以确保企业的持续发展和壮大。

鉴于此，我们精心编纂了《餐饮企业管理大百科》一书，旨在为餐饮企业提供一本全面、实用、操作性强的管理指导手册。全书共分为七篇，内容涵盖了餐饮企业策划与开业筹备、餐饮企业店面运营与管理、餐饮企业营销推广与促销、餐饮企业采购与仓储管理、餐饮企业食品安全与卫生、餐饮企业成本控制与优化、连锁餐饮企业管理与运营等关键领域。我们力求为餐饮企业提供一套完整、系统的管理知识体系。

本书注重实践性与操作性，采用文字与图表相结合的论述方式，既降低了阅读难度，又提高了阅读效率，使读者能够快速理解和掌握餐饮企业管理的关键知识与技能。无论您是餐饮企业的管理者、员工，还是职业院校的学生，或是正在自学餐饮管理的学员，本书都将为您提供宝贵的指导与帮助。

我们坚信，本书将成为您案头不可或缺的管理宝典，为您的餐饮事业注入新的活力与动力。让我们携手共进，共同开创餐饮企业管理的新篇章！

编者

目录

第一篇　餐饮企业策划与开业筹备

第二篇　餐饮企业店面运营与管理

第三篇　餐饮企业营销推广与促销

第四篇　餐饮企业采购与仓储管理

第五篇 餐饮企业食品安全与卫生

第六篇　餐饮企业成本控制与优化

第七篇　连锁餐饮企业管理与运营

参考文献

第一篇

餐饮企业策划与开业筹备

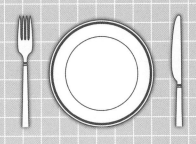

第一章 市场调研和策略制定

第一节 餐饮企业市场调研与目标市场确定

市场调研与目标市场确定是餐饮企业经营过程中至关重要的环节。通过市场调研，企业可以了解市场现状、消费者需求、竞争对手情况等信息，为确定目标市场提供决策依据。以下是对这两个方面的详细分析。

一、餐饮企业市场调研

餐饮企业市场调研是对市场趋势、消费者需求、竞争对手情况等方面进行系统调查、分析和研究的过程。其主要目的是了解市场需求，发现潜在机会，为餐饮企业制定营销策略、产品开发、品牌推广等提供科学依据。

（一）餐饮企业市场调研的内容与目的

餐饮企业市场调研的内容与目的如表 1-1-1 所示。

表 1-1-1 餐饮企业市场调研的内容与目的

序号	内容	目的
1	市场情况分析	了解目标市场的人口结构、消费能力、购买力等方面的情况，深入研究市场容量和餐饮行业所占比例等因素。同时，挖掘当前市场存在的问题和痛点，掌握市场动向，为制定市场策略提供依据
2	竞争对手调研	对同类餐饮品牌进行分析，了解竞争对手的产品特点、定位、市场份额和营销策略等。通过对比分析，找出自身的优势和不足，为制定竞争策略提供参考
3	消费者分析	开展消费者调查，了解目标消费者的需求、喜好、购买力等方面。分析目标消费者的人口结构、收入水平、消费习惯和心理需求等，以便更好地满足消费者需求，提升客户满意度

（二）餐饮企业市场调研的方法

餐饮企业市场调研方法主要包括问卷调查法、访谈调研法、观察法等。问卷调查法可以覆盖更广泛的受众，收集大量数据；访谈调研法可以深入了解消费者和业内人士的观点和需求；观察法则可以观察消费者的消费行为和餐饮企业的运营情况。

（三）餐饮企业市场调研的步骤

餐饮企业市场调研的步骤如图 1-1-1 所示。

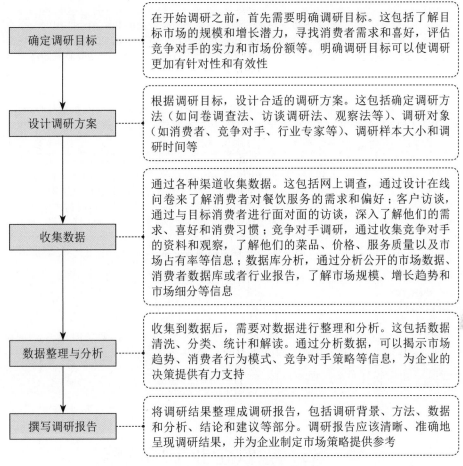

图1-1-1　餐饮企业市场调研的步骤

　　通过以上步骤，餐饮企业可以全面、深入地了解市场情况，为企业的决策提供有力的数据支持。同时，市场调研也是一个持续的过程，企业需要定期进行市场调研，以便及时调整策略，适应市场变化。

二、目标市场确定

　　确定餐饮企业的目标市场是一个至关重要的步骤，它涉及对市场需求的深入理解、对企业资源的评估以及对竞争环境的分析。图1-1-2是确定餐饮企业目标市场的具体步骤。

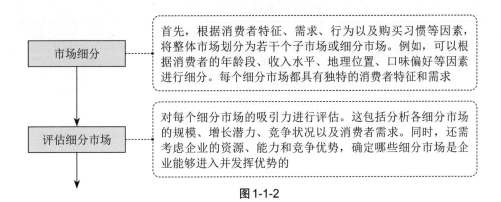

图1-1-2

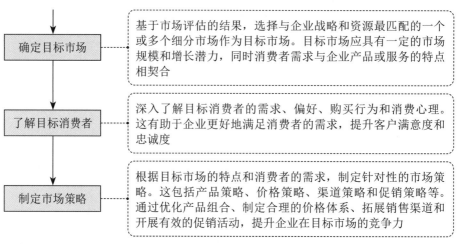

图1-1-2　目标市场确定步骤

第二节　餐饮企业市场策略

　　餐饮企业市场策略是指餐饮企业在市场竞争中，为达到经营目标而采取的一系列计划、方法和手段。这些策略旨在提升企业的运营效率、降低成本、吸引顾客、增加销售额，从而实现盈利和持续发展。

一、餐饮企业市场策略的内容

　　餐饮企业市场策略涵盖了多个方面，这些策略共同构成了企业在市场中的竞争方式和手段。表1-1-2展示了一些主要的餐饮企业市场策略。

表1-1-2　餐饮企业市场策略

序号	策略	说明
1	市场定位与品牌塑造策略	（1）确定目标市场和消费群体，例如高端商务客群、家庭客群、学生客群等 （2）树立独特的餐饮文化品牌，通过品牌故事、视觉识别系统［如LOGO（标识）、店面设计］等提升品牌认知度
2	产品创新策略	（1）根据市场调研和顾客反馈，不断推出新菜品，满足消费者不断变化的口味需求 （2）创新食材搭配、口味组合，提升菜品的独特性和吸引力

续表

序号	策略	说明
3	价格策略	（1）综合考虑成本、市场需求和竞争对手情况，制定合理的价格体系 （2）采用折扣、特价菜品、套餐优惠等方式吸引客户，提高消费频次和客单价
4	营销推广策略	（1）利用线上平台（如官方网站、社交媒体、外卖平台等）进行品牌传播和产品推广 （2）开展线下活动（如节日促销、主题活动等）吸引客户到店消费 （3）与其他企业或机构合作，进行跨界营销或联合推广
5	服务优化策略	（1）提供个性化、人性化的服务，提升客户满意度和忠诚度 （2）加强员工培训，提高服务质量和效率 （3）推出会员制度、积分兑换等奖励机制，增加顾客黏性
6	渠道拓展策略	（1）拓展线上销售渠道，如与外卖平台合作、开展线上预订服务等 （2）在人流量较大的区域开设分店或加盟店，扩大品牌覆盖面
7	供应链管理策略	（1）与优质供应商建立长期合作关系，确保食材的新鲜度和品质 （2）优化库存管理，降低库存成本，提高运营效率
8	客户关系管理策略	（1）建立客户档案，记录客户的消费习惯和偏好 （2）通过短信、邮件等方式定期与客户保持联系，提供优惠信息和活动通知 （3）设立客户反馈渠道，及时处理客户的投诉和建议

这些市场策略并不是孤立的，而是相互关联、相互支持的。餐饮企业应根据自身实际情况和市场环境，灵活运用这些策略，以实现持续的发展和盈利。同时，企业也需要不断关注市场变化和消费者需求的变化，及时调整和优化市场策略。

二、餐饮企业市场策略的制定步骤

制定餐饮企业市场策略是一个综合性的过程，需要考虑多个因素，以确保策略的有效性和可行性。表 1-1-3 中的一些关键步骤和建议，有助于餐饮企业制定市场策略。

表 1-1-3　市场策略制定的关键步骤和建议

序号	步骤	建议
1	市场分析与定位	（1）对目标市场进行深入分析，了解市场规模、增长趋势、消费者需求以及竞争对手情况 （2）根据市场分析结果，确定企业的市场定位，即选择目标消费群体和细分市场
2	产品与服务优化	（1）根据市场定位和目标消费者的需求，优化产品线和菜单结构，确保菜品口味、品质和呈现方式符合消费者期望 （2）提升服务水平，包括员工培训、服务流程优化等方面，以提供卓越的客户体验
3	价格策略制定	（1）综合考虑成本、市场需求、竞争对手定价等因素，制定合理的价格策略 （2）根据菜品、市场定位以及促销活动等因素，灵活调整价格，以吸引不同层次的消费者

续表

序号	步骤	建议
4	营销与推广	（1）制订多元化的营销和推广计划，包括线上和线下的广告、促销活动、社交媒体营销等 （2）利用口碑营销、合作营销等方式，扩大品牌影响力和知名度
5	渠道拓展与管理	（1）分析不同销售渠道的优劣势，选择适合企业的销售渠道，如线上平台、实体店等 （2）加强对销售渠道的管理和维护，确保渠道畅通、高效
6	客户关系管理	（1）建立完善的客户关系管理系统，记录客户的信息、消费习惯和反馈意见 （2）通过定期回访、开展优惠活动等方式，维护与客户的良好关系，提高客户忠诚度
7	持续改进与创新	（1）定期评估市场策略的有效性，根据市场变化和消费者反馈及时调整策略 （2）鼓励企业内部的创新氛围，不断研发新菜品、新服务，以适应市场的不断变化

在制定市场策略时，餐饮企业还需要注意以下几点。

① 保持策略的一致性和连贯性，确保各个策略之间相互支持、相互补充。

② 关注市场动态和竞争对手的变化，及时调整策略以应对潜在的风险和挑战。

③ 重视数据的收集和分析，利用数据驱动决策，提高市场策略的针对性和有效性。

综上所述，制定餐饮企业的市场策略需要综合考虑多个因素，从市场定位、产品与服务优化、价格策略制定以及营销与推广等方面进行全面规划。通过制定有效的市场策略，餐饮企业可以更好地应对市场竞争，提升品牌影响力和盈利能力。

第二章　餐饮店选址

第一节　商圈调查

在为餐饮店选址前，要确定做什么类型的产品，有了目标之后再去考察所在城市的各个商圈，根据商圈的客流、交通、租金以及人均消费水平来选择店铺地址。

一、商圈调查的意义

餐饮店商圈是指餐饮店对顾客的吸引力所能辐射到的范围，即来店顾客所居住的地理范围。通过商圈调查，可以预估餐饮店的位置，以及可能交易范围内的住户数、消费水准、流动人口量、营业额；通过实地评估，根据店铺地理位置的便利性、人的动线与流量、车的动线与流量、接近性、视觉效果等，可以判断该地点是否适合开餐饮店，这样才不致因为盲从而贸然开店，得不偿失。

二、商圈的类别

（一）按交通条件分类

按交通条件可将商圈分为图 1-2-1 所示的两种。

徒步为主的商圈，比如商业区、住宅区等，即以店为中心，半径约 300 米的范围，以顾客可以步行到达且快速方便为主　　种类一

种类二　　车辆动线为主体的商圈，比如交叉路口附近及郊外主干路上，此种商圈大多位于郊外或下班路线上，有方便的停车空间及良好的视觉效果

图 1-2-1　按交通条件分类的商圈种类

（二）按区域大小分类

按区域大小可将商圈分为图 1-2-2 所示的几类。

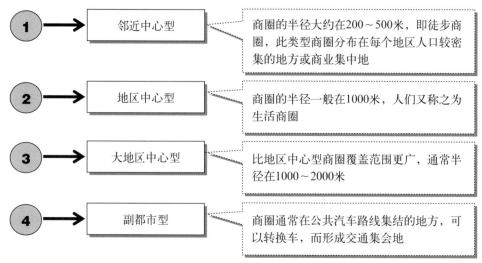

图1-2-2　按区域大小分类的商圈种类

三、商圈调查的要点

一般来讲，商圈调查应包括图 1-2-3 所示的要点。

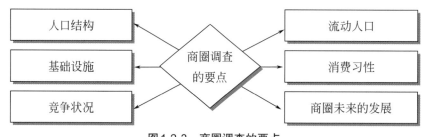

图1-2-3　商圈调查的要点

（一）人口结构

对商圈的人口数量、职业分布、年龄层的调查是相当重要的。通过调查可以大概测算出该商圈是否有让店铺立足的基本顾客数。

（二）基础设施

基础设施调查，包括对商圈内百货公司、学校、工厂、车站、公园、企业公司等的调查。

（三）竞争状况

竞争状况调查，包括对产品线、价格线、经营方向、来客数、单价等资料的搜集，这类资料搜集得越多越有利，因为只有知己知彼，才能百战百胜。

（四）流动人口

店铺所在商圈、流动人口的多少，直接决定店铺经营成功与否，根据不同时段的流动人口乘以入店率，可以推算出顾客数以及每天的营业额。

（五）消费习性

通过对商圈内居民消费习性和生活习惯的调查，可以得知某一形态商业行为所具有的市场量的大小。

（六）商圈未来的发展

包括商圈人口的增加，学校、公园、车站的设立，公路的拓宽，百货公司、大型商场、住宅楼的兴建等。

通常而言，商圈的覆盖范围越广，意味着其规模越大。然而，在实际情境中，计划开设的餐饮店周边往往会存在竞争店铺，这些竞争店铺会瓜分市场份额，因此对商圈的评估并非固定不变，而是充满了诸多变量，需要我们在评估时考虑周全。成功经营一家餐饮店需要满足诸多条件，但商圈的质量无疑是决定其经营成败的关键因素之一，因为店址的优劣对餐饮店成功率的影响程度占60%左右。所以，挑选一个优质的商圈，对餐饮店未来的经营和发展具有深远影响。

 相关链接

如何确定商圈适合开哪类餐饮店

1. 观察商圈环境

不同的商圈形态有不同的消费人群，对品类的喜好程度不一样。比如高校，其消费群体更偏爱客单价低的产品，如奶茶类型的饮品；而社区的消费群体更偏爱健康的、客单价相对较高的品类。

怎么判断一个商圈到底适不适合开店呢？可以从以下两个指标进行评估。

① 商圈类型。主要有学校、社区、写字楼和商业综合体等，消费特点也有所不同。比如写字楼一般白天订单多，社区晚上订单会偏多。覆盖的类型越多，则商圈的环境越好。通过百度地图、高德地图或一些第三方的外卖选址工具，就可以查看商圈热力图。

一般来说，高铁站、汽车站、机场的一楼，负一楼、美食广场等，这里的消费人群大多赶时间，适合做快餐；在商场或者购物中心，大家有闲暇时间逛街，希望吃得体面点，则适合做特色餐饮。

② 人群属性。主要是指商圈消费人群的特点，比如年龄结构、收入水平、兴趣等，它决定了商圈的消费特点、客单价的高低、口味的偏好等。可以通过市场调研的方式，了解住宅或写字楼房价和租金情况、入住率、车位情况等来作为辅助判断。

上班族多的写字楼，适合做便捷的午餐快餐；高级写字楼适合做商务餐；住宅区则适合晚上做家庭宴请，白天做快餐外卖……

2. 预估商圈容量

品牌所经营的品类在同一商圈有饱和度、有边界，这个边界就是商圈的供需关系。而商圈内门店供应数量、需求人数、品类、人均消费水平，则关系到商圈的供需关系。

① 如果商圈内的需求人数＞门店供应数量，则代表这个商圈还有新增门店数量的空间，为增量型商圈。

② 如果商圈内的需求人数＜门店供应数量，则代表这个商圈已经没有新增门店数量的空间，为存量型商圈。

不同商圈因为人群结构不一样，人均消费能力不一样，消费需求不一样，会影响品类的占比。

因此增量型商圈对品类与人均消费水平相对更具备宽容度。在存量型商圈，更符合消费需求的品类与人均消费水平则更容易获得消费。

比如说某商圈已经开了好几家酸菜鱼店，这时再开一家口味相似、价格也差不多的酸菜鱼店基本上是"自寻死路"。

通过人均消费水平和品类我们可以总结出：同品类同价格的餐饮店进入同一个商圈，经营风险会更大；而同价格不同品类的餐饮店进入同一个商圈，存活率则会更高。

那么如何判断商圈容量呢？可以借用现在外卖大数据的方法进行判断。

① 观察头部商户的单量。如果有一定数量的头部商户，且月销量很高，证明商圈的容量比较大；如果头部商户的月销量一般，则证明商圈的容量一般。

② 利用二八法则进行测算。一般来说，商圈预估单量 =20%× 头部商户的月销量之和 ÷80%，如果我们用品类预估的单量除以整体商圈预估的单量，同样可以了解该品类在商圈的销量占比，从而知道该品类在商圈的需求热度。

3.判定商圈的竞争程度

商圈的竞争程度主要通过以下五个指标来判定。

第一个指标是商圈内商家数量。

第二个指标是同品类商家数量，这两个指标可以反映出商圈内到底有多少商家在竞争，这些数据都可以在一些外卖平台上搜索到。

第三个指标是同品类竞争系数。这里有个计算公式：

同品类竞争系数 = 同品类门店数 ÷ 同品类总单量

同品类竞争系数越大，竞争越激烈，商家需要采取的活动力度也会越大，同时消费者对于服务品质和口味的要求也会越高。

第四个指标是商圈人均消费。商圈人均消费主要用来确定价格主线。不同商圈的消费水平不一样，这就直接影响了餐饮店入驻之后的营业额。如果你的餐饮店定价明显高于这个商圈的人均消费水平，而且近期或者将来也没有打算修改价格或者作出调整，那么这个商圈就不是你的目标商圈。

第五个指标是品类利润预估。现在很多外卖门店并不是死于没有单量，而是死于没有利润。有些商圈的门店老板更是只能保本甚至亏钱来获得高销量。在决定是否选择某个商圈时，一定要了解该商圈品类利润情况，测算竞争对手的利润来反推需要多少销量才能够支撑运营成本。

4.考察商圈的配套设施

商圈的硬件设施，比如交通是否方便，附近的居民是否方便到达，道路是否复杂，周围是否配备有完善的基础设施，如停车场、医院，其他商业设施如住宅、写字楼、银行等，也都是要考虑的要素。

商圈是处于增量状态还是存量状态，品类、人均消费水平与需求的匹配程度，以及品类和人均消费层面的竞争环境大小，共同决定了该商圈适合开设何种类型的店铺，也决定了是否适合在此开店。唯有识别出那些既有需求又缺乏同类竞争对手的商圈，才能有效提升开店的成功率。

在选择商圈的时候，先了解以下四个问题。

① 竞争对手信息，竞争对手是否过多。

② 经营成本，包括租金、转让费等。

③ 个人预算，能够用于开店的资金。

④ 商圈未来的发展。

绕开那些不适合的商圈和商铺，只选适合的商圈和商铺，这个是很多人开店成功的秘诀。

第二节   选址策略

餐饮店位置的优劣，将对其今后的经营发展起着决定性的作用。有些投资者由于经验不足，单凭个人主观臆断草率决定餐饮店的地址，结果给后续经营带来许多想象不到的麻烦，到头来不但客源难寻，甚至会造成严重的亏损。

一、不同店型的选址策略

餐饮店有很多类型，不同类型的餐饮店对选址的要求也有一定差异，经营者一定要根据自己所开餐饮店的类型挑选适合的店址。

（一）连锁快餐店

连锁快餐设有中央厨房，管理经营难度高于传统餐饮业。连锁快餐店的销售过程是原料→加工→配送→成品→销售，然而传统餐饮店则是原料→加工→成品→销售。连锁快餐店的选址要求如表 1-2-1 所示。

表 1-2-1   连锁快餐店的选址要求

序号	考虑因素	具体要求
1	商圈选择	客流繁忙之处，如车站、空港码头，以及消费水平中等以上的区域型商业街市或特别繁华的社区型街市
2	立店障碍	连锁快餐店需消防、环保、食品、卫生、治安等行政管理部门会审，离污染源10米之内不得立店，相邻居民、企业或其他单位提出立店异议而无法排除，也会形成立店障碍
3	建筑要求	框架结构，层高不低于4.5米。配套设施电力不少于20千瓦每100平方米，有充足的自来水供应，有油烟气排放通道，有污水排放、生化处理装置，位置在地下室或一楼、二楼、三楼均可，但忌分布在数个楼层
4	面积要求	连锁快餐店的面积最好是200～500平方米

（二）普通餐饮店

普通餐饮店的选址要求如表 1-2-2 所示。

表 1-2-2　普通餐饮店的选址要求

序号	考虑因素	具体要求
1	商圈选择	普通餐饮店分为商务型和大众型两种类型。商务型餐饮店以商务酬宾为销售对象，一般选址在商务区域或繁华街市附近，或其他有知名度的街市；大众型餐饮店以家庭、个人消费为主，一般选址在社区型或便利型商业街市
2	立店障碍	开设餐饮店须经消防、环保、食品、卫生、治安等行政管理部门会审后，方可"颁照经营"，周边邻居有异议而无法排除的也能成为立店障碍。餐饮店必须离开污染源10米以上，对较大餐饮店，消防部门会提出设置疏散通道的要求。店铺门前有封闭交通隔离栏、高于1.8米的绿化，以及直对大门的电线立杆均为选址所忌
3	建筑要求	餐饮店可进行个性化装饰、布置，各种建筑结构形式均适合开设餐饮店，但减力墙或承重墙挡门、挡窗除外。餐饮店门前须有相应停车场。餐饮店应具备厨房污水排放的生化处理装置以及油烟气排放的通道
4	面积要求	大众型餐饮店面积为80～200平方米，商务型餐饮店面积为150～5000平方米均可

（三）粉、面馆

粉、面馆的选址要求如表 1-2-3 所示。

表 1-2-3　粉、面馆的选址要求

序号	考虑因素	具体要求
1	商圈选择	粉、面馆采取中式普通快餐的经营形态，原料加工半工厂化，制面、和面、切面等工序在工厂里完成。粉、面馆宜选在交通支道、人流量不少于每分钟10人次的区域
2	立店障碍	立店障碍与餐饮店相同
3	建筑要求	粉、面馆建筑要求与普通餐饮店相同
4	面积要求	30～200平方米

（四）火锅店

火锅店的选址要求如表 1-2-4 所示。

表 1-2-4　火锅店的选址要求

序号	考虑因素	具体要求
1	商圈选择	火锅店是以大众消费为主的餐饮业态，应选址在人口不少于5万人的居住区或社区型、区域型、都市型商圈
2	立店障碍	与普通餐饮店相同
3	建筑要求	框架式建筑，厨房可小于餐饮店营业面积的1/3，其余同餐饮店。楼上商铺也可以
4	面积要求	120～5000平方米

（五）茶坊、酒吧、咖啡馆等

茶坊、酒吧、咖啡馆等的选址要求如表 1-2-5 所示。

表 1-2-5 茶坊、酒吧、咖啡馆等的选址要求

序号	考虑因素	具体要求
1	商圈选择	消费者进入茶坊、酒吧、咖啡馆的动机是休闲或是非正式的轻松谈话,茶坊、酒吧、咖啡馆等主要是以文化、情调、特色以及舒适和愉悦来吸引消费者的,因此其选址往往是高端商圈,具有清静、幽雅的环境,消费对象具有一定的消费能力和文化修养
2	立店障碍	(1)须经消防、治安、食品、卫生等行政管理部门会审同意方可"颁照经营" (2)在噪声较大、邻里投诉时,环保部门也会介入进行管理 (3)酒吧属于高档消费场所,应缴纳"消费税",政府管理部门包括规划、治安、消防等部门会对其加以严格审核
3	建筑要求	(1)布置和装饰有个性化与艺术化要求,但对建筑结构形式无特殊要求,可根据创意、设想灵活变化 (2)层高不低于2.8米,电力按每10千瓦100平方米配置,有自来水供应 (3)如与住宅区相邻,最好设置隔音层
4	面积要求	50～400平方米

二、不同区域选址特点

作为餐饮店经营者,在选择店址时,应配合该地段的特点,选择与之匹配的经营方法。

(一)商业区

商业区是人们约会、聊天、逛街、购物、休息等的场所,是最适合开店的地点,但也是需要大量投资的地段。可选择在商场或商业大厦周边开餐饮店,这些地方购物人流量大,客源也相对丰富。

商业区的人虽然是以购物为主,但也有一部分人需要休闲和就餐。针对有些顾客购物时间紧迫的情况,餐饮店的经营内容应以中、西快餐为主。用餐方法上要求简单,时间上追求一个"快"字。所以选择在这样的地区开餐饮店,应以中式快餐或大排档形式为好。

(二)办公区

所谓办公区是指办公楼、写字楼比较集中的区域。在这里上班的人大多经济实力强,一般用餐消费时不太注意价格,但很关注饭菜的质量。在这种地区开餐饮店,应注重管理水平、技术水平和服务态度。

(三)居民区

如果要在居民住宅群和新建小区经营餐饮店,餐饮店的环境要朴实无华、干净明快,经营的品种应多样化,多提供一些家常菜、小吃等菜品。要求质高价低、菜量十足并有新意,以满足工薪阶层的需求。

◆◇ 提醒您:

在居民区开餐饮店,应注意厨房的排烟及噪声等可能给居民生活带来不便,在选址时就应照章办事,以符合环保的有关规定。

（四）学校内及周边地区

在学校内或周边地区开餐饮店，会有可观的经济效益。在中小学校周边开餐饮店则应考虑到学生的经济条件和用餐特点，要集中力量保证学生的早餐和午餐的供应，尽量安排经济实惠的营养型配餐。对于学生要求的菜品，分量要大致够吃，做到荤素搭配，价格便宜，使大多数学生都能接受。

（五）城郊区

居民收入水平大幅度提高，人们的生活水平也随之提升，人们逐渐把餐饮消费当作一种交际或享受，很多人把目光转移到郊外，因为郊外有新鲜空气、青草绿树，有平时难以享受到的郊野情趣。近几年随着有车一族的快速增多，在休息日、节假日很多人都喜欢开车到郊外宽阔的地方去就餐、游玩。

选址时应考虑市政设施建设的影响，餐饮店的周边地区应尽量避开市政施工或绿化工程，尤其是租赁的餐饮店应确保其不在拆迁红线范围内，事先要咨询有关部门，详细调查核实后方可决定，切忌盲目行事，以免造成不可弥补的损失。

【案例】▶▶▶

选址失误，蒙受损失

××酒楼开在一个三线城市的高新开发区与主城区的接合部，装修仿古罗马建筑风格，走中高端消费路线，主营中式简餐、西餐、咖啡等，营业面积2000多平方米。酒楼自开业伊始，生意一直十分惨淡，每天上门的消费者屈指可数，几乎天天都在赔钱。酒楼运营一段时间之后，几位股东坐不住了，开始反复查找生意不好的原因，包括酒楼的前厅服务、后厨出品、出品定价、客人反映、市场宣传等各个方面，然而大家把能够想到的地方查找了一遍，依然找不出来酒楼无人捧场的真正原因在哪里，众人为此头疼不已。

××酒楼的几个股东中间没有人从事过餐饮行业，他们结伴到其他中心城市旅游的时候发现并喜欢上这种高雅的餐饮形式。凭直觉他们感到中西简餐、咖啡茶饮之类出品的利润一定非常可观，他们相信这样的餐饮形式肯定拥有较大的市场空间，几个人便一拍即合，决定投资××酒楼。然而在选定酒楼地址的关键问题上，他们犯下了一个令人无法原谅的错误，即他们把未来酒楼的位置选定在人流稀少的高新开发区，而非人流密集、商业氛围浓厚的闹市区。

点评：

目前在国内的不少城市，中式简餐、西餐咖啡等的主流消费群体仍为二十多岁、三十多岁的年轻人，他们的餐饮消费特点就是围着闹市区转，宁可闹中取静，也不愿到相对清静的区域去就餐。××酒楼在进行经营地段选择时显然没有考虑到这一点，只是一厢情愿地相信只要一家酒楼有了大的资金投入，门面做得恢宏大气与众不同，就会有人进门消费捧场，那么赚大钱则是水到渠成的事。开业不到两个月，一直生意惨淡的××酒楼最终还是选择了关门。在一年之后，酒楼才转让了出去，几个股东为此蒙受重大经济损失。

第三节　店址评估

影响餐饮店地址选择的因素从宏观上讲包括地理因素、社会因素、文化因素、经济因素和市场因素等，因此经营者需从这些方面做好店址的评估，看其适不适合开餐饮店。

一、看地区经济

餐饮消费是在人们有足够的资金满足日常衣、食、住、行等基本需要之后，使用可自由支配资金进行的消费。收入水平、物价水平都会影响人们可供消费的金钱数量和他们必须支付的价格。一般地，当人们的收入增加时，人们愿意购买更高价值的产品和服务，尤其在餐饮消费的质量和档次上会有所提高，因此餐饮店一般应选择在经济繁荣、经济发展速度较快的地区。

二、看区域规划

在确定餐饮店地址之前，投资者必须向当地有关部门咨询潜在地点的区域建筑规划，了解和掌握哪些地区被规划为商业区、文化区、旅游区、交通中心、居民区、工业区等。因为区域规划往往会涉及建筑物的拆迁和重建，如果未经了解就盲目地选定地址，在成本收回之前就遇到拆迁，投资者就会蒙受巨大的经济损失，或者失去原有的地理优势。同时，掌握区域规划后便于投资者根据不同的区域类型，确定不同的经营形式和经营规格等。

投资者必须从长远考虑，在了解地区内交通、街道、市政、绿化、公共设施、住宅及其他建设或改造项目规划的前提下，作出最佳地点的选择。另外餐饮店投资者还要对店铺未来的效益进行评估，主要包括平均每天从店门口经过的人数、来店人数比例、人均消费水平等。

提醒您：

有的地点在当前是最佳位置，但随着城市的改造和发展将会出现新的变化而不适合设店；相反，有些地点在当前看来不是理想的开设地点，但从规划前景来看会成为有发展前途的新商业中心区。

三、看文化环境

文化教育、民族习惯、宗教信仰、社会风尚、社会价值观念和文化氛围等因素构成了一个地区的社会文化环境。这些因素影响了人们的消费行为和消费方式，决定了人们收入的分配方向。一般而言，文化素质高的人对餐饮消费的环境、档次的要求较高。文化环境的不同，会影响餐饮业经营的规格和规模。

四、看竞争状况

一个地区餐饮行业的竞争状况可以分成两个不同的方面来考虑。

（一）直接竞争的评估

即提供同种经营项目，同样规格、档次的餐饮企业之间的竞争，这对餐饮企业来说是消极的。

（二）非直接竞争的评估

非直接竞争包括不同经营内容和品种，或同样品种但不同规格或档次的餐饮店之间的竞争，这类竞争有时起互补作用，对餐饮店是有利的。

在选择餐饮经营区域时，如果某区域无任何一种形式的竞争，则餐饮店将具有垄断地位；如果有任何一种形式的竞争，都是值得投资者认真研究和考虑的。常见竞争店的调查方法如表 1-2-6 所示。

表 1-2-6　常见竞争店的调查方法

调查事项	调查目的	调查对象	调查内容
竞争店构成	对竞争店构成进行调查，以此作为新店构成的参考	设店预定地商圈内竞争店主要菜肴及特色	对竞争店使用面积、场所、销售方式进行调查，以便共同研讨
菜品构成	基于前项调查再进行菜品构成调查，以作为新店菜品类别构成的参考	着重对主要菜品进行更深入的调查	主要是菜品方面，着重于菜品品质调查
价格水平	对竞争店常备菜品的价格水平进行调查，以作为新店铺定价的参考	达到预定营业额或毛利额标准的常备菜品	投资者应着重对菜品的价格、数量进行调查，尤其是在旺季或节假日繁忙期这种调查更为必要
客流量	对竞争店出入客数进行调查，以作为新店铺经营策略的参考	出入竞争店的15岁以上消费者	与顾客流动量调查并行，以了解竞争店一个时间段的客流量，尤其要注意特殊日期客流量或餐饮店餐桌使用率的调查

提醒您：

竞争既是一种威胁，又是一种潜在的有利条件，把竞争对手作为一面镜子认真分析其优势和劣势，便于我们在竞争中掌握主动权。

五、看街道形式

主要看街道是主干道还是分支道，人行道与街道是否有区分，道路宽窄，过往车辆的类型以及停车设施等。

（一）大的主干道不适合做小餐饮

大的主干道上人流量很大，往往看起来很有吸引力，但是这样的地方绝对不适合做小餐饮，因为人流不会在这些地方停留，而且在主干道上的餐饮店常常会给人一种很贵很不好吃的感觉。再者说，在这样的地方开店，其运营成本也要比其他地方高出很多，除非你开店纯粹是为了打广告，增加曝光率，否则这样的地方肯定会让你得不偿失。

（二）要区分每条街道的阴阳面和阴阳交接线

很多街道都会有一个奇特现象：一面人流量很大，人气很旺，另一面却没有人气，看似中间只隔一条马路门对门的两个地方，吸客能力往往会有天壤之别。阴阳交接线是笔者自己提出来的一个概念，就是在每一条街道上都有一条线，在这条线之前的街道人气很旺、人流量很大，过了这个点就基本上没有人气了。

如果我们注意观察的话，通常都会发现，一条很长的巷子或者街道，刚开始人很多，越往里边走人越少，走到一定的距离时人就不想往前走了，决定返回去找一家店吃饭，这个点就是人们通常会选择折返的点，前边的店和后边的店可能相差不过数十米，命运却完全不一样。

六、看交通状况

目标地点的街道交通状况信息可以从公路系统和当地政府机关获得。如果最近的交通数据还没有统计出来，那么可以选取一天中最有意义的样本数据作为参考。

交通状况的数据统计往往选择在中午、晚上进行。统计的数据应去除那些带有偏见的结果。交通状况往往意味着客源，获得本地区车辆流动的数据以及行人的分析资料，可以保证餐饮店建成以后有充足的客源。

七、看门面的规模和外观

餐饮店位置的地面形状以长方形、方形为好，必须有足够大的空间容纳建筑物、停车场和其他必要设施。三角形或多边形的地面除非非常大，否则是不可取的。同时在对门面的规模和外观进行评估时也要考虑到未来的消费。

八、看门面的可见度和形象特征

餐饮店的可见度是指餐饮店位置的明显程度，也就是说，无论顾客从哪个角度看，都可以注意到餐饮店。餐饮店可见度是根据各地往来的车辆和徒步人员的视角进行评估的，这对位于交通繁忙的高速公路旁的餐饮店是重要的，餐饮店的可见度往往会影响餐饮店的吸引力。同时，餐饮店无论从经营内容、方式、菜品质量、服务、装潢等方面，还是在所选地址上都应具有突出的形象特征，这对位于拥挤的商业中心的餐饮店尤为重要，形象特征会增加餐饮店的吸引力。

 相关链接

店铺选址应注意的细节

好的餐饮店地址就等于财富的源泉，因此餐饮投资者必须慎重选择，这就需要付出一定的时间和精力。一旦决定开店，投资者必须对所选地点做全面的考察。开店选址是很讲究的，一般应该掌握以下细节。

1. 地价因素

虽然一个店址可能拥有很多令人满意的特征，但是地价也是一个不可忽视的重要因素。

2. 选择人口增加较快的地方

企业、居民区和市政的发展，会给店铺带来更多的顾客，并使其在经营上更具发展潜力。

3. 选择较少横街或障碍物的一边

许多时候，行人为了过马路，会集中精力去躲避车辆或其他来往行人，而忽略了一旁的店铺。

4. 选取自发形成某类市场的地段

在长期的经营中，一些地段会自发形成销售某类商品的"集中市场"，事实证明，对那些经营耐用品的店铺来说，若能集中在某一个地段或街区，则更能招揽顾客。因为人们一想到购买某商品就会自然而然地想起这个地方。

5. 以经营内容为根据

餐饮店由于所经营的产品不一样，其对店址的要求也不同。有的店铺要求开在人流量大的地方，比如快餐店。但并不是所有的餐饮店都适合开在人山人海的地方，比如主题餐厅就适宜开在安静一些的地方。

6. "傍大款"意识

把餐饮店开在著名连锁店或品牌店附近，甚至可以开在它的旁边，与超市、商厦、饭店、茶艺馆、酒吧、学校、银行、邮局、洗衣店、社区服务中心、社区文化体育活动中心等集客力较强的品牌门店和公共场所相邻。

比如，将店开在麦当劳、肯德基的周围。因为这些著名的快餐店在选择店址前已做过大量细致的市场调查，挨着它们开店不仅可省去考察场地的时间和精力，还可以借助它们的品牌效应"捡"些顾客。

7. 位于商业中心街道

东西走向街道最好坐北朝南；南北走向街道最好坐西朝东，尽可能位于十字路口的西北拐角。另外，三岔路口是好地方；在坡路上开店不可取；路面与店铺地面的高度差不能太大。

8. 租金及交易成本

餐饮店的租金及交易成本是不可忽视的细节，如果租金太高，利润无法支付租金，那还不如选择放弃。

9. 停车条件

如今由于私家车的普及，越来越多的人会选择自驾前来用餐。因此在选址时，一定要注意留有足够的车位，这样才可以吸引更多的顾客。

10. 水电煤设施有没有缺陷

能源设施的位置要考虑清楚，包括电、气、水设施等，还要注意排水的管道是否合理。

比如，有一家快餐店关门就是因为管道不合理，崩裂过两次，整个餐馆成了水帘洞。

11. 配套服务设施是否完整

配套服务设施包括垃圾清理、治安管理、消火栓、急救箱。很多餐馆选择入驻商场，正是因为设备齐全。

12. 进出路线是否方便

餐饮店的进出路线一定要方便，特别是有外卖服务的餐饮店，若进出不方便会影响送餐时间。同时看附近可用交通工具是否方便，比如将店开在公交站附近，可以提前打包好早餐，让顾客在等公交时顺便拿走。

夜间因素也要考虑在内，在照明不好的地方可以增加门口的照明灯。饥肠辘辘的下班族看到有亮光的餐饮店食欲也会大增。

第三章 餐饮店定位和设计

第一节 餐饮店定位

一、餐饮店规模、费用

（一）餐饮店规模

1. 投资能力

餐饮店的面积首先取决于投资能力。在你的投资预算中，有一大部分资金用于支付房租。即使你的餐饮店有一个理想的面积标准，但是如果房租超过你的预算范围，你也只能放弃。如果房租预算在你的预算范围之内，那么，餐饮店的面积当然越大越好。

2. 店面客容量

计算店面的客容量，就是确定所选的店面可以安排多少座位和有效经营时间，因为店面内要有厨房等操作面积以及库房和卫生间等辅助面积，除去这些面积后才是可以用于经营的餐饮店面积。营业面积通常为总面积的50%～70%。每一个座位所占面积因餐台形式不同而不同。

【案例】▶▶

店面客容量计算

4人长方形餐桌每一个座位约占0.5平方米；8人和10人圆餐桌每一个座位约占0.7平方米；12人圆餐桌的每一个座位约占0.8平方米；包间每一个座位约占1～2平方米。

投资者可以利用上面的数据计算一下大概的座位数。例如，假定餐饮店不设包间，餐饮店的总面积为120平方米，餐饮店营业面积占整个餐饮店面积的60%，每一个座位平均占位0.6平方米。那么可以安排的座位数为：

座位数＝餐饮店总面积×营业面积所占的比例÷每一个座位平均所占的面积
＝120×60%÷0.6＝120（个）

如果在这个餐饮店里面增加两个外包间，每一个包间的面积为10平方米，各设10个座位，那么可以安排的座位数为：

座位数＝10×2＋（120×60%－10×2）÷0.6＝107（个）

设置包间虽然减少了座位总数，但是包间的人均消费要高于大堂，所以总的收入应该上升而不是下降。

（二）估算总销售额及毛利润

按照人均消费额来估算餐饮店每天预期的总销售额和全年的毛利润。人均消费额是指顾客每餐可以承受的消费金额，这是由顾客的收入水平决定的。人均消费额要通过市场调查来确定，不同的地区、同一城市不同的区域、同一区域不同的消费群体，由于收入水平的差异，其人均消费额都有所不同。

【案例】 ▶▶

总销售额、毛利润计算

如，通过市场调查，确定自己所经营餐饮店的顾客人均消费额为30元，若每餐每一个座位只上一次顾客为预期的一般经营状况，即一般应当实现的经营状况，则120个座位每天可接待240位顾客，每位顾客平均消费为30元，全天的预期销售额为7 200元；全月的预期销售为216 000元左右（7 200×30＝216 000）；全年预期的销售为2 592 000元左右（216 000×12＝2 592 000）。毛利润是指菜品价格扣除原、辅料等直接成本后的利润。一般来讲，餐饮企业的毛利润率大概为40%。

因此，上述例子中的毛利润为：

全年毛利润＝2 592 000×40%＝1 036 800（元）。

只有通过综合考虑餐饮店的投资能力、房租价格、座位容量、消费水平和利润标准，并进行定量的计算后，才能确定合理的餐饮店面积，以获取更多的利润。

（三）投资费用预估

在确定餐饮店的规模之后，接下来就得估算是否有足够的费用或启动资金。目前，由于市场经济的不断变化，餐饮业的竞争越来越大，许多餐饮店难以维持经营，有的只好廉价出让，以5万~10万元转让的餐饮店亦不少见。另外，要是投资新开一家餐饮店，则投资费用较大，具体费用还得根据地段、房租及装修的程度来定。那么，作为餐饮店投资者应该怎样判断投资资金是否足够呢？

1.准备必需费用

通常，餐饮店开张所需的费用有：转让费、房屋租金、装修费、材料设备费、人员工资、管理杂费（水电燃料费用、办理相关证件费用等）。所以，要预测出投资资金是否能够满足营业开办和发展所用。

2.留足开支

投资者在预估费用时，除了投资餐饮店的必需资金外，还应考虑剩下的资金是否能够维持个人或家庭的生活。

投资餐饮店具有一定的风险，如图1-3-1所示。

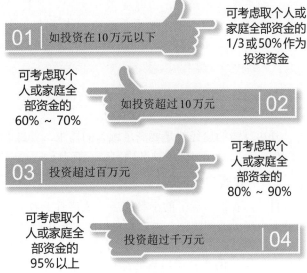

01 如投资在10万元以下 — 可考虑取个人或家庭全部资金的1/3或50%作为投资资金

如投资超过10万元 02 — 可考虑取个人或家庭全部资金的60%~70%

03 投资超过百万元 — 可考虑取个人或家庭全部资金的80%~90%

投资超过千万元 04 — 可考虑取个人或家庭全部资金的95%以上

图1-3-1 投资餐饮店应考虑的风险

提醒您：

投资餐饮店毕竟是利益与风险同在的项目，投资者在投资的同时就必须安排好自己及家庭的生活，只有解除了后顾之忧，创业才能有保证。

3. 合理分配比例

一些餐饮店在资金运用上的普遍不足是固定资产和流动资产的比例失调，如把太多的钱投入难以变现的资产上，比如，过多地采用购买的形式投资房产、设备。实际上，对大多数新餐饮店来说，租赁是一种更好的选择，租赁可减少最初的现金支出。

 相关链接

投资建议

如果自己的确拥有富余的资金，要想科学而又合理地投资餐饮店，不妨借鉴下面几点建议。

1. 投资在所熟悉的区域内

将餐饮店投资在自己所熟悉的区域内，这样不仅可以更好地评估投资对象的无形资产，也可以使自己少承担风险。如餐饮店的地点可考虑选在距离自己2小时车程以内的地方，因为这个地方通常自己比较熟悉及关注。

2. 请有经验的咨询公司参与策划

通过请有经验的餐饮咨询策划管理公司参与策划，可从中获得一些优惠政策，加强投资信息的沟通与联络，利益共享，使自己的企业在餐饮市场中占据成长最快的领域。

3. 做好后续投资打算

如果是合伙经营，自己是股东之一，且投资的餐饮店打算日后开连锁店，则就应预留一些资金作为第二轮及第三轮投资资金；否则，自己的股权将在后续融资中被稀释。如首期每投资10万元，应当预留20万～30万元作为后续投资资金。

二、餐饮店特色定位

开店赚钱的途径就是要满足顾客的需求，使顾客购买自己的商品或服务。投资餐饮店也是一样，要想成功，就必须准确定位，有自己的经营特色，才能投资有道。

（一）要有自己的特色

目前，餐饮市场上的小餐饮店，从菜肴上看，多数是川菜、湘菜、粤菜等。餐厅要想盈利就要有自己的招牌菜，也就是自己的"拳头产品"，以为顾客创造来店的理由。

犹如孩子顺利降生，如何养育则学问很大，考虑不周也可能导致孩子夭折。因为，无论是什么层次的消费者在口味上都有"喜新厌旧"的本能，只要味道好，越是有自己的特色，越能吸引络绎不绝的顾客，使餐饮店长盛不衰。

例如广州一家主营煲仔饭和蒸饭的餐饮店老板认为：投资餐饮店必须要有自己的"招牌菜"，我店的特色就是"荷叶蒸饭"，因为味道独特，所以生意一直很火。其菜品如图1-3-2、图1-3-3所示。

图1-3-2　煲仔饭

图1-3-3　荷叶蒸饭

（二）锁定消费群体

一般小餐饮店的规模都不算大，如果定位准确，基本没有什么风险。

【案例】▶▶▶

大学城餐饮店，生意红火

一家位于某大学城经营面积不足30平方米的餐饮店，其目标消费群体就是大学城的学生。该店老板张女士的投资理念是：方便学生消费群体。她觉得，学生在学校是不可能自己做饭的，所以在大学周围开餐饮店基本不用愁客源，只要快餐、小吃的品种多一些，学生一放学就会光顾。

张女士还颇有体会地说："每天一到吃饭时间，我恨不得店面再大上几十平方米。顾客排队吃饭是常有的事，倒不是因为我的饭菜特别好吃，主要是比较符合学生的口味和消费水平。如快餐一般是10元一份，并可以在几道炒菜中任意选择，而且分量也足。"

张女士的投资成本主要有：店铺每月房租4 000元；人员工资和各项支出，每月约8 000元。张女士的快餐店开业至今已有5年，日平均营业额3 000元左右，纯利润大概为1 000元，每月的利润基本在30 000元左右。

投资小餐饮店是小本生意，老板靠的就是精打细算。采购、收银都是自己一个人忙活，还有很多琐碎的事情也得自己操心。

上面案例中张女士的餐饮店附近也有不少餐饮店，经营品种大多是包子、饺子、馄饨面等方便快捷的食品，这非常符合学生的饮食需求。一家馄饨面店的老板透露："来这儿吃饭的基本都是学生，客源比较稳定。"

由此可见，在学生区和购物广场、火车站等繁华路段开设餐饮店，菜品的特色和口味尤为重要。此外，经营者还应在服务、环境等方面多下功夫，想办法把相对流动的顾客变成固定消费者。

【案例】▶▶

包饺子，有自己的特色

　　在深圳的一个超市旁边，经常会看见一家饺子连锁店前排起一排长队，这家店现场手工制作的洛阳口味生鲜饺子格外走俏。

　　"××利"饺子连锁店创办人是已70岁的刘老太，她的成功主要是突出"家乡特色"。2013年，退休多年已经60多岁的刘老太随子女来到深圳，因为到处买不到、也吃不到家乡滋味的饺子，因而萌生了"让北方人在异地他乡吃到正宗北方饺子"的想法。于是，全手工现场制作、销售生鲜饺子的"××利"由此诞生了。

　　一位号称吃遍深圳所有饺子的老顾客对"××利"情有独钟，他称这里的饺子秉承北方饺子新鲜、口味好而且不腻等特点，"最贴近家庭口味"。

　　用料十分苛刻是刘老太的饺子获得市场青睐的一个关键因素。

　　在制作现场，顾客看到刘老太的饺子都是使用最好的面粉、油，买来的肉是"前腿瘦肉"，而且一天内至少分两次去买，以保证肉的新鲜口感。

　　另外，全手工现场制作也是"××利"的最大特色及最大卖点。现场制作的饺子皮比较软，不会开口，而且很有弹性，特别好包。要做出这种饺子皮，必须使用特殊工具，对形状、厚薄都有严格要求，3张皮的重量必须控制在24～26克之间，每张皮直径在7～8厘米之间。所以虽然饺子是称斤卖的，但一斤饺子就是16个，误差很小，这是因为饺子馅和饺子皮都有严格的质量控制。

　　对于店面的设计，刘老太尽量使用大大的玻璃窗，让顾客很容易在外面看见柜台里边工作的人。让顾客看到店员纯粹是表演的性质，除了表演快速包饺子以外，还要让顾客看到饺子的制作过程是干净卫生的，使顾客买回去也吃得放心。

第二节　店铺装修

　　对于餐饮店来说，合适的装修设计和布局能够显著提升客人的用餐体验，丑陋的店面装饰，可能会把顾客"赶走"。可以这样说，装修就是餐饮店展现给客户的第一张脸。若是成功抓住了客户的心，那么开店就成功了一半。

一、店铺门头设计

　　门头设计是创造经济、美观的店铺的重要环节，在大大提升品牌价值的同时，门头还具有强烈的辨识性，有助于提高店铺品牌的宣传效果。

（一）门头设计的基本原则

　　餐饮店门头设计应遵循图1-3-4所示的基本原则。

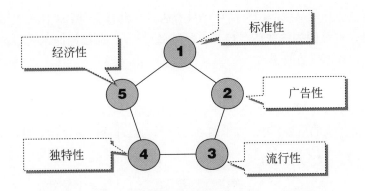

图1-3-4　门头设计的基本原则

1. 标准性

门头设计要准确体现店铺的类别和经营特色，宣传店铺的经营内容和主题，能反映商品特性和内涵。

2. 广告性

门头要能起到广而告之的作用，其目的是要起到宣传店铺经营内容、扩大知名度的作用。设计时可利用灯箱、招牌、霓虹灯等装饰构成元素进行图案、文字和造型的设计，全面宣传店铺及品牌。

3. 流行性

门头设计要随着不同时期人们的审美观念而有所变动，相应地改变材料、造型形式以及色彩搭配，以跟上时代潮流。

4. 独特性

门头设计要努力做到与众不同、标新立异，使顾客一看到店铺门头就具有心灵上的震撼感和情感的共鸣。设计要敢用夸张的形象和文字来体现店铺的独特风格。

5. 经济性

门头设计不要一味地追求奢华，应该要符合经济节省的原则，只要材料选择得当，符合自身特点，最终设计出来的门头就会布局精心、美观。

（二）门头设计的要素

让人看一眼却不想进来的门头，是所有经营者都不愿意看到的，这也不是我们开店的目的。那么，好的门头设计有什么要素？如图1-3-5所示。

1. 响亮的店名，清晰的品类名

门头首先具有广而告之的作用，告诉人们这里有一家店铺，叫什么名字，卖的是什么。因此店名和品类名是门头最基本的构成要素。

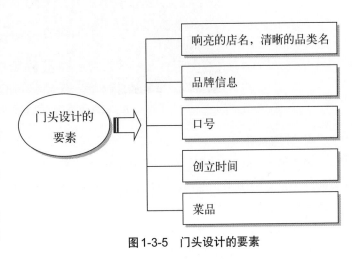

图1-3-5　门头设计的要素

当然很多耳熟能详的品牌，门头简单到只有店名，没有品类名，比如大董、星巴克、肯德基、必胜客等，这是因为这些店名自带"品牌效应"，产品已经深入人心。如果你店铺的品牌知名度不高，就不要仿效了。

2. 品牌信息

门头可以视为全方位展示店铺特色的工具，灵活组合各种有效信息，可以向顾客传递品牌信息，从而发挥门头的引客功能。如图1-3-6所示为点都德门头设计效果。

图1-3-6　点都德门头设计效果

3. 口号

每个品牌都应该有自己的口号，它通常是最能体现品牌特色和内涵的经典文案，放在门头再合适不过。

比如，巴奴就将自己的口号"服务不是巴奴的特色　毛肚和菌汤才是"展现在门头，让顾客明白它的特色就是毛肚和菌汤。如图1-3-7所示。

图1-3-7　巴奴火锅店门头设计效果

4. 创立时间

数字对人们的视觉及心理都有很强的冲击力，容易引发共鸣。对于已经创立一定年头的企业，无论品牌大小，都应该把创业时间写在门头上。餐饮行业竞争激烈，经营时间越长就意味着越有实力、有品质，值得尊敬和信赖。

比如度小月门头上的"Since 1895"，某传统小吃店门头上的"百年老字号"，这些都能让顾客产生共鸣。如图1-3-8所示。

图1-3-8　度小月门头设计效果

5. 菜品

菜品是顾客最关心的信息之一，应尽可能地在门头充分展示。有不少店铺在门口立一个架子，放上一本菜单供顾客翻阅。这不失为一种方法，却似乎稍显被动。

餐饮店可以尝试放大菜品尺寸，以合适的形式展示在门头上，让来往的顾客不想看也要看。

比如，一家以卖啤酒著称的餐饮店，用大幅海报和多个展架展示了种类丰富的啤酒及配菜，吸引顾客；某烤串店，直接在门头上就展示了香喷喷的烤串，顾客远远看到就觉得香气扑鼻，十分诱人。

（三）门头设计的要求

如果有一个地方对顾客的吸引力能与菜品相媲美，一定是门头；如果有一种方法的引流效果能与营销活动相媲美，一定是门头；如果有一种方式的宣传效果能与广告相媲美，一定还是门头。可见对餐饮店来说，门头有多重要。

实际上，透过所有的表象去看门头的本质，其实它解决的是餐饮店线下门店引流的问题。餐饮店引流是一场效率的战争，这个效率体现在顾客决策效率、选择成本。也就是说，能够帮助顾客在最短的时间内做出选择的门头，才是好门头。那怎么才能设计出这样的好门头呢？经营者可以从图1-3-9所示的几方面入手。

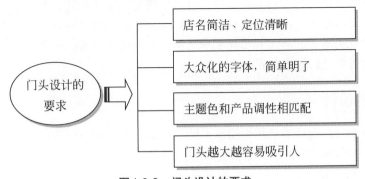

图1-3-9　门头设计的要求

1. 店名简洁、定位清晰

别让顾客去猜你是谁、做什么的。那些成功的餐饮店，都是能够直接帮助顾客做出选择的，其门头直接表达两个必备要素：我是谁、我是做什么的。所以一个合格的门头必备的信息不仅要有品牌名，更要有品类名。

比如，西贝莜面村、海底捞火锅、云海肴云南菜、杨记兴臭鳜鱼……但凡成功的品牌，门头无不如此。

解决了这两个最基础、最需要具备的要素以后，才能进一步去考虑诸如差异化、设计感、可辨识度、记忆点、LOGO、口号等其他方面。

> **提醒您：**
>
> 一个标准的门头应该是：文字简明、品类清晰、能够让消费者第一时间就了解你。

2. 大众化的字体，简单明了

在门头设计上，不少老板为了体现自己的独特性，会选择生僻字、艺术字甚至是英文字来彰显自己的与众不同。可是实际上这些标新立异的做法往往会适得其反。因为太过小众，这些字体在传播效果上会大打折扣。仔细观察一线餐饮品牌，会发现诸如麦当劳、肯德基、海底捞等采用的都是最简单、最常用的宋体字。

从传播学角度来说，越是通俗易懂、易看易识别的东西，越容易快速传播。装高雅，滥用繁体字、异体字以及难以识别的字体，只会增加传播成本。

3. 主题色和产品调性相匹配

在著名的"五感营销"理论中，视觉营销被放在所有感官体验之首。从实际经验来说，消费者浏览门头时，最先看到的不是店名、LOGO、口号这些东西，而是门头的主题色。

一个好的门头，在主题色上必须与产品的调性相匹配。

比如，经过肯德基、麦当劳、永和大王这些餐饮巨头的长期影响，在消费者的认知中，已经将红色和快餐画上了等号。川式火锅店门头多为红色，也是基于这样的原因。

4. 门头越大越容易吸引人

门头是连接顾客的第一触点，也是品牌曝光的重要"广告位"。从广告的角度来说，越是简单粗暴的广告手法，往往越会取得不俗的效果。因为非常便捷好记，大家才会熟稔于心。

对于门头这个"24小时广告位"来说，最简单粗暴的手法就是做大、做醒目。

比如，很多大品牌都会在商场外围制作巨大的LOGO和模特海报，门头都以超大的面积冲击着消费者的视觉感官。再比如巴奴毛肚火锅，无论是街边店，还是商场店，门头都以超大的面积冲击着消费者的视觉感官。

二、店铺内部设计

餐饮店装修不只是设计美观那么简单，除了打造良好的用餐环境便于顾客就餐之外，更要合理地规划空间布局。

（一）店面的设计

餐饮店店面的设计在于显示餐饮店这个"特殊商品"包装的格调，店面设计同样是室内设计的一部分，二者在实质上均追求美观与实用，但店面更注重吸引客人，是要让店外的大众感觉到本餐饮店的存在，并决定来本餐饮店用餐。因此餐饮店的店面不仅要具有"辨认"功能，同时也要有美观的外表，两者不可偏废。

一般来说，店面的设计应达到图 1-3-10 所示的要求。

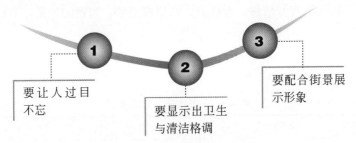

图 1-3-10　餐饮店店面设计要求

1. 要让人过目不忘

餐饮店的店面设计（包括大门口、展示窗、霓虹灯、招牌等）要力争让人过目不忘。独到的外表能充分烘托出餐饮店的"商品"特征，使路人一望即知本餐饮店经营的是什么菜品。

目前的餐饮店早已脱离了"守株待兔"的经营方式，除了普遍将咖啡厅等设在楼下底层方便客人接近外，更有将店面设计成开放式的，临街的一面使用大型落地玻璃窗，剔透通明、一览无遗，将餐饮店内的用餐情调展现给过往行人。在风格处理上，尽量采用自然鲜明的色彩，减少过分的装饰堆砌，要有和谐的气氛，强调协调，追求"人情化"的餐饮空间。

2. 要显示出卫生与清洁格调

餐饮店店面的设计要显示出卫生与清洁格调。这可以从颜色的运用、设备的风格、空间的安排及门店本身的清洁程度反映出来。

3. 要配合街景展示形象

同时也要配合街景，食品展示柜内要有餐饮产品的陈列，注意突出重点，霓虹灯、招牌设计要文字简明，图案新颖而醒目，标志鲜明，还要与建筑的造型相协调，显示独特的形象，容易让匆忙过路的行人注意与记住。名称也同样很重要，好的名称朗朗上口、便于认记。

总之，餐饮店外观的设计要能激发人们对餐饮产品的想象，使人们在远处一望就知道这是哪一类型的餐饮店，甚至能估计出其消费水平，这些均是餐饮店外观设计的功劳。

（二）店门的设计

常言道"万事开头难"，而大门则是顾客进入消费场所的第一关，因此顾客进出门的设计是十分重要的。

1. 设计形式

一般情况下要根据具体人流量确定餐饮店大门的形式并确定其位置。要考虑门前路面是否平坦、有无隔挡，有无影响餐饮店形象的物体或建筑物。例如，要注意垃圾桶的位置，垃圾桶要放在拐角处，既不影响餐饮店的卫生，又便于清理垃圾，最好让顾客不易看到。另外还要注意采光条件、噪声及太阳光照射方位等因素的影响。

2. 质地选材

硬质木材或在木质外包上铁皮或铝皮是小型餐饮店店门常使用的材料，因为它制作工艺较简单。铝合金材料制作的店门富有现代感，耐用、美观、安全。无边框的整体玻璃门透光好，造型华丽，适合大型豪华餐饮店使用。

3. 其他因素

餐饮店的店门应当具有开放性，设计应力求形成明快、通畅的效果，方便顾客进出。

4. 店门入口

餐饮店入口空间是顾客的视觉重点，设计独到、装饰性强的入口对顾客具有强烈的吸引力，餐饮店入口的类型如表1-3-1所示。

表1-3-1　餐饮店入口的类型

序号	类型	具体内容	特点	设计方法
1	封闭式	入口较小，面向人行道的门面用橱窗、有色玻璃或门帘等将店内情景遮掩起来	这种店门可以隔绝噪声，阻挡寒暑气和灰尘，但不方便出入，容易让顾客产生不够亲切的心理感受	一般来说，采用此种方式来设计店门的餐饮店很少
2	半封闭式	入口比封闭式店门大，玻璃明亮，顾客从大街上可以清楚地看到店内的情景	既能吸引顾客，又利于保持店内环境的适当私密性	大型餐饮店由于店面宽、客流量大，采用半封闭式店门更为适宜；气候条件较恶劣的地区，也适合采用半封闭型的店门
3	敞开式	店门向外敞开，顾客出入店门没有障碍，使公众对餐馆的一切一目了然	有利于充分显示餐馆内部环境，吸引顾客进入	小型餐饮店可以根据其经营特色和地域气候选择不同的敞开形式

（三）大厅的设计

大厅是餐饮店的第一线。大厅的布局与装潢直接影响餐饮店风格的确定和形象的树立。作为经营者，必须根据餐饮店的目标风格有计划地去布置装修大厅，使大厅既有独特的就餐气氛又美观实用，从而在突出特点的基础上保证餐饮店的正常运作。具体来说，大厅的布局要注意图1-3-11所示的几个方面。

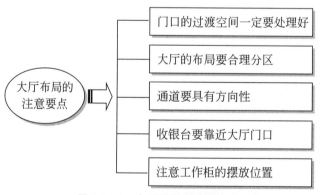

图1-3-11　大厅布局的注意要点

1. 门口的过渡空间一定要处理好

俗话说得好：看人三分面。餐饮店也是一样，除了门面，餐饮店门口的过渡空间是客人进店以后首先看到的区域，直接决定顾客对餐饮店的第一印象。过渡空间凌乱和拥挤是餐饮店的大忌。

比如，著名的设计大师贝聿铭先生设计的北京香山饭店，一进大门是一扇灰白色的石材影壁，但是中间有一个大圆洞，后面是一个小水池和绿萝，让人能够望见后面的东西，但又看不真切，既使人眼前一亮又引人遐思，这是贝大师充分借鉴了中国苏州园林的设计思想，在中国饭店设计史上留下了一座光辉的里程碑。

2. 大厅的布局要合理分区

大厅内安排多少餐台，不仅要看顾客需求，还要考虑大台和小台的配比。

首先，要将大台区域和小台区域加以隔离，因为大台顾客多，通常较吵闹，小台人少，需要安静。而且大台和小台要相对整齐划一，不能大台插小台，让顾客觉得服务无序。

其次，要注意每一个小分区里服务区域的设置，不能让服务员跨过这个分区到另一个分区的备餐柜取用餐具，在繁忙时段很容易造成和顾客的拥堵碰撞，也不利于服务员及时迅速地为顾客提供服务。

3. 通道要具有方向性

通常会以餐饮店门口为起始点，在通道方向对面的墙上用醒目的壁画或其他装饰作为引导，也可以用天花板的走向作为引导。

比如，北京必胜客安贞华联店整体装修采用偏蓝色调，温馨又浪漫，但是这家店的大门处空间局促，一进门必须向右拐才能进入主就餐区，必胜客通过在天花上装饰波浪形的吊板，给人一种自然流动的感觉，又用暖色的小灯按照十二星座的位置加以装饰，使人一进门就被这梦幻的设计所吸引，自然而然地进入就餐区域。

4. 收银台要靠近大厅门口

收银台要能够纵观全局，这样既便于服务程序的设计，也方便急着结账离店的客人。

5. 注意工作柜的摆放位置

工作柜尽量靠墙摆放，这样既不占用顾客过多的空间，也不影响通道的顺畅，如果确实大厅的空间比较大，那么建议两个工作柜相对而放，既便于互相照应又可以更大地减少对就餐空间的占用。

 相关链接

大厅空间分隔的常见形式

1. 灯具分隔

以灯具分隔有一种隔而不断的感觉，效果特殊。这是西餐馆和酒吧室内环境设计的常用手法。灯具分隔既保持了整体空间的连续性，又形成了顾客心理上的私密性，而且空气流通良好，视野开阔。

2. 软隔断分隔

软隔断分隔是指用垂珠帘、帷幔、折叠垂吊帘等分隔大堂。软隔断富丽、高档，一般适用于档次较高的时尚餐馆。

3. 通透隔断分隔

通透隔断分隔通常用带有传统文化气息的屏风式博古架、花窗等隔断，将大堂分隔成若干个雅座。通透隔断具有文化气息，一般适用于档次较高的时尚餐馆。

4.矮墙分隔

矮墙分隔能给就餐者一种很强的心理安全感，人们既享受了大空间的共融性，又在心理上保持了一定的隐秘性。

5.装饰物分隔

花架、水池以及铺地材料的变化都能起到分隔空间的作用。装饰物的设置与通透的隔断或柱子一样，既丰富了室内空间的层次，又没有视觉障碍，利于营造多变的餐馆氛围，且不至于乏味。

6.植物分隔

植物本身是一种充满生机的分隔体，隔而不断，可以使空间保持完整性和开阔性。植物分隔不仅可以美化餐馆环境，调节室内空气，改善室内温度，增加顾客视觉和体感上的舒适度，还可保持一定的独立私密空间，使顾客在店内感到舒适、自由。

（四）后厨的设计

后厨设计是餐饮店设计环节中要求最严格、标准最高的部分之一。后厨可以说是餐饮店的大脑，后厨的设计是否合理，直接关系到整个餐饮店的运作，与餐饮店的盈利息息相关。那么，后厨该如何设计才能节约空间、方便实用呢？经营者可参考以下要点。

1.面积合理

后厨面积合理对生产至关重要，直接影响工作效率和工作质量。如果面积太大，会增加后厨人员工作时的移动量，既耗费精力又影响出餐率，同时还会增加日常清扫维护的负担。如果面积太小，会导致厨房过于拥挤，不仅影响员工的工作情绪，还会大大影响工作效率。

后厨的大小取决于餐饮店的性质、原料加工程度、菜品的种类构成和数量等几个方面。确定厨房面积一般有以下两种方法。

① 根据就餐位确定。按餐位数计算厨房面积要与餐饮店经营方式相结合。通常情况下，自助餐厅每一个餐位所需厨房面积约为0.5～0.6平方米，咖啡厅和小吃店每一个餐位所需厨房面积约为0.4～0.5平方米，风味餐饮店、中餐店约为0.6～0.7平方米。

② 根据餐饮店面积确定。通常情况下，后厨除去辅助区域外占餐饮店总面积的21%左右。餐饮店菜品种类越多，所需厨房面积就越大，如果菜品种类比较单一，则厨房面积就越小。

比如，中餐店因为菜品多、烹饪工序复杂，因此厨房一般占餐饮店面积的30%～40%；而对自助和火锅店来说，因为半成品较多，并且很多产品可以提前准备，所以厨房面积可以相对小一些。

2.设备实用

新建或改造厨房时，不要片面追求设计效果或买设备只重外表，以免买回的设备板太薄、质太轻，工作台一用就晃，炉灶一烧就膨胀变形，冰箱一不小心就升温。因此设备一定要方便实用。

3.不同菜系配不同灶具

不同菜系、不同风格、不同特色的餐饮产品，对场地的要求和设备用具的配备不尽相同。

比如，经营粤菜要配备广式炒炉；以销售炖品为主的餐饮店，厨房要配备大量的煲仔炉；以面食为特色的餐饮店，要设计较大规模的面点房，配备大口径的锅灶、蒸灶。

如果不考虑这些因素，不仅成品口味不地道，而且燃料、厨师劳动力的浪费也是惊人的。

4. 隔区不宜太多

一个厨房的分隔太多，各作业间互相封闭，看不见、叫不应，既增加了厨师搬运货物的距离，又不便于互相关照，提高工作效率，更容易产生安全隐患。

后厨要根据店铺营业需要来合理地安排各种作业区，还要合理地安排厨房设备的平面位置、空间位置，以保证后厨人员高效的工作流向。在厨房的空间配置上，需要根据备料、配菜、出餐的流程顺序决定设备的摆放和人员的位置，从而提高出餐速度并减少慌乱。

5. 通风讲究

无论采用什么样的排风设备，最重要的是要使厨房尤其是配菜、烹调区形成负压。厨房内通风、排风系统包括排烟罩（油网式烟罩、水渡式烟罩）、抽风机（离心风机、轴流风机等）、排烟风管、送新风管及空调系统。有效的通风、排风必须符合下列标准。

① 厨房和面点间等热加工间的通风换气，其中65%由排烟罩完成，35%由送新风管和换气扇换气完成，一般每小时换气40次为宜（可在产品上设置频率）。

② 排气罩吸气速度一般不应小于0.5米/秒（购买产品时有规格要求），排风管内速度不应大于10米/秒（购买产品时有规格要求）。

③ 厨房和面点间等热加工间的补风量应该是排风量的70%左右，房间负压值不应大于5帕（可在相关的仪器上测量），使厨房内产生的油烟气味不会往餐饮店飘散，以达到隔热、隔味的效果。

6. 明档卫生

在设计明档时不要刻意追求现场感，将不适合在明档加工的产品搬到前面来，弄得餐饮店乌烟瘴气。设计明档时一定注意不要增加餐饮店的油烟、噪声，因为明档是向顾客展示厨房的窗口，设计要精致美观，生产是第二位的，卫生才是第一位的。

有些菜品只适合在后厨加工，就没有必要在明档展示。

> **提醒您：**
>
> 明档里用的厨具、设备和装饰要便于清洁和打扫。

7. 地面防滑吸水

在设计厨房地面时，为节省成本使用普通瓷砖，结果既不防滑又不吸水，会严重影响工作效率。厨房的地面设计和选材不可盲从，必须审慎定夺。在厨房设计时越注意细节，越能最大限度地减少日后使用中的麻烦。

8. 用水、排水及时

在设计厨房水槽或水池时，配备量要合适，以避免厨师跑很远才能找到水池，忙起来时很难顾及清洗，从而导致厨房的卫生很难达标。

厨房的明沟是厨房污水排放的重要通道。可有些厨房明沟或太浅、太毛糙，或无高低落差，或无有效的连接系统，使得厨房或水地相连、臭气熏人，很难做到干爽、洁净。因此在进行厨房设计时要充分考虑原料化冻、冲洗、厨师取用清水和清洁用水的各种需要，尽可能在合适位置安装单槽或双槽水池，以保证食品生产环境的整洁卫生。

9. 灯光充足实用

厨房的灯光重实用。炒菜区要有足够的灯光以便厨师看清菜肴色泽；砧板上方要有明亮的灯光有效防止厨师被刀割伤和帮助厨师追求精细的刀工；打荷人员上方要有充足的灯光，以减少杂物混入原料。

厨房灯光不一定要像大厅一样豪华典雅、布局整齐，但其作用绝不可忽视。灯光设计是否到位，直接关系到出品品质。

10. 备餐间要设两道门

备餐间是配备开餐用品、准备开餐条件的地方。备餐间设计不好会出现餐饮店内弥漫乌烟浊气、出菜丢三落四的现象。备餐间设计要注意以下两个方面。

① 备餐间应处于就餐区、厨房的过渡地带，以便于夹、放传菜夹，便于通知划单员，方便起菜、停菜等信息的沟通。

② 厨房与大堂之间应采用双门双道。厨房与大堂之间真正起隔油烟、隔噪声、隔温度作用的正是两道门的设置。同向两道门的重叠设置不仅起到"三隔"作用，还遮挡了顾客直接看向厨房的视线。

11. 洗碗间传输方便

洗碗间设计与配备得当，可以减少餐具破损，保证餐具洗涤效果及卫生质量，在设计时应处理好以下几个方面。

① 洗碗间应靠近就餐区、厨房，这样既方便传递使用过的餐具和厨房用具，又减轻传送餐具员工的劳动强度。当然在大型餐饮活动之后，用餐车推送餐具是必要的。

② 洗碗间应有可靠的消毒设施。餐具消毒后，再用洁布擦干，以供餐饮店、厨房使用。

③ 洗碗间通、排风效果要好。洗涤操作期间均会产生水汽、热气、蒸汽，这些气体如不及时抽排，不仅会影响洗碗工的操作，而且会使洗净的甚至已经干燥的餐具重新出现水汽，还会向就餐区、厨房倒流。因此必须采取有效设计，切实解决洗碗间通、排风问题，创造良好环境。

12. 粗加工间与操作间要分开

从原料到成品的生产流线应简短顺畅，无迂回交叉。粗加工间与操作间是排水量较多的地方，采用明沟排水，便于清洁与疏通。含油污水的排水系统，应与其他排水系统分开设置，并安装隔油设施。操作间的适宜温度应在26℃以下。

13. 厨房与就餐区在同一层

厨房与就餐区在同一楼层，可缩短输送流程，提高工作效率，有利于保持菜品温度，防止交叉污染，另外还可以减少设备投资。

如果厨房与就餐区不在同一楼层，就要另外设食梯，且要按生、熟、洁、污分设，并添加保温的传送设备。

14. 配备烟感报警器

厨房内部有不少火灾隐患，如厨房内的燃气和油的泄漏、炉灶燃烧时产生的高温、烟罩内长期积累的油污等。如果平时管理不善或不注意保养、检查，一不小心就会引起火灾。因此平时除了强化员工的消防安全意识，防患于未然外，在厨房间还必须装置必要的消防设施，如烟感报警器、喷淋装置、二氧化碳灭火器等。使用燃气的单位，在厨房内还应装置燃气泄漏报警器。

 相关链接

《餐饮服务食品安全操作规范》节选

4　建筑场所与布局

4.1　选址与环境

4.1.1　应选择与经营的餐食相适应的场所，保持该场所环境清洁。

4.1.2　不得选择易受到污染的区域。应距离粪坑、污水池、暴露垃圾场（站）、旱厕等污染源25米以上，并位于粉尘、有害气体、放射性物质和其他扩散性污染源的影响范围外。

4.1.3　宜选择地面干燥、有给排水条件和电力供应的区域。

4.2　设计与布局

4.2.1　食品处理区应设置在室内，并采取有效措施，防止食品在存放和加工制作过程中受到污染。

4.2.2　按照原料进入、原料加工制作、半成品加工制作、成品供应的流程合理布局。

4.2.3　分开设置原料通道及入口、成品通道及出口、使用后餐饮具的回收通道及入口。无法分设时，应在不同时段分别运送原料、成品、使用后的餐饮具，或者使用无污染的方式覆盖运送成品。

4.2.4　设置独立隔间、区域或设施，存放清洁工具。专用于清洗清洁工具的区域或设施，其位置不会污染食品，并有明显的区分标识。

4.2.5　食品处理区加工制作食品时，如使用燃煤或木炭等固体燃料，炉灶应为隔墙烧火的外扒灰式。

4.2.6　饲养和宰杀畜禽等动物的区域，应位于餐饮服务场所外，并与餐饮服务场所保持适当距离。

4.3　建筑结构

建筑结构应采用适当的耐用材料建造，坚固耐用，易于维修、清洁或消毒，地面、墙面、门窗、天花板等建筑围护结构的设置应能避免有害生物侵入和栖息。

4.3.1　天花板

4.3.1.1　天花板的涂覆或装修材料无毒、无异味、不吸水、易清洁。天花板无裂缝、无破损、无霉斑、无灰尘积聚、无有害生物隐匿。

4.3.1.2　天花板宜距离地面2.5米以上。

4.3.1.3　食品处理区天花板的涂覆或装修材料耐高温、耐腐蚀。天花板与横梁或墙壁结合处宜有一定弧度。水蒸气较多区域的天花板宜有适当坡度。清洁操作区、准清洁操作区及其他半成品、成品暴露区域的天花板平整。

4.3.2　墙壁

4.3.2.1　食品处理区墙壁的涂覆或铺设材料无毒、无异味、不透水。墙壁平滑、无裂缝、无破损、无霉斑、无积垢。

4.3.2.2　需经常冲洗的场所（包括粗加工制作、切配、烹饪和餐用具清洗消毒等场所，下同）应铺设 1.5 米以上、浅色、不吸水、易清洗的墙裙。各类专间的墙裙应铺设到墙顶。

4.3.3　门窗

4.3.3.1　食品处理区的门、窗闭合严密，无变形、无破损。与外界直接相通的门和可开启的窗，应设置易拆洗、不易生锈的防蝇纱网或空气幕。与外界直接相通的门能自动关闭。

4.3.3.2　需经常冲洗的场所及各类专间的门应坚固、不吸水、易清洗。

4.3.3.3　专间的门、窗闭合严密，无变形、无破损。专间的门能自动关闭。专间的窗户为封闭式（用于传递食品的除外）。专间内外运送食品的窗口应专用、可开闭，大小以可通过运送食品的容器为准。

4.3.4　地面

4.3.4.1　食品处理区地面的铺设材料应无毒、无异味、不透水、耐腐蚀。地面平整、无裂缝、无破损、无积水积垢。

4.3.4.2　清洁操作区不得设置明沟，地漏应能防止废弃物流入及浊气逸出。

4.3.4.3　就餐区不宜铺设地毯。如铺设地毯，应定期清洁，保持卫生。

（五）洗手间

洗手间卫生是判断餐饮店对卫生是否重视的标准。因此在设计时应遵循以下要求。

① 洗手间位置应与就餐区设在同一层楼，避免顾客上下楼不便。

② 洗手间的标记要清晰、醒目。

③ 洗手间的空间要能容纳两人以上。

④ 绝不能与厨房连在一起，也不宜设在餐饮店中间或正对大门的地方，以免使人产生不良的联想，影响食欲。

⑤ 洗手间的地面要干爽，冲厕设备要经常检查，以防出现问题。

⑥ 洗手间的洗手池最好带台面，便于顾客使用，水龙头要美观、节水、简便易用。

⑦ 洗手间应配备必要的纸巾、洗手液等卫生用品，明亮的镜子是必不可少的。

⑧ 最好安装排气扇，以保证卫生间的通风，排除异味。

【案例】▶▶▶

洗手间地面有水惹纠纷

"不好，妈摔倒啦！"这声惊叫不停地在张女士的耳畔响起，搅得她几宿没睡着觉，每每想起日前发生的那一幕，她都不禁后怕。

那天，全家一起到某餐饮店吃饭，最高兴的要数76岁的老母亲，因为又可以尝到她最喜欢的鱼头汤了。高高兴兴地吃完饭，老太太要去方便一下，于是女儿张女士、儿媳和孙女起身陪同前往。张女士搀着老太太走进一间狭窄得只能容下一个人的洗手间，瓷砖地面上满是积水。张女士出来不一会儿，就听到门里"咣当"一声。推开门一看，老太太已经坐在了湿漉漉的地上，双腿在蹲坑的两边，嘴歪眼斜。三个人赶紧把老太太抬到椅子上，但老太太身体僵直，头渐渐往下耷拉，嘴角还不住地流出口水。经过抢救，老太太终于脱离了危险，现在在家卧床静养。

"我老母亲滑了这一下，可把我们全家吓得不轻，因为我母亲去年得过脑梗，我们都生怕她这一下子就过去了……"张女士说着说着，声音又哽咽了，"我父亲被吓得又犯了高血压，现在两位老人都卧病在床。明明是餐饮店轻而易举就能避免的事，现在却把我们家弄成了这样，反正我们会找他们讨个说法的……"

点评：

由此可见，餐饮店卫生间脏、湿、滑给顾客带来的不仅是感官上的"不爽"，而且让顾客使用时也十分"危险"，特别是行动不便的老年人，一旦出了问题，不但顾客受罪，餐饮店也难脱干系，所以餐饮店的经营管理者要将卫生间当作顾客"休息处"来维护管理。

（六）休息区

一般餐饮店都会在入口处设有休息区，主要设施是沙发及茶几，配以茶水服务，为顾客等候朋友或在客满时等待小憩之用。休息区的装饰风格应色调偏冷，给人宁静安闲的感觉，以免顾客在休息区等待时心浮气躁、心神不宁。

（七）停车场

停车场是吸引"开车族"进店消费的首要条件。由于餐饮店所处位置、面积、规模不同，停车场的布置形式也各有不同。在规划进入路线时要做好铺地、绿化、照明、背景等方面的处理，使进入路线明晰且充满趣味，使整体环境幽雅宜人。

> **提醒您：**
>
> 从停车场出来的顾客与步行来店的顾客进入餐饮店的路线往往不同，所以餐饮店的入口必须考虑到从两方向来的顾客。不能使停车后出来的顾客走回头路或使步行而来的顾客绕行，而要使他们以最捷径的路线进入餐饮店。

三、店铺气氛营造

用餐的乐趣除了品尝饭菜的味道之外，还有就是享受餐饮店里的气氛。好的气氛在给人视觉享受的同时也能增进人的食欲。

（一）色彩的搭配

在餐饮空间设计中，色彩搭配对环境氛围以及人们的心理感受起着不可忽视的作用。调查发现，人们在进入一个陌生空间的时候，80%左右的注意力是集中在空间中的一个突出的色块上，之后才会转向其他因素。

1.色彩运用对餐饮店的影响

营销界有一个著名的"7秒定律"：人们在7秒内就可以确定是否有购买意愿，而其中色彩的作用占到67%。同样地，颜色运用在餐饮店装修上，很大程度上也会决定消费者是否进门。具体来说，色彩对餐饮店有图1-3-12所示的影响。

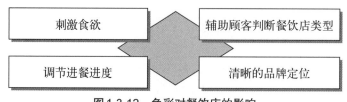

图1-3-12　色彩对餐饮店的影响

① 刺激食欲。大部分的餐饮店都比较倾向于选择红色、黄色、橙色等比较温暖而热烈的暖色系颜色。这是因为温暖的颜色更能和食物带来的饱腹感产生联系。

提醒您:

暖色系更能增进食欲,相反蓝色、紫色、黑色则能让你更冷静地控制食欲。

② 调节进餐进度。粉面类快餐店往往喜欢用红色、橙色这些能够使人感到愉悦和兴奋的颜色,加快消费者的就餐速度。而一些正餐或是休闲餐饮店,则会选择相对温和一些的颜色,这样会让顾客不自觉地放松心情,享受美食。

③ 辅助顾客判断餐饮店类型。顾客往往会从品牌的主题色去判断餐饮店类型。

比如,看到正红色就会联想到中式菜肴或者川菜,而明快的色彩组合则往往给人快餐店的感觉。

④ 清晰的品牌定位。主题色配合装潢以更加活跃和强烈的效果呈现的餐饮店,大多是大众餐饮,主要是想吸引时下的年轻人;选色上相对沉稳和优雅的,则大多是定位高端和以商务人士为主的餐饮店。

2. 色彩搭配的技巧

有的餐饮品牌会选择单一的主题色突出自身品牌,但是更多的餐饮品牌会选择不同颜色搭配组合来设计品牌形象。当然不同的颜色搭配也是有技巧的,具体如图1-3-13所示。

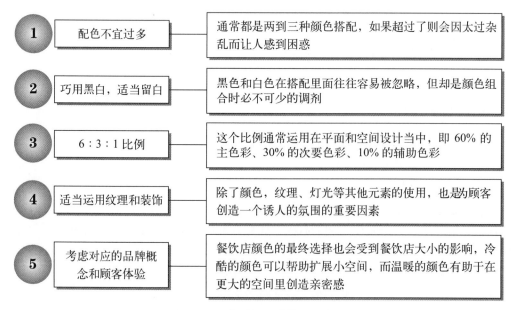

图1-3-13　餐饮店色彩搭配的技巧

【案例】 ▶▶▶

巧用色彩搭配为门店带来转机

小王在她居住的小区率先开了一家餐饮店，她在设计店面时也没有注重色彩的选择与搭配，就随便挑了宝蓝色作为墙面，而餐桌则选用的是大红色，餐椅为黄色。三原色在此汇聚一堂，整个环境显得极不和谐。

幸亏当时小区内仅此一家餐饮店，顾客无从选择，所以生意还算可以。但是好景不长，后来小王的餐饮店旁边又有一家餐饮店开业了。这家餐饮店深谙色彩之道，选用了明媚温暖的橙色为主要基调，同类色与对比色进行搭配，整个环境显得轻松活泼，令人食欲大增，所以开张以后顾客盈门，迅速占领了这个区域的市场。而小王的餐饮店顾客寥寥无几，最后只能停业重新装修以求转机。

小王听从色彩学专业人士的建议之后，将原先宝蓝色的墙壁和黄色餐桌椅都换成了浅蓝色，结果劣势迅速扭转，前来用餐的顾客络绎不绝。但是人们用完餐后迟迟不走，影响了翻台率。小王只得再次请教专业人士，将餐饮店里面的主色调改为橙色系列，结果事如所愿，顾客依然盈门，而且用餐时间周期缩短，餐饮店的翻台率增加。究其原因，因为蓝色带给人安宁、清雅之感，疲劳了一天的人们希望在此得到休息；而活泼的橙色在激起人们食欲的同时，也使长时间停留在此环境中的顾客坐立不安，从而缩短了用餐周期。

点评：

色彩搭配与运用是值得餐饮店投资者精心揣摩研究的一门学问。餐饮店投资者还要根据自身产品的目标对象设计餐饮店的主体色彩，选择目标顾客喜欢的配色。例如，以女性为主要服务对象的小餐饮店，一般利用淡黄色、淡紫色与玫瑰色配上金银等色装点。

（二）灯光设计

在餐饮店设计中，如果灯光运用得好，则会提高餐饮店的"颜值"。餐饮店灯光直接决定了顾客上传社交平台的照片质量，影响的是二次向外传播的效果。

1. 色温不宜过高

不同光源的色温，对环境氛围的渲染会有很大差异。色温越高，光线越偏冷；色温越低，光线越偏暖。

餐饮店用显色性好的暖色调能够吸引顾客的注意力，真实再现食物色泽，引起顾客食欲。不同的功能区域，可以用照度拉开梯度，餐桌面和展示空间的照度可以提高一些，相反，通道空间和过渡空间的照度可以适当降低。

◆ **提醒您：**

餐饮店里不建议使用白光，白光的色温太高，不能凸显食物的色彩，照出来的食物会暗淡无光泽，让人一看就没有食欲。

2. 餐桌提供重点照明

现在越来越多的餐饮店会选择在餐桌上方设置压低的吊灯。

比如，某烤肉店的灯光设计采用的是每一桌都采用金属吊灯来突出桌面，对餐桌进行重点照明。相对而言，周围的环境比较昏暗，所以集中在桌面的灯光无形中分割了空间区域，为每桌顾客制造了私密的用餐环境。如图 1-3-14 所示。

图1-3-14　餐饮店灯光设计效果

这样的私密感尤其适用于具有强社交属性的餐饮店，比如说适合聚餐的烤肉店、火锅店，或者是适合情侣约会的西餐店。当压低式的灯光作用在吱吱冒油的烤肉上，可以精准地表现出食物最真实饱满的状态，造成的视觉冲击让顾客更有食欲。

3. 灯光色调决定餐饮店的调性

室内灯光选用什么色调比较好？这个问题要根据餐饮店品牌的调性和定位来回答。在这里，灯光的色调是用来帮助餐饮店去调动顾客情绪和用餐氛围的。

比如，一家以科学实验室为主题的甜品店，为了营造一种冰冷的科技感，灯光采用白色，跟空间主色调青绿色以及金属元素搭配，效果就出来了。

4. 用灯光的明暗、虚实分割空间

利用灯光的明暗、虚实来区隔空间，是很多小而美或者餐位密集的餐饮店拯救空间的最佳方式。用灯光来区隔空间的优点在于，省去了物理性隔挡所带来的逼仄感，同时节约了装修成本，也容易灵活调整变动。

很多时候顾客不会特别注意餐饮店的灯光设置，但其实他们用餐时的情绪甚至动作却不自觉会受到灯光的影响：进店、经过过道和不同功能区、入座，然后在餐位上跟同行者交流，上菜后给菜品拍照、自拍，再到用餐……这期间顾客的所有感受，都会受到灯光设计细节的直接影响。

所以归根结底灯光于餐饮店而言，并不只是单纯的照明，而是烘托整个空间的核心元素。它为空间的色彩和质感带来细节上的优化，它的功能与食客的味觉、心理有着深远联系，与餐饮企业的经营定位也息息相关。所以好的灯光设计，最终还是落到为顾客带来舒适的用餐体验上面。

（三）背景音乐的选择

餐饮店是一个人群聚集的地方，人来人往，容易产生噪声。所以很多餐饮店选择不放音

乐，认为这会增加噪声量，影响客人的消费体验。其实餐饮店需要做的就是，营造一种轻松良好的就餐氛围，让顾客在里面感到愉快、心情放松，这不仅惠及顾客，也有利于给员工一个舒心的工作环境，提高员工的工作效率。

1. 音乐对顾客的影响

有个顾客路过一家餐饮店，原本还没有决定去哪里吃饭。结果有家餐饮店刚好播放了一首她很喜欢的音乐，于是她被吸引了，就进这家餐饮店了。点餐的时候还特意和服务员说：你们刚刚播放的那首歌我很喜欢，我就是被这首歌吸引着进到你们店里的。

于是顾客在用餐的时候，请求服务员再一次播放了这首音乐。顾客对这次服务体验很满意，她发现了一家值得再次光顾的餐饮店，也会对这家餐饮店做口碑宣传，无形中又扩大了品牌效应。

用餐时听优美的轻音乐，可使大脑交感神经兴奋，消化腺分泌的消化液增多，消化道的蠕动加强，促进肠胃的血液循环，使食物的消化和营养物质的吸收更加充分。

慢节奏音乐也可以使人细嚼慢咽，对肠胃产生舒缓作用，从而增强肠胃的消化功能；顾客的心情也会随之变好，用户体验会变得更好，这也是餐饮店服务增值的一个点。

音乐的效果有很多，主要在两个方面：一是影响人的心理状态，掩盖环境噪声；二是营造氛围，创造与室内环境相适应的气氛，因此在酒店、餐饮店、商场等被广泛应用。

2. 所选音乐要符合餐饮店的特色

餐饮店播放的音乐应该是有特色的，要与餐饮店的经营特色、消费群体对音乐的欣赏水平、餐饮店营业状况结合起来，选择恰当的音乐播放。

现在有很多特色主题餐饮店，他们在背景音乐的选择上就一定要与餐饮店的特色紧密结合，而且还要通过音乐营造和突出这种餐饮店特色，放大餐饮店的特色效应。

比如，南京某花园农庄是以鸟鸣、流水声等大自然原生态的声音纯音乐作为背景音乐。

有时候音乐还能影响用餐顾客的用餐节奏，提高翻台率。经营者可以根据餐饮店生意状况，通过对音乐节奏的把控来催促或延缓客人的就餐时间。餐饮店生意很好时，可以选择每分钟快于60拍的音乐节奏，这样的节奏有加快兴奋的作用，能加快顾客就餐的速度，提高餐饮店的翻台率。

3. 音乐选择应以轻松明快为主旋律

经营中可以根据餐饮店的最近状况来具体选择什么主题的音乐。顾客来到餐饮店消费希望可以放松，因此总的要求是音乐的播放要选择抒情风格或轻松的，而流行歌曲或重金属一类的音乐不适合大部分餐饮店。

 相关链接

如何按音乐作用挑选背景音乐

1. 缓解忧郁情绪

利用具有开畅心胸、纾解郁闷功效的乐曲来舒缓心情。可选择节奏明快、旋律流畅的乐曲，如贝多芬的《G大调小步舞曲》，民族乐曲如《阳关三叠》《步步高》等。

2. 消除烦躁心情

利用具有安神宁心、镇静功效的乐曲来调适心情。可选择旋律舒缓清悠、曲调低沉柔和的乐曲，如：《小夜曲》《摇篮曲》《梅花三弄》《春江花月夜》等。这类曲子适合环境清幽、享受心情的咖啡厅。

3. 抑制悲观情绪

利用使人轻松欣快的喜悦乐曲来调适情绪。可选择旋律悠扬、节奏明快多变、音色优美的乐曲，如：贝多芬《第五交响曲》，民族音乐《百鸟朝凤》等。

4. 刺激食欲

利用音乐旋律刺激、改善胃分泌及蠕动功能。可选择旋律优美淡雅、自然舒展平稳、强度变化不大的乐曲，如贝多芬的《春天奏鸣曲》第一乐章；柴可夫斯基的《四小天鹅舞曲》，民族音乐《渔舟唱晚》《平湖秋月》等。

第四章 餐饮店营运资质办理

第一节 营业执照办理

营业执照是工商行政管理机关发给工商企业、个体经营者的准许从事某项生产经营活动的凭证。没有营业执照的工商企业或个体经营者一律不许开业，不得刻制公章、签订合同、注册商标、刊登广告，银行不予开立账户。

一、个体户——"两证合一"

对于个体户来说，办理的营业执照为"两证合一"，即工商户营业执照和税务登记证两证整合。

那么，怎样算是个体户呢？《促进个体工商户发展条例》第二条规定："有经营能力的公民在中华人民共和国境内从事工商业经营，依法登记为个体工商户的，适用本条例。"

（一）个体工商户登记事项

个体工商户登记事项如下。

① 经营者的姓名及住所：申请登记个体工商户的公民的姓名和户籍所在地的详细住址。

② 组织形式：个人经营或家庭经营。

③ 经营范围：个体户从事经营活动所属的行业类别。

④ 经营场所：个体户营业所在地的详细地址。

⑤ 个体户可以使用名称，也可以不使用名称登记。使用名称的，名称亦作为登记事项。

（二）个体工商户营业执照办理所需材料

① 申请人签署的《个体工商户登记（备案）申请书》。

② 申请人资格文件、自然人身份证明。

③ 住所或者主要经营场所相关文件，提供房屋租赁合同原件及复印件、房产证复印件。

④ 法律、行政法规和国务院市场监督管理部门规定提交的其他文件。

（三）个体工商户营业执照办理流程

① 申请人填写材料，提交申请。

② 受理人员受理。

③ 地段管理人员进行核查。

④ 批准登记申请。

⑤ 受理人员在 10 日内发放营业执照。

提醒您：

　　申请人应当对提交材料的真实性、合法性和有效性负责，经营场所的表述要和房产证上的一致，复印材料要用 A4 纸，材料应用黑色的钢笔或签字笔填写。

相关链接

个体工商户的特征

　　（1）从事工商业经营必须依法核准登记。根据《中华人民共和国民法典》第五十四条以及《中华人民共和国税收征收管理法》第十五条相关规定，自然人从事工商业经营，必须经过依法登记，自领取营业执照之日起三十日内，持有关证件，向税务机关申报办理税务登记。

　　（2）个体工商户可以个人经营，也可以家庭经营。若个人经营的，以经营者本人为登记申请人；若家庭经营的，以家庭成员中主持经营者为登记申请人。

　　（3）个体工商户可以个人财产或者家庭财产作为经营资本。若是个人经营的，个体工商户的债务以个人财产承担；若是家庭经营的，个体工商户的债务以家庭财产承担；无法区分的，则以家庭财产承担。

　　（4）个体工商户只能经营法律法规允许个体经营的行业。申请登记的经营范围不属于法律、行政法规禁止进入的行业的，登记机关不予以登记。

二、企业——"五证合一"

　　自 2016 年 10 月 1 日起，我国正式实施"五证合一、一照一码"的登记制度。"五证"即工商营业执照、组织机构代码证、税务登记证、社会保险登记证和统计登记证。"五证合一"即登记部门直接核发加载统一社会信用代码的营业执照。

　　"五证合一"证件的办理流程如下。

（一）取名核名

　　① 按照公司名称结构规定给公司取名，建议取 5 个以上的名称备用，名称结构包含这几部分：行政区划名称、字号、行业或经营特点、组织形式。

　　② 咨询后领取并填写《名称（变更）预先核准申请书》《投资人授权委托意见》，同时准备相关材料。

　　③ 递交《名称（变更）预先核准申请书》《投资人授权委托意见》以及备用名称若干及相关材料，等待名称核准结果。

　　④ 领取《企业名称预先核准通知书》。

（二）提交申请资料

　　领取《企业名称预先核准通知书》后，编制公司章程，准备住所使用证明等相关材料，向市场监督管理局综合登记窗口提交登记申请材料，正式申请设立登记。

① 综合登记窗口收到申请人"五证合一"登记申请材料后，经审核提交材料齐全的，向申请人出具《"五证合一"受理通知书》。

② 提交材料不齐全或不符合法定形式的，不予核准通过，由综合登记窗口一次性告知申请人需要补正的全部材料。补正后的材料都符合要求的，综合登记窗口出具《"五证合一"受理通知书》。

（三）领取营业执照

综合登记窗口在五个工作日之内，应向申请人颁发加载统一社会信用代码的营业执照。申请人携带《"五证合一"受理通知书》、办理人身份证原件，到市场监督管理局领取营业执照正、副本。

（四）篆刻公章

餐饮企业领取营业执照后，经办人凭营业执照，到公安局指定刻章点办理刻章事宜。一般餐饮企业要刻的印章包括公章、财务专用章、合同专用章、法人代表人名章、发票专用章。

（五）银行开户

《人民币银行结算账户管理办法》规定，餐饮企业银行账户属于单位银行结算账户，按用途分为基本存款账户、一般存款账户、专用存款账户、临时存款账户，原则上应在注册地或住所地开立银行结算账户。一家餐饮企业只能在银行开立一个基本存款账户，是存款人因办理日常转账结算和现金收付需要而开立的银行结算账户。餐饮企业在银行开立基本存款账户，建议先和银行预约办事时间并确认所需材料的具体内容及份数、法定代表人是否需要临柜，一般需准备好如下资料。

① 营业执照的正副本。

② 法定代表人身份证原件。

③ 经办人身份证原件。

④ 法人代表人名章、公章、财务专用章。

⑤ 其他开户所需的材料。

第二节　食品生产许可证办理

食品生产许可证制度是食品质量安全市场准入制度的基础和核心。《中华人民共和国食品安全法》（以下简称《食品安全法》）第三十五条规定："国家对食品生产经营实行许可制度。从事食品生产、食品销售、餐饮服务，应当依法取得许可。但是，销售食用农产品和仅销售预包装食品的，不需要取得许可。"未取得食品生产许可证的企业不准生产食品。上述的餐饮服务包括正餐服务、快餐服务、饮料和冷饮服务、餐饮配送服务等。食品生产许可证式样如图 1-4-1 所示。

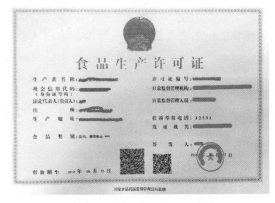

图 1-4-1　食品生产许可证式样

一、食品生产许可证申请

（一）申请资格

申请食品生产许可，应当先行取得营业执照等合法主体资格。企业法人、合伙企业、个人独资企业、个体工商户等，以营业执照载明的主体作为申请人。食品生产许可实行"一企一证"，对具有生产场所和设备设施并取得营业执照的一个食品生产者，从事食品生产活动，仅发放一张食品生产许可证。

（二）申请类别

申请食品生产许可，应当按照表 1-4-1 所列的食品类别提出。

表 1-4-1　申请食品生产许可的类别

序号	类别	序号	类别	序号	类别
1	粮食加工品	12	薯类和膨化食品	23	淀粉及淀粉制品
2	食用油、油脂及其制品	13	糖果制品	24	糕点
3	调味品	14	茶叶及相关制品	25	豆制品
4	肉制品	15	酒类	26	蜂产品
5	乳制品	16	蔬菜制品	27	保健食品
6	饮料	17	水果制品	28	特殊医学用途配方食品
7	方便食品	18	炒货食品及坚果制品	29	婴幼儿配方食品
8	饼干	19	蛋制品	30	特殊膳食食品
9	罐头	20	可可及焙烤咖啡产品	31	其他食品
10	冷冻饮品	21	食糖		
11	速冻食品	22	水产制品		

（三）申请条件

申请食品生产许可，应当符合下列条件。

① 具有与生产的食品品种、数量相适应的食品原料处理和食品加工、包装、贮存等场所，保持该场所环境整洁，并与有毒、有害场所以及其他污染源保持规定的距离。

② 具有与生产的食品品种、数量相适应的生产设备或者设施，有相应的消毒、更衣、盥洗、采光、照明、通风、防腐、防尘、防蝇、防鼠、防虫、洗涤以及处理废水、存放垃圾和废弃物的设备或者设施；保健食品生产工艺有原料提取、纯化等前处理工序的，需要具备与生产的品种、数量相适应的原料前处理设备或者设施。

③ 有专职或者兼职的食品安全专业技术人员、食品安全管理人员和保证食品安全的规章制度。

④ 具有合理的设备布局和工艺流程，防止待加工食品与直接入口食品、原料与成品交叉污染，避免食品接触有毒物质、不洁物。

⑤ 法律法规规定的其他条件。

（四）申请资料

申请食品生产许可，应当向申请人所在地县级以上地方市场监督管理部门提交如图 1-4-2 所示的材料。

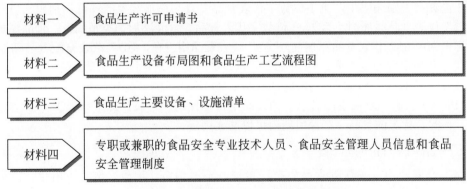

图1-4-2　申请食品生产许可证应提供的材料

提醒您：

　　申请人委托他人办理食品生产许可申请的，代理人应当提交授权委托书以及代理人的身份证明文件。

二、食品生产许可证管理

　　食品生产许可证分为正本、副本，正本、副本具有同等法律效力。

（一）食品生产许可证载明事项

　　食品生产许可证应当载明：生产者名称、社会信用代码（个体生产者为身份证号码）、法定代表人（负责人）、住所、生产地址、食品类别、许可证编号、有效期、发证机关、发证日期和二维码。

（二）食品生产许可证编号组成

　　食品生产许可证编号由SC（"生产"的汉语拼音字母缩写）和14位阿拉伯数字组成。数字从左至右依次为：3位食品类别编码、2位省（自治区、直辖市）代码、2位市（地）代码、2位县（区）代码、4位顺序码、1位校验码，如图1-4-3所示。

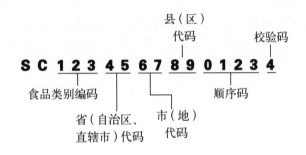

图1-4-3　食品生产许可证编号组成

前 3 位食品类别编码中，第 1 位数字代表食品、食品添加剂生产许可识别码，"1"代表食品，"2"代表食品添加剂。第 2、3 位数字代表食品、食品添加剂类别编号。食品添加剂类别编号标识为："01"代表食品添加剂，"02"代表食品用香精，"03"代表复配食品添加剂。

新获证及换证食品生产者，应当在食品包装或者标签上标注新的食品生产许可证编号，不再标注"QS"标志。食品生产者存有的带有"QS"标志的包装和标签，可以继续使用完。2018 年 10 月 1 日起，食品生产者生产的食品不得再使用原包装、标签和"QS"标志，使用原包装、标签、标志的食品，在保质期内可以继续销售。

（三）食品生产许可证保管

食品生产者应当妥善保管食品生产许可证，不得伪造、涂改、倒卖、出租、出借、转让。食品生产者应当在生产场所的显著位置悬挂或者摆放食品生产许可证正本。

三、相关法律责任

① 未取得食品生产许可从事食品生产活动的，由县级以上地方市场监督管理部门依照《食品安全法》第一百二十二条的规定给予处罚。

② 许可申请人隐瞒真实情况或者提供虚假材料申请食品生产许可的，由县级以上地方市场监督管理部门给予警告。申请人在 1 年内不得再次申请食品生产许可。

③ 被许可人以欺骗、贿赂等不正当手段取得食品生产许可的，由原发证的市场监督管理部门撤销许可，并处 1 万元以上 3 万元以下罚款。被许可人在 3 年内不得再次申请食品生产许可。

④ 食品生产者伪造、涂改、倒卖、出租、出借、转让食品生产许可证的，由县级以上地方市场监督管理部门责令改正，给予警告，并处 1 万元以下罚款；情节严重的，处 1 万元以上 3 万元以下罚款。

⑤ 食品生产者未按规定在生产场所的显著位置悬挂或者摆放食品生产许可证的，由县级以上地方市场监督管理部门责令改正；拒不改正的，给予警告。

⑥ 食品生产许可证有效期内，食品生产者名称、现有设备布局和工艺流程、主要生产设备设施等事项发生变化，需要变更食品生产许可证载明的许可事项，未按规定申请变更的，由原发证的市场监督管理部门责令改正，给予警告；拒不改正的，处 1 万元以上 3 万元以下罚款。

⑦ 食品生产许可证副本载明的同一食品类别内的事项发生变化，食品生产者未按规定报告的，食品生产者终止食品生产，食品生产许可被撤回、撤销或者食品生产许可证被吊销，未按规定申请办理注销手续的，由原发证的市场监督管理部门责令改正；拒不改正的，给予警告，并处 5000 元以下罚款。

⑧ 被吊销生产许可证的食品生产者及其法定代表人、直接负责的主管人员和其他直接责任人员自处罚决定作出之日起 5 年内不得申请食品生产经营许可，或者从事食品生产经营管理工作、担任食品生产经营企业食品安全管理人员。

🔖 提醒您：

无证无照经营是违法行为，不仅会被强制停止经营活动、没收违法所得再处以罚款，甚至还会被记入不良信用记录并予以公示，影响品牌信誉。

第三节 食品经营许可证办理

在中华人民共和国境内从事食品销售和餐饮服务活动，应当依法取得食品经营许可。食品经营许可实行一地一证原则，即食品经营者在一个经营场所从事食品经营活动，应当取得一个食品经营许可证。食品经营许可证正本、副本式样如图1-4-4、图1-4-5所示。

图1-4-4 食品经营许可证正本式样

图1-4-5 食品经营许可证副本式样

一、食品经营许可证申请

（一）申请资格

申请食品经营许可，应当先行取得营业执照等合法主体资格。

① 企业法人、合伙企业、个人独资企业、个体工商户等，以营业执照载明的主体作为申请人。

② 机关、事业单位、社会团体、民办非企业单位、企业等申办单位食堂，以机关或者事业单位法人登记证、社会团体登记证或者营业执照等载明的主体作为申请人。

（二）申请类别

申请食品经营许可，应当按照食品经营主体业态和经营项目分类提出。

（1）主体业态

食品经营主体业态分为图 1-4-6 所示的 3 种。

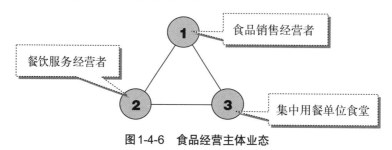

图1-4-6　食品经营主体业态

> **提醒您：**
>
> 食品经营者申请通过网络经营、建立中央厨房或者从事集体用餐配送的，应当在主体业态后以括号标注。

（2）食品经营项目分类

食品经营项目分为食品销售、餐饮服务、食品经营管理三类。食品经营项目可以复选。

食品销售，包括散装食品销售、散装食品和预包装食品销售。

餐饮服务，包括热食类食品制售、冷食类食品制售、生食类食品制售、半成品制售、自制饮品制售等，其中半成品制售仅限中央厨房申请。

食品经营管理，包括食品销售连锁管理、餐饮服务连锁管理、餐饮服务管理等。

食品经营者从事散装食品销售中的散装熟食销售、冷食类食品制售中的冷加工糕点制售和冷荤类食品制售应当在经营项目后以括号标注。

具有热、冷、生、固态、液态等多种情形，难以明确归类的食品，可以按照食品安全风险等级最高的情形进行归类。

国家市场监督管理总局可以根据监督管理工作需要对食品经营项目进行调整。

（三）申请条件

根据《食品经营许可和备案管理办法》规定，申请食品经营许可，应当符合如图 1-4-7 所示的条件。

条件一　具有与经营的食品品种、数量相适应的食品原料处理和食品加工、销售、贮存等场所，保持该场所环境整洁，并与有毒、有害场所以及其他污染源保持规定的距离

条件二　具有与经营的食品品种、数量相适应的经营设备或者设施，有相应的消毒、更衣、盥洗、采光、照明、通风、防腐、防尘、防蝇、防鼠、防虫、洗涤以及处理废水、存放垃圾和废弃物的设备或者设施

| 条件三 | 有专职或者兼职的食品安全总监、食品安全员等食品安全管理人员和保证食品安全的规章制度 |

| 条件四 | 具有合理的设备布局和工艺流程，防止待加工食品与直接入口食品、原料与成品交叉污染，避免食品接触有毒物、不洁物 |

| 条件五 | 食品安全相关法律、法规规定的其他条件 |

图1-4-7　申请食品经营许可的条件

提醒您：

　　申请人应当如实向市场监督管理部门提交有关材料和反映真实情况，对申请材料的真实性负责，并在申请书等材料上签名或者盖章。

二、食品经营许可证管理

　　食品经营许可证分为正本、副本，正本、副本具有同等法律效力。

（一）食品经营许可证载明事项

　　食品经营许可证应当载明：经营者名称、统一社会信用代码（个体经营者为身份证号码）、法定代表人（负责人）、住所、经营场所、主体业态、经营项目、许可证编号、有效期、投诉举报电话、发证机关、发证日期，并赋有二维码。

（二）食品经营许可证编号组成

　　食品经营许可证编号由 JY（"经营"的汉语拼音首字母缩写）和 14 位阿拉伯数字组成。数字从左至右依次为：1 位主体业态代码、2 位省（自治区、直辖市）代码、2 位市（地）代码、2 位县（区）代码、6 位顺序码、1 位校验码，如图 1-4-8 所示。其中主体业态类别编码用 1、2、3 标识，具体为：1 代表食品销售经营者；2 代表餐饮服务经营者；3 代表单位食堂。

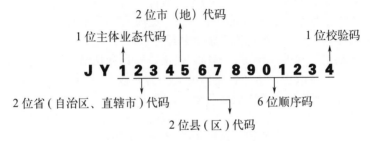

图1-4-8　食品经营许可证编号组成

　　食品经营许可证编号在全国范围内是唯一的，任何一个从事食品经营活动的市场主体只能拥有一个许可证编号，任何一个许可证编号只能赋给一个市场主体。市场主体在从事食品经营活动存续期间，许可证编号保持不变。食品经营许可证注销后，该许可证编号应被系统保留，不能再赋给其他市场主体。

（三）食品经营许可证保管

① 食品经营者应当妥善保管食品经营许可证，不得伪造、涂改、倒卖、出租、出借、转让。

② 食品经营者应当在经营场所的显著位置悬挂、摆放纸质食品经营许可证正本或者展示其电子证书。

（四）食品经营许可证变更

① 食品经营许可证载明的事项发生变化的，食品经营者应当在变化后十个工作日内向原发证的市场监督管理部门申请变更食品经营许可。

② 食品经营者地址迁移，不在原许可经营场所从事食品经营活动的，应当重新申请食品经营许可。外设仓库地址发生变化的，食品经营者应当在变化后十个工作日内向原发证的市场监督管理部门报告。

③ 申请变更食品经营许可的，应当提交如图 1-4-9 所示的申请材料。

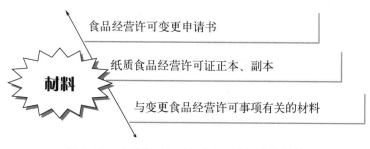

图1-4-9　申请变更食品经营许可应提交的材料

三、相关法律责任

① 未取得食品经营许可从事食品经营活动的，由县级以上地方市场监督管理部门依照《食品安全法》第一百二十二条的规定给予处罚。

② 许可申请人隐瞒真实情况或者提供虚假材料申请食品经营许可的，由县级以上地方市场监督管理部门给予警告。申请人在一年内不得再次申请食品经营许可。

③ 被许可人以欺骗、贿赂等不正当手段取得食品经营许可的，由原发证的市场监督管理部门撤销许可，并处一万元以上三万元以下罚款；造成危害后果的，处三万元以上二十万元以下罚款。被许可人在三年内不得再次申请食品经营许可。

④ 食品经营者伪造、涂改、倒卖、出租、出借、转让食品经营许可证的，由县级以上地方市场监督管理部门责令改正，给予警告，并处一万元以上三万元以下罚款，情节严重的，处三万元以上十万元以下罚款；造成危害后果的，处十万元以上二十万元以下罚款。

⑤ 食品经营者未按规定在经营场所的显著位置悬挂或者摆放食品经营许可证的，由县级以上地方市场监督管理部门责令改正；逾期不改的，给予警告。

⑥ 食品经营许可证载明的主体业态、经营项目等许可事项发生变化，食品经营者未按规定申请变更经营许可的，由县级以上地方市场监督管理部门依照《食品安全法》第一百二十二条的规定给予处罚。

⑦ 食品经营者外设仓库地址发生变化，未按规定报告的，由县级以上地方市场监督管理部门责令改正；逾期不改的，处一千元以上一万元以下罚款。

⑧ 被吊销经营许可证的食品经营者及其法定代表人、直接负责的主管人员和其他直接责任人员自处罚决定作出之日起五年内不得申请食品生产经营许可，或者从事食品生产经营管理工作、担任食品生产经营企业食品安全管理人员。

【案例】▶▶

伪造营业执照及食品经营许可证被查处

××市市场监督管理局接到举报称位于某街道的一家餐饮店涉嫌无照经营，要求查处。执法人员立即前往现场检查，当事人现场提供载有统一社会信用代码的营业执照及食品经营许可证，但其核定的名称及主体业态与经营范围不符，可能存有"猫腻"。执法人员回到单位后立即用核准证照的系统进行查询，均未查询到当事人提供的证照信息。当天下午，执法人员再次对该餐饮店进行了检查，并对相关证照进行了扣押。

经查，当事人李某为了能入驻某外卖平台，私自拨打电线杆小广告上的办证号码，联系卖家以共计715元的价格购得伪造的核发机关为××区市场监督管理局的营业执照正副本以及食品经营许可证等证照并在店内使用。因当事人的行为涉嫌构成伪造、变造、买卖国家机关证件的行为，涉嫌刑事犯罪，该所已将此案移交××市公安分局进行处理。

市场监管部门提醒，消费者在消费时应注意查看餐饮企业的营业执照、食品经营许可证以及证照的有效期，也提醒商户合法守法经营，莫以一时的贪念和方便造成终生遗憾，同时提醒各大外卖平台，注意核查入驻商户是否拥有合法的经营证照。

第四节　消防手续办理

一、基本要求

《中华人民共和国消防法》第十五条明确规定，公众聚集场所投入使用、营业前消防安全检查实行告知承诺管理。公众聚集场所在投入使用、营业前，建设单位或者使用单位应当向场所所在地的县级以上地方人民政府消防救援机构申请消防安全检查，作出场所符合消防技术标准和管理规定的承诺，提交规定的材料，并对其承诺和材料的真实性负责。

消防救援机构对申请人提交的材料进行审查；申请材料齐全、符合法定形式的，应当予以许可。消防救援机构应当根据消防技术标准和管理规定，及时对作出承诺的公众聚集场所进行核查。

申请人选择不采用告知承诺方式办理的，消防救援机构应当自受理申请之日起十个工作日内，根据消防技术标准和管理规定，对该场所进行检查。经检查符合消防安全要求的，应当予以许可。

公众聚集场所未经消防救援机构许可的，不得投入使用、营业。消防安全检查的具体办法，由国务院应急管理部门制定。

二、消防手续办理流程及要求

（一）消防手续办理流程

1. 申请消防安全检查

餐饮店在投入使用、营业前，需向所在地的县级以上地方人民政府消防救援机构提交消防安全检查申请。

申请材料通常包括申请书、餐饮店位置平面图、消防安全管理制度、灭火和应急疏散预案、消防安全管理组织机构、场所内灭火器材配置情况等。

2. 消防救援机构审核与检查

消防救援机构在收到申请后，会对申请材料进行审查，并派员进行实地检查。检查内容涵盖消防设施的配备和运行情况、消防通道和安全出口的畅通情况、消防管理制度的落实情况等。

3. 颁发消防安全检查合格证

若经检查符合消防安全要求，消防救援机构会颁发消防安全检查合格证。餐饮店在取得该证后方可正式投入使用、营业。

（二）消防手续办理要求

1. 新建、扩建或改建餐饮场所的消防验收

对于新建、扩建或改建的餐饮场所，在工程竣工后还需进行消防验收。验收申请材料包括工程竣工图纸、消防设施检测报告等。

消防救援机构会对场所进行消防验收，主要检查消防设施的配备和运行情况，以及消防通道、安全出口等是否符合消防技术标准。

2. 消防设施的配备与维护

餐饮店需按照消防技术标准和管理规定，配备相应的消防设施，如灭火器、消火栓、烟雾报警器等。定期对消防设施进行检查、维护和保养，确保其完好有效。

3. 消防安全管理制度的落实

餐饮店需制定完善的消防安全管理制度，包括消防安全责任制、消防安全操作规程、灭火和应急疏散预案等。定期对员工进行消防安全培训，提高员工的消防安全意识和应急处理能力。

4. 消防通道的畅通与安全出口的设置

餐饮店需确保消防通道畅通无阻，不得堆放杂物或设置障碍物。设置明显的安全出口标识和应急照明设施，确保在紧急情况下人员能够迅速疏散。

三、消防检查注意事项

（一）营业前消防检查

公安机关消防机构对公众聚集场所投入使用、营业前进行消防安全检查，应检查下列内容。

① 建筑物或者场所是否依法通过消防验收合格或者进行竣工验收消防备案抽查合格；依法进行竣工验收消防备案但没有进行备案抽查的建筑物或者场所是否符合消防技术标准。

② 消防安全制度、灭火和应急疏散预案是否制定。

③ 自动消防系统操作人员是否持证上岗，员工是否经过岗前消防安全培训。

④ 消防设施、器材是否符合消防技术标准并完好有效。

⑤ 疏散通道、安全出口和消防车通道是否畅通。

⑥ 室内装修材料是否符合消防技术标准。

⑦ 外墙门窗上是否设置影响逃生和灭火救援的障碍物。

（二）营业中消防检查

公安机关消防机构对单位履行法定消防安全职责情况的监督抽查，应当根据单位的实际情况检查下列内容。

① 建筑物或者场所是否依法通过消防验收或者进行竣工验收消防备案，公众聚集场所是否通过投入使用、营业前的消防安全检查。

② 建筑物或者场所的使用情况是否与消防验收或者进行竣工验收消防备案时确定的使用性质相符。

③ 消防安全制度、灭火和应急疏散预案是否制定。

④ 消防设施、器材和消防安全标志是否定期组织维修保养，是否完好有效。

⑤ 电气线路、燃气管路是否定期维护保养、检测。

⑥ 疏散通道、安全出口、消防车通道是否畅通，防火分区是否改变，防火间距是否被占用。

⑦ 是否组织防火检查、消防演练和员工消防安全教育培训，自动消防系统操作人员是否持证上岗。

⑧ 生产、储存、经营易燃易爆危险品的场所是否与居住场所设置在同一建筑物内。

⑨ 生产、储存、经营其他物品的场所与居住场所设置在同一建筑物内的，是否符合消防技术标准。

⑩ 抽查室内装修材料是否符合消防技术标准、外墙门窗上是否设置影响逃生和灭火救援的障碍物。

第五节　环保审批办理

一、基本要求

根据《中华人民共和国环境影响评价法》相关规定，国家根据建设项目对环境的影响程度，对建设项目的环境影响评价实行分类管理。餐饮、娱乐场所应当填报环境影响登记表，国家对环境影响登记表实行备案管理。若餐饮店未依法备案建设项目环境影响登记表的，由县级以上生态环境主管部门责令备案，处五万元以下的罚款。

🔷 **提醒您：**

餐饮店在日常运营过程中应当遵守《中华人民共和国噪声污染防治法》《中华人民共和国大气污染防治法》等法律法规的要求。

二、建设项目环境影响登记表备案指南

① 建设项目环境影响登记表备案采用网上备案方式。生态环境部（原环境保护部）统一布设建设项目环境影响登记表网上备案系统（以下简称网上备案系统），县级生态环境主管部门负责本行政区域内的建设项目环境影响登记表备案管理并向社会公告网上备案系统地址链接信息。餐饮店应当在建设项目建成并投入生产运营前，登录网上备案系统，在网上备案系统注册真实信息，在线填报并提交建设项目环境影响登记表。

② 餐饮店在办理建设项目环境影响登记表备案手续时，应当同时就其填报的环境影响登记表内容的真实性、准确性、完整性作出承诺，并在登记表中的相应栏目由该建设单位的法定代表人或者主要负责人签署姓名。

③ 餐饮店在线提交建设项目环境影响登记表后，网上备案系统自动生成备案编号和回执，该建设项目环境影响登记表备案即为完成。餐饮店可以自行打印留存其填报的建设项目环境影响登记表及建设项目环境影响登记表备案回执。建设项目环境影响登记表备案回执是生态环境主管部门确认收到建设单位环境影响登记表的证明。

④ 建设项目环境影响登记表备案完成后，餐饮店或者其法定代表人或者主要负责人在建设项目建成并投入生产运营前发生变更的，餐饮店应当依照本办法规定再次办理备案手续。

三、餐饮油烟排放管理

排放油烟的餐饮服务业经营者应当在运营过程中符合如下要求。

① 必须安装油烟净化设施并保持正常使用，或者采取其他油烟净化措施。国务院《大气污染防治行动计划》明确提出："开展餐饮油烟污染治理。城区餐饮服务经营场所应安装高效油烟净化设施，推广使用高效净化型家用吸油烟机。"

② 油烟应当严格按照国家标准《饮食业油烟排放标准》排放，并防止对附近居民的正常生活环境造成污染。目前执法实践中，安装并正常运行符合"标准限值"要求的油烟净化设施视同达标。未经任何油烟净化设施净化的油烟排放视同超标排放。

③ 在下列三类场所禁止新建、改建、扩建产生油烟、异味、废气的餐饮服务项目：居民住宅楼、未配套设立专用烟道的商住综合楼、商住综合楼内与居住层相邻的商业楼层。

④ 不得在政府禁止的区域内露天烧烤，此外，县级以上地方人民政府可依据重污染天气的预警等级，及时启动应急预案，根据应急需要停止露天烧烤。露天烧烤易产生大量油烟，是餐饮业中的"排烟大户"，但并非全部禁止，如《北京市禁止露天烧烤食品的规定》中划定了禁止露天烧烤区域，"禁止在本市城区和近郊区城镇地区的街道、胡同、广场、居住小区、公共绿地等公共场所露天烧烤食品"，"生活消费品、生产资料市场的开办单位应当加强监督检查，制止在市场内露天烧烤食品"。

四、噪声污染防治管理

对于噪声排放标准，我国在《声环境质量标准》中规定了5类声环境功能区的环境噪声限值，如表1-4-2所示。

表1-4-2　环境噪声限值　　　　　　　　　　　　单位：dB（A）

声环境功能区类别		时段	
		昼间	夜间
0类		50	40
1类		55	45
2类		60	50
3类		65	55
4类	4a类	70	55
	4b类	70	60

注：0类声环境功能区：指康复疗养区等特别需要安静的区域。

1类声环境功能区：指以居民住宅、医疗卫生、文化体育、科研设计、行政办公为主要功能，需要保持安静的区域。

2类声环境功能区：指以商业金融、集市贸易为主要功能，或者居住、商业、工业混杂，需要维护住宅安静的区域。

3类声环境功能区：指以工业生产、仓储物流为主要功能，需要防止工业噪声对周围环境产生严重影响的区域。

4类声环境功能区：指交通干线两侧一定区域之内，需要防止交通噪声对周围环境产生严重影响的区域，包括4a和4b类两种类型。4a类为高速公路、一级公路、二级公路、城市快速路、城市主干路、城市次干路、城市轨道交通（地面段）、内河航道两侧区域；4b类为铁路干线两侧区域。

对于餐饮店而言，首先要确定餐饮店所处位置是属于哪一类区域，从而判断适用何种标准，以便进行音量控制；其次，在餐饮店日常经营过程中应当遵循如下要求。

① 不得使用高音广播喇叭或者采用其他发出高噪声的方法招揽顾客，不得在城市市区噪声敏感建筑物集中区域（即医院、学校、机关、科研单位、住宅等需要保持安静的建筑物）使用高音广播喇叭。

② 使用空调器、冷却塔等可能产生环境噪声污染的设备、设施的，其边界噪声不得超过国家规定的环境噪声排放标准。

③ 对空调制冷设备、风机等容易产生噪声的设备应该配套建设隔音板、减振垫等隔声、减振设施，保证噪声污染防治设施的正常运行，确保噪声符合国家规定的排放标准。

第二篇

餐饮企业店面运营与管理

第一章　餐厅厨务管理

第一节　厨房岗位描述

一、厨房组织机构设置

（一）厨房要具备的要素

① 一定数量的生产工作人员（有一定专业技术的厨师、厨工及相关工作人员）。
② 生产所必需的设施和设备。
③ 必需的生产作业场地。
④ 满足需要的烹饪原料。
⑤ 适用的能源等。

（二）厨房的分类

① 按厨房规模划分，有大型厨房、中型厨房、小型厨房、超小型厨房。
② 按餐饮风味类别划分，有中餐厨房、西餐厨房、其他风味菜厨房。
③ 按厨房生产功能划分：加工厨房，负责对各类鲜活烹饪原料进行初步加工（宰杀、去毛、洗涤）、对干货原料进行涨发，以及对原料进行刀工处理和适当保藏的场所；宴会厨房，指为宴会厅服务、主要生产烹制宴会菜肴的场所；零点厨房，专门用来生产烹制客人临时、零散点菜的场所，即该厨房对应的餐厅为零点餐厅；冷菜厨房，又称冷菜间，是加工制作、出品冷菜的场所；面点厨房，是加工制作面食、点心及饭粥类食品的场所，在中餐被称为点心间，在西餐厅多叫面饼房；咖啡厅厨房，负责为咖啡厅供应菜肴的场所；烧烤厨房，专门用于加工制作烧烤类菜肴的场所；快餐厨房，加工制作快餐食品的场所。

（三）厨房各部门职能

1. 加工部门

加工部门是厨房生产的第一环节，主要负责将蔬菜、水产、肉类等各种原料进行拣摘、洗涤、宰杀、整理，即所谓的初加工；干货原料的涨发、洗涤、处理也在初加工范畴。

2. 配菜部门

又称砧墩或案板切配，负责按照菜肴制作要求进行主料、配料、料头（又叫小料，主要是配到菜肴里起增香作用的葱、姜、蒜等）的组合配制。

3. 炉灶部门

负责将配制完成的组合原料进行加热、杀菌、消毒和调味处理，使之成为符合风味、质地、营养、卫生要求的成品。

4.冷菜部门

负责冷菜（亦称凉菜）的刀工处理、腌制、烹调及改刀装盘工作。

5.点心部门

主要负责点心的制作和供应。

（四）厨房组织机构

厨房组织机构是厨房各层级、各岗位在厨房当中的位置和联络关系。

连锁餐饮企业的厨房组织架构如图2-1-1所示。

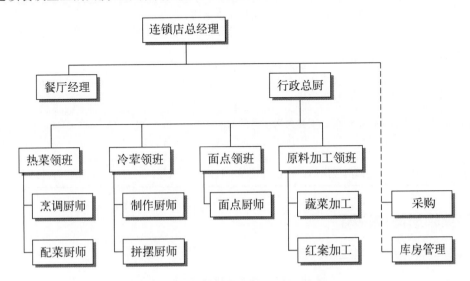

图2-1-1　连锁餐饮企业的厨房组织架构

二、行政总厨岗位说明

行政总厨岗位说明如表2-1-1所示。

表2-1-1　行政总厨岗位说明

报告上级	连锁店总经理	督导下级	热菜领班、冷荤领班、面点领班、原料加工领班
岗位职责	（1）全面负责厨房各项管理工作 （2）在连锁店总经理的领导下主持厨房日常工作 （3）负责厨房的督导检查工作		
工作程序与标准	（1）负责制定并监督实施厨房管理制度 （2）负责菜单的筹划和更换工作 （3）负责制订厨房生产计划，并监督、协调、检查计划执行，保证厨房工作任务得到落实，及时处理各种突发事件和存在的问题，提出改进意见，使厨房各环节的工作正常运转 （4）保证每个部位当天所需原料供应充足，合理使用原料，控制成本 （5）定期检查仓库存量，保证有充足的原料；验收交货质量和数量，保证适当的储存，有效地控制各部位用货 （6）挖掘增加菜品、降低成本的办法及途径等 （7）保证菜品质量符合客人要求，监督员工用正确方法准备、制作菜品，随时检查菜品质量以及装盘和装饰的方法是否正确 （8）客人至上，虚心听取客人的意见和建议，不断提高菜品质量，创造新的菜式和制作方法，丰富菜品的花色品种，满足客人的要求		

报告上级	连锁店总经理	督导下级	热菜领班、冷荤领班、面点领班、原料加工领班
工作程序 与标准	（9）每天检查厨房卫生，厨师的仪表仪容、出勤以及遵守店规店纪等情况 （10）根据当天业务量大小，合理安排好厨房员工，使其团结协作，圆满完成各项任务 （11）对厨师进行定期培训 （12）协调与其他班组的关系，加强通力合作，人尽其才，各尽所能 （13）负责督导厨房设备负责人对设备用具进行科学管理，审定厨房设备的更新添置计划 （14）完成上级指派的其他工作		
任职条件	（1）有较强事业心、责任心和良好的个人素质 （2）熟悉厨房生产的工作流程，全面掌握热菜、冷荤及面点的生产制作方法，并有一技之长 （3）有较强的组织管理能力和全面的厨房成本核算控制能力 （4）具有中专以上学历，有3年以上厨房全面管理工作经历，达到××厨师水平 （5）身体健康，仪表端庄		
权利	（1）有组织、指挥、安排厨房生产的权利 （2）有决定厨房班次、安排厨房各岗位人员工作的权利 （3）对厨房员工的奖惩有决定权，对厨房员工的招聘及辞退有建议权 （4）对采购部门提供的不符合质量要求和未经申请采购的厨房食品原料有处理决定权		

三、热菜领班岗位说明

热菜领班岗位说明如表2-1-2所示。

表2-1-2　热菜领班岗位说明

报告上级	行政总厨	督导下级	烹调厨师、配菜厨师
岗位职责	（1）负责热菜厨房的日常工作 （2）保证菜品质量、数量、规格合乎店里规定的标准		
工作程序 与标准	（1）按照工作程序与标准做好餐前的准备工作 （2）核对客人订单，根据员工的技术水平和知识掌握情况分配工作，保证菜品质量和工作效率 （3）密切与餐厅保持联系，有效地解决因菜品质量发生的投诉问题 （4）保证本厨房使用设备设施的清洁完好，保持好环境卫生 （5）收集中外宾客对菜肴的意见和建议，以便改进并加以提高 （6）检查厨房员工仪表仪容、个人卫生和出勤情况 （7）决定厨房员工的调配，指定重要宴会及重点宾客菜肴的制作人选并督促落实 （8）加强培训，提高员工的技术水平和业务能力，定期对员工进行考核 （9）定期对厨房的员工进行绩效评估，向行政总厨提出奖惩建议 （10）与厨房员工协调合作，解决员工之间的矛盾 （11）保证厨房日常工作的顺利进行 （12）完成上级指派的其他工作		
任职条件	（1）有较强事业心、责任心和良好的个人素质 （2）熟悉热菜生产的全部工艺流程，拥有良好的热菜制作技术 （3）有一定的组织管理能力 （4）具有中专以上学历，有两年以上热菜制作工作经历，达到××厨师水平 （5）身体健康，仪表端庄		

续表

报告上级	行政总厨	督导下级	烹调厨师、配菜厨师
权利	（1）有组织、指挥、安排、热菜生产的权利 （2）有指挥、安排烹调厨师和配菜厨师工作的权利 （3）对烹调厨师和配菜厨师的奖惩有建议权，对烹调厨师和配菜厨师的招聘及辞退有建议权 （4）对采购部门提供的不符合质量要求的原料有拒收决定权		

四、烹调厨师岗位说明

烹调厨师岗位说明如表 2-1-3 所示。

表2-1-3　烹调厨师岗位说明

报告上级	热菜领班	督导下级	无
岗位职责	严格按照本岗工作程序与标准及领班的指派，优质高效地完成菜品的制作，以满足宾客的要求		
工作程序与标准	（1）上岗后，确保炉灶、案台、调料罐的卫生，并备足调料 （2）负责所有清汤、奶汤和食材的准备工作，以保证开餐前正常使用 （3）负责热菜装饰品的准备工作，以保证菜品出盘时造型美观 （4）保持冰箱内食品的整齐，经常洗刷，定期消毒 （5）保持地面和工作台面的整齐、清洁，保证其无污物、无污垢 （6）上火前认真检查加工原料的质量，不得用腐烂变质的原料 （7）遵守操作程序和工艺要求，制作优质的菜品，要按照菜单的顺序上菜 （8）烹调时注意检查配料，严格把关，做到变味的不做、数量不足的不做、配料不齐的不做、不符合规格的不做 （9）严格把好出菜关，做到五不出，即火候不够的不出、口味不纯的不出、颜色不正的不出、不符合卫生标准的不出、数量不够的不出 （10）做宴会菜时要根据宴会进度和服务员的要求做菜，保证菜品质量和火候 （11）保持本岗工作区域的环境卫生，做好本岗工具、用具、设备、设施的清洁、维护和保养 （12）严格执行煤气使用操作规程，做好安全防火工作 （13）工作结束后，认真清理好灶、案、调料罐等的卫生，检查煤气是否关好，做好收尾工作 （14）完成上级指派的其他工作		
任职条件	（1）有责任心，服从指挥与领导 （2）熟悉热菜制作的全部工艺流程，拥有良好的热菜制作技术 （3）具有中专以上学历，有两年以上热菜制作工作经历，达到××厨师水平 （4）身体健康，仪表端庄		
权利	（1）有对热菜制作相关原料的质量提出异议的权利 （2）有使用相关设备的权利		

五、配菜厨师岗位说明

配菜厨师岗位说明如表 2-1-4 所示。

表2-1-4　配菜厨师岗位说明

报告上级	热菜领班	督导下级	无
岗位职责	严格按照本岗工作程序与标准及领班的指派，做好餐前各项准备工作		
工作程序与标准	（1）严格遵守店规店纪，坚守工作岗位，不得擅离职守、串班聊天、干私活 （2）按规定着装、系围裙、戴帽子 （3）把好原料的进货验收关，做到四不收，即无卫生许可证的不收、变色的不收、变味的不收、变质的不收 （4）加强冰箱管理，冰箱中的各种原料要摆放整齐；一切原料要按进货顺序，做到先进先用，后进后用，以保持原料的新鲜度；冰箱要天天检查清理，保持清洁卫生，保证其中无变质食品 （5）掌握各种菜品的成本和规格，懂得成本核算 （6）严格检查菜品原料的质量，保证菜品原料无腐烂变质现象，刀口均匀，整齐、大小、薄厚、粗细、长短符合标准 （7）负责一切零点和宴会菜的配制，要做到原料齐全，分量准确，保证菜品质量 （8）合理安排原料的领用配制，避免浪费现象和脱销现象，降低成本 （9）认真执行食品卫生法，所用工具使用完毕后，及时清洗，确保在下班前刷洗干净，定位放好，做到无锈迹、无油泥，不乱放乱拿，并将加工剩余的原料及时入库保存，做好收尾工作 （10）做好安全工作，每天下班锁好门窗，关好电气设备 （11）完成上级指派的其他工作		
任职条件	（1）有责任心，服从指挥与领导 （2）熟悉热菜制作的全部工艺流程，拥有丰富的配菜知识 （3）具有中专以上学历，有两年以上配菜工作经历，达到××厨师水平 （4）身体健康，仪表端庄		
权利	（1）有对热菜制作相关原料的质量提出异议的权利 （2）有使用相关设备的权利		

六、冷荤领班岗位说明

冷荤领班岗位说明如表 2-1-5 所示。

表2-1-5　冷荤领班岗位说明

报告上级	行政总厨	督导下级	制作厨师、拼摆（切制）厨师
岗位职责	（1）负责冷荤间的日常工作 （2）保证菜品质量、数量、规格合乎店里规定的标准		
工作程序与标准	（1）按照工作程序与标准做好餐前的准备工作 （2）根据订单及员工的技术水平和知识掌握情况分配工作，保证冷荤制品质量 （3）上岗前先要检查上岗员工的仪容仪表、个人卫生，坚决做到"五四"制 （4）每天检查冷荤间所用的设备，如冷藏柜、电冰箱等运转是否正常，发现问题及时报告行政总厨，并通知总务部维修 （5）在准备制作冷荤时贯彻行政总厨的意图，满足客人订单要求 （6）通过检查保证冷菜、拼盘以及水果拼盘的制作方法、操作规程符合质量要求，保证食品加工制作质量，贯彻食品卫生制度 （7）每天检查冰箱内的食品质量，尽量做到当天制作当天出售，变质食品绝对不能制成拼盘出售，生熟食品分开存放，每天指定专人消毒菜墩、刀具及其他工具 （8）根据每天业务量的大小，提前一天开出水果、蔬菜、调料等的用料数量，上交行政总厨审批订购或领料 （9）做好技术培训工作，定期进行考核评比		

续表

报告上级	行政总厨	督导下级	制作厨师、拼摆（切制）厨师
工作程序 与标准	（10）协调好与其他部门的关系，做好协作，圆满完成各项工作 （11）当班结束后，做好交接班工作；营业结束后，做好收尾工作 （12）完成上级指派的其他工作		
任职条件	（1）有较强事业心、责任心和良好的个人素质 （2）熟悉冷荤菜品生产的全部工艺流程，拥有良好的冷荤菜品制作技术 （3）有一定的组织管理能力 （4）具有中专以上学历，有两年以上冷荤制作工作经历，达到××厨师水平 （5）身体健康，仪表端庄		
权利	（1）有组织、指挥、安排冷荤菜品生产的权利 （2）有指挥、安排制作厨师和拼摆（切制）厨师工作的权利 （3）对制作厨师和切制厨师的奖惩有建议权，对制作厨师和拼摆（切制）厨师的招聘及辞退有建议权 （4）对采购部门提供的不符合质量要求的原料有拒收决定权		

七、制作厨师岗位说明

制作厨师岗位说明如表 2-1-6 所示。

表2-1-6　制作厨师岗位说明

报告上级	冷荤领班	督导下级	无
岗位职责	严格按照本岗工作程序与标准及领班的指派，优质高效地完成菜品的制作		
工作程序 与标准	（1）上岗后，做好环境卫生，用消毒液擦洗刀、墩、台、冰箱、水池、地面，然后进行紫外线消毒15分钟，冰箱及房门拉手需用消毒小毛巾套上，每日更换数次 （2）保持冰箱内整洁、卫生，定期进行洗刷、消毒。冬季每周刷一次冰箱，夏季每三天刷一次冰箱 （3）在开餐前，准备好各种餐具和装饰盘头的各种饰物 （4）冷荤制作符合"五四"制要求 （5）制作冷荤时要把好食品卫生关、食品制作关、食品质量关。制作的菜品做到不新鲜的不出、色泽不正的不出、不符合卫生标准的不出、口味不纯的不出 （6）制作菜品时做到色泽鲜艳，保证味、美、色、香、形符合标准 （7）冷荤制作、保管和冷藏都要严格做到生熟食品、原料分开，生熟工具（容器、刀、墩、板、台、盆、秤等）严禁混用，避免交叉污染 （8）根据业务情况，准备充足的食品原料，调货制作要求"少制勤制"，熟悉成本出成率并严格把关，做到当天用料当天做 （9）工作完毕，将冷拼覆盖保鲜膜放入冰箱内 （10）下班前做好一切收尾工作，以保证次日正常工作 （11）完成上级指派的其他工作		
任职条件	（1）有责任心，服从指挥与领导 （2）熟悉冷荤制作的全部工艺流程，拥有丰富的冷荤制作知识 （3）具有中专以上学历，有两年以上冷荤制作工作经历，达到××厨师水平 （4）身体健康，仪表端庄		
权利	（1）有对冷荤制作相关原料的质量提出异议的权利 （2）有使用相关设备的权利		

八、拼摆（切制）厨师岗位说明

拼摆（切制）厨师岗位说明如表 2-1-7 所示。

表 2-1-7　拼摆（切制）厨师岗位说明

报告上级	冷荤领班	督导下级	无
岗位职责	严格按照本岗工作程序与标准及领班的指派，优质高效地完成菜品的制作		
工作程序与标准	（1）上岗后，做好环境卫生，用消毒液擦洗刀、墩、台、冰箱、水池、地面，然后进行紫外线消毒 15 分钟，冰箱及房门拉手需用消毒小毛巾套上，每日更换数次 （2）要严格执行洗手、消毒规定，严禁佩戴戒指和其他首饰 （3）进入拼摆间要求两次更衣 （4）保持冰箱内整洁、卫生，定期进行洗刷、消毒。冬季每周刷一次冰箱，夏季每三天刷一次冰箱 （5）在开餐前，准备好各种餐具和装饰盘头的各种饰物 （6）冷荤制作符合"五专"（专人、专室、专工具、专消毒、专冷藏）要求 （7）制作冷荤时要把好食品卫生关、食品制作关、食品质量关。制作的菜品做到六不出，即不新鲜的不出、色泽不正的不出、拼摆不整齐的不出、数量不够的不出、不符合卫生标准的不出、口味不纯不出 （8）制作菜品时做到刀口均匀、色泽鲜艳，保证味、美、色、香、形符合标准，冷盘的拼摆要形态逼真、整齐、有艺术性 （9）冷荤制作、保管和冷藏都要严格做到生熟食品、原料分开，生熟工具（容器、刀、墩、板、台、盆、秤等）严禁混用，避免交叉污染 （10）根据业务情况，准备充足的食品原料 （11）严格按照分盘菜的分量切配 （12）工作完毕，将冷拼覆盖保鲜膜放入冰箱内 （13）下班前做好一切收尾工作，以保证次日正常工作 （14）完成上级指派的其他工作		
任职条件	（1）有责任心，服从指挥与领导 （2）熟悉冷荤制作的全部工艺流程，拥有丰富的冷荤制作知识和熟练的食品雕刻技术 （3）具有中专以上学历，有两年以上冷荤制作工作经历，达到××厨师水平 （4）身体健康，仪表端庄		
权利	（1）有对冷荤制作相关原料的质量提出异议的权利 （2）有使用相关设备的权利		

九、面点领班岗位说明

面点领班岗位说明如表 2-1-8 所示。

表 2-1-8　面点领班岗位说明

报告上级	行政总厨	督导下级	面点厨师
岗位职责	（1）负责面点的日常工作 （2）确保面点的出品质量		
工作程序与标准	（1）按照工作程序与标准做好餐前的准备工作 （2）根据业务情况，合理安排人员 （3）上岗前要检查上岗员工的仪容仪表、个人卫生和出勤情况 （4）检查面点间蒸箱、烤箱、电冰箱以及其他设备设施的完好情况并保持其清洁卫生		

续表

报告上级	行政总厨	督导下级	面点厨师
工作程序 与标准	（5）负责食品和其他原料的领取，严格检查所用原料，严格过滤，不符合标准的禁用 （6）工作前需先消毒工作台和工具，工作后将各种用具洗净、消毒，按顺序放好 （7）每天检查所有食品的质量，保证其符合卫生标准 （8）检查主食制品、甜食制品和各种大小宴会糕点制品的质量、数量是否符合要求，严格把好质量关，并经常变更品种，以满足客人的需要 （9）负责对面点厨师的卫生知识进行培训、教育 （10）负责面点厨师的绩效评估、培训及考核 （11）协调好与其他部门的关系，做好协作，圆满完成各项任务 （12）下班时做好收尾工作 （13）完成上级指派的其他工作		
任职条件	（1）有较强事业心、责任心和良好的个人素质 （2）熟悉面点生产的全部工艺流程，拥有良好的面点制作技术 （3）有一定的组织管理能力 （4）具有中专以上学历，有两年以上面点制作工作经历，达到××厨师水平 （5）身体健康，仪表端庄		
权利	（1）有组织、指挥、安排面点生产的权利 （2）有指挥、安排面点厨师工作的权利 （3）对面点厨师的奖惩有建议权，对面点厨师的招聘及辞退有建议权 （4）对采购部门提供的不符合质量要求的原料有拒收决定权		

十、面点厨师岗位说明

面点厨师岗位说明如表 2-1-9 所示。

表2-1-9　面点厨师岗位说明

报告上级	面点领班	督导下级	无
岗位职责	严格按照本岗工作程序及领班的指派，优质、高效地完成面点工作		
工作程序 与标准	（1）每日上岗、下岗前要做好工作台、工具、工作场地、个人和食品的卫生 （2）上岗后，做好面点制作的各项准备工作，定量发面并准备点心所需的馅和其他原料 （3）严格按照操作规程，认真制作面点 （4）掌握好蒸饼（米饭）的时间，要先将饼翻动，然后再蒸 （5）做好成本核算，做到：按质定量、定标准、定成本，坚持执行原料的领取和所出成品登记制度，每日的销售情况要有登记，做到心中有数 （6）严格执行煤气、烤箱等设备的操作规程，随时检查各种设备，保证安全，发现隐患及时采取措施，并汇报领导 （7）保持冰箱内整洁、卫生，定期进行洗刷、消毒，生熟分开，将剩余成品放入冰箱 （8）根据每天的业务情况准备充足的面点 （9）操作工具用后洗刷干净 （10）下班时做好一切收尾工作，检查水、电、火、门窗是否关好 （11）完成上级指派的其他工作		
任职条件	（1）有责任心，服从指挥与领导 （2）熟悉面点制作的全部工艺流程，拥有良好的面点制作知识 （3）具有中专以上学历，有两年以上面点制作工作经历，达到××厨师水平 （4）身体健康，仪表端庄		
权利	（1）有对面点制作相关原料的质量提出异议的权利 （2）有使用相关设备的权利		

十一、原料加工领班岗位说明

原料加工领班岗位说明如表 2-1-10 所示。

表 2-1-10　原料加工领班岗位说明

报告上级	制作厨师	督导下级	蔬菜加工厨师、红案加工厨师
岗位职责	（1）负责原料加工的日常工作 （2）确保原料加工的出品质量		
工作程序与标准	（1）检查加工原料的质量，根据客人情况及菜单要求，负责原料加工各岗位人员的安排和组织工作 （2）收集汇总厨房所需的加工原料，负责向采购部门订购各类食品原料 （3）检查原料库存和使用情况，并及时向行政总厨汇报，保证厨房生产原料的正常供给和原料的充分利用，准确控制成本 （4）检查督导并带领员工按规定加工各类原料，保证各类成品加工及时且符合要求 （5）主动征询厨房对原料加工工作的意见，不断研究和改进加工工艺，并对新开发菜肴原料的加工规格进行研究、试制及指导 （6）检查下属的仪容仪表，督促各岗位做好食品及加工生产的卫生 （7）定期对蔬菜加工厨师和红案加工厨师进行绩效评估，向行政总厨提出奖惩建议 （8）与厨房员工协调合作，解决员工之间的矛盾 （9）负责蔬菜加工厨师和红案加工厨师的培训工作 （10）完成上级指派的其他工作		
任职条件	（1）有较强事业心、责任心和良好的个人素质 （2）熟悉原料生产的全部工艺流程，拥有良好的原料制作技术，有娴熟的刀工切配技巧 （3）有一定的组织管理能力 （4）具有中专以上学历，有两年以上原料制作工作经历，达到××厨师水平 （5）身体健康，仪表端庄		
权利	（1）有组织、指挥、安排原料加工的权利 （2）有指挥、安排蔬菜加工厨师和红案加工厨师工作的权利 （3）对蔬菜加工厨师和红案加工厨师的奖惩有建议权，对蔬菜加工厨师和红案加工厨师的招聘及辞退有建议权 （4）对采购部门提供的不符合质量要求的原料有拒收决定权		

十二、蔬菜加工厨师岗位说明

蔬菜加工厨师岗位说明如表 2-1-11 所示。

表 2-1-11　蔬菜加工厨师岗位说明

报告上级	原料加工领班	督导下级	无
岗位职责	（1）严格按照本岗工作程序与标准及领班的指派，做好餐前菜品配料的各项准备工作 （2）保证原料充足，满足业务需要		
工作程序与标准	（1）负责对蔬菜等的质量进行验收把关，坚决退回腐烂变质或不新鲜的蔬菜，以保证菜品的高质量 （2）蔬菜要根据业务情况和计划进购，做到不积压，不脱销 （3）备用蔬菜要码放整齐，经常检查，防止腐烂 （4）负责蔬菜、配料、小料的粗细加工，确保业务需要 （5）各种蔬菜加工前都必须进行质量检查，变质变味的坚决不加工，加工后的半成品要及时保管好		

续表

报告上级	原料加工领班	督导下级	无
工作程序与标准	（6）蔬菜要摘净、洗净，做到无虫、无污物、无沙、无枯叶，蔬菜的刀口要适宜，粗细、长短、薄厚符合标准 （7）保持室内卫生和个人卫生，地面保持干净，及时清理加工后留下的废弃物，保证水池内无污物 （8）下班前将刀、墩刷洗干净，定位放好，做到无锈迹、无油泥，不乱放乱拿，做好收尾工作 （9）做好安全工作，下班时关好门窗及照明设备，如果发现问题及时处理，及时上报 （10）完成上级指派的其他工作		
任职条件	（1）有责任心，服从指挥与领导 （2）熟悉蔬菜处理的全部工艺流程，拥有丰富的蔬菜处理知识 （3）具有××以上学历，有××年以上蔬菜制作工作经历，达到××厨师水平 （4）身体健康，仪表端庄		
权利	（1）有对蔬菜等原料的质量提出异议的权利 （2）有使用相关设备的使用权利		

十三、红案加工厨师岗位说明

红案加工厨师岗位说明如表 2-1-12 所示。

表 2-1-12　红案加工厨师岗位说明

报告上级	原料加工领班	督导下级	无
岗位职责	（1）严格按照本岗工作程序与标准及领班的指派，负责肉类、禽类、水产品类的粗加工和各项准备工作 （2）保证原料充足，满足业务需要		
工作程序与标准	（1）负责对肉类、禽类、水产品类、干货类等的质量进行验收把关，坚决退回腐烂变质或不新鲜的原料，以保证菜品的高质量 （2）原料随进、随加工、随入冷库。加强对冷库的管理，原料摆放整齐，新陈有序，定期刷冷库（冬季每周一次，夏季每周两次） （3）加工前严格检查原料的质量，保证菜品原料无腐烂现象，确保原料的出成率 （4）加工细致，做到四净，即掏净、洗净、刮净、剔净，加工后的半成品做到无泥沙、无虫类、无其他杂物 （5）加工剩余的内脏等杂物要及时处理，不准积压堆放 （6）负责干货制品的涨发，掌握发制程序，提高发制质量 （7）保持室内清洁，做好个人卫生，坚持"四勤"，加工所用的刀、墩、案及其他容器要定位存放，刷洗干净 （8）做好安全工作，发现隐患，迅速采取措施，及时汇报 （9）完成上级指派的其他工作		
任职条件	（1）有责任心，服从指挥与领导 （2）熟悉肉类处理的全部工艺流程，拥有丰富的肉类处理知识 （3）具有××以上学历，有××年以上红案加工工作经历，达到××水平 （4）身体健康，仪表端庄		
权利	（1）有对肉类等原料的质量提出异议的权利 （2）有使用相关设备的权利		

第二节　厨房生产控制

厨房的生产流程主要包括原料加工、菜品配份、合理烹调三个程序。厨房生产控制就是对菜肴质量、菜肴成本、制作规范三个方面加以检查督导，随时消除在制作中出现的一切差错，保证菜肴达到质量标准。

一、制定菜品控制标准

生产的菜品必须有标准，没有标准就无法衡量菜品好坏，就没有目标，也无法进行质量控制。所以，厨房人员，必须首先制定出各种菜品的质量标准。然后由餐饮部经理、厨师长及有经验的老师傅经常进行监督和检查，确保菜品既符合质量要求，又符合成本要求。如果没有标准，菜品的数量、形状、口味等就没有稳定性，导致同一菜品差异很大，甚至厨师各行其是，致使客人无法把握你的质量标准，也就难以树立饭店（宾馆）的良好餐饮形象。由于菜品制作是手工操作，其经验性较强，且厨师个人烹饪技术有差异，而厨房采用分工合作方式，所以制定标准，既可统一菜品的规格，使其标准化和规格化，又可消除厨师各行其是的问题。标准，既是对厨师在生产制作菜品时的要求，也是管理者检查控制菜品质量的依据。这类标准常有以下几种。

（一）标准菜谱

标准菜谱是统一各类菜品的标准，它是确定菜品加工数量、质量的依据，使菜品质量基本稳定。使用它可节省制作时间和精力，避免食品浪费，并有利于成本核算和控制。标准菜谱基本上是以条目的形式，列出主辅料配方，规定制作程序，明确装盘形式和盛器规格，指明菜肴的质量标准、成本、毛利率和售价。制定标准菜谱的要求是：菜谱的形式和叙述应简单易懂，原料名称确切并按使用顺序列出。配料因季节的原因需用替代品的应该说明。叙述应确切，尽量使用本地厨师比较熟悉的术语，不熟悉或不普遍使用的术语应详细说明。由于烹调的温度和时间对菜品质量有直接影响，因此应列出操作时的加热温度和时间范围，以及制作中菜品达到的程度。还应列出所用炊具的品种和规格，因为它也是影响烹饪菜品质量的一个因素。对产品质量标准和上菜方式的说明要言简意赅。标准菜谱的制定形式可以变通，但一定要有实际指导意义，它是控制菜肴质量的手段和厨师的工作手册。

（二）菜品投料单

菜品投料是根据菜肴的基本特点，通过简单易懂的方式列出主、配料及各种调味料的名称和数量。投料单的文字表格放在配菜间明显的位置。

（三）标量菜单

标量菜单就是在菜单上每个菜品下面，分别列出每个菜肴的用料配方，以此来作为厨房备料、配份和烹调的依据。由于菜单同时也送给客人，使客人能清楚地知道菜肴的成分及规格，因此标量菜单不仅可作为厨房选料的依据，同时也起到了让客人监督的作用。

二、厨房制作过程控制

在制定了控制标准后，要达到各项操作标准，就一定要由训练有素、通晓标准的制作人员在日常工作中有目标地去制作。管理者应按标准严格要求，保证制作的菜肴符合质量标准。因此制作过程控制应成为经常性的监督和管理的内容之一，进行制作过程的控制是一项最重要的工作，是最有效的现场管理手段。

（一）加工过程的控制

加工过程包括原料的初加工和细加工，初加工是指对原料的初步整理和洗涤，而细加工是指将原料切制成形。在这个过程中应对加工的出成率、质量和数量加以严格控制。原料的出成率即原料的利用率，它是影响成本的关键。加工过程的控制应规定各种出成率指标，把它作为厨师工作职责的一部分，尤其要把贵重原料的加工作为检查和控制的重点。具体措施是对原料和成品损失采取有效的改正措施。另外，可以经常检查下脚料和垃圾桶，是否还有可用部分未被利用，引起员工对出成率的高度重视。原料加工质量直接关系到菜肴色、香、味、形，因此要严格控制原料的成形规格。任何不符合要求的原料都不能进入下道工序。加工的分工要细，一则利于分清责任；二则可以提高厨师的专业技术及熟练程度，有效地保证加工质量。尽量使用机械进行切割，以保证成形规格的标准化。加工数量应以销售预测为依据，以满足需求为前提，留有适量的储存周转量。避免加工过量而造成浪费，并根据剩余量不断调整每次的加工量。

（二）配菜过程的控制

配菜过程的控制是控制食品成本的核心，也是保证成品质量的重要环节。如果一个客人两次光顾你的餐厅，或两个客人同时光顾餐厅，发现餐厅配给的同一份菜肴是不同的规格，客人必然会产生疑惑或意见。因此配菜控制是保证质量的重要环节。配菜控制的关键是要经常进行核实，检查配菜过程中是否执行了规格标准，是否使用了称量、计数和计量等控制工具，因为即使是很熟练的配菜厨师，不进行称量都是很难做到精确的。配菜控制的另一个关键措施是凭单配菜。配菜厨师只有接到餐厅客人的订单，或者规定的有关正式通知单才可配菜，保证配制的每份菜肴都有凭据。另外，要严格避免配制中的失误，如重算、遗漏、错配等，尽量使失误率降到最低。因此，要查核凭单，这是控制配菜失误的一种有效方法。

（三）烹调过程的控制

烹调过程是确定菜肴色泽、质地、口味、形态的关键，因此应从烹调厨师操作规范、制作数量、出菜速度、成菜温度、剩余食品五个方面加强监控。必须督导烹调厨师严格遵守操作规范，任何为图方便而违反规定的做法和影响菜肴质量的做法一经发现都应立即加以制止。同时，应严格控制每次烹调的出产量，这是保证菜肴质量的基本条件，在开餐时要对出菜的速度、出品菜肴的温度、装盘规格进行督导，阻止一切不合格的菜肴出品。

三、厨房生产控制方法

为了保证控制菜品质量、标准的有效性，除了制定标准，重视制作过程控制外，还必须采取有效的控制方法。常见的控制方法有以下几种。

（一）厨房制作过程的控制

在加工、配菜和烹调的三个程序中，每个流程的生产者，都要对前个流程的食品质量实行严格的检查，发现不合标准的要及时提出，帮助前道工序进行纠正。如配菜厨师对一道菜配置不合理，烹调厨师有责任提出更换，使整个产品在每个流程都受到监控。管理者要经常检查每道工序的质量。

（二）责任控制法

按厨房的工作分工，每个部门都担任着特定方面的工作职责。每位员工必须对自己的工作质量负责。各部门负责人必须对本部门的工作质量进行检查控制，并对本部门的工作问题负责，厨师长要把好出菜质量关，并对菜肴的质量和整个厨房工作负责。

（三）重点控制法

把那些经常和容易出现问题的环节或部门作为控制的重点。这些重点是不固定的，如配菜部门出现问题，则重点控制配菜间，灶间出现问题则重点控制灶间。

第三节　厨房管理主要程序

一、厨房计划管理程序

厨房计划管理程序保证单店厨房生产、管理顺利进行，做到计划性、协调性、有序性和高效性，达到后厨管理专业化的目的。

（一）各岗位在计划中的职责

① 厨房行政总厨负责每日生产计划的制订、实施、考核、汇总分析。

② 各相关部门根据计划进行分工，做到及时反馈、及时实施、及时处理。

③ 采购部根据厨房生产计划完成采购计划的制订和实施。

④ 库房负责依照生产计划制订库房备料计划，保证库房的顺畅运转，实现成本最优化。

⑤ 切配加工中心负责依据生产计划制订切配加工计划，保证满足厨房生产所需切配加工材料数量，并实现存货最少化，分工合理化。

（二）厨房计划管理流程

下面以某一知名餐饮企业的厨房计划管理流程为例来说明如何进行厨房管理。厨房计划管理流程如图 2-1-2 所示。

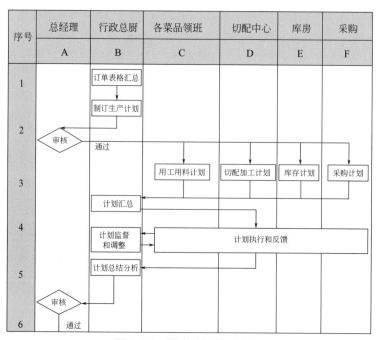

图 2-1-2　厨房计划管理流程

厨房计划管理流程说明如表2-1-13所示。

表2-1-13　厨房计划管理流程说明

节点	要求
节点B1、B2	餐厅经理及公关销售部将相关团体、预订、零客的订单及时给予行政总厨，由行政总厨依据时间次序制订零点计划（现点）、短期计划（一天以内订餐）、长期计划（一天以上订单）
节点A3	计划制订后，由行政总厨上报总经理审批下发执行
节点C4、D4、E4、F4	（1）由各菜品领班负责将相关菜品生产计划分解，合理安排相应人员的工作，按计划去切配加工中心领取半成品货物，使相关菜品的生产保质保量地完成 （2）由切配中心依据生产计划做好全天切配加工计划，保证各菜品生产班组的正常生产 （3）由库房依据生产计划及现有库房存货数量，制订库房库存计划，保证库房存货数量的合理性和库房存货成本的最优化 （4）由采购部门依据生产计划，及时做好提前采购和临时采购工作，以保证材料的供应
节点B5	所有计划经行政总厨汇总，依据相关成本管理、计划管理的相关规定进行审核后执行
节点B6、C6、D6、E6、F6	各部门执行相应计划，执行过程中如有相应的修改变动，由行政总厨依据情况作出处理，各部门在执行过程中应及时与行政总厨沟通，以保证计划执行的有效性
节点B7、A8	行政总厨依据当天计划完成情况及时进行总结和分析，对出现的问题和情况加以处理，并报总经理审核
节点B9、C9、D9、E9、F9	审核通过后，由行政总厨依据各部门情况将相应信息输入单店信息系统，各部门配合执行，以保证信息的完整，以待日后统一使用

二、厨房运作主程序

厨房运作主程序的目的是控制菜肴加工制作的全过程，检查成品质量，确保提供合格产品，让顾客满意。

（一）厨房运作主程序中各岗位的职责

① 行政总厨全面负责厨房管理工作，监督菜品供应情况，检查菜品质量，带领厨师开发创新菜品。

② 各厨师领班负责本厨房的日常管理工作，检查、监督厨师工作。

③ 厨师负责菜品的加工、烹制。

（二）厨房运作主程序工作流程

厨房运作主程序工作流程如图2-1-3所示。

1. 开餐前准备

根据菜单和生产任务，做好厨房开餐前的各项准备工作，检查各份菜品的数量、规格和盘饰要求，检查厨房生产过程的卫生情况，检查做菜速度，对菜品制作工

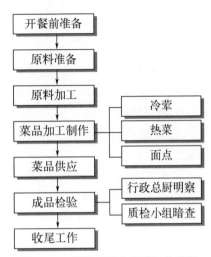

图2-1-3　厨房运作主程序工作流程

作中的原料使用、储藏、库存情况进行控制。

2. 原料准备

① 由行政总厨、大厨根据菜品实际销售情况、未来销售计划，填写食品原料采购单，签字后交采购员。

② 厨师根据实际需求计划填写原料出库单，做到营业期间供应不断档，不浪费，由行政总厨、切配加工领班签字后到库房办理出库。

③ 领料时当场进行检验，不领腐败、变质、过期的食品原料。

3. 原料加工

① 将采购回来的原料或从库房领出来的原料进行刀工处理。

② 严格按照菜品的制作标准合理加工。

③ 依据当日计划加工切配。

④ 做好领用记录，做好材料额度控制。

4. 菜品加工制作

菜品加工制作包括表 2-1-14 所示几个方面。

表 2-1-14　菜品加工制作

序号	品类	作业程序与要求
1	冷荤	（1）按操作规程、原料特点和菜品要求对原料进行制作 （2）根据菜品要求对熟制品进行切配 （3）装盘 （4）对隔夜或时间长的成品、半成品每天检查一次，并做记录，防止出售不合格产品 （5）备好调料，调料当日制作，在菜品上桌后根据菜品特点及顾客口味要求浇汁
2	热菜	（1）帮厨进行原料的细加工 （2）配菜厨师进行配菜 （3）掌灶厨师进行菜肴的烹饪
3	面点	（1）定量发面 （2）提前制作半成品 （3）根据不同面点的特点，按照各自制作方法认真操作，采用煎、炸、蒸等不同烹制方法，掌握火候

5. 菜品供应

菜品供应必须有相应人员执行，保证快速准确。

6. 成品检验

① 行政总厨确定菜品合格后将菜品加工厨师的编号划入计算机系统，方可交跑菜员上桌。

② 行政总厨明查，即每天不定时检查，并做抽查记录。

③ 质检小组暗查，通过下订单以客人的身份检查，并做检查记录。

④ 不合格菜品由行政总厨处理，根据不合格情况进行返工或予以丢弃，并做记录。

7. 收尾工作

厨师按工作标准负责相应的厨房收尾工作。

三、冷荤菜品制作工作程序

冷荤菜品制作工作程序的目的是控制冷荤菜品加工制作的全过程，检查成品质量，确保提供合格产品，让顾客满意。

（一）各岗位的职责

① 行政总厨全面负责厨房的管理工作，监督菜品供应情况，检查菜品质量，带领厨师开发创新菜。

② 冷荤领班负责冷荤厨房的日常管理工作，检查、监督厨师工作。

③ 冷荤厨师负责冷荤菜品的制作与加工。

（二）工作流程

冷荤菜品制作管理流程如图 2-1-4 所示。

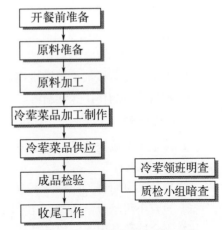

图2-1-4　冷荤菜品制作管理流程

1.冷荤厨师进行开餐前准备

① 打扫操作间卫生，确保台面、地面、水池清洁，无杂物。

② 检查各部位专用电气设备、设施是否正常运转。

③ 备足刀、墩、案板、盆、筐、盘等专用工具并清洁消毒。

④ 备足开餐原料，包括主料、配料、调料。

⑤ 点燃炉火、灶火。

⑥ 冷荤间每天凌晨 2:00～4:00 用紫外线对操作间进行消毒。

2.原料准备

① 由冷荤领班、冷荤厨师根据菜品实际销售情况，填写食品原料采购单，签字后交采购人员。

② 根据实际需求填写原料出库单，做到营业期间供应不断档，不浪费，由冷荤领班、冷荤厨师签字后到库房办理出库。

③ 领料时当场进行检验，不领腐败、变质、过期食品原料。

3.原料加工

① 将采购回来的原料或从库房领出来的原料进行刀工处理。

② 严格按照菜品的制作标准合理加工。

4.冷荤菜品加工制作

① 按操作规程、原料特点和菜品要求用卤、酱、白煮、熏等不同方法制作原料，在制成品上注明制作日期，生熟食品分开存放，做到生熟食品各有专用器皿盛放，各有专用冰箱储藏。

② 根据菜品要求对熟食品进行切配，要熟练掌握直刀、平刀、斜刀等方法，保证切出的食品美观，能满足拼摆要求。

③ 装盘。根据菜品特点采用排、推、叠、摆、围、摆、码、嵌等拼摆专用手法；注意各种颜色的间隔和衬托；软硬原料结合选用；拼摆的花样、形式要富于变化，造型美观，构思巧妙，艺术性强；防止带汤汁的原料互相串味；选料要保证质地、颜色、刀工等符合设计主

体和图案要求；制作完毕，在菜品上覆盖保鲜膜，置于保鲜柜内。

④ 对隔夜或时间长的成品、半成品每天检查一次，并做记录，防止不合格产品出售。

⑤ 备好调料，调料当日制作，在菜品上桌后根据菜品特点及顾客口味要求浇汁。

5. 冷荤菜品供应

① 服务员凭菜单在窗口处取冷菜，上桌后方可浇汁，不得进入操作间，先取先做的菜，防止冷菜积压变质。

② 宴会用冷菜按菜单当天拼摆，服务员按菜单定时领取。

③ 调料每日制作，保证新鲜。

6. 成品检验

① 冷荤厨师确定菜品合格后方可交传菜员上桌（冷菜成品必须无过期、变质现象，经称量符合标准要求）。

② 冷荤领班明查，即每天不定时检查，并做抽查记录。

③ 检查小组暗查，通过下订单以客人的身份检查，并做检查记录。

④ 不合格菜品由冷荤领班处理，根据不合格情况进行返工或予以丢弃，并做记录。

7. 收尾工作

① 剩余原料、冷菜放入冰箱或保鲜柜，冷冻温度为 -5℃以下，冷藏保鲜温度为 0～5℃，柜内食品存放时间最长不超过 3 天，过期、变质食品要坚决抛弃。

② 操作用具清洁干净，按时消毒，定位存放。

③ 除保鲜柜外所有电气设备都要切断电源。

④ 熄灭炉火，清洁灶台。

⑤ 打扫操作间卫生，保证地面、工作台清洁，无杂物。

四、热菜工作程序

制定热菜工作程序的目的是控制热菜加工制作的全过程，检查成品质量，确保提供合格产品，让顾客满意。

（一）各岗位的职责

① 行政总厨全面负责厨房管理工作，监督菜品供应情况，检查菜品质量，带领热菜厨师开发创新菜。

② 热菜领班负责本厨房的日常管理工作，检查、监督厨师工作。

③ 热菜厨师负责菜肴的加工、烹制。

（二）工作流程

热菜工作流程如图 2-1-5 所示。

热菜工作流程说明如表 2-1-15 所示。

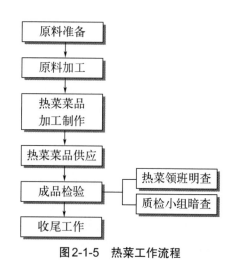

图2-1-5　热菜工作流程

表2-1-15　热菜工作流程说明

序号	步骤	工作要求	
1	开餐前准备	（1）打扫操作间卫生，确保台面、地面、水池清洁，无杂物 （2）检查各部位专用电气设备、设施是否正常运转 （3）备足刀、墩、案板、盆、筐、盘等专用工具并清洁消毒 （4）备足开餐原料，包括主料、配料、调料 （5）点燃炉火、灶火	
2	原料准备	（1）根据菜品实际销售情况，由热菜领班、热菜厨师填写食品原料采购单，签字后交采购人员 （2）根据实际需求填写原料出库单，做到营业期间供应不断档，不浪费，由热菜领班、热菜厨师签字后到库房办理出库 （3）领料时当场进行检验，不领腐败、变质、过期的食品原料	
3	原料加工	（1）将采购回来的原料或从库房领出来的原料进行刀工处理 （2）严格按照菜品的制作标准合理加工	
4	热菜菜品加工制作	配菜厨师进行配菜	（1）做好餐前的准备工作 （2）按单配菜，贵重原料如海鲜应过秤 （3）按先后顺序进行配菜 （4）客人有特殊要求时应按其要求配制 （5）配菜过程中，坚决不用变质原料 （6）将配好的半成品传递给热菜厨师 （7）做好热菜厨师与跑菜员中间工作的衔接
		热菜厨师进行菜肴的烹制	（1）严格按照《×××特色贯标菜质量标准》和风味特色烹制菜肴 （2）根据客人所提特殊要求进行烹制 （3）根据季节环境变化，进行灵活处理
5	热菜菜品供应	（1）热菜厨师接到客人点菜单或宴会走菜通知单后，立即动手操作，保证在接到点菜单或走菜通知单后5分钟内上第一道菜，每道菜间隔不超过10分钟（费时较长的菜品要先向客人说明），或根据客人要求掌握好上菜间隔时间 （2）将烹制好的菜品连锅移离火源，倒入菜盘，菜品摆放均匀美观 （3）菜品入盘后通知跑菜员迅速端走上桌	
6	成品检验	（1）热菜厨师确定菜品合格后方可交跑菜员上桌（厨师以目测或留样品尝的方式确认合格，贴上操作号后出菜） （2）热菜领班明查，即每天不定时检查，并做抽查记录 （3）检查小组暗查，通过下订单以客人的身份检查，并做检查记录 （4）不合格菜品由热菜领班处理，根据不合格情况进行返工或予以丢弃，并做记录	
7	收尾工作	（1）剩余原料放入冰箱或保鲜柜，冷冻温度为-5℃以下，冷藏保鲜温度为0～5℃，柜内食品存放时间最长不超过12小时，过期、变质食品要坚决抛弃 （2）操作用具清洁干净，按时消毒，定位存放 （3）除保鲜柜外所有电气设备都要切断电源 （4）熄灭炉火，清洁灶台 （5）打扫操作间卫生，保证地面、工作台清洁，无杂物	

五、面点工作程序

制作面点工作程序的目的是控制面点加工制作的全过程，检查成品质量，确保提供合格产品，让顾客满意。

（一）各岗位的职责

① 行政总厨全面负责厨房管理工作，监督菜品供应情况，检查菜肴质量，带领厨师开发创新面点。

② 面点领班负责本厨房的日常管理工作，检查、监督厨师工作。

③ 面点厨师负责菜肴的加工、烹制。

（二）工作流程

面点工作流程如图 2-1-6 所示。

面点工作流程说明如表 2-1-16 所示。

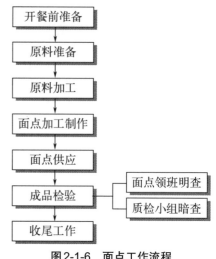

图2-1-6　面点工作流程

表2-1-16　面点工作流程说明

序号	步骤	工作要求
1	开餐前准备	（1）打扫操作间卫生，确保台面、地面、水池清洁，无杂物 （2）检查各部位专用电气设备、设施是否正常运转，检查整理烤箱、蒸笼的卫生和安全使用情况 （3）备足刀、墩、案板、盆、筐、盘等专用工具并清洁消毒 （4）备足开餐原料，包括主料、配料、调料 （5）点燃炉火、灶火
2	原料准备和加工	（1）根据面点实际销售情况，由面点领班、面点厨师填写食品原料采购单，签字后交采购人员 （2）根据实际需求填写原料出库单，做到营业期间供应不断档，不浪费，由面点领班、面点厨师签字后到库房办理出库 （3）领料时当场进行检验，不领腐败、变质、过期食品原料 （4）加工制作馅心及其他半成品，切配各类料头，预制部分宴会、团队点心
3	面点加工制作	（1）定量发面 （2）提前制作半成品。接零点点心订单后15分钟内出品，宴会点心在开餐前备齐，开餐即出品 （3）根据不同面点的特点按照各自制作方法认真操作，采用煎、炸、蒸等不同烹制方法，掌握火候 ① 馅制品：口味调和，荤馅鲜美，素馅清淡，甜馅清甜 ② 造型面点：形象逼真，美观大方，色泽、口味多样
4	面点供应	服务员根据菜单领取面点，供应给客人
5	成品检验	（1）厨师确定面点合格后方可交跑菜员上桌 ① 面点成品必须无过期、变质现象，经称量符合标准要求 ② 成品造型美观，盛器正确，各客分量准确 ③ 成品装盘整齐，口味符合其特点要求 ④ 出品清洁、卫生 （2）面点领班明查，即每天不定时检查，并做抽查记录 （3）检查小组暗查，通过下订单以客人的身份检查，并做检查记录 （4）不合格菜品由面点领班处理，根据不合格情况进行返工或予以丢弃，并做记录

续表

序号	步骤	工作要求
6	收尾工作	（1）剩余原料、面点放入冰箱或保鲜柜，冷冻温度为 −5℃以下，冷藏保鲜温度为0～5℃，柜内食品存放时间最长不超过3天，过期、变质食品坚决抛弃 （2）操作用具清洁干净，按时消毒，定位存放 （3）除保鲜柜外所有电气设备都要切断电源 （4）熄灭炉火，清洁灶台 （5）打扫操作间卫生，保证地面、工作台清洁，无杂物

六、原料加工程序

制定原料加工程序的目的是使菜肴制作标准化，确保初加工菜肴质量符合要求。

（一）各岗位的职责

① 加工配送组厨师负责对蔬菜类、肉类进行选料、洗涤、刀工处理。

② 冷荤、面点各部门帮厨根据各自制作菜品的需要，负责对各类食品原料进行粗加工、刀工处理，初步熟处理，腌制。

③ 厨师领班负责对较贵重的食品原料进行初加工。

（二）工作流程

原料加工工作流程如图 2-1-7 所示。

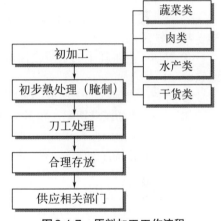

图 2-1-7　原料加工工作流程

1. 蔬菜类初加工

① 选用新鲜、老嫩适宜、无黄叶、无伤痕、无烂斑、无异味的原料。

② 根据各种原料不同的食用部位，采用不同加工方法，去掉不能食用部位。叶菜类：去掉老叶、老根、黄叶等。根茎类：削去或剥去表皮，切去根须。瓜果菜类：刮削外皮，挖掉果心。鲜豆类：摘除豆类上的筋络或剥去豆类外壳。花菜类：摘掉外叶，去杆，撕去筋络。食用菌类：剪去老根，摘去明显杂质。

③ 洗涤：将经过削剔、摘除加工的原料放入浓度为 2% 的食盐水中浸泡 5 分钟，进行洗涤，去掉泥土、虫卵、农药、污秽物质，再用清水冲洗干净。

④ 洗涤后的蔬菜放在能沥水的盛器里，摆放整齐，保持蔬菜长短一致，以利于切配细加工。

⑤ 根据菜品制作标准切配原料，确保长短划一，粗细、薄厚均匀，大小一致，分类装入标准盒，供厨房使用。

⑥ 根据制作标准切葱段、剁蒜泥、姜末等调料、配料，分类装入标准盒，供应给厨房及备餐室。

2. 肉类初加工

① 清洗肉类要做到掏净、剔净、刮净、洗净后分类存放。

② 根据菜品制作标准进行主料、辅料的切配，刀工利落，刀口整齐，刀花一致，粗细均匀，薄厚一致，大小一样，不连刀。根据需要切成条、块、丝、片、丁、茸等形状。

③ 部分原料需进行初步熟处理，根据不同原料掌握好加工时间和成熟度。

④ 部分原料需进行腌制，根据菜品制作标准加入调味料，按规定时间进行腌制。

⑤ 加工后的半成品及时入库，分类装入标准盒存放。

3.水产类初加工

（1）鱼类

① 刮鳞。将鱼平放，左手按住鱼头，右手持刀从尾部依次向头部刮去鱼鳞。

② 去鳃。掰开鳃盖，抠去鳃。

③ 在肛门至腹鳍之间，把鱼腹剖开，取出内脏，刮去鱼肚内的黑膜，清洗干净备用。如不立刻烹制，则放入冷库速冻保存。

（2）虾

① 用剪刀剪去虾足、虾须，挑去虾线，清洗干净，备用。

② 大虾剥去外壳，根据需要可留虾尾，摘去虾线，洗净。

4.干货类初加工

一般包括五种发制方法，即水发、油发、火发、盐发、水蒸发，应结合原料特点及食用要求选择适当的发制方法进行发制。一般常用原料发制方法如下。

① 木耳：将木耳直接放在冷水中浸泡发透，摘去根部及杂质，再用清水浸泡备用。

② 香菇：将香菇放入开水中浸泡回软，捞出，摘去根，用清水洗干净，再用清水浸泡30～40分钟备用。

③ 银耳：将银耳中的杂质去掉，放温水浸泡半小时，摘去硬根，洗净后再用凉水浸泡至回软。

④ 粉条：是淀粉加工而成的干制品，发料时用开水浸泡至软即可使用。

加工后按计划需求切配，定量称量后，装入标准盒分类保存。

各生产加工部门按需求领取材料，以当日计划为标准，以材料出成率为基础，限量领取原料，以保证用料的合理性，做到随领随用，避免在生产环节积压原料。

七、例外管理流程

制定例外管理流程的目的是对意外发生的菜品质量问题给予及时的处理和运作，以保证例外事件及时有效解决。

（一）例外事件的范围

① 重新换菜。

② 补充加工。

（二）各岗位的职责

① 行政总厨负责对相应例外事件进行总体管理和协调。

② 各菜品领班负责相关菜品的处理和运作工作。

③ 各厨师负责对所属菜品进行加工。

（三）重新换菜菜品退回厨房处理程序

1.标准

在10分钟以内处理完毕，重新出菜。

2.程序

① 餐厅经理退回需要重新制作的菜品，应及时向行政总厨汇报，复查鉴定。

②确认烹调的失误，交相关领班，及时安排此菜品的厨师重新加工，并记录相关菜品问题情况，对相关厨师加以考核。

③厨师接到已配好或已安排重新烹制的菜点，及时、迅速烹制，并保质保量。

④烹制成熟后，按规格装饰点缀，经相应领班检查认可，立即递与行政总厨审核出菜，并向餐厅经理说明情况。

⑤处理情况及结果事后记入厨房菜品处理记录表。

（四）补充加工菜品退回厨房处理程序

1. 标准

在 5 分钟以内处理完毕，重新出菜。

2. 程序

①餐厅领班将需补充加工的菜品退回厨房，由相关菜品领班复查鉴定。

②确认可以更改后，交相关厨师迅速补充加工，并保证基本上不影响菜品口味和色泽。

③加工结束后，按规格装饰点缀，经相应领班检查认可，迅速出菜。

④处理情况及结果事后记入厨房菜品处理记录。

第四节　厨房的"六常"管理

一、"六常"管理概述

（一）"六常"管理法的定义

餐饮六常管理法是传统的"5S"管理与实际相结合的一种现场管理方法，它通过对人、机、料、法、环等实施"六常"（即常分类、常整理、常清洁、常维护、常规范、常教育）管理，培养员工良好的工作习惯，从而生产出高品质的产品和实现高品质的服务，杜绝或减少浪费，提高生产力，提升企业形象及竞争力。具体如图 2-1-8 所示。

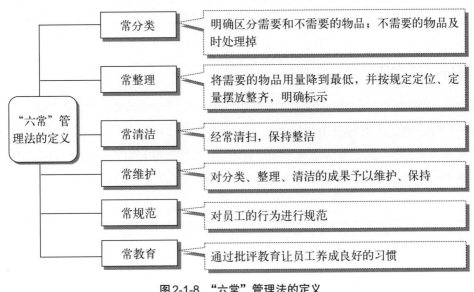

图2-1-8　"六常"管理法的定义

（二）实施"六常"管理的必要性

具体来说，餐饮企业实施"六常"管理法具有以下几个必要性。

1. 降低成本

通过执行物料先进先出，设置物料库存标准和控制量，使库存量保证不超过 1～1.5 天的需求量。大大减少由于一时找不到物品而重复采购造成的成本浪费，从而降低了总库存量，减少了物资积压，增加了流动资金，提高了资金周转率。

2. 提高工作效率

将长期不用的物品或清除或归仓，将有用的物品按使用频率，以高、中、低档分类存放，经常使用的物品放在最容易拿到的地方。同时物品要有标签、有存量、"有名有家"，使员工在 30 秒内找到需要的东西，大大节约了时间成本，提高了工作效率。在设备上标明操作规程并用视觉、颜色管理，维持了透明度，即使该岗位员工离开，临时换他人也能准确操作，管理者和员工都相对轻松了许多。

3. 提高卫生程度

通过划分各区域的卫生责任，从而对厨房天花板、出风口、隔油槽、油烟罩等进行彻底清理，使各处都井井有条，光洁明亮，增强客人的信任感。

4. 改善人际关系

每一个岗位、区域都有专人负责，并将负责人的名字和照片贴在指定位置，避免了责任不清、互相推诿情况发生。且通过不断鼓励，增强员工荣誉感与上进心，即使主管与经理不在，员工也知道该怎样做和自己要负的责任，坚持每天下班前五分钟检查"六常"实施情况。

5. 提高员工素质

员工通过反复执行正确的操作，而彻底形成良好的行为规范，养成讲程序、爱清洁、负责任的习惯，在不知不觉中将好的习惯带到家中、生活中，变得更加文明。

6. 强调全员参与

以前认为，质量管理是有关部门的事，最多是业务部门的事。而现在强调质量管理和全体员工有关，不分前台、后台，必须人人参与，大家都自觉行动起来。"六常"管理法被称为"傻瓜式"管理法，是因为它把复杂的管理工作细分化、规范化、明晰化，使每个人都能达到岗位要求。

二、常分类的实施

常分类，就是将所有东西分为两类，一类是不再用的，一类是还要用的。那到底怎么分呢？

（一）判断物品有用与没用的标准

在实施"六常法"时，首先要确立物品有用与没用的判断标准，这是对物品进行分类的关键，如表 2-1-17 所示。

表 2-1-17   物品有用与没用的标准

有用的物品	没用的物品
1. 正常的机器设备、电气装置 2. 工作台、材料架 3. 正常使用的工具	1. 地板上 （1）废纸、杂物、油污、灰尘、烟头 （2）不能或不再使用的机器设备、工具

续表

有用的物品	没用的物品
4.有使用价值的消耗用品 5.原料、半成品、成品和样品 6.办公用品、文具 7.使用中的清洁工具、用品 8.各种有用的海报、看板、资料 9.有用的文件资料、表单记录、书报杂志，其他必要的私人用品	（3）不再使用的办公用品 （4）破烂的图框、塑料箱、纸箱、垃圾桶 （5）呆滞料或过期料 2.工作台或文件架上 （1）过时的文件资料、表单记录、书报杂志 （2）多余的物品、材料，损坏的工具和样品 （3）多余的私人用品、破的压台玻璃、破的椅子 3.墙壁上 （1）蜘蛛网、污渍 （2）过期和破旧的海报、看板 （3）过时的挂历、损坏的时钟、没用的挂灯

（二）倒推分类法

确定物品有没有用的另一种方法，就是倒推分类法。

比如办公资料的分类，有很多资料我们不知道到底有没有用，怎么分呢？可以将所有的办公资料都贴上一个红标签，然后每用过一次就撕掉红标签，三个月后，发现有几本没有撕掉红标签，就表示这几本三个月没有用过，若一年后还有三本没有撕掉红标签，就表示这三本资料一年都没有用过，这就叫倒推法。难区分的物品，就可以用这个办法进行分类。

（三）一套工具或者文具

我们经常发现办公人员的桌子上摆放的文具很多，办公桌显得凌乱，对这些物品应怎样进行分类呢？可以将需要的工具或文具分出一套，如一支铅笔、一支签字笔、一块橡皮等，将多余的收起或退回仓库，通过这种分类，就会发现有很多东西其实都是不再用了的，工具或文具一套就够了。

除了办公用品、文具外，服务员的清洁工具和用品也可以用这种方法进行分类。

三、常整理的实施

常整理，就是将不再用的东西清理掉，把还要用的物品用量降至最低，然后摆放得井然有序，再贴上所有人一看就能明白的标签。

目的：保证所有人在最短的时间内能将任何物品放进和取出，提高工作效率。

（一）根据使用频率分层保管

1.物品按使用时间长短分开存放

物品按使用时间长短分开存放如表2-1-18所示。

表2-1-18　物品按使用时间长短分开存放

序号	使用时间	保存地点
1	一年都不用的物品	丢掉或暂存入仓库
2	7～12个月内要用的物品	把它保存在较远处
3	1～6个月内要用的物品	把它保存在距离适中的地方
4	每日或每月都要用的物品	把它保存在使用地
5	每小时都要用的物品	随身携带

2. 物品按高、中、低用量分别存放

我们不仅可以根据使用时间的长短来摆放物品，还可以根据物品用量的多少来分层摆放。

一般来说，摆在仓库货架中间部分的物品，保管员取用时最方便，因此，货架的中间部分就应存放用量最多的物品；相对应地，不太方便取用的地方，就存放用量少一些的物品；半年才用一次的物品，就放在取用最不方便取用的货架顶部，这样，保管员半年爬一次货架也没多大关系。

根据用量的多少来摆放物品，可以大大减轻保管员的工作量。

3. 材料或工具按照操作顺序放置

在操作过程中，如果将材料或工具按照操作顺序放置，完全可以通过减少员工的劳动量来达到既减员又增效的目的。例如：炒什锦，有鸡块、青菜、大蒜或其他配菜，一般厨房将肉类放在左边的冰柜里，青菜放在右边的货架上，调料放在后面的货架上，这样，配菜师就要左右来回地转动，既浪费时间，又消耗体力。如果根据经验，先估算每天能卖 30 份炒什锦，然后在备料时，就将 30 份鸡肉、30 份青菜、30 份配料菜分别放在身边的菜台上，需要配菜时，直接在身边就地取材即可，这样就可以降低员工的劳动量，从而实现既减员又增效的目标。

（二）贴标牌

将物品摆放得井然有序之后，就要给这些物品贴上标牌，这些物品的标牌应如何贴？而且要保证服务员在最短的时间内找到想找的物品。

1. 标志地点

① 在酒店的总仓门上，贴上各仓库平面分布图，如物料仓库、食品仓库、餐具仓库、雪库等平面图。

② 如果找食品就到食品仓库。到食品仓库，门口也贴有平面分布图，内容为酒水架、饮料架、小食品架、调料架的位置等。

③ 如果找酒水就到酒水架。酒水架边应贴有货架物品存放表，表上标明：第一层，白酒类的各种白酒；第二层，黄酒类的各种黄酒；第三层，红酒类的各种红酒。

2. 标牌的类型和标准

（1）食品牌

注明最高、最低存量，左进右出。如浙醋，标牌上写的内容：最高存量 10 瓶，最低存量 3 瓶，左进右出。最高存量是指一天半的存量，最低存量是指半天的存量。最低存量 3 瓶，意思是货架上只剩下 3 瓶时，仓管员应到总仓取货。最高存量不超过 10 瓶，库存量太大，不仅占用了大量的资金，还造成了不同程度的物品积压与食品过期。

"左进右出"即是左边进货，右边出货，能保证不过期。

（2）开封但有保质期的食品牌

在开封但有保质期的食品牌上，注明品名、开启时间、保质期等信息。

（3）寄存食品牌

客人用餐结束，如果有剩酒或其他食品，要求寄存，就要写寄存食品牌，标明品名、开启时间、寄存客人单位、姓名、责任人等。

（4）物品名牌

如在厨房调味料的瓶身上贴调味料名称的标签，或在垃圾桶、潲水桶等用具上贴上对应标签。

3.责任人姓名

每个分区都要有负责人的姓名。

4.统一管理私人物品

如果员工的水杯是统一款式、统一标签、统一定位且集中放在一起，就能体现餐饮店的管理水平。

四、常清洁的实施

常清洁就是分类整理完了以后，要做清洁工作，以保证所有地方一尘不染。

（一）清洁的程序

清洁的一般程序就是清洁、检查和维修。

1.清洁

① 日常清洁：每天要做的清洁叫日常清洁，比如餐厅服务员每餐要换桌布、擦桌子、清洗消毒卫生设备等。

② 计划清洁：不需要每天都做，只要每周或每月做一次即可，如玻璃窗、空调机风口等，这些每周或每月做一次的清洁工作就叫计划清洁。

2.检查

检查指清洁人员的自我检查，检查清洁过后是不是干净了；检查物品摆放是否整齐、到位；检查设施设备是否正常运转。

3.检修

如果检查到设施设备有问题，就要进行维修。

如：收银员在清洁收银台时发现电话机没有声音，或台灯不亮，就要报修。

（二）明确清洁的责任

责任到人，制度上墙。要求将清洁内容分配到个人，并将其作为制度贴在相应的墙上。

（三）清洁检查

要使清洁效果持续保持，管理人员必须不定期对清洁区域进行检查监督。可制定一些检查表格，将检查内容公布。

五、常维护的实施

常维护是指对前面"三常"（常分类、常整理、常清洁）的成果进行维护。维护"三常"的最好办法就是要做到不用分类的分类、不用整理的整理、不用清洁的清洁。

什么叫作"不用分类的分类"呢？就是要预防不必要东西的产生，如果能预防不必要的东西产生，就可以做到不用分类了。

例如，部门申购物品。中餐部物料器具多，假设有一个大型接待需要2000个红酒杯，用完后没有人跟进管理，没有进行登记、回收、保管，再有需要2000个红酒杯的大型接待，怎么找也不够数量，所以，就做计划让采购部再购 500 个红酒杯，这样，餐饮店里新旧物品越来越多，因此要经常分类保管。所以，现在规定，部门要申购物品，不但要有部门经理的签名，还要有仓库负责人签名，仓库负责人要知道申购物品在仓库里有没有库存，需不需要购买，还可以控制申购物品的最高库存量。这能预防很多不必要东西的产生，做到不用分类的分类。

不用整理的整理：物品太乱才需要整理，所以，避免物品杂乱，就能避免整理。例如客房部的布草，因为洗涤中心折叠时就按类别分类扎好了，不杂乱，所以，就免去了客房部的整理工作。

不用清洁的清洁：就是做到不弄脏。如厨房的地面经常有水，为什么地面有水？主要是洗完菜后水未滴干，装菜的筛是网状的，所以，水滴落到地上。怎样才能使地上没水，做到"不用清洁的清洁呢"？一是等菜上的水滴干再拿到厨房；二是装菜的筛下用一个盆接住水，这样就避免地面湿了。

地面上经常发现有菜汤、油渍，主要是厨师将汤、菜装得很满，传菜员上菜时一跑一颠，汤菜就会溢出来，弄得楼面又湿又滑，怎样做到"不用清洁的清洁"呢？就要从源头抓起，即从规范厨师的装盘技术抓起，从培训传菜员的标准动作和走姿抓起。

六、常规范的实施

常规范的意思，就是要规范员工的一切行为。应怎样规范员工的行为呢？

（一）岗位职责

规范员工行为的前提，就是要做到每一位员工的分工明确、工作职责具体。

（二）程序化

将每个岗位的员工每天 8 小时的具体工作内容，从上班到下班的各个时间段应做的工作按顺序明确下来，使员工做到有章可循，按照既定程序进行工作。

（三）规范化

① 员工所有行为都要有规范：在对每个员工岗位进行程序化的过程中，酒店要对员工所做的每件事都进行相应的规范。

② 所有设备都有使用说明书：所有设施设备，比如中央空调、厨房的铰肉机、消毒柜等要配上相应的使用说明。

七、常教育的实施

常教育的意思，就是通过批评教育，使全体员工养成"六常"习惯。

① 规范的仪容仪表。

② 规范的服务用语标准和训练。

③ 每天下班前五分钟检查"六常"实施情况。主要内容包括：当日工作情况，物品是否整齐归位，卫生及清洁工作，关掉电灯及空调等。

④ 今日事今日毕：要求每一位员工都不拖延，要养成"今日事今日毕"的好习惯。

⑤ 用报表和数字说话：员工的工作及管理人员的检查情况，必须在相应的报表上做详细的记录。

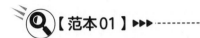

【范本01】 ▶▶▶ --

灶台岗位六常管理标示卡

标准与规范要求	1.每餐结束后将所有用具归位 （1）炒锅清洗干净，卡在锅架上 （2）手勺把卡在炒锅左耳里，斜竖起 （3）手布洗净，拧干水后叠成豆腐块形，放在锅架的左边 （4）油桶滤净油渣，清洗干净后整齐摆在油架上 （5）锅垫、不锈钢漏勺、小密漏洗净擦干，依次叠放在操作台指定位置 2.每餐结束后，保持灶台排烟罩顶部干净整洁，突出排烟沟、槽，外部塑钢罩等不锈钢部件原有的光泽 3.每餐结束后，灶台、灶底、灶腿保持干净整洁，确保无油污，无黑灰，灶台无水珠 4.每餐结束后，调料盒、调料台整理整齐，确保每个调料盒卫生，无杂物，无异味，干净明亮 5.每餐结束后保持地面、排水沟卫生干净 6.有墙面的区域每餐结束后保持墙体无油污，无水迹，洁净明亮 7.保持相应的打荷台卫生，保持柜门、柜内、柜腿干净整洁，突出不锈钢原有的光泽
禁忌	灶台烧热油及加工原料时，如离开岗位，必须先关闭燃气再离开灶台
操作说明	1.先打开燃气总阀 2.开灶台的鼓风机及抽油烟机 3.先点燃明火，逐渐调节火力大小，以适应烹饪或加热的需求。调节火力时，应缓慢、平稳地转动火力控制旋钮，避免火力突然增大或减小
清理时间	每日餐后
责任人	×××
检查时间	下班前
下班行六常	1.处理不需要的物品 2.根据卫生清洁计划标准做清洁工作 3.所有物料、工具、仪器以及私人物品都放在指定位置 4.检查所有设施、设备、电源、燃气是否关闭及安全情况 5.今天的事今天做，检查当班工作是否完成，准备明天的工作

【范本02】▶▶▶ --

砧板岗位六常管理标示卡

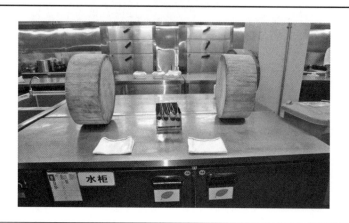

标准与规范要求	1.根据酒店工作的实际需要上下班 2.上班期间，严格遵循酒店仪容仪表标准 3.负责范围内的物品及工具必须严格遵循六常管理法的命名、定位制度及管理标准要求，做到任何物品有名、有"家"、有数量，物品的标签朝外并严格按照物品的最高、最低用量做好物品的控制管理 4.负责范围内的卫生须符合酒店制定的卫生管理标准，随时保持地面干燥、无卫生死角 5.根据销售菜品的需要，按标准菜谱中规定的料形要求对原料进行切割加工；将切割后的原料分别放在专用的料盒中，需要进行保鲜的则放入恒温箱中存放 6.不论将何种原料切制成何种形态，均应大小一致，长短相等，厚薄均匀，粗细一致，放置整齐；切制过程中产生的边角料与下脚料，不应随便丢弃，应合理使用，做到物尽其用 7.根据不同菜肴的烹调要求，分别对畜、禽、水产品、蔬菜等原料进行切割处理；将已切割的原料分别盛于专用的料盒内，摆放在原料架上
负责范围	恒温操作台、冰箱、原料架、水池
责任人	×××
清理时间	每餐结束后
检查时间	每餐下班前
下班行六常	1.处理不需要的物品 2.所有物料、工具、仪器以及私人物品都放在指定位置 3.根据卫生清洁计划、标准做清洁工作 4.检查所有设施、设备、电源、燃气的关闭及安全情况 5.今天的事今天做，检查当班工作是否完成，准备明天的工作

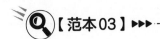

凉菜岗位六常管理标示卡

标准与规范要求	1.根据酒店工作的实际需要上下班 2.上班期间，严格遵循酒店仪容仪表标准 3.负责范围内的物品及工具必须严格遵循六常管理法的命名、定位制度及管理标准要求，做到任何物品有名、有"家"、有数量，物品的标签朝外并严格按照物品的最高、最低用量做好物品的控制管理 4.负责范围内的卫生须符合酒店制定的卫生管理标准，随时保持地面干燥、无卫生死角 在进入凉菜间前必须符合凉菜间卫生标准要求 5.凉菜间拌制凉菜所需的主料及配料必须按主配料的加工标准进行处理 6.凉菜间所需的青菜、水果必须进行遵循清洗流程，做好消毒处理 7.凉菜间的菜品必须按菜品的装盘及点缀标准装盘 8.凉菜间在使用刀具、菜墩等的过程中必须遵循刀具、菜墩的使用标准 9.做好计划清洁和日常清洁工作
负责范围	恒温操作台、冰箱、原料架、水池
责任人	×××
清理时间	每餐结束后
检查时间	每餐下班前
下班行六常	1.处理不需要的物品 2.所有物料、工具、仪器以及私人物品都放在指定位置 3.根据卫生清洁计划、标准做清洁工作 4.检查所有设施、设备、电源、燃气的关闭及安全情况 5.今天的事今天做，检查当班工作是否完成，准备明天的工作

【范本04】▶▶▶ --------------------------------------

面案岗位六常管理标示卡

标准与规范要求	1.根据酒店工作的实际需要上下班 2.上班期间，严格遵循酒店仪容仪表标准 3.负责范围内的物品及工具必须严格遵循六常管理法的命名、定位制度及管理标准要求，做到任何物品有名、有"家"、有数量，物品的标签朝外并严格按照物品的最高、最低用量做好物品的控制管理 4.负责范围内的卫生须符合酒店制定的卫生管理标准，随时保持地面干燥、无卫生死角 5.检查米饭、粥类的淘洗、蒸煮并准备好用具和盛器 6.按面点的质量要求，配齐相关原料，加工各类面团，再按操作规程将其加工成各式皮坯。加工成型，馅料调制，点心蒸、炸、烘、烤等各个工序、工种、工艺要密切配合，按程序操作 7.根据点心的质感要求，准确选择熟制方法，保证面点的成品火候，合理掌握面点出品时间，调整好同一就餐位面点出品的时间间隔，经营中随时清点所备面点及饰物，以便及时补充或告知传菜员估清面点品种
负责范围	面案操作台、冰箱、各种机具、水池
责任人	×××
清理时间	每餐结束后
检查时间	每餐下班前
下班行六常	1.处理不需要的物品 2.所有物料、工具、仪器以及私人物品都放在指定位置 3.根据卫生清洁计划、标准做清洁工作 4.检查所有设施、设备、电源、燃气的关闭及安全情况 5.今天的事今天做，检查当班工作是否完成，准备明天的工作

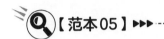

【范本05】▶▶▶ --

海鲜养殖岗位六常管理标示卡

标准与规范 要求	1.根据酒店工作的实际需要上下班 2.上班期间，严格遵循酒店仪容仪表标准 3.负责范围内的物品及工具必须严格遵循六常管理法的命名、定位制度及管理标准要求，做到任何物品有名、有"家"、有数量，物品的标签朝外并严格按照物品的最高、最低用量做好物品的控制管理 4.负责范围内的卫生须符合酒店制定的卫生管理标准，随时保持地面干燥、无卫生死角 　接收货物过程中，剔除不合格品，并对毛蛤、花蛤、牡蛎、毛蟹等进行冲洗，按它们能适应的温度、盐度将其放入不同贝类池 5.顾客现场点用酒店海鲜时，应有礼貌，积极主动地向顾客介绍品种及特性，烹调方法及营养价值 6.在顾客选取海鲜后及时确认品种并将其放置在周转筐内，控水至顾客满意后过秤记录 7.在处理去绳销售的膏蟹、肉蟹时，注意操作方法，以免受伤，对于凶猛的黑鱼等要用专用塑料袋套上
负责范围	鱼缸的缸体、供氧控温设备、海鲜冰台、电子秤以及墙面、地面
责任人	××××
清理时间	每餐结束后
检查时间	每餐下班前
下班行六常	1.处理不需要的物品 2.所有物料、工具、仪器以及私人物品都放在指定位置 3.根据卫生清洁计划、标准做清洁工作 4.检查所有设施、设备、电源、燃气的关闭及安全情况 5.今天的事今天做，检查当班工作是否完成，准备明天的工作

【范本06】▶▶▶ --

洗碗工岗位六常管理标示卡

标准与规范 要求	1.根据酒店工作的实际需要上下班 2.上班期间，严格遵循酒店仪容仪表标准 3.负责范围内的物品及工具必须严格遵循六常管理法的命名、定位制度及管理标准要求，做到任何物品有名、有"家"、有数量，严格按照物品的归位原则做好物品的控制管理 4.负责范围内的卫生须符合酒店制定的卫生管理标准，随时保持地面干燥、无卫生死角 5.打开热水开关和自来水开关，放水进水槽，水满后关闭水龙头 6.开餐中：按照"一刮、二洗、三过、四消毒、五清洁"程序操作，确保餐具洗涤清洁 7.碗、盘：去残渣→冲洗→洗净→消毒→洁净 8.不锈钢器具：去表面污迹（用洗涤液）→温水浸泡→钢丝球擦去→清水冲净 9.玻璃器皿：去表面污迹（用洗涤液）→冲洗→洁净 10.竹筐器具：温水浸泡→冲洗→洁净
负责范围	碗架、工作台、水池以及墙面、地面
责任人	×××
清理时间	每餐结束后
检查时间	每餐下班前
下班行六常	1.处理不需要的物品 2.所有物料、工具、仪器以及私人物品都放在指定位置 3.根据卫生清洁计划、标准做清洁工作 4.检查所有设施、设备、电源、燃气的关闭及安全情况 5.今天的事今天做，检查当班工作是否完成，准备明天的工作

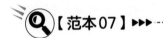【范本07】▶▶▶ --

初加工岗位六常管理标示卡

标准与规范要求	1.根据酒店工作的实际需要上下班 2.上班期间，严格遵循酒店仪容仪表标准 3.负责范围内的物品及工具必须严格遵循六常管理法的命名、定位制度及管理标准要求，做到任何物品有名、有"家"、有数量，物品的标签朝外并严格按照物品的最高、最低用量做好物品的控制管理 4.负责范围内的卫生须符合酒店制定的卫生管理标准，随时保持地面干燥、无卫生死角 5.蔬菜架码放整齐、干净，洗菜池干净、无污泥，所使用的案、墩、刀具、不锈钢设备洁净明亮。存放物品整齐，无过期食品，墙面干净 6.验收当日所用原料，根据采购单上所列品种依次验收，杜绝假冒、质量差的原料进入厨房。原料验收完毕要对其进行初加工：一般蔬菜去残叶、老叶、根部，上架摆放整齐；高档蔬菜要摘净，按每份200克的标准，用保鲜膜包好，在保鲜箱内储存 7.入库储存：对于分档、分例的原料要及时入库，以防变质，并将昨日剩余的菜品原料清出，做到心中有数
负责范围	菜架、菜墩、刀具、菜筐以及墙面、地面
责任人	×××
清理时间	每餐结束后
检查时间	每餐下班前
下班行六常	1.处理不需要的物品 2.所有物料、工具、仪器以及私人物品都放在指定位置 3.根据卫生清洁计划、标准做清洁工作 4.检查所有设施、设备、电源、燃气的关闭及安全情况 5.今天的事今天做，检查当班工作是否完成，准备明天的工作

【范本08】 ▶▶▶ --

酒店六常管理法实施检查评比表

评定项目数量：共计60项。其中：常分类5项（1001～1005），常整理15项（2001～2015），常清洁11项（3001～3011），常规范22项（4001～4022），常维护5项（5001～5005），常教育2项（6001～6002）。

评分方法：每项按完成质量分为好、一般、差三个等级规定了相应分数。满分为480分，评分结果累计总分为400分即达到要求。

常分类（1001～1005）

序号	评定项目	好 6～8分	一般 3～5分	差 1～2分
1001	已将破损的用具、器皿或不需要的物品处理掉或放入暂存仓库，工作现场没有不需要的物品			
1002	已将食品库与非食品库分开			
1003	根据需要每人有一套必备工具或文具（上墙）			
1004	办公资料都有分类标签			
1005	厨房现场的食品、酱料、食用油、厨具、餐具、清洁工具等分类并集中存放			

大项累计总分：

常整理（2001～2015）

序号	评定项目	好 6～8分	一般 3～5分	差 1～2分
2001	仓库的物品已按安全、使用频率和重量分层存放，玻璃器皿高度不超过肩部			
2002	材料或工具按照操作顺序放置			
2003	有仓库及部门平面分布图，负责人的照片、姓名和休班替代人			
2004	张贴物品存放表			
2005	所有物品都有名称			
2006	仓库中有先进先出和右进右出的指引，食物、酱料、洗涤用品等标明使用期限。自制物品标明制作时间。标明最高、最低存量			
2007	餐厅活动圆台、玻璃转盘按书架式集中存放			
2008	30秒内可取出及放回文件和物品			
2009	清除不必要的门、盖和锁			
2010	工作场所没有私人物品，已将私人物品（如水杯、伞、鞋、衣服等）集中存放，个人贵重物品有独立的上锁柜			
2011	已划定通道地线、物品摆放区域线			
2012	实施形迹管理，物品便于返还			

续表

序号	评定项目	好 6～8分	一般 3～5分	差 1～2分
2013	采用视觉管理方法：管道有颜色区分，设安全指引斑马线。危险性岗位有明显标记和保护措施			
2014	采用视觉管理方法：生食品的标识为红色、熟食品的标识为蓝色、蔬菜水果的标识为绿色。处理生食品、熟食品、蔬菜水果用的刀具分开			
2015	采用视觉管理方法：抹布及回收洗涤桶采用分颜色管理方法。垃圾桶保持清洁并加盖，垃圾要分类处理			

大项累计总分：

常清洁（3001～3011）

序号	评定项目	好 6～8分	一般 3～5分	差 1～2分
3001	有各部门责任区的颜色分布平面图，有清洁责任人的职责，包括日常清洁和计划清洁责任，每个员工都有自己的职责			
3002	为使清洁、检查更容易，物品存放柜架底层离地面15厘米以上			
3003	注意清洁灶底、柜底、柜顶、下水道等隐蔽地方			
3004	有清洁检查表及有关问题跟进负责人			
3005	厨房地面无水及油污			
3006	动物性食品与植物性食品的清洗水池应分开			
3007	现场生食品和熟食品分开，出菜与收盘路线分开			
3008	仓库有防鼠、防潮、通风设施及温度计			
3009	洗碗、洗手、消毒流程合理，洗碗池上有"一刮、二洗、三过、四消毒"标语，消毒水配比合格，设有专门存放消毒后餐具的保洁设施，其结构应密闭并易于清洁			
3010	餐厅有良好的通风系统，无油烟味；专间有空气消毒、温控、纯净水设备和预进间			
3011	设备损坏，第一时间填写维修工作单报修			

大项累计总分：

常规范（4001～4022）

序号	评定项目	好 6～8分	一般 3～5分	差 1～2分
4001	有预防不必要物品产生的措施，比如申购单需要经部门经理签字确认后，再找总仓负责人签字。财务部每月有物资申购领用报表报总经理室			
4002	有预防整理的办法一："吊起来"			
4003	有预防整理的办法二："装进去"			
4004	有预防整理的办法三："不使用"			
4005	有预防清洁的方法——开水箱下放接瓶、安装油箱接口等			

续表

序号	评定项目	好 6～8分	一般 3～5分	差 1～2分
4006	酒店设备有维护保养制度，有定期维护保养及检查			
4007	每个岗位每天工作流程已上墙			
4008	所有设备都有使用说明书			
4009	所有行为都有规范			
4010	"傻瓜式"管理模式（如一道菜对应特定调料碟）			
4011	有统一规范的通告板，其内容包括：① 组织架构图，② 工作职责表，③ 工作计划表（程序化），④ 工作规范（规范化）			
4012	大堂地面上，浴缸旁、卫生间地面上设有防滑提醒			
4013	明档炉灶、浴缸旁设有防烫提醒			
4014	所有有电线和插座的地方都要贴上醒目的安全标志			
4015	防扭伤提示			
4016	设置六常法博物馆（包括改善前后对比的照片）			
4017	班前会控制在5分钟内，部门主管会控制在半小时内			
4018	注意节约资源，环保回收。循环利用的措施已落实。各主要部门有用水、电、天然气的定额标准和明确责任			
4019	在各分区张贴走火路线图，有紧急事故应变指引，全体员工都能辨识警报声音			
4020	配齐消火栓装置及灭火设备，有紧急安全出口标志，消防设施确保完好有效			
4021	标明电气设备的使用时段和标准，电线安装符合安全用电规定，无乱拉电线问题，操作人员持证上岗			
4022	将所有开关加上指示标识并标明开关时间			

大项累计总分：

常维护（5001～5005）

序号	评定项目	好 6～8分	一般 3～5分	差 1～2分
5001	今日事件今日毕——办公桌上整齐美观，没有过夜未处理的资料			
5002	制定了各部门员工的制服标准及仪表仪容标准，在更衣室区设有标准图及穿衣镜			
5003	每个员工都自定了每天收工前5分钟"六常"的具体工作内容并且执行，一线员工均有健康证			
5004	餐饮店在全员参与编写的基础上编制了酒店六常法手册			
5005	各部门都用报表和数字说话：各级管理人员有检查，有记录，有处理			

大项累计总分：

常教育（6001～6002）

序号	评定项目	好 6～8分	一般 3～5分	差 1～2分
6001	员工表现出自觉的、整洁有序的意识			
6002	六常要求成为员工的工作习惯			

大项累计总分：

总分：

第二章 餐厅服务管理

第一节 餐厅岗位设置与职位说明

一、餐厅岗位设置

餐厅岗位设置如图 2-2-1 所示。

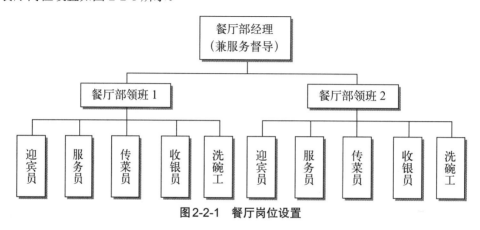

图 2-2-1 餐厅岗位设置

二、餐厅部经理（兼服务督导）职位说明

餐厅部经理（兼服务督导）职位说明如表 2-2-1 所示。

表 2-2-1 餐厅部经理（兼服务督导）职位说明

报告上级	连锁店总经理	督导下级	餐厅领班
工作描述	负责连锁店餐厅部的运转与管理，完善和提高各项服务工作，确保餐厅提供优良服务和优质产品		
工作职责	1.拟定餐厅部经营计划与预算，带领前厅部全体员工积极并超额完成前厅部经营指标 2.拟定并不断修改、完善餐厅部各项工作制度、服务标准和程序，并指导实施 3.巡视、督导餐厅部工作人员的日常工作、服务，保证高质量的服务水平 4.检查餐厅部员工仪表仪容和执行规章制度的情况 5.督导下属对所辖范围内的设施设备进行维护保养 6.严格控制餐厅部各项收支，做好成本控制工作 7.协助组织餐厅员工的培训工作，定期对下属进行绩效考核，并提出奖惩建议 8.做好餐厅部员工的内部协调工作及餐厅部与其他部门的沟通工作，尤其是餐厅部与厨房部之间的沟通，以确保工作效率，减少不必要的差错 9.完成上级领导交付的其他任务		

续表

报告上级	连锁店总经理	督导下级	餐厅领班
任职 条件	1.具有较强的事业心和责任感，工作认真踏实，为人处世公正严明 2.熟练掌握餐饮管理与服务的专业知识和技能 3.具有较强的组织管理能力，能制定各种餐饮服务规范和服务程序，并组织员工认真贯彻执行 4.具有妥善处理客人投诉及其他突发事件的能力 5.具有大专以上学历，有3年以上的餐厅管理经验 6.身体健康，精力充沛			

三、餐厅部领班职位说明

餐厅部领班职位说明如表 2-2-2 所示。

表2-2-2 餐厅部领班职位说明

报告上级	餐厅部经理	督导下级	迎宾员、服务员、收银员、传菜员、洗碗工
岗位职责	在餐厅部经理的领导下，负责本班组的服务管理工作，带领服务员按照服务规范的要求向宾客提供热情、周到、高效的餐饮服务			
工作程序 与标准	1.协助餐厅部经理制定和实施工作标准及服务程序，督导员工严格履行岗位职责 2.根据营业情况，给本班组服务员分配工作任务，检查本班组的对客服务工作，保证提供优质服务 3.随时注意辖区动态，进行现场指挥，遇有重要客人要亲自服务，以确保服务的高水准 4.与客人和厨房保持良好的沟通关系，及时向餐厅部经理和厨师长反馈客人对菜品、服务方面的意见或建议，不断提高菜品质量和服务质量 5.妥善处理餐厅服务工作中发生的问题和客人的投诉，并及时向餐厅部经理汇报 6.定期检查、清点辖区的设备、餐具等物品，并将结果汇报给餐厅部经理 7.督导服务员做好餐厅的清洁和安全防卫工作 8.协助餐厅部经理做好对服务员的考核评估和业务培训工作，以不断提高服务员的服务技能 9.完成餐厅经理交代的其他工作			
任职条件	1.热爱本职工作，有较强的责任感，工作认真负责 2.掌握一定的菜肴、酒水、烹饪等方面的知识 3.具有熟练的服务技能和技巧，能胜任餐厅各种接待服务工作 4.具有高中以上学历或同等学力，具有一年以上服务员工作经历 5.身体健康，仪表端庄			

四、迎宾员职位说明

迎宾员职位说明如表 2-2-3 所示。

表2-2-3 迎宾员职位说明

报告上级	餐厅部领班	督导下级	无
岗位职责	负责用餐客人的迎送、引座，接受咨询等工作			
工作程序 与标准	1.做好开餐前的各项准备工作，备好干净的菜单，掌握备餐情况，做好卫生工作 2.热情主动地迎接客人，将客人引领到适当的餐位，帮助拉椅让座，熟记常客及贵宾的姓名 3.负责将客人满意地送出餐厅，向宾客道别			

报告上级	餐厅部领班	督导下级	无
工作程序与标准	4.在餐厅客满时，向客人礼貌地解释原因，建议并安排客人等候 5.了解餐厅的客源情况，以便随机安排座位 6.做好宾客用餐人数、桌数、营业收入的统计工作 7.解答客人提出的有关饮食、设施方面的问题，收集客人的意见并及时向餐厅领班汇报 8.做好餐后收尾工作和本岗位的卫生清洁工作 9.完成餐厅领班交代的其他工作		
任职条件	1.工作认真细致，态度端正，有较强的责任感 2.熟悉餐厅特色，了解餐饮服务设施，具有一定的公关和社交知识 3.具有较好的语言表达能力和外语会话能力，讲话口齿清楚，反应灵敏，有较强的沟通能力 4.具有高中以上文化程度，并能用一门以上外语进行对客服务 5.身体健康，仪表端庄大方，气质较好		

五、服务员职位说明

服务员职位说明如表2-2-4所示。

表2-2-4　服务员职位说明

报告上级	餐厅部领班	督导下级	无
岗位职责	按照程序化、规范化的优质服务规范为就餐宾客提供各项优质服务工作，为提高餐厅的经济效益和社会效益而努力工作		
工作程序与标准	1.负责开餐前的准备工作，按照规范要求布置餐厅、餐桌、摆台及补充各种物品 2.按照餐厅规定的服务流程和服务规范做好对客服务工作 3.主动征询客人对菜品和服务的意见，接纳客人的意见并及时向餐厅领班汇报 4.负责餐厅设施、地面、台面的整洁和清洁卫生工作 5.熟悉餐厅各种酒水饮料的价格、产地、度数等 6.熟悉餐厅菜单上各种不同的菜肴，了解其原料配料、烹调方法及时间、口味，掌握菜肴服务方式 7.负责餐厅棉织品的送洗、领用、清点、保管工作 8.负责将所有脏餐具送到洗涤间分类摆放，并及时向餐具柜内补充干净餐具 9.负责在宾客走后翻台，或为下一餐摆位 10.做好餐后收尾工作和本岗位的卫生清洁工作 11.完成餐厅领班交代的其他工作		
任职条件	1.工作主动、热情、认真、责任心较强 2.掌握餐厅服务规程，了解餐厅各种菜肴的基本特点和简单的烹饪方法 3.有熟练的服务技能技巧和一定的应变能力，能妥善处理服务中出现的一般性问题 4.高中毕业或具有同等学力，经过餐饮服务培训，有一定的日常外语会话能力 5.身体健康，仪表端庄		

六、传菜员职位说明

传菜员职位说明如表2-2-5所示。

表2-2-5　传菜员职位说明

报告上级	餐厅部领班	督导下级	无
岗位职责	负责餐厅订单和菜肴食品的传递工作，负责菜肴所需佐料、服务用具的准备工作，做好餐饮服务的后勤工作		

续表

报告上级	餐厅部领班	督导下级	无
工作程序与标准			1. 负责备餐间的开餐准备工作，准备好调配料及走菜用具 2. 负责及时准确地传递订单和划菜 3. 负责将餐厅客人菜单上的所有菜肴，按上菜次序，准确无误地送到看桌服务员手里或送到餐厅指定工作台上 4. 协助餐厅服务员将工作台上的脏餐具、空菜盘撤回洗涤间，进行分类码放 5. 整理备餐间、规定地段的清洁卫生工作 6. 负责领取餐厅用的各种调味品、水果以及服务用品等 7. 负责保管订单并交收款台以备核查结账 8. 完成餐厅领班交代的其他工作
任职条件			1. 工作主动、认真、负责，态度端正 2. 掌握传菜服务流程与规范，熟悉餐厅各种菜肴的基本特点 3. 具有初中以上文化程度，受过餐饮服务培训 4. 身体健康，精力充沛

七、收银员职位说明

收银员职位说明如表 2-2-6 所示。

表 2-2-6 收银员职位说明

报告上级	餐厅部领班	督导下级	无
岗位职责			负责餐厅日常收款业务
工作程序与标准			1. 掌握现金、人民币支票、外汇支票、信用卡、签单的结账方法和结账程序 2. 开餐前备好零用钱，做好所管辖区域的卫生 3. 熟练地使用收款机进行收款 4. 严格财务手续，每天进行现金盘点，发现问题及时上报，做到账款相符 5. 工作中如需暂时离开岗位，应注意钱款安全，随时锁好收款机和钱柜 6. 每日营业结束，统计当日营业收入，填写"餐厅营业日报表"，当日收入应当日上缴财务部 7. 熟悉掌握餐厅各类酒水、饮料、菜品的价目，并且要了解餐厅服务知识 8. 认真保存好所有账单，并交财务部以备核查，保证所有账单联号，一张不缺 9. 完成餐厅领班交代的其他工作
任职条件			1. 工作主动、认真、细致、负责 2. 熟练掌握收款机的使用 3. 熟悉各种结算方式（现金、支票、信用卡等） 4. 熟悉餐厅的工作流程与菜品的价格 5. 具有高中或中技以上文化程度，财会专业优先

八、洗碗工职位说明

洗碗工职位说明如表 2-2-7 所示。

表 2-2-7 洗碗工职位说明

报告上级	餐厅部领班	督导下级	无
岗位职责			负责餐具、用具的清洗消毒和所用设备的清洁保养工作
工作程序与标准			1. 负责按规定的清洗消毒流程与规范清洗所有餐具和用具并进行消毒 2. 负责洗碗间、所辖区域的环境卫生清洁工作 3. 严格执行"卫生五四制"。五专：专人、专室、专工具、专消毒、专冷藏。四勤：勤洗手、剪指甲，勤洗澡、理发，勤洗换衣服、被褥，勤洗换工作服、工作帽

续表

报告上级	餐厅部领班	督导下级	无
工作程序 与标准	4.定期检查洗碗机的工作状况，发现问题及时向餐厅领班汇报 5.负责餐具的保管 6.负责破损餐具的拣剔和餐具的补充工作 7.完成餐厅领班交代的其他工作		
任职条件	1.有较强的责任心和敬业精神，能吃苦耐劳 2.具有餐具及用具卫生方面的知识 3.能够正确使用各种洗涤剂和正确操作洗碗机 4.具有初中以上文化程度 5.身体健康，体力强壮		

第二节　餐厅服务操作总流程

一、零点服务总流程

零点就是用餐客人根据自己的喜好从餐厅提供的菜单上选择自己喜欢的菜品，餐后按所点的菜品数目计价付款的一种就餐形式。其特点是：在营业时间内，由顾客自己选择就餐时间，时间不固定；宾客习俗不一；不提供固定桌次；备有固定菜单；所遇问题复杂，接待工作灵活。

（一）零点服务流程

零点服务流程如图 2-2-2 所示。

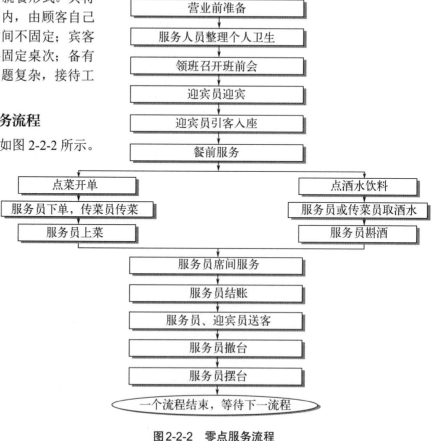

图2-2-2　零点服务流程

（二）零点服务流程说明

零点服务流程说明如表 2-2-8 所示。

表2-2-8　零点服务流程说明

序号	步骤	工作标准
1	领班分配工作	各餐厅领班检查记录本班组人员的出勤情况，分配零点服务区域
2	服务人员清洁环境卫生	主要是餐厅环境卫生，做到地面清洁，接手桌清洁，转台无油腻、无污渍，餐具摆放井然有序
3	营业前准备	餐厅领班检查餐厅设备、设施，服务员准备餐具进行摆台、吊线，使桌椅、餐具摆放纵横成线，以求协调、美观，并将"服务监督卡"插入桌牌
4	服务人员整理个人卫生	全体人员上岗前要整理个人仪容仪表，符合卫生要求。服务员要规范着装，佩戴服务号牌。女服务员要淡妆上岗
5	领班召开班前会	领班每天早晨营业前提前15分钟召开班前会，总结前一天工作中出现的问题，根据前一天出现的经营问题提出当日的工作要求，传达具体的事项
6	迎宾员迎宾	迎宾员提前5分钟站位，见到宾客主动问候。询问宾客人数及是否有预订等情况
7	迎宾员引客入座	将事先预订的宾客引至指定的位置，未预订的客人根据具体情况引至合适的位置。将客人引至餐桌旁后，拉开椅子，呈上菜单，请客人看菜单
8	餐前服务	服务员递菜单、递香巾、倒茶水
9	服务员点菜开单	用一式四联的点菜单认真记录客人点选的菜品及酒水，点菜单上要注明桌号和服务员姓名。点菜完毕，向客人复述确认点菜单内容，以免出现误差。如客人点的菜品中有费时较长的，应及时提醒客人耐心等候
10	服务员下单	服务员及时把菜单下给传菜员。将一式四联的点菜单一联用于走菜、一联用于划菜、一联交账台、一联宾客自己保存备查
11	服务员上菜	传菜员传上菜后，看台服务员要检查所上菜肴与客人所点的是否相符。如果菜品上桌间隔超过10分钟，应及时与跑菜员联系，并向客人表示歉意
12	服务员斟酒	应为客人斟上第一杯酒水
13	服务员席间服务	随时为客人倒酒和饮料，换烟灰缸，更换用过的餐具。如客人续加菜品和酒水，应及时填入菜单，并附在结账单上，以免漏账
14	服务员结账	客人就餐完毕，示意结账时，服务员应迅速将结账单送到客人面前。收款时，当面与客人核对金额，唱收唱付，并把凭证交给付款客人。主动征求客人意见，请客人填写"宾客留言卡"，以提高服务质量
15	服务员、迎宾员送客	客人离座后，服务员应提醒客人带好自己的物品，并礼貌道别。客人用餐完毕离开餐厅时，迎宾员应主动使用文明敬语与客人道别。客人走后，服务员迅速检查餐台有无客人遗留物品，如果发现应及时通知餐厅领班，并及时交到保卫部门
16	服务员撤台、摆台	待台面撤掉后，铺换新台布，换上新用具，使餐台恢复原样

二、餐厅团体包餐服务总流程

团体包餐又称标准饭，就是由主办单位按用餐标准统一付款，厨房按用餐标准调剂搭配菜肴，酒水和饮料另行收费的就餐形式。主要适用于集体用餐，如国际、国内会议代表聚餐及旅游参观团聚餐（比宴会规格低，但分主宾双方的便饭也可采用此形式）。

（一）对团体包餐的基本认知

1. 特点

标准统一，菜式统一，规格统一，进餐时间统一，桌面摆放统一。

2. 上菜顺序

有冷菜，客人到达前15分钟摆好，客人入座后按照菜单顺序依次上菜。

3. 服务要求

在团体包餐的服务中，要求做到"四了解""四联系""四一样""十一注意"，如表2-2-9所示。

表2-2-9　服务要求

序号	要求	说明
1	四了解	了解任务情况，以便根据客人的要求和餐费标准进行服务 了解进餐时间，是按时还是提前或是推后，以便做好准备 了解客人生活喜忌和口味特点，以便投其所好 了解客人的特殊情况，以便满足客人的特殊要求
2	四联系	主动与厨房联系 主动与接待单位联系 主动与主管部门联系 主动与看台、传菜人员之间联系
3	四一样	国籍不同一样看待 职位不同一样主动 肤色不同一样热情 时间长短一样耐心
4	十一注意	注意有冷菜，客人入座后再问酒水需求 注意上菜后，客人对调味品的需用情况，以便随时添续 注意客人对菜品的食用情况，以便掌握客人对菜品的喜好和菜量 注意客人对服务、菜品的要求，以便改进质量 注意照顾好陪同人员，其临时加菜加酒尽力满足 注意客人交办的事情要听清、记准、明确无误 注意了解当餐的菜品和酒水的名称及特点，做到心中有数，便于向客人介绍 注意对清真或素食客人以及老、弱、病、残、幼给予特殊照顾服务 注意观察，随时发现问题，及时、妥善处理 注意在客人进餐结束时，请客人签字转账或交款结账 注意检查客人是否遗忘物品，发现后及时送还或上交

4. 团体包餐服务中需要注意的事项

在团体多的情况下，有时一个餐厅内同时招待几个或几十个不同团体用餐，由于他们之间人数不同，因此进餐标准不同，时间也不同。所以，首要的是按团体安排好固定的桌位，不宜随意变动位置，除第一次进餐时应为客人备好桌位外，每次进餐时都要引导客人坐原来的座位，如发现新来的客人坐错座位时，要有礼貌地说明情况，将其请到为其准备的座位就座。

如遇团体客人提出过生辰喜日时，要根据不同国家和不同风俗，尽可能地在餐厅或餐桌布置上充分地体现出来，以示祝贺。

（二）餐厅团体包餐服务流程

餐厅团体包餐服务流程如图 2-2-3 所示。

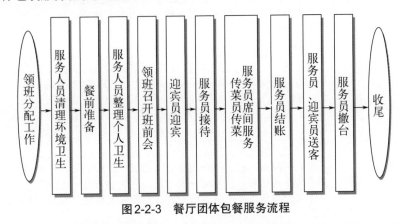

图2-2-3　餐厅团体包餐服务流程

餐厅团体包餐服务流程说明如表 2-2-10 所示。

表2-2-10　餐厅团体包餐服务流程说明

序号	步骤	工作标准
1	领班分配工作	各餐厅领班检查记录本班组人员的出勤情况，根据公关销售部下达的团体包餐通知单中的团队人数、桌数计算服务人员数量，确定各服务区域的人员名单，做好人员分工的记录，便于工作检查以及问题追溯
2	服务人员清理环境卫生	主要是餐厅环境卫生，做到地面清洁，接手桌清洁，转台无油腻、无污渍，餐具摆放井然有序
3	餐前准备	（1）服务员根据团队人数、规模安排接待场地，整理陈设布局，适当、合理地安排桌位 （2）服务员、传菜员要根据任务通知单做好餐前准备，掌握有关宾客情况，明确宾客的国籍、民族、风俗习惯和宗教信仰等，以便有针对性地做好服务工作 （3）服务员要了解菜单内容，熟悉菜品口味及上菜顺序 （4）服务员根据团体包餐通知单上有关内容，备齐相应数量的餐酒用具 （5）服务员按《宴会摆台操作规范》进行摆台 （6）在各项准备工作就绪后，餐厅领班要进行餐前检查 ① 检查台面摆设情况，确保餐酒用具无缺、无损坏 ② 检查桌椅的平稳，以保证提供安全服务 ③ 协助后勤部门检查灯具照明及空调温度情况，确保客人安全用餐 （7）服务员在开餐前备好所需饮料、酒水，并在开餐前10分钟将冷菜按宴会要求摆放在转台上，然后在指定位置等候迎接宾客
4	服务人员整理个人卫生	全体人员上岗前要整理个人仪容仪表，符合卫生要求。服务员规范着装，佩戴服务号牌。女服务员要淡妆上岗
5	领班召开班前会	餐厅领班每天早晨营业前提前15分钟召开班前会，总结前一天工作中出现的问题，根据前一天出现的经营问题提出当日的工作要求，传达具体的事项
6	迎宾员迎宾	根据预订情况将客人引至指定的位置
7	服务员接待	客人在迎宾员的引导下进入餐厅后，服务员要笑脸迎接，礼貌问好，并帮助客人拉椅子。协助穿外套、戴帽子的客人将其物品挂好，并整理好

续表

序号	步骤	工作标准
8	服务员席间服务、传菜员传菜	客人落座后，看台服务员脱筷套并为客人铺垫口布，斟上酒水，并通知传菜员上菜，传菜员通知厨房走菜。服务员按冷菜→汤菜→热菜→甜品→面点→水果顺序上菜
9	服务员结账	（1）客人用餐接近尾声时，服务员要询问陪同人员或领队是否添加酒水饮料，确定后核实宾客所用酒水饮料数量，如实填写结账清单，并根据不同的付款、签账单的方式与收银员一起准确、快速地完成结账工作 （2）结账完毕，征求客人意见、建议，或主动向陪同人员、领队征求意见，并记录下来。最后，主动为客人拉椅子让路，提示客人带好自己的物品，并向客人致谢，礼貌道别
10	服务员、迎宾员送客	客人离座后，服务员应提醒客人带好自己的物品，并礼貌道别。客人用餐完毕离开餐厅时，迎宾员应主动使用文明敬语与客人道别。客人走后，服务员迅速检查餐台有无客人遗留物品，如果发现应及时通知餐厅领班，并及时交到保卫部门妥善处理
11	服务员撤台	清理餐台上的餐酒用具及棉织品，餐椅归位，码放整齐
12	收尾	清理完毕后，检查餐厅安全情况，如门窗、电源开关是否关闭和是否有未熄灭的烟头，确认后方可关灯、锁门

三、宴会服务总流程

（一）对宴会的认识

宴请是交往中常见的礼仪活动之一。通常的宴请形式主要有宴会、招待会、茶话会等。宴会的名目类别较多：按宴会进餐形式可分为立餐宴会和坐餐宴会，按宴会规格可分为国宴、正式宴会和便宴，按宴会的餐别可分为中餐、西餐和中西合餐，按宴会举行时间可分为早宴、午宴和晚宴；在礼仪上分为欢迎宴会和答谢宴会。

1. 国宴

国宴是国家元首或政府首脑为国家庆典活动招待外宾或为欢迎外国元首、政府首脑来访而举办的正式宴会。这种宴会的规格最高，也最为隆重，宴会厅内悬挂国旗，设乐队演奏国歌，席间有致辞环节，菜单和座席卡上均印有国徽。国宴的特点是：出席者的规格高，盛大隆重，礼仪严格。

2. 正式宴会

通常是政府和民间团体有关部门为欢迎应邀来访的宾客，或来访的宾客为答谢主人而举行的宴会，正式宴会的安排与服务程序大体与国宴相同，宾主按身份排席次和座次，在礼仪上的要求也比较严格，席间一般都致辞或祝酒，有时也设乐队演奏席间乐，但不悬挂国旗，不奏国歌，出席者的规格一般也低于国宴。

3. 便宴

便宴，即非正式宴会，不拘于严格的礼仪，随便、亲切，多用于招待熟识的亲朋好友，这种宴会常于午间进行，其规模一般较小，席间随便交谈，不做正式致辞或祝酒。

（二）宴会服务流程

宴会服务流程如图 2-2-4 所示。

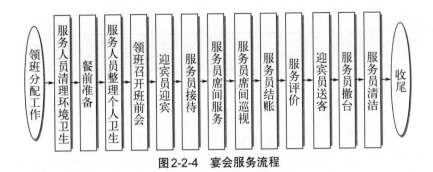

图2-2-4　宴会服务流程

宴会服务流程说明如表 2-2-11 所示。

表2-2-11　宴会服务流程说明

序号	步骤	工作标准
1	领班分配工作	各餐厅领班检查记录本班组人员的出勤情况，根据公关销售部下达的宴会通知单中的人数、桌数计算服务人员数量，确定各服务区域的人员名单，做好人员分工的记录，便于工作检查，以及问题追溯
2	服务人员清理环境卫生	主要是餐厅环境卫生，做到地面清洁，接手桌清洁，转台无油腻、无污渍，餐具摆放井然有序
3	餐前准备	（1）餐厅领班、看桌服务员接到公关销售部下达的宴会通知单后，根据其中的信息做到"十知""三了解"。"十知"为知国籍、知人数、知宴会时间、知用餐单位（主办单位）、知桌数、知台型、知酒水饮料、知主宾会场、知宴会标准、知有关其他要求，"三了解"为了解客人的风俗习惯、了解客人的生活忌讳、了解特殊要求 （2）餐厅领班、看桌服务员掌握宴会名称，主办者的特殊要求，以及宴会的内容和程序，宴会标准情况 （3）看桌服务员应了解菜单内容，熟记菜品内容及出菜顺序，以便上菜和回答宴会中客人可能对菜品风味提出的询问，掌握每道菜品的口味及服务程序，并根据菜品特点计算餐具用量，进行服务用具的准备 （4）宴会厅布置及服务用具的准备 餐厅服务员做好宴会场地的清洁卫生，并由领班进行督导检查。根据宴会的订餐要求，配齐酒具、水杯、台布、口布、小毛巾、桌裙、转台等必备物品，餐具的准备要充足 （5）摆台：服务员按宴会要求、人数、桌数进行铺台、摆位、布置场地，按需要布置台面、检查台面，保证餐具、酒具无缺无损，转台、台布完好无缺。围好桌裙，保证其整齐无损。领班根据标准进行检查，不合要求处应及时纠正 （6）备酒水、冷菜：看桌服务员根据菜单以及宴会的特殊要求，和酒水管理员联系，提前配足各类酒水和饮料，擦净瓶身，摆放整齐，其他物品也要准备充足
4	服务人员整理个人卫生	全体人员上岗前要整理个人仪容仪表，符合卫生要求。服务员规范着装，佩戴服务号牌。女服务员要淡妆上岗
5	领班召开班前会	餐厅领班每天早晨营业前提前15分钟召开班前会，总结前一天工作中出现的问题，根据前一天出现的经营问题，提出当日的工作要求，传达具体的事项
6	迎宾员迎宾	根据预订情况将客人引至指定位置
7	服务员接待	迎宾员将客人引导到餐厅的适合位置后，由该区域的服务员迎客人进入餐位入座，将椅子拉开让座；当客人有衣帽时，主动帮助客人把衣帽挂好，整理好；在此期间要面带微笑、热情大方、动作规范、语言规范

序号	步骤	工作标准
8	服务员席间服务	（1）服务员应根据客人用餐时间，提前10分钟上凉菜，备酒水和饮料 （2）客人入席后，为客人铺垫口布，脱筷子套，揭掉凉菜保鲜膜，做好开餐前的各项服务工作 （3）主动进行自我介绍，为客人介绍餐厅的名称、典故，介绍时大方得体，语言流畅，语调亲切，言词简洁、清晰 （4）问清客人所需酒水，从主宾开始斟酒 （5）客人用凉菜后，服务员通知传菜员上菜，传菜员通知厨房走菜。传菜员应根据客人用餐的要求，同厨房协调好上菜的时间 （6）走热菜（成品菜）时，服务员要主动为客人准备干净的布碟。热菜上桌后，摆在转台上，展示一圈，并介绍菜名、口味、所需原料及制作方法 （7）布菜：左手拿口布托住菜盘，右手拿叉勺从主宾左手处分菜；可以两个菜一个盘，注意菜与菜不可重叠；分菜时要姿势优美，动作准确到位。上下一道菜前要给客人换好布碟，一道菜一个盘，不要把带汤汁的菜洒到客人身上
9	服务员席间巡视	（1）及时为客人补酒水、饮料 （2）随时更换烟灰缸，见到里面有3个及以上烟蒂立即更换，更换时应把干净的烟灰缸盖到需换烟缸上面，然后撤到托盘上再将清洁的烟缸送到餐桌上 （3）根据需要，随时撤换餐具，重点宴会一菜一碟，应在客人右边进行，要先撤后上 （4）见到客人吸烟时，应主动为客人点烟 （5）主人或主宾离座发表祝词时，服务员应在托盘内摆好红白酒各一杯，准备递给讲话人。主人或宾客离席去各桌敬酒时，服务员应主动跟随其后，及时斟酒 （6）从始至终保持席面清洁整齐，及时清洁席面残物，收取脏餐具及整理桌面餐具 （7）及时清理接手台（工作台），保持清洁、整齐，撤下的脏餐具由传菜员及时传递到洗涤间 （8）客人提出的要求要根据情况尽量满足。在整个服务过程中，要提倡主动与客人交流与服务有关的事宜，态度谦虚、热情、有礼貌，大方得体，不卑不亢
10	服务员结账	客人用餐结束后，需要结账时，服务员应先问清客人是用现金还是支票或其他支付形式，要保管好客人提供的信用卡，付款后及时交还客人，并表示感谢，根据客人要求提供结账清单和餐费发票
11	服务评价	服务员应在餐后征求客人的意见和建议，并记录下来
12	迎宾员送客	（1）主动提示客人不要遗忘物品 （2）服务员送客时应为客人拉椅让路，递送衣帽、提包，并协助客人穿外衣 （3）客人离开房间时，应礼貌送别，搀扶重要客人、年龄较大或行动不便的客人，由迎宾员引导客人离店
13	服务员撤台与清洁	（1）服务员参照《宴会撤台作业规范》清理转台及桌面餐具，并送到洗碗间 （2）清洁转台，做到干净无污 （3）清洁接手桌 （4）清洁场地，处理垃圾，进行安全用电检查 （5）检查有无客人遗留物品，若有应及时送交保卫部
14	收尾	清理完毕后，检查餐厅安全情况，如门窗、电源开关是否关闭和是否有未熄灭的烟头，确认后方可关灯、锁门

第三节　餐厅部各岗位工作流程

一、餐厅部经理日常工作流程

餐厅部经理日常工作流程如图 2-2-5 所示。

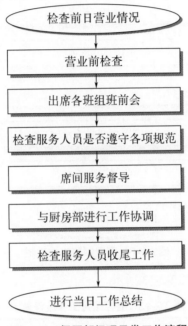

图2-2-5　餐厅部经理日常工作流程

餐厅部经理日常工作流程说明如表 2-2-12 所示。

表2-2-12　餐厅部经理日常工作流程说明

序号	步骤	工作标准
1	检查前日营业情况	主要检查餐厅前一天的销售额、服务员服务过程中出现的问题等
2	营业前检查	主要检查营业前餐厅的卫生状况、各项用品设施的准备情况
3	出席各班组班前会	听取各班组前日出现的问题及当日的要求，对重要问题发表意见
4	检查服务人员是否遵守各项规范	包括行为规范、语言规范、迎宾规范、传菜规范、摆台规范等
5	席间服务督导	在营业期间对餐厅进行巡视，对服务员的席间服务进行督导
6	与厨房部进行工作协调	处理当日出现的、需与厨房部沟通协调的问题，如客人对菜品质量的反馈、客人换菜等
7	检查服务人员收尾工作	当日营业结束后，对餐厅服务人员的收尾工作进行检查，如卫生的清洁、设施用品的整理等
8	进行当日工作总结	对当日餐厅的整体情况进行整理总结，包括餐厅的当日营业额、服务质量、环境卫生等，形成书面报告

二、餐厅领班工作流程

餐厅领班工作流程如图 2-2-6 所示。

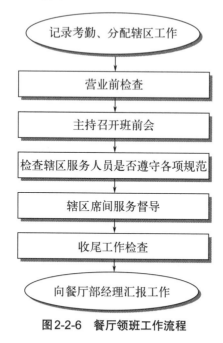

图2-2-6　餐厅领班工作流程

餐厅领班工作流程说明如表 2-2-13 所示。

表2-2-13　餐厅领班工作流程说明

序号	步骤	工作标准
1	记录考勤、分配辖区工作	检查记录本班组人员的出勤情况，根据零点、团队、宴会服务的不同要求，确定各服务区域的人员名单，做好人员分工的记录
2	营业前检查	检查辖区内的环境卫生情况、各项用品设施的准备情况、服务员的摆台情况等
3	主持召开班前会	每天早晨营业前提前15分钟召开班前会，总结前一天工作中出现的问题，根据前一天出现的经营问题提出当日的工作要求，传达具体的事项
4	检查辖区服务人员是否遵守各项规范	包括行为规范、语言规范、迎宾规范、传菜规范、摆台规范等
5	辖区席间服务督导	在营业期间对辖区进行巡视，对服务员的席间服务进行督导。遇有重要客人要亲自服务
6	收尾工作检查	当日营业结束后，对辖区内服务人员的收尾工作进行检查，如卫生的清洁、设施用品的整理等
7	向餐厅部经理汇报工作	对当日辖区内的整体情况进行整理总结，包括当日营业额、服务质量、环境卫生等，并向餐厅部经理汇报

三、迎宾员迎宾工作流程

迎宾员迎宾工作流程如图 2-2-7 所示。

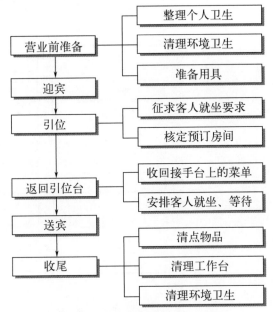

图2-2-7 迎宾员迎宾工作流程

迎宾员迎宾工作流程说明如表 2-2-14 所示。

表2-2-14 迎宾员迎宾工作流程说明

序号	步骤	工作标准
1	营业前准备	（1）整理个人卫生，着工装，女迎宾员要求淡妆上岗 （2）清扫候餐室及引位台区域卫生 （3）提前5分钟站位，仪容仪表端庄整洁，站立于领位台后一米左右的位置，挺胸抬头，双脚微叉，双手自然交叉于腹前或背于后，微笑自然亲切，做好迎宾工作 （4）准备好餐厅预订簿、留座卡、餐区广告牌和告示牌、迎宾台电话及笔、纸、记录本等用具
2	迎宾	（1）客人进店后，主动上前迎接表示欢迎，态度要和气，语言要亲切 （2）询问客人人数及是否有预订等情况 （3）对于客人提出的问题，要耐心解答
3	引位	（1）根据客人人数、服务员看台情况及客人对餐位的特殊要求，引导零点客人入座 （2）将客人引到桌边后，拉椅让座，然后呈上菜单、点菜单及宾客留言卡，请客人浏览 （3）负责宴会引位的领位员，需提前抄好引座卡，并及时与餐厅核对座位顺序，准确无误地将客人引至预订单间或桌位
4	返回引位台	（1）领位员在回归原位时，应及时收回接手台上的菜单，以免菜单被污损，并预备下次再用。菜单污损严重时要销毁，换用新菜单 （2）合理调配用餐桌位，按顺序安排等候的客人用餐，并与各部门做好协调工作，保证服务质量
5	送宾	客人用餐完毕，离开餐厅时，应主动使用敬语与客人道别
6	收尾	（1）负责收尾工作的迎宾员在营业结束后，及时清点物品、清理工作台和环境卫生 （2）待宴会全部结束，客人离店后，迎宾员方可离岗

四、传菜员传菜工作流程

传菜员传菜工作流程如图 2-2-8
所示。

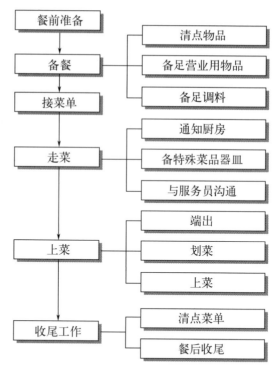

图2-2-8 传菜员传菜工作流程

传菜员传菜工作流程说明如表 2-2-15 所示。

表2-2-15 传菜员传菜工作流程说明

序号	步骤	工作标准
1	餐前准备	（1）打扫备餐室卫生 （2）按要求整理好仪容仪表，佩戴服务号牌，女传菜员按要求淡妆上岗
2	备餐	（1）清点好脏口布、台布、毛巾的数量，到库房过数后，领取干净的口布、台布、毛巾，运到备餐室放好 （2）备足餐盘、瓷碟、汤碗等服务时所需餐具，并码放整齐 （3）用热水将毛巾浸湿叠放整齐 （4）领出加工后的调料，并用碗碟装好调料
3	接菜单、走菜	传菜员接菜单后，将零点菜单按时间顺序排列；数好宴会接待单桌数、人数
4	上菜	（1）零点菜单下单后及时通知厨房，按先凉菜后热菜的顺序上菜。凉菜及时到冷荤间拿取，送菜到桌 （2）备好汤菜需要的汤碗和特殊菜品器皿 （3）宴会菜单的走菜时间、程序和速度听从服务员安排，并及时通知厨房 （4）热菜出锅装盘后，传菜员立即端出，将该菜品从菜单上划去，根据菜单送达到桌
5	收尾工作	（1）清点菜单，确认没有遗忘的菜品 （2）负责餐后收尾工作 ①关闭蒸箱，清理残余食品 ②清洗托盘，将需要清洗的餐具送到洗涤间 ③清点台布、口布、毛巾，然后打包 ④打扫备餐室卫生

五、收银员收银工作流程

收银员收银工作流程如图 2-2-9 所示。

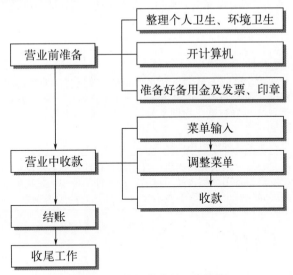

图2-2-9　收银员收银工作流程

收银员收银工作流程说明如表 2-2-16 所示。

表2-2-16　收银员收银工作流程说明

序号	步骤	工作标准
1	营业前准备	（1）营业前15分钟到岗，清扫责任区卫生，整理个人卫生 （2）打开总电源，接通POS机信用卡授权系统 （3）打开计算机，依次开打印机、显示器、主机，使其进入工作状态 （4）打开保险柜，清点备用金 （5）包好前日客人明细消费单，外面写上日期，以备今后查找，准备好发票和印章备用 （6）根据备用金情况到会计室兑换零钱
2	营业中收款、结账	（1）开始营业后，收银员将服务员送来的菜单进行编号，并将桌号、用餐人数、服务员号、酒水、冷热菜全部输入计算机。要求收银员熟记菜品编码，手眼配合，动作熟练流畅，做到准确无误。将菜单摆放整齐 （2）服务员要求结账时，应及时将结账清单从计算机中调出，并根据菜单内容的增减进行调整，确认无误后，立即打印一式两份的结账清单，一份自留；另一份由服务员交客人查验。结账清单要注明客人消费内容，餐厅附加费如单间费、服务费等，所有价格都应符合餐厅规定 （3）收取服务员送交的餐费，包括如下几种形式 ① 当收到现金时，对各种面值的钞票要用验钞机辨别真伪，并用眼看、用手摸，做到仔细认真，唱收唱付，当面点清，不出差错 ② 当收信用卡时，首先检查卡的真伪，按银行的要求去做。如：姓名与身份证是否相符，卡是否在有效期内，卡是否正确，持卡人是否签名等。待持卡人签名后，核对笔迹，无误后方有效。如遇有问题的信用卡，应立即与银行有关部门联系，再采取必要的措施 ③ 当收支票时，要看填写的日期是否符合标准，是否过期，印章是否清晰，数字有无涂改嫌疑，限额是否超出，有无密码等。在支票背面的上方注明使用者的姓名、电话、身份证号码。如遇特殊情况，应请示领导 ④ 开发票时，使用国家规定的餐饮发票，字迹、印章清楚。如遇特殊情况，应请示领导

续表

序号	步骤	工作标准
2	营业中收款、结账	⑤ 大型团队结账签单时，要与主办人员配合好，让主办人员按要求逐项填写签单，核对无误后结账。如有特殊情况，应及时与公关部及餐厅部经理联系解决 （4）待所有菜单全部调出并打印完毕后，应进一步检查是否有遗漏或未结账的菜单，如有应及时处理，确认无误后方可汇总，然后打印各种单据（如收入日报、服务员营业额明细账等） （5）营业款全部收齐后，所收款额应与计算机打印的款额相吻合，然后将支票、签单、信用卡、现金归类，汇总结算，分别填入缴款单中，并填写现金送款簿，不能有涂改。把现金包好封好，连同支票、签单、信用卡等全部营业收入一并交到会计室，锁入保险柜 （6）最后命令计算机结账，以便于次日重新工作
3	收尾工作	（1）结完账后，依次关闭主机、显示器、打印机和总电源 （2）将发票、备用金等物品清点后，锁入保险柜中，将钥匙妥善保管好 （3）整理并包好全天顾客消费清单，打扫卫生后方可离岗

六、洗碗工每日工作流程

洗碗工每日工作流程如图 2-2-10 所示。

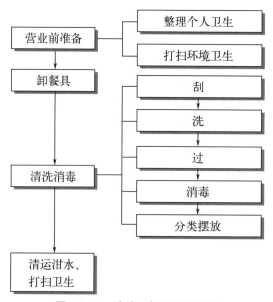

图2-2-10　洗碗工每日工作流程

洗碗工每日工作流程说明如表 2-2-17 所示。

表2-2-17　洗碗工每日工作流程说明

序号	步骤	工作标准
1	营业前准备	（1）整理个人卫生 （2）打扫洗碗间环境卫生
2	卸餐具	（1）将装在餐车里的餐具取出，按类分放 （2）发现破损餐具，应及时清理出去，填写破损记录，并定期统计上报餐厅部经理

续表

序号	步骤	工作标准
3	清洗消毒	（1）"刮"：去残渣，将餐具里的残剩食物刮到泔水桶里 （2）"洗"：将餐具浸泡在水池里，加入洗涤剂，去除油污，洗刷干净 （3）"过"：将洗刷过的餐具放在清水池，并冲洗干净 （4）消毒：将冲洗干净的餐具按餐厅的规范放入消毒柜消毒 （5）分类摆放：将消毒过的餐具按餐厅规范分类摆放在规定位置
4	清运泔水、打扫卫生	（1）将泔水桶里的泔水清运到指定地点 （2）工作完毕，彻底打扫工作场地的卫生，做好清洁工作

七、卫生间保洁员工作流程

卫生间保洁员工作流程如图 2-2-11 所示。

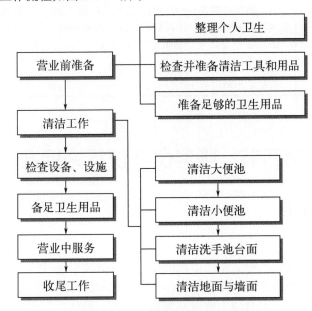

图2-2-11　卫生间保洁员工作流程

卫生间保洁员工作流程说明如表 2-2-18 所示。

表2-2-18　卫生间保洁员工作流程说明

序号	步骤	工作标准
1	营业前准备	（1）保洁员在开始工作前应先整理好个人卫生，包括洗手、穿戴整洁的工作服等，以保持良好的个人形象和卫生习惯 （2）检查并准备清洁工具和用品：检查扫帚、拖把、抹布、清洁剂、消毒剂、刷子、手套等清洁工具和用品是否齐全，并确保它们处于良好的使用状态 （3）准备足够的卫生纸、洗手液等卫生用品，以便在营业期间及时补充
2	清洁工作	每日上、下午餐厅营业前对洗手间进行彻底的清洁，清洁范围包括大便池、小便池、洗手池台面、地面与墙面。具体要求有以下几点。 （1）按照清洁流程，对卫生间进行彻底的清洁。包括冲洗卫生洁具、扫除地面垃圾、清倒垃圾桶等

续表

序号	步骤	工作标准
2	清洁工作	（2）使用专用清洁剂和工具对洗手台、面盆、小便池、大便池等卫生设施进行刷洗，确保无污渍和异味 （3）对卫生间地面进行拖擦，保持地面干爽、不留水迹 （4）使用消毒剂对卫生间内的关键区域进行喷洒或擦拭，杀灭细菌和病毒，确保卫生间的卫生安全
3	检查设备、设施	检查卫生间抽水马桶、水龙头、排风扇、烘手器等设备、设施，出现问题及时报修
4	备足卫生用品	洗液盒装满洗手液，卫生纸盒内放上卫生纸
5	营业中服务	营业时间内坚守岗位，为使用卫生间的宾客提供服务： （1）保持正确站姿，向进入卫生间的客人点头示意，表示欢迎 （2）向客人介绍卫生间相关设施的使用方法，客人洗手后主动递上餐巾纸 （3）随时清理洗手间，保证洗手间清洁、卫生、无异味 （4）随时检查卫生用品使用情况，及时补充，保证客人使用 （5）若有重要宴会客人，听从领班安排，适当延长工作时间，待宾客离店后方可离岗
6	收尾工作	营业结束后将洗手间打扫干净，补齐卫生用品后方可离岗

第四节　服务员礼仪行为标准

一、服务员着装规范

（一）要求

上班时要按职务和岗位工种穿不同形式的工作服。餐厅服务员的着装不仅体现着餐厅的规格和经营特色，其着装的效果和着装的整洁程度也直接影响餐厅的社会形象。

餐厅服务员的着装应该符合以下要求：整洁、大方、得体、方便工作、统一协调，不卷袖筒、不光脚穿鞋，着装无破损、无异味、无污点。

（二）标准

1. 男装

男装应保持挺括，领口、衣扣严紧，领花或领带佩戴端正，裤线挺直，皮鞋光亮，脚穿黑色或深色袜子。衣袋中不放与工作无关的杂物。在伸臂取送物品时衬衫袖口外露部分不超过2厘米。

2. 女装

女装应挺括、合体，衣扣严紧，领花、飘带系结端正。穿裤装时应搭配肤色短袜，袜口不得外露。穿裙装时，袜子应完好，无跳丝、无破洞。脚穿黑色鞋，裙装不宜穿布鞋。旗袍必须合体，方便工作。围裙应该系于腰间，裙带长短适度，系结式样统一。

3. 胸卡

男、女服务员的胸卡都应该佩戴于左前胸，相当于衬衫第三粒扣子平齐处，胸卡端正，字号完整，字迹清晰。

二、服务员仪表仪容

仪表仪容是餐厅服务员精神面貌的体现，是宾客评价餐厅服务员精神面貌的重要依据之一，是餐厅服务员形体语言的主要内容，关系到餐厅在公众心目中的形象问题。

（一）要求

端正、大方、文雅、彬彬有礼。

（二）标准

1. 发型规范

男服务员头发侧不盖耳，不可蓄留大鬓角；头发后不盖衣领。不留怪异发型，不可烫发。女服务员短发不可过肩，长发要束起，刘海不可过眉。

2. 面部仪容

男服务员应该保持面部整洁，每日剃须，不可蓄留小胡子；女服务员应该化淡妆，不可浓妆艳抹。见到顾客要有得体的笑容。

3. 口腔卫生

牙齿保持洁净。上班期间不可食用有异味的食品，保持口腔气味清新。

4. 手部卫生

保持手部清洁，不可留长指甲，不可涂抹指甲油，不可戴戒指。

5. 其他

餐厅服务员上班时不允许使用气味浓烈的香水和药品，不可佩戴各种耳饰。其他饰品，如项链应该不露出工作服。手镯、手链和造型夸张的手表不允许佩戴。

三、服务语言规范

语言是人类情感交流的主要工具。餐厅的优质服务就是规范服务和个性服务的有效结合。没有语言的交流就不可能有优质的服务。餐厅服务员的语言规范包括语调、语音、用词和表情等多方面。

（一）要求

语音流畅，语言谦恭，语调亲切，音量适度，言词简洁清晰，用词得体，充分体现主动、热情、礼貌、周到、谦虚的态度。根据不同对象，恰当地使用语言，对内宾使用普通话，对外宾使用日常外语，做到客到有请，客问必答，客走道别。

（二）标准

服务过程各个环节运用礼貌敬语，并能灵活掌握。

① 当宾客进店时应主动打招呼，使用招呼语。如：您好，欢迎您。

② 与宾客对话时讲礼貌，使用称呼语。如：同志、先生、×女士、×太太、×夫人、×小姐。

③ 向宾客问好时，使用问候语。如：您好，早上好，您辛苦了，晚安。

④ 服务过程热情周到，彬彬有礼，使用相请语或询问语。如：请您喝茶，请您用毛巾，

您想用哪一种酒水，您还有什么需要。

　　⑤ 听取宾客要求时要微微点头，使用应答语。如：好的，明白了，请稍候，马上就来，马上就办。

　　⑥ 服务有不足之处或宾客有意见时，使用道歉语。如：对不起，实在对不起，打扰了，让您久等了，请您原谅，请您稍候，给您添麻烦了。

　　⑦ 感谢宾客时，使用感谢语。如：谢谢，感谢您的提醒。

　　⑧ 宾客离店时使用道别语。如：谢谢，欢迎您再次光临，再见。

四、服务员站立规范

　　站立是餐厅服务员静态造型的基本动作之一。标准、规范的站立姿势能给来餐厅就餐或路过餐厅的宾客留下美好的印象，是餐厅服务员基本素质的体现，是餐厅优质服务的基本构成因素之一。

（一）站立的要求与标准

1. 要求

精神饱满，注意力集中，不倚不靠，不可有不规范的动作。

2. 标准

　　① 抬头挺胸，目光平视前方，巡视工作区域内的情况。

　　② 双肩平齐，手臂自然下垂，双手轻握于身前，手中不握任何物品。

　　③ 男服务员双腿微微分开，双脚与肩保持同宽，女服务员双脚呈小丁字步站立，一只脚向侧前方伸出约 1/3 只脚的长度。

（二）服务员行走规范

　　行走是餐厅服务员动态造型的基本动作之一，是餐厅服务员基本素质的体现。通过观察人的行走姿态，可以看出人的不同心理状态和情绪变化。标准、规范的行走姿态能充分体现出餐厅服务员勤奋、热情和高效的精神面貌，有益于创造良好的用餐环境。

1. 要求

精神饱满，动作紧凑，快而不慌，轻盈敏捷。

2. 标准

　　① 行走时头部端正，肩部平齐，目光平视前方，上身保持平稳，不摇，不晃。

　　② 步幅均匀，小步快走。一般身材的服务员应该保持每步 45～50 厘米，步频紧凑，一般情况下应该保持每分钟 90 步的频率。

　　③ 行走时双臂自然贴身摆动，不跑动，不蹦跳，不东张西望。

　　④ 餐厅服务员在行走的过程中，应该礼让宾客，不从正在交谈的客人面前穿过。餐厅服务员在工作中要养成上菜者优先，持重物者优先的行走习惯。

五、服务员坐姿规范

　　双腿要并拢，双手自然摆放。不要仰靠在椅背上、伸直双腿，不要将一条腿压在另一条腿上，双腿不要摇摆或抖动。

第五节 餐厅服务操作规范

一、中式零点摆台

根据人数选用适合的餐桌。一般使用方桌较多，其规格（长、宽、高）通常为 90 厘米、100 厘米、110 厘米，台布（正方形）边长为 160 厘米。台布应铺放端正，不可沾地面，台布中凸缝向上，中线直对正副主人席位，四角均匀下垂，与地面距离约为 40 厘米。餐具按宴会要求摆放。

二、中式宴会摆台

宴会服务是一种正规的、高档次的餐厅服务方式。宴会餐台的布置和餐具的摆放，要体现出宴会的主题和气氛。宴会摆台不仅是一门艺术，同时也是一种文化。

（一）根据人数选用适宜餐桌

常见的中餐台面有圆桌和方桌两种，它们的规格不同。以 10 人台为标准，选用圆桌的直径为 180 厘米，台布的规格为 220 厘米。宴会所需餐具共有 103 件：骨碟 12 个、小瓷勺 12 把、勺托 10 个、筷子 12 双、筷子架 12 个，红酒杯、白酒杯、饮料杯各 10 个，烟灰缸 5 个、口布 10 块、牙签桶 2 个。

（二）餐、酒具摆放顺序

餐具摆放大致可用托盘分 5 次托放。第 1 托：骨碟、勺托、瓷勺。第 2 托：葡萄酒杯、白酒杯。第 3 托：筷架、筷子、公用餐碟、公用勺、公用筷子和牙签盅。第 4 托：叠好的餐巾花（已插放在水杯中的）。第 5 托：烟灰缸。

（三）摆放规则

① 铺台布：服务员站在副主人席位，距桌边约 40 厘米，将台布打开，并提拿好，身体略前倾，将台布朝主人方向轻轻抖去，做到用力得当，动作熟练，一次抖开并到位，台布不可沾地面，台布中凸缝向上，中线直对正副主人席位，四角下垂均匀，与地面距离约为 40 厘米。整个过程，动作连贯、敏捷、轻巧，一次完成，平整无皱纹。

② 摆骨碟：双手消毒，从正主人席位开始，按顺时针方向将骨碟正对餐位依次摆放，骨碟外缘距桌边 1 厘米，图案对正。左手托盘应始终保持在侧后方。

③ 将勺垫和勺子置于骨碟正上方，中心对正，勺把朝右，并且勺垫与勺子之间保持 1 厘米的距离。

④ 红酒杯置于勺垫正上方，中心对正，距勺垫 1 厘米，白酒杯在红酒杯右侧平行线处，杯肚距离 1 厘米。

⑤ 公用骨碟置于正副主人酒杯的正上方，与红酒杯杯底相距 3 厘米，勺、筷置于骨碟内，勺把向右，筷尾向右置于勺的下方。牙签盅置于公用碟右侧，与筷尾平行相距 2 厘米。

⑥ 筷子架置于勺垫右侧，筷子尾部距桌边 1 厘米，头部架出全长的 1/3，筷子与骨碟相距 3 厘米。

⑦ 叠摆餐巾花：双手消毒，叠 10 种造型各异的餐巾花，插入杯中 2/3 处，主花置主位，花的高度略高于其他餐巾花，花面向客人。餐巾花杯置于红酒杯的左侧平行线处，距杯口 1 厘米。

⑧ 摆烟灰缸：从主人席位右侧起，每两人放置一个，烟灰缸的外切线与酒具的外切线平行，架烟孔朝向左右两位客人。

⑨ 围椅：围椅靠近下垂台布，椅间距离相等。

三、门卫操作规范

① 开业前5分钟，着工作装站立于大门口一侧，双手自然垂直站立，注视坐车和行走客人。

② 客人车辆停稳后，双手垂直站立等待，待客人示意要下车后，立即为客人拉开车门；车中有一位客人时，用左手拉车门，前后座位都有乘客时，双手拉前后门；左手拉车门时，右手放置车门上沿，以保证乘客下车安全。

③ 拉开车门后，微笑向客人说"您好，欢迎光临"，客人下车后，注意车内有无客人遗忘的物品，提醒客人带好自己的东西，关好车门，用右手示意司机开车，然后回到原位，双手交叉背后两脚自然分开。

④ 客人离店需要叫出租车时，应及时帮助找车，在拉开车门的同时，微笑向客人说"欢迎您下次再来"，用右手示意司机开车，然后回到原位。

四、宴会接衣服务规范

宴会服务对服务员的要求是眼勤、手勤、腿勤、嘴勤。客人的每一个动作都应在服务员的意料之中，做到体贴入微、有礼有节。接衣服务是宴会服务员展示周到、细致、热情服务的重要环节，是宴会服务真正开始的第一个环节。

（一）要求

服务员要主动热情、及时到位、动作规范、有礼貌。

（二）标准

① 以礼貌语言开场，优先为女宾和主宾提供接衣服务。

② 得到客人许可后，服务员站在客人身后约30厘米处，注意客人的动作。

③ 待客人解开外套纽扣向后脱外套时，服务员应迅速以双手接外套的领口、肩胛部位，顺势将外套向后偏下方移动。

④ 当客人双臂完全从衣袖脱出后，立即将外套搭挂在左手小臂处，用右手接过客人的围巾或帽子。

⑤ 将客人的外套迅速挂放在衣架上，并将客人的围巾或帽子收藏在客人的袖袋中。

⑥ 接拿客人的外套时切忌以双手提拿衣领部位，特别是对裘皮大衣更不可采用如此粗鲁的动作。

⑦ 接衣服务的全过程，服务员的动作一定要敏捷、轻巧。服务员要特别注意不要让外套拖在地上或蹭到墙壁。

五、拉、送餐椅操作规范

拉、送餐椅能反映出餐厅服务员主动、热情的服务态度。规范的拉、送餐椅动作，能使就餐者产生备受尊重的满足感。

（一）要求

服务员要主动礼貌、动作轻盈到位，服务规范。

（二）标准

① 礼貌用语在先："您好，请坐！"然后双手轻提餐椅靠背向后移动 30～40 厘米，以手势为客人指明就座的位置。指示餐位时手指要并拢，微微弯曲，掌心向上，指示餐椅。

② 待客人站在餐椅前方时，服务员双手轻提餐椅靠背，以膝盖部位轻轻推送餐椅，直至客人腿窝处，并再次说："请坐！"

③ 当客人用餐完毕时，服务员应该主动走到客人的餐椅后，双手扶握餐椅靠背，随着客人站立动作，轻提餐椅向后方撤约 30 厘米。餐厅服务员此时要密切注意客人的行动和需求。

六、呈送菜单操作规范

呈送菜单是零点餐厅服务的重要环节，菜单是餐厅推销的重要工具，菜单的外观、内容和服务方式都可能直接影响客人在餐厅中消费的心理。

（一）要求

菜单外观整洁无破损、无涂改、无污迹。服务员态度热情友善，服务动作规范得体，语言运用得当。

（二）标准

① 开餐前，餐厅服务员或引位员应该备好开餐所需的菜单，保证菜单数量充足，检查菜单的整洁完好程度。菜单应摆放在方便服务员拿取的位置。

② 开餐时，当客人均已入座后，服务员或引位员将菜单翻到第一页，站在客人的右侧，用双手呈送菜单至客人身前。菜单呈送的位置以不挡住客人的视线为准。

③ 呈送菜单应遵循先宾后主的基本原则，并且应该主动向客人介绍餐厅特点和当日的特色菜肴。

七、接受客人点菜规范

接受客人点菜是餐厅服务员与客人沟通的关键环节。点菜的过程是服务员与客人相互了解的过程，是客人审视餐厅经营特色和服务水准的过程，也是餐厅服务员展示推销技巧的过程。在这个过程中，服务员既要提供服务，进行适当推销，还要准确地传递信息。

（一）要求

服务员站位适当，站姿端正，服务态度热情，主动介绍，适度推销，记录准确，特殊要求特别记录。

（二）标准

① 准备好笔和点菜单，确保点菜单上书写的字迹清晰。一般点菜单一式四联，一联给客人，一联送厨房，一联送结账台，一联餐厅服务备用。

② 接受点菜时，服务员站在客人的右侧约 30 厘米处，左手持点菜单于身前，右手握笔随时准备记录。记录时不可俯身将点菜单放置于客人面前的餐台上。

③ 适时、适度地向客人介绍菜品，描述语言简洁明了，给客人留以思考和比较选择的时间。切忌催促客人或以指令性语气与客人进行交谈。为客人指示菜单中的菜品时，切忌用手指或手中的笔指指点点，应该保持掌心向上的指示方式。

④ 集中精神注意观察客人的表情，与客人交谈时的音量应以能使客人听清且不干扰其他客人为标准。

⑤ 客人点菜完毕后，服务员必须认真地用清晰的语言重复客人所点的菜肴名称和数量。这是服务员对客人负责，对餐厅经营效益负责，更是对自己负责的表现。

⑥ 对于客人提出的特殊要求，在条件允许的情况下，方可对客人做出承诺，并在点菜单中加以明确说明。

⑦ 点菜结束后要及时收回菜单，并向客人表示谢意。

八、为客人展铺口布操作规范

展铺口布是客人入座后服务员的第一个服务动作，应该注意动作的规范和合理的运用。

（一）要求

服务员动作要轻盈、规范。注意卫生操作，服务语言运用得体，礼貌、和蔼、热情。

（二）标准

① 客人入座后，服务员侧身站在客人右侧，与客人保持约30厘米的距离，用右手轻轻拿起口布，双手将口布在客人身体侧后方轻轻展开。

② 右手捏拿口布右上角，左手捏拿口布左上角。右手在前，左手在后，将口布轻轻铺盖在客人身前。

③ 铺盖口布时一定要向客人致歉，提醒客人给予配合。

④ 展铺口布服务应该从女宾或主宾开始。服务员不可以站在一个位置分别为左右两个客人服务。

⑤ 为客人铺好口布后，服务员要主动为客人撤去筷子套。撤筷子套时，服务员首先将筷子从筷子套中倒出一截后，以手指捏住筷子根部，将筷子全部撤出，并放回到筷子架上。

九、递毛巾操作规范

毛巾在使用前要漂洗干净并高温消毒，在漂洗时可洒上少许香水，但一定不要太多，以免擦用时香味太浓而刺鼻。上毛巾的方法是把叠好的毛巾按座位人数摆放于盘中，放置于台面即可。

① 递上前，将毛巾从蒸箱内取出。如果毛巾拿出后烫手，可以稍摊一下，然后按折叠线角整齐一致地摆放于托盘上。

② 递毛巾时要用毛巾夹，按先宾后主的顺序进行。要先道声"请用毛巾"再略躬身，用毛巾夹提起毛巾双层折叠的一角，轻轻抖开，搭在客人伸出的手上。

十、托盘操作规范

托盘服务是餐厅服务中的最基本的服务技能之一，它可以分为轻托和重托两种方式。合理地使用托盘有利于安全、卫生操作，有利于提高工作效率。正确地使用托盘有助于规范服务动作，提高餐厅服务水平。

（一）要求

姿势端正，动作自如，稳定安全，清洁卫生，摆放有序，切忌端盘行走。

（二）轻托标准

① 左手五指分开，置于小托盘下部、托盘中心向前3厘米处，掌心悬空。

② 左大臂保持自然下垂，左小臂弯曲90度，与大臂形成直角弯曲状。

③ 托盘中物品摆放要遵循重物靠身，轻物在外；高物靠身，低物在外；大件物品在下，小件物品在上的基本原则，以保证托举托盘时的稳定性。

④ 托盘服务禁忌：一忌将托盘放在客人的餐台上，二忌托盘在客人眼前晃动，三忌托盘在就座客人的头顶晃动，四忌托盘装载无序或装载过量而失去平衡。

⑤ 持空托盘行走时的姿态应保持端庄，动作自如。可以保持托物时的基本姿势，也可以将托盘握于手中，夹在手臂与身体一侧，绝不允许手拎托盘行走。

（三）重托标准

① 右手五指分开置于大托盘中心部位，右臂向上弯曲将大托盘托举至右肩上方，左手可以轻扶于大大托盘边缘，帮助维持大托盘平衡。头可向左侧微偏，但身体不可侧斜。

② 装盘要适量，绝不可超量装载。装盘的基本原则与小托盘装盘相同。

③ 大托盘的起托和放落动作一定要稳、缓、有序，托起时双腿微蹲，缩小肩部与大托盘的距离，支撑点在双腿而绝不是腰。

④ 在左手的辅助下，右臂完成转臂和举托动作，当大托盘置于右肩上方时，双腿直立，腰部顺腿部动作开始保持挺直状态，以防腰部扭伤。

⑤ 行走时必须坚持小步快行，上身平稳。

⑥ 放落重托时首先要站稳双腿，腰部挺直，双膝弯曲，手腕转动，手臂移动呈轻托状后，再将托盘放于工作台上。切忌从托举状的大托盘中拿取物品。

十一、斟倒饮料服务规范

斟倒饮料是餐厅服务的基本技能之一，斟倒饮料不仅是服务过程，还是向客人展示服务技巧的过程。服务员需要稳定的心态和热情、诚恳的服务态度。这样才能给用餐客人留下良好的第一印象。

（一）要求

服务员的准备工作应充分，站姿端正，从客人的右侧，按照女士优先、主宾优先的原则，依照顺时针方向进行服务。斟倒饮料时不滴不洒，瓶口不碰杯口，饮料的标志永远朝向客人。

（二）标准

① 将客人所需饮料按内外高低的装盘原则摆放在托盘中，饮料的主要标志朝外。

② 左手托稳托盘，右手握好饮料瓶的下半部，饮料瓶的标志向外，使客人可以清楚地辨认。

③ 侧身站立于客人的右侧，距客人约 30 厘米处服务。左手托盘切忌置于客人头顶。

④ 待客人确认饮料标识无误后，迅速倾斜饮料瓶，瓶口保持与杯口约 5 厘米的距离。

⑤ 斟倒饱含气体的饮料时，应该控制斟倒饮料的速度，让饮料沿杯子内壁缓缓流入杯子中，至杯中八分满时停止斟倒动作。此时杯中气泡应恰到杯口部位，谨防饮料外溢出杯口。

十二、斟倒啤酒服务规范

啤酒是一种饱含气体的饮品，因此斟倒啤酒时既要防止泡沫外溢，或是杯中泡沫多于酒液的现象，又要避免杯中酒液无泡沫，破坏了啤酒饮用时的观赏效果和口感。正确地运用啤酒斟倒技术是关键。规范的啤酒斟倒动作有助于提高服务员现场服务的效果。

（一）要求

服务员站立姿势端正，沉着稳健，倒酒时不滴不洒，确保瓶口与杯口间的距离适当，酒液斟至杯中八成满处，酒沫厚度约2厘米且不溢出杯口。

（二）标准

① 啤酒服务应根据季节控制好啤酒的温度。斟酒前应保持酒瓶静止直立至少两分钟。酒瓶应在客人面前开启。

② 侧身站立于客人的右侧，与客人保持30厘米的距离。

③ 右手握住啤酒瓶的下半部，酒标向外以利于客人辨认，手臂伸直，斟倒果断，瓶口距杯口保持5厘米距离，使酒液沿酒杯内壁缓缓流入杯中。

④ 当杯中啤酒七成满时，放慢斟倒速度。当啤酒泡沫齐杯口时停止斟倒。

十三、斟倒红葡萄酒服务规范

红葡萄酒作为佐餐美酒，具有提味、爽口的功效。

（一）要求

酒液无杂质，酒水最佳饮用温度与室温基本相同。饮用前应先将瓶塞开启，让瓶中红葡萄酒吸入些新鲜空气，以便使红葡萄酒的香气充分挥发出来。斟倒红葡萄酒的动作要平稳、连贯，不滴不洒，姿势端正。

（二）标准

① 红葡萄酒的斟倒是从客人确认所点酒品的酒标开始的。服务员以左手托扶住酒瓶底部，右手扶握酒瓶颈部，酒标正对点酒的客人，让酒标保持在客人视线平行处。

② 待客人确认酒品后，服务员方可将酒瓶装入酒篮中，使酒瓶以30度的斜角卧放其中。

③ 用酒刀划开红葡萄酒瓶口处的封纸。用酒钻对准瓶塞的中心处用力钻入，注意红葡萄酒瓶应始终保持以30度角斜卧于酒篮的状态，切不可将酒瓶直立操作。酒钻深入至瓶塞2/3处时停止。

④ 将酒刀的支架架于红葡萄酒瓶口处，左手扶稳支架，右手向上提酒钻把手，利用杠杆原理将酒塞拔出。

⑤ 酒塞拔出后，放在一个垫有花纸的小盘中，送给客人检验。服务员要用口布将瓶口残留杂物认真擦除。

⑥ 右手握稳酒篮，左手自然弯曲在身前，左臂搭挂一块服务巾，站在点酒客人的右侧。服务员应遵循女士优先、主宾优先的原则，站在距离客人30厘米处按顺时针方向服务。

⑦ 斟倒红葡萄酒时，手握好酒篮，手臂伸直，微倾酒篮使红葡萄酒缓缓流入杯中，动作切忌过于剧烈。

⑧ 每次斟倒结束时应该轻转手腕，使瓶口酒液挂于瓶口边缘，然后用挂在左臂上的服务巾轻轻擦去瓶口残留的酒液，以防下一次斟倒时，瓶口残留的酒液滴洒在餐台或客人的衣服上。

⑨ 红葡萄酒的标准斟倒量应该是酒杯容量的2/3。

十四、斟倒白葡萄酒服务规范

白葡萄酒以其清爽、甘洌的口感被公认为是与海鲜、鱼、虾相匹配的最佳饮品。为了突出白葡萄酒清爽、甘冽的口感，几乎所有的白葡萄酒均应在酒温 12℃左右饮用，否则将会对白葡萄酒的口感造成程度不同的影响。

（一）要求

备好冰酒桶，并将冰酒桶摆放在适当的位置。酒瓶开启动作规范，斟酒姿势端庄，不滴不洒，酒液温度符合要求。

（二）标准

① 备好冰酒桶。桶内盛放约 3/5 的冰水，其中冰和水的比例为 3∶1。

② 开酒瓶前需向客人展示酒标，以便客人确认白葡萄酒的品牌。服务员站在客人右侧，以左手托住瓶底，右手扶住瓶颈，酒标朝向客人。待客人确认后方可将白葡萄酒瓶插放在冰酒桶中，桶口以口布覆盖。

③ 开酒瓶时，服务员站在冰酒桶的后方，右手持酒刀，轻轻划开瓶口封纸。将酒钻对准瓶塞中心点垂直钻入，钻至瓶塞 2/3 处时停止。用酒钻支架顶住白葡萄酒瓶口，左手扶稳酒瓶，右手缓缓提起酒钻把手，使瓶塞逐渐脱离瓶口，拔塞时应尽量避免声响。

④ 从酒钻上取下白葡萄酒瓶的木塞，并以干净的口布仔细清理瓶口的碎屑。

⑤ 用折叠成长条状的口布将白葡萄酒瓶下部包好，露出酒标。经客人最后确认后服务员方可按女士优先、主宾优先的原则，依顺时针顺序为客人斟酒。

⑥ 斟酒时，服务员侧身站在客人右侧约 30 厘米处，左手背后，酒瓶口与酒杯保持约 5 厘米的距离，将白葡萄酒缓缓倒入杯中。

⑦ 白葡萄酒每杯斟倒量应以七成满为宜，酒量过满则不利于客人细细品酒。

⑧ 每斟一杯白葡萄酒，在结束斟倒时，手腕应轻轻向内侧旋转 25 度，并顺势将瓶口抬起，使瓶口残留酒液沿瓶口而流，以防将酒滴洒在餐台或客人的衣服上。

⑨ 服务员结束斟酒服务后，应将白葡萄酒瓶重新放回冰酒桶中，以口布覆盖冰酒桶，将冰酒桶移放到点酒客人右侧约 30 厘米处。

十五、冷菜的摆设操作规范

中小型宴会一般在正式开始前 30 分钟上冷菜，大型宴会则要提前 40 分钟就取冷菜上桌。过早摆既不卫生，又会影响菜品的新鲜程度，摆得过迟不仅会造成工作忙乱，甚至会使宴会不能按时开始。

① 在摆放时要根据菜肴的品种和数量，注意菜品色调的分布（同一颜色的菜尽量不要摆在一起），荤素的搭配（荤菜和素菜尽量间隔摆放）；菜形的反正（如有拼盘图案应正面朝主宾），刀口的顺逆（要顺刀口摆放），盘间的距离（距离要相等，与整个台面布局要相称），口味的分列（把制作精美的冷盘放主宾前）。

② 主宾席的冷盘所用的器皿通常小于普通桌席，有时还会分碟上。

③ 若没有转台，宴会开始后应视冷菜食用情况适当挪动调换。

十六、宴会分菜服务规范

中式宴会的分菜服务技能是宴会服务中使用最为频繁、动作要求最为严格的技能之一。分菜服务同时也是宴会服务中最富有创造性和展示性的环节。

（一）要求

服务员应动作敏捷、规范，操作卫生，菜肴分配均匀，装盘整洁，分盘效果良好。

（二）标准

中式宴会的分菜服务有三种常见的方式，都离不开服务员单手使用服务叉、勺的基本技能。单手使用服务叉、勺的基本要领是，将服务勺柄夹压在右手中指、无名指和小指之间，右手食指和拇指捏拿住服务叉柄，叉子正握或反握均可，视菜肴类型而定。

服务勺和服务叉在手指的操作下要能够灵活地夹取菜肴。分菜中始终要保持勺在下，叉在上的基本形式。保证菜肴在分派过程中妥善移位，避免菜肴掉落。

（三）餐位分菜标准

① 服务员以左手托稳菜盘，右手持服务叉、勺，为客人展示菜肴全貌。展示菜肴时服务员的身体应微微前倾，以便菜肴的展示位置保持在客人视线的下方。

② 餐位分菜时，服务员必须按照女宾优先、主宾优先的原则，依顺时针方向服务。服务员侧身站在客人的左侧，距客人20厘米，微弯腰以便菜盘尽量靠近客人的骨碟。用服务叉、勺夹取适量的菜肴，将菜肴放到客人面前的骨碟中央。

③ 在分菜过程中，服务叉、勺应该始终在骨碟或菜盘上方，特别是在分放好菜肴后，要特别防止菜汁滴洒在台面或客人衣服上。

④ 分好菜后，服务员应将服务叉、勺悬于菜盘上方，直起腰退离客人，再开始为下一位客人分菜。

⑤ 服务员在为客人分菜时，要特别注意菜肴主、辅料的搭配，以及客人骨碟中菜肴的摆放形状和效果。

⑥ 服务员分配菜肴时分量要均匀。分配完毕后，盘中还应留有20%的余量，以备客人要求续添。

（四）台面分菜标准

① 将干净的骨碟按用餐人数的多少，均匀有序地围摆在餐台上，中心留出上菜的空位。

② 分菜时，服务员站在翻译、陪同身旁。先将菜肴向全桌客人展示，然后左手持长柄汤勺，右手持服务叉、勺为客人分菜。

③ 服务员需用服务叉、勺夹菜，用长柄汤勺接送菜肴，以防菜肴汤汁溅洒在台面上。对于一些需汤汁调味的菜肴，服务员分菜时应特意淋洒些汤汁。

④ 菜肴全部分好后，菜盘中仍需留有少量菜肴，将服务叉、勺顺盘边摆好，以便客人续夹菜肴时用。长柄汤勺则摆放在公用餐盘中。

⑤ 服务员将分派好的菜肴按女士优先、主宾优先的原则服务，从客人右侧，以右手送上，绝不可以站在一处同时为两侧客人上菜。

（五）服务台分菜标准

① 先将菜肴送至餐台，向客人展示菜肴全貌，并报清菜名，然后撤至服务台上。

② 备好与用餐人数相等的骨碟，将其均匀摆放并在中央留出摆菜盘的位置。用服务叉、勺将菜肴均匀地分派在骨碟中。菜肴分完后应留有适当的余量。

③ 服务员将分好的菜肴托至餐台旁，按女士优先、主宾优先的原则，从客人右侧，以右手送上。

十七、上汤菜服务规范

中餐宴会的汤，有的在吃热菜前上桌，也有的在吃过全部热菜后上桌，但无论是先上还是后上，多采取分碗制分配，即在上汤前服务员将汤分盛在小汤碗内，底部垫上垫碟，将调羹放在垫碟内，勺把朝右，用左手从客人右侧依次送上。

十八、撤换餐具服务规范

撤换餐具是餐厅服务中最为频繁的动作，它的目的是为就餐客人提供一个良好的用餐环境。

服务要做到既频繁又不干扰客人用餐，这就要求服务员必须认真执行规范的操作标准。

（一）要求

服务员应主动及时，礼貌服务，动作轻盈，规范有序，干净利落，方便客人。

（二）标准

① 将准备好的干净骨碟在托盘中放好，按照先女宾后男宾、先主宾后主人的顺序依次服务。服务员左手托盘，侧身站在客人右侧约 30 厘米处，用右手从客人的右侧将干净的骨碟放在原骨碟的左侧。

② 送上干净的骨碟后，服务员按上碟时的顺序从客人右侧用右手将客人用过的骨碟撤下。撤拿用过的骨碟前，服务员首先要礼貌地征求客人的意见，是否允许撤换。得到允许后，方可用右手将用过的骨碟撤下，并放到左手的托盘中。

③ 将用过的骨碟撤下去后，服务员应将客人左侧干净的骨碟移至客人面前，移动干净的骨碟时，服务员的手一定要仅触及骨碟的边缘部位。

④ 撤拿骨碟时，用过的骨碟不可从客人眼前或头顶上移至托盘，必须是从客人餐位前平移到客人身侧，然后放入托盘。

十九、更换烟灰缸服务规范

随时注意保持用餐环境的整洁是餐厅服务员的基本职责。

（一）要求

服务员更换烟灰缸要及时，先以礼貌语言示意，动作轻巧，姿势端正，动作规范，操作卫生。

（二）标准

① 烟灰缸内的杂物直接影响客人用餐时的环境气氛。因此，服务员一旦发现烟灰缸中的烟头超过 3 个，就要主动上前为客人更换干净的烟灰缸。

② 更换烟灰缸应以不打扰客人交谈或用餐为基本原则。如果对客人有所妨碍，服务员应该礼貌致歉。

③ 更换烟灰缸时，服务员应侧身站在客人的身旁，与客人保持不少于 40 厘米的距离。

④ 服务员左手托稳托盘，右手拿起干净的烟灰缸轻轻扣盖在脏烟灰缸上方，再用右手捏握住两个烟灰缸，取回并放在左手的托盘上。

⑤ 拿起扣盖在上的干净烟灰缸，放在餐台客人感觉方便的地方。

⑥ 更换烟灰缸时，左手托盘应该始终保持在客人身体的侧后方位置。更换烟灰缸的过程中一定要避免脏烟灰缸从客人面前直接通过。

二十、餐后水果服务规范

餐后水果服务是餐厅服务中一件看似简单的工作，但它却真正体现了餐厅服务工作细致入微的特点。餐后水果让客人能在品尝了美酒佳肴后，借水果的清香，细细回味、享受、放松，这需要良好的环境和恰如其分的服务来烘托气氛。

（一）要求

服务员的动作要细腻、敏捷，操作要卫生，服务员要及时使用礼貌语言。

（二）标准

① 在送上水果之前，服务员首先要征得客人同意，在客人许可后认真清理餐台上的餐具。

② 从客人的侧面先撤下骨碟，然后再收撤小件餐具，如筷子、调味碟等。

③ 仅保留客人面前的饮料杯和茶杯。

④ 站在客人的右侧，用右手将餐台上的杂物，轻轻扫在小盘中。切忌将杂物直接扫落在地面上。

⑤ 根据餐后水果的品种，按照需要为客人提供相应的餐具。摆放餐具时，从客人右侧摆好甜品盘，并将水果刀、叉分别摆放于甜品盘的两侧约1厘米处。刀在右，刀刃朝向餐碟；叉在左，叉尖朝上。

⑥ 从客人右侧将水果盘轻轻送至餐台中央，由客人随意选择。如果餐后水果仅一个品种，服务员则应主动地为客人分派水果。分派水果时应根据女士优先、主宾优先的原则进行服务。

二十一、零点餐厅撤台操作规范

① 客人离席后，服务员要先巡视一下餐桌四周是否有宾客遗留的物品，如发现要立即送交领导处理。

② 拉开餐椅，圆桌正、副主人位各摆三把，左、右客人侧可随意摆放；方桌四边各摆一把。

③ 撤棉织品（香巾、口布）。

④ 撤餐具（菜盘、小布碟）时，要分类码放，不要洒落汤水和摔坏餐具，用托盘或餐车送到洗涤间。

⑤ 撤茶、酒具及其他物品（大水杯、葡萄酒杯、白酒杯）时，要分类摆开，以免相互碰撞，筷子头尾需方向一致，筷子架、牙签筒、调料罐、烟缸分类摆放后送到洗涤间，用行业消毒标准进行洗刷，擦净以备再用。

⑥ 撤转台之前要擦干净，玻璃转台要明亮、无油迹。脏台布抖掉脏物后送到物品保管组，以旧换新。

⑦ 餐桌及时铺上干净台布，摆上餐、茶、酒具及其他用具，餐椅摆放整齐，准备迎接新的客人。

二十二、宴会餐厅撤台操作规范

① 先巡视四周是否有宾客遗留的物品，若发现要立即送交领导处理。

② 拉开餐椅，正、副主人位各摆三把，左、右客人侧可随意摆放。

③ 把棉织品（餐巾、香巾）10个一捆，送到物品保管组，以旧换新。

④ 撤餐具（菜盘、小布碟）时，要分类码放，不要洒落汤水和摔坏餐具，用托盘或餐车送到洗碗间。银器撤后要及时清洗干净。

⑤ 撤茶、酒具及其他物品（大水杯、葡萄酒杯、白酒杯）时，要分类摆放，不能互相碰撞，以免破损，筷子要头尾方向一致，筷子架、牙签筒、调料罐、烟灰缸用托盘送到洗消间按照行业消毒标准进行洗涮，擦净以备再用。

⑥ 撤转台之前擦干净台面上的污迹，玻璃转台要明亮并放回原处，脏台布要抖掉脏物，上交物品保管组，以旧换新。

⑦ 对于休息室，先巡视四周是否有宾客遗留的物品，若发现立即送交领导处理。

⑧ 用托盘把茶几上的脏茶碗及茶碟、烟灰缸送到消毒间，按照行业洗清标准进行清洗，擦干净以备再用。

⑨ 整理沙发、扶手，清理地毯。

⑩ 检查是否有未熄灭的烟头。

⑪ 对于工作台（接手桌），要把自己所用的服务用具收拾干净，剩余的餐具也要送到洗碗间再次消毒。接手桌的抽屉要干净，不能留有其他杂物，铺上干净餐巾，以备再用。

⑫ 安全：在离开餐厅之前全面检查一遍灯、火、电及其他安全隐患，检查完毕，关灯、锁门。

二十三、客用洗手间卫生操作规范

（一）清洁大便池

① 每次清洁时打开马桶盖，放清水冲去污物。

② 用马桶刷和少许清洁剂刷马桶内外和座盖，再冲洗干净。

③ 用毛巾擦干表面，再用消毒毛巾消毒，最后擦干四周地面。

（二）清洁小便池

① 拣除池小便中的烟头、杂物，用清水冲一遍。

② 用马桶刷和少许清洁剂擦池内外，再用清水冲洗干净。

③ 如有水锈、水迹，用酸性清洁剂刷掉，再放清水冲洗一遍。

④ 在小便池内放置除味的芳香球。

（三）清洁洗手池台面

① 面盆清洗。用肥皂或清洁剂涂于面盆内外和方台表面，用毛刷洗刷干净，放清水冲洗后，用干毛巾擦干。

② 不锈钢水龙头清洗。先用清洁剂洗擦，去除污迹、印记，再用清水擦洗，最后用毛巾擦干。

③ 镜面清洁。用毛巾擦拭，直到擦干净、明亮为止。若镜面上有污迹、印记，先用玻璃水从上到下擦拭，再用清水冲洗，最后擦干。

（四）清洁地面与墙面

① 捡起地面废纸、杂物，倒入纸篓。

② 用清水先擦地面，注意上下水道是否通畅。

③ 用干毛巾擦拭地面，去除水印。

④ 用湿毛巾擦拭墙面，去除污迹、水迹。

（五）清洁门窗

用毛巾擦拭门面、玻璃窗、空调出风口，确保它们无灰尘、污迹、印记。

第六节　客人投诉处理规范

一、客人投诉的形式

客人投诉的形式主要有以下几种。

① 口头投诉。

② 书面投诉。

③ 电话投诉。

④ 网上投诉。

⑤ 媒体投诉，如向报纸、杂志、电台、电视台等媒体进行投诉。

二、客人投诉的内容与解决措施

（一）不能满足客人点菜要求

① 当客人依据菜单点菜时，若遇到所点的菜或希望品尝的菜缺货，或者换一道菜后（也是客人比较喜欢的菜），服务员又说"对不起，此菜今日也没有供应"，客人就会非常懊恼。尽管服务员彬彬有礼，客人也会对服务产生不满。因此，餐厅须做到"凡是菜单上列出的、只要是客人需要的，都必须保证供应"，这样才能使客人对餐厅的服务产生好感。

② 为了保证供应菜单上的所有菜式，必须在管理上突出菜单的地位，使各项业务如销售预测、原料采购、厨房生产、仓库储存量控制、厨房与餐厅协调等都以菜单为纲展开运转。

③ 在营业时间临近结束或某种所需原料"断档"时，厨房应尽早知会餐厅，以便服务员在客人点菜前告知，并请客人原谅，取得客人的谅解。若客人对于某菜不能提供而感到遗憾时，可让餐厅经理出面，向客人致歉，并向客人推荐价格、菜质相似的其他菜肴。

（二）客人对菜肴质量不满

1. 重新加工

若客人提出菜肴有质量问题，可以通过重新加工来解决问题。比如，口味偏淡、成熟度不够等，服务员应对客人说："请稍候，我让厨房再给您加工一下。"然后向餐厅领班汇报，经餐厅领班同意后撤至厨房进行再加工，并保证在 10 分钟内加工完毕，重新上桌。

2. 换菜

若客人对菜肴原料的新鲜度或对烹饪中的严重失误质疑，服务员应向餐厅经理汇报，由经理出面表示关注与致歉，并应维护餐厅形象。经理应对客人说："十分抱歉，这是我们的失误，以后不会发生了。我立即让厨房给您换菜，一定会让您满意。"并保证在 15 分钟内换上新菜。指示服务员给客人加菜，以示慰问。

3. 价格折扣

若客人在结账时提出菜肴有质量问题，又属实际情况时，可由餐厅经理决定给予菜价一定折扣，以九折或九五折为宜。

（三）汤汁菜汁洒在客人身上

① 若服务员操作不小心将汤汁、菜汁洒在客人身上，应由餐厅领班出面，诚恳地向客人

表示歉意，服务员需及时用干净的毛巾为客人擦拭衣服，动作轻重适宜。根据客人的态度和衣服被弄脏的程度，餐厅领班主动向客人提出为客人免费洗涤的建议，洗涤后的衣服要及时送给客人并再次道歉。若衣服弄脏的程度较轻，经擦拭后已基本干净，餐厅领班应为客人免费提供一些饮料或食品，以表歉意。在处理此类事件时，餐厅领班人员不应当着客人的面批评和指责服务员，内部问题放在事后处理。

② 若客人在用餐途中由于粗心，在衣服上洒了汤汁、菜汁，看桌服务员应迅速到场，主动为客人擦拭，同时要安慰客人；若汤汁、菜汁洒在菜台或台布上，服务员要迅速清理，用餐巾垫在台布上，并请客人继续用餐，不能不闻不问。

（四）服务员对客人不礼貌

1. 避免在前

餐饮部服务员须经过严格的职业道德和服务标准培训，在观念上树立"客人永远是对的"意识，绝不可对客人不礼貌。

2. 让服务员回避

一旦服务员与客人争吵，餐厅部经理应立即出面，首先指示服务员离开服务现场，然后以经理身份向客人道歉，认真倾听客人的投诉，主动替服务员向客人认错，最后表示一定会认真对该服务员进行教育和处理。

3. 替换服务员

对于屡次在服务现场与客人发生争执或对客人不礼貌而引起客人不满的服务员，必须将其撤离岗位，由能胜任对客服务工作的、素质良好的服务员接替。

（五）其他客人投诉情况及处理规范

① 餐厅坐满了客人，值台服务员忙不过来，又无人帮忙。此时应保持镇定，先给客人上菜单及冰水或茶水，尽量为两桌或三桌客人同时服务，迎宾员也应主动协助服务员点菜及开票打单，不能让客人产生不受重视的不良感受。

② 由于突然增加了许多客人，厨房烹调食品的速度跟不上。应倒茶水给客人，提供更多的饮料，告诉客人菜还未好，不要使客人觉得他（她）的菜被遗忘了。

③ 儿童吵闹。设法使儿童高兴，但尽量不要抱客人小孩或带其远离其父母周围。

④ 食品做得不符合客人要求。上菜后注意客人的反应3～5分钟，看客人是否满意，如客人有意见应及时解决。

⑤ 客人说食品熟的程度不够或凉了时，应说"我给您拿回厨房继续做好或加热"，并迅速将食品送至厨房。

⑥ 食品做得过老而不能弥补时，应向客人道歉，马上重新做一份或建议客人另点其他菜肴，并说明会很快做好。

⑦ 客人因不满而说"不会再来"时，应请餐厅领班处理，并给客人的消费予以优惠。

⑧ 服务员忘记将点菜单送进厨房，发现时客人已等了很长时间。服务员应马上将点菜单送至厨房，请餐厅部经理与厨房主管或厨师长协调，立即为客人做菜，同时向客人道歉，可免费提供客人一杯咖啡，必要时还可提供一些饮料。

⑨ 客人因急于赶飞机或火车，希望快点进餐。要耐心安抚客人，并主动为客人介绍一些方便快餐。主动去厨房与厨师商量，请其及时、迅速地为客人做好餐点，使客人不至于因焦急而产生不快。

⑩ 有些客人在心情不愉快时，会特别烦躁，但又不愿被服务员发现。对待这种客人，一

定要谨慎小心，尽量由熟练的服务员接待，主动送饮料，热情介绍菜品，用细致的服务去投其所好，以取得较好的效果。

三、客人投诉的处理

（一）客人投诉处理的原则

1. 态度

正确贯彻国家、文化和旅游局以及饮食行业关于投诉的暂行规定，正确对待客人投诉。对客人投诉要高度重视，要保持冷静，任何情况下都必须认真听取客人意见。

2. 方式

① 不与客人争辩，向客人表示歉意，表示愿意为客人服务，让客人感到你对他的关注，让客人充分相信你。

② 了解情况，迅速掌握事实；询问客人的要求，迅速采取补救措施。

③ 自己解决不了的投诉，应立即报告上级，同时使客人感到高管对其意见的重视，必要时，由主管领导出面为客人解决问题。

④ 与有关部门协调，共同解决客人投诉，必要时使用其他形式补救，或赔偿其损失的部分，以保全餐厅的声誉。

3. 记录工作

① 对每一次投诉都要做好记录，内容包括投诉事项、时间、地点、接洽人、处理办法、处理人、处理结果等。

② 对投诉定期汇总、分析，总结经验教训。对严重影响公司声誉的人员进行批评教育或做行政处理，并在今后工作中加以改进，杜绝事故再次发生。

4. 不要在现场处理

发生客人现场投诉事件时，最好不要在现场处理，以免影响周围客人正常进餐。餐厅服务员与领班应礼貌地将投诉客人请到办公室，妥善处理客人的投诉事宜。

5. 逐级汇报

发生客人投诉事件时，应遵循逐级汇报原则，即服务员及时上报餐厅领班，餐厅领班根据具体的事件及时上报餐厅经理。

（二）客人投诉受理机构

客人投诉受理机构由餐厅经理、连锁店经理组成。

（三）客人投诉处理的流程

客人投诉处理的流程如图 2-2-12 所示。

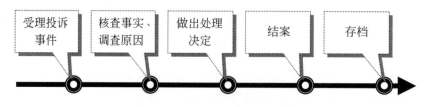

受理投诉事件 → 核查事实、调查原因 → 做出处理决定 → 结案 → 存档

图2-2-12　客人投诉处理的流程

1. 受理投诉事件

接到客人投诉的个人与机构将投诉递交至投诉受理机构。投诉受理机构根据有无受理投诉权进行受理。

对投诉受理立案情况进行登记，包括日期、编号、投诉人姓名、住址、投诉内容、对象等。

2. 核查事实、调查原因

投诉受理机构根据投诉人提供的资料核查事实，调查事件发生的真正原因，包括对当事人的调查、对餐厅领班的调查、对在场者的调查等。

3. 做出处理决定

根据核查后的事实和原因，视事件的具体情况及补救的措施对当事员工做出处理决定。如警告、记过、扣发奖金，严重者给予开除处分。

4. 结案

投诉受理机构根据投诉事件的具体情况及产生的影响采取相应的措施，如赔礼道歉、补偿经济损失、提供补偿服务等，并将处理的结果通知投诉客人。

5. 存档

将投诉的立案情况、调查情况、处理决定、补救措施等资料进行整理归档以备查。

第七节　特殊事宜处理规范

一、客人在进餐过程中损坏了餐具

客人不小心损坏了餐具，餐厅服务员应先收拾干净破损的餐具，对客人的失误表示理解，不可指责批评客人，使客人难堪，并视具体情况，根据餐厅有关财产规定决定是否需要赔偿。若是一般的消耗性物品，可告诉客人不需要赔偿；若是较为高档的餐具，需要赔偿，服务员应在合适的时机以合适的方式告诉客人，然后在结账时一并结算，要讲明具体赔偿金额，开出正式的现金收据。

二、客人与服务员发展私交

客人对某个服务员的服务表示满意而要与其合影留念，交换家庭地址、电话等。遇到这样的问题时应该做到以下几点。

① 同意留影。一般只要客人是善意的，同时又不影响服务工作，服务员应欣然同意与客人留影。

② 不留家庭地址。尤其是不了解客人的底细及用意的情况下，不可轻易将住址告诉客人。

③ 工作以外的时间，由服务员自己定夺。

三、妥善处理醉酒客人

① 不再添酒。发现有醉酒客人，应立即加以劝阻，并不再给客人添酒。

② 泡茶水醒酒。若醉酒客人一时无法离开餐厅，须泡上一杯浓茶，并劝客人喝茶醒酒。

③ 预防客人呕吐。见客人有呕吐倾向，应立即指明洗手间方向，并请共餐的客人搀扶其离开餐厅。

④ 记住经常来餐厅用餐并饮酒过量的客人，以便其出现醉酒倾向时尽早劝阻。

四、客人用餐后私拿餐具

当发现客人用餐后私拿餐具时，应按以下方式处理。

（一）委婉地提醒客人

发现客人拿走餐具，不可产生轻视心态，应礼貌地向前说："对不起，您误拿了餐厅的餐具，是吗？"若客人立即归还，应说谢谢。

（二）说明制度

若客人经提醒后仍然不拿出餐具，服务员应心平气和地向客人解释："根据我们餐厅的规定，客人不能把餐具带出餐厅，或者请您按价购买，可以吗？"

（三）留作纪念品

如果客人需要将餐具作为纪念品，一般应将缘由汇报经理，经理允许将此餐具送给客人，并将其计入销售公关的开支后，方可将此餐具洗净、包装，慎重地送给客人；若经理不同意，按前方法处理。

（四）准备纪念品

外国客人如喜欢中国筷子，餐厅可准备一些，赠送客人。

五、客人在营业时间过后提出用餐要求

遇到客人在营业时间过后提出用餐要求，应按以下方式处理。

① 解释。尽管营业时间已结束，对于来餐厅用餐的客人，在态度上仍应表示欢迎。但要向客人解释，餐厅的营业时间已过，厨房生产也已停止，无法提供服务，请客人谅解。

② 尽力满足。客人执意用餐，服务员应请客人稍候，进入厨房与厨师商量，尽量提供一些简易菜肴，满足来客用餐要求。若仍不行，需再次向客人解释，请客人谅解。

③ 如客人无理取闹，应及时报告餐厅部经理妥善处理。

六、宴会中原定菜肴不够

当遇到宴会中原定菜肴不够时的处理方法如图 2-2-13 所示。

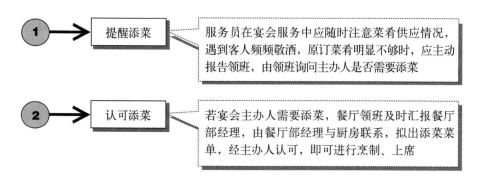

1	提醒添菜	服务员在宴会服务中应随时注意菜肴供应情况，遇到客人频频敬酒，原订菜肴明显不够时，应主动报告领班，由领班询问主办人是否需要添菜
2	认可添菜	若宴会主办人需要添菜，餐厅领班及时汇报餐厅部经理，由餐厅部经理与厨房联系，拟出添菜菜单，经主办人认可，即可进行烹制、上席

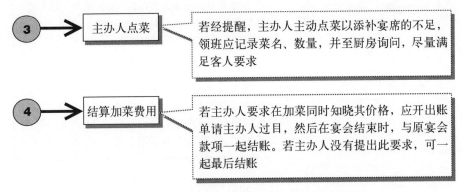

图2-2-13 当遇到宴会中原定菜肴不够时的处理方法

七、预订取消或预订桌数减少

当预订取消或预订桌数减少时，应采取图 2-2-14 所示处理措施。

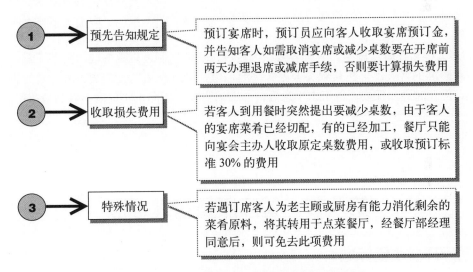

图2-2-14 预订取消或预订桌数减少时的处理措施

八、客人电话预订（散客预订）

① 派人支付定金。若客人在电话中已基本确定标准日期及要求，应提出请本人或委派他人在前一天来餐厅支付预订金，并进行确认。

② 若是老顾客，可以根据其信誉免收订金，但必须强调自动取消日期或时间，到时自动取消留台。

九、客人用餐后未付款

对于用餐后未付款的客人，应按图 2-2-15 所示方法处理。

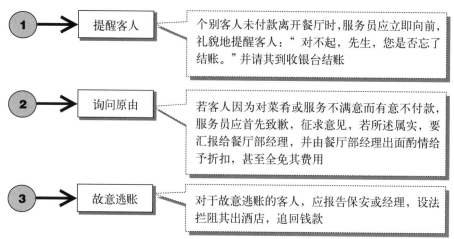

图2-2-15　客人用餐后未付款的处理措施

十、其他各类特殊事宜处理规范

① 客人突然发病。年老、体弱的客人在旅游行程中，因劳累过度，有时会突然昏倒在餐桌边，此时，服务员除做好一些力所能及的护理外，应立即报告，请医生来或送客人去医院急救。

② 客人酒后在餐厅闹事。有时客人饮酒过度，不能自制，以致呕吐、哭笑无常，甚至斗殴等。对醉酒的客人，可在其额头上盖一块湿毛巾，倒醒酒茶助其醒酒。对斗殴的客人，不应介入，应及时通知保安，待事态平息后，立即清点损坏物品，责成闹事者如数赔偿。

③ 有些客人会蓄意寻衅，出言不逊。如果遇到，应注意策略，既坚持原则，又要掌握分寸。

第八节　餐厅质量管理标准

一、餐厅环境质量标准

（一）门前环境

各餐厅门前整齐、美观。过道、门窗、玻璃清洁卫生。餐厅名称、标志牌摆放端正，位置适当，设计美观，中英文对照、字迹清楚。适当位置有候餐座椅。高档餐厅、宴会厅门口有客人衣帽寄存处和休息室。进门处有屏风、盆栽盆景，设计美观、大方、舒适，整个门前区域环境幽雅，赏心悦目，让客人有舒适感。

（二）室内环境

各餐厅室内环境与餐厅类型、菜品风味和餐厅等级规格相适应，装饰效果独具风格，能够体现餐厅特点，具有民族风格和地方特色。天花板、地面、墙面与家具设备的材料选择和装饰效果相适应。整体布局协调美观，餐桌座椅摆放整齐，各服务区域分区布置合理，花草盆景与字画条幅装饰相得益彰。用餐环境舒适典雅、餐厅气氛和谐宜人。各餐厅室内环境与饮食文化相结合，各具特色。

（三）微小气候

各餐厅空气新鲜、气候宜人。冬季温度不低于 18℃，夏季温度不高于 24℃，在用餐高峰客人较多时不超过 26℃，相对湿度为 40%～60%。风速为 0.1～0.4 米 / 秒，一氧化碳含量不超过 5 毫克每立方米，空气中二氧化碳浓度不超过 0.1%。可吸入颗粒物浓度不超过 0.1 微米每立方米。人均新风量不低于 200 立方米每小时，用餐高峰期不低于 180 立方米每小时。细菌总数不超过 3000 个每立方米，自然采光照度不低于 100 勒克斯，各服务区域的灯光照度不低于 50 勒克斯。电源灯光可自由调节。餐厅噪声不超过 50 分贝。

二、餐厅用品配备标准

（一）餐茶用品

各餐厅餐具、茶具、酒具配备与餐厅等级规格、业务性质和接待对象相匹配。瓷器、银器、不锈钢和玻璃制品等不同类型的餐茶用具齐全，种类、型号统一。其数量以餐桌和座位数为基础，一般餐厅不少于 3 套，高档餐厅和宴会厅不少于 4 套，能够满足洗涤、周转需要。有缺口、缺边、破损的餐具应及时更换，不能上桌使用。新配餐具与原配餐具在型号、规格、质地、花纹上基本保持一致，成套更换时方可更新。各种餐具由专人保管，摆放整齐，取用方便。

（二）服务用品

各餐厅台布、口布、餐巾纸、开瓶器、打火机、五味架、托盘、茶壶、围裙等各种服务用品配备齐全，数量充足、配套，分类存放，摆放整齐，有专人负责，管理制度健全，供应及时、领用方便。

（三）客用消耗品

酒精、固体燃料、鲜花、调味品、蜡烛、灯具、牙签等各种供客人用餐使用的消耗物品要按需配备，数量适当，专人保管，摆放整齐，领用方便。开餐时根据客人需要及时供应，无因配备不全或供应不及时而影响客人用餐的现象发生。

（四）清洁用品

餐厅清洁剂、除尘毛巾、擦手毛巾、餐茶具洗涤用品等各种清洁用品配备齐全，分类存放，有专人管理，领用方便，各类清洁用品无混用、挪用现象发生。无因专用洗涤剂使用不当，造成银器、铜器、不锈钢餐具、茶具、酒具出现污痕、褪色、斑点等现象发生。有毒清洁用品由专人保管，用后收回，无毒气扩散或污染空气的现象发生。

三、餐厅设备质量及日常保养标准

（一）门面与窗户

餐厅门面宽大，选用耐磨、防裂、抗震、耐用的玻璃门，或用醇酸磁漆、环氧树脂或原木制作的门，装饰美观大方、舒适典雅。门左侧配中英文对照标志牌，设计美观、大方。标志牌上餐厅名称、经营风味、营业时间等内容，书写整齐、美观。

门：安全、有效、无破损、无灰尘、无污迹。

门头、门板：完好无损，无破损、无灰尘、无污迹。

门锁：完好有效，无破损、无灰尘、无污迹。

门把手：完好，色泽光亮，无破损、无灰尘、无污迹。

餐厅窗帘宽大舒适、光洁明亮，自然采光充足良好，用经过化学处理或本身具有阻燃性质的装饰窗帘或幕帘。门窗无缝隙，遮阳保温效果良好，开启方便自如，无杂音和噪声。

窗户：窗台、窗框、窗钩、窗把手完好、有效，无破损、无灰尘、无污迹。

（二）墙面与地面

餐厅墙面满贴高级墙纸或选用耐磨、耐用、防刮损的装饰材料，便于整新与保洁。墙面用大型或中型壁画装饰，壁画位置合理、安装紧固、图案美观，尺寸与装饰效果同餐厅等级规格相匹配。

墙壁：完好，无破损、无灰尘、无污迹。

地面选用大理石、木质、水磨石地板或地毯装饰，装饰材料与酒店星级标准相适应，防滑防污。地毯铺设平整，图案、色彩简洁明快，柔软耐磨，有舒适感。

地面：完好，无油污、无灰尘、无污迹，不打滑。

（三）天花板与照明

天花板选用耐用、防污、反光、吸音材料，安装紧固，装饰美观大方，无开裂起皮、脱落等现象发生。

天花板：无裂缝、无水泡、无塌陷、无水迹。

餐厅宫灯、顶灯、壁灯选择与安装位置合理，灯具造型美观高雅，具有突出餐厅风格的装饰效果。各服务区域灯光光源充足，照度不低于 50 勒克斯，满足客人阅读菜单和看报需要。灯光最好可自由调节，能够形成不同的用餐气氛。

灯具：完好、有效，无灰尘、无污迹。

（四）冷暖与安全设备

采用中央空调或分离式大空调箱，设备安装位置合理，表面光洁，风口美观，开启自如，性能良好。室温可随意调节。噪声低于 40 分贝。餐厅暖气设备隐蔽，暖气罩美观舒适，室内通风良好，空气新鲜，人均换气量不低于 30 立方米每小时。餐厅设有烟感器、自动喷淋灭火系统、紧急出口标志及灯光显示。安全设施与器材健全，始终处于正常状态，符合酒店安全消防标准，使客人有安全感。

（五）通信与电气设备

餐厅配有程控电话，能够满足客人订餐、订座和工作需要。有紧急呼叫系统、音响系统和备用电话插座。各系统线路畅通，音响、呼叫系统声音清楚，无杂音，使用方便。

（六）工作台与收款设备

在餐厅适当位置设接待台、工作台、收款台，台型美观大方。收款机、信用卡压卡机、订餐簿、办公用品齐全，摆放整齐，备用餐具或展品分类存放或展示，形象美观舒适。

（七）餐桌椅

餐厅餐桌椅数量齐全，样式、高度与餐厅性质和接待对象相匹配。桌椅配套，备有儿童座椅。各餐厅餐桌椅摆放整齐、美观舒适。空间构图可采用规则形、厢坐形、中心图案形或其他造型，根据需要确定。桌椅之间通道宽敞，布局合理，线路清晰，便于客人进出和服务员上菜。

（八）配套设备与装置

高档餐厅配不小于 20 英寸（1 英寸 =2.54 厘米）的电视、钢琴及演奏台、衣架、盆栽盆景。进门处设屏风。各种配套设备与装置设计美观，安装位置合理，与餐厅整体装饰风格协调。小单间有自动闭门器，厨房和餐厅之间有隔离防油烟装置。

（九）客用洗手间

餐厅附近设有公共洗手间，设施齐全，性能良好，有专人负责清洁卫生和为客人服务。卫生间始终保持清洁，无异味，无蚊蝇，使客人有舒适感。

（十）设备配套与完好程度

各餐厅各种设施设备配套，同一餐厅、同一种类的设备在造型、规格、型号、色彩、质地上保持风格统一，整体布局美观协调，空间构图典雅大方，环境气氛舒适宜人。各种设施设备的维修制度、维修程序健全、具体，日常维护良好，设施设备损坏或发生故障时能及时维修，设备完好率趋于100%，不低于98%。

四、餐厅卫生质量标准

（一）日常卫生

餐厅卫生每餐后打扫。天花板、墙面无蛛网、灰尘，印迹、水印，无掉皮、脱皮现象。地面边角无餐巾纸、无杂物，无卫生死角。光洁地面每日至少拖3次。地毯地面每日吸尘不少于3次，整个地面清洁美观。门窗、玻璃无污点、无印迹，光洁明亮。餐桌台布、口布无油污、无脏迹，整洁干净。门厅、过道无脏物、无杂物，畅通无阻。盆栽盆景繁茂，盆中无烟头、无废纸。字画条幅整齐美观，表面无灰尘。配套卫生间有专人负责日常卫生，清洁舒适、无异味。

（二）餐具用品卫生

各餐厅的餐具、茶具、酒具每餐消毒。银器、铜器餐具按时擦拭，确保其表面无污痕、变色现象发生。瓷器、不锈钢餐具和玻璃制品表面光洁明亮，无油滑感。托盘、盖具每餐洗涤，台布、口布每餐换新，平整洁净。各种餐茶用具、用品日常保管良好，有防尘措施，始终保持清洁。

（三）员工卫生

各餐厅员工每半年体检1次，持健康证上岗。有传染性疾病者不得继续上岗。员工应勤洗澡、勤洗头、勤理发，勤换内衣，身上无异味。岗位服装整洁、干净，发型大方，头发清洁、无头屑。员工上岗前不饮酒、不吃有异味的食品。工作时间不吸烟、不嚼口香糖。不在食品服务区域梳理头发、修剪指甲，不面对食品咳嗽或打喷嚏。女服务员不留披肩长发，不戴戒指、手镯、耳环及不合要求的发夹上岗，不留长指甲和涂指甲油，不化浓妆，不喷过浓气味的香水。男服务员不留长发、大鬓角。个人卫生做到整洁、端庄、大方。

（四）操作卫生

各餐厅服务员把好饭菜卫生质量关。每餐工作前洗手消毒，装盘、取菜、传送食品时使用托盘、盖具。不用手拿取食品。拿取面包、甜品用托盘、夹子，拿取冰块用冰铲。保证食品卫生安全，防止二次污染。服务过程中禁止挠头、用手捂口咳嗽、打喷嚏。餐厅内食品展示柜清洁美观，所展示的食品新鲜。服务操作过程中始终保持良好的卫生习惯。

（五）客用洗手间卫生

客用洗手间是直接面向客人的区域，要求清洁人员能为客人提供良好的卫生环境和高效的优质服务。客用洗手间的卫生要求如下。

① 台面、镜面、地面无水珠。

② 地面、墙壁无灰尘、无污迹。

③ 小便池无水迹污垢、无杂物。

④ 洗手台无污迹、无头发、无杂物。

⑤ 门窗光亮、无灰尘。

⑥ 不锈钢设备光亮，不发黑。

⑦ 碱油盒无污迹、无头发，不漏碱油。

⑧ 坐便器不积杂物。

⑨ 洗手间无臭味，通风、空气质量好。

⑩ 各设备完好无损。

第三章　餐厅安全管理

第一节　餐厅安全管理措施

一、餐厅食品安全管理

餐厅食品安全管理是确保食品供应安全、保障消费者健康的重要环节。表 2-3-1 是关于餐厅食品安全管理的一些重要措施（具体操作方面请看第五篇"餐饮企业食品安全与卫生"的内容）。

表 2-3-1　餐厅食品安全管理措施

序号	措施	说明
1	建立完善的食品安全管理制度	制定明确的食品安全标准和操作规范，确保员工了解和遵守。这些制度应涵盖食材采购、储存、加工、烹饪、销售等各个环节，并定期进行审查和更新
2	严格把控食材采购	选择有信誉的供应商，确保采购的食材符合食品安全标准。对于采购的食材，要进行严格的验收和检查，确保无过期、变质或不符合卫生要求的食材进入餐饮企业
3	加强食材储存管理	设立专门的食材储存区域，实行分类存放，并保持该区域的清洁和干燥。食材应按照先入先出的原则进行摆放，并定期进行检查，及时处理过期或变质的食材
4	规范食品加工操作	食品加工人员应经过专业培训，掌握正确的食品加工技能。食品加工过程中，应严格按照卫生规范进行操作，确保食品不受污染。同时，要定期对食品加工场所和设备进行清洁和消毒
5	加强食品留样和检验工作	对每批次的食品进行留样，并定期进行食品检验。这有助于及时发现食品质量问题，并采取相应的处理措施
6	增强员工食品安全意识	通过定期的培训和教育，增强员工的食品安全意识，提高员工操作技能。让员工明白食品安全的重要性，并知道如何在日常工作中落实食品安全措施
7	建立食品安全应急处理机制	制定针对突发食品安全事件的应急处理机制，包括食物中毒、食品污染等事件的处理流程。在发生食品安全事件时，能够迅速、有效地进行处理，减少损失和影响
8	接受外部监督与检查	积极配合相关部门的食品安全检查和监督，及时整改存在的问题。同时，可以邀请第三方机构进行食品安全评估，以不断提升企业的食品安全管理水平

总之，餐厅食品安全管理是一个持续不断的过程，需要餐厅管理层和员工的共同努力，以确保食品质量和安全，保障消费者的健康权益。

二、餐厅消防安全管理

餐厅消防安全管理是确保餐厅安全运营的关键环节，涉及多个方面的管理和控制措施。表 2-3-2 是关于餐厅消防安全管理的措施。

表 2-3-2　餐厅消防安全管理的措施

序号	措施	说明
1	完善防火设施与设备	（1）灭火器的配置与维护：餐厅内部及关键区域（如厨房、储物间等）应合理配置灭火器，并确保其种类、数量及分布符合消防安全规定。同时，要定期对灭火器进行检查和维护，确保其处于良好工作状态 （2）自动喷水灭火系统：对于大型餐厅或存在较高火灾风险的场所，建议安装自动喷水灭火系统。这一系统能够在火灾初期迅速启动，有效扑灭火源，防止火势蔓延 （3）防烟排烟系统：厨房等易产生油烟的区域应设置防烟排烟系统，确保在火灾发生时能够及时排除烟雾，减少室内烟气对人体的损害，并保障人员疏散通道的畅通
2	制定消防安全制度与组织培训	（1）制定消防安全制度：餐厅应制定详细的消防安全管理制度，包括火灾预防措施、应急疏散预案、消防设施检查维护规定等。制度应明确责任分工，确保各项措施得到有效执行 （2）消防安全培训：定期组织员工进行消防安全培训，包括火灾预防知识、灭火器的使用方法、应急疏散程序等。通过培训增强员工的消防安全意识，提高员工应急处理能力
3	加强厨房操作规范与安全	（1）厨房清洁与油污处理：厨房必须保持清洁，炉灶油垢应经常清除，以免火屑飞散引发火灾。染有油污的抹布、纸屑等杂物应随时清除 （2）热源管理：炒菜时切勿离开岗位或分神处理其他事务。油锅起火时，应立即用锅盖盖上，使火焰因缺氧而熄灭；或使用食盐等物品使火焰熄灭，并除去热源，关闭炉火 （3）易燃易爆物品管理：酒精、汽油、食用油、煤气瓶等易燃易爆物品应妥善存放，远离火源和热源
4	日常检查与维护	（1）消防设施检查：定期对餐厅内的消防设施进行检查，包括灭火器、消火栓、自动喷水灭火系统等，确保其完好有效 （2）电气设备检查：对电气设备和线路进行日常检查，防止因线路老化、过载等原因引发火灾。发现电线破损、插座松动等问题应及时处理 （3）应急通道与疏散标识检查：确保餐厅内的应急通道畅通无阻，疏散标识清晰可见。定期对疏散楼梯、安全出口等进行检查和维护
5	加强责任意识与协作	（1）明确责任分工：餐厅经营者应明确每位员工在消防安全工作中的职责，确保各项措施得到有效执行 （2）加强协作与沟通：员工之间应密切配合，共同维护餐厅的消防安全。同时，加强与消防部门的沟通和协作，确保在火灾发生时能够得到及时有效的救援

综上所述，餐厅消防安全管理涉及多个方面的内容和措施。通过完善防火设施与设备、制定消防安全制度与组织培训、加强厨房操作规范与安全、日常检查与维护以及加强责任意识与协作等措施的综合应用，可以有效提升餐厅的消防安全水平，确保餐厅的安全运营。

三、餐厅员工安全管理

餐厅员工安全管理是确保餐厅正常运营和员工人身安全的重要环节。表 2-3-3 是关于餐厅员工安全管理的关键措施。

表2-3-3　餐厅员工安全管理措施

序号	措施	说明
1	工作场所安全	（1）设备检查与维护：员工上班前需检查各类机器设备运转是否正常，电源、电路、气路是否完好，确保工作环境的安全 （2）消防器材配置：餐厅应合理配置消防器材，如灭火器、消火栓等，并定期进行检查和维护，确保员工熟悉其使用方法 （3）禁止危险行为：禁止员工在工作场地进行危险活动，如带小孩到工作场地玩耍、穿高跟鞋上班等，以减少意外事故的发生
2	刀具与厨房工具安全	（1）正确使用刀具：员工应接受刀具使用培训，确保在使用过程中避免切割伤害 （2）刀具保养与存储：刀具需定期保养，并存放在指定位置，确保其安全有效
3	防滑与防摔	（1）清洁与防滑：员工需保持工作场所的清洁，使用防滑垫，避免滑倒和摔倒伤害 （2）穿着安全鞋：员工应穿着防滑鞋，确保在走动和操作时的安全
4	应急情况处理	（1）应急培训：员工应接受应急情况处理培训，包括顾客突发疾病、意外事故等情况的处理，确保能够迅速应对 （2）安全标志与设备：餐厅应设置明显的安全标志，并配备应急设备，如急救箱等，以便员工在紧急情况下能够迅速找到所需物品
5	定期体检与健康管理	（1）定期体检：员工应定期进行体检，确保身体健康，及时发现潜在的职业病危害 （2）健康管理：餐厅应关注员工的心理健康和情绪状态，提供必要的支持和帮助，确保员工能够以良好的状态投入工作中

综上所述，餐厅员工安全管理涉及多个方面，包括工作场所安全、刀具与厨房工具安全、防滑与防摔、应急情况处理以及定期体检与健康管理。通过实施这些措施，可以有效增强餐厅员工的安全意识，减少意外事故的发生，确保餐厅的正常运营和员工的人身安全。

四、餐厅顾客安全管理

餐厅顾客安全管理是确保顾客在用餐过程中人身安全、财产安全以及食品安全的重要工作。表2-3-4中列出了一些关键措施，旨在加强餐厅顾客安全管理。

表2-3-4　餐厅顾客安全管理措施

序号	措施	说明
1	顾客人身安全管理	（1）防止滑倒和跌倒：保持餐厅地面干净、整洁，避免油渍、水渍等导致顾客滑倒。在容易湿滑的区域，如洗手间、厨房入口等，应设置明显的防滑警示标识 （2）防止烫伤和烧伤：餐厅内的热水、热汤、热油等应妥善放置，防止顾客不小心触碰。在提供热饮或热食时，服务员应提醒顾客注意温度，避免烫伤 （3）防止意外伤害：餐厅内应避免放置尖锐、易碎的物品，以免顾客在行走或用餐时受伤。同时，餐厅应定期检查桌椅、灯具等设施的稳固性，确保顾客使用安全

序号	措施	说明
2	顾客财产安全管理	（1）加强物品保管：提醒顾客保管好个人财物，如手机、钱包等。在顾客离开座位时，服务员可协助看管物品，防止物品丢失或被盗 （2）防止诈骗和盗窃：餐厅应加强对员工的培训，提高他们识别和应对诈骗、盗窃等行为的能力。同时，餐厅可安装监控摄像头，以便及时发现并处理可疑行为
3	顾客食品安全管理	（1）严格食材管理：确保采购的食材新鲜、卫生，符合食品安全标准。定期对食材进行检查，防止过期或变质食材进入餐厅 （2）规范食品加工流程：确保食品加工过程符合卫生要求，避免交叉污染。对加工好的食品进行留样检测，确保食品质量安全 （3）加强餐具消毒：餐具应定期进行清洗和消毒，确保顾客使用的餐具干净、卫生
4	顾客紧急情况处理	（1）建立应急预案：餐厅应制定顾客紧急情况处理预案，包括突发疾病、食物中毒等事件的应对措施。员工应熟悉预案内容，以便在紧急情况下迅速响应 （2）提供急救设备：餐厅应配备急救箱等急救设备，以便在顾客发生意外时提供及时救助。同时，餐厅员工应掌握基本的急救知识，以便在必要时进行初步处理
5	顾客意见收集与反馈	（1）建立顾客意见收集机制：通过问卷调查、顾客留言等方式收集顾客对餐厅安全管理的意见和建议 （2）积极回应顾客反馈：对顾客提出的安全管理问题和建议进行认真分析和处理，及时改进并回复顾客，提高顾客满意度和信任度

综上所述，餐厅顾客安全管理涉及多个方面，包括顾客人身安全管理、财产安全管理、食品安全管理以及紧急情况处理等。通过加强这些方面的管理和措施的落实，餐厅可以有效提升餐厅顾客的安全保障水平，为顾客提供安全、舒适的用餐环境。

五、餐厅财产安全管理

餐厅财产安全管理是确保餐厅正常运营、减少财产损失并维护餐厅利益的重要工作。图 2-3-1 中列出了一些关键措施，旨在加强餐厅财产安全管理。

措施一　**制定并执行财产安全管理制度**

餐厅应制定详细的财产安全管理制度，明确财产管理的目标、原则和措施。制度应涵盖财产安全责任制、财产保护措施、财产安全检查和监督、财产安全应急处理等方面。同时，要确保制度的有效执行，对员工进行培训和指导，使其了解并遵守制度要求

措施二　**加强财产保管与记录**

餐厅应建立财产保管责任制，明确各类财产的保管责任人。对于重要财产，如现金、珠宝、艺术品等，应设置专门的保管区域，并采取严密的保管措施。同时，要建立财产档案，对财产的购置、使用、维修、报废等过程进行记录，确保财产信息的准确性和完整性

| 措施三 | **定期进行财产检查与盘点** |

餐厅应定期对财产进行检查和盘点，及时发现损失和潜在的隐患。检查内容包括财产的数量、状态、使用情况等，确保财产与记录相符。对于发现的问题，要及时进行处理和记录，防止问题扩大或遗漏

| 措施四 | **加强财产安全防范** |

餐厅应采取措施加强财产安全防范，如安装监控摄像头、设置报警系统等。同时，要加强员工的安全意识培训，使员工了解并遵守安全规定，增强防范意识

| 措施五 | **建立财产损失处理机制** |

餐厅应建立财产损失处理机制，对发生的财产损失进行及时、公正的处理。对于因员工疏忽或故意行为导致的财产损失，要追究相关责任人的责任，并采取相应的惩罚措施。同时，要对损失的原因进行深入分析，制定改进措施，防止类似事件再次发生

| 措施六 | **加强与相关部门的合作** |

餐厅应加强与公安、消防等相关部门的合作，及时了解并遵守相关法律法规和政策要求。同时，要积极参与社区治安联防、消防演练等活动，提高餐厅的整体安全水平

图2-3-1　餐厅财产安全管理措施

综上所述，餐厅财产安全管理涉及多个方面，需要餐厅管理层和员工共同努力。通过制定并执行财产安全管理制度、加强财产保管与记录、定期进行财产检查与盘点、加强财产安全防范、建立财产损失处理机制以及加强与相关部门的合作等措施，可以有效提升餐厅财产安全管理水平，确保餐厅的正常运营和财产安全。

第二节　突发事件应急管理

餐厅突发事件应急管理是一项至关重要的任务，它涉及顾客和员工的生命安全、财产安全以及餐厅的正常运营。以下是一些关键措施，旨在加强餐厅对突发事件的应急管理能力。

一、制定完善的应急预案

餐厅应制定详细且全面的应急预案，以应对火灾、食物中毒、自然灾害、恐怖袭击等各类可能发生的突发事件。预案中应明确应急组织体系、职责分工、应急资源保障、应急响应程序、后期处置等内容，确保在突发事件发生时能够迅速、有序地进行应对，保障顾客和员工的安全，减少损失。餐厅制定应急预案的步骤如图 2-3-2 所示。

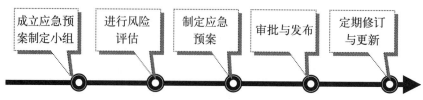

图2-3-2　制定应急预案的步骤

（一）成立应急预案制定小组

首先，餐厅应成立一个应急预案制定小组，成员包括餐厅管理层、安全负责人、厨师长等相关人员。这个小组将负责整个应急预案的制定、修订和实施工作。

（二）进行风险评估

小组应对餐厅可能面临的各种风险，包括火灾、食物中毒、燃气泄漏、停电等进行评估。评估时要考虑餐厅的设施、设备、服务流程、员工素质等因素，以及可能发生的突发事件的类型、发生频率和可能造成的后果。

（三）制定应急预案

根据风险评估结果，小组制定具体的应急预案。预案应包括表2-3-5所示内容。

表2-3-5　应急预案的内容

序号	项目	内容说明
1	应急响应机制	明确应急响应的启动条件、响应级别、响应程序等
2	应急组织机构	建立应急领导小组，明确各成员的职责和分工，确保在紧急情况下能够迅速组织起来
3	应急处置措施	针对不同类型的突发事件，制定具体的应急处置措施，包括疏散、救援、报警、灭火等
4	应急资源保障	确保餐厅拥有足够的应急资源，如消防器材、急救箱、应急照明等
5	应急培训与演练	定期组织员工进行应急培训和演练，增强员工的应急意识，提高员工处置能力

（四）审批与发布

应急预案制定完成后，应提交给餐厅管理层审批。经过审批后，应急预案应正式发布，并通知所有员工。

（五）定期修订与更新

应急预案不是一成不变的，餐厅应定期对其进行修订和更新。修订时应考虑餐厅设施、设备、人员等的变化情况，以及新的法律法规和标准的要求。

通过以上步骤，餐厅可以制定出一套科学、实用、有效的应急预案，为应对突发事件提供有力保障。同时，餐厅还应加强员工的安全教育和培训，增强员工的安全意识，提高其自救能力，共同营造一个安全、和谐的用餐环境。

二、建立应急组织机构

餐厅应成立应急领导小组，负责全面指挥和协调突发事件的应急处理工作。同时，要明确各岗位的应急职责，确保在突发事件发生时能够迅速响应、有效应对。此外，餐厅还应定期组织员工进行应急演练，增强员工的应急意识和提高其应对能力。

三、加强应急资源保障

餐厅应储备必要的应急物资和设备，如灭火器、急救箱、疏散指示标志等，并定期检查和维护这些物资和设备，确保其处于良好状态。此外，餐厅还应与周边单位或机构建立应急联动机制，共享资源、协同应对突发事件。

四、迅速响应和处置突发事件

在突发事件发生时，餐厅应立即启动应急预案，按照预案组织员工进行应急处置。同时，要及时向上级主管部门和相关部门报告事件情况，请求支援和指导。在处置过程中，要确保顾客和员工的人身安全，尽可能减少财产损失。

五、加强后期处置和总结

突发事件处理完毕后，餐厅应对事件进行总结和评估，分析原因、总结经验教训，并提出改进措施。同时，要对受损的设施和设备进行修复和更新，确保餐厅能够尽快恢复正常运营。

总之，餐厅突发事件应急管理是一项复杂而重要的工作，需要餐厅管理层和员工共同努力。通过制定完善的应急预案、建立应急组织机构、加强应急资源保障、迅速响应和处置突发事件以及加强后期处置和总结等措施，可以有效提升餐厅应对突发事件的能力，保障顾客和员工的安全以及餐厅的正常运营。

第三节　不同突发事件的应急处理

一、烫伤的应急处理

烫伤的应急处理是保障餐厅员工和顾客安全的重要环节。一旦发生烫伤事故，应迅速采取图 2-3-3 所示措施。

冲　迅速用流动自来水冲洗烫伤部位，持续10 ~ 30分钟直到创面无痛感。注意水压不能太大，不可用冰水。若取水不便，可用干净湿冷的布料覆盖伤口

脱　在冲洗的同时，小心脱去烫伤部位的衣物，可用剪刀剪开，避免硬拽，以免皮肤大面积剥脱

泡　将伤处再次浸泡于水中，持续约30分钟，以减轻伤者的疼痛感。但不宜泡得太久，应及时去医院处理，以免延误治疗时机

图2-3-3

用干净的纱布或毛巾覆盖伤处，保持伤口清洁，避免感染。不要自行涂抹任何药品，以免影响医疗人员的判断和处理

 尽快将伤者送往医院进行治疗。伤势过重时，应立即拨打120急救电话，在等待过程中继续进行上述急救措施

图2-3-3　烫伤的应急处理措施

此外，餐厅日常还应做好以下预防措施。

① 定期检查餐厅的烹饪设施，及时维护和修复故障，确保设备处于安全状态。

② 推广安全知识，定期举办安全培训，增强员工的安全意识和提高员工操作技能。

③ 餐厅管理层应认真执行应急预案，及时上报和处理相关事故，定期对员工受伤事故进行安全分析和总结。

二、烧伤的应急处理

餐厅内一旦发生烧伤事故，应迅速采取图2-3-4所示措施。

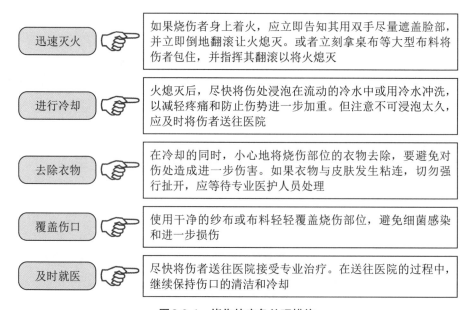

图2-3-4　烧伤的应急处理措施

此外，餐厅还应采取以下预防措施来减少烧伤事故的发生。

① 定期对餐厅的烹饪设备和电气设备进行检查和维护，确保其处于良好的工作状态。

② 加强员工的安全培训，提高他们对火灾和烧伤的防范意识和应急处理能力。

③ 在餐厅内设置明显的安全警示标识，提醒员工和顾客注意安全。

三、腐蚀性化学制剂伤害的应急处理

做好腐蚀性化学制剂伤害的应急处理对于保障餐厅员工和顾客的安全至关重要。图2-3-5是应急处理的几项关键措施。

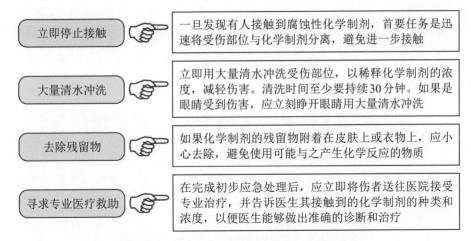

图2-3-5　腐蚀性化学制剂伤害的应急处理措施

此外，餐厅在日常运营中应采取以下预防措施，以降低员工或顾客被腐蚀性化学制剂伤害的风险。

① 严格管理化学制剂：确保化学制剂存放在指定的安全区域，并设置明显的警示标识。只有经过培训的员工才能接触和使用这些化学制剂。

② 提供个人防护装备：为员工提供适当的个人防护装备，如手套、护目镜和防护服等，以降低其接触化学制剂的风险。

③ 加强培训：定期对员工进行化学制剂安全使用的培训，增强他们的安全意识，提升他们的应急处理能力。

四、电伤的应急处理

一旦发生电伤事故，餐厅应迅速采取表2-3-6所示措施。

表2-3-6　电伤的应急处理措施

序号	措施	说明
1	立即切断电源	通过使用断路器、关闭开关或拔掉插头等方式迅速切断电源，确保受伤者与电源完全分离
2	检查伤者的意识和呼吸	迅速观察伤者是否出现意识丧失或呼吸停止等严重症状。如伤者意识不清或呼吸停止，应立即进行心肺复苏术，直到专业医疗人员到达
3	拨打急救电话	及时拨打120急救电话，告知医务人员具体情况，包括伤者电伤的部位、伤势程度以及伤者的基本信息，并等待专业医疗人员的到来
4	避免直接接触伤口	在处理伤口时，避免直接用手接触伤口，以免加重伤势或造成二次感染。可以使用干净的纱布或布料轻轻覆盖伤口，减少细菌感染的风险
5	及时就医	在急救人员到达之前，尽量使伤者平躺，不要随意移动，以免加重伤势。待急救人员到达后，协助他们将伤者送往医院接受进一步治疗

此外，餐厅还应采取以下预防措施来减少电伤事故的发生。

① 定期检查电气设备：确保所有电气设备完好无损，线路无裸露、老化现象，避免出现漏电和短路等安全隐患。

② 加强员工培训：定期对员工进行安全用电培训，提高他们对电气设备的操作技能，增

强他们的安全意识。

③ 设置安全警示标识：在餐厅内设置明显的安全警示标识，提醒员工和顾客注意用电安全。

五、客人突然病倒的应急处理

客人突然病倒的应急处理是餐厅服务中极为重要的一环，关系到客人的生命安全和餐厅的声誉。图 2-3-6 是针对这一情况的应急处理步骤。

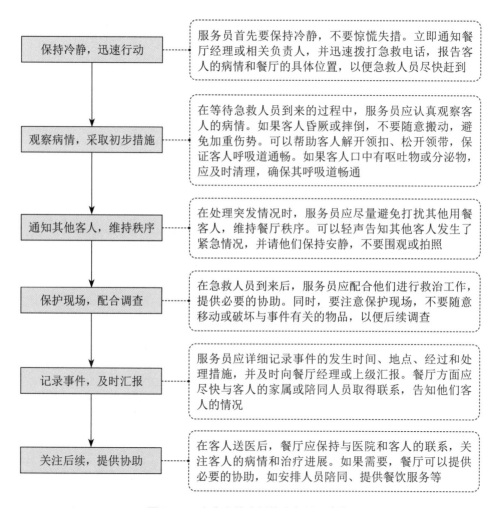

图2-3-6　客人突然病倒的应急处理步骤

此外，餐厅在日常运营中应加强员工的安全培训，提高员工应对突发事件的能力。同时，餐厅应配备必要的急救设备和药品，以便在紧急情况下能够及时救治。

六、客人跌倒的应急处理

做好客人跌倒的应急处理对于确保客人安全具有重要意义。图 2-3-7 是针对此情况的应急处理步骤。

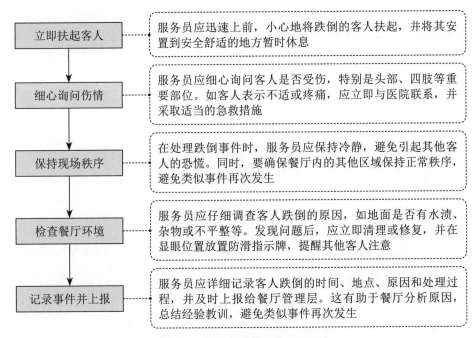

图 2-3-7　客人跌倒的应急处理步骤

此外，餐厅在日常运营中应加强对员工的安全培训，增强员工的安全意识，提高员工的应急处理能力。同时，餐厅应定期检查和维护设施设备，确保餐厅环境的安全和舒适。

七、客人出言不逊的应急处理

客人出言不逊时，餐厅员工需要保持冷静和专业，采取适当的应急处理措施，以确保餐厅的和谐氛围和顾客满意度。表 2-3-7 是一些建议的应急处理措施。

表 2-3-7　客人出言不逊的应急处理措施

序号	措施	说明
1	保持冷静与礼貌	面对出言不逊的客人，员工首先要保持冷静，不被情绪左右。用礼貌和尊重的语言回应，避免与客人发生争执或冲突
2	倾听与理解	尝试倾听客人的抱怨或不满，理解他们的情绪和立场。这有助于员工更好地把握问题的本质，从而采取有效的解决措施
3	解释与沟通	如果客人的不满源于误解或餐厅服务的问题，员工应耐心解释，消除客人的疑虑。同时，积极与客人沟通，寻求双方都能接受的解决方案
4	寻求上级协助	如果员工无法平息客人的不满，可以适时寻求上级或餐厅经理的协助。他们可能有更多的经验和资源来处理这类问题
5	记录并反思	在处理完客人的不满后，员工应记录事件的经过和处理结果，以便日后反思和改进。这有助于餐厅提高服务质量，避免类似问题的再次发生

此外，餐厅在日常运营中还可以采取以下措施来预防客人出言不逊的情况。

① 加强员工培训：提高员工的服务技能和应对能力，使他们能够更好地处理顾客的不满和投诉。

② 优化服务流程：简化服务流程，提高服务效率，减少因服务不当引发的顾客不满现象。

③ 营造和谐氛围：运用装饰、音乐等营造轻松愉快的用餐氛围，降低顾客因环境不佳而产生的负面情绪。

八、客人丢失财物的应急处理

当客人丢失财物时，餐厅应立即采取一系列应急处理措施来协助客人寻找并保障其权益。图2-3-8是具体的处理步骤。

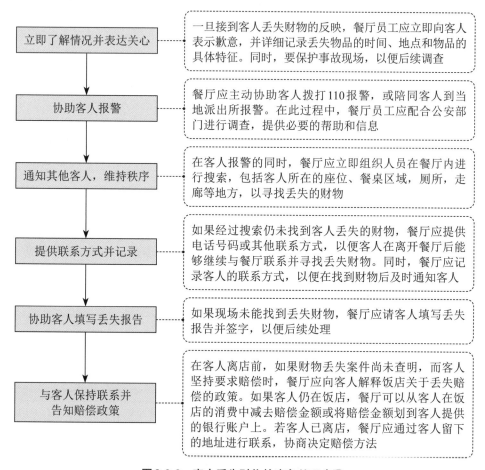

图2-3-8　客人丢失财物的应急处理步骤

此外，餐厅在日常运营中应提醒客人注意保管好个人财物，并在餐厅内设置明显的安全警示标识。同时，餐厅应加强对员工的培训，提高员工的应急处理能力，以便在发生类似事件时能够迅速、有效地进行处理。

请注意，虽然餐厅会尽力协助客人处理财物丢失的问题，但个人财产在公共场所仍应由个人负责妥善保管。餐厅作为经营者，只有在未尽到安全保障义务的情况下才需要承担相应的责任。因此，客人在餐厅用餐时也应提高警惕，注意保管好个人财物。

九、客人打架闹事的应急处理

客厅客人打架闹事的应急处理需要迅速、冷静且专业地进行，以确保人员的安全和维护良好的秩序。图2-3-9是一些应急处理步骤。

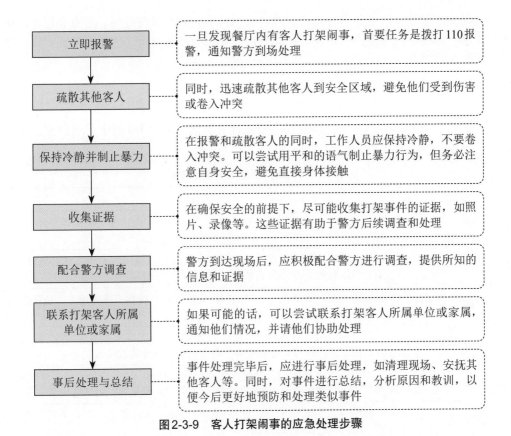

图2-3-9　客人打架闹事的应急处理步骤

　　在处理客厅客人打架闹事事件时，务必保持冷静、专业，以维护良好的秩序和确保人员的安全。同时，也要注重与其他客人和警方的沟通与配合，共同应对突发事件。

十、客人的小孩在餐厅内追逐的应急处理

　　在餐厅内，如果发生小孩追逐的紧急情况，表2-3-8是一些应急处理措施。

表2-3-8　小孩在餐厅内追逐的应急处理措施

序号	措施	说明
1	立即制止并引导	一旦发现小孩在餐厅内追逐，服务员应立即上前制止，并引导他们回到座位或安全区域。在制止时，要保持耐心和温和的语气，避免引起小孩的情绪波动
2	提醒家长注意	服务员应迅速找到小孩的家长，并提醒他们注意孩子的行为，建议他们加强对孩子的看护和引导，避免类似情况再次发生
3	调整座位或区域	如果小孩追逐的行为持续发生，餐厅可以考虑调整他们的座位或区域，将他们安排在相对安静、不易引起冲突的位置
4	提供儿童活动区	有条件的餐厅可以设置专门的儿童活动区，为孩子们提供安全的玩耍空间，同时减轻家长和餐厅员工的压力
5	加强安全警示	餐厅可以在显眼位置设置安全警示标识，提醒家长和孩子们注意安全，不要在餐厅内追逐打闹
6	事后沟通与总结	事件处理完毕后，餐厅可以与家长进行沟通，了解事件的原因和背景，同时总结应急处理的经验和教训，以便今后更好地应对类似情况

在处理小孩在餐厅内追逐的紧急情况时，餐厅员工应始终保持冷静、专业和耐心，确保孩子的安全，同时维护餐厅的正常秩序。此外，餐厅也应加强对员工的安全培训，提高他们应对突发事件的能力。

十一、客人醉酒不醒的应急处理

餐厅客人醉酒不醒是一个需要迅速而妥善处理的情况。表2-3-9列出了一些应急处理的措施。

表2-3-9　客人醉酒不醒的应急处理措施

序号	措施	说明
1	保持冷静并观察状况	服务员首先需要保持冷静，并观察醉酒客人的状况。检查其是否有呕吐、呼吸困难或其他紧急状况，如有必要，应立即拨打急救电话
2	通知管理人员和保安	立即向上级管理人员报告此情况，并通知保安或安全人员到场协助处理。他们可以根据具体情况采取进一步措施
3	调整座位和环境	如果可能，将醉酒客人移到较为安静、不易受到干扰的地方，确保他们不会进一步伤害自己或他人
4	协助客人醒酒	将凉毛巾放在客人额头，或送上热饮如浓茶、蜂蜜水等帮助客人醒酒。同时，确保客人保持舒适的姿势，避免窒息或呕吐物被吸入
5	联系客人亲友	如果客人有同行亲友在场，及时与他们沟通，请他们协助照顾醉酒客人。如果客人是独自前来，尝试联系其家人或紧急联系人，告知他们客人的状况
6	留意客人的财物	确保客人的财物安全，避免遗失或被盗。如有需要，可以为客人保管财物，直到他们酒醒或亲友到场
7	记录事件	详细记录事件的发生、处理过程以及涉及的人员，以备后续跟进和需要时作为证明
8	注意后续跟进	在客人酒醒后，关切地询问他们的身体状况，如有需要，协助安排交通工具或提供其他帮助

处理醉酒客人时，服务员应保持专业和耐心，避免与客人发生冲突或争执。同时，餐厅应制定完善的应急预案，定期对员工进行培训和演练，以提高其应对此类突发情况的能力。

十二、客人异物卡喉的应急处理

当客人出现异物卡喉的紧急情况时，需要迅速而有效地进行应急处理。表2-3-10是针对这种情况的应急处理措施。

表2-3-10　客人异物卡喉的应急处理措施

序号	措施	说明
1	立即关注并保持冷静	员工需要迅速关注客人的异常状况，并保持冷静。询问客人是否感到不适，观察其是否有呼吸困难、面色异常等迹象
2	尝试海姆立克急救法	如果客人确实被异物卡喉，员工应立即采用海姆立克急救法。站在客人身后，双臂环绕其腰部，一手握拳，拇指顶在客人上腹部，另一手握住握拳的手，向上、向内快速冲击腹部，直到异物排出
3	拨打急救电话	在进行急救的同时，员工应立即拨打急救电话，通知专业医护人员前来处理

序号	措施	说明
4	协助客人保持呼吸	在等待急救人员到来的过程中,员工应协助客人保持呼吸通畅,避免其过度惊慌或乱动导致异物进一步深入
5	通知餐厅管理人员	员工应及时通知餐厅管理人员,以便协调资源和人力,为客人提供更好的应急处理
6	记录事件并跟进	详细记录事件的发生、处理过程以及客人的状况,以备后续跟进和需要时作为证明。在客人得到妥善处理后,可以询问其身体状况,并提供必要的帮助和关怀
7	加强员工培训	餐厅应定期对员工进行异物卡喉等紧急情况的应急处理培训,确保员工能够熟练掌握相关知识和技能,以应对可能的突发情况

需要注意的是,异物卡喉的严重程度因个体而异,有些情况下可能需要专业的医疗设备和技术才能解决。因此,在进行初步急救的同时,务必及时联系专业医护人员,确保客人得到及时有效的治疗。

此外,餐厅在日常运营中应加强对食品安全的把控,确保食物中无异物混入,预防类似事件的发生。同时,也可以在餐厅内设置明显的安全警示标识,提醒顾客在用餐时注意细嚼慢咽,避免大笑或说话过多导致食物误入气管。

十三、客人发现食物中有异物的应急处理

当客人发现食物中有异物时,有效的应急处理显得尤为重要,它直接关系到客人的用餐体验和餐厅的声誉。以下是针对这一情况的应急处理建议。

首先,服务员应立即向客人表示诚挚的歉意,并迅速将问题菜品撤下餐桌,避免客人拍照或继续检查异物。同时,服务员应将情况迅速上报给领班或主管,以便尽快查明原因。

其次,餐厅管理人员应迅速赶到客人身边,向客人解释原因并承担责任。若是餐厅的责任,如食材未清洗干净或烹饪过程中混入了异物等,应主动承担责任,并向客人道歉。根据客人的要求,餐厅可以提供换菜或退菜的服务,无需向客人做任何解释。如果客人同意换菜,餐厅应立即与厨房联系,确保以最快的速度满足客人的需求。

再次,为了表达对客人的歉意和补偿,餐厅可以考虑赠送果盘、特色菜品或其他形式的优惠,如折扣券等。这样的举措有助于缓解客人的不满情绪,并增强客人对餐厅的信任和好感。

从次,餐厅还应加强内部自查和监管,确保食品质量符合标准,避免类似问题再次发生。如果发现异物是由于员工疏忽或操作不当导致的,餐厅应对相关人员进行严肃处理,并加强培训和指导,提高员工的专业素养,增强员工的责任心。

最后,餐厅应保持与客人的良好沟通,了解客人的需求和反馈,及时解决问题,提高服务质量。通过这样的应急处理措施,餐厅可以最大限度地减少食物中异物给客人带来的不满情绪和损失,维护餐厅的声誉和形象。

在处理此类事件时,餐厅应始终秉持诚信、专业和负责的态度,确保客人的权益得到保障,同时不断提升自身的服务水平和竞争力。

十四、客人食物过敏的应急处理

客人食物过敏的应急处理非常重要,图2-3-10为建议的应急处理步骤。

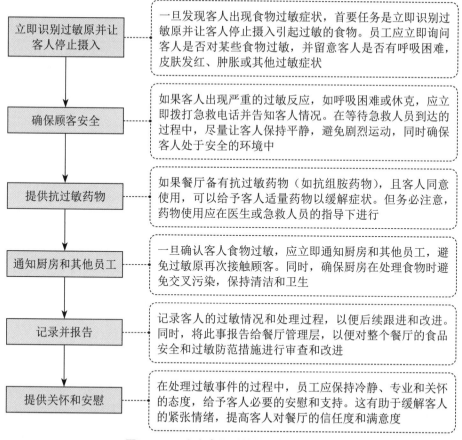

图2-3-10　客人食物过敏的应急处理步骤

　　总之，餐厅在处理客人食物过敏事件时，应迅速、专业地应对，确保客人的安全和健康。同时，餐厅也应加强食品安全培训和防范措施，提高员工对食物过敏的认识和处理能力。

十五、客人食物中毒的应急处理

　　餐厅客人食物中毒的应急处理至关重要，图2-3-11是一些建议的应急处理步骤。

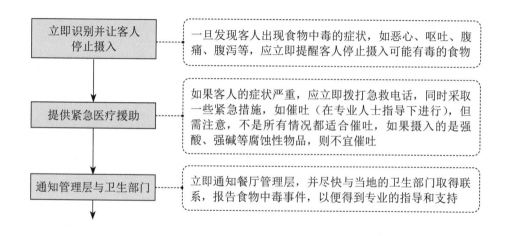

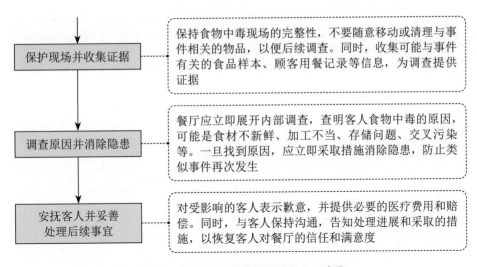

图2-3-11 客人食物中毒的应急处理步骤

> **提醒您：**
>
>   餐厅应以此次事件为契机，加强食品安全管理和员工培训，提高员工对食品安全的认识和防范能力。

总之，餐厅在处理客人食物中毒事件时，应迅速、专业、负责地应对，确保客人的安全和健康。同时，加强食品安全管理和培训，提高整体食品安全水平。

十六、消费纠纷的应急处理

餐厅与消费者之间可能会因为食品质量、价格、服务等问题产生纠纷。在处理消费纠纷时，餐厅需要积极与消费者沟通，寻求合理的解决方案。餐厅消费纠纷的应急处理通常包括图2-3-12所示几个步骤。

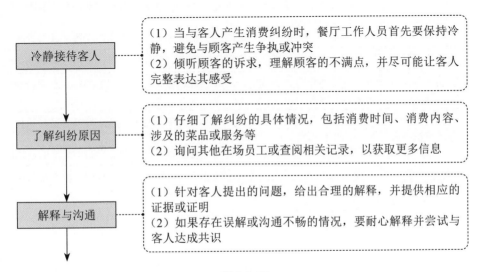

图2-3-12

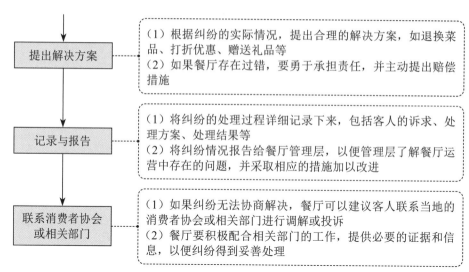

提出解决方案	（1）根据纠纷的实际情况，提出合理的解决方案，如退换菜品、打折优惠、赠送礼品等 （2）如果餐厅存在过错，要勇于承担责任，并主动提出赔偿措施
记录与报告	（1）将纠纷的处理过程详细记录下来，包括客人的诉求、处理方案、处理结果等 （2）将纠纷情况报告给餐厅管理层，以便管理层了解餐厅运营中存在的问题，并采取相应的措施加以改进
联系消费者协会或相关部门	（1）如果纠纷无法协商解决，餐厅可以建议客人联系当地的消费者协会或相关部门进行调解或投诉 （2）餐厅要积极配合相关部门的工作，提供必要的证据和信息，以便纠纷得到妥善处理

图2-3-12　餐厅消费纠纷的应急处理步骤

在处理消费纠纷时，餐厅要始终遵循公平、公正、公开的原则，尊重客人的合法权益，维护餐厅的声誉和形象。同时，餐厅也要加强内部管理，提高服务质量和管理水平，以减少消费纠纷的发生。

十七、客人跑单的应急处理

客人跑单的应急处理通常包括表2-3-11所示要点。

表2-3-11　客人跑单的应急处理要点

序号	要点	操作说明
1	保持冷静	首先，员工需要保持冷静，不要惊慌失措。客人跑单虽然让人不愉快，但处理时应该保持专业和礼貌
2	确认情况	立即确认是否真的发生了跑单事件。有时候，客人可能只是暂时离开去洗手间或者打电话，并不是真的想逃单
3	记录信息	（1）如果确认是跑单，立即记录下跑单客人的特征，如外貌、穿着、座位号等，以便后续追踪 （2）同时，记录下跑单的时间、金额和菜品等信息，以备后续报告和记录
4	通知管理层	尽快将跑单的情况通知给餐厅的管理层或值班经理，以便他们协助处理
5	继续服务其他顾客	在处理跑单事件的同时，不要忽视其他正在等待服务的客人。保持餐厅的正常运营和服务质量
6	尝试联系客人	如果客人留下了联系方式（如电话号码或微信等），可以尝试联系他们，提醒他们支付餐费 但要注意，在联系客人时要保持礼貌和尊重，避免引起不必要的争执或冲突
7	报警处理	如果跑单金额较大或客人态度恶劣，可以考虑报警处理。但在报警前，最好先咨询管理层或法律人士的意见
8	记录并报告	将跑单事件详细记录下来，包括时间、地点、顾客特征、菜品金额等信息，并报告给管理层或相关部门。这有助于餐厅了解跑单情况，并采取相应的改进措施
9	事后处理措施	在事件发生后，餐厅应该分析客人跑单的原因，并采取相应的预防措施，如加强员工培训、优化收银流程、提高服务质量等

总之，通过这些要点，餐厅可以妥善处理客人跑单事件，并尽量减少对餐厅运营和声誉的影响。

十八、餐厅突然停电的应急处理

餐厅内突然停电时，为确保客人和员工的安全，以及维护餐厅的正常运营秩序，应迅速采取表 2-3-12 所示应急处理措施。

表2-3-12　餐厅突然停电的应急处理措施

序号	措施	说明
1	保持冷静，稳定人心	服务人员应迅速启动应急预案，保持冷静，并通过沟通稳定客人的情绪，避免恐慌和混乱
2	启动应急照明	餐厅应备有应急照明设备，如应急灯或手电筒，一旦停电，立即开启，确保客人和员工在黑暗中能看清周围环境，避免跌倒或碰撞
3	告知客人情况	服务人员应尽快告知客人停电的原因和正在采取的解决措施，以及预计恢复供电的时间。同时，提醒客人不要随意离开座位，保管好个人财物
4	与工程部门联系	餐厅经理或相关负责人员应立即与工程部门或物业管理部门联系，了解停电原因及恢复供电的时间。如果是餐厅内部供电设备问题，应尽快安排维修人员检修；如果是外部原因导致的停电，应了解具体情况，并告知客人
5	调整服务流程	在停电期间，服务人员应灵活调整服务流程，如采用手工记录点单、使用移动电源为电子设备充电等，确保客人的基本需求得到满足
6	关注有特殊需求的客人	对于老年人、儿童或身体有特殊需求的客人，服务人员应给予特别关注，确保他们在停电期间的安全和舒适
7	恢复供电后的检查	当供电恢复后，服务人员应检查餐厅内的设备，如照明、空调等是否正常运行，并确认无安全隐患
8	总结经验教训	餐厅应对停电事件进行总结，分析原因和应对措施的有效性，以便今后更好地应对类似情况

总之，餐厅在突然停电时应迅速启动应急预案，通过有效的沟通和协作，确保客人和员工的安全，同时维护餐厅的正常运营秩序。

十九、餐厅突然起火的应急处理

餐厅突然起火是一种紧急情况，需要迅速而有效地应对，以保障客人和员工的安全。图 2-3-13 是针对餐厅起火的应急处理步骤。

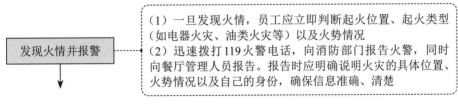

图2-3-13

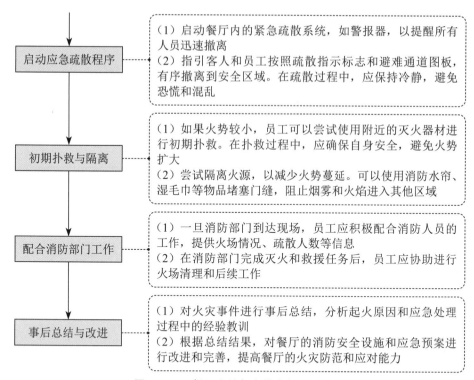

启动应急疏散程序	（1）启动餐厅内的紧急疏散系统，如警报器，以提醒所有人员迅速撤离 （2）指引客人和员工按照疏散指示标志和避难通道图板，有序撤离到安全区域。在疏散过程中，应保持冷静，避免恐慌和混乱
初期扑救与隔离	（1）如果火势较小，员工可以尝试使用附近的灭火器材进行初期扑救。在扑救过程中，应确保自身安全，避免火势扩大 （2）尝试隔离火源，以减少火势蔓延。可以使用消防水帘、湿毛巾等物品堵塞门缝，阻止烟雾和火焰进入其他区域
配合消防部门工作	（1）一旦消防部门到达现场，员工应积极配合消防人员的工作，提供火场情况、疏散人数等信息 （2）在消防部门完成灭火和救援任务后，员工应协助进行火场清理和后续工作
事后总结与改进	（1）对火灾事件进行事后总结，分析起火原因和应急处理过程中的经验教训 （2）根据总结结果，对餐厅的消防安全设施和应急预案进行改进和完善，提高餐厅的火灾防范和应对能力

图2-3-13　餐厅突然起火的应急处理步骤

此外，餐厅在日常运营中还应加强消防安全培训和演练，增强员工的安全意识，提高员工的应急处理能力。同时，定期对餐厅的消防设施进行检查和维护，确保其处于良好状态。

总之，餐厅突然起火的应急处理需要迅速、有序、有效地进行，以保障人员安全和减少财产损失。通过加强预防控制和应急处理能力建设，可以最大程度地降低火灾带来的风险。

二十、餐厅突然停水的应急处理

餐厅突然停水时，为确保客人用餐体验、员工工作效率和餐厅卫生标准不受影响，需要采取一系列应急处理措施。表2-3-13列出了餐厅突然停水的应急处理措施。

表2-3-13　餐厅突然停水的应急处理措施

序号	措施	说明
1	迅速确认停水原因	（1）员工应第一时间检查餐厅内部供水系统，确认是否为内部故障导致的停水 （2）如非内部原因，应联系物业或供水部门，了解停水的具体原因和预计恢复时间
2	调整服务流程与菜品	（1）根据停水原因和预计恢复时间，调整服务流程与菜品。如停水时间较长，可考虑暂停提供需要大量用水的菜品，如汤类、饮品类等 （2）及时告知客人停水情况，并对由此带来的不便表示歉意。如有需要，可为客人提供瓶装水等替代饮品
3	确保卫生与安全	（1）停水期间，加强餐厅内部卫生管理，确保食物存储、加工和就餐环境的清洁与卫生 （2）使用备用水源（如有）进行必要的清洁工作，确保餐厅环境整洁
4	加强员工沟通与协作	（1）组织员工召开紧急会议，通报停水情况、应对措施及注意事项 （2）鼓励员工之间加强沟通与协作，共同应对停水带来的挑战

续表

序号	措施	说明
5	提前预防与储备	（1）餐厅应定期检查供水系统，确保正常运行，预防突发停水事件 （2）储备一定量的备用水源，如桶装水等，以应对突发停水情况

　　总之，餐厅突然停水时，应迅速确认停水原因、调整服务流程与菜品、确保卫生与安全、加强员工沟通与协作，并提前预防和储备备用水源。通过这些应急处理措施，可以最大程度地减少对餐厅运营和客人用餐体验的影响。

二十一、餐厅突然停气的应急处理

　　餐厅突然停气时，为确保客人用餐体验和餐厅的正常运营，需要迅速而有效地进行应急处理。表 2-3-14 列出了一些建议的应急处理措施。

表2-3-14　餐厅突然停气的应急处理措施

序号	措施	说明
1	立即确认停气原因与通知	（1）餐厅在接到停气通知后，应立即启动停气应急预案，并与工程部门或燃气公司沟通，了解停气的原因、预计恢复供气的时间 （2）通知所有员工停气的情况，确保每位员工都了解并采取相应的应急措施
2	关闭燃气阀门与设备	（1）厨房相关岗位应立即关闭所有天然气阀门，并关闭与天然气相关的辅助设备电源，确保在恢复供气之前不会意外开启 （2）厨房负责人需督导检查关闭情况，确保安全
3	调整服务流程与菜品	（1）餐厅在用餐时段收到停气通知时，应立即将原菜单中依赖天然气的菜品下架，启用应急菜单，并快速通知服务员 （2）服务员应检查各包厢和大厅用餐客人的菜肴是否上齐，对未上齐的菜品，与客人沟通并解释原因，提供替换菜品或退款等解决方案
4	启用备用气源与设备	（1）如果餐厅备有备用煤气灶或气罐，应定期检查其状态，确保应急时能够正常使用 （2）在停气期间，可以使用备用煤气灶加工食物，确保客人能够继续用餐
5	确保服务与用餐环境	（1）在停气期间，提供安全、无公害的热水和饮用水，保障客人的基本需求 （2）准备应急灯具，确保餐厅内光线充足，不影响客人用餐 （3）保持餐厅环境的清洁与舒适，减少因停气带来的不便
6	恢复供气后的处理	（1）当停气时间终止时，检查燃气设备，确保安全后再恢复设备的正常运行 （2）测试设备是否运转正常，如有故障及时维修 （3）恢复正常的菜单和服务流程，确保客人的用餐体验
7	总结与改进	（1）对停气事件进行总结，分析应急处理中的优点和不足，为今后的应急处理提供参考 （2）根据总结结果，对餐厅的应急预案和设施进行必要的改进，提高应对停气等突发事件的能力

　　通过以上应急处理措施，餐厅可以在突然停气的情况下，最大限度地减少对客人用餐体验和餐厅运营的影响，确保客人的安全和满意度。

二十二、卡式炉等便携式燃气设备爆炸的应急处理

在一些餐厅中，可能会使用到卡式炉等便携式燃气设备，这些设备如果使用不当或存在质量问题，可能会发生爆炸，造成人员伤亡。

当餐厅中的卡式炉等便携式燃气设备发生爆炸时，应急处理措施应迅速而有效，以确保人员安全并尽量减少损失。图 2-3-14 是一些建议的应急处理要点。

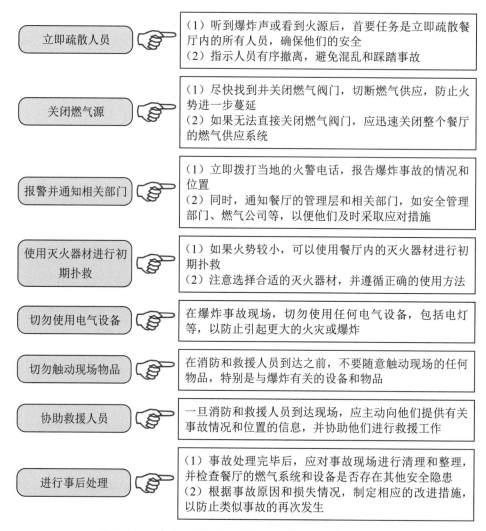

图2-3-14　卡式炉等便携式燃气设备爆炸的应急处理要点

请注意，以上措施仅供参考，具体应急处理措施应根据实际情况和现场情况进行调整。同时，餐厅应定期进行安全检查和培训，提高员工应急处理能力。

第三篇

餐饮企业营销推广与促销

第一章 餐饮企业营销推广方式

第一节 品牌推广

相信大家都听过这么一句话："金杯、银杯不如口碑"。其实餐饮行业也需要注重品牌推广，当顾客在某个店吃到什么特色菜品、享受到不同的服务时，就会成为它的义务宣传员。

一、品牌定位

餐饮企业的品牌定位实质上就是餐饮企业推出的自身所期望的形象（产品、服务或餐饮企业本身），目的是让企业在消费者心目中的实际形象与其所期望的形象相吻合，从而产生共鸣，这也可以说是一种餐饮企业引导和控制消费者心理的销售行为。一般来说，品牌定位包括图 3-1-1 所示的四个要素。

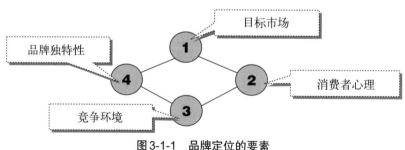

图 3-1-1　品牌定位的要素

（一）目标市场

品牌定位的第一个要素是确定目标市场或目标消费者。品牌定位是品牌被预设在目标消费者心理空间的位置。只有选定目标消费者，并由此确定定位空间，才谈得上品牌定位。

（二）消费者心理

消费者心理是品牌定位的第二个要素，因为品牌定位是预设品牌在目标消费者心理空间的位置。只有了解目标消费者的心理，才能建立他们的心理空间；只有构建心理空间，才能进行品牌定位；建立消费者的心理空间，就是确定与消费者认知、动机和态度有关的定位维度。因此了解目标消费者现在的和潜在的认知、动机、态度，选择与此相关的、恰当的定位维度，是品牌定位的一个关键。

（三）竞争环境

竞争环境是品牌定位的第三个要素，因为构建目标消费者心理空间的品牌通常不止一个，品牌与竞争对手的定位之间是相互影响的，因此品牌定位要分析竞争环境和了解对手的定位。分析竞争环境就是选择一组竞争维度，比较品牌与竞争对手在每一个竞争维度上的优势或劣势，由此选择较能体现品牌优势的竞争维度，再从中选出最重要的竞争维度作为定位维度。

（四）品牌独特性

品牌独特性或品牌差异化也是品牌定位的一个要素，这是由品牌在目标市场的竞争力决定的。品牌定位是预设品牌在消费者心理空间的独特位置，独特位置就是品牌区别于其他对手的有特色或有差异的位置。品牌的特色定位或差异化定位，是品牌定位的一个关键因素。

二、品牌形象设计

品牌形象设计是品牌的表现形式，主要包括品牌的名称及品牌标志，还有品牌说明、品牌故事、品牌形象代言人、品牌广告语及品牌包装等附加因素。

（一）品牌名称

品牌名称也就是指餐饮企业品牌的命名。企业名称与企业形象有着紧密的联系，品牌名称的确定须注意图 3-1-2 所示的事项。

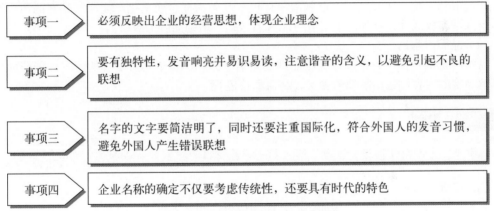

事项一	必须反映出企业的经营思想，体现企业理念
事项二	要有独特性，发音响亮并易识易读，注意谐音的含义，以避免引起不良的联想
事项三	名字的文字要简洁明了，同时还要注重国际化，符合外国人的发音习惯，避免外国人产生错误联想
事项四	企业名称的确定不仅要考虑传统性，还要具有时代的特色

图3-1-2　确定品牌名称的注意事项

（二）品牌标志

品牌标志包括标志的字体、标志的图案、颜色及标志物。标志的设计不仅要具有强烈的视觉冲击力，而且要表达出独特的个性和时代感，必须广泛适应各种媒体、各种材料及各种用品的制作，其表现形式可分为图 3-1-3 所示的三种。

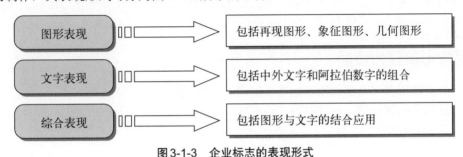

图形表现	→	包括再现图形、象征图形、几何图形
文字表现	→	包括中外文字和阿拉伯数字的组合
综合表现	→	包括图形与文字的结合应用

图3-1-3　企业标志的表现形式

（三）品牌附加因素

品牌附加因素是指品牌的说明、口号、故事、广告语、广告曲、包装、代言人等。

（1）品牌说明

品牌说明是指对品牌所属产业或行业的说明。其主要作用是让消费者对品牌所涉及的领域有一个明确的认知，以便于企业品牌的延伸。品牌说明比较适合坚持品牌延伸战略的餐饮企业。

比如，家电行业的成功典范海尔最初是做电冰箱的，那么"海尔"涉及的就是家用电器的一个子领域。由于海尔的品牌说明是"家用电器"，给人的感觉就是海尔不仅有生产电冰箱的能力，还有生产其他家用电器的能力。因此当海尔品牌延伸到空调、彩电、洗衣机、手机、电脑等领域时，消费者也不会觉得海尔"不专业"。

（2）品牌口号

品牌口号是指能体现品牌理念、品牌利益和代表消费者对品牌感知、动机和态度的宣传用语。餐饮企业在设计自己的品牌口号时，一定要能突出品牌的功能和给消费者带来的利益，具有较强的情感色彩、赞誉性和号召力，能够刺激消费者。餐饮企业的品牌口号可通过标语、电视（广播）媒介、手册、产品目录等手段进行宣传。

（3）品牌故事

品牌故事是指企业品牌在创立和发展过程中发生的一些有意义的逸闻旧事，它可通过公司手册或书籍等渠道进行传播。品牌故事体现了品牌的理念或文化，能增加品牌的历史厚重感、资深性和权威性，能加深消费者对品牌的认知，增强品牌的吸引力。

（4）品牌广告语

品牌广告语是指广告中用以介绍品牌的短语。品牌广告语是对品牌的解释，能帮助消费者了解品牌的内容，包括品牌的含义、利益和特色等。

提醒您：

品牌广告语在设计时也应像品牌名称一样独特、简明、朴实、易读、亲切、有含义。

（5）品牌广告曲

品牌广告曲就是广告里的乐曲，广告曲的情感性和艺术性比广告语更强，对广告受众的刺激性更强，更容易激发消费者的购买冲动。

（6）品牌包装

品牌包装是品牌（信息）的主要载体，在广义上也是品牌的一个附加要素，品牌包装起到介绍品牌与传播品牌的作用。

（7）品牌代言人

品牌代言人通常是选择文艺或体育界的名人、明星，利用其社会号召力增强品牌的市场号召力。

三、品牌形象整合传播

再好的品牌理念和品牌识别，如果不能进入顾客的内心就只能是镜花水月，进入消费者内心的方法就是品牌传播。通过对品牌的有效传播，可以使品牌为广大消费者和社会公众所熟知，使品牌获得增势。同时，品牌的有效传播，还可以实现品牌与目标市场的有效对接，为品牌及产品进入市场、拓展市场奠定基础。

餐饮企业品牌传播应该在品牌核心价值的统率下进行整合营销传播。而整合营销传播的核心思想是以整合企业内外部所有资源为手段，以消费者为核心，充分调动一切积极因素进行全面的、一致化的营销，具体要求如图3-1-4所示。

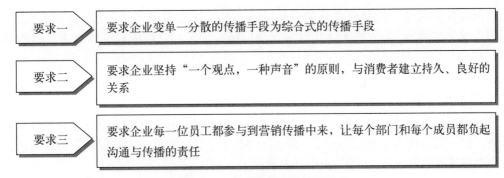

图3-1-4　整合营销传播的要求

整合营销传播同时强调与消费者进行平等的双向互动沟通，清楚消费者的需求是什么，把真实的信息如实地传达给消费者，并且能够根据消费者的信息反馈调整企业自身的行为。餐饮企业整合营销传播的具体措施如图 3-1-5 所示。

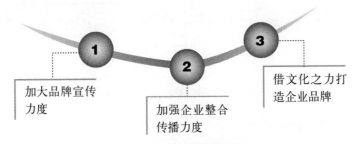

图3-1-5　整合营销的措施

（一）加大品牌宣传力度

餐饮企业应针对目标市场，选择恰当的媒体，加大品牌宣传力度。产品宣传应根据目标消费人群的需要，重点突出一个"质"字。

比如，菜品精致、服务高档的商务性餐厅，应定向于高收入消费者；格调清新、菜肴独特的民俗型餐厅，应定向于文化追寻者；环境温馨、服务周到的家居型餐厅，应定向于百姓大众，并以树立品牌、巩固形象为突破口，强化产品在消费者心中已有的印象。

通常采用在电视、电台、报纸、灯箱、立牌上做宣传的办法，或有针对性地请厨师讲菜、顾客点评。搞些让消费者受益，让消费者难以忘怀的活动，以切实提升企业形象，促进经济效益的改观。

（二）加强企业整合传播力度

餐饮企业应以战略眼光对待品牌推广与广告宣传，其中要特别强化整合传播力度。运用产品生命周期理论和产品、渠道、价格、促销等营销因素的整合策略，进行市场细分，依据餐厅定位，科学地进行广告定位，依据不同季节和时令特色菜品，调整和控制广告的投入，确定和调整广告目标与广告策略。

此外还要注重广告的到达范围、传达频率、接受率、消费者印象、业务增长情况等广告效果的测定，重视广告活动的整体策划，注重整体效应与长期效应。

（三）借文化之力打造企业品牌

品牌的背后是文化，借文化之力打造企业品牌，是企业不断提升品牌形象的重要方式。中华五千年积淀的深厚文化内涵与"一菜一格，百菜百味"的烹饪技艺的结合，自然能造就出文化在餐桌、饮食成文化的独特风景。餐饮企业以中华文化为"主料"，以博大精深的饮食为"辅料"，借助于现代科学管理的精心调和，自然能做好餐饮文化品牌这道"大菜"。

四、品牌形象建设与维护

品牌代表着企业对消费者的承诺，是消费者对企业的一种信任和肯定。品牌一旦深入消费者的心中，就会成为企业取之不尽、用之不竭的宝库，为企业带来无限的收益。因此企业应用心维护品牌形象，具体措施如图 3-1-6 所示。

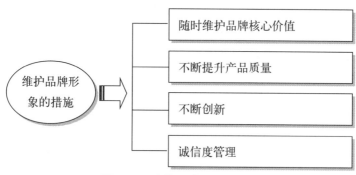

图 3-1-6　维护品牌形象的措施

（一）随时维护品牌核心价值

品牌核心价值是品牌资产的主体部分，它让消费者明确、清晰地识别并记住品牌的利益点与个性，是驱动消费者认同、喜欢乃至爱上一个品牌的主要力量。不断维护核心价值的目的就是要凸显品牌形象的独特性，其措施如图 3-1-7 所示。

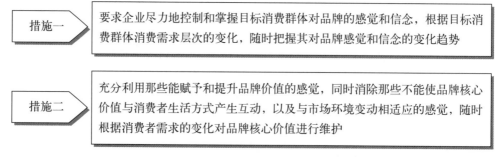

图 3-1-7　维护品牌核心价值的措施

（二）不断提升产品质量

质量是构成品牌形象的首要因素，也是决定品牌形象生命力的首要因素。对企业来讲，对顾客负责任，要从保证产品的质量开始做起。出色的质量才是赢得顾客、占领市场的敲门砖。没有一流的质量，就不可能获得消费者的信任，更谈不上品牌形象的塑造。

（三）不断创新

品牌形象的生命力很大程度上来自创新。创新使品牌形象与众不同，为品牌生命注入无穷活力，是延长品牌形象生命的重要途径。其要求如图 3-1-8 所示。

技术创新

营销创新

技术创新专门研究同类产品的新技术、新工艺，以不断提高产品的技术含量，开发新工艺。同时，研究产品的市场生命周期和更新、改进、的时限与趋势，不断地发展产品有价值的特色，不断推出"热点"产品，保证产品旺盛的销售势头

除了技术创新之外，企业还要进行营销创新。营销创新是指不断研究市场消费需求、消费者购买行为的走势、消费者购买习惯的变化和消费流行动向，不断地在营销方式、价格、渠道选择、促销措施上推陈出新，引导消费，满足需求

图 3-1-8　品牌创新的要求

（四）诚信度管理

信誉是一个品牌能够在消费者心目中建立"品牌偏好"和"品牌忠诚"的基本要素。

企业在产品质量、服务质量等各方面的承诺，使消费者对此品牌产生偏好和忠诚。良好的信誉是企业无形的资产，可以增强品牌形象的竞争力，带来超额利润。

一个诚信的形象，将维护客户的美誉度和忠诚度，为企业的可持续发展奠定坚实基础。因此诚信应当成为企业的经营哲学基础，也应当是企业维护品牌形象的必要工作之一。

> ◆ 提醒您：
>
> 　　品牌形象是餐饮企业最宝贵的无形资产和经营资源，也是餐饮企业在激烈的竞争中制胜获利的法宝，直接关系到餐饮企业的品牌经营状况，关系到餐饮企业生产的产品或服务是否会为消费者所接受，也关系到餐饮企业的成败。

第二节　菜品推广

对于餐饮企业来说，研发出一道新菜需要耗费大量的人力物力。新菜卖得好，离不开厨师的研发和烹制，也少不了前厅员工的配合与推广。除此之外，做好必要的宣传造势工作，以及员工培训也是提高新品曝光率和销售量的关键。

一、菜品内测——试吃

餐饮企业每推出一道新菜品之前，都需要让前厅的服务员了解菜品的口味，也就是试吃。如果大部分员工都觉得味道不好，那么可能菜品推出去效果也不会很好。只有通过不断地试吃、改良，才能确定新品的质量。这个也可以算是餐厅的新品"内测"。

（一）店内人员试吃

可让店长先试吃，确定新品的口感，找出菜品的亮点。如果店长觉得不错，再组织店内的管理人员试吃，在试吃的过程中一起讨论菜品的口感、特点，让大家给出改良的意见。

（二）邀请顾客品鉴

餐厅也可以邀请一些老顾客进行品鉴。在顾客品鉴后请他们提出自己的意见，再根据顾客提出的意见进行改良。

综合以上试吃，餐饮店就可以总结出这款新品的卖点。确定新品的制作工艺，形成制作流程，估算新品的毛利，确定销售价格。

二、菜品了解——培训

餐饮店在确定要上新品之后，就需要对前厅、后厨的相关人员进行培训。

（一）后厨员工培训

后厨员工的培训主要是对新品的操作流程的培训，包括加工工艺、摆盘标准等。厨师长可以现场示范如何烹制菜品，或录制小视频供全体员工学习，以便熟悉菜品的制作流程、特点、摆盘特色等。

（二）前厅员工培训

餐饮店要想最有效最直接地达到新菜销售的最佳效果，绝对离不开前厅的服务员。餐厅一有新菜，就需要为前厅服务员进行菜品相关的信息的培训，如食材、做法、口味等，甚至应该参与试菜，这样才可与食客沟通，达到销售目的。

餐厅可让每个员工都品尝，然后说出自己对新品的评价。主要目的就是让员工对新品的味道有一个直观的认识，这样才会给客人做好介绍。

三、菜品推广——引导

餐饮店推出新品之后，最重要的是怎么推广的问题。顾客有可能抱着尝鲜的心理来吃，但是大部分顾客会因为不熟悉而选择不点，这时候就需要餐厅做推广、前厅服务员做引导了。

（一）广告宣传

新品出来后，餐饮店可以通过以下方式加大广告宣传力度。

① 餐饮店设计出全新的海报，勾起顾客的食欲。

② 在多处投放巨幅广告，在顾客心中形成记忆点。

③ 在门店门口设置新品展示台，同时设置专业的人员对新品进行讲解，营造出热卖氛围。

④ 在菜单上进行更新标注，可把新品印在菜单封面，占据顾客入座后的第一印象。

⑤ 加大网络宣传攻势，如在公众号、官网、官方微博宣传。

（二）现场介绍

除了上面的广告宣传外，餐饮店推广新品最重要的方式为现场介绍。

① 服务员的介绍。服务员在协助顾客点菜时，可告知顾客餐厅上了新品，并将新品的卖点介绍给顾客，吸引顾客去尝试。

> **提醒您：**
>
> 服务员在向顾客做新品推销时，不要过多骚扰顾客，一切要从顾客体验出发，主要给顾客简单介绍一下新品的口感和卖点，让顾客知晓即可。

② 迎宾人员的介绍。迎宾人员在照顾等座的顾客时，可以向顾客传达本店推出了新品的信息，让顾客心中先有个认知。

③ 经理、店长的介绍。经理、店长在维护老顾客时，可以借机推广新品，如"我们有新品推出，等下您可以尝尝，帮我们多提意见"；也可以免费让一些老顾客进行品尝，以提高顾客满意度。

四、设置奖惩——激励

新品推出后，为了让员工更好地给顾客介绍，提高销售份额，奖励措施是必不可少的。但是餐厅不应该要求员工强推，所以不能将新品的销售量作为评价员工是否做好推广的唯一指标。

（一）奖励措施

餐饮店可以采用礼品奖励和现金奖励的方式来激励员工推销菜品。

① 礼品奖励。礼品奖励可以通过积分来换取奖品，奖品可以设置一些比较受员工喜欢的物品。

比如，某餐厅采用笑脸积分制度。前厅员工每推荐一份新品可以获得一个笑脸，积满 10 个笑脸可以兑换一个公仔玩具，积满 20 个笑脸可以兑换一张电影票等。

这样可以避免员工一味追求推销，而造成顾客不满意的现象。

② 现金奖励。现金奖励应与整个餐饮店的销售额直接挂钩，可根据单人推销新品的销售量或小组的销售量设置奖励措施。

（二）处罚制度

有奖就有罚，这里的"罚"是对由于推广新菜品而影响顾客满意度的情况进行处罚。如果在服务的过程中发现有员工强行推广的现象，餐饮店要及时对员工进行提醒、警告，再次发生就要进行处罚。

> **提醒您：**
>
> 酒香也怕巷子深，新品要想卖得好，不仅要做好宣传推广，还要提供优质的服务和用餐体验，这样才能让餐饮店赢在口碑上。

第三节　社交媒体营销推广

餐饮社交媒体营销推广是指餐饮企业利用社交媒体平台（如微信、微博、抖音、小红书等）进行品牌推广、产品宣传、客户关系管理等营销活动。它旨在通过发布美食图片、分享烹饪技巧、介绍食材知识等内容，吸引目标受众的关注和参与，并与他们进行互动，从而增强品牌知名度和用户黏性。

在进行餐饮社交媒体营销推广时，企业需要制定清晰的内容策略，注重内容的多样性和新颖性，以吸引用户的关注和互动。同时，选择适合的社交媒体平台，根据目标受众的特点和行为习惯进行精准营销。此外，提供有价值的内容，创造独特的品牌形象，也是提升餐饮社交媒体营销推广效果的关键。

通过有效的社交媒体营销推广，餐饮企业可以拓展线上销售渠道，增加营收，提升品牌竞争力和市场份额。

一、社交媒体营销策略

餐饮企业在社交媒体营销方面，有着丰富的策略和方法可以运用。表 3-1-1 是一些关键的社交媒体营销策略。

表3-1-1　社交媒体营销策略

序号	策略	说明
1	平台选择	首先，餐饮企业需要根据自己的目标顾客群体选择适合的社交媒体平台。例如，如果目标顾客主要是年轻人，那么可以选择抖音、小红书等流行平台；如果目标顾客更偏向成熟群体，那么微信、微博等平台可能更合适
2	内容策划	内容是社交媒体营销的核心。餐饮企业可以发布关于美食制作、餐厅环境、服务体验等方面的内容，吸引顾客的注意力。同时，结合节日、活动或时事热点，策划有趣、有吸引力的内容，提升用户参与度
3	视觉呈现	在社交媒体上，图片和视频往往比文字更能吸引用户的注意。因此，餐饮企业需要注重食物的摆盘和拍摄技巧，以及餐厅环境的布置和拍摄角度，以呈现出最佳的视觉效果
4	互动营销	通过举办线上活动、发起话题挑战、邀请顾客分享用餐体验等方式，增加与顾客的互动。这不仅可以提高顾客的参与度和忠诚度，还能通过顾客的分享扩大品牌的影响力
5	合作推广	与其他品牌或网红进行合作，共同开展推广活动，可以扩大品牌的曝光度。例如，可以与旅游景点、电影院等合作，推出联合优惠活动；也可以邀请网红或美食博主到店体验并分享，吸引更多粉丝关注
6	数据分析与优化	定期分析社交媒体营销的效果，包括用户参与度、转化率等指标，以便及时调整和优化营销策略。通过不断试错和改进，找到最适合自己的社交媒体营销方式

需要注意的是，社交媒体营销并非一蹴而就的过程，需要餐饮企业持续投入精力和时间。同时，要关注市场变化和用户需求的变化，不断创新和调整营销策略，以适应不断变化的市场环境。

二、利用微博推广

餐饮业因其实时性、实用性、口碑传播等特点与微博特征高度契合，因而可以比较轻松地把微博推广开展起来。每一个微博用户背后，都是一位活生生的消费者。微博平台已经成为企业塑造品牌形象与促进产品销售的重要通道。

（一）微博推广的流程

微博运营是一个连续而复杂的过程，且每一个环节都极其重要，每一项工作都必须由专业的人员负责。餐饮企业可按表 3-1-2 所示的流程开展微博推广工作。

表3-1-2　微博推广的流程

<table>
<tr><td rowspan="23">餐饮企业开展微博营销的主要流程</td><td>阶段</td><td>主要项目</td><td colspan="2">工作明细</td><td>人员分工</td></tr>
<tr><td rowspan="3">前期</td><td>微博开通</td><td colspan="2">选择注册</td><td></td></tr>
<tr><td>微博完善</td><td colspan="2">完善头像、背景、昵称、标签等资料</td><td></td></tr>
<tr><td>微博认证</td><td colspan="2">向微博平台提交认证申请</td><td></td></tr>
<tr><td rowspan="16">中期</td><td>运营日志</td><td colspan="2">每天的粉丝、转发、评论</td><td></td></tr>
<tr><td rowspan="4">内容建设</td><td rowspan="3">企业信息</td><td>企业动态、新闻</td><td rowspan="4">编辑人员</td></tr>
<tr><td>新品上市、活动促销</td></tr>
<tr><td>饮食相关知识</td></tr>
<tr><td>受众信息</td><td>根据用户群体来选择话题</td></tr>
<tr><td rowspan="4">活动策划</td><td>独立活动</td><td>自身发起的各种微博活动</td><td rowspan="7">BD人员</td></tr>
<tr><td rowspan="3">联合活动</td><td>媒体机构</td></tr>
<tr><td>跨部门合作</td></tr>
<tr><td>异业活动</td></tr>
<tr><td rowspan="3">外部推广</td><td>红人转发</td><td>红人外包转发</td></tr>
<tr><td>网络广告</td><td>其他网络资源配合</td></tr>
<tr><td>站外论坛</td><td>相关热门论坛推广</td></tr>
<tr><td rowspan="4">客服工作</td><td>咨询答疑</td><td>解决用户咨询问题</td><td rowspan="4">编辑人员</td></tr>
<tr><td>奖品券发放</td><td>活动后续处理</td></tr>
<tr><td>粉丝互动</td><td>评论/转发用户留言</td></tr>
<tr><td>处理投诉</td><td>紧急投诉及危机公关</td></tr>
<tr><td rowspan="3">后期</td><td rowspan="2">总结分析</td><td>运营数据</td><td>微博各环节数据目标分析</td><td rowspan="3">运营负责人</td></tr>
<tr><td>活动分析</td><td>活动结束数据分析</td></tr>
<tr><td>目标检查</td><td>目标考核</td><td>结合整体目标定期进行阶段性检查</td></tr>
</table>

（二）微博推广的要点

餐饮企业在用微博平台进行推广时，要把握住图3-1-9所示的要点。

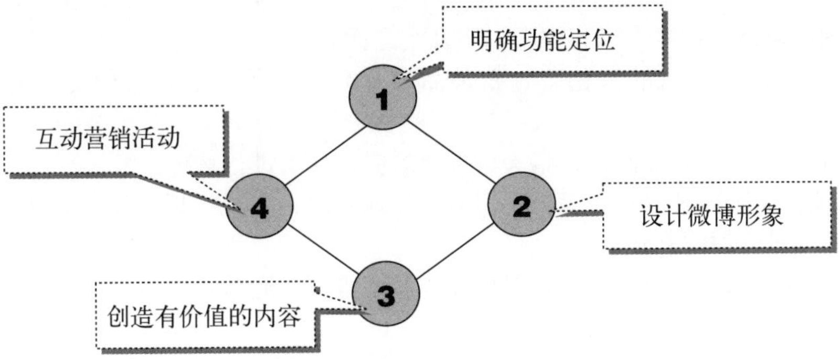

图3-1-9　微博推广的要点

1. 明确功能定位

餐饮企业可以注册多个微博账号，每个账号各司其职。一个微博账号可以承担相对单一的功能，也可以承担多个功能。如果企业比较大，那么在一个专门的公共微博账号外，建立多个部门微博账号是可取的。如果企业的产品比较单一，那么整个企业建一个微博账号就可以了。

提醒您：

一般来说，一个微博账号可以承担新产品信息发布、品牌活动推广、事件营销、产品客服、接受产品用户建议与反馈、危机公关等多项功能角色。

2. 设计微博形象

微博形象包括头像、昵称、简介、背景、活动模块等。其设计要求如图3-1-10所示。

要求一	餐饮企业的微博形象设计要体现出亲切感，要能够吸引目标消费者。比如，在活动模块版块，要配以图片和视频，以增加可视化和形象性
要求二	要全面展示自身的特色。比如，餐饮企业可以用自己的LOGO或者招牌菜作为头像，同时在简介中对自身的特色进行简明扼要的阐述，让人很快就能了解这是一家什么样的餐饮企业
要求三	要让消费者容易找到。餐饮企业要将所在的地理位置放入昵称中，并在简介中写出具体的地址，同时给出电话号码等联系方式

图3-1-10　餐饮企业微博形象设计要求

比如，巴奴火锅是火锅业较早开通微博的企业。为做好微博营销，巴奴火锅专门创造了"小巴"这个人物形象，她是巴奴的服务员，勤劳、乐观、开朗、"萌"。微博发布一系列"小巴"在店内服务时听到、看到的段子，深受微博粉丝喜爱。

3. 创造有价值的内容

有价值的内容就是对微博用户"有用"的内容，能够激发微博用户阅读、参与互动交流的热情。餐饮店微博的内容可以集中在以下几个方面。

① 菜品推介。对本店的特色菜、新菜品进行介绍，还可以发布最受欢迎的菜品统计数据。

② 促销活动宣传。对节假日、店庆日推出的促销活动进行宣传。

③ 信息预告。店内餐位是否满员、门前的交通状况、本日打折菜品、新推菜品、售完菜品等信息可以通过微博进行预告。

④ 与消费者互动。如邀请消费者餐后参与微博点评、邀请粉丝参与菜品改良或新菜品设计、邀请粉丝评选本店最佳菜品等。

⑤ 品牌维护。对消费者的抱怨及时回复、说明情况，通过有效沟通维护企业的品牌形象。

4. 互动营销活动

微博互动营销活动要符合微博拟人化互动的本质特征。只要产品有价值，没人能拒绝真正的"免费""打折"等促销信息，就很少有人会讨厌此类信息。常见的微博互动活动形态有以下几种。

① 促销互动游戏。尽量多做与产品相关的互动性游戏，如秒杀促销、抽奖等游戏，吸引微博用户参与。

② 微博招聘。节约相互了解的成本，直接在微博上进行初次"面试"；利用人际传播的效应，实现低成本的品牌传播。

③ 奖励用户在微博发表使用体验。微博是一个极佳的口碑营销平台。鼓励已经使用或试用产品的微博用户发布使用体验，并对这些用户给予一定的奖励。

④ 试吃活动。在微博上发起低成本的菜品试吃活动，活动结束后鼓励试吃者发布试吃体验博文。

⑤ 慈善活动。条件允许的话可以自己发起慈善活动，或者积极参与微博其他用户发起的慈善活动。对小的餐厅来说，参与"微支付"的慈善活动并不需要付出很大的成本，却可收获很大的关注和人气。

（三）微博推广的方式

做微博推广最重要的就是有粉丝关注，没有粉丝就没有流量。餐饮企业可以通过图 3-1-11 所示的推广方式来获得更多粉丝的关注。

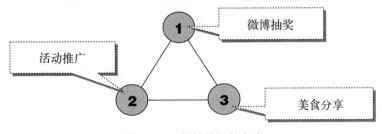

图 3-1-11　微博推广的方式

1. 微博抽奖

参与微博抽奖活动是很多微博用户乐此不疲的，而且抽奖活动的效果非常显著。只要菜品味道做得好，通过微博推广是可以很快将品牌推广出去的。

当然抽奖活动也是要讲究技巧的，比如鼓励用户转发并 @ 好友即可获得抽奖机会，这样被用户 @ 的好友就会看到企业的推广信息，然后实现二次传播，这种推广非常有影响力。

2. 活动推广

餐饮企业可以借助节日热点推出活动，例如优惠券派发、周年庆等活动，通过这些活动来吸引粉丝领取优惠券，提高互动率，为门店带来更多的客流量。

3. 美食分享

美食分享非常容易引起粉丝的共鸣，通过微博有规律地给粉丝分享美食相关内容，比如美食文化、美食的制作方法等，能够增强粉丝黏性，发展更多潜在客户。

（四）微博推广的技巧

每逢节假日，不少酒店、餐厅都策划了精彩纷呈的活动、套餐等。然而在微博推广方面，不少餐厅的推广方式单一、缺乏新意，效果并不理想。那么餐饮企业应该如何做好微博推广呢？可参考图3-1-12所示的技巧。

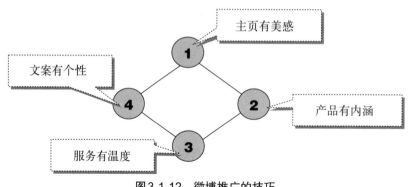

图3-1-12 微博推广的技巧

1. 主页有美感

微博的特点是"关系""互动"，因此，即使是企业微博，也切忌办成一个官方发布消息的窗口。企业微博要给人感觉像一个人，有感情、有思考、有回应、有自己的特点与个性。

微博账号的主页一定要做好，既要美观、有设计感，又要符合品牌定位，这是最为基本的要求。

比如，在情人节来临之前，可以编辑一些与情人节相关的文章，用微博专栏发布原创内容，可以更加醒目，吸引用户关注。也可以制作与情人节相关的对联、爆笑弹窗、搞笑FLASH、搞笑小视频等。如果条件成熟，还可以考虑把主页背景换掉，让访客能感受到节日的温馨气息，从而流连忘返。

2. 产品有内涵

很多企业会存在一个误区，认为网络营销就是打折打折再打折，认为只要打折就可以提高销量。而事实上，在网络营销过程中，情感的价值远远超过折扣。当用户沉浸在节日的气氛和浪漫的气息中时，所产生的情感因素都不是由价格来主导的。此时我们要考虑的是如何让产品承载感情。因此我们要做的不是一味地打折，而是挖掘产品的内涵，让它承载更多情感元素，而非只关注价格与折扣。

3. 服务有温度

为了方便消费者，餐饮店可以推出微博订座、微博团购等便捷服务，并在官方微博和店内的显眼位置告知消费者本店已推出该项服务。这样在消费者有需要时，即可发私信给餐饮店确定订座人数、到店时间和大致消费金额等内容。餐饮店再根据当日整体订座情况在微博里向消费者发送订座详情，诸如几号台、哪个包间和领班经理的名字等。

🌀 **提醒您：**

餐饮店可以为通过微博订座的消费者提供适当的打折优惠、赠送菜品等服务，促使消费者使用微博订座服务。同时餐饮店也可定期推出微博团购活动，以吸引更多的消费者前来消费。

4. 文案有个性

微博用户多以休闲的心态来使用微博的，因此餐厅在微博上发布的营销文案应尽量轻松幽默，给人很有趣的感觉，比如语言上尽量诙谐幽默、回复生动有趣，让粉丝愿意去关注餐厅的微博，这对增加品牌的亲和力也很重要。总之抓住人性的特点和掌握交流的技巧，才可以让餐厅的微博更受欢迎。

现在微博内容虽然不限制字数，但是枯燥的内容越少越好，10个字能说清楚的问题就不要用11个字。同时配以图片和视频也是化解枯燥的好办法，人们本能地对视觉图像有兴趣，因此餐厅在进行微博推广时配上对应的图片或视频更容易吸引粉丝的关注。

三、利用微信公众号推广

微信公众号是一个做CRM（客户关系管理）的绝佳平台，这个平台根植于微信平台中，其流程简单、易操作，可相应降低餐饮企业的普及、推广难度，而且在沟通、互动、服务、搜集用户信息和客户关系管理方面有不可比拟的优势。

（一）微信公众号的创建

1. 公众号类型的选择

微信公众号分为服务号和订阅号，两者的区别如表3-1-3所示。

表3-1-3　订阅号与服务号的区别

项目	订阅号		服务号	
服务模式	为媒体和个人提供一种新的信息传播方式，构建与读者之间更好的沟通与管理模式		给企业和组织提供更强大的业务服务与用户管理能力，帮助企业快速实现全新的公众号服务平台	
适用范围	适用于个人和组织		不适用于个人	
基本功能	群发消息	1条/天	群发消息	4条/月
	消息显示位置	订阅号列表	消息显示位置	会话列表
	基础消息接口	有	基础消息接口/自定义菜单	有
	自定义菜单	有	高级接口能力	有
	微信支付	无	微信支付	可申请

从表3-1-3可以看出，订阅号与服务号有很大的区别，那么餐饮行业创建微信公众号是选择订阅号还是服务号呢？

对于餐饮企业来说，创建微信公众号的主要目的是通过推广餐厅产品来提升餐厅实际收益，树立企业品牌形象。大多数媒体的官方微信公众号都是订阅号。这是因为媒体需要实时推送最新的资讯，粉丝之所以关注这些账号也是希望可以获取实时资讯，所以公众号类型和粉丝的需求是匹配的。但是服务行业的餐饮企业官方微信公众号，应该更加注重"用户服务和管理"，而不是一直推送餐厅单方面想要推送的资讯，换句话说，餐饮企业官方微信公众号的粉丝的需求更加偏重"服务交互"，比如获取餐厅的趣味体验机会、特价产品等，所以餐饮行业在注册官方微信公众号的时候，大多会选择"服务号"。

2. 头像的选择

选择头像时，识别度越强越好。比如提起麦当劳，马上就能让人想起"M"字样。对于餐饮企业来说，微信公众号的头像可以选择品牌卡通人物，可以放公司 LOGO，具体放什么要根据企业品牌推广需要而定。

3. 公众号的命名

"人如其名"这是形容人的姓名跟人的整体形象一致，那么企业公众号名称能否透露出餐饮企业自身的调性也很关键。这个名称决定了粉丝对关注餐饮企业公众号后所能获取信息的所有想象。所以名称要精简，精简才便于记忆，建议采用"品牌名＋产品品类"的形式。

比如"一品红川菜"很清晰地告诉粉丝：我是"一品红"，我做的是川菜。

4. 公众号功能介绍

粉丝扫描二维码或者搜索公众号进入后，看到的第一个页面很关键，功能介绍上面要清晰地表述公众号的目的和定位。

比如"食尚湘菜，打造更湘、更辣、更地道湖南菜"，就很清晰地向粉丝传递出餐厅的特色与定位，喜欢吃湘菜的、爱吃辣的粉丝就会多加关注了。

（二）微信公众号的运营

餐饮微信公众号不仅能够促进餐厅与顾客间的互动与沟通，而且可以使餐厅信息在顾客社交圈中得以分享。可以这样说，公众号推广做得好不好，直接关系到餐厅的声誉与利润。基于此，餐饮企业可以按照图 3-1-13 所示的要求，来做好微信公众号的运营。

明确功能定位		成立专业团队
重视营销特色		实行平台互动

图 3-1-13　微信公众号的运营要求

1. 明确功能定位

餐饮企业需要制定行之有效的营销战略，根据微信公众平台的实际特点，确定其在企业营销体系中的应用范畴。在使用公众号之前，一定要对其有一个全面的认知，并将餐厅特色充分融入其中，明确其运营的实际功能，定位好公众号在餐饮企业营销体系中所扮演的角色。从根本上讲，微信公众号的运营目标就是发展客户，因此餐饮企业必须将服务放在经营的首位。

许多餐饮企业在微信推广上走错了方向，其功能定位主要停留在餐厅品牌、餐饮菜品的宣传上。其实餐饮企业公众号的功能定位应该做到多元化，具体如图 3-1-14 所示。

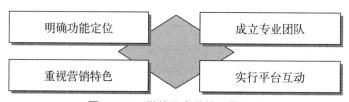

定位一	应该是个信息查询平台，消费者可以查询餐厅特色、价位、消费点评等信息
定位二	应该是个互动推广平台，一方面向粉丝发布新品、优惠等他们感兴趣的消息，另一方面通过线上活动与粉丝互动，增强粉丝黏性，引导再次消费，让更多的粉丝成为餐厅的消费者

图 3-1-14　公众号平台的功能定位

2. 重视营销特色

营销特色是餐饮企业吸引顾客的关键，在运用公众号进行消息推送时，需要在满足用户需求的基础上，打造自身独特的风格，无论是界面设计，还是信息内容，都需要将餐厅特色凸显出来。

> **提醒您：**
>
> 　餐饮企业可以抛弃传统的图文推送方式，运用视频动画等新颖方式来使信息更加具有趣味性，从而达到吸引顾客的目的。

3. 成立专业团队

实际上，公众号的经营是一项非常专业的工作，餐饮企业想要做好这项工作，就需要成立一支专业的经营团队，而且要配备专业的运营人员为企业经营公众账号。经营团队不仅需要了解顾客的消费心理，及时与顾客进行沟通，还需要对企业的特色与经营文化非常熟悉，确保公众号的风格同企业风格相同，从而为企业吸引更多顾客。

4. 实行平台互动

互动性是微信的一个主要特点，微信公众平台实际上也具有很大的互动性，因此餐饮企业可以将这一特点充分利用起来，通过微信公众号来联系顾客，从而实现与顾客之间的实时互动。人工后台服务是实现这一目的的关键，能够让餐饮企业的微信公众号更加人性化，帮助顾客解决实际问题，并将顾客提出的建议传达给企业，让企业的服务更加完善。另外，企业还可以定期回访一些重要顾客，了解顾客所需，及时反馈顾客信息。

（三）微信公众号线上推广

餐饮企业可以采取图 3-1-15 所示的措施来做好微信公众号的线上推广。

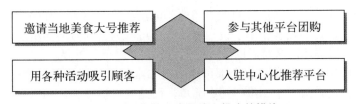

图3-1-15　微信公众号线上推广的措施

1. 邀请当地美食大号推荐

餐厅经营初期，微信公众号也才搭建起来，在完全没有粉丝基础的情况下，可以先邀请其他有大量粉丝基础的美食推荐大号进行推荐，宣传餐厅美食及优惠活动信息等，以在初期吸引人气。

2. 用各种活动吸引顾客

餐饮企业可利用第三方平台开展各种活动，比如发红包、各种抽奖游戏，不但可以激活老顾客，还可以让他们分享到朋友圈带来部分新顾客。

3. 参与其他平台团购

餐饮企业在其他平台做团购，是为了用低价从其中心化平台吸引目标顾客，并且留住他们，而不是为了卖东西，要做的是品牌，更多是为培养未来的回头客做准备，这一措施特别适合新店。

4. 入驻中心化推荐平台

比如大众点评等这种中心化推荐平台，都可以作为吸引新用户的途径。让用户关注公众号之后，就完成了"去中心化"和"扁平化"，彻底去掉中介，让用户和店铺直接沟通，减少中间成本。

> **提醒您：**
>
> 在完成最初的粉丝积累后，餐饮企业通过对微信公众号的日常维护，可以将优惠信息推送给顾客，刺激顾客二次消费；也可以通过公众号和顾客互动，提升顾客活跃度；或者是通过推送美文等软性的营销手段塑造企业品牌形象，提升品牌在顾客心中的形象。

（四）微信公众号线下推广

餐饮企业可以采取图3-1-16所示的措施来做好微信公众号的线下推广。

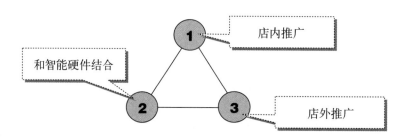

图3-1-16　微信公众号线下推广的措施

1. 店内推广

店面是充分发挥微信营销优势的重要场地。可在菜单中添加二维码并采用会员制或优惠的方式，鼓励到店消费的顾客使用手机扫描。一来可以为公众号增加精准的粉丝；二来也积累了一大批实际消费群体，这对后期微信营销的顺利开展至关重要。

店面内能够使用的宣传推广媒介都可以附上二维码，包括墙壁、餐桌、收银台、吧台、易拉宝等，但不仅仅是放一个二维码那么简单，而是要告诉顾客，扫二维码后他们可以获得什么，需要给顾客一个关注的理由，甚至是所有工作人员都要口头提醒顾客，比如可以有以下方面的好处。

① 买到别处所不能买到的团购套餐。
② 享受特别的优惠。
③ 享受饮料、菜或锅底赠送服务。
④ 某个受欢迎的菜品只有关注公众号的用户才能点，甚至是只能通过微信平台点。
⑤ 通过微信点餐和支付可以享受打折、满减、送券等优惠。

> **提醒您：**
>
> 店内的推广，除了利用服务差异化，吸引顾客关注外，还为了培养顾客使用微信公众号完成点餐和消费的习惯。

2. 和智能硬件结合

餐饮企业可以将公众号与路由器关联，顾客只有关注了公众号才能享受 Wi-Fi 服务；也可与照片打印机关联，顾客只有关注了公众号才能打印照片，如果怕成本过高可以设置顾客可免费打印 1～3 张。

3. 店外推广

地推是最传统的方式，不过现在发传单基本没人看了，所以要用相关的微信活动来吸引潜在顾客关注公众号，并且参与里面的活动，而不是简单地介绍几个菜谱和优惠活动，你的目的是吸引潜在顾客，使他们通过微信深入地了解店铺。

餐饮企业还可以搭建自己的活动场地，无论在店外还是人流集中的广场，都可以通过线上线下结合的活动、游戏等，并辅以吸引眼球的海报来吸引潜在顾客关注。

（五）微信公众号推送内容

餐饮企业在自己的公众号上推送餐厅动态、美食、服务信息或打折优惠信息，通过微信与顾客沟通交流最新信息，方便快捷、成本低。

1. 推送时间

根据有关统计，一天之中有这么几个阅读高峰期：上午 9～10 点，中午 1 点，下午 5 点，晚上 9 点和 11 点。其中又以晚上 9 点和 11 点的访问量最大，所以真正的黄金时间，是每天晚上大概 8 点 20 分发。这样顾客有足够的时间来阅读白天推送的内容，有利于产品的促销。

2. 推送频率

餐饮企业可以选择一天发一条单图文信息，或隔一天发一条多图文信息。推送得太频繁会引起顾客的反感。

3. 推送内容

① 发布的文章不一定要长篇大论，一定要引发读者的思考，一般内容的字数在 300～500 字。

② 文章的标题要有特点。尽可能吸引读者来阅读。毕竟现在公众号多了，竞争很激烈。再好的文章，读者不点进来看也是白搭。

③ 不要每天推送大量的内容给潜在顾客。要创造可以跟顾客沟通的话题，要知道所有价值都来源于沟通，推送再好的内容，不如跟顾客沟通一次。

④ 字体要尽可能大一点，因为在手机上看文章已经够吃力了，字体小了读者眼睛会累。

⑤ 段落排版上，每一段尽可能短一点。尽量避免出现大段的文字，大段文字读起来容易让人视觉疲劳。

⑥ 在每篇文章的最后要附带上版权信息。因为微信的内容可能会被分享到各种地方，带上自己的版权信息就为读者提供了一个进入企业公众号的入口。

⑦ 尽量写图文消息，而不要只推送文字消息。附带上一张图，体验会好很多。但要注意图片的大小，尤其是大图一定要经过压缩。

提醒您：

向微信粉丝频繁地推送消息可以提高餐饮店的曝光率，也可能会招致粉丝的反感，让粉丝取消关注。所以推送内容需要经过仔细选择，及时分析微信数据，根据数据调整微信推送的内容。

（六）微信公众号推广技巧

餐饮企业在通过微信公众号推广时，也需要讲究一定的技巧，可参考图 3-1-17 所示的几点。

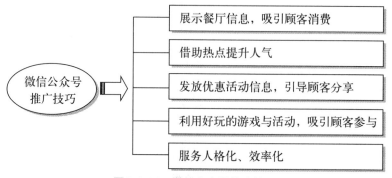

图 3-1-17　微信公众号推广技巧

1. 展示餐厅信息，吸引顾客消费

餐饮企业应该在公众号上展示一些什么呢？

比如，可以展示餐厅的美食、环境、服务等信息，可以展示菜品有多新鲜，所采购的肉、鱼、蛋都是哪里来的，展示餐厅做了什么优惠活动及现场照片等。

让顾客能看得到品质、实惠，产生消费冲动，这就是展示的目的。

2. 借助热点提升人气

餐饮企业做公众号推广一定要学会借势，借助网络、社会大众关注的热点，推送的内容才会更有关注度。

提醒您：

追热点一定要结合餐厅实际情况，必须和店面结合起来才是最重要的。

---

3. 发放优惠活动信息，引导顾客分享

在公众号上不定时发放优惠活动信息，是提高顾客活跃度的最佳手段。

比如，向顾客发送店内每日特价菜品信息，或者新品上市时，向顾客限量发放免费品尝优惠券等。

通过发放优惠活动信息给予顾客一个上门消费的理由只是餐厅的第一个目的，后续让餐厅通过这些顾客的分享得到更多的曝光量是第二个目的。

比如，可以鼓励顾客在微信朋友圈发"好好吃啊"，并附上各种菜品美图。这样就会提高餐厅的曝光率，无形地将餐饮品牌和美誉在社交圈推广出去。而对于进行分享的顾客，餐馆可以赠送菜品、积累积分等，这就形成了良性的循环。

4. 利用好玩的游戏与活动，吸引顾客参与

微信公众号其实是为商家提供了一个与顾客沟通的新渠道，运用不同的沟通形式和内容可以达到不同的效果。

比如，互动游戏可以提高顾客黏性，如果功能设计得合理，还可以让顾客带动周围的朋友一起参与，达到口碑营销的效果。

微信公众号推广比较常用的方法就是以举办活动的方式吸引目标消费者，从而达到预期

的推广目的。策划一场成功活动的前提在于商家愿不愿意为此投入一定的经费。当然，餐饮企业依托线下店面的平台优势开展活动，所需的广告耗材成本和人力成本相对来说并不是不可接受，相反，有了缜密的计划和预算之后完全能够实现以小成本打造一场效果显著的活动的目的。如果你的公众号能提供提前预订、会员折扣、生日特权、积分、买单、投诉建议等功能，那顾客的黏性会更高。中国的节日特别多，这意味着餐饮商家的趣味性活动和有利益的推送内容也是可以留住一部分活跃顾客的。

以签到打折活动为例，商家只需制作附有二维码和微信号的宣传海报与展架，安排专门的营销人员现场指导到店顾客使用手机扫描二维码。顾客关注商家公众号后即可收到一条确认信息（注意，在此之前商家需要提前设置被添加后的自动回复），顾客凭借信息在买单的时候享受优惠。

提醒您：

> 为防止出现顾客消费之后就取消关注的情况，商家还可以在第一条确认信息中说明后续的优惠活动，使得顾客能够持续关注并且经常光顾。

5. 服务人格化、效率化

很少有人乐意对一个冷冰冰的餐饮企业敞开心扉，因此餐饮企业应将其品牌人格化、故事化、场景化、去商业化，赋予其人格魅力，让品牌像个人一样去跟顾客沟通。沟通过程中不必追求华丽的辞藻、炫酷的技巧，简单平实、接地气的语言往往最能打动顾客。

对于顾客的问题和投诉，公众号作为一个即时沟通平台一定要迅速响应给予答复，再巧妙地让顾客宣传自己的品牌，一次好的服务也是一次好的潜在营销的机会。

四、利用抖音推广

抖音上的内容呈现方式很多，和小品、相声、脱口秀、吐槽大会、笑话大全等相似，它可以说是顺应当下流行趋势和年轻人精神需求而生的一款产品。抖音基于粉丝效应，同时具有社交属性，很适合餐饮企业做推广。

（一）抖音视频制作的技巧

抖音自带传播属性，这对餐饮企业来说，不仅推广成本低，而且速度快，能在很短时间内达到意想不到的效果。那么，如何才能制作出好看的内容来吸引消费者呢？技巧如图3-1-18所示。

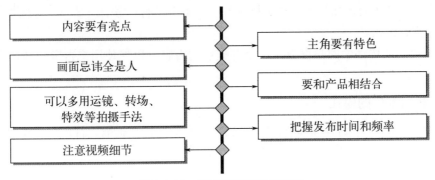

图3-1-18　抖音视频制作的技巧

1. 内容要有亮点

有亮点的内容被分为 5 大类，分别是：从未看到过的、期待看到的、比期待更好的、与期待反差极大的、消费者可以记住的。

2. 主角要有特色

拍摄一条有亮点的视频离不开主角。主角不一定是美女或帅哥，热情开朗的人、萌宠或萌物都具备了足够吸引用户的特征。

比如"黑河腰子姐"操着一口正宗东北话、带着朴实爽朗的笑容，用一句"来了老弟"为她的门店带来了 143.8 万粉丝，近 1000 万的点赞数。

有人可能会觉得帅哥美女能吸引注意力，实际上，一个"美好的内在"同样具有魅力。

3. 画面忌讳全是人

当然如果过度依赖人物拍摄，"整个画面从头到尾几乎全是人"，效果会适得其反，最终只能是餐厅自娱自乐。

4. 要和产品相结合

在任何平台上做营销，都不能脱离产品。独特的产品就是不错的传播点，可让顾客在消费的过程中参与产品的个性化组合搭配。

比如，在杭州有一家店叫"老纪蚝宅"，主打高压锅蒸生蚝，正如名字一样，这家店里的服务员直接将高压锅端上桌，在顾客面前将冒着腾腾蒸汽的锅盖打开露出生蚝，顾客需要用专用的小刀将生蚝撬开，蘸料吃。

在抖音上的火爆直接带来了生意的火爆：这家店每晚都在排队，而且在短短 2 个月内，"老纪蚝宅"就冲进了杭州夜宵四强。

5. 可以多用运镜、转场、特效等拍摄手法

好的拍摄手法能为抖音视频增加不少亮点。如果条件允许的话，商家不妨多用运镜、转场、特效等手法来美化视频。

6. 把握发布时间和频率

在抖音视频发布频次和时间上，商家每周应至少发布一次，能一周发布两次更好，而中午 12 点左右或晚饭以后是相对合适的发布时机。

7. 注意视频细节

即使有了亮点内容，如果不注意资料完整性、文字说明等影响流量分发的重要因素，传播效果也会大打折扣。

总的来说，从传播学的角度看，一个有亮点的内容可以促使用户自觉传播，主动参与话题。

（二）抖音推广的模式

抖音的用户互动性极高，因此特别适合营销信息的传播和扩散。抖音已经成为餐饮品牌推广的一个重要渠道。抖音推广的模式如图 3-1-19 所示。

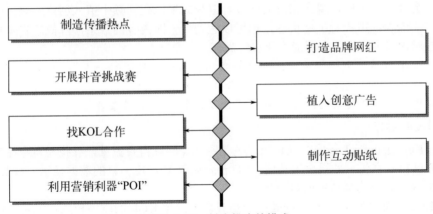

图3-1-19　抖音推广的模式

1. 制造传播热点

抖音的用户互动性极高，因此特别适合营销信息的传播和扩散。一旦制造一个传播热点出来，就会引起疯狂的转发和传播。

比如，海底捞的"神秘吃法"的爆红，一位网友在抖音上传的一个视频使得"海底捞番茄牛肉饭"成了网红吃法。之后有越来越多的海底捞吃法被创意十足的网友开发了出来，各种充满参与感和创意的餐饮消费模式也容易被模仿，所以一下子就为海底捞带来了海量的线下转化流量。

2. 打造品牌网红

如果你问一个经常刷抖音的人："你为什么看这个？"他的回答不外乎：好玩、新鲜、搞笑、有漂亮的小姐姐和小哥哥……所以，打造网红店员也是不错的选择，但是人物形象的定位最好要清晰，建立自己的餐饮品牌IP，以品牌人格化来聚集顾客群体和增加粉丝黏性。

比如，"跳舞拉客"的西塘小哥哥以自由不羁的舞蹈方式，加上搞笑的说话风格，凭借一己之力，就给自家菜馆带来超高的客流量，也带火了一整条街。

3. 开展抖音挑战赛

"挑战"类活动是抖音为企业提供的独特营销模式，这种方式是企业号召抖友们以唱一首歌或其他形式参与短视频的比赛，从而传播品牌，获得消费者好感。抖音每天都会更新不同主题的挑战，将时下热点和短视频相结合，不仅能够激发用户的创作热情，也更容易借热点进行内容传播。

比如，巴奴毛肚火锅曾在官方抖音号上征集"吃毛肚的最佳姿势"，吸引了众多网友的参与。而海底捞举办的主题为"海底捞挑战赛"的活动更是吸引了1.5万人参加，引发超过200场相关吃法挑战赛，海底捞线下门店引流增长10%、虾滑和豆腐泡的订单量增加17%。

提醒您：

　　挑战赛能否火起来，主要看两点：一是内容足够好玩，使用户印象深刻；二是门槛足够低，用户容易模仿，传播造成的裂变效应明显。

4. 植入创意广告

很多餐饮品牌会选择在抖音上投放硬广以达到推广作用，但是硬广最大的问题在于内容不够有趣，会让用户反感，得到相反的效果。但是如果能在视频中植入创意广告，效果就另当别论了，既能保证用户看了不反感，也可以达到广告即内容的效果，降低广告本身的违和感，不过这对内容制作者的创新能力要求较高。

比如，江小白的一个视频是"他们非要我喝西瓜汁的时候酷一点"，视频中把西瓜本身作为容器，把果肉捣碎变成果汁，加入冰块和江小白，插上水龙头。

这条贴近用户生活场景的广告获得了 12.8 万点赞和 2200 多条评论。

5. 找 KOL 合作

KOL（Key Opinion Leader）通俗来说就是网红。网红自带流量，寻找与自身品牌契合度高的网红来做抖音宣传，效果事半功倍。《抖音企业蓝 V 白皮书》的数据显示，有 KOL 参与的企业蓝 V 视频，条均播放量明显更高。

通过 KOL 来植入广告有几个好处：一是观众不反感 KOL 的软性植入；二是"借"到了KOL 在粉丝中的影响力，传播效果会更好；三是由 KOL 来构思创意植入，视频内容可以和产品特性做衔接，达到品牌露出的目的。

比如，自助形式的餐厅可以与"大胃王"人设的 KOL 合作；以辣味著称的餐厅，可以请喜欢吃辣的网红。

6. 制作互动贴纸

抖音上可以为商家提供创意贴纸定制服务，用户在拍摄视频时，可在贴纸栏中下载品牌专属抖音贴纸，其中包括 2D 脸部挂件贴纸、2D 前景贴纸等。这种方式最大的优点是让用户主动参与其中。

比如，必胜客曾策划"DOU 出黑，才够 WOW"的主题活动，用户在制作挑战视频时，可随意运用含有必胜客元素的贴纸来丰富视频内容。

7. 利用营销利器"POI"

最近抖音又推出了一项新功能——POI（地理位置），可以说这又成为餐饮商家营销的一大利器。POI 功能可以让企业获得独家专享的唯一地址，在抖音视频中以定位图标的形式呈现。商家的视频只要添加了 POI 信息，用户就可以一键跳转到该店铺的主页，相当于进入该商家在抖音上的门店（POI 详情页），可以了解店铺地址、客单价等信息，收藏种草、领取优惠卡券等。

简单来说，POI 对餐饮商家的营销价值在于，建立起了线下门店与线上用户直接互动沟通的桥梁，提升转化效率，有效为线下门店导流。

比如，上海餐饮商家联合推出的"跟着抖音，嗨吃上海"活动，就使用了 POI 功能。一家做烧烤的店（仅晚上营业），在活动期间，上海本地用户在线上共领了 2.7 万张券，实际核销数 372 桌，每天全场满座翻台 4 次，抖音为其带来了 85% 的客流。

> ◈ **提醒您：**
>
> 实际上，上述七种模式也并非割裂的，在一个成功的抖音推广案例中，要综合运用多种策略才能达到最好的效果。

（三）抖音推广的策略

现在利用短视频做营销是企业（不论规模大小）的必备技能之一。抖音已成为餐饮企业必须尽早正视而且要尽快加以重视的营销平台。因此餐饮企业可以参考图 3-1-20 所示的策略来做好抖音平台的推广。

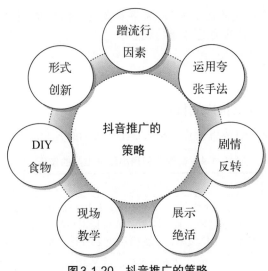

图 3-1-20　抖音推广的策略

1. 蹭流行因素

众所周知，每年都会有层出不穷的"神曲"出现，并迅速地在年轻人中传播开来，一个餐饮类的小视频若能搭配一首当下最流行的歌曲，可以让人不自觉地将自己的情绪代入，从而起到"二次宣传"的作用。

2. 运用夸张手法

比如，用饮水机煮火锅，或用一根鱼竿钓出一头大鲸鱼。

运用这样夸张的镜头和画面吸引人的眼球，加深品牌在用户脑海里的印象。

3. 剧情反转

顾名思义，剧情反转就是将两个不同状态的故事嫁接在一起。

比如录一桌子的山珍海味、满汉全席，最后发现原来只是电脑桌面的壁纸，而自己吃的是泡面。

这样的剧情反转营销是先让用户感到期待，再让用户看到真相，抓住他们的心理起伏。

4. 展示绝活

比如曾在抖音爆火的土耳其小哥哥，售卖冰激凌的他如同杂技高手，玩耍着手中的长勺，故意逗趣，让顾客接不到冰激凌。

将这样的小技巧、小绝活加在餐饮类视频中进行展示，也会是一个高附加值的亮点。

5. 现场教学

摆脱传统的书本学习方法，利用短视频演示一个美食制作小窍门，或是一个美食制作小知识，生动易懂，而且不用花费太多的成本就能引起用户的兴趣。

6.DIY 食物

简单的搭配，DIY 出不一样的食物，给人意想不到的惊喜，当用户自己试着 DIY 一份属于自己的小食物时，自然也愿意拍个抖音留下这值得纪念的一刻。

7. 形式创新

为美食增加一个故事、一个文案。

比如，奶茶广告"你是我的优乐美"，故事和文案都很简单，却深入到观众的心里，引起观众情感上的共鸣，进而产生自愿传播的效应。

五、利用小红书推广

（一）餐饮业利用小红书推广的技巧

餐饮业利用小红书推广的技巧主要包括表 3-1-4 所示的几个方面。

表 3-1-4　餐饮业利用小红书推广的技巧

序号	技巧	说明
1	精准定位目标用户	餐饮企业需要明确自己的目标用户群体，了解他们的年龄、性别、兴趣、消费习惯等。通过深入了解目标用户的需求和喜好，餐饮企业可以制定更精准的推广策略，从而吸引更多的潜在顾客
2	制作高质量内容	小红书用户对内容质量的要求很高，因此餐饮企业需要投入时间和精力制作高质量的内容。这包括精美的美食图片、生动的视频、有趣的故事分享等。同时，内容应该与品牌形象和定位相符合，以展示出餐饮企业的独特魅力
3	利用标签和关键词	在发布内容时，餐饮企业需要合理利用小红书的标签和关键词功能，以提高内容的曝光率。选择与品牌相关的热门标签和关键词，可以吸引更多用户关注和点击
4	与 KOL 或其他品牌联动	与小红书上的知名博主或 KOL 进行合作，可以快速提升品牌知名度和影响力。通过邀请他们到店体验并分享用餐感受，吸引更多粉丝关注。此外，与其他品牌或企业进行合作推广，也可以实现资源共享和互利共赢
5	举办线上线下活动	结合线上线下活动，可以有效提高用户参与度和忠诚度。例如，可以在小红书上举办线上抽奖、打卡活动，或者组织线下品鉴会、美食节等。通过活动，可以吸引更多用户参与，提高品牌曝光度和增强用户黏性
6	持续优化与调整	在推广过程中，餐饮企业需要不断监测和分析数据，了解推广效果和用户反馈。根据数据分析结果，及时调整和优化推广策略，以实现更好的推广效果

综上所述，餐饮业利用小红书推广需要注重内容质量、精准定位、合作联动和线上线下活动等方面。通过综合运用这些技巧，可以有效提升品牌在小红书上的影响力和知名度，吸引更多潜在顾客关注。

（二）餐饮业利用小红书进行推广的流程

餐饮业利用小红书进行推广的流程大致如图 3-1-21 所示。

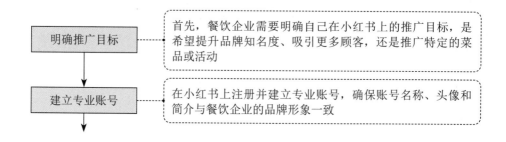

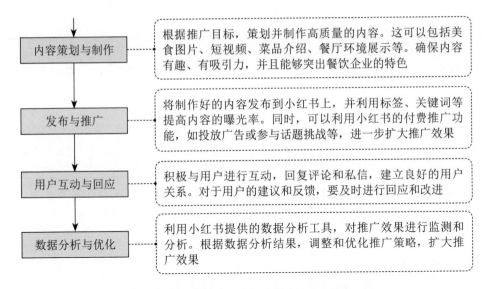

图3-1-21　餐饮业利用小红书进行推广的流程

在整个推广流程中，餐饮企业需要注意保持内容的原创性和真实性，避免过度夸张或虚假宣传。同时，要结合自身的品牌特色和定位，制定符合自身情况的推广策略。

第四节　其他营销推广方式

一、与线上平台合作

餐饮企业与线上平台合作是提升品牌知名度、扩大市场份额的有效途径。餐饮企业可以与美团、饿了么等外卖平台合作，提供线上订餐服务，以扩宽销售渠道。同时，利用平台的营销工具进行推广，如发放优惠券、开展满减活动等，吸引更多顾客。表3-1-5中的措施可以帮助餐饮企业更好地与线上平台合作。

表3-1-5　餐饮企业与线上平台合作的措施

序号	措施	说明
1	选择合适的线上平台	根据企业的定位、目标顾客群体以及业务需求，选择合适的线上平台进行合作。这些平台可以是综合性电商平台、外卖平台，也可以是专注于餐饮行业的垂直平台
2	深入了解平台特点	在合作前，餐饮企业应深入了解所选平台的特点，包括用户规模、用户画像、运营模式等，以便更好地利用平台资源
3	明确合作目标	双方应明确合作目标，如提升品牌知名度、增加销售额、扩大市场份额等，以便制定针对性的合作策略
4	优化菜品与服务	根据线上平台的特点和用户需求，餐饮企业应优化菜品和服务，确保线上顾客能够享受到与线下同样的高品质体验
5	加强线上店铺建设	餐饮企业应在平台上建立专业的店铺，包括店铺形象设计、菜品展示、活动宣传等，以加深顾客对品牌的认知和信任

续表

序号	措施	说明
6	利用平台提供的推广资源	合作期间，餐饮企业应充分利用平台提供的推广资源，如广告投放、优惠活动、跨界合作等，提升品牌曝光度和用户参与度
7	建立有效的沟通机制	双方应建立有效的沟通机制，定期分享合作进展、交流市场信息和用户需求，以便及时调整合作策略
8	关注数据分析与反馈	餐饮企业应关注平台提供的数据分析，了解用户行为、消费习惯等信息，以便优化菜品和服务，提升顾客满意度

通过以上步骤，餐饮企业可以与线上平台建立紧密的合作关系，实现资源共享、互利共赢。同时，企业也应不断关注市场动态和用户需求变化，及时调整合作策略，以适应不断变化的市场环境。

二、线下活动营销

餐饮企业的线下活动营销是一种有效的推广手段，旨在通过面对面的互动和体验，提高品牌认知度，吸引和留住顾客。表3-1-6所示策略可帮助餐饮企业更好地开展线下营销活动。

表3-1-6　线下活动营销策略

序号	策略	说明
1	主题活动	结合节日、季季或特殊事件，推出相关主题活动。例如，春节期间的"年味团圆宴"，或者夏季的"清凉一夏冰品节"。这些活动不仅能为顾客提供独特的用餐体验，还能增加品牌的曝光度
2	折扣与优惠	推出限时折扣、买一赠一或会员专享优惠等活动，吸引顾客前来消费。同时，通过发放优惠券、会员卡等方式，鼓励顾客多次光顾
3	新品试吃	推出新品时，可以举办新品试吃活动，让顾客免费品尝。这不仅能激发顾客的好奇心，还能通过他们的口碑传播，扩大新品的影响力
4	互动游戏与抽奖	设置互动游戏环节，如转盘抽奖、答题赢奖等，让顾客在用餐过程中获得乐趣。同时，设置丰富的奖品，激发顾客的参与热情
5	厨艺表演与互动	邀请厨师现场展示厨艺，或者设置顾客DIY环节，让顾客亲手制作美食。这种互动体验能让顾客更加深入地了解品牌和产品，提升满意度和忠诚度
6	跨界合作	与其他行业或品牌进行跨界合作，共同举办线下活动。例如，与电影院合作举办"观影+美食"套餐活动，或与旅游公司合作推出"美食之旅"线路。这种合作能够扩大品牌的影响力，吸引更多潜在顾客

在实施线下活动营销时，餐饮企业需要注意以下几点：

① 活动定位明确：确保活动与品牌形象和定位相符，避免过于突兀或不符合品牌特色的活动。

② 宣传与推广：充分利用社交媒体、广告等渠道，对活动进行广泛宣传，吸引更多顾客参与。

③ 顾客体验优先：确保活动现场的布置、服务、菜品质量等都能给顾客留下良好的印象，提升他们的满意度和忠诚度。

④ 数据分析与优化：对活动效果进行数据分析，了解顾客的反馈和需求，以便不断优化活动内容和策略。

通过精心策划和实施线下活动营销，餐饮企业可以有效提升品牌知名度和顾客满意度，进而促进销售业绩的提升。

三、口碑营销推广

餐饮企业的口碑营销是一种通过传播品牌信息、借助消费者的口头赞誉和他人的推荐，来提高品牌知名度、宣传品牌优势并提升销量的营销方式。以下是对餐饮企业口碑营销的一些建议。

首先，产品和服务是口碑营销的基石。企业需要研发符合当地消费习惯的特色美食，并确保食品的质量和口感。此外，优质的服务也是提升口碑的关键，企业可以提供专业的岗前培训和定期的职业培训，使员工具备良好的服务态度和专业的技能。

其次，利用社交媒体等线上平台进行口碑营销是一种有效的策略。企业可以在这些平台上发布有关餐厅的信息，如招牌美食照片、形象广告等，并通过网民的转发和评论实现口碑传播的效果。同时，积极回应和管理社交媒体上的顾客评论和留言，解答顾客的疑问，也是提升口碑的重要手段。

此外，举办各类线下活动，如生日庆典、优惠或抽奖活动等，能够激发客户的情感共鸣，并让他们记住品牌。这些活动不仅可以提高客户的满意度和忠诚度，还可以进一步扩大品牌的影响力。

最后，与线上平台合作也是提升口碑的有效途径。通过与外卖平台、电商平台等合作，企业可以扩大销售渠道，增加品牌曝光度，从而吸引更多潜在顾客。

总的来说，餐饮企业的口碑营销需要综合运用线上线下的策略，注重产品和服务的质量，积极回应顾客反馈，并不断创新营销方式，以提升品牌知名度和口碑。

四、会员营销

餐饮企业的会员营销是一种有效的顾客关系管理策略，通过为会员提供独特的优惠和服务，提高他们的忠诚度，并促使他们更频繁地光顾和消费。图 3-1-22 是一些关于餐饮企业会员营销的措施。

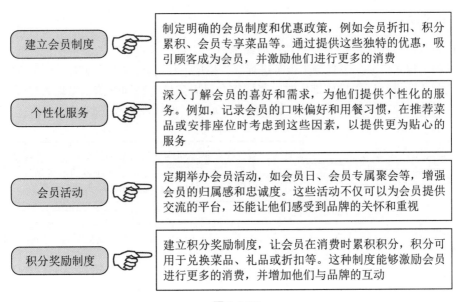

图 3-1-22

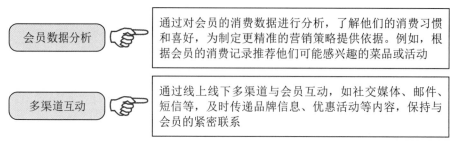

图 3-1-22　会员营销的实施措施

　　在实施会员营销时，餐饮企业需要确保会员信息的安全性和隐私性，避免滥用或泄露会员信息。同时，要不断优化会员制度和营销策略，以适应市场变化和会员需求的变化。

五、合作营销

　　餐饮企业的合作营销是一种有效的市场推广方式，有助于提升企业的竞争力和市场份额。

　　合作营销的最大好处是可以使联合体内的各成员以较少费用获得较大的营销效果，有时还能达到单独营销无法达到的目的。此外，合作营销也有助于餐饮企业拓展市场，提升品牌知名度，吸引更多的消费者。

　　在具体的合作过程中，餐饮企业可以探索多种合作形式，如与旅游企业合作，为旅游者提供餐饮服务；与物流公司合作，提供更快捷、高效的配送服务；与农产品供应商合作，确保食材的新鲜与质量；与酒水供应商合作，以优惠的价格采购酒水，降低成本；与外卖平台合作，拓宽销售渠道等。

　　然而，合作营销也需要餐饮企业注意一些问题。首先，选择合适的合作伙伴至关重要，要确保双方在品牌、价值观、市场定位等方面有共同之处，以实现真正的优势互补。其次，合作双方需要明确各自的权责，避免在合作过程中出现纠纷。最后，合作营销需要持续投入资源和精力进行维护和管理，以确保合作的顺利进行。

六、广告投放

　　餐饮企业可以在地铁站、公交站、商场等高人流量区域投放广告，提高品牌曝光度。同时，可以利用搜索引擎、短视频平台等进行广告投放，精准触达目标顾客。

　　餐饮企业在进行广告投放推广时，需要综合运用多种策略和方法，以最大程度地提升品牌知名度、吸引顾客并促进销售量增长。广告投放推广的要点如图 3-1-23 所示。

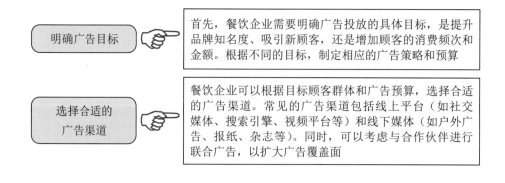

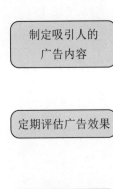

制定吸引人的广告内容	广告内容应突出餐饮企业的特色和优势，同时符合目标顾客群体的喜好和需求。可以运用创意的文案、精美的图片或视频，以及吸引人的优惠活动等，吸引顾客的注意力并激发他们的消费欲望
定期评估广告效果	投放广告后，餐饮企业需要定期评估广告效果，包括广告的曝光量、点击量、转化率等指标。通过数据分析，了解广告的实际效果，并根据反馈进行调整和优化，以提高广告的投资回报率
结合其他营销策略	广告投放推广不是孤立的，需要与其他营销策略相结合，形成合力。例如，可以与会员营销、活动营销等策略相结合，通过广告吸引顾客到店后，再通过会员优惠、活动促销等方式留住顾客并促进消费
遵守法律法规	在广告投放推广过程中，餐饮企业需要遵守相关的法律法规，确保广告内容的真实性和合法性。避免使用虚假宣传或误导性信息，以免损害企业声誉和品牌形象

图3-1-23 广告投放推广的要点

综上所述，餐饮企业在进行广告投放推广时，需要明确目标、选择合适的渠道、制定吸引人的内容、定期评估效果并与其他营销策略相结合。同时，遵守法律法规也是不可忽视的重要方面。通过综合运用这些策略和方法，餐饮企业可以更有效地提升品牌知名度和销售业绩。

第二章 餐饮企业店内促销

第一节 内部宣传品促销

一、宣传单

餐饮企业可以将本周、本月的各种餐饮活动、文娱活动信息印刷成宣传单放在餐饮企业门口或电梯口、总台。制作和使用这种宣传单时要注意如图 3-2-1 所示的事项。

制作及使用宣传单的注意事项

宣传单的印刷质量和制作工艺要与餐饮企业的档次相一致，不能粗制滥造

确定了的活动不能随意更改和变动；在宣传单上一定要写清时间、地点、餐饮企业的电话号码，并印上餐饮企业的标志，以强化促销效果

图3-2-1 制作及使用宣传单的注意事项

二、餐巾纸

现在，一般餐饮企业都会向顾客提供餐巾纸，有的是免费提供的，有的则是收费的。餐饮企业可以在餐巾纸上印上企业名称、地址、标志、电话等信息，以达到促销和宣传效果。

> **提醒您：**
>
> 如果条件允许，餐饮企业可以限量向顾客提供免费餐巾纸。如果不限量提供，可能会造成一定的浪费，不利于餐饮企业控制成本。

三、火柴盒

餐饮企业可以将印有企业名称、地址、标志、电话等信息的火柴送给顾客，以便对企业进行宣传。火柴可定制成各种规格、外形、档次，以符合企业自身的实际情况。

四、小礼品

餐饮企业可以在一些特别的节日和活动期间，甚至在日常经营期间送一些小礼品给用餐的顾客。小礼品要精心设计，如果能根据不同的场合和对象有针对性地赠送，其效果会更为理想。

🌀 提醒您：

> 值得注意的是，小礼品要和餐饮企业形象、档次相统一，要能起到良好的、积极的促销和宣传效果。

常见的小礼品有生肖卡、印有餐饮企业信息和菜单的折扇、小盒茶叶、公仔、巧克力、鲜花、口布、精致筷子等。如图 3-2-2 和图 3-2-3 所示。

图3-2-2　包装精美的小礼品

图3-2-3　可爱的公仔

五、告示牌

餐饮企业可以在门口设立诸如菜品特选、特别套餐、节日菜单和新服务项目等的告示牌。告示牌的规格和制作工艺要和餐厅的形象相一致，用词要考虑顾客的感受。写着"本店晚上十点打烊，明天上午八点再见"的牌子比写着"营业结束"的牌子让顾客觉得更亲切；"本店转播世界杯足球赛"的告示远没有"欢迎观赏大屏幕世界杯足球赛实况转播，餐饮不加价"的促销效果好。如图 3-2-4 所示。

图3-2-4　纯手绘告示牌

图3-2-5　零点菜单

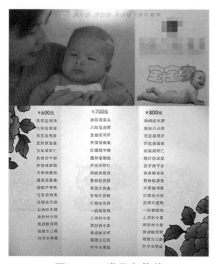

图3-2-6　满月宴菜单

第二节　菜单促销

一、菜单种类

菜单是餐饮企业向顾客展示经营商品的目录单，同时又是指挥、安排和组织餐饮生产与餐厅服务的计划任务书。菜单主要包括零点菜单和宴席菜单两种。

（一）零点菜单

顾客从菜单上选择自己喜欢的菜点，服务员在点菜单上书写菜名，传至厨房作为厨师配菜、烹调的依据。零点菜单也是顾客结账的凭据。如图3-2-5所示。

（二）宴席菜单

宴席菜单是指包含全套菜点、酒水（有时不写）、果品的完整清单。它主要是指各种宴会菜单，如婚宴、谢师宴、寿宴、满月宴等。如图3-2-6至图3-2-8所示。

图3-2-7　寿宴菜单

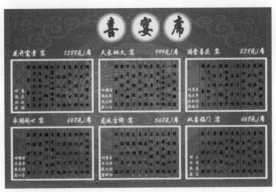

图3-2-8　婚宴菜单

相关链接

菜单制作前需考虑的问题

菜单的好坏与餐饮企业的经营成败息息相关，所以在制作之前要进行慎重分析，并着重考虑下列 5 个问题。

1. 服务方式

餐厅服务方式不同，菜品的选择及菜单的结构也会不同。如自助式服务与西餐式服务的菜单就完全不一样。

2. 菜品种类

菜品的种类是指食物因不同的烹调风格而呈现出区域性差异，如川菜、湘菜、粤菜、法国菜、德国菜等。菜品的种类也会影响菜单的设计。

3. 顾客需求

每个人对食品的口味有着各自不同的喜好。经调查统计，学校、住宅区及办公区的用户都有其不同的饮食偏好。了解顾客需求的另一个方法就是研究邻近餐饮企业的菜单，这是分析顾客需求的一种快捷方式。

4. 员工能力及厨房设备

通常，一家新开的餐厅要先设计好菜单，才能选择员工和添购器具，这样，菜单和员工、厨房器具才能共同创造出最高的效用和利润。

5. 市场需求与利益

市场与营销是决定利润的首要条件。选择有卖点、利润高的菜品来吸引顾客，则依赖于餐饮企业对消费市场及顾客需求的敏锐洞察。

二、菜单设计

既然菜单是餐饮企业宣传和促销的利器，那么其设计自然要符合餐饮企业的形象：外形要能突出餐厅的主题，颜色和字体要能搭配餐厅的装潢和气氛，内容的配置要能反映服务的方式。

完成菜品筛选、定价等步骤后，餐饮企业就必须对菜单进行整体的规划和设计，包括外形、尺寸、质感、颜色、字体、印刷方式等。设计菜单时应注意如图3-2-9所示的事项。

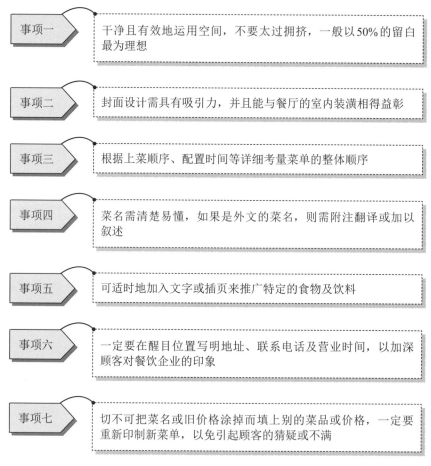

事项一	干净且有效地运用空间，不要太过拥挤，一般以50%的留白最为理想
事项二	封面设计需具有吸引力，并且能与餐厅的室内装潢相得益彰
事项三	根据上菜顺序、配置时间等详细考量菜单的整体顺序
事项四	菜名需清楚易懂，如果是外文的菜名，则需附注翻译或加以叙述
事项五	可适时地加入文字或插页来推广特定的食物及饮料
事项六	一定要在醒目位置写明地址、联系电话及营业时间，以加深顾客对餐饮企业的印象
事项七	切不可把菜名或旧价格涂掉而填上别的菜品或价格，一定要重新印制新菜单，以免引起顾客的猜疑或不满

图3-2-9　设计菜单时应注意的事项

三、菜单评估修正

菜单设计完成并不意味着大功告成了，应随时留意顾客的反应，根据顾客的意见和建议，适时对菜单进行评估和修正。

（一）定期做口味调查

餐饮企业可以利用调查问卷定期进行口味调查，确切探知消费者的口味及喜好，以便及时对菜单上的菜品进行更换。问卷内容主要包括口味、分量、热度、香味、装饰、价格等几项。调查的频率不可太高，也不可太低，以半年或一年一次最为理想，其注意事项见表3-2-1。

（二）分析每日销售情形

餐饮企业应使用"每日菜单销售情形表"来正确记录菜品的消耗量，其示例见表3-2-2。

表3-2-1　口味调查注意事项

序号	事项名称	说明
1	经常与同业做口味比较	为了使比较的结果更具参考性，做品味比较时必须把握"模拟"的原则，比如一家中型的粤菜餐厅，就应和其他中型粤菜餐厅作比较；口味比较可先从同地区做起，然后再逐渐扩展到其他区域
2	简化菜单，淘汰不受欢迎的菜品	在调整菜单时，应将无人问津或极少卖出的冷门菜剔除掉，这样不仅可以减少材料的浪费，也可避免第一次上门的顾客点到这些菜，从而对餐厅产生不良的印象
3	合理运用套餐	套餐是指将餐饮企业里最受欢迎的菜组合成套，为消费者点菜提供便利，它对经常来用餐的老主顾来说是个划算的选择，对第一次上门的新顾客则有"广告"的作用，能使餐饮企业在顾客心目中留下良好的第一印象
4	多推出季节性的菜品	大多数海鲜、蔬果类的食品都有一定的季节性，应季时这些食品不但数量多、品质佳，价格也比较便宜，而反季时不但数量少、品质差，价格也变得较贵

表3-2-2　每日菜单销售情形表

类别	菜品名称
受欢迎且获利高	
不受欢迎但获利高	
受欢迎但获利低	
不受欢迎且获利低	

如此一来，每月或每周评估时，就知道什么菜该保留、什么菜该删除。在删除菜品的同时，也要注意菜单的完整性，若把所有不受欢迎且获利低的菜品全部删除的话，菜单可能会支离破碎，餐饮企业的特色也就不复存在了。

四、菜品定价

餐饮企业在为菜品定价时，应考虑顾客对菜品与其价值之间关系的联想。简单地说，餐饮产品的价值都取决于顾客的眼光。

（一）定价时需考虑的因素

餐饮产品同其他产品一样，定价时要考虑材料成本、人事费用、场地租金等有形的成本，除了这些，为了使产品更具市场性，定价时也不能忽略同业的竞争和顾客的心理因素。

① 同业竞争。餐饮企业经常面临同一地区内其他同等级企业及相似产品的挑战。"知己知彼，百战百胜"，因此应先了解同业竞争者的菜单，并分析热门食物的种类及其定价，然后用产品差异法或是重点产品低价法切入市场，以吸引更多的顾客。

② 顾客的心理因素。运用尾数定价策略可以加强顾客的消费欲望，如标价199的商品要比标价200的更好卖。同时，也可以采用"声东击西"策略，转移顾客的注意力。

（二）定价策略

在定价时，通常要考虑"顾客付款的能力"。在定价的过程中，餐饮企业应在成本、利润与经营理念上取得平衡，既要保证定价不至于太高，致使竞争者有机可乘，又要确保企业不会因售价太低而导致利润收入减少。一般餐饮企业常用的定价策略有以下三种，具体见表3-2-3。

表3-2-3　常用定价策略

序号	策略	说明	备注
1	合理价位	既保证顾客能负担得起，又要使餐饮企业有利润可赚	为食物成本比例设定一个标准，如46%，意思是希望所有食物的成本约占销售总额的46%
2	高价位	有些餐饮企业会把价格定得比合理价位高出许多，其原因主要有两个 （1）产品独特，市场上无竞争对手，可乘机赚取高额利润 （2）产品本身知名度高，信誉卓著，目标顾客定位于高层次人士，通过高价位来彰显顾客的身份地位，契合这些顾客的价值观念	在执行高价位策略时，需配有高品质的产品及完善的服务等附加价值，这样才能使顾客欣然接受
3	低价位	为了推广新产品或为了出清存货，把价格定得比总成本低或靠近边际成本，以实现薄利多销的目的	

（三）菜品定价法

目前最受欢迎的菜品定价法有两种，即成本倍数法和利润定价法，现说明如下。

（1）成本倍数法

餐饮企业在决定菜品售价时，首先会考虑到餐饮成本，而此成本主要是由食材、人事费用及其他费用三项构成的。利用成本倍数法计算定价的步骤如下。

假设某道菜的材料成本为20元，人事费用为5元，则其主要成本费用为20+5=25（元）。

设定主要成本率为60%，则其定价=25÷60%≈41.7（元）。

此方法的优点是简单易算、清楚易懂。但是餐饮产品的成本除了主要成本（材料及人事费用）外，还会有其他的开销及变量，如果计算错误将影响最后的利润所得，因此此法并非最理想的定价方式。

（2）利润定价法

此法是综合利润需求和食物成本来计算定价，其计算步骤如下。

假设某餐饮企业的年度预算如下：

预估销售额为30000元。

操作费用（不含食物成本）为15000元。

预期利润为5000元。

则预估食物成本=30000-（15000+5000）=10000（元）。

定价的倍数=30000÷10000=3。

以此为依据，计算出每道菜的售价。

如牛排的成本为50元，根据售价=食材成本×倍数，则牛排的售价=50×3=150（元）。

该方法的重点是将利润估算成所花费成本的一部分，以确保利润、提高效率。

第三节 服务促销

一、知识性服务促销

餐饮企业可以在餐厅里放置报纸、杂志、书籍等供顾客阅读，或者播放新闻、体育比赛等节目。

在顾客等待上菜期间，还可以提供一些报纸、杂志供顾客阅览，这样一方面会让顾客感受到服务的周到细致，另一方面还能消除顾客等待时的无聊。

餐厅知识性服务促销是一种将知识传播与餐饮服务相结合的创新促销策略。这种策略旨在通过提供有趣且富有教育意义的服务，吸引顾客的注意力，并提升餐厅的品牌形象。表3-2-4是一些关于餐厅知识性服务促销的建议。

表3-2-4 餐厅知识性服务促销的建议

序号	策略	说明
1	设立知识主题菜品	（1）结合时下的热门话题或文化现象，设计一系列知识主题菜品。例如，推出与节日、历史事件或地方文化相关的特色菜品，并配以相应的解释和故事 （2）在菜单上注明每道菜品背后的学问，让顾客在品尝美食的同时，也能增长见识
2	举办知识讲座或工作坊	邀请行业专家或知名厨师，在餐厅内举办关于食材、烹饪技巧、饮食文化等方面的知识讲座或工作坊。通过这些活动，让顾客深入了解餐饮行业的奥秘，提高他们对餐厅的认知度和好感度
3	互动问答与抽奖	（1）在餐厅内设置互动问答环节，向顾客提问关于菜品、食材或餐饮文化的问题 （2）回答正确的顾客可以获得小礼品或优惠券，增加活动的趣味性和参与感
4	提供营养与健康咨询	配备专业的营养师或健康顾问，为顾客提供个性化的营养建议和饮食搭配方案。通过这种方式，让顾客感受到餐厅对他们健康的关心，提升餐厅的服务品质
5	利用社交媒体传播知识	（1）在餐厅的官方社交媒体平台上发布关于食材挑选、烹饪技巧、饮食文化等方面的知识内容 （2）鼓励顾客转发和评论，扩大餐厅在社交媒体上的影响力，吸引更多潜在顾客
6	合作推广	与当地的文化机构、教育机构或旅游机构合作，共同举办知识性服务促销活动。通过合作，共享资源，扩大活动的规模和影响力，提高餐厅的知名度和美誉度

通过实施这些知识性服务促销策略，餐厅不仅能够吸引更多顾客的关注和兴趣，还能够提升餐厅的品牌形象和服务品质。同时，这种创新的促销方式也能够为顾客带来更加丰富和有趣的用餐体验，提升顾客的满意度和忠诚度。

【案例】▶▶

××茶餐厅的老报纸

在一家不足300平方米的茶餐厅里，墙上竟然贴满了3000多张老报纸。顺着楼梯上到二层，人们仿佛走进了时光机器，历史开始回放。墙上贴的都是各个时期的老报纸，有新中国成立之初的，也有20世纪80年代改革开放时期的。

　　3000张老报纸从宏观到微观、从政治经济到民情民生，全方位、多角度地展示了新中国的沧桑巨变，每个读者都能从中清晰地感受到新中国的成长和壮大。

　　这些报纸带来的文化气息和茶餐厅古香古色的内部装潢风格相得益彰，使前来消费的顾客都能深刻地体会到该餐厅的高雅与品位。

二、附加服务促销

　　在下午茶时间，赠给客人一份小蛋糕；晚餐结束后，给女士送一枝鲜花等；客人感冒了要及时告诉厨房，为客人熬上一碗姜汤。虽然都是很小的礼物，但是客人会很感激你，会觉得你在为他着想，正所谓"礼轻情意重"。

　　在客人用餐过程中适当地进行讲解，也是一种有效的附加服务促销。如给客人倒茶时，可以一边倒茶水一边说"您的茶水，请慢用，祝您用餐愉快"；在客人点菊花茶的时候，可以告诉客人"菊花能清热降火，冰糖能温胃止咳，常喝菊花茶有益于养生"；顾客过生日的时候，如果干巴巴地为他端上一碗面条，会让他觉得很普通，而如果端上去后轻轻挑出来一根面条搭在碗边上，并说上一句"长寿面，长出来，祝您福如东海、寿比南山"，这会让客人感觉很有新意（心意），很开心，这碗面也就变得特别了。

　　餐厅附加服务促销是一种通过提供额外的、有价值的服务来吸引和留住顾客的策略。这种策略不仅可以增加顾客的满意度和忠诚度，还可以提升餐厅的整体形象和竞争力。表3-2-5是一些关于餐厅附加服务促销的策略。

表3-2-5　餐厅附加服务促销的策略

序号	策略	说明
1	提供定制化服务	根据顾客的口味偏好、饮食需求或特殊场合，提供定制化的菜品和饮品。例如，为素食者提供专门的素食菜单，为庆祝生日的顾客提供特别定制的蛋糕或装饰
2	增加娱乐和休闲元素	（1）提供现场音乐演奏、舞蹈表演或互动游戏等娱乐活动，为顾客创造愉快的用餐氛围 （2）设置舒适的休息区或阅读区，供顾客在用餐前后休息、阅读或交流
3	提供便捷的附加服务	（1）提供儿童游乐区或儿童餐具，方便顾客带小孩前来用餐 （2）提供代客泊车服务，为顾客解决停车难题
4	赠送小礼品或纪念品	在顾客用餐后，赠送一些小礼品或纪念品，如定制的餐具、特色小点心或餐厅的宣传品。这些小礼品不仅可以让顾客感受到餐厅的关怀和诚意，还可以作为他们分享给朋友或家人的纪念品
5	推出会员服务	设立会员制度，为会员提供积分累计、折扣优惠、专属活动等服务。通过会员制度，提高顾客的忠诚度和回头率，同时收集会员信息，以便更好地了解顾客需求并提供更精准的服务
6	提供便捷的预订系统和支付方式	（1）提供在线预订系统，方便顾客提前预订座位或菜品 （2）支持多种支付方式，如现金、信用卡、移动支付等，以满足不同顾客的需求

　　在实施附加服务促销时，餐厅需要关注顾客的反馈和需求，及时调整和优化服务内容。同时，要确保附加服务的质量和价值，避免给顾客带来额外的负担。通过不断优化和创新附

加服务，餐厅可以吸引更多顾客前来用餐，并提升餐厅的整体竞争力。

【案例】 ▶▶

海底捞的附加服务

　　在海底捞等待就餐时，顾客可以免费吃水果、喝饮料、擦皮鞋，有些年轻女孩子甚至为了享受免费的美甲服务专门去海底捞就餐。

　　海底捞的附加服务贯穿顾客从进门、等待、就餐到离开的整个过程。待客人坐定点餐时，服务员会细心地为长发的女士递上皮筋和发夹，为戴眼镜的客人送上擦镜布；每隔15分钟，就会有服务员主动更换你面前的热毛巾；如果带了小孩子，服务员还会帮你喂孩子吃饭、陪他们做游戏；餐后，服务员立马送上口香糖，一路上所有服务员都会向你微笑道别；如果某位顾客特别喜欢店内的免费食物，服务员也会单独打包一份让其带走。

三、娱乐表演服务促销

　　一股表演之风正在餐饮企业中刮起来，如民族风情表演、民俗表演、变脸表演、舞蹈表演、"二人转"等传统曲艺表演。如图3-2-10所示。

　　这些表演大多是在大厅里举行，并不单独收费，是商家为吸引消费者眼球而提供的一项免费服务。在激烈的市场竞争中，餐饮企业不做出点特色来就很难立足。

图3-2-10　××餐饮企业的表演人员

　　如某网友评价一家餐厅的演出说："这里的演员真的是很卖力，演出博得了一阵阵掌声，引起了顾客强烈的共鸣。服务员还会给每个顾客发一面小红旗，不会唱也可以跟着摇。服务员穿梭在餐厅之间跳舞，与顾客的互动性极强。这种注重顾客参与性的服务方式，必然会赢得更多的'回头客'。"

　　餐厅娱乐表演服务促销是一种吸引和留住顾客的有效方式，能提高餐厅的知名度和口碑。表3-2-6是娱乐表演服务促销的策略。

表3-2-6　娱乐表演服务促销的策略

序号	策略	说明
1	精彩表演活动	（1）引入专业的娱乐表演团队，如舞蹈表演、魔术表演、杂技表演团队等，为顾客提供视觉和听觉的双重享受 （2）定期举办主题表演活动，如音乐会、戏剧表演等，结合餐厅的特色菜品，为顾客打造一场独特的餐饮体验
2	互动体验环节	（1）设计互动游戏或抽奖环节，让顾客在享受美食的同时，也能参与娱乐活动中，增强顾客的参与感和归属感 （2）提供现场即兴表演的机会，鼓励顾客上台展示自己的才艺，增强顾客的参与感和自信心

续表

序号	策略	说明
3	套餐优惠活动	（1）推出娱乐表演服务套餐，将表演服务与美食相结合，以优惠的价格吸引顾客 （2）提供会员卡或积分制度，顾客在享受娱乐表演服务或品尝菜品时可以获得积分，积分可用于兑换礼品或下次消费时享受折扣优惠
4	社交媒体宣传	（1）利用社交媒体平台，如微博、微信、抖音等，发布表演活动的预告和精彩瞬间，吸引更多潜在顾客 （2）鼓励顾客在社交媒体上分享自己的用餐和表演体验，通过口碑传播吸引更多顾客
5	合作推广	（1）与当地的文化机构、旅游机构或企业合作，共同举办活动，扩大餐厅的影响力 （2）与其他餐厅或娱乐场所进行联合促销，共享客户资源，提高彼此的知名度和客流量
6	优化服务质量	（1）提高表演服务团队的专业素养和服务水平，确保表演活动的质量和效果 （2）关注顾客的反馈和建议，及时调整和优化服务内容，提升顾客的满意度和忠诚度

综上所述，通过精彩表演活动、互动体验环节、套餐优惠活动、社交媒体宣传、合作推广以及优化服务质量等多种方式，餐厅可以有效地推广其娱乐表演服务，吸引更多顾客前来体验，提高餐厅的知名度和口碑。

四、菜品制作表演促销

在餐厅进行现场烹制表演是一种有效的促销形式，还能起到渲染气氛的作用。客人对菜品制作过程可以一目了然，从而产生消费冲动。菜品制作表演促销要求餐厅有宽敞的空间和良好的排气装置，以免油烟污染餐厅或影响客人就餐。图 3-2-11 展示了厨师现场表演拉面的场景。

图 3-2-11　厨师现场表演拉面

俏江南强调把菜品制作过程当成一场顾客可以参与体验的表演。比如"摇滚沙拉"和"江石滚肥牛"等招牌菜品，服务员一边表演菜品制作，一边介绍菜品的寓意或来历等，使消费者产生深度的参与感，并获得全新的消费体验。

餐厅菜品制作表演促销是一种创新的促销策略，通过展示厨师精湛的烹饪技艺和菜品的制作过程，吸引顾客的注意并提升餐厅的吸引力。表 3-2-7 是餐厅菜品制作表演促销的策略。

表3-2-7　餐厅菜品制作表演促销的策略

序号	策略	说明
1	设立表演区	（1）在餐厅内设立专门的菜品制作表演区，让顾客可以近距离观看厨师的烹饪过程 （2）确保表演区清洁、整洁，并配备适当的照明和通风设备，以提供良好的观看体验
2	展示特色菜品	（1）选择餐厅的招牌菜或特色菜品进行表演制作，展示其独特的烹饪方法和口味 （2）结合餐厅的主题或文化背景，设计有趣的菜品制作流程，增加观赏性
3	互动体验	（1）邀请顾客参与菜品的制作过程，如现场调味、挑选食材等，增强顾客的参与感和体验感 （2）设置问答环节或小游戏，让顾客在观看表演的同时，了解菜品的相关知识或背景故事
4	配合套餐销售	（1）推出与表演菜品相关的套餐，将表演菜品与其他菜品组合在一起，以优惠的价格吸引顾客 （2）在表演期间，提供限时优惠或特别折扣，鼓励顾客尝试表演菜品
5	社交媒体宣传	（1）利用社交媒体平台，如微博、微信、抖音等，发布菜品制作表演的视频和图片，吸引潜在顾客的关注 （2）鼓励顾客在社交媒体上分享自己的观看体验和菜品评价，提高餐厅的知名度和口碑
6	与其他活动结合	（1）将菜品制作表演与餐厅的其他促销活动，如节日活动、主题活动等相结合，形成综合效应 （2）与当地的旅游机构或企业合作，组织团队前来观看表演并品尝菜品，增加餐厅的客源
7	提升厨师形象	（1）为参与表演的厨师设计统一的制服和形象，展示其专业性和精神风貌 （2）鼓励厨师与顾客互动，回答顾客的问题，分享烹饪心得，增强顾客对厨师的信任和好感

　　通过实施这些菜品制作表演促销策略，餐厅可以吸引更多顾客的关注和兴趣，提升餐厅的品牌形象和知名度。同时，这种创新的促销方式也能为顾客带来独特的用餐体验，提升顾客的满意度和忠诚度。

五、借力促销

　　餐饮服务员向客人介绍和推销菜品时，可借助餐厅的名气、节假日的促销活动、金牌获奖菜的美名以及名人效应来向客人推荐相应的菜式，这样会达到事半功倍的效果。

1. 借助餐厅名气促销

　　沈阳鹿鸣春餐厅是一家百年的老字号，其名字"鹿鸣春"来源于《诗经·小雅》，有浓厚的历史文化气息。每次接待顾客，餐饮服务员都要介绍店名的来历，这对推荐高档菜看起到了促进作用。如鹿鸣春的"富贵香鸡"就是以"常熟叫花鸡"为基础，在名厨的指导下用环保、绿色的工艺手法进行了大胆的创新，受到海内外客人的一致好评。

2. 借助节假日活动促销

　　在推销菜品时，餐饮服务员不要忘记向客人传递企业节假日促销活动的信息，如节假日的促销举措、美食节期间的创新菜、店庆时的优惠等，这些会激起客人再次光临就餐的欲望。

3. 借助金牌获奖菜促销

某餐厅的"游龙戏凤""凤眼鲜鲍""兰花熊掌""红梅鱼肚"等曾获得某美食节大赛金奖，至今"长销不衰"，由于该系列菜品食材珍稀、加工精细，给客人带来了难以忘怀的享受，很多客人在餐厅就餐必点这四道名菜。

餐饮服务员介绍和推荐此类菜品的过程之所以十分顺畅，正是借助了金牌获奖菜的品牌效应。

4. 借助名人效应促销

"名人菜谱"也可以成为卖点。

某名人在南京访问期间专门赴"状元楼"品尝秦淮小吃，这个消息不胫而走，大家对这家餐厅的美食产生了浓厚兴趣，于是该店的风味菜品大受欢迎。所以，餐饮企业若能利用好"名人效应"，则会更有利于菜品促销工作。

第三章　节假日与庆典活动促销

第一节　节假日促销

一、节假日促销认知

（一）节假日促销的价值和意义

由于国人比较注重传统节日，加之外国的很多节日，比如情人节、母亲节、父亲节、圣诞节等也融入了国人的日常生活，再加上妇女节、劳动节、国庆节、教师节等，现在可谓"节连不断"，利用这些特殊时机开展的促销活动自然是花样满天飞。

节假日期间全力吸引消费者的注意力、做大做活节假日市场，已成为各大餐饮企业每年促销计划的重中之重。如果餐饮企业能够真正把握节假日消费市场的热点和需求变化趋势，制定符合目标市场的策划方案，必能获得可观的回报。

> **提醒您：**
>
> 节假日促销与一般促销的意义不同，它受传统文化的影响较大，所以餐饮企业需要注意各种节日的风俗、礼仪、习惯等，确保节假日促销方案符合节假日特点，并被顾客认可和接受。

（二）全年主要促销节假日

通过全年节假日循环图，我们可以看到每个季节主要的节假日，对全年的节假日有更深的了解与印象，具体如图3-3-1所示。

通过表3-3-1，我们可以更加详细地了解一年中每一季度的各种节日。

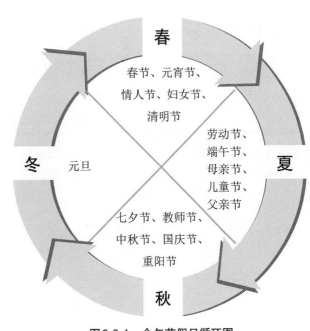

图3-3-1　全年节假日循环图

表3-3-1　全年促销节日一览表

序号	季节	节日	月份
1	春	农历正月初一（春节） 农历正月十五（元宵节） 2月14日（情人节） 3月8日（妇女节） 3月15日（国际消费者权益日）	二、三、四月份
2	夏	5月1日（劳动节） 5月4日（五四青年节） 5月12日（国际护士节） 5月的第二个星期日（母亲节） 6月1日（儿童节） 6月的第三个星期日（父亲节） 农历五月初五（端午节）	五、六、七月份
3	秋	8月1日（建军节） 农历七月初七（七夕节） 9月10日（教师节） 农历八月十五（中秋节） 10月1日（国庆节） 农历九月初九（重阳节）	八、九、十月份
4	冬	1月1日（元旦）	十一、十二、一月份

（三）全年节假日促销计划

餐饮企业可以根据全年节假日分布情况编制全年节假日促销计划。下面提供3份促销计划，供读者参考。

【范本01】▶▶▶ -

××餐厅全年促销活动计划

××餐厅全年促销活动计划见下表。

××餐厅全年促销活动计划

序号	节日	主题	时间	地点	优惠
1	新品上市优惠月	××新品上市，演绎传奇，创造感动	5～6月（劳动节除外）	西餐厅	买三送一，超出人数享受8.5折优惠；活动期间，免15%服务费
2	儿童节	爱他（她）就带他（她）到××餐厅来，让他（她）享受健康美食	6月1日	西餐厅	当日买二送一
3	父亲节	感恩父亲节	6月17日	西餐厅、中餐厅	西餐厅买二送一，免15%服务费；中餐厅享受8.5折优惠，免15%服务费

续表

序号	节日	主题	时间	地点	优惠
4	端午节	××"粽"情重义，创造感动；"天籁之音，魅力互动"，来××有意外惊喜	6月23日	西餐厅、中餐厅	前30位预订的顾客有精美礼品相送；西餐厅买二送一，免15%服务费；中餐厅享受8.5折优惠，免15%服务费
5	教师节	时光如水，岁月如梭，给您心中的园丁送上节日的祝福	9月7日～10日	西餐厅、中餐厅	西餐厅买二送一，免15%服务费；中餐厅享受8.5折优惠，免15%服务费；用餐客人将获赠精美贺卡
6	中秋节	花好月圆佳节夜，××与您共欢颜	9月30日	中餐厅	享受8.5折优惠，每桌赠送餐后甜点—美味养生月饼，免15%服务费
7	重阳节	金秋送爽，丹桂飘香，重阳节带上长辈欢乐聚会，××餐厅与您分享美味	10月23日	西餐厅、中餐厅	西餐厅买二送一，免15%服务费；中餐厅享受8.5折优惠，免15%服务费

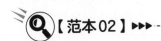【范本02】▶▶▶

××餐厅年度节假日促销策划提案

1. **国际消费者权益日**

活动目的：提升品牌影响力。

活动形式：与媒体聚餐，利用软文报道，正面宣传餐具消毒工序、卫生服务操作和食品安全操作，以获得品牌影响力以及口碑的提升。

2. **清明节**

活动主题："爱行天下"。

活动方式：短信群发、店内形象宣传，素食全宴（豆腐系列）、长寿面系列。

3. **劳动节**

活动主题：五一全家福。

活动形式如下。

（1）推出套餐：5月1日～3日活动期间，特推出三款套餐：亲子三人套餐＿＿＿元、快乐三人套餐＿＿＿元、全家福套餐（10人量）＿＿＿元。

（2）广告宣传：利用短信群发的方式进行宣传，发布特价信息，增加人气。

（3）短信打折券：进店凭短信可以获赠一杯饮料或者一份水果。

（4）现场抽奖：客人发送短信参与抽奖，有机会获得价格优惠，或获赠特色菜品。

4. **母亲节**

活动目的：以"感恩"名义传播"母亲节"概念，塑造关爱老人、关注亲情的企业形象，使"感恩母亲"进入目标消费者情感深处。

活动主题：真情交织亲情，感恩母亲！

5. **儿童节**

活动主题：欢乐童年，精彩无限！

活动形式如下。

（1）活动期间，凡购买儿童乐套餐者，均可获赠"欢乐童年，精彩无限"相关"购物1+1"优惠券。

（2）凡在活动期间来店用餐者，均可免费获赠气球一只。

6. 端午节

活动目的：刺激亲情消费，提升品牌知名度，挖掘各档次消费者潜力，提高顾客忠诚度和信任度。

活动形式如下。

（1）端午节特色套餐。推出特色套餐，旨在营造节日气氛，给消费者增添过节乐趣。

（2）整合资源促销。整合一切可以调用的资源进行促销，既可吸引消费者的目光，也可以增加收益。

7. 教师节

活动目的：感恩老师。"十年寒窗望金榜，九载熬油忆师情"。

活动形式：教师节当日持教师证进店的消费者，可享受五折优惠。

8. 中秋国庆双节庆

活动目的：在欢乐的双节期间推广企业品牌，主打"喜"字。

活动形式：举办大型抽奖活动——"快来拿走你的幸运喜"。

另外，活动期间将陆续推出赠送餐饮优惠券、各大联盟商家优惠券、电影优惠券、特色小礼品等系列优惠促销活动。消费者在店内消费满 200 元送面额 50 元的月饼券一张。

9. 重阳节

活动目的：关爱老人，创造幸福，和谐美好，真情真意。

活动形式：推出滋补汤，并设立健康食品展台。

10. 七夕节

活动主题：爱与你同在。

活动形式："亲情瞬间，永恒纪念"，设立"情人留言板"，供情侣在上面写上爱的宣言。

11. 元宵节

活动主题：迎"喜"客，缘来有礼。

活动形式：消费满 100 元赠送汤圆一袋；积分达到 1000 分可兑换汤圆一袋。

以上计划中的活动方案需提前一个月出细案，提前半个月筹备各项工具及培训相关工作人员，提前一周开始模拟训练。活动完成一周以后，各个部门总结经验并写出总结报告。

二、中国传统节日促销技巧

（一）春节促销

春节是中国最重要的传统节日之一，对于餐饮企业来说，这是一个极佳的促销时机。表 3-3-2 为常见的春节促销策略。

表 3-3-2　春节促销策略

序号	策略	策略说明
1	特色菜品与套餐	结合春节的传统和顾客的口味偏好，推出寓意吉祥、团圆的新年特色菜品和套餐。例如，可以研发一些创新的年夜饭套餐，将传统食材与现代烹饪技巧相结合，为顾客带来新颖又美味的体验

续表

序号	策略	策略说明
2	环境布置	营造浓厚的春节氛围是吸引顾客的关键。餐厅内可以布置红灯笼、春联、窗花等春节元素的装饰品，同时播放春节相关的音乐和视频，让顾客一进入餐厅就能感受到浓浓的年味
3	优惠活动	春节期间，顾客的消费意愿通常较高，因此可以推出一些优惠活动来吸引顾客。例如，可以提供年夜饭套餐的折扣、满减优惠，或者推出会员卡充值返现等活动
4	团购与预订	鼓励顾客提前预订年夜饭或节日聚餐，可以提供预订优惠或额外服务。同时，可以与第三方平台合作，推出团购活动，让顾客能够以更优惠的价格享受到节日聚餐的乐趣
5	增值服务	在春节期间，可以提供一些增值服务来提升顾客的用餐体验。例如，可以提供免费的接送服务、赠送小礼品、提供免费的停车位等
6	线上线下联动	利用社交媒体和线上平台进行宣传推广，吸引更多线上用户转化为线下顾客。可以在线上发布春节促销信息、菜品展示、顾客评价等内容，同时与网红或KOL合作，进行直播推广或体验分享
7	会员回馈	对于餐厅的会员，可以推出一些专享的优惠和福利，如会员折扣、积分兑换、会员专享菜品等，以提高会员的忠诚度和复购率

总的来说，餐饮企业的春节促销策略应该注重创新、营造氛围、提供优惠和增值服务，同时结合线上线下的推广手段，吸引更多顾客前来用餐。通过精心策划和执行这些促销策略，餐饮企业可以在春节期间取得良好的业绩。

（二）端午节促销

端午节是中国的传统节日，餐厅在此时进行促销，不仅可以提升营业额，还可以提高品牌的知名度和文化内涵。表 3-3-3 为一些端午节餐厅促销的措施。

表3-3-3　端午节促销措施

序号	措施	说明
1	特色菜品推广	端午节有吃粽子、咸鸭蛋等的传统习俗，餐厅可以推出特色的粽子菜品，如不同口味的粽子、粽子套餐等。同时，也可以结合餐厅的特色，创新出融合传统与现代元素的菜品，吸引消费者的眼球
2	环境氛围营造	在餐厅内布置与端午节相关的装饰品，如艾草、菖蒲、龙舟等，营造出浓厚的节日氛围。同时，可以播放与端午节相关的音乐和视频，让顾客在用餐的同时感受到节日气氛
3	优惠活动	推出端午节期间的优惠活动，如打折、满减、赠送小礼品等，也可以设置会员专享优惠，提高会员的忠诚度和复购率。此外，可以与其他商家合作，进行联合促销，扩大影响力
4	文化体验活动	举办与端午节相关的文化体验活动，如包粽子比赛、龙舟体验等，让顾客在参与活动的同时，了解端午节的传统文化。这不仅可以增强顾客的黏性，还可以提升餐厅的文化内涵
5	线上线下联动	利用社交媒体和线上平台进行宣传推广，发布端午节的促销信息、特色菜品和活动内容等。同时，可以设置线上预约和点餐服务，方便顾客提前规划用餐计划。通过线上线下联动，吸引更多顾客前来用餐

综上所述，端午节促销需要注重特色菜品推广、环境氛围营造、优惠活动、文化体验活动以及线上线下联动等方面。通过精心策划和执行这些促销策略，餐厅可以在端午节期间取得良好的业绩，并提升品牌知名度和文化内涵。

（三）七夕节促销

七夕节源自牛郎与织女的凄美传说，被浪漫之人称作中国人的情人节。餐厅在七夕节期间进行促销是一个很好的商业策略，既能吸引顾客，又能增加营业额。表3-3-4为常见的七夕节促销策略。

表3-3-4　七夕节促销策略

序号	策略	策略说明
1	情侣套餐推广	餐厅可以推出专属的情侣套餐，包括精心搭配的主菜、甜品和饮料，以满足情侣们共享美食的需求。这些套餐的命名也可以充满爱意，如"心心相印套餐""甜蜜七夕套餐"等，以增强节日氛围
2	特色菜品创新	结合七夕节的文化背景，餐厅可以推出一些具有创意的特色菜品。比如，可以设计以牛郎织女传说为主题的菜品，或者在菜品中加入七夕的元素，如七夕果盘、心形巧克力蛋糕等
3	环境布置与氛围营造	餐厅内的环境布置也是吸引顾客的重要因素。利用鲜花、气球、灯光等元素营造出浪漫的氛围，同时可以设置一些情侣专属座位或区域，让顾客感受到特别的关怀和温馨
4	互动环节设置	为了增强顾客的参与感和体验感，餐厅可以设置一些互动环节，如情侣默契大考验、七夕知识问答等。这些活动不仅能增进情侣之间的感情，也能让顾客在轻松愉快的氛围中度过一个难忘的七夕节
5	礼品赠送与优惠活动	为了吸引更多的顾客，餐厅可以推出一些优惠活动和赠送礼品。比如，消费满一定金额的顾客可以获得精美的手工巧克力、七夕卡片等小礼品；推出七夕节特别优惠的套餐或菜品，让顾客感受到实惠和诚意
6	营销宣传	通过线上线下多渠道进行宣传，包括社交媒体、餐厅官网、邮件营销等。宣传中可以突出七夕节的浪漫氛围，提及特色菜品和礼品赠送，吸引顾客的关注与参与

（四）中秋节促销

农历八月十五是我国传统的节日中秋节，也是我国仅次于春节的第二大传统节日。八月十五恰在秋季的中间，故谓之中秋节。我国古历法把处在秋季中间的八月，称为"仲秋"，所以中秋节又叫"仲秋节"。

在中秋节来临之际，各餐饮企业可以结合自己的实际情况和中国传统的民族风俗，推出各具特色的促销活动，以达到经济效益与社会效益双丰收的效果。表3-3-5为常见的中秋节促销策略。

表3-3-5　中秋节促销策略

序号	策略	策略说明
1	特色菜品推出	结合中秋节的传统习俗，推出具有节日特色的菜品，如月饼造型的甜点、中秋团圆宴等。这样既能满足顾客对节日美食的需求，又能展示餐厅的创意
2	家庭套餐优惠	针对顾客家庭聚餐的需求，推出价格适中、内容丰富的家庭套餐，并配以相应的优惠措施，如满减、折扣等，吸引家庭型顾客前来用餐

续表

序号	策略	策略说明
3	礼品赠送活动	购买指定金额的餐饮产品，赠送中秋节特色礼品，如月饼、柚子等。这不仅能激发顾客的购买欲望，还能提升餐厅的品牌形象
4	亲子活动举办	中秋节是家人团聚的时刻，餐厅可以举办一些亲子活动，如DIY月饼、中秋故事会等，让家长和孩子一起感受传统节日的氛围
5	社交媒体互动	利用社交媒体平台进行中秋节活动的宣传和互动，如推出中秋节微信抽奖活动，顾客分享活动海报可以获得抽奖机会，奖品包括免费餐券、特色礼品等。这不仅能扩大活动的影响力，还能增强顾客的参与感和黏性
6	会员专享优惠	对于餐厅的会员，可以提供额外的优惠和福利，如会员专享折扣、积分兑换等，提高会员对餐厅的忠诚度

（五）重阳节促销

重阳节当天，很多餐饮企业将为到店就餐的老年人提供独享礼遇。

比如，为60岁以上老人免费提供一道传统风味菜，向70岁以上老人赠送特色甜点，为到店用餐老人优先安排餐位，赠送店里特制重阳果、菊花茶和重阳糕等。

餐饮企业可采取表3-3-6所示促销策略。

表3-3-6　重阳节促销策略

序号	策略	策略说明
1	特色菜品推广	结合重阳节的传统习俗，推出具有节日特色的菜品。例如，可以研发一些以菊花、茱萸等重阳元素为灵感的创意菜品，或者推出传统的重阳糕、菊花酒等，让顾客在品尝美食的同时，也能感受到浓厚的节日氛围
2	优惠活动	针对重阳节，餐厅可以推出一些优惠活动，如凡在重阳节当天用餐的顾客，可以享受一定的折扣或赠品。对于老年人或生日为重阳节的顾客，还可以提供额外的优惠或特别服务，以体现对老年人的尊重和关爱
3	环境布置	餐厅的环境布置也是吸引顾客的重要因素。可以在餐厅内摆放一些菊花、茱萸等重阳元素装饰品，营造出节日的氛围。同时，还可以播放一些与重阳节相关的音乐和故事，让顾客在用餐的同时，也能感受到传统文化的魅力
4	互动活动	为了增强顾客的参与感和体验感，餐厅可以举办一些互动活动。例如，可以组织重阳登高活动，邀请顾客一起爬山、赏菊；或者举办重阳诗词朗诵会，让顾客在欣赏诗词的同时，也能感受到传统文化的底蕴
5	联合营销	与当地的老年社区、养老机构等合作，共同推出重阳节特色套餐或活动。这样既能提升餐厅的知名度，又能更好地服务老年顾客，实现共赢
6	线上宣传	利用社交媒体、官方网站等线上渠道进行宣传，发布重阳节的特色菜品、优惠活动等信息，吸引更多顾客前来用餐

（六）国庆节促销

国庆节是国家法定假日，也是所谓的旅游黄金周。绝大部分的企业都会在这个时间放假，这也为餐饮企业提供了一个很好的促销机会。在这个机会面前，餐饮企业主要是提高市场占有率，增加来客数。表3-3-7为常见的国庆节促销策略。

表3-3-7 国庆节促销策略

序号	策略	策略说明
1	特色菜品与套餐推广	结合国庆节的庆祝氛围，推出具有节日特色的菜品或套餐。例如，可以研发一些以国庆为主题的创意菜品，或者推出国庆团圆套餐、庆祝套餐等，以满足顾客在节日期间的用餐需求
2	优惠活动	针对国庆节，餐厅可以推出各种优惠活动，如折扣、满减、买一赠一等，以吸引顾客前来用餐。同时，可以设置一些限时优惠或特定时段的优惠，增强顾客的紧迫感和购买欲望
3	环境布置与氛围营造	在餐厅内进行环境布置，营造出浓厚的节日氛围。可以悬挂国旗、摆放花卉、设置庆祝标语等，让顾客感受到国庆节的喜庆和热烈。同时，餐厅内可以播放国庆主题音乐或视频，营造节日氛围
4	互动活动	为了增强顾客的参与感和体验感，餐厅可以举办一些互动活动。例如，可以举办国庆主题的抽奖活动，顾客用餐后有机会赢取精美礼品或优惠券；或者举办国庆知识问答活动，让顾客在参与中了解国庆节的历史和文化
5	联合营销	与其他商家或机构合作，共同推出国庆节促销活动。例如，可以与旅游景点、电影院等合作，推出"用餐＋门票""用餐＋观影"等套餐优惠，吸引更多顾客前来用餐
6	会员专享福利	对于餐厅的会员，可以提供国庆节专享优惠和福利，如会员折扣、积分兑换、会员专享菜品等，提高会员对餐厅的忠诚度，并增强其归属感

三、西方传统节日促销技巧

如今的年轻人热衷于过节，不仅过中国的节日，西方的节假日也不轻易"放过"。比如在情人节、母亲节、父亲节等，他们都会相聚在一起欢度节日。在西方节日做促销时，餐厅一定要抓住文化特色主题，介绍西方文化内容，以吸引消费者。

（一）情人节促销

2月14日情人节是西方一个较浪漫的节日，餐饮企业可以利用这个节日推出情人节套餐，促销"心"形高级巧克力，展销各式情人节糕饼，特供情人鸡尾酒等。同时还可以举办情人节舞会或化装舞会等各种文艺活动。

比如，××餐厅在情人节就举办了一个名为"情人玻璃瓶"的主题活动：向顾客提供彩色玻璃瓶，情人们可以把爱情蜜语写在纸上，然后塞进瓶里，再用丝带绑好送予对方。这样的促销活动成本较低，然而效果却很好。

表3-3-8为常见的西式情人节促销策略。

表3-3-8 西式情人节促销策略

序号	策略	策略说明
1	情侣套餐推广	设计特别的情侣套餐，包括精致的主菜、甜品和饮品，以满足情侣们在情人节期间的特殊需求。套餐可以命名为"浪漫满溢""浓情蜜意"等，以营造节日氛围
2	定制菜单与特色菜品	推出专为情人节定制的菜单，包括寓意爱情的特色菜品，如心形比萨、爱情汉堡等。同时，可以研发一些创意甜品，如巧克力熔岩蛋糕、爱心果冻等，让顾客在享受美食的同时感受到节日的甜蜜

续表

序号	策略	策略说明
3	环境布置与氛围营造	对餐厅进行浪漫的环境布置，使用粉色、红色等柔和的色调，搭配心形气球、玫瑰花等装饰元素，营造出温馨浪漫的氛围。同时，可以播放浪漫的情歌，让顾客在用餐时感受到节日的浪漫气息
4	优惠活动	推出情人节期间的优惠活动，如情侣套餐享受折扣、消费满额赠送礼品等。对于提前预订的情侣，可以给予额外的优惠或赠品，以鼓励顾客提前预订
5	互动活动	举办一些互动活动，如情侣默契挑战、最佳情侣照评选等，让顾客在用餐的同时参与互动，增加节日的趣味性和参与性
6	社交媒体宣传	利用社交媒体平台进行宣传和推广，发布情侣套餐、特色菜品、环境布置等的图片和视频，吸引更多潜在顾客关注并前来用餐。同时，可以邀请顾客在社交媒体上分享他们的用餐体验，提高餐厅的知名度和影响力

（二）母亲节促销

每年五月的第二个星期天是母亲节。近年来，母亲节越来越受到世界各地人们的重视，母亲节也成为各大商家"借风使力"的一个促销良机。餐饮企业也不例外，在母亲节来临之际，纷纷大搞促销活动。如果餐厅能迎合顾客需求，帮助顾客在母亲节表达自己对母亲的爱，相信会有很多的顾客愿意带母亲来餐厅过母亲节。

表3-3-9为常见的母亲节促销策略。

表3-3-9　母亲节促销策略

序号	策略	策略说明
1	特色菜品推广	研发并推出几款母亲节特色菜品，菜品命名可以蕴含母爱，如"母爱如山""感恩母亲"等。菜品选择上要考虑健康营养，符合母亲的口味和需求，以此体现餐厅对母亲节的用心和尊重
2	优惠活动	母亲节当天，餐厅可以提供特别的优惠，如推出面向母亲或带母亲用餐顾客的折扣、满减或赠品活动。此外，还可以设置限时优惠，增强顾客的购买欲望
3	环境布置与氛围营造	餐厅可以创造温馨、舒适的用餐环境，用鲜花、气球等装饰元素营造出节日氛围。播放一些柔和的音乐，让顾客在用餐时感受到母爱的温暖
4	定制礼物	餐厅可以提供定制礼物，如制作精美的花束、手工巧克力或定制贺卡等。顾客可以选购这些礼物，作为给母亲的惊喜
5	互动活动	为了增加节日的趣味性，餐厅可以举办一些互动活动，如邀请顾客分享与母亲的合影或故事，选出最佳分享者赠送礼品。同时，也可以推出亲子互动游戏，让母亲和孩子一起享受快乐的时光
6	会员专享福利	对于餐厅的会员，可以提供母亲节专享的优惠和福利，如会员折扣、积分兑换等，提高会员对餐厅的忠诚度，并增强其归属感
7	社交媒体宣传	利用社交媒体平台进行母亲节促销活动的宣传，发布特色菜品、优惠活动、环境布置等信息，吸引更多顾客关注并前来用餐。同时，鼓励顾客在社交媒体上分享他们的用餐体验和与母亲的合影，提高餐厅的知名度和影响力

（三）父亲节促销

每年六月的第三个星期天是父亲节，餐饮企业可利用当天中午和晚上做全家福自助餐或全家福桌菜来进行销售。表3-3-10为常见的父亲节促销策略。

表3-3-10　父亲节促销策略

序号	策略	策略说明
1	特色菜品推广	研发并推出几款父亲节特色菜品，这些菜品中可以融入父亲们喜爱的口味或元素，命名上也可以突出"父爱如山"的主题，如"父爱如山""父亲专属"等，让顾客感受到餐厅对父亲节的用心
2	优惠活动	父亲节当天，餐厅可以提供特别的优惠活动，如推出面向父亲或带父亲用餐顾客的折扣、满减或赠品活动。这些优惠可以刺激顾客的购买欲望，同时表达对父亲的敬意
3	环境布置与氛围营造	餐厅可以创造出温馨、舒适的用餐环境，用代表父爱的蓝色或棕色的装饰营造出节日氛围。同时，播放一些轻松愉悦的音乐，让顾客在用餐时感受到节日的快乐
4	定制礼物	餐厅可以提供定制礼物，如制作精美的手工啤酒杯，定制T恤或贺卡等，让顾客可以选购这些礼物作为给父亲的惊喜
5	亲子互动活动	为了增加节日的趣味性和互动性，餐厅可以举办一些亲子互动活动，如父子（父女）烹饪比赛、父子（父女）默契挑战等，让父亲和孩子一起享受快乐的时光
6	会员专享福利	对于餐厅的会员，可以提供父亲节专享的优惠和福利，如会员折扣、积分兑换等，提高会员对餐厅的忠诚度，并增强其归属感
7	社交媒体宣传	利用社交媒体平台进行父亲节促销活动的宣传，发布特色菜品、优惠活动、环境布置等信息，吸引更多顾客关注并前来用餐。同时，鼓励顾客在社交媒体上分享他们的用餐体验和与父亲的合影，提高餐厅的知名度和影响力

四、国际性节日促销技巧

元旦、五一国际劳动节、六一儿童节、三八妇女节，这些都是国际性的节日。在这些节假日中，餐饮企业可根据不同人群的需要，开展相应的促销活动。

（一）元旦促销

元旦又被称为"新年"，指每年公历的1月1日，是世界大多数国家或地区的法定节日。

元旦的"元"是开始、最初的意思，而"旦"表示太阳刚刚出现在地平线上，也就是一日的开始。故"元旦"就是指一年之初、一年的第一天。

餐饮企业可以借元旦假期的机会推出新品，可将"辞旧迎新饭"作为重头戏；也可以将滋补补、营养保健类菜品作为主打菜；或者推出新年海鲜自助大餐，为顾客提供乐队伴宴和惊喜新年大礼，顾客在消费的同时还可免费享受啤酒、饮料等。

表3-3-11为常见的元旦促销策略。

表3-3-11　元旦促销策略

序号	策略	策略说明
1	环境布置与氛围营造	（1）节日装饰：餐厅内外进行元旦主题装饰，如悬挂彩旗、气球、灯笼等，营造出浓厚的节日氛围 （2）背景音乐：播放欢快的元旦歌曲，为顾客提供愉悦的用餐体验
2	特色菜品推广	（1）元旦特色菜品：研发并推出元旦特色菜品，如寓意吉祥如意的团圆菜、寓意年年有余的全鱼宴等，满足顾客的节日用餐需求 （2）套餐优惠：推出元旦家庭套餐或朋友聚会套餐，提供优惠价格，吸引更多顾客前来用餐

序号	策略	策略说明
3	优惠活动	（1）折扣与满减：为元旦期间来用餐的顾客提供折扣或满减优惠，如消费满一定金额可享受折扣或减免部分金额 （2）赠品活动：消费满一定金额的顾客可获得精美小礼品，如新年贺卡、定制餐具等，增加节日的惊喜感
4	互动活动	（1）元旦抽奖：用餐顾客可参与抽奖活动，奖品包括餐厅优惠券、特色菜品免费券等，增强顾客的参与感和黏性 （2）新年祝福墙：设置新年祝福墙，邀请顾客写下新年愿望或祝福，并贴在墙上与其他顾客分享，营造温馨的节日氛围
5	社交媒体宣传	（1）发布元旦主题的海报和菜品图片：在餐厅的官方社交媒体账号上发布元旦主题的海报和特色菜品图片，吸引顾客的关注 （2）线上互动：开展线上互动活动，如元旦话题讨论、分享用餐体验等，鼓励顾客积极参与并分享至朋友圈，提高餐厅的知名度

（二）妇女节促销

"三八"妇女节是全世界妇女共欢乐的日子，随着世界的不断发展与进步，女性地位越来越高，经常出差的女性工作者也很多，女性消费也在逐年增加。在妇女节这个特殊的节日，餐饮企业更应该为女性送上一份礼物。

比如，可以邀请周边小区常客来店里举行一场"厨艺比拼"；或者由店里厨师亲自操刀，办一个"快乐煮妇"烹饪培训活动；如果条件允许，也可以请养生专家到店里为大家讲解一下养生常识……

表3-3-12为常见的妇女节促销策略。

表3-3-12　妇女节促销策略

序号	策略	策略说明
1	环境布置与氛围营造	（1）主题装饰：餐厅内部进行妇女节主题装饰，如使用粉色、紫色等温柔色调，布置鲜花、气球等，营造出温馨、浪漫的节日氛围 （2）背景音乐：播放柔和、优雅的音乐，为顾客提供舒适的用餐环境
2	特色菜品推广	（1）妇女节特色菜品：研发并推出适合女性口味的特色菜品，如养颜美容汤、低卡甜品等，满足女性顾客的饮食需求 （2）套餐优惠：推出妇女节专享套餐，包括精美主食、甜品和饮品，提供优惠价格，吸引女性顾客前来用餐
3	优惠活动	（1）女性顾客优惠：妇女节当天，女性顾客可享受折扣优惠或满减优惠，如消费满一定金额可减免部分金额 （2）赠品活动：来餐厅用餐的女性顾客可获得精美小礼品，如鲜花、化妆品小样等，增加节日的惊喜感
4	互动活动	（1）妇女节主题互动游戏：如美容知识问答、时尚搭配比赛等，让女性顾客在用餐过程中参与互动，增加节日的趣味性 （2）分享赢好礼：鼓励女性顾客在社交媒体上分享用餐体验或妇女节祝福，并设置一些奖励机制，如最佳分享者可获得餐厅优惠券等
5	社交媒体宣传	（1）发布妇女节主题的海报和菜品图片：在餐厅的官方社交媒体账号上发布妇女节主题的海报和特色菜品图片，吸引女性顾客的关注 （2）邀请女网红或KOL探店：邀请当地知名网红或KOL前来餐厅探店，并分享用餐体验，提高餐厅的知名度和曝光率

序号	策略	策略说明
6	会员专享福利	（1）会员折扣：为女性会员提供额外的折扣或优惠，提高会员的忠诚度，并增强其归属感 （2）积分兑换：允许女性会员使用积分兑换妇女节特色菜品或礼品，提高会员的活跃度

（三）劳动节促销

五一国际劳动节是世界上 80 多个国家的全国性节日。定在每年的五月一日。它是全世界劳动人民共同拥有的节日。为抓住这一难得的机遇提升销售额，树立良好的餐饮企业形象，增强餐饮企业与消费者之间的情感，稳定客群，各餐饮企业也在此节日纷纷推出各种促销活动。

表 3-3-13 为常见的劳动节促销策略。

表3-3-13　劳动节促销策略

序号	策略	策略说明
1	环境布置与氛围营造	（1）节日主题装饰：餐厅内外可以布置与劳动节相关的装饰，如劳动节主题的旗帜、海报，与劳动节相关的摆件，营造节日氛围 （2）背景音乐：播放轻松愉快的背景音乐，为顾客创造一个愉悦的用餐环境
2	特色菜品推广	（1）劳动节特色菜品：研发并推出几款劳动节特色菜品，以辛勤劳动和收获为主题，吸引顾客品尝 （2）套餐优惠：推出劳动节家庭套餐或朋友聚餐套餐，提供优惠价格，满足顾客节日聚餐的需求
3	优惠活动	（1）折扣与满减：劳动节期间，提供一定比例的折扣或满减优惠，鼓励顾客多消费 （2）赠品活动：消费满一定金额的顾客可以获得餐厅赠送的精美小礼品，提高顾客的满意度和忠诚度
4	互动活动	（1）劳动节主题互动游戏：组织一些与劳动节相关的互动游戏，如知识问答、猜谜语等，让顾客在用餐过程中参与互动，增加节日的趣味性 （2）劳动节抽奖活动：顾客可以参与抽奖活动，奖品可以是餐厅优惠券、特色菜品免费券等，激发顾客的参与热情
5	会员专享福利	（1）会员折扣：为会员提供额外的折扣或优惠，增强会员的归属感和提高其忠诚度 （2）积分兑换：允许会员使用积分兑换劳动节特色菜品或礼品，提高会员的活跃度
6	社交媒体宣传	（1）发布劳动节主题的海报和菜品图片：在餐厅的官方社交媒体账号上发布劳动节主题的海报和特色菜品图片，吸引顾客的关注 （2）线上互动活动：开展线上互动活动，如邀请顾客分享自己的劳动节故事或照片，增加餐厅与顾客之间的互动

（四）儿童节促销

如今，随着生活水平的提高，加之大多数家庭都只有一个孩子，所以父母对孩子的节日越来越重视。因此餐饮企业可以推出形形色色的以儿童节为主题的套餐。

表 3-3-14 为常见的儿童节促销策略。

表3-3-14 儿童节促销策略

序号	策略	策略说明
1	环境布置与氛围营造	（1）节日主题装饰：餐厅内外布置儿童节主题装饰，如彩色气球、卡通人物等，营造充满童趣的节日氛围。 （2）背景音乐：播放孩子们喜欢的儿歌或欢快的背景音乐，让顾客在用餐时感受到节日的快乐
2	特色菜品推广	（1）儿童节特色菜品：研发并推出适合儿童口味的特色菜品，如迷你汉堡、卡通造型的甜点等，让孩子们在用餐时充满惊喜。 （2）亲子套餐：推出亲子套餐，包含大人和孩子的餐点，提供优惠价格，鼓励家庭一起用餐
3	优惠活动	（1）儿童免费或半价用餐：儿童节当天，儿童可以免费或半价享受餐厅的特定菜品或饮品，吸引家庭型顾客前来用餐。 （2）满减或折扣：家庭型顾客消费满一定金额可享受折扣或减免部分金额，鼓励顾客多消费
4	互动活动	（1）儿童节主题互动游戏：组织一些与儿童节相关的互动游戏，如绘画比赛、才艺展示等，让孩子们在用餐过程中参与互动，增加节日的趣味性 （2）儿童才艺表演：邀请儿童进行才艺表演，如唱歌、跳舞等，让餐厅充满欢声笑语
5	会员专享福利	（1）会员儿童优惠：为有小孩的会员提供额外的优惠或礼品，提高会员的忠诚度 （2）积分兑换：允许会员使用积分兑换儿童节特色菜品或礼品，提高会员的活跃度
6	社交媒体宣传	（1）发布儿童节主题的海报和菜品图片：在餐厅的官方社交媒体账号上发布儿童节主题的海报和特色菜品图片，吸引家庭顾客的关注 （2）邀请顾客分享：鼓励顾客在社交媒体上分享他们的用餐体验和儿童节祝福，扩大餐厅的知名度和影响力

五、季节性节日促销技巧

对于季节性节假日，餐饮企业的促销活动应当"借题发挥"，突出节日的气氛。餐饮企业可以在不同的季节中进行多种促销。这种促销可根据消费者在不同季节的就餐习惯和在当季上市的新鲜原材料来策划。

即使没有节假日，餐厅也应当根据季节做适当的促销。比如，在酷热的夏天推出特价清凉菜、清淡菜，在严寒的冬天推出特价砂锅系列菜、火锅系列菜以及味浓的麻辣菜等。

六、职业类节日促销技巧

职业类节日，包括教师节、秘书节、记者节、护士节等职业类的节日，这些节日往往为某些特殊职业的从业人员而设，餐饮企业可以在这样的节日中，通过开展主题餐饮活动联络与这部分消费者的感情。

七、特殊时段促销技巧

特殊时段主要包括：高考期间、年终期间、暑假期间。在这些时段内，餐饮企业可以推出高考餐饮促销活动、各类宴会、暑期儿童套餐等，以此吸引不同阶层消费者的注意力。

第二节　餐厅庆典促销

一、开业庆典促销

餐厅开业庆典是餐厅正式开业时举办的一系列庆祝和宣传活动。它不仅标志着餐厅的崭新起点，也是吸引顾客、提升品牌知名度以及展示餐厅特色与形象的重要机会。

在开业庆典中，餐厅通常会进行精心的环境布置，利用彩带、气球、花篮等装饰元素营造出热闹、喜庆的氛围。同时，餐厅还会通过媒体宣传、广告推广等方式，吸引更多人的关注和参与。

在开业庆典上餐厅还会举办一系列活动，如特色菜品展示、折扣优惠、买一赠一、抽奖等，旨在吸引顾客前来消费，增加餐厅的营业额。此外，餐厅还会邀请知名人士或网红进行开业剪彩或探店活动，提升餐厅的知名度和影响力。

通过开业庆典，餐厅可以向外界展示其独特的品牌形象、优质的菜品和服务，以及与顾客建立良好关系的决心。同时，这也是餐厅与顾客建立情感连接的重要时刻，为餐厅日后的经营发展奠定坚实的基础。

餐厅开业庆典促销是吸引顾客、提升品牌知名度，以及创造良好开业氛围的重要手段。表 3-3-15 是一些常见的餐厅开业庆典促销策略。

表 3-3-15　餐厅开业庆典促销策略

序号	策略	策略说明
1	开业庆典环境布置与氛围营造	（1）主题装饰：根据餐厅的定位和特色，进行开业主题装饰，如使用彩色气球、彩带、花篮等，营造热闹、喜庆的氛围 （2）灯光与音响：利用灯光和音响设备，打造独特的开业氛围，吸引过往行人的注意
2	特色菜品展示与推广	（1）开业特色菜品：研发并推出开业特色菜品，利用精美的摆盘和独特的口味，吸引顾客品尝 （2）菜品展示：在餐厅内设置菜品展示区，展示开业特色菜品和其他受欢迎的菜品，让顾客一目了然
3	优惠活动	（1）折扣优惠：开业期间，提供一定比例的折扣优惠，如全单八折、五折优惠等，吸引顾客前来消费 （2）买一赠一：推出买一赠一活动，如购买指定菜品即可免费获得一份小吃或饮品，以提高顾客的满意度 （3）优惠券发放：发放开业优惠券，顾客在开业期间使用优惠券可享受一定的优惠，同时增加顾客再次光顾的可能性
4	互动活动	（1）开业抽奖：顾客可参与抽奖活动，奖品包括餐厅优惠券、特色菜品免费券、精美礼品等，提升顾客的参与度和增强顾客黏性 （2）开业庆典表演：邀请当地知名的表演团队进行开业庆典表演，如表演舞狮、舞蹈等，吸引顾客驻足观看，提升餐厅的知名度和影响力
5	会员专享福利	（1）会员折扣：为会员提供额外的折扣或优惠，增强会员的归属感，提高会员的忠诚度 （2）积分兑换：允许会员使用积分兑换开业特色菜品或礼品，提高会员的活跃度

序号	策略	策略说明
6	合作与联动	（1）与当地知名景点合作：推出联名套餐或优惠券，吸引游客前来用餐 （2）与线上平台合作：与美团、大众点评等线上平台合作，推出开业专享优惠，吸引线上用户前来消费
7	社交媒体宣传	（1）发布开业海报和菜品图片：在餐厅的官方社交媒体账号上发布开业海报和特色菜品图片，吸引顾客关注和转发 （2）邀请网红或KOL探店：邀请当地知名网红或KOL前来餐厅探店，并分享用餐体验，提高餐厅的知名度和曝光率

在实施这些促销策略时，餐厅需要确保食品安全和服务质量，让顾客在享受开业氛围和美食的同时，也能感受到餐厅的专业和用心。通过精心策划和执行这些促销活动，餐厅可以吸引更多顾客前来用餐，提升营业额和品牌形象，同时也为顾客带来一个难忘的开业庆典用餐体验。

二、周年庆典促销

餐厅周年庆典是餐厅为庆祝其成立或开业周年而举办的一系列庆祝和宣传活动。这种活动不仅是对餐厅过去一年或多年成就的回顾和总结，更是为了展示餐厅的形象和特色，吸引更多的顾客，并进一步提升餐厅的品牌影响力。

在餐厅周年庆典中，餐厅通常会内外装饰一新，营造出浓厚的庆祝氛围。活动可能包括特色菜品推广，如推出纪念版菜品或套餐，让顾客品尝到餐厅的独特风味。此外，餐厅还会通过打折促销、发放优惠券或赠品等方式，吸引顾客前来消费。

除了优惠活动，餐厅周年庆典还可能包括一些互动环节，如举办抽奖活动、顾客互动游戏等，增加活动的趣味性和参与性。这些活动不仅让顾客在用餐过程中享受到更多的乐趣，还能让他们更深入地了解餐厅的文化和特色。

此外，餐厅周年庆典也是一个展示餐厅员工凝聚力和团队精神的好机会。通过举办员工聚餐、表彰优秀员工等活动，可以激发员工的工作热情，增强团队凝聚力。

总的来说，餐厅周年庆典是一个综合性的庆祝和宣传活动，旨在庆祝餐厅的成立或开业周年，展示餐厅的形象和特色，吸引顾客，提升品牌影响力，并增强员工的凝聚力和团队精神。通过精心策划和执行这些活动，餐厅可以让顾客感受到其独特的魅力和价值，为餐厅的长远发展打下坚实的基础。

表 3-3-16 是一些常见的餐厅周年庆典促销策略。

表3-3-16 餐厅周年庆典促销策略

序号	策略	策略说明
1	环境布置与氛围营造	（1）餐厅内外进行周年庆典主题装饰，如使用气球、彩带、海报等营造浓厚的庆祝氛围 （2）播放欢快的背景音乐，为顾客提供愉悦的用餐体验
2	特色菜品推广	（1）研发并推出周年庆典特色菜品，以独特的口味和创意吸引顾客 （2）设置特色菜品展示区，让顾客直观了解并品尝新菜品
3	优惠活动	（1）推出限时折扣优惠，如全场菜品八折、特定时间段内消费满额立减等 （2）发放周年庆典优惠券，顾客在活动期间使用优惠券可享受额外折扣 （3）会员专享福利，如为会员提供额外折扣、积分翻倍等优惠

续表

序号	策略	策略说明
4	互动活动	（1）举办周年庆典抽奖活动，顾客用餐后可参与抽奖，奖品包括餐厅优惠券、特色菜品免费券、精美礼品等 （2）设置顾客互动环节，如邀请顾客分享周年庆典用餐体验至社交媒体，并设置最佳分享奖励
5	合作与联动	（1）与当地知名企业或机构进行合作，共同举办周年庆典活动，扩大活动影响力 （2）与线上平台合作，推出周年庆典专享优惠套餐，吸引线上用户前来消费
6	社交媒体宣传	（1）利用餐厅官方社交媒体账号发布周年庆典活动信息、特色菜品图片等，吸引顾客关注和转发 （2）邀请网红或KOL来餐厅探店，并分享用餐体验，提高餐厅的知名度和曝光率

　　在实施这些促销策略时，餐厅需要确保食品安全和服务质量，让顾客在享受周年庆典氛围和美食的同时，也能感受到餐厅的专业和用心。通过精心策划和执行这些促销活动，餐厅可以吸引更多顾客前来用餐，提升营业额和品牌形象，同时也为顾客带来一个难忘的周年庆典用餐体验。

第四篇

餐饮企业采购与仓储管理

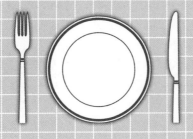

第一章　餐饮企业采购规划

第一节　餐饮企业常见采购方式

一、统一采购

在不超出价格弹性范围的情况下，所采购商品数量越大，压低价格的筹码也就越重，即所谓"多买贱卖，薄利多销"。目前，许多知名餐饮企业都采取统一采购的方式。这种采购方式可以极大地提高规模效益，减少中间环节，有效地降低采购成本。

全聚德、便宜坊、真功夫等餐饮企业，均采取扩大分店及连锁门店集中采购范围，并加强定向订单采购的策略。

二、统一采购与分散采购相结合

国内很多大型餐饮集团，如内蒙古小肥羊餐饮连锁有限公司（以下简称"小肥羊公司"）、山东净雅餐饮有限公司等，采取了统一采购与分散采购相结合的采购模式。

【案例】▶▶

小肥羊公司集中采购和物流配送，降低门店运营成本

小肥羊公司所经营食品的原料种类繁多，季节性强，品质差异大。为此，小肥羊公司成立了物流配送分公司，在内蒙古包头、内蒙古锡林浩特设立了一级分拨中心，在北京、上海、深圳等城市和山东、陕西、河南、河北、甘肃、新疆等地区设立了二级分拨中心，业务范围覆盖全国，为小肥羊公司餐饮经营的集中采购、配送、仓储提供了后勤保障。

小肥羊公司对食材进行集中采购和统一配送，各门店在系统中上报采购需求，公司进行汇总分析后制订统一的采购计划，通过统一的供应商管理和价格管理平台进行集中采购和财务结算，有效降低物料采购成本，提高了小肥羊公司的整体竞争优势。

同时，公司总部将物流业务系统延伸到连锁店，根据下属企业的要货申请，在集团内进行库存物资的分配、平衡，下达统一的内部配送指令，使连锁店与物流公司在业务上形成闭环，从而集中资源优势解决连锁店的原材料供应问题，降低连锁店运营成本。

餐饮企业可以借鉴其他行业企业的成功经验，对价值高、关键性的物资实行统一计划、统一采购，以获得规模经济效应，降低采购成本；对批量小的低值易耗品以及需要每日采买的果蔬、肉蛋、调料等物资，实行区域分散采购。

三、本地采购与外地采购相结合

在餐饮企业的日常经营中，大量的原材料一般都在本地就近购买，以便能够及时满足使用需求，但由于市场经济的作用，各地产品的价格都有所不同，尤其是干货、调料等的价格，由于进货途径不同，各地的价格差异较大，这就需要餐饮企业采购部门深入地开展市场调研，掌握本地和外地各类产品的价格行情，从而有计划地去外地采购同等质量、价格低廉的食品原料。

【案例】▶▶▶

麦当劳本土化采购

本土化采购对缩短采购周期和降低采购成本有极大的作用，而采购周期直接关系到保质期问题。麦当劳在中国的原材料采购额每年高达数十亿元人民币，最初其部分原材料从国外进口，现在97%以上都在本地采购。

麦当劳有一套很好的运转机制，其所需原料有固定的供应商，有的已合作了40多年。麦当劳开到哪里，供应商就把厂建到哪里，双方形成了一种良好的合作伙伴关系。

作为必备产品，麦当劳的薯条受到严格的监控。1993年，麦当劳的主要薯条供应商辛普劳在北京成立合资公司，年产量1万吨以上。早在1982年决定进入中国之前，麦当劳便与辛普劳调查适合在中国种植的土豆品种，最后选定美国品种夏波蒂，然后从美国引进先进种植技术，对施肥、灌溉、行距、株距及试管育苗等都规定了统一标准。

美国可奈劳公司一直为麦当劳餐厅提供高质量的生菜。1997年麦当劳考虑采取本土化采购策略，于是可奈劳公司开始在广州建立分公司。为了确保产品质量，厂房和实验室设备几乎全部从国外进口。

美国福喜公司与麦当劳保持了40多年的合作关系。1991年福喜在河北成立独资企业，为麦当劳提供肉类产品及分发配送服务。福喜有一套完整的产品质量保证体系，每个工序均有标准的操作程序。比如，在生产过程中采用统计工艺管理法，在关键质量控制点采用现场控制图法，每种产品都有几十个质量控制指标，确保食品质量。

1995年麦当劳在北京建立生菜薯条生产厂，在昆明建立了汉堡包生产厂。面粉供应商是北京大晓坊面粉公司、新烟面粉公司、河北马力酵母公司，均自愿参加了美国烘焙协会的标准检查，以确保产品质量。

广州味可美公司由美国味可美公司独家投资，1996年开始营运，专门为麦当劳提供西式调味料、酱料和雪糕顶料等。麦当劳两款特色食品——苹果派和菠萝派则由美国百麦公司和北京南效农场的合资企业生产，95%的原料在中国采购，一小部分调味品从外国进口。

四、联合招标采购

餐饮企业可以在地区内联合几家企业进行联合招标采购，扩大采购规模，形成规模优势，以降低采购成本和产品原料价格。

招标采购是指采购方提出品种规格等要求，再由卖方报价和投标，采购方择期公开开标，通过公开比价以确保最低价者得标的一种买卖契约行为。招标采购提倡公平竞争，可以使购买者以合理价格购得理想货品，杜绝徇私、防止弊端，但是手续较烦琐、费时，不适用于紧急采购与特殊规格货品的采购。

（一）餐饮企业采购招标流程

餐饮企业采购招标流程如图4-1-1所示。

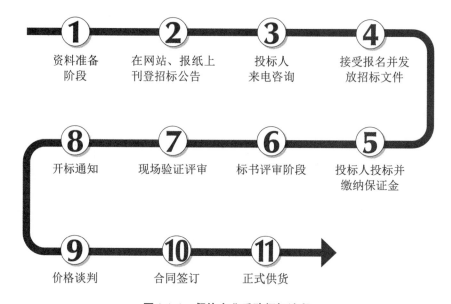

图4-1-1　餐饮企业采购招标流程

现对招标流程中的各个步骤进行具体说明。

① 资料准备阶段：餐饮企业准备招标文件及登报公告。

② 在网站、报纸上刊登招标公告：联系当地报纸或网站刊登招标公告。下面提供一份招标公告示例，供读者参考。

 **【范本01】** ▶▶▶ --

××餐饮企业食品招标采购公告

为体现招标的公平、公正、公开，提高招标透明度，规范招标行为，根据《中华人民共和国招标投标法》等有关规定，××餐饮企业以公开招投标方式进行采购招标，现将有关招标事项公告如下。

一、招标单位

略。

二、招标项目及具体内容

大米、食用油、酱油、味精、猪肉、豆制品、蔬菜、鸡蛋、鸭蛋、水果等。

三、投标人资质要求

详见招标文件。投标者须遵纪守法，无犯罪记录，服从本公司管理。

四、招标方式

略。

五、中标方式

略。

六、报名时间

略。

七、开标日期

略。

八、联系方式

联系人：×××　　　　　电话：×××××××××××

----

③ 投标人来电咨询：餐饮企业热情接听投标人的咨询电话，详细解答报名手续问题，主动邀请投标人前来报名洽谈。

④ 接受报名并发放招标文件：餐饮企业热情招待投标人，做好相关接待工作；由两名以上评标成员为投标人办理投标登记手续，审查报名资料，并与投标人洽谈；对投标人进行初步评定，形成书面记录，并给投标人发放招标文件。下面提供一份招标文件示例，供读者参考。

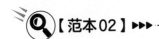【范本02】▶▶▶ --

××餐饮企业招标文件

一、投标人资格

1. 凡具有合格经营法人资格，有生产或供应能力，符合并承认和履行招标文件中的各项规定的企业或个体经营户，均可参加投标。

2. 在本公司确定合格投标人之前，有必要对投标人进行实地走访，投标人需按照招标文件中的规定准备好有关资料备查，否则视为不合格。非合格投标人不得参加投标、报价。

二、投标费用

投标人应自行承担所有与参加投标有关的费用，不论投标的结果如何，本公司在任何情况下均无义务和责任承担这些费用。

三、投标方式

投标人应按照本公司的要求，在有效的时间范围内参加投标。

四、投标文件构成

1. 按照招标文件要求提交的全部资料。

2. 商品报价。

3. 第八条规定的投标保证金。

五、投标报价格式

1. 投标人在投标报价时须报单类商品单价的下浮率。

2. 投标人必须按照所投类别下的全部商品目录进行报价，否则投标不成功。

3. 所有有效期内的招标报价包含运送装卸费用。

六、投标文件的有效期

本投标文件自发标之日生效，有效期截至_____年____月____日。

七、投标货物符合招标文件规定的说明

投标人必须依据招标文件中招标项目的要求及本公司对产品包装、规格、品质的要求进行投标，对商品要求有异议时可要求本公司澄清。对于同类可替代的产品，必须事先征得本公司招标小组同意后方可替代。

八、投标保证金

1.投标人应提交_____元的投标保证金，作为投标文件的一部分。

2.投标保证金是为了保证本公司不会因投标人的不当行为而蒙受损失。本公司有权以投标人的不当行为为由没收投标人的投标保证金。

3.投标保证金为现金，由投标人在报名时交给本公司。

4.对未缴纳投标保证金的投标人，本公司将拒绝其参加投标。

5.未中标人和未被评为预备中标人的投标人，其投标保证金将无息退还。

6.发生下列任何一种情况时，投标人的投标保证金将被没收。

（1）投标人中途放弃投标。

（2）有证据显示投标人有串标行为。

九、投标、开标时间

_____年____月____日。

十、开标

_____年____月____日，本公司评标小组在招标文件规定的地点主持开标。

十一、评标原则

1.按照单类商品总价排名进行评标，并宣布中标人和预备中标人。

2.评标的主要依据为全部投标人所出标价中的最低价。

3.评标时除考虑投标报价以外，还将考虑以下因素。

① 投标人的综合实力、业绩和信誉。

② 投标货物的质量和适应性。

③ 投标人的配送周期和供货能力。

④ 售后服务承诺。

4.如果某类商品投标人少于三人，评标小组可以视具体情况宣布该类商品的此次招标无效。招标人将退回投标保证金，另行组织招标或根据公司《物品采购办法》采用其他采购办法。

5.最低投标报价不能作为中标的唯一保证。

十二、评标办法

1.评标小组由公司采购领导小组成员代表和上级部门领导组成。评标小组对所有投标人的投标采用相同的标准进行评标。

2.若投标人在评标过程中有企图影响评标结果的不符合招标规定的行为，本公司将取消其中标资格。

十三、中标及预备中标人通知

1.开标结束当日，以公告形式发出"中标通知书"，"中标通知书"一经发布即具有法律效力。

2.在公布招标结果的当日，向未中标人退还投标保证金。

十四、签订合同

1.中标人接到"中标通知"后，按规定的时间和地点与本公司签订合同。

2. 本招标文件、投标人的报价、投标操作及评标过程中形成的文件均作为签订合同的依据，并成为合同的附件，对合同双方均具有法律约束力。

十五、履约保证金及收取标准

1. 中标人在签订购销合同之前向招标人交纳履约保证金，如中标人在合同履行过程中有违约行为，则扣罚其违约保证金。

2. 履约保证金按下列标准收取，具体见下表。

履约保证金收费标准

序号	产品类别	履约保证金收费标准/元
A	蔬菜类	2000.00
B	肉类	2000.00
C	冻品类	2000.00
D	鲜活水产类	1000.00
E	豆制品类	500.00

十六、违约

当中标人因严重违约被取消中标人资格时，本公司将从其他中标候选人中重新选择。投标价高于中标价的排名第二的中标候选人成为新的中标人，组织签订新的合同。

附：

××餐饮企业招标商品目录

A：蔬菜类

序号	品名	质量	产地（蔬菜公司）	市场批发单价下浮率	参考量/千克
1	苋菜	优			
2	大白菜	优			
3	鞭笋	优			
4	……				

B：肉类

序号	品名	质量	质检单位	市场批发单价下浮率	参考量/千克
1	里脊肉	优			
2	纯精肉	优			
3	大排	优			
4	肋排	优			
5	……				

C：冻品类

序号	品名	包装规格	质量	厂家	市场批发单价下浮率	参考量/千克
1	冻鸡翅		优			
2	冻鸡小腿		优			
3	冻鸡肾		优			
4	冻鸡胸		优			
5	冻鸡大腿		优			
6	……					

D：鲜活水产类

序号	品名	包装规格	质量	产地	市场批发单价下浮率	参考量/千克
1	河虾		优			
2	对虾		优			
3	鱼		优			
4	湖蟹		优			
5	……					

E：豆制品类

序号	品名	包装规格	质量	产地	市场批发单价下浮率	参考量/千克
1	豆腐		优			
2	百叶		优			
3	腐竹		优			
4	素鸡		优			
5	油豆腐		优			
6	……					

⑤ 投标人投标并缴纳保证金：投标人在规定时间内报送标书，报送时一并缴交保证金或提供缴款凭证，否则视为废标。

⑥ 标书评审阶段：评审组集体评审标书，并按品种选出得分较高的三名投标人入围。

⑦ 现场验证评审：评审组根据入围名单，分别到中标候选人的生产或储存现场进行实地考察和了解。

⑧ 开标通知：综合评审得分，每个品种选出两个中标人及一个备选人，通知投标人开标结果，并退回未中标人的保证金。

⑨ 价格谈判：通知中标人进行价格谈判。

⑩ 合同签订：与中标人签订供货合同，并将投标保证金转为合同保证金（或其一部分）。

⑪ 正式供货：供货期长短以招标公告为准。

（二）需初步评定的项目标准

餐饮企业与投标人洽谈时，需初步评定的项目标准见表4-1-1。

表4-1-1　需初步评定的项目标准

序号	项目类别	洽谈事项
1	企业规模及知名度	了解投标人单位的经营性质、注册资本、经营场地、设备、员工人数、经营效益以及在行业内的知名度

续表

序号	项目类别	洽谈事项
2	资质情况	（1）投标人提供的营业执照、组织机构代码证、税务登记证等是否齐全、是否在有效期内 （2）投标人是否具有食品卫生等级认定、食品生产许可证、质量体系认证等相关资格证书
3	信誉情况	（1）投标人的第三方信誉评定等级，如工商部门评定的"重合同守信用"企业等级、银行资信等级、税务部门的缴税情况等 （2）投标人在行业内的口碑以及客户的反馈情况等
4	质量情况	（1）投标人生产工艺情况、有无专职品管人员负责品控、有无建立完善的质量管理制度和体系 （2）投标人能否提供所供应货品的检验报告和质量证明等 （3）投标人所提供货品的样品质量 （4）投标人是否接受本公司派员到其生产或储存现场实地考察
5	报价情况	在投标品种中随机抽取几种物品询问价格，并与同期市场批发价格对比，判断价格是否属实和适价
6	承诺情况	投标人是否能满足本公司提出的供货质量、地点、送货时间等方面的要求
7	其他条件	投标人获得的荣誉称号或能证明其实力、服务水平等各方面优势的条件等

（三）确定采购具体内容

餐饮企业需要与供应商确定的相关内容主要包括以下6类，具体如图4-1-2所示。

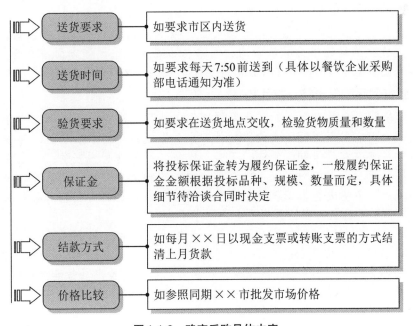

图4-1-2　确定采购具体内容

五、电子采购

电子采购将成为采购业发展的一大趋势，因此餐饮企业应顺应潮流、及时行动，加大对电子商务的投入，逐步实现电子销售和电子采购一体化的在线供应链管理。一方面推行并不断改进"为订单而采购"的经营模式，最大限度地缩减销售物流与采购物流之间的中转环节——库存物流，按需求定供应，以信息换库存；另一方面再造销售模式和采购模式，逐步实现在线、实时的电子采购并不断提高其份额。

 **相关链接** ←···

关于推广餐饮企业电子商务采购平台的通知

各省、自治区、直辖市、计划单列市、省会城市及新疆生产建设兵团商务主管部门，各地饭店与餐饮（烹饪）协会，饭店与餐饮企业：

为贯彻落实商务部关于《全国餐饮业发展规划纲要（2009—2013）》和《关于加快流通领域电子商务发展的意见》文件精神，加快餐饮业转变发展方式，推进餐饮业电子商务与信息化建设，倡导绿色安全、节约型餐饮，健全食品安全可追溯体系，我中心联合有关单位共同推出铭扬网餐饮企业电子商务采购平台（以下简称铭扬网采购平台）。现将有关事项通知如下。

一、推广电子采购平台是餐饮业全面升级的重要举措

在科学技术日新月异的今天，餐饮等服务行业的竞争力越来越取决于现代经营方式的推广力度，取决于电子网络平台、现代物流科技的应用程度。虽然近年我国餐饮业进入快速发展阶段，规模化和连锁化步伐加快，初步形成从传统手工向现代产业转型发展的新格局，但也面临着一些亟待解决的问题，特别是规范化、信息化程度低，食品安全隐患等制约着餐饮行业的整体发展。

餐饮企业电子商务采购平台，针对行业发展存在的薄弱环节，在促进连锁经营、实现企业现代化管理、推行绿色采购、保障食品安全可追溯等方面将发挥积极作用，是加快餐饮业优化升级的有效手段，具有重要的现实意义。

二、铭扬网采购平台特点与优势

铭扬网采购平台是专门针对现代餐饮连锁企业和优质供货商而建立的全国性电子采购协同平台。它采用国际先进的"软件即服务"模式，基于互联网，为餐饮企业和供应商提供一整套在线采购、销售、库存、发货、结算的解决方案。其主要特点表现在：一是操作简单，连接网络或手机即可处理采购和供货业务；二是实时快捷，自动生成各种报表，省去大量人工统计，避免结算误差；三是稳定可靠，由专人维护后台服务器，提供免费升级，保证数据安全，永不丢失。

铭扬网采购平台的主要优势在于：第一，极大优化企业业务流程，在线实现采购的精细管理，把企业从繁杂的手工单据报表中解脱出来，避免单据丢失和资源浪费，明显提高餐饮业采购工作效率和管理水平；第二，便于企业高层管理者控制采购成本，实时掌控企业采购情况，有效提升企业利润率；第三，帮助企业建立安全可靠的进货渠道，提供完整的原材料可追溯系统，从根本上确保食品安全。

三、使用铭扬网采购平台企业应具备的条件

（1）具有法人资格，是全国限额以上餐饮连锁企业。

（2）拥有 3 家以上连锁店。

（3）具有一定的品牌知名度，是全国重点餐饮企业或区域龙头餐饮企业。

（4）具有明显的发展潜力和竞争优势，具备一定的现代化管理基础。

四、工作目标及推广计划

略。

五、成立项目组，加强组织推广

略。

六、联系方式

略。

2010 年 5 月 18 日

六、供应商长期合作采购

餐饮企业可以与供应商签订长期采购合作协议，实行成本定价，以此达到降低成本的目的。

七、同一菜系餐饮企业集中采购

同一菜系所用食材原料大多相同，如川菜中的花椒和麻椒、湘菜中的辣椒、粤菜中的蚝油等。因此，同一菜系餐饮企业可以联合起来进行集中采购，建立统一采购平台。

餐饮企业经营中最主要的资源是"两材"，即人才与食材，具体如图 4-1-3 所示。

图 4-1-3　餐饮企业经营中的"两材"

八、农餐对接——向农户直接采购

餐饮企业直接与生产源头进行对接，可缩减两个终端间的中间环节，确保农产品源头可追溯，质量也更加有保障，价格也相对稳定。

目前"农餐对接"面临着很多问题，如生产规模不能满足市场需求、不能长期稳定地保证企业创新菜品所需原料的供应等。餐饮企业可以建立"农餐对接"长效机制，进行基地考

察，研究合作模式，确保主要农产品的安全、有效供给。

九、餐饮企业自建原料基地

最近几年，餐饮企业所需原材料的价格十分不稳定，部分原材料价格出现大幅上涨。餐饮企业可以自己建立主要原料生产基地，以确保在原料供应和采购价格上的自主权。

> **提醒您：**
>
> 餐饮企业自建原料基地的好处是可以从种植、养殖环节开始质量管控，直接实现产品可追溯，最大限度地保障食品安全。

【案例】▸▸▸

著名餐饮企业原料基地

陶然居的原料来自自建基地

重庆著名餐饮连锁企业陶然居，其分店每年需要大量的田螺、老腊肉、板鸭、土鸡、干海椒、花椒等，这些菜品原料绝大部分都是在企业自建的生态养殖基地种养的。

无锡穆桂英美食广场则建立了安徽凤阳粮食、浙江北天目湖家禽、宁夏盐池牛羊肉、贵州黔西南州野生菌、云南昭通猪肉火腿、苏北高宝湖淡水产品、吉林糯米、无锡大浮蔬菜八个原料基地，专门为其供应原料。

小肥羊公司的肉材都来自锡林郭勒草原基地、巴彦淖尔草原基地和呼伦贝尔草原基地，它是国内首家获得有机食品认证的羊肉加工企业。

此外，武汉艳阳天酒店、小蓝鲸酒店也分别建立了武昌鱼养殖基地、莲藕直供基地等，可以让餐饮企业尽量避免被市场价格变动所波及。

图4-1-4　某餐饮企业的蔬菜基地

餐饮企业可以在农村直接建立自己的原料生产基地，减少中间销售环节，确保原料价格波动不超出企业承受范围。当然，餐饮企业要与农户签订收购协议，这样不但可以保证原料的数量和质量，也可保证价格的稳定，避免受到市场经销商、运输等其他因素的干扰。图4-1-4为某餐饮企业的蔬菜基地。

下面提供两份种植收购合同范本，供读者参考。

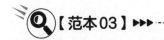【范本03】▶▶▶ --

蔬菜种植协作合同

甲方：××餐饮连锁有限公司

乙方：××村村委会

为做好餐饮企业蔬菜基地的生产工作，向消费者提供优质蔬菜产品，同时带动和提高农户的种植效益，双方本着互惠互利、共同发展的原则，就蔬菜基地的建设和发展签订如下合同。

① 甲方负责确定蔬菜种植规模，制定种植技术操作规程，提供技术指导，并按照订单收购农户的产品；乙方负责组织农户落实各项具体的种植工作。

② 乙方负责为甲方安排绿色食品蔬菜种植户____个，种植品种和面积分别为_____、_____、_____、_____。

③ 乙方组织农户按甲方要求进行生产并及时按甲方订单要求送货。

④ 甲方负责制定产品收购质量标准。农户蔬菜产品验收合格后，甲方按高于市场价5%的价格收购。结算方式为现金结算，即随购随付款。

⑤ 产品收购合同由餐饮公司下属蔬菜配送中心和农户自行签订。

⑥ 以上条款双方需共同执行，未尽事宜双方协商解决。

⑦ 本合同有效期为三年。

⑧ 本合同一式二份，甲乙双方各执一份，盖章后生效。

甲方：_____　　　　乙方：_____

____年____月____日　　　　　　____年____月____日

【范本04】▶▶▶ --

番茄种植收购合同

甲方：××餐饮连锁有限公司

乙方：×××　　　　　　　身份证号：_____

为加快发展农村经济，确保农民增产增收，同时为餐饮企业提供优质食品原料来源，本着公平、公正、诚实守信和互惠互利的原则，双方经协商制定本收购合同。

一、甲方责任

① 甲方负责为乙方提供种植所需要的番茄种苗，番茄种苗需无病虫害、根系良好，品种纯正率和成活率在95%以上，价格为_____元/株。

② 番茄预定种植面积为_____亩，种苗数量为_____株，具体以发苗欠款凭条上的数量和金额为准。

③ 发放种苗时乙方写欠款凭条给甲方，收购番茄时甲方从乙方应得的番茄货款中一次性扣除欠款。

④ 甲方负责根据乙方的生产进度及时提供技术支持和服务，精心安排乙方的种植进度和田间管理措施。种植生产措施以甲方安排的为准，乙方不得自行安排或更改。如私自更改种植安排和措施，造成减产或绝收的，损失由乙方全部负责。

⑤甲方负责购买乙方种植番茄所需要的生产物资。

⑥甲方现款收购乙方交付的合格番茄。甲方按市场价格进行收购，并以综合保护价格（_____元／千克）进行保护性收购。综合保护价计算方式：乙方最后一次交货时，与甲方统一汇总交货总量和收购单价，算出一年内交货数量的平均单价，如平均收购单价低于综合保护价，甲方须按综合保护价补足乙方货款。

二、乙方责任

①乙方应根据甲方的种植安排，按时、按量、按质提供种植番茄所需的生产物资和劳动力。

②乙方必须根据甲方的种植安排及时开展生产，不得以任何理由推诿、拒绝、拖延甲方的生产安排，否则，造成的损失全部由乙方负责赔偿。

③乙方必须按收购合同上规定的标准及时采收合格番茄并全部交给甲方，不得自行采收或将不合格番茄交给甲方。

④乙方必须在_____年____月____日至_____年____月____日内，向甲方交付合格番茄____吨。如有特殊情况需要提前或延期交货，应事先通知甲方，并经双方达成协议后按协议执行。

三、违约责任

①甲方必须按市场价格进行收购，如有违约，则按每吨_____元的标准赔偿乙方损失。

②无论交货时市场价格如何，乙方须保证将所种植的番茄合格品全部交售给甲方，如乙方有以次充好、卖给其他商家或采收不成熟番茄出售的行为，应按每吨_____元的标准向甲方支付违约金。

③乙方未按甲方的安排进行生产，所造成的所有损失（包括甲方的种苗和有关费用）由乙方赔偿（自然灾害或不可抗力造成的损失除外）。

④因甲方技术指导不力造成大量减产（自然灾害或不可抗力造成的损失除外），所有损失由甲方负责赔偿。

四、物资筹备清单

注：以1亩地的物资需要量为核算标准。

复合肥：_____千克。

农家肥：_____千克。

地膜：_____千克。

农药：_____千克。

五、其他约定

在合同执行过程中若出现纠纷，双方协商解决或者依法裁决。若甲乙双方的任何一方要求变更或解除合同，应及时通知对方，双方应采用书面形式达成协议。未达成协议以前，原合同仍然有效。一方在接到另一方变更或解除合同的要求后，应在15天内作出答复，逾期不作答复的即视为同意。

此合同一式两份，双方各执一份，经双方签字盖章后生效，双方应严格遵守。

甲方：_____　　　乙方：_____

_____年____月____日　　　　　　_____年____月____日

第二节 餐饮企业采购部门管理

采购部是餐饮企业的一个重要部门，主要负责餐饮企业各种物资的采购工作。采购部门主要由采购部经理、采购主管、仓库主管、采购员、验收员、仓管员等组成。餐饮企业对采购部及采购部人员的管理要从明确职责、选择人员、开展培训、绩效考核等方面入手。

一、采购部门组织架构及部门职责

（一）采购部门组织架构

不同规模的餐饮企业，其采购部门的设置也有所不同。有些企业的采购部隶属于财务部，有的则是单独的一个部门，其组织架构如图 4-1-5 所示。

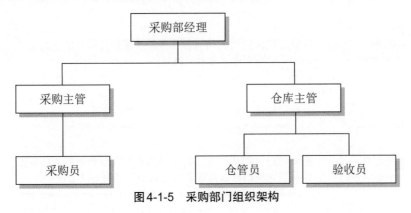

图 4-1-5 采购部门组织架构

（二）采购部门职责

餐饮企业采购部门的职责主要包括以下 7 点，如图 4-1-6 所示。

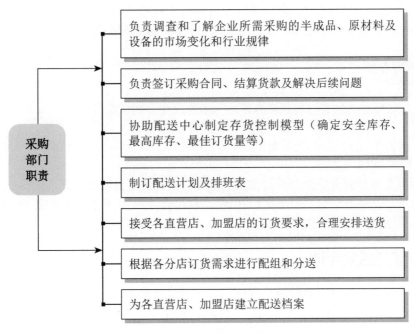

图 4-1-6 采购部门职责

二、采购部门与其他部门的协调

采购业务涵盖的范围广、涉及的部门多,因此采购部门要想使采购业务顺利进行,并获得良好的工作绩效,除了本部门人员努力工作外,还需餐饮企业内部有关部门密切配合。

采购部门的工作人员必须建立良好的人际关系,提升自身的协调能力,以便获得有关部门的支持与协助。

(一)管理部门

采购部门应将从供应商处获得的市场信息提供给管理部门作为其经营依据。管理部门则应将税费结构、汇率趋势等信息提供给采购部门参考。

(二)餐饮部门

采购部门与餐饮部门的协调主要表现在 3 个方面,具体如图 4-1-7 所示。

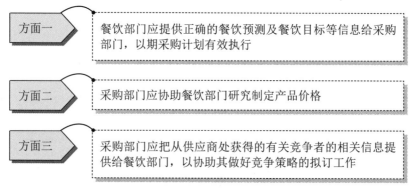

图4-1-7　采购部门与餐饮部门的协调

(三)厨房

采购部门必须与厨房密切合作,共同商定食品原料的采购规格和库存量。厨房需要每日定时向采购部门提交采购申请单,并对采购原料质量、采购时间等提出建议。

> **提醒您:**
>
> 厨房可以协助采购部门加快库存原料的周转,处理积压原料。

(四)财务部门

采购预算是餐饮企业资金需求最主要的部分,若无良好的财务计划,采购工作将无法顺利进行。因此,采购部门应与财务部门在资金调度与运用、汇率与利率的价差、付款条件与额度设定等方面做好协调工作。

三、采购部门绩效考核

餐饮企业要对采购部门进行绩效考核,就必须明确采购部门的绩效考核指标。下面提供一份 ×× 餐饮企业采购部绩效考核指标,供读者参考。

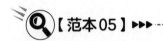
【范本05】▶▶▶ --

××餐饮企业采购部绩效考核指标

序号	指标	说明	计分规则	数据来源
1	采购成本预算超支率	采购成本预算超支率＝采购实际成本÷采购预算成本	（1）等于目标值，得100分 （2）超过目标值的130%，不得分 （3）每超过目标值5%，减10分 （4）每低于目标值5%，加5分 （5）其余按线性关系计算	财务部
2	供货及时率	货物供应要满足生产要求，防止生产经营中断	供货每延期一天，减5分；延期10天以上，不得分	厨房及其他使用部门
3	采购产品质量合格率	采购的产品应符合生产经营质量要求	（1）等于目标值，得100分 （2）低于目标值的70%，不得分 （3）每低于目标值5%，减10分 （4）每超过目标值5%，加10分，总分最高120分 （5）其余按线性关系计算	厨房及其他使用部门
4	存货周转率	提高存货周转率可以减少库存，降低资金占用水平 存货周转率＝营业成本÷平均存货	（1）等于目标值，得100分 （2）低于目标值的70%，不得分 （3）每低于目标值5%，减10分 （4）每超过目标值5%，加10分，总分最高120分 （5）其余按线性关系计算	财务部报表
5	采购费用超支率	采购费用超支率＝（实际发生采购费用－预算采购费用）÷预算采购费用 采购费用指采购过程中发生的差旅费、交通费等，不包括货物价格、运输费用等	（1）等于目标值，得100分 （2）超过目标值的130%，不得分 （3）每超过目标值5%，减10分 （4）每低于目标值5%，加5分 （5）其余按线性关系计算	财务部报表
6	采购账务差错率	应付账款账务出现遗漏、错误等的比率	没有出现错误，得100分；出现一次及一次以上错误，不得分	财务部
7	采购信息管理	统计报告及时性、采购价格信息和供应商信息系统建设的完整性	由上级主管领导直接评分	总经理办公室、本部门记录
8	部门费用预算超支率	严格按预算和制度控制部门费用支出	（1）等于预算值，得100分 （2）每超过预算值5%，减10分，超过30%，不得分 （3）每低于预算值5%，加5分，总分最高140分 （4）其余按线性关系计算	财务部报表
9	部门计划完成率	部门工作计划完成情况	上级直接评分，得分范围为0～100分	部门年终总结

第二章　食品原料采购管理

第一节　食品原料采购管理要点

一、制定食品原料采购程序

餐饮企业在实施采购时应首先制定一个有效的工作程序，使采购员和管理人员都清楚应该怎样做、怎样沟通，形成一个正常的工作流程，也便于管理者履行职能，知道怎样去控制和管理。

（一）单店经营餐饮企业

餐饮企业可以根据自身的管理模式制定符合本公司实际情况的采购程序，不管程序形式如何，其设计目的和原理是相同的。通用的单店经营餐饮企业原料采购程序如图 4-2-1 所示。

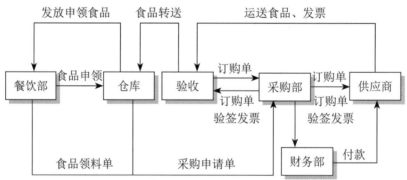

图4-2-1　单店经营餐饮企业原料采购程序

（二）加盟经营餐饮企业

加盟经营餐饮企业的采购业务流程与单店经营餐饮企业有着一定区别，具体如图 4-2-2 所示。

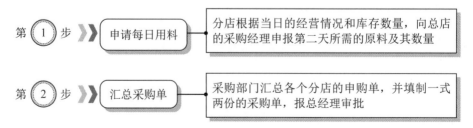

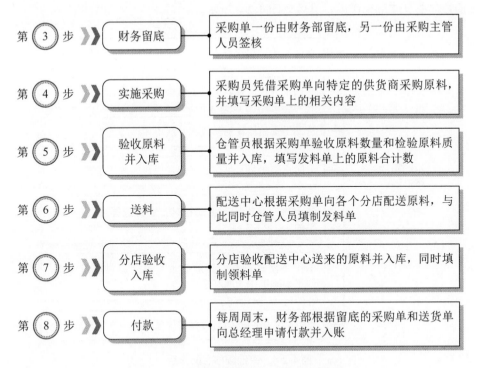

图4-2-2 加盟经营餐饮企业原料采购程序

二、原料采购质量控制

食品原料质量是餐饮产品质量的保证，因此，餐饮企业要对原料质量进行控制，制定食品原料质量标准。食品原料质量标准通常以采购规格书的形式列出所需采购的食品原料目录，明确对各种食品原料的质量要求。

（一）采购规格书

（1）采购规格书的内容

采购规格书是以书面的形式提出餐饮企业对要采购的食品原料在质量、规格等方面的要求。采购规格书应包含如图 4-2-3 所示内容。

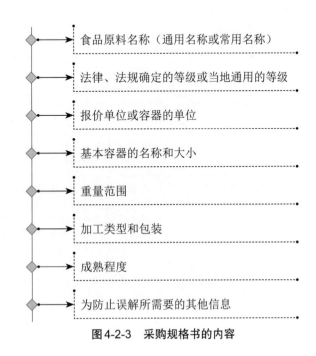

图4-2-3 采购规格书的内容

（2）采购规格书的作用

采购规格书具有七个作用，具体如图 4-2-4 所示。

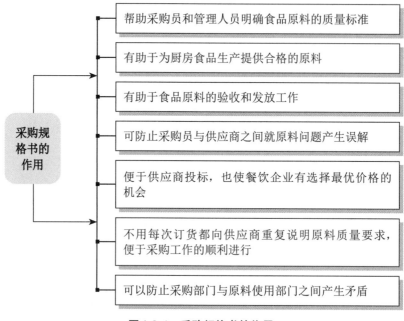

图 4-2-4　采购规格书的作用

（二）编写质量标准需考虑的因素

编写质量标准需考虑四个因素，具体如图 4-2-5 所示。

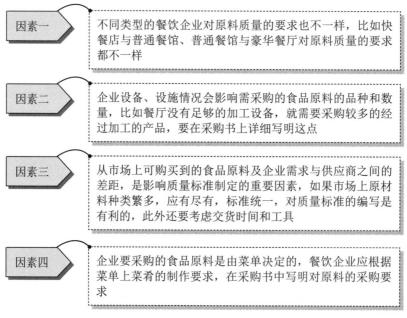

图 4-2-5　编写质量标准需考虑的因素

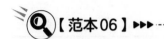【范本06】▶▶▶ --

叶菜类蔬菜采购标准

1. 常见品种

常见的叶菜类蔬菜主要有大白菜、小白菜、甘蓝、菠菜、菜心、生菜、苋菜、空心菜、芥蓝、油菜、芹菜、葱、韭菜、茴香、茼蒿、木耳菜、芫荽、花菜等。

2. 基本要求

叶菜类蔬菜要色泽鲜亮，切口不变色；叶片挺而不枯黄，无腐叶；质地脆嫩、坚挺；结球叶菜类蔬菜要结实、无老帮。

3. 采购标准

叶菜类蔬菜的采购标准见下表。

叶菜类蔬菜的采购标准

品名	优质形态	劣质形态
小白菜	梗呈白色、较嫩较短，叶子呈淡绿色，整棵菜水分充足，无根	有黄叶、虫蛀洞或小虫，茎叶腐烂、有压伤，失水太多
大白菜	坚实、无虫、无病、不冻、无损伤，不崩裂、不浸水，不带老帮散叶，根长不超过5厘米	有老帮散叶、虫蛀洞或小虫、压伤，失水太多，根太长
菜秧	梗较细较嫩，叶子细长、呈淡绿色，棵小似鸡毛，水分充足	有黄叶、小虫，茎叶腐烂、有压伤，失水太多
菠菜	鲜嫩、叶肥，无虫、无病，无黄叶、无泥土、不浸水，根长不超过1.3厘米	有黄叶、虫蛀洞或小虫，茎叶腐烂、有压伤，失水多，根太长
韭菜	叶较宽、挺直、呈翠绿色，根部洁白，软嫩且有韭香味，根株均匀，长约20厘米	有泥土，黄叶或叶上有斑，枯萎、干尖，腐烂
韭黄	叶肥厚挺立、稍弯曲，色泽淡黄，香味浓郁，长约20厘米	有泥土，叶干软，有断裂、腐烂
香芹	叶翠绿、无主茎、分支少，根细，茎挺直、脆嫩，芹香味浓，水分充足，长约30厘米	有泥土、黄叶、烂叶、干叶，根粗、分支多，茎老化、弯曲、空心，有锈斑、黄斑、断裂、腐烂
水芹	叶嫩绿或黄绿，茎、根部呈白色，茎细软、中空、水分充足，有清香味，长约30厘米	有泥土、烂叶、黄叶，根茎变黄，有锈斑、黄斑、断裂、腐烂、杂草
西芹	叶茎宽厚，颜色深绿，新鲜肥嫩	有黄叶、梗伤、水锈，腐烂、断裂、枯萎
牛皮菜	叶颜色翠绿、水分充足、脆嫩、可竖起，棵株挺直	叶子发黄，有褐色边或褐斑，干软，有烂根、脱叶
空心菜	叶薄小翠绿、有光泽，棵株挺立，梗细嫩脆、呈淡绿色、易折断，长约15厘米	叶子大，有黄叶、烂叶、叶斑、花蕾、虫洞、腐烂，棵株软、梗粗老，节上有白色
西洋菜	颜色淡绿或深绿，茎细嫩脆、易折断，水分充足，棵株挺直	茎粗老、白色支头多，有黄叶、烂叶、杂草，棵株软且大
油麦菜	叶淡绿、肥厚、嫩脆，无主茎，叶株挺直，水分充足，根部的切面呈嫩绿色	黄叶、烂叶，有叶斑，有主茎，干软

续表

品名	优质形态	劣质形态
芥菜	叶大而薄、深绿色，叶柄嫩绿脆，无主茎，叶株挺直，水分充足	黄叶、黄叶边，有虫，干软
苋菜	主要有红、绿两种苋菜，叶为绿色或红色，有光泽，茎细短、光滑嫩脆，棵株挺直，水分充足	有黄叶，叶背有白点，有虫，枯萎，有籽，茎粗老
潺菜	颜色碧绿，叶厚实、有光泽，梗细短，光滑嫩绿，掐之易断	有叶斑或叶子过大，枯萎，有杂草，梗粗老
菜心	颜色碧绿，梗脆嫩，掐之易断，棵株挺直，水分充足	有叶斑、虫洞，枯萎，梗粗老
芥蓝	颜色墨绿，叶短少、有白霜、挺直，梗皮有光泽，呈绿色、粗长，断面呈绿白色、湿润	叶枯萎，有花蕾、压伤，断面呈黄色、锈色，腐烂或干涩
小葱	叶翠绿、饱满、均匀细长，鳞茎洁白、挺直，香味浓郁，长15～30厘米	有黄叶、烂叶、干尖、叶斑，有毛根泥土，枯萎，茎弯曲或浸水过多
胡葱	叶翠绿、饱满、均匀细长，鳞茎洁白、挺直，香味浓郁，长15～30厘米	有黄叶、烂叶、干尖、叶斑，有毛根泥土，枯萎，茎弯曲或浸水过多
西蓝花	花蕾颜色为深绿色，细密紧实不散，球形完整，表面有白霜，花梗深绿、紧凑，外叶绿色且少，主茎短	花蕾有烂斑、污点，粗而松，表面发干，有压伤、刀伤、虫害，主茎长
青蒜	叶青翠、薄嫩、挺直，蒜茎洁白，水分充足，外表无水	有黄叶、干尖、烂梢，有根，表面有泥土
香菜	茎翠嫩、挺直，根部无泥，香气重，水分充足	有黄叶，出现腐烂现象，根部有泥土，发蔫

【范本07】▶▶▶

茎菜类蔬菜采购标准

1. 常见品种

常见的茎菜类蔬菜主要有萝卜、马铃薯、红薯、芋头、莲藕、淮山、牛蒡等。

2. 基本要求

茎菜类蔬菜要茎部不老化，个体均匀，未发芽、变色。

3. 采购标准

茎菜类蔬菜的采购标准见下表。

茎菜类蔬菜采购标准

品名	优质形态	劣质形态
土豆	颜色为淡黄色或奶白色，个大形正、大小整齐，表皮光滑，体硬、饱满	发芽、青斑、萎蔫、腐烂，坑眼多，有毛根，表皮有泥土、粗糙
洋葱	鳞片颜色为粉白或紫白色，鳞片肥厚、完整无损，抱合紧密，球茎干度适中，有一定的硬度	腐烂、干枯、过软、裂开、发芽，颜色发乌、有泥土

续表

品名	优质形态	劣质形态
红薯	颜色为粉红色或淡黄色，个大形正，表皮无伤、体硬、饱满	腐烂、破皮、坑眼多、畸形、泥土多、发软等
生姜	颜色为淡黄色，表皮完整，姜体硬脆、肥大，有辛香味	有烂斑，姜体干硬，有碰伤、毛根、泥土
大蒜	颜色为白色或紫色，蒜皮干燥，蒜瓣结实不散，有硬度	发芽、散瓣、烂瓣、瘪瓣，有虫孔、须根
莴笋	叶茎鲜嫩，皮薄，剥叶后笋白占笋身四分之三以上，直径在5厘米以上，无烂伤，去老根为佳	叶茎萎蔫，皮厚，笋白干硬、有烂伤
胡萝卜	颜色为红色或橘黄色，表面光滑，条直匀称、粗壮、硬实，肉质甜脆，中心柱细小	表皮皱缩，有刀伤、裂痕、褐斑，肉质薄、发糠，有泥土
青萝卜	颜色青绿，皮薄且较细，肉质紧密、形体完整，水分大、分量重	糠心，有裂痕、刀伤，泥土多，局部腐烂
白萝卜	洁白光亮，表面光滑、细腻，形体完整，分量重，底部切面洁白，水分大，肉嫩脆、味甜适中	糠心、花心、灰心，有断裂、压伤、虫洞、毛根，表皮粗糙，泥土多，表面有黄斑或褐斑
芋头	红褐色，表皮粗糙，大小适中，断面肉质洁白，肉中有紫色的点，肉质硬脆，不硬心	有刀伤、根须、疤痕，泥土多，个体过小，水分流失，肉硬但不脆
莲藕	表皮颜色白中带微黄，藕节肥大、无叉，水分充足，肉洁白、脆嫩，藕节一般为3～4节	有外伤、裂痕、褐色斑，干萎，颜色发黄
茭白	叶颜色为青绿色、完整，茎粗壮，肉肥厚，颜色洁白或呈淡黄色，折之易断	茎肉颜色青绿、有斑、较细且空，有刀伤或虫洞
冬笋	笋壳为淡黄色、有光泽、完整清洁，壳肉紧贴、饱满，肉质洁白细嫩，根小	冰冻、霉烂、风干，有刀伤，壳皮卷曲、壳肉有空隙，有黑斑，根大、肉老
竹笋	笋壳颜色为淡黄色、有光泽，笋体粗壮、充实、饱满，笋肉洁白脆嫩、水分多	笋体断裂，有黑斑、烂斑，笋壳干曲，壳肉有空隙，笋根变黑、肉变色
慈姑	外包膜颜色为淡黄色，顶端尖芽呈淡黄色，形大饱满、洁净，肉乳白细腻	有刀伤、虫洞、裂开、腐烂、冰冻、个小、多泥，顶端尖芽萎蔫

【范本08】▶▶▶ ----------------------------------

果菜类蔬菜采购标准

1. 常见品种

常见的果菜类蔬菜主要有黄瓜、南瓜、西葫芦、冬瓜、苦瓜、丝瓜、茄子、辣椒、番茄等。

2. 基本要求

果菜类蔬菜允许果形有轻微缺点，但不得变形、过熟；表皮不能有严重碰伤、腐坏、变色、虫洞；还应注意防止因相互挤压而使表皮破洞。

3.采购标准

果菜类蔬菜采购标准见下表。

果菜类蔬菜采购标准

品名	优质形态	劣质形态
黄瓜	颜色为青绿色，瓜身细短、条直均匀，瓜把小、顶花带刺，肉脆甜、瓤小、子少	颜色发黄，皮皱，形体有大肚或瘦尖、弯曲，有压伤、腐烂、断裂，肉白或有空心
冬瓜	皮青翠、有白霜，肉洁白、厚嫩、紧密，瓤小，有一定硬度	有压伤、烂斑，较软，肉有空隙、水分少、发糠
丝瓜	分为有棱和无棱两种，表皮颜色翠绿、薄嫩，瓜身条直均匀、细长挺直、易断无弹性，肉洁白软嫩，子小	颜色泛黄，皮粗糙，瓜身弯曲、不均匀，有伤疤、烂斑、黄斑，瓜身较软有弹性，肉松软或中空
苦瓜	表皮呈淡绿色、有光泽，瓜身凸处明显、条直均匀、有一定硬度，瓤黄白、子小，味苦	腐烂，有压伤、刀伤、磨损、虫洞、斑点，颜色发黄甚至发红，瓜身软
节瓜	颜色为翠绿色、有光泽，有细绒毛，皮薄嫩，肉洁白、子小，形正，有一定硬度	有压伤、烂斑、凹瘪、黄斑，瓜身软，绒毛倒伏
南瓜	颜色为金黄色或橙红色，瓜形周正，肉金黄、紧密、粉甜，表面硬实	有斑疤、破裂、虫洞、烂斑，瓜身畸形
瓠瓜	颜色为淡绿色，表面光滑平整、有光泽、有白色绒毛，有一定硬度，无弹性，皮薄，肉洁白鲜嫩，瓜形周正	瓜身断裂、有划伤、软烂、干皱、畸形，颜色发黄
佛手瓜	颜色为浅绿色，佛手形状，有一定硬度，皮脆硬，肉晶莹透明，瓜形正	表皮擦伤、烂斑、干皱
角瓜	颜色为黄绿色，表皮光滑、有花纹和棱边，皮薄肉嫩，瓤小子少，有一定的硬度，尾蒂有毛刺	表皮粗糙，有烂斑、划伤
茄子	紫色，表皮光滑，手感结实有弹性	表皮损伤、起皱，有虫洞、腐坏点
辣椒	表皮鲜嫩有光泽，带蒂	表皮损伤、发黄，蒂枯，有腐坏点
番茄	表皮光滑，可带蒂、叶	表皮损伤、有洞，失水、软烂，有虫洞、腐坏点

 **【范本09】** ▶▶▶

豆类蔬菜采购标准

1.常见品种

常见的豆类蔬菜主要有毛豆、豌豆、豇豆、菜豆、刀豆、蚕豆、扁豆、荷兰豆、豆芽等。

2.基本要求

豆类蔬菜要求色泽鲜绿，豆荚硬实肉厚，荚嫩脆香，不显籽粒，无褐斑、虫洞，不失水。

3. 采购标准

豆类蔬菜的采购标准见下表。

豆类蔬菜采购标准

品名	优质形态	劣质形态
豇豆	表皮颜色为淡绿色、有光泽，豆荚细长、均匀、挺直、饱满，有花蒂，有弹性，折之易断	有虫洞、黄斑、烂斑，粗细不均匀，豆荚松软、有空，折之不断、筋丝较韧
毛豆	颜色为青绿色，豆荚表皮茸毛有光泽，豆荚饱满，剥开后豆粒呈淡绿色、完整，有清香	豆荚有虫洞、软烂，颜色发黄、发黑，豆粒小而瘪，有异味
青豆米	表皮颜色单一、有光泽，豆粒大、均匀完整，较嫩	颜色杂，大小不均匀，有碎粒、烂粒、霉粒、杂质
菜豆	颜色为翠绿色，表面有细茸毛，豆荚细长均匀、水分充足、饱满，有韧性、能弯曲，指甲掐后有痕，折之易断	有虫洞、斑点、水锈、腐烂、萎蔫，纤维明显、筋丝粗韧、豆荚粗壮，难弯曲
荷兰豆	表皮颜色嫩绿有光泽，豆荚挺直，折之易断，筋丝不明显，豆粒小	枯萎，颜色为黄绿色，筋丝明显，折之不断

【范本10】▶▶▶

菌类蔬菜采购标准

1. 常见品种

常见的菌类蔬菜主要有香菇、木耳、草菇、金针菇、猴头菌、竹荪、蒙古口蘑、牛肝菌、羊肚菌等。

2. 基本要求

菌类蔬菜要求外形饱满，手感强韧，伞内无腐烂、发霉或变色。

3. 采购标准

菌类蔬菜的采购标准见下表。

菌类蔬菜采购标准

品名	优质形态	劣质形态
香菇	菌盖为褐色、有光泽，菌褶为米色或乳白色，菌身完整无损、不湿，菌盖厚大、有弹性，柄短小，香味浓，重量轻	腐烂，破损，潮湿黏手，菌身不完整，颜色暗淡、发黑，味淡或有异味
平菇	菌为洁白色，菌身完整、大小均匀，菌盖与柄、菌环相连未展开，根短	发霉，潮湿黏手，有杂质，菌盖边缘裂开、盖柄脱离，颜色发黄、有黄斑
草菇	顶部颜色为鼠灰色，根部为乳白色，菌形为蛋形或卵圆形，饱满、菌膜未破，湿度适中	潮湿黏手，腐烂，有异味，杂质多，颜色变黑，菌盖欲开或菇腰凹陷
金针菇	菌盖为乳白色，菌柄为淡黄色，根部为淡褐色，菌身细短、挺直	腐烂，潮湿，枯萎，菌盖脱落，柄粗长、颜色发黄

【范本11】▶▶▶ --

水果采购标准

1. 基本要求

对水果的总体感官要求为：果实结实、有弹性，汁多、肉甜、味足，手掂重量合理，未失水干缩，柄叶新鲜，果形完整、个体均匀，带本色香味，表皮颜色自然有光泽，无疤痕、变色或受挤压变形、损伤，无虫眼或虫啃咬过的痕迹，无过熟、腐烂迹象。

2. 采购标准

水果的采购标准见下列两表。

普通水果采购标准

品名	优质形态		劣质形态
	外观	口感	
柑橘	个头均匀，果实结实、有弹性，手掂有重量感，果形完整，表皮有光泽、无疤痕，无萎缩、变色、受挤压变形的现象，带本色香味，无褐斑、黑点	甜、酸甜，汁多、肉嫩、渣少	果皮有疤痕，失水干缩，腐烂霉变
苹果	个头均匀、结实、多汁，表面光滑、有光泽，无压伤、疤痕，不干皱，带本色香味	脆甜、酸甜、汁多	腐烂发霉，果皮失水萎缩，有疤痕、损伤、虫洞
梨	个头均匀，表面颜色自然有光泽，果实结实，带本色香味，无干皱、压伤	甜而多汁，脆、渣少	失水干皱、无光泽，果皮变黑，切开果心发黑，有冻压伤、虫洞
水蜜桃	果皮粉红、个大形正、均匀整齐，表面有细小的绒毛，带本色香味，果体成熟微软，皮薄易剥离	味甜、多汁，肉柔糯、无渣、有芳香	有压伤，开裂出水，变软过熟，腐烂，有虫洞
樱桃	果体呈圆珠状，饱满颜色深、粒大均匀，有晶莹透明之感，带本色香味	皮薄、汁多、果肉软嫩，味甜、核小	果皮有疤痕，果实萎缩，腐烂，过熟，裂皮，渗水或有虫及杂质等
杏	果皮为深黄色或金黄色，有红晕，表面带绒毛，果体微软有弹性，带本色香味	果肉柔嫩，味酸甜，无涩味且多汁	出现腐烂、压伤、疤痕、开裂、过熟、萎蔫、变软等情形
西瓜	果形完整、结实，无开裂、压伤	汁多肉甜、沙、脆、滑、香	有疤痕、压伤，甚至出现黑斑，瓜身有变软、腐烂等情形

热带水果采购标准

品名	优质形态		劣质形态
	外观	口感	
火龙果	果皮颜色鲜红光亮，体表有较厚的短叶，底部的花萼叶子较长，形状如一团火焰，叶子挺直、呈淡绿色，果体结实、水分充足、无皱纹，果肉乳白，布满芝麻状的黑色种子	肉质鲜嫩，口感清淡、微甜，水分充足	腐烂、有压伤、表皮皱纹、叶片发黄、果体变软或无光泽、果肉变半透明状

续表

品名	优质形态		劣质形态
	外观	口感	
枇杷	颜色为黄色或橙色、有光泽，表面有绒毛和果粉，个大均匀饱满，呈鹅蛋形，有新鲜的果柄，果实微软、有弹性	成熟度高，肉质结实，皮薄、多汁，肉厚细嫩，口味甜中带微酸	腐烂，萎蔫，过熟，有压伤、瘀伤，表皮发皱，果柄脱落
芒果	颜色为黄色或黄绿色，果肉为淡黄色，表面油滑、有光泽，果形均匀，有芒果香味，手感微软、结实	甜、香味浓郁、肉质细滑	有软腐病、蒂腐病、黑斑、压伤、瘀伤，过熟、过生，萎蔫，果皮皱
香蕉	成熟度在八成以上，中间颜色为黄色，两端为青绿色或全部为黄色且有梅花点、有光泽，果形长而弯曲，呈月牙形，菱角不明显，果身圆满、有弹性，皮薄、易剥离，果肉呈淡黄色或奶白色	口感甘甜香浓、柔糯不涩，香气浓郁	腐烂、过熟、过生、裂开、发黑、有异味、皮肉粘连、果肉软烂
龙眼	颜色呈黄褐色，表面干燥光滑，果体呈小球形，饱满有弹性，带长果枝，果皮薄而韧，果肉晶莹洁白	肥硕多汁、味甜如蜜	腐烂、变黑、爆裂、果汁外溢
荔枝	颜色为鲜红或浅红色，表面布满龟裂片，果体上大下小呈心形，果粒饱满、有弹性，皮薄，果肉洁白透明	口感细嫩、味甜、多汁	果皮变褐色、裂开、萎蔫，果汁外溢，过软
红毛丹	颜色鲜红，表皮长有较长、挺直的须，果体呈圆球状，果肉洁白晶莹	脆嫩，口感清甜、汁多	萎蔫、须变黑、爆裂、果汁外溢
椰青	纤维质颜色雪白，外观削成圆柱锥形，表面湿润，摇晃水声清晰	椰汁透明、清淡、略甜、爽口，肉甘香	纤维质发黑、发红，腐烂、裂开、萎蔫、有异味
杨桃	颜色翠绿透黄，表面有蜡质光亮，外观为椭圆状，横断面呈五星形，棱间丰满，果体呈半透明状，皮薄如纸，果肉白色、晶莹透亮	口感爽脆多汁、清甜微酸	腐烂，有压伤、擦伤、瘀伤、黑斑
黑、红布林	颜色鲜红或紫红色或黑色及紫黑色，表面有白霜，圆形或椭圆形，个体均匀整齐，果体微软且有弹性，果肉呈黄色或褐色，皮薄	肉质脆嫩、味道甜美（李子味）	腐烂，裂开，过熟，萎蔫或表皮起皱，发霉，有压伤、瘀伤，味涩
菠萝	果皮厚，有突出果眼呈鳞状，果形椭圆，果肉为黄色，冠顶叶青绿	质脆嫩爽甜，纤维少	通体金黄（已过熟），果肉发软，果眼溢汁，表面发霉
榴莲	果皮长满尖刺，果形完整、饱满	果肉香甜细滑，有成熟果实的特有香气	开裂，有冻伤、黑斑，果肉极软，颜色白
山竹	果实呈圆形，果皮厚而硬，呈紫黑色，果顶瓣为鲜绿色，果肉为白色肉瓣	甜而微酸	果柄干枯、有压伤，过生（果皮颜色为青白或粉红）、过硬（用手捏不开，果肉已变质）

【范本12】▶▶▶ ---

猪肉采购标准

1. 新鲜猪肉采购标准

项目	优质	次质
外表	表皮白净，毛少或无毛	有血块、污染，毛多，肉质瘫软
颜色	脂肪洁白有光泽，肉呈鲜红色或玫红色	肉呈暗红色或灰褐色，脂肪呈黄白色、绿色或黑色表示已腐坏
弹性	弹性好，按之迅速恢复	弹性差，按之恢复较慢或有明显的按压痕迹
黏度	表面不黏手	干燥或黏手
气味	正常的肉味	有异味

2. 冷冻猪肉采购标准

项目	优质	次质	变质
颜色	外表颜色比冷却肉鲜明，表面切开处为浅玫瑰色或浅灰色，用手或热刀触之，立即显示鲜红色，脂肪洁白	色稍暗红，缺乏光泽；脂肪微黄，有少量霉点	色暗红、无光泽，脂肪呈黄色或灰绿色，有绿斑、紫斑、污血，有过多冰衣、白霜
肉质	肉坚硬，像冰一样，敲击有响声，无杂质，无肌肉风干现象，肌腱为白色、石灰色	肉质软化、松弛	肉质松弛
黏度	外表及切面微湿润、不黏手	外表湿润、不黏手，切面有渗出液、不黏手	外表湿润、黏手，切面有渗出液、黏手
气味	化冻时有正常的肉味，略潮，没有熟肉味	稍有氨味或酸味	有氨味或酸味、臭味

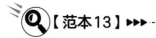【范本13】▶▶▶ ---

牛肉采购标准

1. 新鲜牛肉采购标准

项目	优质	次质
颜色	颜色暗红、有光泽，脂肪洁白或呈淡黄色	颜色发黑或呈鲜红、淡红色，表面颜色不一致，脂肪呈黄色
肉质	肉质纤维细腻、紧实，夹有脂肪，肉质微湿	肉质纤维松软粗糙，含水分大甚至滴水
弹性	弹性好，指压后凹陷能立即恢复	弹性差，指压后凹陷难以恢复
黏性	表面微干，有风干膜，不黏手	表面过于干燥、失水，或过于湿润、无风干膜

续表

项目	优质	次质
气味	有牛肉的膻气	有异味、氨味等

2. 冷冻牛肉采购标准

项目	优质	次质	变质
颜色	肉色红且均匀、有光泽，脂肪洁白或呈微黄色	肉色暗，肉与脂肪缺乏光泽，切面有光泽	肉色暗，脂肪发污，切面无光泽
肉质	结构紧密坚实，肌肉纤维韧性强	肉质松弛，肌肉纤维有韧性	肉质软化、松弛，肌肉纤维缺乏韧性
黏度	外表风干、有风干膜，或外表湿润、不黏手	外表风干或轻度黏手，切面湿润、不黏手	外表极度干燥、黏手，切面湿润黏手
气味	牛肉的正常气味	稍有氨味或酸味	有氨味或酸味、臭味

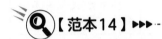

【范本14】▶▶▶

羊肉采购标准

1. 新鲜羊肉采购标准

项目	优质	次质
颜色	颜色呈深红色或淡红色，有光泽，脂肪颜色为洁白或乳白	颜色发黑或发绿，无光泽，脂肪为黄色
弹性	弹性好，指压后凹陷能立即恢复，不黏手	弹性差，指压后凹陷难以恢复，表面黏手
肉质	肉质纤维细软，少有脂肪夹杂，有羊肉的膻气	肉质纤维粗硬，脂肪夹杂较多，有异味

2. 冷冻羊肉采购标准

项目	优质	次质	变质
颜色	颜色鲜艳，有光泽，脂肪为白色	肉色稍暗，脂肪稍黄，表面缺乏光泽，切面有光泽	肉色暗，脂肪微黄，表面无光泽、切面无光泽
肉质	结构紧密坚实，肌肉纤维韧性强	松弛，肌肉纤维有韧性	软化、松弛，肌肉纤维缺乏韧性
黏度	外表风干、有风干膜，或外表湿润、不黏手	外表风干或轻度黏手，切面湿润、不黏手	外表极度干燥、黏手，切面湿润黏手
气味	羊肉的正常气味	稍有氨味或酸味	有氨味或酸味、臭味

【范本15】▶▶▶ --

禽肉采购标准

1. 新鲜禽肉采购标准

项 目	优质	次质	变质
眼球	平坦	多皮缩、凹陷，晶体稍混浊	干缩、凹陷，晶体浑浊
色泽	皮肤有光泽，因品种不同呈现乳白色、红色、灰色、灰白色等，肌肉切面有光泽	皮肤无光泽，肌肉切面有光泽	体表无光泽，局部发绿
黏度	外表稍湿润、不黏手	外表干燥或黏手，新切面湿润	外表干燥或黏手，新切面发黏
弹性	指压后凹陷立即恢复	肌肉开始松弛，指压后凹陷立即恢复	肌肉软化，指压后的凹陷不能恢复
气味	具有禽类固有的正常气味	有不新鲜味道	体表和腹腔有不新鲜味或臭味
肉汤	透明澄清，脂肪团聚于表面，具有特有香味	香味差、无鲜味	有腥臭味

2. 鸡的分割部件采购标准

序号	部件名称	标准
1	鸡脚	（1）新鲜质量好的鸡脚颜色呈乳白色，表面有光泽，个大完整，整齐度好，肉厚有弹性，无黄皮趾壳，无血污、血水，无残缺，脚趾根上无黑斑 （2）质量稍差的则颜色发黄、过分水浸、个太小或软烂、有黑色的碱斑
2	鸡翅	（1）优质的鸡翅颜色为淡黄色，有光泽，皮光洁紧缩，肉与皮结合紧密，无异味、残羽，无伤斑和溃烂，无血水、血污 （2）质量稍差的则脱皮、有瘀血、发皱、有毛、黏手、有异味
3	鸡胸肉	无残羽，无血水、血污，无残骨，无伤斑、溃烂、炎症，允许有少数红斑
4	鸡脖	去颈部皮，无羽毛、无血污，品质新鲜
5	全腿	（1）肉颜色鲜红，有光泽，皮光洁紧缩，肉与皮结合紧密、弹性好，无异味，无残羽，无血水、血污，无残骨，无伤斑、溃烂、炎症 （2）质量稍差的则会出现脱皮、瘀血、发皱、黏手、颜色发暗、有异味等情形
6	鸡肝	外形完整，去胆，无寄生虫、炎症、水泡，无胆汁污染，无血迹
7	鸡胗	（1）新鲜质量好的鸡胗呈紫绛色，结构紧密、厚实、有弹性，不黏手，外形完整，无内膜、脂肪，去食管 （2）质量稍差的颜色则呈灰绿，结构松弛、无弹性，表面黏手，有异味或污物

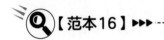【范本16】▶▶▶ --

其他肉类附属产品采购标准

1. 猪的脏器

猪的脏器采购标准见下表。

猪的脏器采购标准

序号	类别	优质	次质
1	猪肠	呈乳白色或淡褐色，卷曲有皱褶，质地稍软，清洁，略带坚韧，外形完整，无变质异味，无炎症溃疡、瘀血、充血、水肿及其他病理现象，无肠头毛圈、脂肪、内容物	颜色呈淡黄色或灰绿色，肠壁发黏或有病变、溃疡、脓肿、寄生虫、污物
2	猪肚	呈乳白色，组织结实，无异味，外形完整，质地柔软，表面清洁，内壁光滑，无溃疡及其他病变现象，无内容物、黏膜、脂肪、瘀血、肠头毛圈	颜色呈灰绿色，结构松烂或硬厚，有硬块、溃疡、红肿，有异味或污物
3	猪心	颜色鲜红，脂肪呈乳白色或红色，结构紧实，形状完整，切开后有血块，有弹性	颜色发暗或呈红棕色，脂肪为灰绿色，质地软、无弹性，有异味、肿块或寄生虫
4	猪肝	颜色为红褐色或棕黄色，有光泽，湿润，略有弹性，组织结实微密，肝叶完整，无脂肪，无寄生虫、炎症、水泡、薄膜，无胆汁污染，微有鱼腥味	颜色呈暗红或褐绿色，软塌、松散、无弹性，易破损，有异味，有胆汁流出或有寄生虫
5	猪脚	品质新鲜，颜色为乳白色或淡黄色，表面光滑无毛，肉弹性好，形状完整，去蹄壳，不带蹄筋，趾间无黑垢，无松香味	颜色发黄，有毛或血斑、血块，弹性差，表皮破损
6	猪耳	颜色呈黄白色，表面光滑无毛，形状完整，弹性好，质地硬脆	毛多、有血块，形状破损，质地塌软

2. 肥牛

① 优质的肥牛颜色呈鲜红色，脂肪洁白，肥与瘦分布均匀、比例合适，切片整齐、碎肉少。

② 质量稍差的颜色则发黄，肥瘦不均，碎肉多，解冻后可能出现切片粘连或结块现象，有异味。

3. 羊肉卷

① 优质的羊肉卷颜色鲜艳，脂肪洁白，瘦肉比例大，切片整齐、碎肉少。

② 质量稍差的则颜色发暗或微黑，肥肉过多，碎肉多，切片解冻或结块，有异味。

4. 冷藏丸子

① 质量好的冷藏丸子颜色均匀，有该种商品特有的颜色，如牛肉丸颜色呈深褐色，形状为圆球形，弹性好，表面湿润不黏手，气味正常。

② 质量稍差的颜色深浅不一，形状不规整，弹性差，手感发黏，有腐坏变质的异味。

5. 冷藏香肠

① 质量好的冷藏香肠颜色均匀，有该种商品特有的颜色，弹性好，表面湿润、光滑，不黏手，气味正常。

② 质量稍差的颜色深浅不一，形状不规整，弹性差，肉散或皮肉分离，手感发黏，有腐

坏变质的异味。

6. 散腊肠

① 质量好的散腊肠呈深红色，夹带白色脂肪，腊肠结实、干燥、完整，表面有光泽、起皱，肉质弹性好，具备腊肠的香味。

② 质量稍差的呈淡黄色或黄色，腊肠软湿、易碎、发黏，表面无皱纹、无弹性，有白（灰）色斑点，肠衣与肉分离，有异味。

7. 散腊肉

① 质量好的散腊肉颜色红润，脂肪发黄、半透明，肥瘦均匀、整齐，肉质柔软、有弹性，具有腊肉特有的香味。

② 质量稍差的颜色呈深褐色，表面有白点，肉质坚硬、干燥，有哈喇味或其他异味。

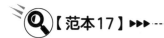

【范本17】 ▶▶▶ ---

活鲜采购标准

1. 鱼类

对于鱼类，主要是通过感官进行鉴别，具体标准见下表。

鱼类的鉴别标准

项目	优质	次质	劣质
鳞	有光泽且与身体紧密贴合，无黏液附着	缺乏光泽，有点脱落，有一定黏性	无光泽，肉质松弛，有臭味，不洁且附满黏液
眼球	眼睑突出，角膜透明	凹陷，眼睑红色，角膜变浊	眼球被破坏或脱落
鳃	鲜红色，有鲜鱼味，鳃的褶紧闭着	鳃的褶容易打开，有些褪色，有不洁灰红色液体，有臭味	明显松弛，有恶心的臭味
气味	新鲜味	—	腐败味
肉质	坚实有弹性，与骨紧密贴合	柔软，容易与骨脱离	湿润、柔软
鱼体	将鱼水平放在掌上，没有弯曲现象	鱼骨特别是尾骨容易弯曲，腹部胀大、褪色，指压留压痕	明显松弛，有恶心的臭味
投水试验	浸入水中	浮于水面	浮于水面

2. 海鲜

各类海鲜的鉴别标准见下表。

各类海鲜的鉴别标准

项目	优质	次质
软体类	色泽鲜艳，表皮呈原有色泽，有亮泽，黏液多，体形完整，肌肉柔软而光滑	色泽发红，无光泽，表面发黏，略有臭味
甲壳类	受刺激时贝壳紧闭，两贝壳相碰时发出实响	贝壳易张开，两贝壳相碰时发出空响

续表

项目	优质	次质
虾类	外壳有光泽、半透明，肉质紧密、有弹性，甲壳紧密裹着虾体，色泽、气味正常	外壳失去光泽、混浊，肉质松软、无弹性，甲壳与虾体分离，从头部起逐渐发红，头脚易脱落，有臭味
蟹类	蟹壳纹理清晰；动作敏捷，将腹部朝上，能迅速翻身；脚爪伸直不下垂；肉质坚实，气味正常	蟹壳纹理不清，蟹脚下垂并易脱落，体轻，有腐臭味

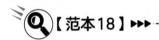

【范本18】▶▶▶

冰鲜采购标准

1. 冰鲜鱼

冰鲜鱼的采购标准见下表。

冰鲜鱼采购标准

类别	优质	次质
肉	坚实有弹性，指压后凹陷立即消失，肉的横断面有光泽，无异味	肉松软无弹性，指压后凹陷不易消失，易与骨刺分离，有霉味及酸味
眼睛	眼球饱满、明亮、清晰且完整，瞳孔黑，角膜清澈	眼球塌陷，角膜混浊，眼腔被血浸润
鳃	新鲜的鱼鳃呈鲜红色或血红色，鳃丝清晰，黏液透明且没有沾泥，无异味	呈褐色至灰白色，附有浑浊黏液，有酸臭味及陈腐味
体表	体表完整无破损，有透明黏液，鳞片鲜明有光泽，紧密贴附鱼体，不易脱落	有黏液污秽，鳞无光泽易脱落，并有腐败气味
腹部	腹部完整不膨胀，内脏清晰可辨，无异味	不完整，膨胀破裂或变软凹陷，内脏黏液不清，有异味

2. 冰鲜虾

冰鲜虾有固有的颜色，不发白或发红，头胸甲与躯干连接紧密，无断头现象，虾身清洁无污物。

3. 冰鲜软体类

冰鲜软体类的采购标准见下表。

冰鲜软体类采购标准

项目	优质	次质
墨鱼	表皮为白色，肉质洁白、有光泽，有黏液，斑点清晰，形体完整，头身连接，结构紧密，弹性好，稍有腥味	颜色发红或色泽模糊，头身分离、断缺，结构松弛、弹性差或肉易烂易裂，有异味
鱿鱼	表皮为白色，肉质洁白，有褐色斑点，有光泽，有黏液，形体完整，头身连接，结构紧密，韧性好，稍有腥味	颜色为黄褐色，头身分离、断缺，结构松弛、韧性差或肉瘫软易碎，有异味

鱼糜制品采购标准

项目	优质	次质
鱼丸类	颜色为白或灰白，表面光滑，大小均匀，肉质松软有韧性，口味新鲜、咸淡适中，无腥味	颜色发暗，大小不均匀，变质、有异味、有异物，粉过多，腥味大
鱼卷类	颜色为淡黄或黄白色，不焦不糊，长短粗细均匀，无回生现象，肉质柔软、口味鲜美、咸淡适中，无腥味	发黏、回生、焦糊腥味大，有异味
鱼糕类	颜色洁白，肉质松软有弹性，切割后不散，刀口平滑整齐，口味鲜美、咸淡适中，无腥味	发黏、回生、酸败，容易碎，腥味大、有异物

海产干货采购标准

海产干货主要包括鱿鱼干、墨鱼干、干贝、海米、虾皮、贝尖、虾籽、干海参、海带等。

海产干货采购标准

项目	一等品	二等品	三等品	次品、变质品
虾米	颜色为淡黄或浅红色，鲜艳光亮，咸味轻，虾肉弯曲，大而均匀，较干，无虾壳、无杂质	颜色为灰黄色，无光泽、咸味重，虾肉弯曲，形小而均匀，干度差，无虾壳，有少量杂质	颜色为灰黑色，咸味重，有臭味，虾肉黏手、潮湿、散碎，表面发霉，杂质较多	—
虾皮	颜色为淡黄色、有光泽，片大而均匀（2厘米以上），头尾完整，干燥无杂质，咸味很轻	颜色为黄色、无光泽，片稍小但均匀（2厘米以下），有碎片，干燥，有少量杂质，味稍咸	颜色为暗黄色，无光泽，片小，不完整，干度差，有杂质，味咸	颜色深黄或发红，碎屑多或大部分为碎屑，潮湿黏手，有小鱼、小蟹杂质，咸味重或有异味
牡蛎干	颜色为淡黄色，光亮新鲜，个大肥满，大小均匀，不破不碎，干度足，口味鲜	颜色为褐红色，光泽一般，个大肥满，大小不匀，有破碎，干度不足，有潮湿感	颜色为褐黑色，无光泽，体小而瘦，有发霉的味道	—
蛏子干	颜色为淡黄色，体大肥满，不破碎，口味鲜淡，干度足，无沙质杂物，干净卫生	颜色为淡红色，体大肥满，不破碎，口味稍咸，有潮湿感，有少量壳皮和沙质	颜色为褐红色，体形较小，口味苦咸，有发霉的味道	—
蛤蜊干	颜色为浅黄色，体大不破碎，干度足，有新鲜感，盐分轻，口味鲜淡	颜色为淡红色，体大不破碎，干度稍差，有轻度盐霜，口味较咸	颜色为暗红色，有破碎现象，盐霜重，口味苦咸，有发霉的味道	—

续表

项目	一等品	二等品	三等品	次品、变质品
蚬子干	颜色为淡白色，光亮新鲜，个体大，口味鲜淡，沙质杂物少，干度足	个大色鲜，口味较咸，干度不足，有盐霜	体形大小不均匀，颜色稍红，味道苦咸，无鲜味，盐霜、杂物、碎末多	—
海螺干	颜色为淡黄色，有光泽，肉净无内脏，干度适中，口味鲜淡，无异味，清洁干净	颜色为褐黄色，光泽暗淡，有咸味，肉体模糊	颜色为褐黄色，部分有内脏，肉体表面有盐霜，有发霉味道	—
淡菜	颜色红中带黄或黄中带白，有光泽，个大体肥，贝体完整，干度足，口味鲜淡而稍甜，无杂物、足丝	颜色为褐红色，个大体肥，有破碎的现象	颜色为褐红色，个体瘦小，灰暗无光，有发霉味道，杂质多	—
干贝	颜色为淡黄或乳白色，有光泽，瑶柱大而均匀，形体完整、纤维清晰，质地硬无裂缝、碎屑，有香气	颜色为深黄色，无光泽，瑶柱小而不均匀，质地软有裂缝、碎屑，有腥味	颜色为黄绿色，肉柱不成形，潮湿、黏手，质地软，有霉味	—
鱿鱼干	颜色呈浅粉红色，半透明，清洁有光泽，体长20厘米以上，片大完整，边缘稍有卷曲，有香气	颜色发暗，两侧有微小的红点，清洁无光泽，片小完整，体长20厘米以下，形体弯曲，受潮发软，香气淡	颜色发黑，有虫蛀、发霉的迹象，身体软烂、头身分离，潮湿黏手，霉味	—
墨鱼干	颜色呈黄棕色，半透明，清洁有光泽，体长20厘米以上，片大完整，匀称平展、片厚、干燥、硬实，有香气	颜色为深褐色，有红、白、黑色斑点，体长20厘米以下，边缘不平整	表面有霉花斑、虫蛀，严重受潮，不成形，有霉味，黏手	—
银鱼干	颜色为乳白色，鱼体大且均匀、挺直、整齐，干燥，香气浓郁	颜色为黄色，鱼体小而整齐，稍有弯曲，微潮，香气淡	—	颜色为橘黄色或发红，鱼体弯曲或发霉结块，潮湿黏手，有异味
干海参	形体大而坚硬，刺参500克35只以内，干燥有光泽，肚内无沙	形体中等大小而稍硬，刺参500克50只以内，干燥无光泽，肚内沙少	形小发软，稍湿，色泽较暗，肚内泥沙多	发霉、虫蛀、体软，潮湿、黏手，有霉味、臭味
鱼肚	颜色为淡黄色或乳白色，半透明，片大而完整，干燥且质地硬，敲击有声	颜色为黄色，透明度差，片小且不整齐，可弯曲并自行弹回	颜色为黄色或局部褐色，有少量的血筋，不透明，片小且不整齐，潮湿	颜色发绿，有霉变和虫蛀，片断裂不成形、软烂
紫菜	颜色为紫色，有光泽，片薄成饼、干燥紧密，无泥沙，有紫菜的香味	紫色中带有绿褐色，无光泽，片厚成饼，结构松软，有少量泥沙，香气淡	紫、绿、褐色均有，无光泽，松散不成片，有泥沙、杂质，有异味	颜色为黄白色，发霉、潮湿、软烂，有异味

续表

项目	一等品	二等品	三等品	次品、变质品
鲍鱼干	颜色为粉红色或淡黄色，有光泽，半透明，体形大、完整、均匀，肉结实、饱满、干燥，有香气	颜色灰暗，不透明，表面有白粉包裹，形体小，不完整，稍湿，有腥气	—	有霉点、潮湿、异味，体形不完整
海带	颜色为深绿色、褐绿色，叶片长宽厚、整齐，质地硬而韧，干燥，无杂质、沙粒，香气浓郁	颜色为褐黄色，叶片短薄窄、不整齐，质地软，潮湿，有杂质沙粒，香气淡	—	颜色为黑褐色或有白色霉点，受潮发软，风干失水，生虫或有异味

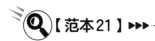【范本21】▶▶▶

谷类原料采购方法

1. 大米

大米是餐饮企业必须配备的重要材料，其采购方法如下表所示。

大米的采购方法

序号	方法	具体说明
1	看硬度	一般新米比陈米硬，水分低的米比水分高的米硬，晚籼（粳）米比早籼（粳）米硬
2	看腹白	大米腹部常有一个不透明白斑，白斑在大米粒中心部分被称为"心白"，在外腹被称为"外白"，一般水分过高，收后未经后熟和不够成熟的稻谷，腹白较大
3	看爆腰	如果米粒上出现一条或更多条横裂纹，就说明是爆腰米，不宜采购
4	看黄粒	必须观察黄粒米多少，过多则不宜采购
5	看新陈	（1）表面呈灰粉状或有白道沟纹的米是陈米，其含量越多则说明大米越陈旧 （2）捧起大米闻一闻气味是否正常，如有发霉的气味说明是陈米 （3）看米粒中是否有虫蚀粒，如果有虫蚀粒和虫尸的也说明是陈米
6	看标签	查看包装上标注的内容，如包装上是否标注产品名称、净含量、生产企业的名称和地址、生产日期和保质期、质量等级、产品标准号等

2. 面粉

采购面粉时的方法。

① 看包装上是否标明厂名、厂址、生产日期、保质期、质量等级、产品标准号等内容。

② 尽量选用标明不加增白剂的面粉。

③ 看包装封口线是否有拆开重复使用的痕迹，如果有，则为假冒产品。

④ 要看面粉颜色，面粉的自然色泽为乳白色或略带微黄色，如果颜色为纯白色或灰白色，则为过量使用增白剂所致。

3. 小米

小米的采购方法如下表所示。

小米的采购方法

序号	方法	具体说明
1	看色	新鲜小米色泽均匀，呈现出金黄色，而且富有光泽；陈年小米或染色后的小米是深黄或土黄色的，颜色发涩，缺少光泽
2	闻味	新鲜小米有一股纯正的米香；陈年小米的米香则很淡；如果是染色后的小米，则有色素的气味，如用姜黄素染色，就有姜黄味
3	手摸	用手摸或抓一把新鲜小米，手上会留下淡黄色的米糠；染色后的小米则不会有米糠，还可能会有些掉色，可以仔细地看看手掌
4	看颗粒	饱满、大小均匀、无碎粒的小米通常是优质的。颗粒大小不一、碎粒较多的小米可能质量差
5	看干燥程度	小米应干燥、不潮湿，流散性强。如果小米发油发黏，可能已受潮变质，应避免购买
6	看标签	查看包装上标注的内容，如看包装上是否标注产品名称、净含量、生产企业的名称和地址、生产日期和保质期、质量等级、产品标准号等

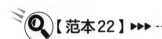

【范本22】▶▶▶

豆制品采购注意事项

餐饮企业采购员在采购豆制品时应注意以下事项。

① 最好到有冷藏设备的副食商场、超市采购。

② 真空袋装豆制品要比散装的豆制品卫生、保质期长且携带方便。

③ 要查看袋装豆制品是否标签齐全，尽量购买生产日期最近的豆制品。

④ 注意袋子真空要抽得彻底，包装还需完整。

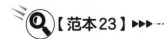

【范本23】▶▶▶

植物油采购方法

植物油采购方法见下表。

植物油的采购方法

序号	方法	具体说明
1	查看标志	查看生产日期、保质期，有无合格证和SC认证（食品生产许可认证）标志，是否标明等级、生产厂家、加工工艺等
2	嗅气味	将油脂滴在手掌上，摩擦发热可嗅出气味，氧化和酸败的油脂，可明显嗅到哈喇味
3	尝滋味	一般直接用舌舔尝，氧化和酸败的油脂带有辛辣刺激味，严重酸败的油脂带有恶臭味
4	辨颜色	一般同种油脂的色泽越浅，就说明品质越纯、质量越好，冷榨的油脂颜色较浅，热榨、预榨浸出的油脂颜色较深

续表

序号	方法	具体说明
5	看黏度	植物油脂的黏度是指油脂的黏稠程度，由于高温加热，油脂发生氧化聚合，油脂的黏度逐渐增高，其高低程度可作为衡量食用油质量的指标
6	看透明度	品质优良的植物油脂在室温下应为无絮状悬浮物，呈完全透明状，但如果植物油脂中含有高熔点物质（如蜡、蛋白质等）或含有水分、磷脂及杂质，或精炼油中残留有肥皂等，则油脂透明度下降，室温下呈微浊或浊状
7	看水分、杂质	植物油脂经过精炼，水分、杂质的含量都会降低，一、二级油中的水分、杂质含量都不超过0.05%，如果含有0.3%左右的水分，即可使油脂变色、混浊甚至酸败变质
8	看油烟	油脂经过精炼工序后，除去了水分、磷脂等杂质，精炼程度越高加热后油烟越小

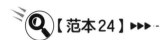

调味品采购标准

调味品是餐饮企业不可或缺的食材，没有调味品，即使再好的菜品原料也做不出好菜。因此，对于调味品要慎重挑选。

1. 食盐

食盐的分类标准如下表所示。

食盐的分类标准

序号	项目	标准
1	优质食盐	颜色洁白，结晶整齐一致，坚硬光滑，呈透明或半透明状，不结块，无吸潮反卤现象，无杂质、气味，具有纯正的咸味
2	次质食盐	颜色呈灰白色或淡黄色，晶粒大小不均匀，光泽暗淡，有易碎的结块，无气味或夹杂轻微的异味，有轻微的苦味
3	劣质食盐	颜色呈暗灰色或黄褐色，有结块和吸潮反卤现象，有外来杂质，有异臭或其他外来异味，有苦味、涩味或其他异味

2. 酱油

餐饮企业采购员在选购酱油时，可以参照如下表所示的方法。

酱油的选购方法

序号	方法	具体说明
1	看标签	查看生产日期和保质期，有无合格证和SC认证标志，是否标明等级、生产厂家、加工工艺等
2	看氨基酸态氮含量	一般氨基酸态氮含量大于0.8g/mL的是特级酱油；大于0.7g/mL的是一级酱油；大于0.55g/mL的是二级酱油；大于0.4g/mL的是三级酱油

续表

序号	方法	具体说明
3	看用途	正规厂家生产的酱油在标签上都会标明该酱油是佐餐酱油还是烹饪酱油，两者卫生指标不同，所含菌落指数也不同，佐餐酱油可直接入口，卫生指标较高，而烹饪酱油则不能用于调拌凉菜
4	摇	优质酱油摇动后会起很多泡沫，而且这些泡沫不易散去；劣质酱油摇动后只有少量泡沫，且容易散去
5	闻	对着瓶口闻酱油气味，优质酱油具有浓郁酱香和酯香味，凡是有氨味、酸味、霉味、生米曲味、焦煳味等异味的酱油都是劣质品

3. 食醋

食醋由于酿造原料和工艺条件的不同，其风格各异，目前还没有一个统一的分类方法，但根据制醋的工艺流程，可分为酿造醋和人工合成醋。选购食醋时应从4个方面进行鉴别。

（1）辨颜色：食醋有红醋、白醋两种，优质红醋其颜色为琥珀色或红棕色或黑紫色，优质白醋应无色透明。

（2）闻气味：优质醋酸味香，没有其他的气味。

（3）尝味道：优质醋酸度高但无刺激感，其酸味柔和，稍有甜味，不涩，无其他味道。

（4）看状态：优质醋应透明澄清，浓度适当，没有悬浮物、沉淀物以及霉花浮膜。

4. 姜粉

姜粉的鉴别方法如下所示。

① 纯姜粉：外观呈淡黄色，颗粒较大，纤维较多，气味芳香而有辛辣味，品尝时舌尖有麻辣感。

② 掺假姜粉：多呈黄褐色，纤维少，颗粒较小，用手研磨时有硬粮食颗粒感，有轻微辣味，品尝后舌尖有轻微麻辣感，存放时间较长的掺假姜粉会发霉结块，有霉变气味。

5. 味精

味精的鉴别方法如下所示。

（1）合格品

① 结晶状味精颗粒细长，半透明，颜色洁白如霜。

② 粉状味精呈乳白色，光泽好，呈细尖状。

③ 味道鲜美，有鱼鲜味，品尝时舌尖有冰凉感。

（2）不合格品

① 结晶状味精如果掺入石膏，则会呈赤白色，不透明、无光泽，颗粒大小不均匀；如果掺有食盐，则会呈灰白色，有光泽、颗粒小，其形状为方形。

② 如果掺入石膏或淀粉，则味道淡，品尝时舌头有冷滑感，入口呈糊状，难溶化；如掺入糖则有甜味；如果掺入盐则有咸苦味。

三、签订食品供应合同

确定合适的供应商后，餐饮企业应该与其签订供应合同。下面提供一份供应合同范本，供读者参考。

【范本25】 ►►►---

××餐饮企业食品供应合同

甲方：

乙方：

根据《中华人民共和国民法典》《中华人民共和国食品安全法》及国家有关规定，甲乙双方本着平等、诚实守信、互惠互利的原则，经友好协商，就乙方向甲方供货事宜达成如下协议。

1. 根据甲方需求，乙方向甲方提供米、面、油。

2. 乙方必须将本公司合法有效的企业法人营业执照、食品经营许可证和送货人健康证等原件送甲方查验，并将上述证件的复印件及单位经营负责人身份证复印件交甲方备案。

3. 乙方按照甲方提出的食品名称、规格、数量等要求在规定时间内将货物送到指定地点。乙方供货不符合要求的，甲方有权立即退货。

4. 乙方所提供食品的卫生、质量及包装等必须符合《中华人民共和国产品质量法》《中华人民共和国消费者权益保护法》《中华人民共和国计量法》《中华人民共和国食品安全法》的要求。如出现质量问题，乙方应无条件接受甲方的退货赔偿要求，因食品本身质量问题而引起甲方出现食物中毒等食品安全事故，由乙方承担一切法律责任和经济责任。

5. 乙方有义务向甲方提供甲方所需要的有关食品的资料，如食品生产厂家的营业执照复印件、卫生许可证复印件以及相关检测报告等。

6. 乙方提供给甲方的食品价格不能高于周边市场批发价格，并及时将食品价格的市场变动情况通知甲方。

7. 对不易购买的食品，经与甲方协商同意后，乙方方可进行调换。

8. 甲方应按时与乙方结算货款。如乙方有两次以上（含两次）私抬食品价格、不能确保食品质量的行为，甲方有权解除乙方的供货资格，并在结算时扣回多付款项。

9. 乙方将货物送达后，由甲方餐饮部经理、厨师长、仓管员负责检查验收。甲乙双方要遵守交货时间，互相积极配合。

10. 本合同未尽事宜由甲乙双方友好协商解决。如因违反本合同引起争议时，甲乙双方应尽量协商，若协商不能达成一致，则甲乙双方均有权向所在地的人民法院提起诉讼。

11. 本合同一式二份，甲乙双方各执一份，均具有同等法律效力。

12. 本合同自双方签字盖章之日起生效。

甲方（盖章）：   乙方（盖章）：

法定代表人或委托人：   法定代表人或委托人：

日期：   年 月 日   日期：   年 月 日

第二节 食品采购安全管理

一、选择合格供应商

选择合格供应商是保证食品安全的第一步，餐饮企业在选择供应商时必须考虑以下因素。

① 合格供应商应有生产或销售相应种类食品的许可证。

② 合格供应商应具有良好的信誉。

③ 对于大量使用的食品原料，应确定相对固定的原料供应商和供应基地。

④ 不定期对供应商进行实地检查，或抽取原料样本送到实验室进行检验。

⑤ 针对每种原料确定备选供应商，以便在一家供应商因各种情况停止供货时，能够及时从其他供应商处采购到符合要求的原料，以免发生因原料断货影响企业正常运营的情况。

二、绿色食品选购

绿色食品是无污染、无公害、安全营养型食品的统称，并非指绿颜色的食品。

（一）别被"绿色"两个字欺骗

一些不法商家开始在包装或宣传上打起了绿色食品的"擦边球"，企图以此蒙蔽或误导消费者，非法牟利。

> **提醒您：**
>
> "纯天然"并不代表"绿色"，也不代表"绝对安全"，所以外包装上有"纯天然"商标的商品，并不一定是绿色食品。

（二）选购"五看"

选购绿色食品时要做到"五看"，具体见表4-2-1。

表4-2-1　选购"五看"

序号	类别	说明
1	看级标	A级和AA级同属绿色食品，除有这两个级别的标志的产品外，其他均为冒牌货
2	看标志	绿色食品的包装袋上印有"经中国绿色食品发展中心许可使用绿色食品标志"字样
3	看标志上标准字体的颜色	（1）A级绿色食品的标志与标准字体为白色，底色为绿色，防伪标签底色也是绿色，标志编号以单数结尾 （2）AA级绿色食品的标志与标准字体为绿色，底色为白色，防伪标签底色为蓝色，标志编号的结尾是双数
4	看防伪标志	绿色食品都有防伪标志，在荧光下能显现该产品的标准文号和绿色食品发展中心负责人的签名
5	看标签	（1）绿色食品的标签符合国家食品标签通用标准，食品名称、厂名、批号、生产日期、保质期等内容齐全 （2）检验绿色食品标志是否有效，除了看标志自身是否在有效期内，还可以进入中国绿色食品网查询标志的真伪

三、避免食品选购误区

（一）新茶

最新鲜的茶叶其营养成分不一定最好。因为新茶是指采摘下来不足一个月的茶叶，这些茶叶内有一些会对人体产生不良影响的物质，如果长时间饮用，可能会导致腹泻、腹胀等不舒服的反应。

> 太新鲜的茶叶不适合胃酸缺乏或者患有慢性胃溃疡的人饮用。新茶会刺激胃黏膜，使人肠胃不适，甚至会加重原有病情。

（二）新鲜蔬菜

美国缅因州大学的食品学教授洛德·勃什维尔发现：番茄、马铃薯和花菜经过一周的存放后，其维生素 C 含量有所下降；甘蓝、甜瓜、青椒和菠菜存放一周后，其维生素 C 的含量基本无变化；而卷心菜经过冷藏保存后，甚至比新鲜卷心菜的维生素 C 含量更高。

为防治病虫害，菜农经常对蔬菜施用各种农药，有时甚至在采摘前的一两天还喷洒农药。所以，新鲜蔬菜最好略做存放，在残留的有害物质逐渐分解后再吃。对于那些容易衰败的蔬菜，要多清洗几次再吃。

（三）新鲜野菜

许多餐饮企业推出各种新鲜野菜系列菜品，很受顾客的青睐。但是，现在不少天然野菜生长在垃圾堆或者被污染的河道附近，很难清洗干净。如果食用了有污染的野菜，反而对身体有害。

（四）鲜黄花菜

鲜黄花菜含有秋水仙碱，食用时要小心中毒。秋水仙碱本身是无毒的，但进入人体后会被氧化成氧化二秋水仙碱，它会对肠胃及呼吸系统产生强烈的刺激，使人嗓子发干、恶心、呕吐、腹痛、腹泻、胃有烧灼感，严重的可能会产生血便、血尿或尿闭等症状。鲜、干黄花菜如图 4-2-6、图 4-2-7 所示。

图 4-2-6　鲜黄花菜

图 4-2-7　干黄花菜

（五）鲜木耳

鲜木耳中含有一种光感物质，进入人体后会随血液循环分布到人体表皮细胞中，受太阳照射后会引发日光性皮炎。这种有毒光感物质还易被咽喉黏膜吸收，导致咽喉水肿。鲜木耳如图 4-2-8 所示。

图4-2-8　鲜木耳

四、签订食品进货安全协议书

为有效控制供应商所提供食品的质量与卫生安全，餐饮企业应当与供应商签订进货安全协议书。下面提供一份食品供货安全协议范本，供读者参考。

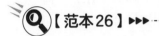

【范本26】 ▶▶▶ --

食品供货安全协议

甲方：＿＿＿＿＿＿＿＿＿＿＿＿＿＿＿＿＿（餐饮企业）

乙方：＿＿＿＿＿＿＿＿＿＿＿＿＿＿＿（供应商）

为了保障上市食品的卫生安全，保护消费者的合法权益，根据《中华人民共和国消费者权益保护法》《食品卫生法》和《关于加强食品等产品安全监督管理的特别规定》等有关规定，双方经友好协商签订此协议，具体条款如下。

第一条　供应产品名称：＿＿＿＿＿＿＿＿＿＿＿＿＿＿＿＿＿＿＿。

第二条　协议有效期：自＿＿＿＿年＿＿＿月＿＿＿日起至＿＿＿＿年＿＿＿月＿＿＿日止。期满本协议自动终止，如双方有意续约应另行签订。

第三条　乙方保证其所供应食品的包装、质量规格、卫生安全及营养成分均符合国家（地方、行业）质量、卫生、安全法律法规的相关规定。

第四条　在交货前，乙方应对所供应食品的质量、卫生、安全等进行详细全面的检验，并出具检验检疫证书，该证书将作为供应食品单据的一部分。该检验检疫证书中涉及的质量、卫生、安全的检验检疫不应视为最终检验。

第五条　乙方还必须主动提供食品经营许可证书、营业执照、产品合格证、检验及检疫证明等复印件并签字。

第六条　乙方同意在协议有效期内随时接受甲方抽验产品，以确保供应食品的品质、卫生、安全及营养成分符合要求，检验费用由乙方承担。

第七条　如经确认确有不符合卫生、安全要求和质量标准的产品，乙方愿意无条件退货或换货，并在所供应食品有效期结束之前将该食品回收完毕。

第八条　乙方所供应食品如因质量、卫生、安全不符合国家（地方、行业）相关规定以致消费者的健康及权益受损，经查明属实，乙方愿承担法律责任及赔偿责任。

第九条　乙方供应产品如因违反质量、卫生、安全相关法律法规而损害甲方的权益时，乙方愿承担赔偿责任。

第十条　本协议经双方同意后订立，双方应共同遵守。

第十一条　本协议一式两份，甲乙双方各执一份，效力等同。

甲方（盖章）：＿＿＿＿＿＿＿＿　　　乙方（盖章）：＿＿＿＿＿＿＿＿

代表人（签字）：＿＿＿＿＿＿　　　代表人（签字）：＿＿＿＿＿＿

地址：＿＿＿＿＿＿＿＿＿　　　地址：＿＿＿＿＿＿＿＿＿

电话：＿＿＿＿＿＿＿＿＿　　　电话：＿＿＿＿＿＿＿＿＿

＿＿＿年＿＿月＿＿日　　　＿＿＿年＿＿月＿＿日

五、查验索取有关票证

（一）索取购物凭证

为便于溯源，采购员要索取并保留购物发票或凭证并留存备查。对于送货上门的原料，必须确认供货方有食品经营许可证，并留存对方联系方式，以便发生问题时追溯。千万不能贪图价格便宜和省事，随意购进无证商贩提供的食品或来路不明的食品原料。

（二）查验有关证明

采购员在采购食品原料前，要查验以下证明。

① 供应商和生产单位的食品经营许可证（未经加工的农产品除外）。

② 加工产品的生产单位的生产许可证。

③ 加工产品的检验合格证（检验机构或生产企业出具）。

④ 畜禽肉类（不包括加工后的制品）的检疫合格证明（动物卫生监督机构出具）。

⑤ 进口食品的卫生证书（口岸食品监督检验机构出具）。

⑥ 豆制品、非定型包装熟食卤味的送货单（生产企业出具）。

（三）索证注意事项

① 许可证的经营范围应包含所采购的食品原料。

② 检验合格证上产品的名称、生产厂家、生产日期或批号等与采购的食品应一致。

③ 送货单、检疫合格证明上的日期、品种、数量与供应的食品应相符。

④ 批量采购时，应查验食品经营许可证、检验合格证、检疫合格证明、进口食品卫生证书、豆制品送货单、熟食送货单等。

六、开展质量验收

采购食品的质量验收工作主要由采购员、仓管员及使用部门相关人员共同负责，验收时应注意以下事项。

（一）运载工具

查看车厢是否清洁，是否存在可能导致交叉污染的情形，车厢温度是否符合食品储存温度要求等。运载工具消毒证明如图4-2-9所示。

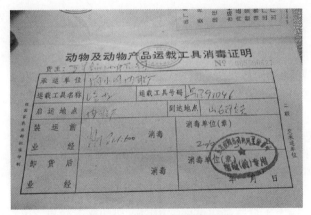

图4-2-9 运载工具消毒证明

（二）相关证明

验收员应在验收时要求供应商提供卫生、质量等方面的相关证明，并做到货证相符。

（三）温度

① 产品标注保存温度条件的，应按规定条件保存。

② 散装食品或没有标注保存温度条件的、具有潜在危害的食品应在冷冻（−18℃以下）或冷藏（5℃以下）条件下保存，热的熟食品应在 60℃以上条件下保存。

③ 测量包装食品温度时应将温度计放在两个食品包装之间，测量散装食品时应把温度计插入食品的中心部分。

④ 温度计在使用前应进行清洁，测量直接入口食品的温度计应进行消毒。

（四）标签

标签主要包括品名、厂名、生产日期、保质期、保质期到期日、保存条件、食用或者使用方法、"SC"标志等。

（五）感官

食品质量的感官鉴别主要有看、闻、摸 3 种方式。

① 看包装是否完整、有无破损，食品的颜色、外观、形态是否正常。

② 闻食品的气味是否正常，有无异味。

③ 摸食品的硬度和弹性是否正常。

（六）其他

冷冻、冷藏食品应尽量减少在常温下的存放时间，已验收的食品要及时冷冻、冷藏，不符合要求的食品应当场拒收，并做好验收记录。

七、不采购明确禁止采购的食品及食品原辅材料

餐饮企业禁止采购使用下列食品及食品原辅材料。

① 腐败变质、油脂酸败、霉变、生虫、污秽不洁、混有异物或者其他感官性状异常，可能对人体健康有害的食品及食品原料。

② 含有毒、有害物质或者被有毒、有害物质污染，可能对人体健康有害的食品及食品原料。

③ 含有致病性寄生虫、微生物的，或者微生物毒素含量超过国家限定标准的食品及食品原料。

④ 未经兽医卫生检验或者检验不合格的肉类及其制品。

⑤ 病死、毒死或死因不明的禽、畜、兽、水产动物及其制品。

⑥ 容器包装污秽不洁、严重破损或运输工具不洁造成污染的食品及食品原料。

⑦ 掺假、掺杂、伪造，影响营养、卫生的食品及食品原料。

⑧ 用非食品原料加工或加入非食品用化学物质的食品及食品原料。

⑨ 超过保质期限的食品及食品原料。

⑩ 为防病等特殊需要，国务院卫生行政部门或者省、自治区、直辖市人民政府专门规定禁止出售的食品及食品原料。

⑪ 含有未经国务院卫生行政部门批准使用的添加剂或者农药残留超过国家规定容许量的食品及食品原料。

⑫ 擅自加入药物的食品及食品原料。

⑬ 未经卫生部门批准的新资源食品。

⑭ 未经检验或检验不合格出厂的食品及食品原辅材料（初级农产品除外）。

⑮ 未按规定索证的食品及食品原辅材料。

⑯ 无食品经营许可证者生产的食品及食品原辅材料（初级农产品除外）。

⑰ 不符合国家卫生标准或者卫生管理办法的进口食品及食品原辅材料。

⑱ 其他不符合食品卫生标准和要求的食品及食品原辅材料。

如果餐饮企业发现采购食品及食品原辅材料不符合相关卫生要求、存在卫生安全隐患或可能对人体健康和生命安全造成损害，应当立即停止使用该产品，及时通知生产企业或者供应商，并向当地卫生监督机构报告。

提醒您：

　　餐饮企业采购的食品及食品原辅材料卫生质量必须符合我国食品卫生法及相关法规、规章、标准的规定。采购的进口食品、食品原材料及进口食品添加剂必须中文标志齐全。

八、做好进货索证及验收记录

餐饮企业要索取并保存供应商和生产商的卫生资质证明、每批食品及食品原辅材料的相关手续或证明文件，对采购的每批食品和食品原辅材料进行感官质量及包装标志的检查，做好进货检查验收记录（表4-2-2），建立食品及食品原辅材料进货检查验收档案。

表4-2-2　食品及食品原辅材料进货检查验收登记表

产品名称	进货时间	数量/千克	生产厂家或产地	供应商	联系人员	生产商资质是否合格	包装标志及感官质量是否合格	合格证或化验单编号	购货凭证票号	验收人

第三章 食品原料验收控制

第一节 验收作业基础工作

一、配备合格验收员

餐饮企业要保证验收工作质量，必须配备合格的验收员（如图 4-3-1 所示）。有的餐饮企业配有专门负责验收的人员，有的则是由仓管员担任。无论由哪个职位的人员负责验收工作，在配备前必须做好以下工作。

① 因为餐饮企业验收最多的是食品原料，因此验收员必须具备丰富的餐饮食品知识。

② 选择验收员时，由人力资源部门负责遴选应聘人员，审查应聘人员资历，然后会同财会部门和采购部门主管人员决定录用人选。

③ 从不同岗位中挑选出具有验收工作经验的人员负责验收工作。

④ 收货时，验收员应该根据订货单对商品进行数量盘点和质量检验。

⑤ 制订培训计划，对所有验收人员进行培训。

⑥ 未经主管人员同意，任何人无权改变采购规格。

图 4-3-1　验收员进行质检

二、准备验收场地

验收场地的大小、验收位置的好坏将直接影响到货物交接及验收的工作效率。

① 验收场地应当设在货物进出较方便的地方，最好能靠近厨房的加工场所，这样便于货物的搬运，缩短货物搬运的距离，也可减少工作失误。

② 验收时要有足够的场地，以免货物堆积，影响验收工作。

③ 验收工作中涉及许多发票、账单等，还需要一些验收设备工具，因此需要设有验收办公室。

三、配备验收设备、工具

（一）验收设备

验收处应配置合适的设备，供验收时使用。比如磅秤就是最主要的设备之一，磅秤的大小可根据餐饮企业的正常进货量来定，既要有称大件物品的大磅秤，又要有称小件、贵重物品的台秤和天平秤，各种秤都应定期校准，以保持其精确度。磅秤和台秤如图 4-3-2、图 4-3-3 所示。

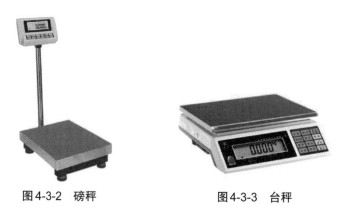

图 4-3-2　磅秤　　　　　　图 4-3-3　台秤

（二）验收工具

常用的验收工具有开纸板箱的尖刀、剪刀，榔头，铁皮切割刀，起货钩，搬运货物的推车，以及盛装物品的网篮、箩筐、木箱等。验收工具既要保持清洁，又要安全保险。

四、制定餐饮原料验收程序

餐饮原料的验收程序如图 4-3-4 所示。

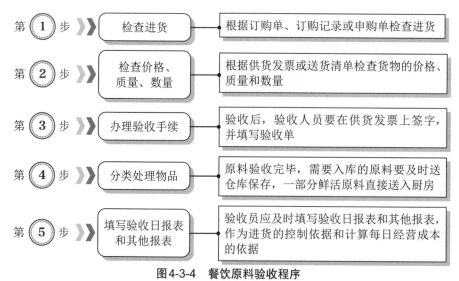

第 ① 步　检查进货　根据订购单、订购记录或申购单检查进货

第 ② 步　检查价格、质量、数量　根据供货发票或送货清单检查货物的价格、质量和数量

第 ③ 步　办理验收手续　验收后，验收人员要在供货发票上签字，并填写验收单

第 ④ 步　分类处理物品　原料验收完毕，需要入库的原料要及时送仓库保存，一部分鲜活原料直接送入厨房

第 ⑤ 步　填写验收日报表和其他报表　验收员应及时填写验收日报表和其他报表，作为进货的控制依据和计算每日经营成本的依据

图 4-3-4　餐饮原料验收程序

在这里，重点对检查货物的价格、质量、数量进行解析，具体内容如下。

① 以数量计数的物品，必须逐件清点，记录正确的数量。

② 以重量计数的物品，必须逐件过秤，记录正确的重量。

③ 对照采购规格书，检查原料质量是否符合要求。

④ 抽样检查箱装、匣装、桶装原料，检查其重量和质量是否符合要求。

⑤ 发现原料重量不足或质量不符合要求需要退货时，应填写原料退货单并让送货人签字确认，将退货单连同发票副页退回供应商。

下面将餐饮原料验收中常用的表格分列，供读者参考，具体见表4-3-1～表4-3-5。

表4-3-1　进货申购单

申报人：

部门		日期	
品名	数量	规格	备注

备注：请提前三天填写好申购单。

表4-3-2　原料订购单

订货部门：　　　　　　　　　　　　　　　　　　　日期：

品名	规格	单位	数量	备注

提货人：　　　　　　　厨师长：　　　　　　　采购主管：

表4-3-3　原料验收单

日期	原料名称	编号	数量	规格	原料质量	厨师长签名

该表由厨师长对照采购员出具的申购单，一一对原料进行验收后填写，然后由仓管员填写"入库清单"入库。

表4-3-4　原料验收记录

采购时间	品名	验收情况	验收员

表4-3-5　验收日报表

物品名称	数量		规格厂牌	单位	价格金额	备注（有关质量）	验收员签字
	订货	实收					

来源：　　　　　订货日期：　　　　　编号：　　　　　收货日期：

五、验收时需做好防盗工作

在验收工作中，要做好防盗工作，以防商品丢失。

① 指定专人负责验收工作，而不能是谁有空谁验收。

② 验收工作和采购工作分别由专人负责。

③ 如果验收员兼管其他工作，应尽可能将交货时间安排在验收员比较空闲的时候。

④ 商品应运送到指定验收区域。

⑤ 验收之后，尽快将商品送入仓库，防止食品变质和职工偷盗。

⑥ 不允许推销员、送货员等进入仓库或食品生产区域，验收、检查区域应靠近入口处。

第二节　直送商品验收

直送商品指的是由供应商直接送往餐饮企业的商品。

一、正常商品收货

（1）识别订货商品通知单

识别通知单要注意3点内容，具体如图4-3-5所示。订货商品通知单见表4-3-6。

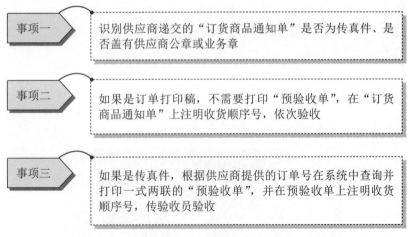

图4-3-5　识别通知单

表4-3-6　订货商品通知单

供应商编号： 供应商名称： 供应商地址： 供应商电话： 供应商传真：				订货单号： 分店名称： 送货地址： 结算方式： 合计金额：					
序号	商品编码	商品名称	是否重点	规格	单位	件数	数量	进价	金额

（2）验收商品

验收员根据订单在系统中查询有无退货，如有退货，应通知供应商先做退货，再按登记顺序对供应商送来的商品进行验收。注意事项如图4-3-6所示。

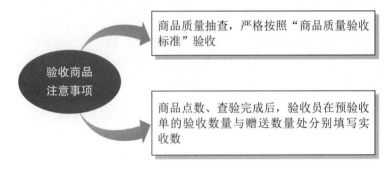

图4-3-6　验收商品注意事项

实收数量和订货数量一致的，则在预验收单上相应的商品前打"√"。

实收数量和订货数量不一致的，则在预验收单上相应的商品前打"×"，并将错误数量用斜杠划掉，更正为实收数量。

对于没有送货的商品在实收数量栏写"无"，将收货金额用斜杠划掉。

验收员据此修改"供应商送货清单"，送货员在更正的数量处签名确认。

供应商送货员、验收员分别在"预验收单"上签字确认并注明日期后，立即将验收的商品拉至黄线区域内，同时将单据收好。如图4-3-7所示。

图4-3-7 验收员确认订货单

（3）录入单据

验收员根据预验收单在系统"商品验收单"（表4-3-7）模块中录入实收数后保存审核。

表4-3-7 商品验收单

验收单号：　　　　　订货单号：　　　　　分店：　　　　　物流模式：
供应商：　　　　　　结算方式：　　　　　联系方式：

商品名称	商品规格	单位	验收数量	进价/元	进价数量

制单人：　　　　　　　　　　　　制单日期：
收货人：　　　　送货人：　　　　审核：　　　　仓库主管：

（4）打印单据

打印一式三联的"商品验收单"，一联与"预验收单"或"供应商送货清单"装订在一起后统一交核单员复核保管，一联盖上公司收货专用章连同其余单据交供应商带回，还有一联随商品配送至营业区。

（5）装订单据

"商品验收单"在最上面，接着是"预验收单"或"供应商送货清单"，两单均正面朝上，用订书针统一在单据右上角装订。

（6）单据入档保存

单据装订后按验收单审核顺序排列，以日为单位将验收单及退货单存入资料袋。

二、直送商品差异处理

① 实际商品比系统单据中的数量多。如果实际商品比系统单据中的数量多,需要经过单品盘点,由使用部门、采购部门以及供应商共同确认差异数量,经总经理签字确认后,补单给供应商,然后按照正常收货流程操作,并在验收单上签字注明是补单处理。

② 实际商品比系统单据中的数量少。如果实际商品比系统单据中的数量少,由使用部门、采购部门以及供应商共同确认差异数量,经总经理签字确认后,填写退货单,然后按照正常退货流程处理,由验收员在验收单上签字注明是空退处理。

第三节 配送商品验收

配送商品主要是连锁型餐饮企业总部给分店配送的商品。

一、正常商品收货

① 配送车司机持"配送中心配送清单"(表 4-3-8)、"容器单"(一式一联)和"配送跟踪单"(一式四联),将商品运至公司。

表 4-3-8 配送中心配送清单

分店编码: 　　　　　　　分店名称: 　　　　　　　库位:

打印日期: 　　　　　　　审核日期: 　　　　　　　第_____页共_____页

商品编码	商品名称	规格	单位	税率 /%	进价 /元	数量	进价金额 / 元		
							含税	不含税	税金
合计:									

仓管: 　　　　　财务审核: 　　　　　主管: 　　　　　录入员:

② 验收员登记"配送中心配送清单"的配送单号,打印一式两联"配送收货单",具体见表 4-3-9。

表 4-3-9 配送收货单

商品类别	商品名称	商品数量	商品规格	收货数量	备注

③ 验收员与使用部门员工持"配送收货单"验收商品，按商品验收标准验收商品质量、数量。

④ 验收员应核对商品实物与"配送中心配送清单"上登记的商品名称、条码、编码、规格、销售单位等内容是否完全一致，确保单货相符。

如商品实物数量与配送中心配送清单上的数量一致，在"配送收货单"上的"收货数量"栏内打"√"。

如商品数量有差异，按实际到货数量验收，在"收货数量"栏填写实收数，并在"备注"栏备注说明。

如果商品出现质量问题，按合格商品数量验收，在"收货数量"栏填写好合格商品数量，在"备注"栏备注不合格商品数量及原因。

⑤ 验收员录入"收货数量"，保存并审核，"配送收货单"第二联由使用部门留存。

二、配送商品差异处理

如果配入货物总件数与配送跟踪单上的配入数不符，当场能确定的，在配送跟踪单上注明实际验收数并立即反馈至配送中心，由双方责任人签字确认。

第四节　不同类型退货管理

一、本地退货

① 每日 16:00 后，仓管员打印前一日生成的"退货通知单"（表 4-3-10），并将其传给相关使用部门主管签收。

② 使用部门员工根据"退货通知单"，将待退货商品按单、按供应商装箱，并与仓管员交接退货商品实物。

③ 完成退货交接后，仓管员对退货商品进行封箱，并将封好的箱子按部门或类别摆放，集中存放在仓库退货区。

④ 供应商办理退货时需要凭退货单和有效身份证明到收货部投单，仓管员根据供应商编号，在系统中查询出对应的"退货单"，打印成一式三联，然后找货。

⑤ 仓管员根据退货单号到退货区找出待退商品，同供应商一起清点实退数量。

⑥ 仓管员根据"退货单"在系统中录入"实退数量"，交采购主管审核确认。

🔷 提醒您：

按实际退货数量记录，注意"实退数量"不得大于"审批数量"；仓管员、供应商双方在"退货单"上签名。

⑦ 采购主管复核单据录入情况，核实无误后在退货单上签名，并注明"已确认"字样。

⑧ 仓管员将已审核并加盖退货专用章的"退货单"返还供应商。

⑨ 仓管员对已确认的"退货单"进行汇总、整理，单据按日归档、按月汇总。

表4-3-10 退货通知单

供应商名称：　　　　　　　　　　　　　　供应商编号：
供应商送货单编号：　　　　　　　　　　　本公司验收单编号：

商品类别	商品名称	单位	数量	退货原因

二、异地退货

① 每日 16:00 后，仓管员打印前一日生成的"异地退货通知单"（表 4-3-11），将其传给相关使用部门经理签收。

表4-3-11 异地退货通知单

本公司所在地：　　　　　　　　　　供应商所在地：

供应商名称			供应商编号	
商品基本信息				
商品类别	商品名称	单位	数量	退货原因

② 使用部门员工根据"异地退货通知单"，将待退货商品按单、按供应商进行整理，根据商品实退数量填写"异地退货通知单"，将"异地退货通知单"交给仓管员用来清点实物。

③ 仓管员根据"异地退货通知单"核对箱内实物和封箱标签上的商品实退数量，确认无误后在"异地退货通知单"上签名。

④ 仓管员将实退数量录入系统并审核单据，打印"异地退货单"。

⑤ 仓管员审核"异地退货单"并签名，将异地退货商品封箱；"异地退货单"第一联由仓管员留存，第二联由使用部门留存。仓管员将整理好的异地退货商品堆放在卡板上。

⑥ 配送车到达公司时，仓管员与验收员一起清点数量，并将"异地退货整理单"与异地退货商品一起随配送车退还给供应商。

三、返配退货

① 仓管员每日 16:00 后打印出前一日生成的"返配通知单"，传递给相关使用部门。
② 使用部门员工将返配商品按"返配通知单"上的内容进行整理。
③ 仓管员核实单据与实物，确认无误后双方在"返配通知单"上签名。
④ 仓管员将返配商品单独封存，待返配车到来时进行返配。

⑤ 仓管员根据装板情况将"返配单"交采购员制作"返配整理单"。

⑥ 配送车到达公司时，仓管员与验收员一起清点商品，仓管员在"派车执行表"上登记"返配整理单"单号和板数，并装车、贴封条，"返配整理单"（贴在返配商品卡板上）与返配商品随配送车返回配送中心。

提醒您：

如一份返配整理单对应多板货，需打印多联整理单，每板货上均需附对应的整理单，仓管员需在整理单上注明"共×板，第×板"。

第四章　仓储管理

第一节　餐饮原料的存放

一、做好餐饮原料出入库记录

① 仓管员对按采购计划采购的食品、调味品等进行验收，验收合格后做好入库记录。采购员应填写"餐饮企业原料入库单"（表 4-4-1），仓管员签收并入账。

表 4-4-1　餐饮企业原料入库单

入库日期：

序号	名称	规格	数量	单价/元	供应商	生产日期	到期日期	备注
上述物品均已验收，质量符合要求，数量正确。								
采购员：				仓管员：				

② 领料时，领料人员填写"餐饮企业领料单"（表 4-4-2），仓管员核对后验秤出库，并做好出账记录。

表 4-4-2　餐饮企业领料单

出库日期：

序号	名称	规格	数量	供应商	生产日期	到期日期	备注
上述食品均已验收，无过期食品。							
领料人：			仓管员：				

二、明确餐饮原料储藏区域要求

（一）仓库位置

仓库应尽可能设在验收处与厨房之间，以便于将餐饮原料从验收处运入仓库或从仓库送至厨房。如果一家餐饮企业有几个厨房且位于不同楼层，则应将仓库安排在验收处附近，以便及时将已验收餐饮原料送到仓库，避免原料丢失。如图4-4-1所示。

图4-4-1　食品仓库

（二）仓库面积

确定仓库面积时，应考虑到企业类别、规模、产品销量、原料市场供应情况等因素。一般仓库面积为餐饮企业总面积的10%～12%。但是随着顾客对菜肴新鲜度的要求不断提高，餐饮原料仓库面积有越来越小的趋势。

> 💎 **提醒您：**
>
> 仓库面积既不能过大，也不应过小：面积过大，不仅增加了资本支出，而且会增加能源费用和维修保养费用，还可能会引起存货过多的问题；仓库面积过小，会导致仓库餐饮原料堆得太满，仓管人员既不易看到、拿到，也不易保持清洁卫生。

① 菜单经常变化的企业，仓库面积最好大些。
② 远离市场且进货周转期较长的企业，其仓库面积就要大一些。
③ 企业采购员喜欢一次性大批量进货的，就必须有较大面积的原料储存场地。

三、餐饮原料存放原则

入库的原料要贴上标签，注明入库时间、数量等（图4-4-2），以便于领用发放、盘存清点，做到先进先出。

（一）分类存放

要根据原料的不同性质和储存要求，将其存入不同库房。
① 干货、罐头、米面、调味品等无需冷藏的原料应放入干藏库。
② 果蔬、禽蛋、奶制品等应存入冷藏库。

③ 需冷冻的海产品、家禽等应放入冷冻库。

④ 活的海鲜水产则应放入海鲜池。

图 4-4-2　入库原料需贴标签

（二）科学摆放

仓库中餐饮原料的摆放方法主要有以下 3 种，具体如图 4-4-3 所示。

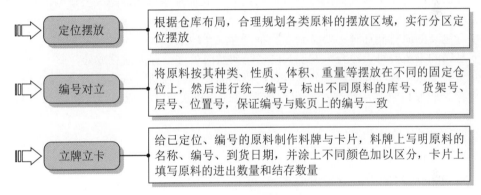

定位摆放	根据仓库布局，合理规划各类原料的摆放区域，实行分区定位摆放
编号对立	将原料按其种类、性质、体积、重量等摆放在不同的固定仓位上，然后进行统一编号，标出不同原料的库号、货架号、层号、位置号，保证编号与账页上的编号一致
立牌立卡	给已定位、编号的原料制作料牌与卡片，料牌上写明原料的名称、编号、到货日期，并涂上不同颜色加以区分，卡片上填写原料的进出数量和结存数量

图 4-4-3　仓库物品摆放方法

摆放原料时会用到"原料存货卡"，具体见表 4-4-3。

表 4-4-3　原料存货卡

库房：　　　　货位：　　　　订货期：　　　　编号：

日期	原料名称	单价/元	规格	供应商	入库量	出库量	库存余量

四、餐饮原料干藏管理

① 原料应放置在货架上储存，货架应离墙壁 10 厘米、离地 30 厘米。

② 原料要远离墙壁、自来水管道、热水管道和蒸汽管道。

③ 使用频率高的原料，应存放在靠近仓库入口的下层货架上。

④ 重的原料应放在下层货架上，轻物放在高层货架上。

⑤ 库中的原料应有次序地排列、分类放置。

⑥ 遵循先进先出的原则。

⑦ 不能放在货架上的原料，应放在方便的平台或推车上。

⑧ 各种打开包装的原料，应储存在贴有标签的容器里。

⑨ 有毒的货物，如杀虫剂、去污剂等，不要存放在仓库内。

五、餐饮原料冷藏管理

（一）餐饮原料冷藏基本要求

① 冷藏原料应经过初加工，并用保鲜纸包裹，以防止其受到污染和干耗。存放时应用合适容器盛放，容器必须干净。

② 热原料应待其冷却后冷藏，盛放的容器需经消毒，并加盖，以防止原料干燥和受到污染，避免熟原料吸收冰箱气味。加盖后的容器要易于识别。

③ 存放期间为使原料表面的冷空气自由流动，放置时原料间的距离要适当，不可堆积过高，以免冷气透入困难。

④ 有包装的原料储存时不要碰到水，不可存放在地上。

⑤ 易腐的果蔬要每天检查，发现其腐烂时要及时处理，并清洁存放处。

⑥ 鱼虾类原料要与其他原料分开放置，奶制品要与有强烈气味的原料分开放置。

⑦ 存、取原料时需尽量减少开启门或盖的时间和次数，以免库温产生波动，影响储存效果。

⑧ 要随时关注冷藏的温度。

⑨ 定期进行冷藏间的清洁工作。

（二）不同原料的冷藏温湿度要求

不同原料的冷藏温湿度要求如图4-4-4所示。

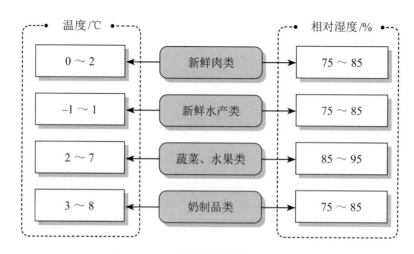

图4-4-4　不同原料的冷藏温湿度要求

六、餐饮原料冻藏管理

（一）餐饮原料冻藏管理基本要求

① 冰冻原料到货后，应及时将其置于 －18℃以下的冷冻库中储藏，储藏时要连同包装箱一起放入，因为这些包装材料通常是防水汽的。

② 所有需冻藏的新鲜原料应先速冻，然后妥善包裹后再储存，以防止干耗和表面受污染。

③ 存放时要使原料周围的空气自由流动。如图 4-4-5 所示。

④ 冷冻库的开启要有计划，所需要的原料要一次拿出，以确保冷冻库在其临界温度和时限之内。如图 4-4-6 所示。

　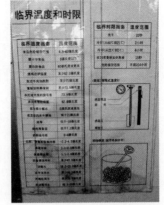

图4-4-5　注意空气流通　　图4-4-6　冷冻库临界温度和时限

⑤ 冷库需除霜时应将原料移入其他冷冻库内，以彻底清洗冷冻库，通常应选择库存最少的时候除霜。

⑥ 取用原料时应遵循先进先出的原则。

⑦ 时刻保持货架的整齐清洁。

⑧ 定期检查冷冻库的温度情况，并记入冷冻库温度检查表，具体见表 4-4-4。

表4-4-4　冷冻库温度检查表

月份：

日期	7:00	9:00	11:30	14:00	17:00	20:00	22:00	检查人员
1								
2								
3								
4								
...								
31								

（二）冻藏原料库存时间

冻藏原料的库存时间如图4-4-7所示。

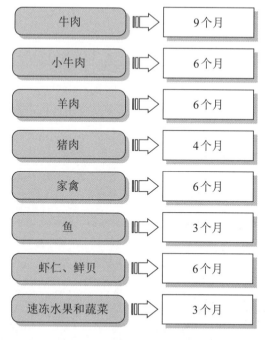

牛肉	⇒	9个月
小牛肉	⇒	6个月
羊肉	⇒	6个月
猪肉	⇒	4个月
家禽	⇒	6个月
鱼	⇒	3个月
虾仁、鲜贝	⇒	6个月
速冻水果和蔬菜	⇒	3个月

图4-4-7　冻藏原料的库存时间

下面提供一份冷冻库管理规定范本，供读者参考。

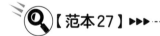

【范本27】▶▶▶ --

××餐饮企业冷冻库管理规定

① 冷冻库只存放厨房备用食品、原料及容器，不得存放其他杂物。员工私人物品一律不得存入库内。

② 冻藏食品及原料必须处在冰冻状态才能进入冷冻库，避免将已经解冻的食品及原料送入冷冻库内。

③ 大块原料须单独存放，小块及零碎原料置盘、筐内集中存放；所有物品必须放在货架上，并至少离地面25厘米、离墙壁5厘米。

④ 加强冻藏品计划管理工作，坚持"先存放，先取用"的原则，交替存货和取用。

⑤ 定期检查食品及原料质量，并定期对冷冻库进行清理、消毒，保持其卫生整洁。

⑥ 控制进入冷冻库的人员数量，做到按计划、集中领货，减少库门开启次数；冷冻库中的物品由专人定期进行盘点，将盘点情况向厨师长汇报。

⑦ 经常检查，确保冷冻库达到规定温度，如发现温度偏差，应及时与厨师长和工程部联系解决，不得自行修理。

七、酒水保管与储藏

（一）葡萄酒

① 酒瓶必须斜放、横躺或倒立，以便酒液与软木塞接触，保持软木塞的湿润。如图4-4-8所示。

② 理想的储存温度为10～16℃，相对湿度为60%～80%，但湿度超过75%时酒标容易发霉。

③ 恒温比低温更重要，要远离热源，如厨房、热水器、暖炉等。

④ 避免强光、震动对酒的伤害。

⑤ 避免与有异味的物品，如汽油、溶剂、油漆、药材等放置在一起，以免酒吸入异味。

图4-4-8　葡萄酒的存放

（二）白酒

白酒的保存是很讲究的，若保存得当，酒会越放越香。在保存白酒的过程中，要控制温度、相对湿度还有密封度，还要注意装酒的容器，容器封口要严密，防止漏酒和"跑酒"（酒精挥发）。储存温度一般不得超过30℃。

（三）啤酒

储藏啤酒的仓库应保持场地清洁、干燥、通风良好，严防日光直射，仓库内不得堆放杂物，储存温度应保持在5～20℃。

（四）果酒

保藏果酒时，应注意仓库的清洁卫生和确保封口牢固。温度应保持在8～25℃，相对湿度保持在75%～80%。不能与有异味的物品混放。酒瓶不应受阳光直射，因为光照会加速果酒的质量变化。

（五）黄酒

① 黄酒最适宜的储存温度一般在20℃以下，相对湿度是60%～70%。黄酒的储存温度不是越低越好，低于－5℃就会变质、结冻破坛。所以，黄酒不宜露天存放。

② 黄酒应堆放平稳，酒坛、酒箱堆放高度一般不得超过四层，每年夏天倒一次坛。

③ 黄酒不宜与其他有异味的物品或酒水同库储存。

④ 黄酒在储存时应避免经常受到震动，不能受到强烈的光线照射。

⑤ 不可用金属器皿盛放黄酒。

第二节　盘点与调拨

一、仓库定期盘存

（一）定期进行盘存

仓库盘存一般每半个月要进行一次。通过盘存，仓管员可以明确需重点控制哪些品种及采用何种控制方法，如暂停进货、调拨使用、尽快出库等，从而减少库存资金占用，加快资金周转，节省成本开支。

条件允许的话，仓管员应每天对库存原料进行检查（特别是冰箱和冰库内的库存原料），存量不够的原料应及时补货，滞销的原料应减少或停止供应，以避免原料变质造成的损失。

餐饮企业应根据当前的经营情况合理设置库存量的上下限，每天由仓管员进行盘点控制，并坚持原料先进先出的原则，以保证原料的质量。

> **提醒您：**
>
> 对于一些由于淡季滞销的原料，应及时加大促销力度，避免原料过期造成浪费。

（二）保质期管理

餐饮企业的餐饮原料都有一定的保质期，因此，所有仓储的原料都必须有标签，并规定一定的保存预期。发现过期原料时应及时处理，并填写"过期餐饮原料处置单"，具体见表4-4-5。

表4-4-5　过期餐饮原料处置单

过期餐饮原料处理申请（名称、数量、过期原因）：
仓管员：　　　　　　　　　日期：
仓库主管意见： 签名：　　　　　　　　　日期：
采购经理意见： 签名：　　　　　　　　　日期：
处理结果：   处理人：　　　见证人：　　　日期：

（三）建立严格报损制度

针对原料变质、损坏、丢失等现象，餐饮企业应制定严格的报损制度，如为餐具等易损物品设定合理的报损率，超过规定范围必须分析说明原因，并与员工奖金、考核成绩相挂钩。

（四）月底盘点

月底盘点是一项细致的工作，是收集各项分析数据的基础。盘点结果的准确与否，直接影响着成本分析的准确度。盘点时需要用到的餐饮企业仓库盘点表和原料库存月报表如表 4-4-6 和表 4-4-7 所示。

表4-4-6　餐饮企业仓库盘点表

类别	品名	单位	规格	单价/元	上月结存		本月购入		备注
					数量	金额/元	数量	金额/元	
蔬果	青菜								
	白菜								
	苹果								
	……								
肉	猪肉								
	牛肉								
	鸡肉								
	……								
干货	海带								
	木耳								
	干鱿鱼								
	……								
酒水	啤酒								
	白酒								
	……								
调味品	酱油								
	醋								
	……								
化学品	消毒水								
	洗涤剂								
	……								
一次性用品	一次性手套								
	一次性口罩								
	……								
……									

表4-4-7　原料库存月报表

月份：　　　　　　　　库房：　　　　　　　　编号：

种类	名称	单价/元	当月入库		当月出库		库存余额	
			数量	金额/元	数量	金额/元	数量	金额/元

二、库外存货盘点

（一）库外存货

存货盘点不仅仅是对库内存货进行盘点，对库外存货也要盘点，因为许多企业每日会在厨房中留存大量的物品，比如尚未使用或尚未使用完的餐饮原料、调味品、饮料等，这些都是库存的一部分，一般称为库外存货。

（二）盘点时间

库外存货无需进行月度盘点，可以每季度安排一次全面盘点。在季度内的月份，可以对库外存货进行估算，所得到的估计值可能会与季度末实际盘点的数量有所出入，可能偏高也可能偏低。

一般情况下，库外存货的估计数最好不要每月变动。占采购资金比例较大的是肉类、禽类、海鲜类等主要食品，因此只要取得主要项目盘存数，以此为依据就可以将每月的仓库食品盘存总数予以调整。

三、实行定时发放制度

餐饮企业仓库物品必须实行定时发放制度，这样可以使仓管员有更多的时间整理仓库、检查各种原料的情况，以免成天忙于发料而耽误了其他必要的工作。

① 对领料时间作出规定，如上午 8:00～10:00、下午 2:00～4:00 可领料。仓库不要一天24 小时都开放，更不能任何时间都可以领料，如果这样，原料发放工作就会失去控制。

② 应该规定领料部门提前一天送交领料单，不能让领料人员立刻取料，这样仓管员便有充分时间准备原料，以免出差错，而且还能促使厨房制订周密的用料计划。

在发放物品时，领料部门和仓库会用到"领料单"和"原料领用登记汇总表"，具体见表 4-4-8 和表 4-4-9。

表4-4-8 领料单

领用部门：　　　　　　　　　　　　　　　　日期：

编号	申请数量	单位	物品名称	规格	发出数量	单价/元	金额/元
合计							

领料人：　　　　　　　部门经理：　　　　　　　仓管员：

表4-4-9 原料领用登记汇总表

日期：

原料类别	数量	领用部门	金额/元
水产			
肉类			
禽蛋			
乳品			
蜜饯			
干货			
珍品			
调味品			
罐头			
粮油			
腌腊食品			
水果			
饮料			
酒水			
卷烟			
……			
合计		合计	

四、内部原料调拨

大型餐饮企业往往设有多处餐厅、酒吧，因而通常会有多个厨房。餐厅之间、酒吧之间、餐厅与酒吧之间难免发生食品原料的互相调拨转让，而厨房之间的原料调拨更为普遍。

为了使各部门的成本核算达到应有的准确性，内部原料物资调拨应坚持使用调拨单，以记录所有的调拨往来。

调拨单应一式四份，除原料调出、调入部门各留存一份外，一份应及时送交财务部，一份交给仓库用于记账，以使各部门的营业结果得到正确的反映。内部原料调拨单见表4-4-10。

表4-4-10　内部原料调拨单

调入部门：　　　　　　　　　　　　　　　调出部门：

年　　月　　日　　　　　　　　　　　　No.

品名	规格	单位	请领数	实发数	金额/元	备注
合计						

第三节　仓库安全与卫生管理

一、仓库安全管理

（一）防火

不准在收货区域内吸烟；人离开岗位时随手关灯，下班时关闭电源；易燃物品应按规定搬运和存放，并要设置消防器材；发现火灾隐患及时处理，并向上级领导报告。

（二）防盗

① 收货区域的出入口需设防损人员，尤其是收货入口处。送货员或其他部门的人员进入收货区时必须佩戴胸牌，否则不许进入；进出收货区时，员工所携带物品必须经仓管员检查。

② 收货区域内应安装监控装置，加强对物品的监控管理。

③ 物品的进出都必须有清单同行。

④ 退给供应商的物品应经主管或经理批准，并与退货单同行方可出入。

⑤ 员工不能携带私人物品进入收货区域，如挂包、手袋等，所有私人物品均应存放到指定地方。

⑥ 员工不能在收货区域内接受供应商赠送的任何物品。

⑦ 不许在收货区域吃东西、闲聊或踩踏物品。

（三）防工伤

仓管员要做好自身的防护工作，避免在搬运、运输、装卸货品的过程中受伤，具体见

表4-4-11。

表4-4-11　工伤防护工作

序号	类别	具体操作
1	搬运	（1）必须按正确的姿势和操作规程进行搬运，以避免自身受到伤害 （2）必须使用必要的个人防护用品，以保障人身安全 （3）正确使用搬运工具，专业工具由专业人员操作 （4）注意周围的环境，既避免危险因素的侵害，又避免伤及周围的同事或设施等
2	运输	（1）正确使用运输工具，如手动叉车、运输车等 （2）保证物品摆放符合安全标准，要摆放整齐、稳固 （3）在空车作业过程中要遵守操作规范，如空车时不能载人等 （4）必须随时检查通道是否畅通，是否有积水、垃圾和障碍物
3	装卸	（1）必须按正确的姿势装卸，以避免自身受到伤害 （2）必须使用必要的个人防护用品，以保障人身安全 （3）以适当的方式进行装卸，避免野蛮装卸 （4）装卸后的物品应摆放在安全区域内，不能随便放在通道上，以免伤及过往的同事

二、仓库卫生管理

（一）物品卫生

① 用栈板码放物品，以防物品受潮。

② 物品在码放时不得紧贴墙壁，至少留 5～10 厘米的空隙。

③ 防鼠、防蟑螂等设备齐全，定期做好害虫防治工作。

④ 洗衣粉、清洁剂等日化用品不得与食品存放在一起，以防污染。

⑤ 仓库应保持良好的通风，温度不宜过高。

（二）个人卫生

① 仓管员在工作时应穿着工装，并保持干净。

② 指甲要剪短，不要涂指甲油或佩戴饰品。

③ 患有皮肤病、手部有创伤和脓肿者或患有传染性疾病者不得接触生鲜食品。

④ 不得随地吐痰。

（三）设备卫生

① 每天清洗并擦干净电子秤，做到防水、防晒、防潮。

② 每天清洗叉车和空板。

第五篇

餐饮企业食品安全与卫生

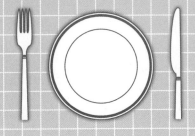

第一章　食品安全保障体系建立

第一节　法规和政策遵循

严格遵守国家和地方的食品安全法规，如《中华人民共和国食品安全法》，确保所有经营活动符合法律要求。同时，制定并执行内部食品安全政策和操作规程，确保整个组织对食品安全的重视和对政策的有效执行。

一、必须办理的手续

① 餐饮服务提供者必须依法取得餐饮服务许可证，按照许可范围依法经营，并在就餐场所的醒目位置悬挂或者摆放餐饮服务许可证。

🔹 提醒您：

申请人被吊销餐饮服务许可证的，其直接负责的主管人员自处罚决定做出之日起5年内不得从事餐饮服务管理工作。餐饮服务提供者违反《食品安全法》规定，聘用不得从事餐饮服务管理工作的人员从事管理工作的，由原发证部门吊销许可证。

② 餐饮服务提供者应当建立健全食品安全管理制度，配备专职或者兼职食品安全管理人员。

③ 餐饮服务提供者应当建立并执行从业人员健康管理制度，建立从业人员健康档案。餐饮服务从业人员应当每年进行健康检查，取得健康合格证明后才可参加工作。

④ 从事直接入口食品工作的人员患有有碍食品安全疾病的，应当将其调整到其他不影响食品安全的工作岗位。

二、员工管理

餐饮服务提供者应当组织从业人员参加食品安全培训，学习食品安全法律、法规、标准和食品安全知识，明确食品安全责任，并建立培训档案；应当加强专（兼）职食品安全管理人员食品安全法律法规和相关食品安全管理知识的培训。

三、采购要求

① 餐饮服务提供者应当建立食品、食品原料、食品添加剂和食品相关产品的采购查验和索证索票制度。

② 餐饮服务提供者应当按照产品品种、进货时间先后次序有序整理采购记录及相关资

料，妥善保存备查。记录、票据的保存期限不得少于 2 年。

③ 餐饮服务提供者应当按照国家有关规定和食品安全标准采购、保存和使用食品添加剂。应当将食品添加剂存放于专用橱柜等设施中，标示"食品添加剂"字样，妥善保管，并建立使用台账。

四、不得采购、使用和经营的食品

（一）《食品安全法》第三十四条规定禁止生产经营的食品

根据《食品安全法》第三十四条相关规定，禁止生产经营下列食品、食品添加剂、食品相关产品：

① 用非食品原料生产的食品或者添加食品添加剂以外的化学物质和其他可能危害人体健康物质的食品，或者用回收食品作为原料生产的食品；

② 致病性微生物，农药残留、兽药残留、生物毒素、重金属等污染物质以及其他危害人体健康的物质含量超过食品安全标准限量的食品、食品添加剂、食品相关产品；

③ 用超过保质期的食品原料、食品添加剂生产的食品、食品添加剂；

④ 超范围、超限量使用食品添加剂的食品；

⑤ 营养成分不符合食品安全标准的专供婴幼儿和其他特定人群的主辅食品；

⑥ 腐败变质、油脂酸败、霉变生虫、污秽不洁、混有异物、掺假掺杂或者感官性状异常的食品、食品添加剂；

⑦ 病死、毒死或者死因不明的禽、畜、兽、水产动物肉类及其制品；

⑧ 未按规定进行检疫或者检疫不合格的肉类，或者未经检验或者检验不合格的肉类制品；

⑨ 被包装材料、容器、运输工具等污染的食品、食品添加剂；

⑩ 标注虚假生产日期、保质期或者超过保质期的食品、食品添加剂；

⑪ 无标签的预包装食品、食品添加剂；

⑫ 国家为防病等特殊需要明令禁止生产经营的食品；

⑬ 其他不符合法律、法规或者食品安全标准的食品、食品添加剂、食品相关产品。

（二）违反《食品安全法》第七十一条规定的食品

① 食品和食品添加剂的标签、说明书，不得含有虚假内容，不得涉及疾病预防、治疗功能。生产经营企业对其提供的标签、说明书的内容负责。

② 食品和食品添加剂的标签、说明书应当清楚、明显，生产日期、保质期等事项应当显著标注，容易辨识。

③ 食品和食品添加剂与其标签、说明书所载明的内容不符的，不得上市销售。

（三）违反《食品安全法》第三十八条规定的食品

生产经营的食品中不得添加药品，但是可以添加按照传统既是食品又是中药材的物质。按照传统既是食品又是中药材的物质目录由国务院卫生行政部门会同国务院食品安全监督管理部门制定、公布。

（四）违反《食品安全法》第九十七条规定的进口预包装食品

① 进口的预包装食品、食品添加剂应当有中文标签；依法应当有说明书的，还应当有中文说明书。

② 标签、说明书应当符合本法以及我国其他有关法律、行政法规的规定和食品安全国家

标准的要求，载明食品的原产地以及境内代理商的名称、地址、联系方式。

③ 预包装食品没有中文标签、中文说明书或者标签、说明书不符合本条规定的，不得进口。

五、食品生产经营过程控制

《食品安全法》对食品安全生产有如下规定。

① 食品生产经营企业应当建立健全食品安全管理制度，对职工进行食品安全知识培训，加强食品检验工作，依法从事生产经营活动。

② 食品生产经营者应当建立并执行从业人员健康管理制度。患有国务院卫生行政部门规定的有碍食品安全疾病的人员，不得从事接触直接入口食品的工作。

从事接触直接入口食品工作的食品生产经营人员应当每年进行健康检查，取得健康证明后方可上岗工作。

③ 食品生产者采购食品原料、食品添加剂、食品相关产品，应当查验供货者的许可证和产品合格证明；对无法提供合格证明的食品原料，应当按照食品安全标准进行检验；不得采购或者使用不符合食品安全标准的食品原料、食品添加剂、食品相关产品。

食品经营企业应当建立食品原料、食品添加剂、食品相关产品进货查验记录制度，如实记录食品原料、食品添加剂、食品相关产品的名称、规格、数量、生产日期或者生产批号、保质期、进货日期以及供货者名称、地址、联系方式等内容，并保存相关凭证。记录和凭证保存期限不得少于产品保质期满后六个月；没有明确保质期的，保存期限不得少于二年。

④ 食品经营企业采购食品，应当查验供货者的许可证和食品出厂检验合格证或者其他合格证明（以下称合格证明文件）。

食品经营企业应当建立食品进货查验记录制度，如实记录食品的名称、规格、数量、生产日期或者生产批号、保质期、进货日期以及供货者名称、地址、联系方式等内容，并保存相关凭证。记录和凭证保存期限应当符合本法第五十条第二款的规定。

实行统一配送经营方式的食品经营企业，可以由企业总部统一查验供货者的许可证和食品合格证明文件，进行食品进货查验记录。

⑤ 餐饮服务提供者应当制定并实施原料控制要求，不得采购不符合食品安全标准的食品原料。倡导餐饮服务提供者公开加工过程，公示食品原料及其来源等信息。

餐饮服务提供者在加工过程中应当检查待加工的食品及原料，发现有《食品安全法》第三十四条第六项规定情形的，不得加工或者使用。

⑥ 餐饮服务提供者应当定期维护食品加工、贮存、陈列等设施、设备；定期清洗、校验保温设施及冷藏、冷冻设施。

餐饮服务提供者应当按照要求对餐具、饮具进行清洗消毒，不得使用未经清洗消毒的餐具、饮具；餐饮服务提供者委托清洗消毒餐具、饮具的，应当委托符合《食品安全法》规定条件的餐具、饮具集中消毒服务单位。

六、食品安全监督管理

根据《食品安全法》第一百一十条相关规定，县级以上人民政府食品安全监督管理部门履行食品安全监督管理职责，有权采取下列措施，对生产经营者遵守本法的情况进行监督检查：

① 进入生产经营场所实施现场检查；

② 对生产经营的食品、食品添加剂、食品相关产品进行抽样检验；

③ 查阅、复制有关合同、票据、账簿以及其他有关资料；

④ 查封、扣押有证据证明不符合食品安全标准或者有证据证明存在安全隐患以及用于违法生产经营的食品、食品添加剂、食品相关产品；

⑤ 查封违法从事生产经营活动的场所。

七、食品安全事故处理

根据《食品安全法》相关条款规定，若出现食品安全事故，企业则需采取如下措施。

① 食品生产经营企业应当制定食品安全事故处置方案，定期检查各项食品安全防范措施的落实情况，及时消除食品安全事故隐患。

② 发生食品安全事故的单位，应当立即采取措施，防止事故扩大。事故单位和接收病人进行治疗的单位应当及时向事故发生地县级人民政府食品安全监督管理、卫生行政部门报告。

③ 食品安全事故调查部门有权向有关单位和个人了解与事故有关的情况，并要求提供相关资料和样品。有关单位和个人应当予以配合，按照要求提供相关资料和样品，不得拒绝。

八、违反《中华人民共和国食品安全法》的规定

《食品安全法》第一百二十二条规定：违反本法规定，未取得食品生产经营许可从事食品生产经营活动，或者未取得食品添加剂生产许可从事食品添加剂生产活动的，由县级以上人民政府食品安全监督管理部门没收违法所得和违法生产经营的食品、食品添加剂以及用于违法生产经营的工具、设备、原料等物品；违法生产经营的食品、食品添加剂货值金额不足一万元的，并处五万元以上十万元以下罚款；货值金额一万元以上的，并处货值金额十倍以上二十倍以下罚款。

明知从事前款规定的违法行为，仍为其提供生产经营场所或者其他条件的，由县级以上人民政府食品安全监督管理部门责令停止违法行为，没收违法所得，并处五万元以上十万元以下罚款；使消费者的合法权益受到损害的，应当与食品、食品添加剂生产经营者承担连带责任。

根据《食品安全法》第一百二十三条相关规定，违反本法规定，有下列情形之一，尚不构成犯罪的，由县级以上人民政府食品安全监督管理部门没收违法所得和违法生产经营的食品，并可以没收用于违法生产经营的工具、设备、原料等物品；违法生产经营的食品货值金额不足一万元的，并处十万元以上十五万元以下罚款；货值金额一万元以上的，并处货值金额十五倍以上三十倍以下罚款；情节严重的，吊销许可证，并可以由公安机关对其直接负责的主管人员和其他直接责任人员处五日以上十五日以下拘留：

① 用非食品原料生产食品、在食品中添加食品添加剂以外的化学物质和其他可能危害人体健康的物质，或者用回收食品作为原料生产食品，或者经营上述食品；

② 生产经营营养成分不符合食品安全标准的专供婴幼儿和其他特定人群的主辅食品；

③ 经营病死、毒死或者死因不明的禽、畜、兽、水产动物肉类，或者生产经营其制品；

④ 经营未按规定进行检疫或者检疫不合格的肉类，或者生产经营未经检验或者检验不合格的肉类制品；

⑤ 生产经营国家为防病等特殊需要明令禁止生产经营的食品；

⑥ 生产经营添加药品的食品。

明知从事前款规定的违法行为，仍为其提供生产经营场所或者其他条件的，由县级以上人民政府食品安全监督管理部门责令停止违法行为，没收违法所得，并处十万元以上二十万元以下罚款；使消费者的合法权益受到损害的，应当与食品生产经营者承担连带责任。

违法使用剧毒、高毒农药的，除依照有关法律、法规规定给予处罚外，可以由公安机关依照第一款规定给予拘留。

根据《食品安全法》第一百二十四条相关规定，违反本法规定，有下列情形之一，尚不构成犯罪的，由县级以上人民政府食品安全监督管理部门没收违法所得和违法生产经营的食品、食品添加剂，并可以没收用于违法生产经营的工具、设备、原料等物品；违法生产经营的食品、食品添加剂货值金额不足一万元的，并处五万元以上十万元以下罚款；货值金额一万元以上的，并处货值金额十倍以上二十倍以下罚款；情节严重的，吊销许可证：

① 生产经营致病性微生物，农药残留、兽药残留、生物毒素、重金属等污染物质以及其他危害人体健康的物质含量超过食品安全标准限量的食品、食品添加剂；

② 用超过保质期的食品原料、食品添加剂生产食品、食品添加剂，或者经营上述食品、食品添加剂；

③ 生产经营超范围、超限量使用食品添加剂的食品；

④ 生产经营腐败变质、油脂酸败、霉变生虫、污秽不洁、混有异物、掺假掺杂或者感官性状异常的食品、食品添加剂；

⑤ 生产经营标注虚假生产日期、保质期或者超过保质期的食品、食品添加剂；

⑥ 生产经营未按规定注册的保健食品、特殊医学用途配方食品、婴幼儿配方乳粉，或者未按注册的产品配方、生产工艺等技术要求组织生产；

⑦ 以分装方式生产婴幼儿配方乳粉，或者同一企业以同一配方生产不同品牌的婴幼儿配方乳粉；

⑧ 利用新的食品原料生产食品，或者生产食品添加剂新品种，未通过安全性评估；

⑨ 食品生产经营者在食品安全监督管理部门责令其召回或者停止经营后，仍拒不召回或者停止经营。

除前款和本法第一百二十三条、第一百二十五条规定的情形外，生产经营不符合法律、法规或者食品安全标准的食品、食品添加剂的，依照前款规定给予处罚。

根据《食品安全法》第一百二十六条相关规定。违反本法规定，有下列情形之一的，由县级以上人民政府食品安全监督管理部门责令改正，给予警告；拒不改正的，处五千元以上五万元以下罚款；情节严重的，责令停产停业，直至吊销许可证：

① 食品、食品添加剂生产者未按规定对采购的食品原料和生产的食品、食品添加剂进行检验；

② 食品生产经营企业未按规定建立食品安全管理制度，或者未按规定配备或者培训、考核食品安全管理人员；

③ 食品、食品添加剂生产经营者进货时未查验许可证和相关证明文件，或者未按规定建立并遵守进货查验记录、出厂检验记录和销售记录制度；

④ 食品生产经营企业未制定食品安全事故处置方案；

⑤ 餐具、饮具和盛放直接入口食品的容器，使用前未经洗净、消毒或者清洗消毒不合格，或者餐饮服务设施、设备未按规定定期维护、清洗、校验；

⑥ 食品生产经营者安排未取得健康证明或者患有国务院卫生行政部门规定的有碍食品安全疾病的人员从事接触直接入口食品的工作；

⑦ 食品经营者未按规定要求销售食品；

⑧ 保健食品生产企业未按规定向食品安全监督管理部门备案，或者未按备案的产品配

方、生产工艺等技术要求组织生产；

⑨ 婴幼儿配方食品生产企业未将食品原料、食品添加剂、产品配方、标签等向食品安全监督管理部门备案；

⑩ 特殊食品生产企业未按规定建立生产质量管理体系并有效运行，或者未定期提交自查报告；

⑪ 食品生产经营者未定期对食品安全状况进行检查评价，或者生产经营条件发生变化，未按规定处理；

⑫ 学校、托幼机构、养老机构、建筑工地等集中用餐单位未按规定履行食品安全管理责任；

⑬ 食品生产企业、餐饮服务提供者未按规定制定、实施生产经营过程控制要求。

第二节　设立食品安全管理机构和配备专业食品安全管理人员

餐饮企业应设立专门的食品安全管理机构和配备专业食品安全管理人员，以确保食品安全管理的有效实施。以下是关于设立食品安全管理机构和配备人员的具体建议。

一、设立食品安全管理机构

（一）成立食品安全管理小组

餐饮企业应成立由企业负责人担任组长，相关部门负责人参与的食品安全管理小组。该小组负责制定食品安全管理制度，监督食品安全工作的执行情况，并定期组织食品安全培训。

食品安全管理小组的成员应具备相关的食品安全知识和经验。一般来说，可以包括企业负责人、食品安全管理人员、厨师长、采购人员、仓储人员等。同时，也可以考虑邀请食品安全专家或顾问作为顾问团成员，提供专业的指导和支持。

（二）明确职责和权限

食品安全管理小组应明确各成员的职责和权限，这包括确保食品从采购、储存、加工到销售的全过程符合食品安全标准和法规要求，预防和减少食品安全事故的发生，保障消费者的健康和安全。例如，采购部门负责原料采购和索证索票工作，生产部门负责食品加工和储存环节的食品安全，餐饮部门负责餐饮服务和环境卫生等。

（三）建立沟通协调机制

食品安全管理小组应定期召开会议，交流食品安全工作进展，解决存在的问题，并与其他相关部门保持密切沟通，确保食品安全工作的顺利进行。

（四）建立检查机制

建立食品安全检查机制，食品安全管理小组定期对餐饮企业的食品安全情况进行检查。这包括自查、互查和第三方检查等方式。通过检查，及时发现和纠正食品安全问题，确保食品的安全和卫生。

（五）加强沟通与合作

食品安全管理小组应与企业内部其他部门和外部相关机构保持良好的沟通与合作。与采购部门合作，确保食品原料的质量和安全；与销售部门合作，提高顾客对食品安全的满意度；与卫生监督部门合作，及时了解食品安全政策和法规的变化。

二、配备专业食品安全管理人员

餐饮企业应配备专业食品安全管理人员，具体如表5-1-1所示。

表5-1-1　专业食品安全管理人员说明

序号	人员岗位	职责说明
1	食品安全管理员	餐饮企业应配备专业的食品安全管理员，负责食品安全管理制度的制定、执行和监督工作。食品安全管理员应具备食品安全相关知识和经验，能够指导员工进行食品安全操作，并处理食品安全问题
2	食品安全培训师	为提高员工的食品安全意识和技能，餐饮企业应配备食品安全培训师。培训师负责定期开展食品安全培训，包括食品安全法规、操作规程、食品安全知识等内容，确保员工具备必要的食品安全素质
3	食品安全检测人员	餐饮企业应配备食品安全检测人员，负责食品抽样检测和风险评估工作。检测人员应具备相关的专业技能和资质，能够准确检测食品中的有害物质和微生物，及时发现并处理食品安全隐患

三、加强人员培训和管理

（一）定期培训

餐饮企业应定期对食品安全管理人员和从业人员进行食品安全培训，提高员工的食品安全意识和技能水平。培训内容应涵盖食品安全法规、操作规程、食品安全知识等多个方面。

（二）考核与奖惩

餐饮企业应建立食品安全考核和奖惩机制，对食品安全工作表现优秀的员工进行表彰和奖励，对违反食品安全规定的员工进行惩罚，以激发员工的积极性和责任感。

通过设立专门的食品安全管理机构和配备专业的人员，餐饮企业可以更加有效地实施食品安全管理，确保食品质量和安全，保障消费者的健康和权益。

第三节　设立食品安全管理机制

一、食品安全管理制度

餐饮企业应建立食品安全管理制度，以确保食品从采购、加工、储存到销售的整个过程都符合安全标准。餐饮企业通过实施和执行制度，可以有效降低食品安全风险，保障消费者的健康和权益。这一制度应包括表5-1-2所示几个关键方面。

表 5-1-2　食品安全管理制度的内容

序号	制度名称	制度说明
1	食品安全责任制度	食品安全责任制度明确了企业负责人和各相关部门的食品安全职责。企业负责人应对食品安全负总责，而各相关部门如采购、加工、储存和销售等部门，都应有明确的食品安全职责划分，确保每个环节都有专人负责
2	食品原料采购管理制度	食品原料采购管理制度要求餐饮企业建立严格的供应商筛选和评估机制，确保所采购的原料符合安全标准。同时，要对原料进行质量检查，防止不合格原料进入加工环节
3	食品加工过程控制制度	食品加工过程控制制度确保了食品加工过程的卫生和安全。这包括制定标准化的操作规程，对食品加工人员进行培训，确保他们掌握正确的加工方法，以及定期对加工设备和器具进行清洁和消毒
4	食品储存和配送管理制度	食品储存和配送管理制度也是关键。餐饮企业应建立合适的食品储存设施，确保食品在储存过程中不会变质或受到污染。同时，要对配送过程进行严格控制，确保食品在运输过程中的安全性和卫生性
5	餐厅环境卫生管理制度	餐厅环境卫生管理制度要求餐饮企业保持餐厅环境的清洁和卫生。这包括定期清洁餐厅设施和设备，对餐具进行消毒处理，以及确保餐厅通风良好，防止细菌滋生
6	食品安全培训和教育制度	餐饮企业应定期对员工进行食品安全培训和教育，提高员工对食品安全的认知和责任感。同时，要鼓励员工参与食品安全管理，共同维护食品安全
7	食品安全检测和监控制度	要求餐饮企业定期对食品进行检测和监控，确保食品符合安全标准。这包括对原料、半成品和成品进行抽样检测，以及对加工过程和储存环境进行监控

二、食品安全自查机制

　　餐饮企业应结合经营实际，全面分析经营过程中的食品安全危害因素和风险点，确定食品安全自查项目和要求，建立自查清单，制订自查计划。

　　餐饮企业可根据食品安全法律法规，自行或者委托第三方专业机构开展食品安全检查，及时发现并消除食品安全隐患，防止发生食品安全事故。

（一）食品安全自查的类别

　　食品安全自查包括制度自查、定期自查和专项自查。具体如图 5-1-1 所示。

制度自查	定期自查	专项自查
针对食品安全制度的适用性，每年至少开展一次自查。在国家食品安全法律、法规、规章、规范性文件和食品安全国家标准发生变化时，及时开展制度自查和修订	特定餐饮服务提供者对其经营过程，应每周至少开展一次自查；其他餐饮服务提供者对其经营过程，应每月至少开展一次自查。定期自查的内容，应根据食品安全法律、法规、规章和规范确定	获知食品安全风险信息后，应立即开展专项自查。专项自查的重点内容应根据食品安全风险信息确定

图 5-1-1　食品安全自查的类别

（二）食品安全自查涉及的关键点

餐饮企业食品安全自查是确保食品安全的重要环节，涉及多个方面的细致检查。图 5-1-2 是一些关键的自查要点。

要点一 **食品原料方面的自查**

食品原料方面的自查应涉及原料的采购、验收、储存和使用等环节。企业需要确保原料来源可靠，质量合格，并按照规定的条件进行储存，防止过期或变质

要点二 **食品加工过程的自查**

食品加工过程的自查也是关键。企业应检查加工场所的卫生状况，食品加工设备的清洁和维护情况，以及食品加工操作是否符合规范。特别要注意防止交叉污染和确保食品加热至适当的温度

要点三 **餐饮具和设施的清洁消毒情况的自查**

餐饮具必须在使用前经过消毒处理，并保持干燥、清洁。同时，企业需要定期对餐厅进行清洁和消毒，包括地面、墙壁、桌椅等的清洁和消毒

图 5-1-2　食品安全自查涉及的关键点

（三）食品安全自查问题的处理对策

餐饮企业对自查中发现的问题，应采取有效措施，加以改善。具体措施如下。

1. 立即停止相关操作

如果自查发现存在食品安全隐患，如食材污染、过期或加工过程不合规等，应立即停止相关操作，避免问题食品流向消费者。

对自查中发现的问题食品，应立即停止使用，存放在贴有醒目、牢固标识的专门区域，避免被误用，并采取退货、销毁等处理措施。

2. 报告并通知相关人员

将自查结果及发现的问题立即报告给餐厅管理层，并通知所有相关员工。同时，根据问题的严重程度，考虑是否需要向当地食品安全监管部门报告。

3. 深入分析原因

对发现的问题进行深入分析，找出问题产生的根本原因，例如供应商的问题、储存条件不当、员工操作失误等。

4. 制定并执行整改措施

制定并执行整改措施，具体措施如表 5-1-3 所示。

表 5-1-3　自查发现问题的整改措施

序号	整改措施	说明
1	改善储存和保管条件	确保食品原料储存环境干净、卫生，温度控制合理，避免食品原料受到污染或变质

续表

序号	整改措施	说明
2	加强员工培训	针对员工在食品安全知识和操作规范上的不足，组织专题培训，提高员工的食品安全意识和操作技能
3	优化食品采购和检验流程	确保从可靠的供应商处采购食品原料，并对原料进行严格的检验，确保原料质量
4	完善日常卫生管理	加强对餐厅的清洁和消毒工作，注意个人卫生和餐具卫生，确保食品加工和供应过程的卫生安全

三、食品安全投诉处置机制

餐饮企业食品安全投诉处置机制是确保消费者权益、维护企业形象以及提升食品安全管理水平的重要环节。以下是一套全面的餐饮企业食品安全投诉处置机制。

（一）建立投诉渠道

餐饮企业应设立多种投诉渠道，包括电话、电子邮件、在线平台等，确保消费者能够及时、有效地反馈意见和建议，从而不断提升服务质量与顾客满意度。

餐厅建立投诉渠道是提升顾客满意度、改进服务质量和维护企业声誉的重要措施。表 5-1-4 是一些帮助餐厅建立有效投诉渠道的建议。

表5-1-4　帮助餐厅建立有效投诉渠道的建议

序号	建议	说明
1	明确投诉渠道	（1）在餐厅内显著位置张贴投诉电话、邮箱或二维码等信息，确保顾客能够轻易找到 （2）在餐厅的官方网站、社交媒体平台或移动应用上设置在线投诉入口，方便顾客通过线上方式提交投诉
2	设立投诉箱或意见箱	（1）在餐厅内设立实体投诉箱或意见箱，并提供纸质投诉表格供顾客填写 （2）定期查看并处理这些投诉和意见，确保顾客的反馈得到及时处理
3	建立客服热线	（1）设立专门的客服热线，确保顾客在用餐过程中或用餐后能够随时拨打热线进行投诉或咨询 （2）客服人员应接受专业培训，能够礼貌、耐心地听取顾客投诉，并记录详细信息以便后续处理
4	社交媒体平台互动	（1）在微博、微信等社交媒体平台建立客服账号，及时回复顾客的投诉和评论 （2）通过社交媒体平台与顾客进行互动，收集他们的意见和建议，以便改进服务质量
5	定期收集顾客反馈	（1）在顾客用餐后，通过问卷调查、电子邮件或短信等方式收集顾客对餐厅服务、菜品质量等方面的反馈 （2）对收集到的反馈进行整理和分析，找出问题所在并制定改进措施
6	确保投诉处理流程透明化	（1）制定明确的投诉处理流程，并在餐厅内显著位置公示，让顾客了解投诉的处理流程和时限 （2）确保投诉处理过程公正、透明，及时将处理结果告知顾客，提高顾客对餐厅的信任度

续表

序号	建议	说明
7	建立投诉处理机制	（1）设立专门的投诉处理部门或指定专人负责投诉处理工作 （2）对顾客的投诉进行认真核实和调查，找出问题根源并制定解决方案 （3）定期对投诉处理情况进行总结和分析，找出存在的问题和不足并制定改进措施
8	激励员工积极处理投诉	（1）鼓励员工积极接受和处理顾客的投诉，将投诉视为改进服务质量和提升顾客满意度的机会 （2）对处理投诉时表现优秀的员工进行表彰和奖励，激发员工的工作积极性和责任心

通过建立有效的投诉渠道和完善的投诉处理机制，餐厅可以及时了解顾客的反馈和意见，不断改进服务质量，提升顾客满意度和忠诚度。

（二）接收并记录投诉

企业应有专人负责接收投诉，并对投诉信息进行详细记录。记录应包括投诉人的基本信息、投诉的具体内容、涉及的产品或服务、投诉时间等关键信息，以便后续处理。

（三）调查核实投诉

在接收到投诉后，企业应迅速展开调查，核实投诉的真实性。调查过程应公正、客观，确保收集到充分的证据。对于涉及食品安全的投诉，企业应特别谨慎，必要时可邀请第三方机构协助调查。

（四）及时回应与处理

在调查核实的基础上，企业应尽快给予消费者合理的回应和处理。对于确实存在的问题，企业应积极采取措施进行整改，并向消费者道歉、赔偿其损失。对于因误解或误报而产生的投诉，企业应耐心解释，消除消费者的疑虑。

（五）跟进与总结

处理完投诉后，企业应跟进消费者的反馈，确保问题得到妥善解决。同时，企业还应对投诉处理过程进行总结和反思，识别存在的问题和不足，以便进一步完善投诉处置机制。

（六）加强内部管理与培训

针对投诉中反映出的问题，企业应加强内部管理，改进操作流程，提升员工的专业素质和食品安全意识。此外，企业还应定期开展食品安全培训，提高员工对食品安全问题的认识和处理能力。

（七）建立投诉处理档案

企业应建立投诉处理档案，记录每一起投诉的处理过程和结果。这有助于企业追溯问题源头，分析投诉原因，从而更有效地预防类似问题再次发生。

（八）公开透明与持续改进

企业应保持公开透明的态度，及时向消费者和社会公布投诉处理情况。同时，企业还应积极采纳消费者的建议和意见，持续改进产品和服务质量，提升消费者的满意度和信任度。

通过建立完善的食品安全投诉处置机制，餐饮企业可以及时发现并解决问题，提升食品安全管理水平，维护消费者权益，进而赢得消费者的信任和支持。

四、食品安全事故处置机制

餐饮企业食品安全事故处置机制能确保餐饮企业在发生食品安全事故时能够迅速、有效地应对，最大限度地减少事故对消费者和企业的影响。图 5-1-3 是餐饮企业食品安全事故处置机制的关键要素。

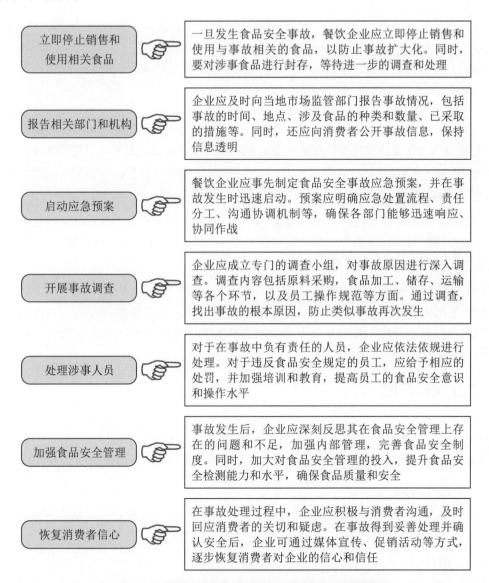

立即停止销售和使用相关食品	☞	一旦发生食品安全事故，餐饮企业应立即停止销售和使用与事故相关的食品，以防止事故扩大化。同时，要对涉事食品进行封存，等待进一步的调查和处理
报告相关部门和机构	☞	企业应及时向当地市场监管部门报告事故情况，包括事故的时间、地点、涉及食品的种类和数量、已采取的措施等。同时，还应向消费者公开事故信息，保持信息透明
启动应急预案	☞	餐饮企业应事先制定食品安全事故应急预案，并在事故发生时迅速启动。预案应明确应急处置流程、责任分工、沟通协调机制等，确保各部门能够迅速响应、协同作战
开展事故调查	☞	企业应成立专门的调查小组，对事故原因进行深入调查。调查内容包括原料采购，食品加工、储存、运输等各个环节，以及员工操作规范等方面。通过调查，找出事故的根本原因，防止类似事故再次发生
处理涉事人员	☞	对于在事故中负有责任的人员，企业应依法依规进行处理。对于违反食品安全规定的员工，应给予相应的处罚，并加强培训和教育，提高员工的食品安全意识和操作水平
加强食品安全管理	☞	事故发生后，企业应深刻反思其在食品安全管理上存在的问题和不足，加强内部管理，完善食品安全制度。同时，加大对食品安全管理的投入，提升食品安全检测能力和水平，确保食品质量和安全
恢复消费者信心	☞	在事故处理过程中，企业应积极与消费者沟通，及时回应消费者的关切和疑虑。在事故得到妥善处理并确认安全后，企业可通过媒体宣传、促销活动等方式，逐步恢复消费者对企业的信心和信任

图 5-1-3　餐饮企业食品安全事故处置机制的关键要素

总之，餐饮企业食品安全事故处置机制是一个综合性的体系，要求企业在日常经营中加强食品安全管理，制定应急预案，并在事故发生时迅速、有效地应对。通过不断完善和优化处置机制，企业可以降低食品安全风险，保障消费者的健康和权益。

五、食品安全公示制度

餐饮企业食品安全公示制度是为了加强食品安全管理、保障公众健康安全而制定的重要制度。这一制度要求餐饮企业公开相关信息，以加强消费者对食品安全的了解和信任。

（一）公示内容

餐饮企业需要在经营场所的显著位置公示以下内容。

① 餐饮单位的品牌名称、经营地址、证照号码、法定代表人或负责人信息等基本信息，以便消费者了解企业的基本情况。

② 餐饮单位的食品经营许可证和营业执照等证件，这些证件是餐饮企业合法经营的证明，也是消费者判断企业是否合规的重要依据。

③ 食品安全标志，这是由当地监管部门颁发的，用于表明餐厅已经通过了食品安全卫生检查，食品质量达到了当地规定的标准。

④ 餐饮单位的员工健康证明及食品安全培训证明，证明员工具备从事餐饮服务所需的健康条件和食品安全知识。

⑤ 食品安全监督抽检情况、食品安全追溯信息、食品购进信息等，以便消费者了解食品的来源和质量安全情况。

（二）公示方式

在公示方式上，餐饮企业可以在公示栏、网站或社交媒体平台等互联网上进行公示，以及将相关信息印制成宣传资料并提供给消费者等多种形式进行公示。公示内容应及时更新，并保留一定的周期，以便消费者随时查看。

（三）公示的实施难点应对

该制度的实施也面临一些难点，如企业管理人员和从业人员的自我要求和自我监督问题。因此，餐饮企业应加强对从业人员的培训和教育，提高他们的食品安全意识和操作水平，确保公示制度的有效落实。

六、食品留样制度

餐饮企业食品留样制度是一种重要的食品安全管理制度，旨在确保食品质量与安全，为有效查处食物中毒等突发食品安全事件提供可靠依据。以下是关于餐饮企业食品留样制度的一些关键内容。

（一）留样时机

留样时机通常是在每餐次结束后，必须保留主厨所制作的标准样品，以及所有未售出的食品。

（二）留样量

留样的食品应按规定留足一定的量，如不少于 100 克或 125 克，并分别盛放在已消毒的餐具中。留样量应足够用于后续的检验和调查。

（三）留样食品的存储

留样食品取样后应立即存放在完好的食品罩内，以防被污染。留样食品冷却后，应使用保鲜膜密封好，并在其外部贴上标签，标明留样日期、时间、品名、餐次、留样人等信息。留样食品应存放在专用冷藏设施内，温度应控制在适宜的范围内，以保持食品的新鲜度和安全性。

此外，留样食品一般保存一定时间，如 48 小时，以供检验和调查使用。在此期间，留样食品应由专人负责管理，并定期检查其状态。进餐者如无异常，即可处理留样的食品；如有异常，应立即封存，并送食品卫生安全部门查验。

（四）留样记录

餐饮企业应建立留样记录制度，记录留样食品的名称、留样时间、留样人员等信息，以便查阅和追溯。留样记录应保存一定时间，以备相关部门检查和调查使用。

（五）留样库房

留样库房应设置在符合卫生要求的地方，并实行负责人制度，确保留样食品的存储安全。留样食品不得与其他物品混放，以免交叉污染。

（六）定期对留样制度进行检查和评估

餐饮企业应定期对留样制度进行检查和评估，确保其有效执行。对于违反留样制度的行为，应给予相应的处罚和纠正措施。

总之，餐饮企业食品留样制度是一项重要的食品安全管理制度，通过留样和记录，可以及时发现和处理食品安全问题，保障消费者的健康和安全。餐饮企业应严格按照制度要求执行，确保食品安全管理的有效性和可靠性。

七、从业人员健康管理制度

食品从业人员每年应当进行健康检查，取得健康证明后方可从事接触食品的工作。

患有痢疾、伤寒、病毒性肝炎（甲肝、戊肝）等消化道传染病的人员，以及患有活动性肺结核、化脓性或者渗出性皮肤病等有碍食品安全的疾病的人员，不得从事接触直接入口食品的工作。

（一）建立从业人员健康管理档案

首先，餐饮企业应建立从业人员健康管理档案，记录每位员工的健康状况。每年，从业人员必须进行健康检查，取得健康合格证明后方可参加工作。同时，对于有发热、腹泻、咽部炎症等有碍食品安全病症的从业人员，应立即脱离工作岗位，待查明原因并将病症治愈后，方可重新上岗。

其次，食品安全管理员和部门经理应随时掌握从业人员的健康状况，并对其健康证明进行定期检查。从业人员的健康证明应随身佩戴或交主管部门统一保存，以备检查。同时，从业人员在工作过程中应保持良好的个人卫生习惯，如勤洗手、勤剪指甲、勤理发等，进入操作间必须戴工作帽，且不得穿工作服上厕所。

（二）新进人员健康检查

餐饮企业对新进员工的健康有以下要求。

① 对于新进人员，要求持有健康证，才可以予以录用。

② 健康检查中应检查诊断的项目有：经历检查，检查是否有自觉症状与其他症状，身高、体重、视力及听力检查，胸部 X 线检查，量血压，尿常规检查，粪便的细菌检查（必要时做寄生虫卵检查）。

（三）定期健康检查

食品安全管理员要及时对餐饮从业人员信息进行登记造册，组织从业人员每年定期到指定查体机构进行健康检查，并对从业人员的健康证明进行定期检查。

（四）每日岗前健康检查

餐饮企业还应实行每日岗前健康检查制度，每日上岗前由班组长逐一检查每个从业人员个人卫生、健康状况，并详细记录。从业人员应保持良好个人卫生，操作时应穿戴清洁的工作服、工作帽，专间操作人员还需戴口罩，头发不得外露，不得留长指甲，涂指甲油，佩戴饰物。上岗操作前应洗手，操作时手部应保持清洁。

（五）培养员工的健康意识

餐饮企业要培养员工的健康意识，经常对其进行培训。

① 员工应保持身体健康，精神饱满，睡眠充足，完成工作而不觉得过度劳累。

② 如感不适，应及时报告，如报告呼吸系统的任何不正常情况（感冒、咽喉炎、扁桃体炎、支气管疾病和肺部疾病）；报告肠疾，如腹泻；报告皮肤发疹、生疖等疾病；报告受伤情况，包括被刀或其他利器划破和烧伤等。

③ 当手指割伤或戳伤时，应立即用止血胶带包扎好。

④ 当发生刀伤或烫伤事故时，应立即进行急救。

八、食品安全监测与应急处置机制

餐饮企业食品安全监测与应急处置机制是确保餐饮食品安全、防范和应对食品安全事故的重要措施。以下是关于这两项机制的详细解释。

（一）食品安全监测机制

食品安全监测机制是餐饮企业保障食品安全的基础。它主要包括图5-1-4所示的几个方面。

日常监测	供应商管理	监测记录与分析
餐饮企业应定期对食品原材料、半成品和成品进行抽样检测，确保食品质量符合相关标准和规定。检测项目可以包括微生物指标、农药残留、重金属含量等	企业应建立严格的供应商审核和准入机制，确保供应商具备合法资质和良好的信誉。同时，定期对供应商进行质量评估，确保食品原材料的质量和安全	企业应建立完善的食品安全监测记录系统，对每次检测的结果进行记录和分析。通过数据分析，企业可以及时发现潜在的安全隐患，并采取相应的措施进行整改

图5-1-4　食品安全监测机制的内容

（二）应急处置机制

应急处置机制是餐饮企业在发生食品安全事故时能迅速响应、有效应对的保障。它主要包括表5-1-5所示几个方面。

表5-1-5　应急处置机制的关键点说明

序号	关键点	说明
1	应急预案制定	企业应制定详细的食品安全应急预案，明确应急处置的流程、责任人和具体措施。预案应涵盖食物中毒、食品污染等常见食品安全事故的应对方案
2	应急响应	一旦发生食品安全事故，企业应立即启动应急预案，迅速组织相关人员进行应急处置。这包括停止销售相关食品、封存剩余食品、通知相关部门和消费者等

序号	关键点	说明
3	事故调查与处理	企业应成立专门的事故调查小组，对事故原因进行深入调查。根据调查结果，企业应采取相应的整改措施，防止类似事故再次发生。同时，对涉事人员进行严肃处理，并向相关部门和消费者公开事故处理情况
4	善后工作	在事故处理完毕后，企业应及时恢复正常的生产经营秩序。同时，对受损的消费者进行赔偿和安抚，维护企业的形象和信誉

　　餐饮企业通过建立完善的食品安全监测与应急处置机制，可以及时发现并消除食品安全隐患，有效应对食品安全事故，保障消费者的健康权益，同时提升企业的竞争力和可持续发展能力。

第二章　食品安全卫生管理

话说"病从口入"，食品卫生直接关系到身体的健康。饮食卫生是餐饮企业提供饮食服务非常重要的组成部分，餐饮企业必须提供给客人安全、卫生的食品。这不仅关系到餐饮企业服务质量和企业信誉，更直接影响到客人的健康。

第一节　设施设备卫生管理

餐饮店应加强店内设施设备的卫生管理，以达到餐饮服务食品安全操作规范的要求。

一、供水设施

供水设施应达到以下要求。

① 食品加工制作用水的管道系统应引自生活饮用水主管道，与非饮用水（如冷却水、污水或废水等）的管道系统完全分离，不得有逆流或相互交接现象。

② 供水设施中使用的涉及饮用水卫生安全的产品应符合国家相关规定。

二、排水设施

排水设施应达到以下要求。

① 排水设施应通畅，便于清洁、维护。

② 需经常冲洗的场所和排水沟要有一定的排水坡度。排水沟内不得设置其他管路，侧面和底面接合处宜有一定弧度，并设有可拆卸的装置。

③ 排水的流向宜由高清洁操作区流向低清洁操作区，并有防止污水逆流的设计。

④ 排水沟出口设有防止有害生物侵入的装置。

三、清洗消毒保洁设施

清洗消毒保洁设施应达到以下要求。

① 清洗、消毒、保洁设施设备应放置在专用区域，容量和数量应能满足加工制作和供餐需要。

② 食品工用具的清洗水池应与食品原料、清洁用具的清洗水池分开。采用化学消毒方法的，应设置接触直接入口食品加工用具的专用消毒水池。

③ 各类水池应使用不透水材料（如不锈钢、陶瓷等）制成，不易积垢，易于清洁，并以明显标识标明其用途。

④ 应设置存放消毒后餐用具的专用保洁设施，标识明显，易于清洁。

四、个人卫生设施和卫生间

个人卫生设施和卫生间应达到表 5-2-1 所列的卫生要求。

表5-2-1　个人卫生设施和卫生间卫生要求

序号	卫生设施	卫生要求
1	洗手设施	（1）食品处理区应设置足够数量的洗手设施，就餐区宜设置洗手设施 （2）洗手池应不透水，易清洁 （3）水龙头宜采用脚踏式、肘动式、感应式等非手触动式开关，宜设置热水器，提供温水 （4）洗手设施附近配备洗手液（皂）、消毒液、擦手纸、干手器等，从业人员专用洗手设施附近应有洗手方法标识 （5）洗手设施的排水管道设有防止逆流、防有害生物侵入及臭味产生的装置
2	卫生间	（1）卫生间不得设置在食品处理区内；卫生间出入口不应直对食品处理区，不宜直对就餐区；卫生间与外界直接相通的门能自动关闭 （2）设置独立的排风装置，有照明；与外界直接相通的窗户设有易拆洗、不易生锈的防蝇纱网；墙壁、地面等的材料不吸水、不易积垢、易清洁；应设置冲水式便池，配备便刷 （3）应在出口附近设置洗手设施 （4）排污管道与食品处理区排水管道分设，且设置有防臭气水封，排污口位于餐饮服务场所外
3	更衣区	（1）与食品处理区处于同一建筑物内，宜为独立隔间且位于食品处理区入口处 （2）设有足够大的更衣空间、足够数量的更衣设施（如更衣柜、挂钩、衣架等）

五、照明设施

照明设施应达到以下要求。

① 食品处理区应有充足的自然采光或人工照明设施，工作面的光照强度不得低于 220 勒克斯，光源不得改变食品的感官颜色。其他场所的光照强度不宜低于 110 勒克斯。

② 安装在暴露食品正上方的照明灯应有防护装置，避免照明灯爆裂后污染食品。

③ 冷冻（藏）库应使用防爆灯。

六、通风排烟设施

通风排烟设施应达到以下要求。

① 食品处理区（冷冻库、冷藏库除外）和就餐区应保持空气流通；专间应设立独立的空调设施；应定期清洁消毒空调及通风设施。

② 产生油烟的设备上方，设置机械排风及油烟过滤装置，过滤器便于清洁、更换。

③ 产生大量蒸汽的设备上方，设置机械排风排汽装置，并做好凝结水的引泄。

④ 排气口设有易清洗、耐腐蚀并防止有害生物侵入的网罩。

七、库房及冷冻（藏）设施

库房及冷冻（藏）设施应达到以下要求。

① 根据食品贮存条件，设置相应的食品库房或存放场所，必要时设置冷冻库、冷藏库。

② 冷冻柜、冷藏柜有明显的区分标识。冷冻柜、冷藏柜（库）设有可正确显示内部温度

的温度计，宜设置外显式温度计。

③ 库房应设有通风、防潮及防止有害生物侵入的装置。

④ 同一库房内贮存不同类别食品和非食品（如食品包装材料等），应分设存放区域，不同区域有明显的区分标识。

⑤ 库房内应设置足够数量的存放架，其结构及位置能使贮存的食品和物品离墙离地，距离地面应在10cm以上，距离墙壁宜在10cm以上。

⑥ 设有存放清洗消毒工具和洗涤剂、消毒剂等物品的独立隔间或区域。

八、加工制作设备设施

加工制作设备设施应达到以下要求。

① 根据加工制作食品的需要，配备相应的设施、设备、容器、工具等。不得将加工制作食品的设施、设备、容器、工具用于与加工制作食品无关的用途。

② 设备的摆放位置，应便于操作、清洁、维护和减少交叉污染。固定安装的设备设施应安装牢固，与地面、墙壁无缝隙，或保留足够的清洁、维护空间。

③ 设备、容器和工具与食品的接触面应平滑、无凹陷或裂缝，内部角落部位避免有尖角，便于清洁，防止聚积食品碎屑、污垢等。

第二节　原料安全卫生管理

餐饮店应从采购、运输、查验、贮存四个方面来加强原料安全卫生的管理，以达到食品安全的要求。

一、原料采购安全卫生

原料采购应达到以下安全卫生要求。

① 选择的供货者应具有相关合法资质。

② 特定餐饮服务提供者应建立供货者评价和退出机制，对供货者的食品安全状况等进行评价，将符合食品安全管理要求的列入供货者名录，及时更换不符合要求的供货者。

③ 特定餐饮服务提供者应自行或委托第三方机构定期对供货者食品安全状况进行现场评价。

④ 鼓励建立固定的供货渠道，与固定供货者签订供货协议，明确各自的食品安全责任和义务。鼓励根据每种原料的安全特性、风险高低及预期用途，确定对其供货者的管控力度。

二、原料运输安全卫生

加工原料在运输过程中，应达到以下安全卫生要求。

① 运输前，对运输车辆或容器进行清洁，防止食品受到污染。运输过程中，做好防尘、防水，食品与非食品、不同类型的食品原料（动物性食品、植物性食品、水产品）应分隔，食品包装完整、清洁，防止食品受到污染。

② 运输食品的温度、湿度应符合相关食品安全要求。

③ 不得将食品与有毒有害物品混装运输，运输食品和运输有毒有害物品的车辆不得混用。

三、进货查验安全卫生

进货查验的类别包括随货证明文件查验、食品外观查验和温度查验，具体要求见表5-2-2。

表5-2-2　进货查验的要求

序号	查验类别	具体要求
1	随货证明文件查验	（1）从食品生产者采购食品的，查验其食品生产许可证和产品合格证明文件等；采购食品添加剂、食品相关产品的，查验其营业执照和产品合格证明文件等 （2）从食品销售者（商场、超市、便利店等）采购食品的，查验其食品经营许可证等；采购食品添加剂、食品相关产品的，查验其营业执照等 （3）从食用农产品个体生产者直接采购食用农产品的，查验其有效身份证明 （4）从食用农产品生产企业和农民专业合作经济组织采购食用农产品的，查验其社会信用代码和产品合格证明文件 （5）从集中交易市场采购食用农产品的，索取并留存市场管理部门或经营者加盖公章（或负责人签字）的购货凭证 （6）采购畜禽肉类的，还应查验动物产品检疫合格证明；采购猪肉的，还应查验肉品品质检验合格证明 （7）实行统一配送经营方式的，可由企业总部统一查验供货者的相关资质证明及产品合格证明文件，留存每笔购物或送货凭证。各门店能及时查询、获取相关证明文件复印件或凭证 （8）采购食品、食品添加剂、食品相关产品的，应留存每笔购物或送货凭证
2	食品外观查验	（1）预包装食品的包装完整、清洁、无破损，标识与内容物一致 （2）冷冻食品无解冻后再次冷冻情形 （3）具有正常的感官性状 （4）食品标签标识符合相关要求 （5）食品在保质期内
3	温度查验	（1）查验期间，尽可能减少食品的温度变化，冷藏食品表面温度与标签标识的温度要求不得超过3℃，冷冻食品表面温度不宜高于 -9℃ （2）无具体要求且需冷冻或冷藏的食品，其温度可参考《餐饮服务业食品原料建议存储温度》的相关温度要求

四、原料贮存安全卫生

原料储存应达到以下安全卫生要求。

① 分区、分架、分类、离墙、离地存放食品。

② 分隔或分离贮存不同类型的食品原料。

③ 在散装食品（食用农产品除外）贮存位置，应标明食品的名称、生产日期或者生产批号、使用期限等内容，宜使用密闭容器贮存。

④ 按照食品安全要求贮存原料。有明确的保存条件和保质期的，应按照保存条件和保质期贮存。保存条件、保质期不明确的及开封后的，应根据食品品种、加工制作方式、包装形式等有针对性地确定适宜的保存条件（需冷藏冷冻的食品原料建议可参照《餐饮服务业食品原料建议存储温度》确定保存温度）和保存期限，并应建立严格的记录制度来保证不存放和使用超期食品或原料，防止食品腐败变质。

⑤ 及时冷冻（藏）贮存采购的冷冻（藏）食品，减少食品的温度变化。

⑥ 冷冻贮存食品前，宜分割食品，避免使用时反复解冻、冷冻。

⑦ 冷冻（藏）贮存食品时，不宜堆积、挤压食品。

⑧ 遵循先进、先出、先用的原则，使用食品原料、食品添加剂、食品相关产品。及时清理腐败变质等感官性状异常、超过保质期等的食品原料、食品添加剂、食品相关产品。

第三节　加工制作安全卫生

一、加工制作基本安全卫生要求

厨房在加工制作过程中，应达到以下安全卫生基本要求。

① 加工制作的食品品种、数量与场所、设施、设备等条件相匹配。

② 加工制作食品过程中，应采取如图 5-2-1 所示的措施，避免食品受到交叉污染。

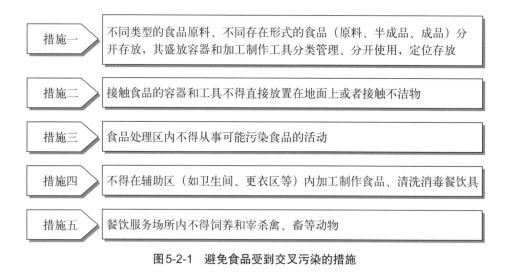

措施一	不同类型的食品原料、不同存在形式的食品（原料、半成品、成品）分开存放，其盛放容器和加工制作工具分类管理、分开使用，定位存放
措施二	接触食品的容器和工具不得直接放置在地面上或者接触不洁物
措施三	食品处理区内不得从事可能污染食品的活动
措施四	不得在辅助区（如卫生间、更衣区等）内加工制作食品、清洗消毒餐饮具
措施五	餐饮服务场所内不得饲养和宰杀禽、畜等动物

图5-2-1　避免食品受到交叉污染的措施

③ 加工制作食品过程中，不得存在如图 5-2-2 所示的行为。

行为一	使用非食品原料加工制作食品
行为二	在食品中添加食品添加剂以外的化学物质和其他可能危害人体健康的物质
行为三	使用回收食品作为原料，再次加工制作食品
行为四	使用超过保质期的食品、食品添加剂
行为五	超范围、超限量使用食品添加剂

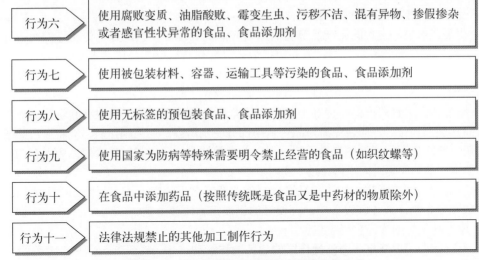

行为六	使用腐败变质、油脂酸败、霉变生虫、污秽不洁、混有异物、掺假掺杂或者感官性状异常的食品、食品添加剂
行为七	使用被包装材料、容器、运输工具等污染的食品、食品添加剂
行为八	使用无标签的预包装食品、食品添加剂
行为九	使用国家为防病等特殊需要明令禁止经营的食品（如织纹螺等）
行为十	在食品中添加药品（按照传统既是食品又是中药材的物质除外）
行为十一	法律法规禁止的其他加工制作行为

图5-2-2 加工制作食品过程中不得存在的行为

④ 对国家法律法规明令禁止的食品及原料，应拒绝加工制作。

二、粗加工制作与切配安全卫生

在粗加工制作与切配环节，应达到以下安全卫生要求。

① 冷冻（藏）食品出库后，应及时加工制作。冷冻食品原料不宜反复解冻、冷冻。

② 宜使用冷藏解冻或冷水解冻方法进行解冻，解冻时合理防护，避免受到污染。使用微波解冻方法的，解冻后的食品原料应立即加工制作。

③ 应缩短解冻后的高危易腐食品原料在常温下的存放时间，食品原料的表面温度不宜超过8℃。

④ 食品原料应洗净后使用。盛放或加工制作不同类型食品原料的工具和容器应分开使用。盛放或加工制作畜肉类原料、禽肉类原料及蛋类原料的工具和容器宜分开使用。

⑤ 使用禽蛋前，应清洗禽蛋的外壳，必要时消毒外壳。破蛋后应单独存放在暂存容器内，确认禽蛋未变质后再合并存放。

⑥ 应及时使用或冷冻（藏）贮存切配好的半成品。

三、成品加工制作安全卫生

（一）专间内加工制作安全卫生

专间内加工制作的安全卫生要求如下。

① 专间内温度不得高于25℃。

② 每餐（或每次）使用专间前，应对专间空气进行消毒。消毒方法应遵循消毒设施使用说明书要求。使用紫外线灯消毒的，应在无人加工制作时开启紫外线灯30分钟以上并做好记录。

③ 由专人加工制作，非专间加工制作人员不得擅自进入专间。进入专间前，加工制作人员应更换专用的工作衣帽并佩戴口罩。加工制作人员在加工制作前应严格清洗消毒手部，加工制作过程中适时清洗消毒手部。

④ 应使用专用的工具、容器、设备，使用前使用专用清洗消毒设施进行清洗消毒并保持

清洁。

⑤ 及时关闭专间的门和食品传递窗口。

⑥ 蔬菜、水果、生食的海产品等食品原料应清洗处理干净后，方可传递进专间。预包装食品和一次性餐饮具应去除外层包装并保持最小包装清洁后，方可传递进专间。

⑦ 在专用冷冻或冷藏设备中存放食品时，宜将食品放置在密闭容器内或使用保鲜膜等进行无污染覆盖。

⑧ 加工制作生食海产品，应在专间外剔除海产品的非食用部分，并将其洗净后，方可传递进专间。加工制作时，应避免海产品可食用部分受到污染。加工制作后，应将海产品放置在密闭容器内冷藏保存，或放置在食用冰中保存并用保鲜膜分隔。放置在食用冰中保存的，加工制作后至食用前的间隔时间不得超过1小时。

⑨ 加工制作裱花蛋糕、裱浆和经清洗消毒的新鲜水果应当天加工制作、当天使用。蛋糕坯应存放在专用冷冻或冷藏设备中。打发好的奶油应尽快使用完。

⑩ 加工制作好的成品宜当餐供应。

⑪ 不得在专间内从事非清洁操作区的加工制作活动。

（二）专用操作区内加工制作安全卫生

专用操作区内加工制作的安全卫生要求如下。

① 由专人加工制作。加工制作人员应穿戴专用的工作衣帽并佩戴口罩。加工制作人员在加工制作前应严格清洗消毒手部，加工制作过程中适时清洗消毒手部。

② 应使用专用的工具、容器、设备，使用前进行消毒，使用后洗净并保持清洁。

③ 在专用冷冻或冷藏设备中存放食品时，宜将食品放置在密闭容器内或使用保鲜膜等进行无污染覆盖。

④ 加工制作的水果、蔬菜等，应清洗干净后方可使用。

⑤ 加工制作好的成品应当餐供应。

⑥ 现调、冲泡、分装饮品可不在专用操作区内进行。

⑦ 不得在专用操作区内从事非专用操作区的加工制作活动。

（三）烹饪区内加工制作安全卫生

烹饪区内加工制作的一般安全卫生要求如下。

① 烹饪食品的温度和时间应能保证食品安全。

② 需要烧熟煮透的食品，加工制作时食品的中心温度应达到70℃以上。对特殊加工制作工艺，中心温度低于70℃的食品，餐饮服务提供者应严格控制原料质量安全状态，确保经过特殊加工制作工艺制作成品的食品安全。鼓励餐饮服务提供者在售卖时按照相关要求进行消费提示。

③ 盛放调味料的容器应保持清洁，使用后加盖存放，宜标注预包装调味料标签上标注的生产日期、保质期等内容及开封日期。

④ 宜采用有效的设备或方法，避免或减少食品在烹饪过程中产生有害物质。

而对于不同的食品类别，其加工制作的安全卫生要求又各不相同，具体见表5-2-3。

表5-2-3　不同食品类别加工制作的安全卫生要求

序号	食品类别	加工安全卫生要求
1	油炸类食品	（1）选择热稳定性好、适合油炸的食用油脂 （2）与炸油直接接触的设备、工具内表面应为耐腐蚀、耐高温的材质（如不锈钢等），易清洁、维护

续表

序号	食品类别	加工安全卫生要求
1	油炸类食品	（3）油炸食品前，应尽可能减少食品表面的多余水分；油炸食品时，油温不宜超过190℃。油量不足时，应及时添加新油。定期过滤在用油，去除食物残渣。鼓励使用快速检测方法定时测试在用油的酸价、极性组分等指标。定期拆卸油炸设备，进行清洁维护
2	烧烤类食品	（1）烧烤场所应具有良好的排烟系统 （2）烤制食品的温度和时间应能使食品被烤熟 （3）烤制食品时，应避免食品直接接触火焰或烤制温度过高，减少有害物质产生
3	火锅类食品	（1）不得重复使用火锅底料 （2）使用醇基燃料（如酒精等）时，应在没有明火的情况下添加燃料；使用炭火或煤气时，应通风良好，防止一氧化碳中毒
4	糕点类食品	（1）使用烘焙包装用纸时，应考虑颜色可能对产品的迁移，并控制有害物质的迁移量，不应使用有荧光增白剂的烘烤纸 （2）使用自制蛋液的，应冷藏保存蛋液，防止蛋液变质
5	自制饮品	（1）加工制作现榨果蔬汁、食用冰等的用水，应为预包装饮用水、使用符合相关规定的水净化设备或设施处理后的直饮水、煮沸冷却后的生活饮用水 （2）自制饮品所用的原料乳，宜为预包装乳制品 （3）煮沸生豆浆时，应将上涌泡沫除净，煮沸后保持沸腾状态5分钟以上

四、食品添加剂使用安全卫生

食品添加剂使用，应符合以下安全卫生要求。

① 使用食品添加剂的，应在技术上确有必要，并在达到预期效果的前提下尽可能降低使用量。

② 按照 GB 2760《食品安全国家标准　食品添加剂使用标准》规定的食品添加剂品种、使用范围、使用量，使用食品添加剂。不得采购、贮存、使用亚硝酸盐（包括亚硝酸钠、亚硝酸钾）。

③ 专柜（位）存放食品添加剂，并标注"食品添加剂"字样。使用容器盛放拆包后的食品添加剂的，应在盛放容器上标明食品添加剂名称，并保留原包装。

④ 应专册记录使用的食品添加剂名称、生产日期或批号、添加的食品品种、添加量、添加时间、操作人员等信息，GB 2760《食品安全国家标准　食品添加剂使用标准》规定按生产需要适量使用的食品添加剂除外。使用有 GB 2760《食品安全国家标准　食品添加剂使用标准》"最大使用量"规定的食品添加剂，应精准称量使用。

五、食品相关产品使用安全卫生

食品相关产品的使用，应按以下安全卫生要求进行。

① 各类工具和容器应有明显的区分标识，可使用颜色、材料、形状、文字等方式进行区分。

② 工具、容器和设备，宜使用不锈钢材料，不宜使用木质材料。必须使用木质材料时，应避免对食品造成污染。盛放热食类食品的容器不宜使用塑料材料。

③ 添加邻苯二甲酸酯类物质制成的塑料制品不得盛装、接触油脂类食品和乙醇含量高于20%的食品。

④ 不得重复使用一次性用品。

六、高危易腐食品冷却安全卫生

高危易腐食品冷却应按以下安全卫生要求操作。

① 需要冷冻（藏）的熟制半成品或成品，应在熟制后立即冷却。

② 应在清洁操作区内进行熟制成品的冷却，并在盛放容器上标注加工制作时间等。

③ 冷却时，可采用将食品切成小块、搅拌、冷水浴等措施或者使用专用速冷设备，使食品的中心温度在 2 小时内从 60℃降至 21℃，再经 2 小时或更短时间降至 8℃。

七、食品再加热安全卫生

食品再加热应达到以下安全卫生要求。

① 高危易腐食品熟制后，在 8～60℃条件下存放 2 小时以上且未发生感官性状变化的，食用前应进行再加热。

② 再加热时，食品的中心温度应达到 70℃以上。

第四节　供餐、用餐与配送安全卫生

一、供餐安全卫生

餐饮店供餐应达到以下安全卫生要求。

① 分派菜肴、整理造型的工具使用前应清洗消毒。

② 加工制作围边、盘花等的材料应符合食品安全要求，使用前应清洗消毒。

③ 在烹饪后至食用前需要较长时间（超过 2 小时）存放的高危易腐食品，应在高于 60℃或低于 8℃的条件下存放。在 8～60℃条件下存放超过 2 小时，且未发生感官性状变化的，应按要求再加热后方可供餐。

④ 宜按照标签标注的温度等条件，供应预包装食品。食品的温度不得超过标签标注的温度 3℃。

⑤ 供餐过程中，应对食品采取有效防护措施，避免食品受到污染。使用传递设施（如升降笼、食梯、滑道等）的，应保持传递设施清洁。

⑥ 供餐过程中，应使用清洁的托盘等工具，避免从业人员的手部直接接触食品（预包装食品除外）。

二、用餐服务安全卫生

餐饮店的用餐服务应达到以下安全卫生要求。

① 垫纸、垫布、餐具托、口布等与餐饮具直接接触的物品应一客一换。撤换下的物品，应及时清洗消毒（一次性用品除外）。

② 消费者就餐时，就餐区应避免从事引起扬尘的活动（如扫地、施工等）。

三、外卖配送服务安全卫生

餐饮店的外卖配送服务应达到以下安全卫生要求。

① 送餐人员应保持个人卫生。外卖箱（包）应保持清洁，并定期消毒。

② 使用符合食品安全规定的容器、包装材料盛放食品，避免食品受到污染。

③ 配送高危易腐食品应冷藏配送，并与热食类食品分开存放。

④ 从烧熟至食用的间隔时间（食用时限）应符合以下要求：烧熟后 2 小时，食品的中心温度保持在 60℃以上（热藏）的，其食用时限为烧熟后 4 小时。

⑤ 宜在食品盛放容器或者包装上，标注食品加工制作时间和食用时限，并提醒消费者收到后尽快食用。

⑥ 宜对食品盛放容器或者包装进行封签。

⑦ 使用一次性容器、餐饮具的，应选用符合食品安全要求的材料制成的容器、餐饮具，宜采用可降解材料制成的容器、餐饮具。

第五节　清洗消毒管理

一、餐用具清洗消毒

餐用具清洗消毒应达到以下要求。

① 餐用具使用后应及时洗净，餐饮具、盛放或接触直接入口食品的容器和工具使用前应消毒。

② 清洗消毒宜采用蒸汽等物理方法消毒，因材料、大小等原因无法采用的除外。

③ 餐用具消毒设备（如自动消毒碗柜等）应连接电源，正常运转。定期检查餐用具消毒设备或设施的运行状态。采用化学消毒的，消毒液应现用现配，并定时测量消毒液的消毒浓度。

④ 从业人员佩戴手套清洗消毒餐用具的，接触消毒后的餐用具前应更换手套。手套宜用颜色区分。

⑤ 消毒后的餐饮具、盛放或接触直接入口食品的容器和工具，应符合 GB 14934《食品安全国家标准消毒餐（饮）具》的规定。

⑥ 宜沥干、烘干清洗消毒后的餐用具。使用抹布擦干的，抹布应专用，并经清洗消毒后方可使用。

⑦ 不得重复使用一次性餐饮具。

二、餐用具保洁

餐用具保洁应达到以下要求。

① 消毒后的餐饮具、盛放或接触直接入口食品的容器和工具，应定位存放在专用的密闭保洁设施内，保持清洁。

② 保洁设施应正常运转，有明显的区分标识。

③ 定期清洁保洁设施，防止清洗消毒后的餐用具受到污染。

三、洗涤剂和消毒剂

洗涤剂和消毒剂的使用应达到以下要求。

① 使用的洗涤剂、消毒剂应分别符合 GB 14930.1《食品安全国家标准　洗涤剂》和 GB 14930.2《食品安全国家标准　消毒剂》等食品安全国家标准和有关规定。

② 严格按照洗涤剂、消毒剂的使用说明进行操作。

第六节　废弃物管理

及时、正确处理餐饮店内各类废弃物，是保证环境卫生的重要工作。

一、废弃物存放容器与设施

废弃物存放容器与设施应达到以下要求。

① 食品处理区内可能产生废弃物的区域，应设置废弃物存放容器。废弃物存放容器与食品加工制作容器应有明显的区分标识。

② 废弃物存放容器应配有盖子，防止有害生物侵入、不良气味或污水溢出，防止污染食品、水源、地面、食品接触面（包括接触食品的工作台面、工具、容器、包装材料等）。废弃物存放容器的内壁光滑，易于清洁。

③ 在餐饮服务场所外适宜地点，宜设置结构密闭的废弃物临时集中存放设施。

二、废弃物处置

废弃物处置应达到以下要求。

① 餐厨废弃物应分类放置、及时清理，不得溢出存放容器。餐厨废弃物的存放容器应及时清洁，必要时进行消毒。

② 应索取并留存餐厨废弃物收运者的资质证明复印件（需加盖收运者公章或由收运者签字），并与其签订收运合同，明确各自的食品安全责任和义务。

③ 应建立餐厨废弃物处置台账，详细记录餐厨废弃物的处置时间、种类、数量、收运者等信息。

第七节　有害生物防治

餐饮店内苍蝇、蟑螂、老鼠等有害生物能传播细菌、病毒，污染食物、炊具、餐具，防治病媒生物是保证环境卫生的重要工作。

一、防治的基本要求

有害生物防治的基本要求如下。

① 有害生物防治应遵循物理防治（粘鼠板、灭蝇灯等）优先，化学防治（滞留喷洒等）有条件使用的原则，保障食品安全和人身安全。

② 餐饮店的墙壁、地板无缝隙，天花板修葺完整。所有管道（供水、排水、供热、燃气、空调等）与外界或天花板连接处应封闭，所有管、线穿越而产生的孔洞，选用水泥、不锈钢隔板、钢丝封堵材料、防火泥等封堵，孔洞填充牢固，无缝隙。使用水封式地漏。

③ 所有线槽、配电箱（柜）封闭良好。

④ 人员、货物进出通道应设有防鼠板，门的缝隙应小于6毫米。

二、设施设备的使用与维护

对于防治有害生物的设施设备，应有正确的使用方法及正常的维护，具体要求见表5-2-4。

表5-2-4　防治有害生物设施设备的使用与维护

序号	设施设备	具体要求
1	灭蝇灯	（1）食品处理区、就餐区宜安装粘捕式灭蝇灯。使用电击式灭蝇灯的，灭蝇灯不得悬挂在食品加工制作或贮存区域的上方，防止电击后的虫害碎屑污染食品 （2）应根据餐饮店的布局、面积及灭蝇灯使用技术要求，确定灭蝇灯的安装位置和数量
2	鼠类诱捕设施	（1）餐饮店内应使用粘鼠板、捕鼠笼、机械式捕鼠器等装置，不得使用杀鼠剂 （2）餐饮店外可使用抗干预型鼠饵站，鼠饵站和鼠饵必须固定安装
3	排水管道出水口	排水管道出水口安装的篦子宜使用金属材料制成，篦子缝隙间距或网眼应小于10毫米
4	通风口	与外界直接相通的通风口、换气窗外，应加装不小于16目的防虫筛网
5	防蝇帘及风幕机	（1）使用防蝇胶帘的，防蝇胶帘应覆盖整个门框，底部离地距离小于2厘米，相邻胶帘条的重叠部分不少于2厘米 （2）使用风幕机的，风幕应完整覆盖出入通道

三、防治过程要求

在防治有害生物的过程中，应达到以下要求。

① 收取货物时，应检查运输工具和货物包装是否有有害生物活动迹象（如鼠粪、鼠咬痕等鼠迹，蟑尸、蟑粪、卵鞘等蟑迹），防止有害生物入侵。

② 定期检查食品库房或食品贮存区域、固定设施设备背面及其他阴暗、潮湿区域是否存在有害生物活动迹象。发现有害生物，应尽快将其杀灭，并查找和消除其来源途径。

③ 防治过程中应采取有效措施，防止食品、食品接触面及包装材料等受到污染。

四、卫生杀虫剂和杀鼠剂管理

卫生杀虫剂和杀鼠剂的管理要求见表5-2-5。

表5-2-5　卫生杀虫剂和杀鼠剂的管理要求

序号	管理类别	具体要求
1	卫生杀虫剂和杀鼠剂的选择	（1）选择的卫生杀虫剂和杀鼠剂，应标签信息齐全（农药登记证、农药生产许可证、农药标准）并在有效期内；不得将不同的卫生杀虫剂制剂混配 （2）应使用低毒或微毒的卫生杀虫剂和杀鼠剂
2	卫生杀虫剂和杀鼠剂的使用要求	（1）使用卫生杀虫剂和杀鼠剂的人员应经过有害生物防治专业培训 （2）应针对不同的作业环境，选择适宜的种类和剂型，并严格根据卫生杀虫剂和杀鼠剂的技术要求确定使用剂量和位置，设置警示标识
3	卫生杀虫剂和杀鼠剂的存放要求	不得在食品处理区和就餐场所存放卫生杀虫剂和杀鼠剂产品，应设置单独、固定的卫生杀虫剂和杀鼠剂产品存放场所，存放场所具备防火防盗通风条件，由专人负责

第三章　食物中毒与过敏控制

第一节　食物中毒的预防

一、食物中毒的特点

食物中毒大多呈集体性暴发，但也可单人、独户散发。食物中毒种类虽多，但都有共同的特点，如图 5-3-1 所示。

特点一	发病急骤，潜伏期短而集中，一般在24小时或48小时以内突然连续出现大量病人
特点二	病人都有类似的临床症状表现，并有急性胃肠炎的症状
特点三	病人在相近的时间内都食用过同样的有毒食物，凡进食这种有毒食物的人大都发病，而没有进食这种有毒食物的人则不发病
特点四	调查发现其发病范围和这种有毒食物分布区域相一致，若立即停止食用这种有毒食物，就停止发病
特点五	食物中毒病人对健康人不直接传染

图5-3-1　食物中毒的特点

二、食物中毒的常见原因

（一）细菌性食物中毒常见原因

细菌性食物中毒常见原因如图 5-3-2 所示。

原因一	生熟交叉污染。如熟食品被生的食品原料污染，或被与生的食品原料接触过的表面（如容器、手、操作台等）污染，或接触熟食品的容器、手、操作台等被生的食品原料污染
原因二	食品储存不当。如熟食品被长时间存放在10～60℃温度条件下（在此温度下的存放时间应小于2小时），或易腐原料、半成品食品在不适合温度下长时间储存
原因三	食品未烧熟煮透。如食品烧制时间不足、烹调前未彻底解冻等原因使食品加工时中心温度未达到70℃
原因四	经长时间储存的食品在食用前未彻底再加热至食品中心温度达70℃以上
原因五	进食未经加热处理的生食品

图5-3-2　细菌性食物中毒的常见原因

（二）化学性食物中毒常见原因

化学性食物中毒常见原因如图 5-3-3 所示。

作为食品原料的食用农产品在种植养殖过程或生长环境中，受到化学性有毒有害物质污染，如含农药过高的蔬菜

不小心误用化学物质（杀虫剂、灭鼠剂、洗涤剂、消毒剂、食品添加剂）或化学物质污染食物。如果此物质保存在没有标记的容器里，就很容易与食物、调料搞混，如工业用的亚硝酸盐误当食盐食用。盛放过杀虫剂和洗涤剂的容器未清洗而又盛放食物也会引起食物中毒

图5-3-3　化学性食物中毒常见原因

（三）有毒动植物食物中毒常见原因

有毒动植物食物中毒的常见原因主要包括以下几个方面。

1. 动植物本身含有毒素

动植物本身含有毒素如表 5-3-1 所示。

表5-3-1　动植物本身含有毒素

类别	说明
植物性食物中毒	（1）某些植物本身就含有有毒成分，如毒蘑菇、曼陀罗等。这些植物被误食后，会导致中毒反应，可能损害心血管系统、神经系统等 （2）豆角（如荷兰豆）等未煮熟透也可能引起中毒，因为它们含有皂素、植物血球凝集素、胰蛋白酶抑制物等有毒成分 （3）发芽的土豆含有大量龙葵素，吃了发芽的土豆可能会引起食物中毒 （4）变霉的甘蔗含有有毒真菌及其毒素，误食后也可能导致中毒
动物性食物中毒	（1）某些动物体内含有天然有毒成分，如河豚的神经毒素、有毒贝类的毒素等。这些动物被食用后，可能导致严重的中毒反应 （2）鱼胆、携带雪卡毒素的鱼类、高组胺鱼类以及动物甲状腺等，也可能引起中毒

2. 加工烹饪不当

① 未煮熟透：某些动植物食材在烹饪过程中未能彻底煮熟透，导致其中的有毒成分未被破坏，从而引发食物中毒。

② 交叉污染：在加工过程中，生熟食物未能有效隔离，导致交叉污染，增加了食物中毒的风险。

3. 存储条件不当

① 食物变质：动植物食材在存储过程中未能保持适当的温度和湿度条件，导致食物变质，产生有毒成分。

② 霉菌繁殖：在潮湿、温暖的环境中，食物上容易滋生霉菌，产生有毒代谢产物，如赤霉病麦中毒、霉变甘蔗中毒就是由此引起的。

4. 误食被污染的食物

① 化学物质污染：动植物食材可能被农药、杀鼠药等化学物质污染，误食后导致化学性食物中毒。

② 人为投毒：在某些情况下，食物可能被人为地投入有毒物质，导致食物中毒事件的发生。

三、预防食物中毒的关键点

预防食物中毒，应按照防止食品受到细菌污染、控制细菌的繁殖和杀灭病原菌三项基本原则采取措施，其主要关键点如图 5-3-4 所示。

 避免污染 → 即避免熟食品受到各种致病菌的污染。如避免生食品与熟食品接触，从业人员经常性洗手、接触直接入口食品的从业人员还应消毒手部、保持食品加工操作场所清洁，避免昆虫、鼠类等动物接触食品

 控制温度 → 如果加热的温度不能使食品的中心温度达到70℃以上，就很难杀灭食品中的微生物。储存熟食品，要及时热藏，使食品温度保持在60℃以上，或者及时冷藏，把温度控制在8℃以下。另外，对于剩余的食品，由于其上的致病微生物有足够的时间生长繁殖，在重新食用前必须重新加热

 控制时间 → 即尽量缩短食品存放时间，不给微生物生长繁殖的机会。熟食品应尽快食用，食品原料应尽快使用

 清洗和消毒 → 彻底清洗食品原料是去除污染的最好方式。未彻底清洗，会造成可能的化学污染物、物理性污染物残留于食品中。对于不经加热直接食用的食品，还应在清洗的基础上进行消毒。一些生吃的蔬菜水果也应进行清洗消毒

 严禁超负荷接待 → 饭菜的加工量应与加工条件相吻合，饭菜加工量超过加工场所和设备的承受能力时，难以做到按卫生要求加工，极易造成食品污染，引起食物中毒，切莫贪图经济利益，超负荷运行。这种情况往往发生在大型宴会时，这时厨师往往以工作忙为借口，不按卫生要求加工。此时恰恰潜伏着食物中毒的隐患，需要更严格地执行卫生要求

图 5-3-4　预防食物中毒的关键点

四、各类食物中毒的预防措施

各类食物中毒的预防措施如表 5-3-2 所示。

表 5-3-2　各类食物中毒的预防措施

序号	类别	具体预防措施
1	细菌性食物中毒	（1）减少或杜绝各种有害细菌对食物的污染 （2）凡容器、切肉刀板只要接触过生肉、生内脏的都应及时洗刷清洗，严格做到生熟用具分开、冷藏设备分开、加工人员分开、加工场所分开

续表

序号	类别	具体预防措施
1	细菌性食物中毒	（3）生熟动物性食品及其制品，都应尽量在低温条件下保存，暂时缺少冷藏设备时，应及时将食品放于阴凉通风处 （4）严禁食用病死或病后屠宰的家禽畜，对动物性食品，在烹调时应注意充分加热 （5）禁止家禽、家畜及宠物进入厨房或食品加工室，彻底消灭厨房、储存室、大厅等处的老鼠、蟑螂、苍蝇等害虫
2	化学性食物中毒	（1）禁止使用装过含砷、有机磷等农药的容器盛放粮食和其他食品，不用镀锌容器盛放、煮制、加工酸性食物 （2）严格遵守食品卫生标准，凡食材中镉与汞含量超过国家规定标准的一律不进行加工 （3）控制食材及添加剂中的含铅量，使用添加剂时要严格按国家标准 （4）蔬菜、水果食用前需清洗、浸泡或削皮，以降低有机磷农药在食物中的残留量
3	有毒动、植物食物中毒	（1）不加工、出售有毒或腐败变质的鱼类食品，尤其是青皮红肉鱼类；对含组胺较多的鱼类，应注意烹调方法，减轻其毒性 （2）加工前应对菌类进行鉴别，对于未能识别有毒或无毒的菌种类，应该把样品送有关部门鉴定，确认无毒后方可食用 （3）马铃薯应在低温、无阳光直射的场所储存，发芽较重及变黑变绿的马铃薯不得加工食用 （4）加工菜豆时应充分煮透，避免食用旺火快炒的菜豆菜肴 （5）加工杏仁时应充分加热，敞开锅盖使其失去毒性 （6）木薯不能生吃，加工要去皮、水浸、煮熟，新鲜木薯要剥去内皮后再进行加工，浸泡木薯的水及薯汤不宜弃于池塘内
4	真菌毒素食物中毒	（1）防霉变，控制温度和湿度。粮食储存场所要清洁干燥、低温，要装有通风设备，根据粮温、库温及湿度采取降温和降湿措施 （2）祛毒素。如果粮食已被黄曲霉菌污染并产生毒素，应设法将毒素清除或破坏，可采用挑选霉粒法、碾轧加工法、加碱去毒法、物理吸附法、加水搓洗法等方法

五、发生食物中毒及时处理

发生食物中毒事件，应及时处理，处理要点如图5-3-5所示。

要点一　顾客在用餐时，突发不明疾病晕倒或出现其他不良症状，离患者最近的服务员应立即上前将其扶到座位上，请人照看，及时向大厅主管报告，同时迅速通知行政总厨赶赴现场

要点二　工作人员在第一时间陪同顾客前往就近医院进行抢救，紧急情况要拨打"120"急救电话

要点三　若出现两例以上相同症状病人，应立即停止售卖食品，做好现场保护工作，同时通知最高领导，听取处理意见，必要时拨打"120"急救电话，并通知食品卫生监督部门人员到场，配合调查处理

要点四　保存好出售食品的留样，以备相关部门化验检查

图5-3-5　食物中毒事件的处理要点

第二节　食物过敏控制

　　大量改良品种、基因产品的逐渐上市，增加了食品的不安全因素，其中一个因素就是引起过敏的过敏原，而且容易被人们忽视。食物过敏是食物引起的机体免疫系统的异常反应。主要是因为人体对某些外来食物成分的反应过度或对某些蛋白质以及某些食物成分缺乏消化能力。常见的食物过敏与免疫球蛋白 E 有关，而致敏物即为某些蛋白质。蛋白质是生物体内最复杂，也是最重要的物质之一，异体蛋白质进入人体后可能会引发过敏反应。这就是为什么在食品的成分和食用量都正常的情况下，少数消费者却会有不同形式的过敏反应。

一、食物过敏的反应

　　食品过敏原产生的过敏反应包括呼吸系统、肠胃系统、中枢神经系统、皮肤、肌肉和骨骼等不同形式的临床症状，幸运的是大多数人对食品的过敏反应相对温和，具体如图 5-3-6 所示。

 当摄入了有关的食物，其中的食品过敏原可能导致一系列的过敏反应。过敏反应通常会在一个小时内出现，症状明显，有时表现得较激烈，包括诸如呕吐、腹泻、呼吸困难，嘴唇、舌头或咽喉肿胀，血压骤降等

 因食品产生的敏感或不适反应可能在几小时内，甚至几天后才会发生，叫作缓慢性过敏反应，主要的症状有：湿疹、胃肠不适综合征、偏头痛、麻疹、鼻炎、全身乏力、哮喘、关节炎、疼痛、儿童多动症等

 有一小部分人有非常严重的甚至威胁生命的反应，叫过敏性休克。过敏性休克是一种血压突然降低的现象，如不迅速治疗可以致命

图 5-3-6　食物过敏的反应

二、最常见的食物过敏原

　　餐饮店要做好食物过敏预防工作，一定要熟悉常见食物过敏原。

（一）严重的过敏原

　　严重的过敏原主要包括以下几种。

　　① 八大样：蛋品、牛奶、花生、黄豆、小麦、树木坚果、鱼类和甲壳类食品。

　　② 八小样：芝麻籽、葵花籽、棉籽、罂粟籽、水果、豆类（不包括绿豆）、豌豆和小扁豆。

　　③ 其他：柠檬黄、亚硫酸盐、胶乳。

（二）主要致敏物

　　主要致敏物，具体如表 5-3-3 所示。

表 5-3-3　主要致敏物

序号	成分	举例
1	花生及其制品	烘烤花生、花生酱、花生粉、花生油
2	甲壳类动物及其制品	螃蟹、龙虾、小龙虾

续表

序号	成分	举例
3	鱼类及其制品	狼鲈、鲣鱼、比目鱼、金枪鱼、凤尾鱼、鳕鱼、鲑鱼、鱼油、鱼明胶、鱼粉、鱼肉
4	蛋类及其制品	蛋清、蛋黄、卵清蛋白、卵白蛋白、溶菌酶、卵黏蛋白、蛋磷脂
5	（树）坚果类及其制品	杏仁、榛子、胡桃、腰果、山核桃、巴西坚果、阿月浑子、澳洲坚果、坚果油
6	乳及乳制品（包括乳糖）	脱脂乳、奶油、乳脂肪、酪乳、干酪素、乳清、凝乳、干酪、稀奶油、酸奶、α-乳白蛋白、乳糖
7	大豆及其制品	大豆蛋白、大豆粉、大豆磷脂、大豆油、酱油（大豆制）、日本豆面酱、豆腐、生育酚（维生素E）、植物甾醇类
8	含谷蛋白的谷物及其制品	小麦、黑麦、大麦、燕麦、斯佩尔特小麦、远古硬质小麦及其杂交品种
9	二氧化硫及亚硫酸盐	亚硫酸钠、酸式亚硫酸钠、二氧化硫
10	芹菜及其制品	芹菜籽、根芹、芹菜油、芹菜叶、芹菜浸提香油精
11	芝麻籽及其制品	芝麻籽、芝麻油、芝麻酱
12	芥末及其制品	芥菜籽、芥末油、芥末粉
13	羽扇豆及其制品	羽扇豆粉、羽扇豆籽
14	软体动物及其制品	蛤、扇贝、牡蛎、蚌类、章鱼、蜗牛等

三、过敏原预防管理

（一）采购

① 确认原材料中是否含有已知的过敏原成分，同时，包装材料也应视为原材料，检查和核对其是否含有过敏原成分。餐饮店应采购满足规格的原料。

② 必须特别注意运输工具，因为它在运送不同物品时也可能导致交叉污染。

（二）储存加工

① 做好对含有过敏原成分的原材料的隔离储存，并标上相应标识。严禁叠放在其他原料上，以防止跌落或飘洒导致其他原料污染。

② 如果在储罐中发现有过敏原成分，若储罐不能专用，则需要进行严格的清洗工作，防止过敏原成分对其他成分的污染。

③ 避免来自其他生产区域或外部的交叉感染风险。

（三）品质检验

① 对采购原辅材料、包装材料做进一步的识别确认。

② 做好生产加工环节的日常监管工作，确保没有交叉污染。

③ 收集过敏原的相关信息，提高识别潜在食品安全性问题的能力，协助各部门不断改进食物过敏的控制措施。

（四）标识标注

对于过敏原，餐厅要做好各种标识标注，提醒顾客注意。标识标注要求如图 5-3-7 所示。

基本原则

① 过敏原标识标注应准确、清晰、醒目、持久
② 过敏原标识标注应与食品摆放在同一视野内，易于就餐人员辨认和识读
③ 食品配料应在过敏原标识标注中加以提示。如：含有小麦、牛奶和蛋类
④ 餐饮食品过敏原标识标注的字符高度不得小于 5 毫米

过敏原标识标注要求

（1）对含有如下列举的可以导致过敏反应的食品必须如实标注标示
——含有谷蛋白的谷物（小麦、荞麦、黑麦、燕麦、斯佩尔特小麦或它们的杂交品系及其产品）
——甲壳类、贝类动物及其产品（虾、蟹、蛤、牡蛎、扇贝等）
——蛋类及蛋类产品（鸡蛋、鸡蛋清、鸡蛋黄等）
——鱼类及鱼类产品（鳕鱼、金枪鱼、三文鱼）
——头足类及其产品（鱿鱼等）
——花生、大豆、芝麻及其产品
——乳及乳制品（牛奶、奶酪、奶油、干酪、干酪素、乳清、酸乳酪等）
——木本坚果及坚果类产品（榛子、开心果、腰果、核桃、杏仁等）
——蔬菜、水果、食用菌（芹菜、胡萝卜、扁豆、豆芽、苹果、猕猴桃、草莓、桃、橘子、芒果、荔枝、桂圆、红毛丹、蘑菇等）
——调料（味精、芥末、咖喱、黑胡椒、辣椒、花椒等）
——加入 10mg/kg 或以上亚硫酸盐的产品
（2）加入由两种或两种以上的其他配料构成的复合配料的食品，如含有（1）中所列举的可以导致过敏反应的食品，应进行提示
（3）不能确定但可能含有（1）中所列举过敏原的食品可写上"可能含有××"或"不能保证不含有×××"等警示语句

图 5-3-7　过敏原标识标注的要求

第六篇

餐饮企业成本控制与优化

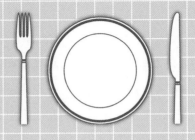

第一章 餐饮企业成本控制概述

餐饮成本是指餐饮企业一个生产和销售周期的各种耗费或支出的总和。它包括采购、保管、加工和出售各环节产生的直接成本和间接成本两部分。餐饮成本控制是以目标成本为基础，对管理中发生的各项成本进行计量、检查、监督和指导，使成本开支在满足业务活动需要的前提下，不超过事先规定的标准或预算。

第一节 餐饮企业成本组成与分类

一、什么是成本

（一）广义的成本

广义的餐饮企业成本包括原材料费用、工资费用、其他费用（包括水、电、煤气费，购买餐具、厨具费用，餐具损耗费用，清洁、洗涤费用，办公用品费，银行利息，租金，电话费，差旅费等），可用如下公式计算：

$$成本＝直接材料费用＋直接人工费用＋其他费用$$

（二）狭义的成本

狭义的成本仅指餐饮企业各营业部门为正常营业所需而购进的各种原材料费用。通常餐饮企业的成本核算仅指狭义的成本核算。

二、餐饮企业成本的组成

餐饮企业成本一般包括直接成本、出库成本、盘点净损失（毁损成本）三个部分，即：

$$餐饮企业成本＝直接成本＋出库成本＋盘点净损失$$

直接成本是指餐饮成品中具体的材料费用，包括食物成本和饮料成本，也是餐饮企业中最主要的支出。间接成本是指操作过程中所引发的其他费用，如人员费用和一些固定的开销（又称为经常费）。人员费用包括员工的薪资、奖金，食宿、培训和福利费用等；经常费用则是指租金、水电费、设备装潢的折旧费、利息、税金、保险和其他杂费。

盘点净损失是指通过实地盘点，盘点实数与账存数之间的差异。餐饮企业在营运期间由于各种原因，可能会出现账实不符的情况，如出品后因未及时开单而没有收到钱、酒吧员不小心打破酒水、服务员打破餐具、财物失窃等。

三、餐饮企业成本的分类

根据不同的标准，可以将餐饮企业的成本分成不同的种类，具体内容如图 6-1-1 所示。

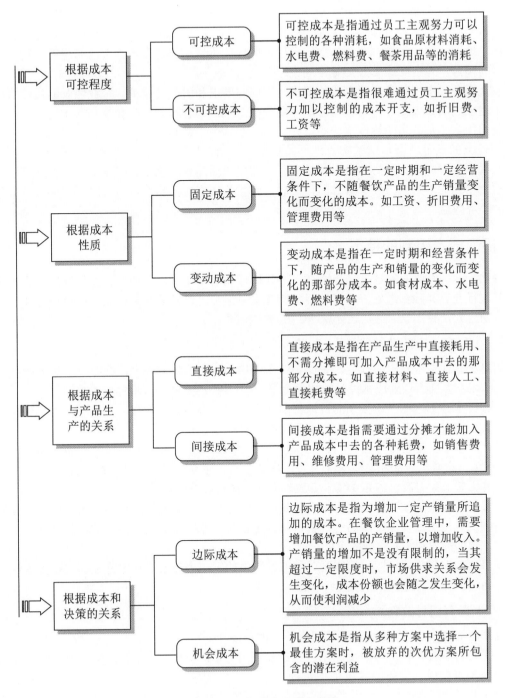

图6-1-1　餐饮企业成本分类

从经营决策来看，当边际成本和边际收入相等时，利润最大。因此，边际成本是确定餐饮产品产销量的重要决策依据。

第二节　餐饮企业成本控制的特征与现状

餐饮企业成本控制是提高餐饮业竞争力的要求。要想在市场竞争中生存和发展，就必须不断提升自身实力，从企业内部挖掘潜力，让消费者花同样的钱可以得到更多的实惠和满足，同一地区、同一类型、同一档次的餐厅，同样的质量，若能在价格上占有优势，就能赢得更多的顾客，为企业带来更大利益。

餐饮企业成本控制是企业本质的要求、管理的要求和时代的要求。企业经营的最终目的就在于追求利润最大化，作为管理者就需要加强企业内部管理，减少和控制成本支出，而成本控制的优劣正是饭店的管理水平的最好证明。在这个"微利时代"，不仅是营销上的竞争，更是管理上的竞争，谁肯踏踏实实地"精耕细作"，谁就能在效益上领先，在市场上立足。因此在餐饮经营面临新形势的前提条件下，企业要在提高管理水平、降本增效上做文章，在全力控制物耗成本与人力成本等方面，采取一些扎扎实实的措施，以适应时代的要求，取得更好的经济效益。

一、餐饮成本控制的特征

餐饮行业具有鲜明的独立操作特征，与其他行业诸如超市、制造型企业的管理都有所区别，餐饮行业有其独到之处。尽管各行各业在本质上都可以发掘其共同点，但每个行业一定有其特别之处，餐饮业的特别之处就在于其成本控制。

（一）具有一定职业技术性

相对于其他整进整出的行业，餐饮企业在进料、售出原料过程中，会有一个额外的技术参数，技术参数即餐饮业成本控制的技术含量，也是餐饮业成本控制的独到之处。

只有技术含量达标，在预期的目标范围之内才能获得预期的效果，否则不仅达不到预期效果，甚至很有可能丧失控制的意义，更甚者会入不敷出。

对于超市等整进整出的行业，如要采购72台电脑，每台进价（含运费及相应费用）人民币5 200元，出售时扣除相应税费等项目，净价为人民币9 500元，那么购销差人民币4 300元即为其主营业务利润，不存在技术参数的调整，比较容易计算。

而餐饮企业在制作菜肴的过程中，首先要采购原料，在采购的过程中就需要以尽可能低的价格购入，加工后以尽可能高的价格售出，这是餐饮业经营最简单的目的，只有达到了这个目的，预期的盈利才有实现的可能。

要想达到理想化的目标，就需要对加工过程中的每一个环节进行严格控制，在技术性领域内"勤学苦练"，否则成本注定会加大。

（二）具有相对准确性

成本控制只存在相对准确性，而没有绝对的准确性。

有些人将餐饮业管理理解为简单的"砌砖头"，成本可以精密计算，如对于一面墙使用多少块砖可以建成，优秀的精算师估量的结果一般与实际不相上下。但餐饮行业有其独特性，成本不可能精确计算，因为影响成本计算的因素多种多样，如图6-1-2所示。

1. 受市场影响

例如干烧鱼这道菜，烹饪干烧鱼时通常选用草鱼作为原料，草鱼的市价每天都在变化，今天可能是11元每千克，明天也许就是15元每千克，后天可能又降到10元每千克。

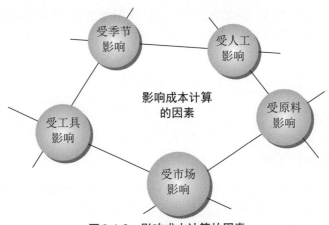

图6-1-2　影响成本计算的因素

2. 受原料影响

例如通脊肉，质量好的通脊薄而少弯头，相反质量差的通脊肉往往下方带有一块弯头，弯头肯定会影响出成率，也许今天采购的通脊肉质量好，明天采购的稍差，后天采购的质量又非常好，因此核算的结果也只能是相对的。

3. 受人工影响

没有任何一种烹饪原料可以直接拿来单独制作菜肴，必须经过不同加工环节才能够最终上盘。在加工过程当中，又受到厨师手艺的影响、加工工具的影响、原料质量的影响等，因此制作出的菜肴费料程度又不尽相同。

同样是剔鱼工序，对于手艺精湛的厨师，1千克的鱼可以有50%的出成率，也就是说1千克重的草鱼，经过去鳞、鳃、内脏后的细加工过程后可以剔出500克纯肉；但手艺稍差的厨师出成率也许只有40%，甚或更低。

4. 受季节影响

在特殊季节，如夏季是草鱼产卵的季节，不能大批上市，鱼肚内的鱼卵会吸收母鱼体内的营养成分，此时无论手艺多么高超的厨师，剔鱼的出成率也只能达到40%左右。

5. 受工具影响

除了人工技术含量外，成本还会受到工具的影响，刀是否锋利？砧板是否平整？原料的质量是否够好？种种因素都会影响成本控制，因此，一年四季核算所得的数据不可能完全相同。

因此餐饮业的成本控制没有绝对的准确性，只有相对准确性，影响因素即加工的技术含量，包括加工的工艺、水准等。

（三）是管理餐厅经济运行的有效工具

成本控制是运行操作、核算的过程，是内部控制的一部分，是一项工具型学科，而并非手艺型学科。

因此，研究此学科的人员首先要有极强的职业技术性。会计师、高级经济师等尽管专业知识强，但是由于其对实际操作过程的了解程度不够，控制菜肴成本的能力往往很弱。由此可见，进行控制的人员必须是厨师出身，兼懂得基本财务知识，只有了解经济运行的操作手段，才可能实现控制的目标。

（四）具有可持续发展的重要作用

成本控制使经营主体具有可持续发展的空间。在厨师培训过程中，往往缺少了成本控制的环节，因此绝大多数的厨师虽然烧得一手好菜，招牌菜一天几百位顾客点，但究竟在实现销售以后能实现多少利润，却鲜有人知，大家只知道菜肴销售出去肯定盈利，但盈利多少完全要依靠月底盘点，这也是成本控制中最大的缺陷所在。

二、餐饮成本控制的现状

（一）成本标准执行不规范

有很多餐饮企业都没有制定菜品的成本标准，没有规范厨师在菜品生产作业中的原料使用量，通常是口头说了算。如某餐饮公司的小炒"荷塘小炒"，标准分量是：百合 100 克、木耳 50 克、西芹 100 克、荷兰豆 50 克、马蹄肉片 50 克。但很多时候厨师很随意，凭感觉、视觉或手感来确定重量，不是用秤来称斤两。又如快餐 18 元一份的猪扒饭或牛扒饭，通常是一份饭一块猪扒或牛扒，但有些员工不按规定操作，有朋友或熟客来了就多加一两块在里面，可实际上收银还是按原来的收取金额。以上例子都导致成本必然增加，菜品质量难保证。

（二）原材料采购缺乏管理

采购是控制成本的第一道关口，直接影响餐饮企业的经营业绩，而实际的采购环节容易出现问题。

以某餐饮企业为例，其没有设立采购监督员或小组，原材料采购回来后没有专职验收验货人验收，就直接被厨房使用，这样会出现短斤少两，单价虚高，或把未采购的材料也开在送货单里的情况。采购员和财务员为同一人，这样往往会导致在监管上出现很大问题，如供货商以次充好，采购员与供货商联合起来，中间吃回扣，容易中饱私囊、损公肥私。

（三）从业人员流动性大，容易导致人工开支增加

餐饮服务业是劳动密集型行业，人们对服务的要求是永无止境的，为此，需要大量人员来从事这项工作。

人力成本，指企业拥有和使用人力资源时发生的用价值表示的各项支出与耗费，包括人力资源投资成本与人力资源使用费用。人力资源投资成本指企业为拥有人力资源以便取得未来经济效益而发生的各项支出，包括人力资源的取得成本、形成成本、开发成本、保护成本、重置成本五个部分。而人力资源使用费用主要指员工的工资和福利。餐饮业中员工的稳定性并不高，不论是管理人员还是一线员工（服务员），流动性都很大。餐厅越来越面临人员的更新问题，要聘到称职人员比较难，经常是新员工刚来经过简单培训后就要上岗，然而，现在的顾客越来越挑剔，一线员工肩负着提供优质服务的重任。但是，一线员工的实际素质往往不太高，餐饮业受到"低素质员工综合征"的困扰。因此，餐厅在招聘、培训新员工方面都会付出相当的费用与成本，当员工在实际工作中仍然不能胜任工作时，造成的损失和浪费也会加在成本中，甚至带来无法挽回的损失。要控制好这方面的成本投放，餐饮企业在人员管理方面还需下很大的功夫。

第三节　餐饮企业成本控制对策

一、建立健全成本控制制度

（一）要建立一套工序成本控制的信息系统

工序成本控制是一种全新的办法，没有资料积累，无经验借鉴，所以，餐饮企业必须做好各类资料的收集、分类整理工作，包括各种责任成本的运行结果。通过分析整理，找出成本发生的规律性的东西，以制定科学合理的责任指标体系。

（二）制定标准成本

成本控制应以标准成本的制定为起点。标准成本的制定为餐饮企业进行餐饮成本控制提供了可靠的依据，使其有可能控制成本，甚至降低成本。制定出标准成本后，就需要根据标准成本在实际工作与管理中进行成本控制。

餐饮企业为了控制餐饮成本的支出，可以通过实行标准成本控制法对食品（菜肴、饮料）的成本支出进行定额管理，为此，可以通过标准分量和标准菜谱来控制成本。标准分量，即将制作的食品菜肴出售给顾客时，每一份的分量应是标准化的。标准菜谱（即标准投料）是制作食品菜肴的标准配方，上面标明每一种食品菜肴所需的各种原料、配料、调料的确切数量，及制作成本、烹饪方法、售价等，以此作为控制成本的依据。标准菜谱的制定，有助于确定标准食品成本，确定合理售价，保证制作高质量食品的一致性。为了保证食品菜肴用料的准确性，不少厨房都设有专职配菜员，其任务是按照菜单配上主料和辅料，然后由厨师进行制作；如果没有配菜员，则由厨师自己配菜。无论哪种情况，都必须按定额数量配菜。确定了标准成本后，企业应将它与实际成本进行比较，发现差异后，要进一步分析形成差异的原因，提出改进措施，从而提高成本控制水平。

（三）实施全过程成本控制

在市场经济环境下，餐饮企业应树立成本系统控制观念，力求从产品概念的产生到产品最终退出市场的全过程都实施控制。为了增强产品的市场竞争力，成本控制不能仅局限于对产品制造过程的控制，而应延伸到产品设计、市场销售及售后服务等各个环节和领域中，形成全过程的成本控制机制。

另外，企业要充分发挥计算机网络技术对企业资源的管理功能，把市场预测、物资采购、产品设计、生产、销售、财务等各个管理环节一体化，使成本控制更加可靠、全面、快速、准确。

餐饮企业的成本控制包括十个不同的环节，具体如图6-1-3所示。

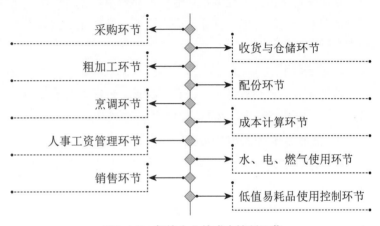

图6-1-3　餐饮企业的成本控制环节

1. 采购环节

采购环节是指原料从市场转移到餐厅加工间的过程，这个过程之所以被放在首位进行严格控制，是因为在此环节很可能会流失 20% 左右的利润，原料的质量、送货时间、数量，都是采购环节中可能导致成本增加的因素。

2. 收货与仓储环节

收货与仓储环节同样至关重要，在此环节中首要关注的问题是原料的保鲜。一旦原料变质，会直接造成经济上的损失和浪费，因为，变质的原料就要被丢弃，这不仅增加了成本，还可能影响到后续生产流程的顺利进行。

3. 粗加工环节

粗加工在烹饪中也被称为初步加工，例如活鸡活鸭的宰杀，鱼的宰杀，菜的挑选、洗涤等都属于粗加工环节的工作。

4. 配份环节

粗加工后就需要进行精加工，配份环节也就是精加工过程。例如杭椒牛柳这道菜，四两牛柳配三两辣椒，这个配制过程即配份环节。

5. 烹调环节

在菜肴的烹调环节中，"烹"即加热，"调"即调味，一边加热一边调味即为烹调过程，烹调过程也可能造成利润流失。

6. 成本计算环节

成本计算环节包括上缴的各种税金、各种促销活动产生的打折赠送费用、抹零等行为造成的利润损失，以及为正常运营而发生的宴请等支出全部归纳为成本计算环节。

7. 人事工资管理环节

餐厅的正常运营需要如何编制、安排人员？每个人员的工资标准应如何计算？厨房工资占何种比例？餐饮、服务人员占何种比例？高层管理人员、中层管理人员占何种比例？编外人员如何安排？这些都是人事工资管理的内容，管理的好坏直接影响成本的高低。

8. 水、电、燃气使用环节

餐厅在正常运营过程中不可避免地会使用到各种能源，例如燃气是做菜的必需能源，水是清洁的必需能源，电是营业的必需能源，在餐厅运营成本中，水、电、燃气的费用在总支出中占很大一部分比例。

9. 销售环节

销售环节的行为有打折、让利、抹零、赠送以及特殊服务，这些行为产生的费用包括广告费、各种宣传费支出，都归纳为销售环节成本。

10. 低值易耗品使用控制环节

低值易耗品包括一次性筷子、餐巾纸、餐布等，虽然每件物品都成本低廉，但一个月盘点下来也是一笔可观的费用。

这十个环节是整个控制餐厅成本的十个关键点，将这十个关键点控制好了，就能很好地控制利润流失，从而达到管理者所预期的目标。

二、控制餐饮企业的主要成本费用

（一）控制人工成本

由于餐饮企业属于劳动密集型企业，员工数量众多，人工成本在企业成本中占据的比例较大，加强人工成本的控制则尤显重要。这就需要企业在今后的生产经营过程中，结合人工成本的弹性控制体系，采取相应措施，进一步减少人工成本消耗，以利于餐饮企业的生存和发展。

（二）控制维护装修费用

维护装修费用等是餐饮企业的主要成本，为此，企业需要加强维护费用等支出。为了吸引更多的消费者前来就餐，餐饮企业有必要保持店面的不同风格与色彩等，打造一个卫生、健康、舒适的就餐环境，这不仅能招引更多顾客增加营业收入，还可以直接产生广告效应，创造与维护餐饮业的招牌。然而，餐饮企业在维护、装饰店面过程中会花费大量资金，产生巨大的成本费用，因此控制餐饮企业的维护装修成本十分重要。

（三）控制原材料采购成本

适当的存货是维持企业正常生产经营的必要保障，为有效地控制餐饮企业的成本，要加强原材料采购环节的管理。餐饮企业订货量一般不超过一天的用量，每天交换需求信息，以销定产，保证质量，而厨房中心必须建立各单据的核算流程，从订货、投料到产量严格控制。

三、增强成本观念，实行全员成本管理

成本控制是对从洽谈销售产品开始到产品生产、销售、资金全部回收的全过程发生的所有费用和产品成本所进行的组织、计划、控制、执行、核算、分析等一系列的管理工作。其目的就是追求经济活动中的利润最大化，并在激烈的市场竞争中，以成本优势获取竞争优势。成本具有全员性、全过程、整体综合性、预防性、科学性等特点。因此，成本控制不仅是财务部门的工作，它也是一项全过程、全方位、全员参与的系统复杂的综合性经济管理工作。

要增强餐饮企业员工的成本意识，就要让餐饮企业的所有员工在自己的工作岗位上、工作过程中对成本具有一定的认识、了解，使之对成本产生重视。

（一）定期举办有关成本知识的讲座

定期举办成本知识的讲座，可以提高员工对成本的认知度，令员工对成本产生一定程度的了解，明白节约能源、节省成本的重要性以及必要性。

（二）定期召开成本会议

定期召开成本会议，总结上阶段营业在成本方面遗漏的问题，这与定期举办成本知识讲座都是餐饮行业运营中必需的工作。

有些餐饮企业对成本控制比较重视，可能一周召开一次成本会议，总结上一周中成本方面所存在的问题。

（三）不定期抽样

不定期地进行抽样，使每位员工都有一定的成本认知。作为管理人员，只是下达管理任务是远远不够的，还要进行督促、督导、抽样，不仅仅是传达目标，更重要的是关注员工的实施情况。

（四）做好成本分析和考核工作

　　餐饮企业应建立成本分析制度，以财务部门为主，组织企业相关部门定期进行成本分析，对于成本分析中发现的问题，要有整改措施，并实行跟踪检查。同时建立有效的考核制度。考核制度是成本控制系统发挥作用的重要因素。建立考核制度要根据责任会计系统里面每个人的职责来进行考核，有效的考核制度能够提升职工的工作积极性，引导职工自觉地将自己的行为纳入与企业总目标相一致的轨道中去，并争取更好的工作业绩。

第二章　餐饮企业全过程成本控制

餐饮企业在进行资金再投入和地盘扩张的同时，要苦练"内功"，加强企业经营各环节（采购、验收、仓库储存、粗加工、配份、烹调、销售、收款）的成本控制，通过强化内部管理、控制成本达到降本增效的目的。

第一节　采购环节成本控制

采购进货是餐厅经营的起点和保证，也是菜品成本控制的第一个环节。

采购环节是指原料从市场转移到餐饮企业加工间的过程，这一环节的重要性被放在首位，因为此环节很可能会流失 20% 左右的利润。原料的质量是否优质、送货时间是否准确、数量是否充足等都是采购环节中应多加注意的地方。

一、制定采购规格标准

（一）严格规定原料标准

对于应采购的原料，应在形状、色泽、等级、包装要求等方面都要加以严格规定。这有助于确保采购的原料符合菜品制作的要求，避免因原料质量问题导致的成本浪费。食材质量标准请查阅第四篇的内容。

（二）按需采购

餐厅应只采购即将需要使用的食品原料，避免库存积压和浪费。采购人员必须熟悉菜单及近期餐厅的营业情况，使新鲜原料仅够当天使用。

二、优化采购流程

（一）货比三家

采购人员必须熟悉食品原料知识并掌握市场动态，做到货比三家，以最合理的价格购进尽量优质的原料。这有助于降低采购成本，提高采购效率。

（二）集中采购

通过集中采购，餐饮企业可以利用规模效应降低采购成本。同时，集中采购还有助于减少采购次数，降低采购过程中的交通、人力等成本。

（三）制定采购审批程序

需要原料的部门必须填写申购单，由相关部门审批后移交采购部。采购金额若超过最高限额，应报餐厅经理审批。这有助于规范采购行为，防止随意采购和浪费现象的发生。

三、鲜活原料采购要控制好数量

鲜活类原料必须遵循先消耗再进货的原则，因此，在确定某种原料的当次采购量之前，必须先掌握该原料的现有库存量。企业应根据营业预测，决定下一营业周期所需的原料数量，然后计算出应采购的数量。在实际操作中，企业可以选用以下几种方法计算出应采购的原料数量。

（一）日常采购法

日常采购法多用于采购日消耗量变化大、保质期较短、必须经常采购的鲜活原料。每次采购的数量用公式表示为：

$$应采购数量＝需使用数量-现有数量$$

需使用数量是指在进货间隔期内企业对某种原料的需求量，它主要由厨房或餐饮部决定。在确定该数量时，需要综合考虑特殊餐饮活动、节假日客源变化、天气情况等因素。

现有数量是指某种原料的库存数量，可以通过实地盘存加以确定。

应采购数量是需使用数量与现存数量之差。由于鲜活类原料采购次数频繁，有的几乎每天进行，而且往往在当地采购，所以一般不必考虑保险储备量。

在日常采购原料时，企业可以用"采购订货单"（表6-2-1）加以记录。原料的名称可以事先打印好，其余几栏则要在每次订货时根据需使用数量和现有数量的实际情况填写。

表6-2-1　采购订货单

_____年___月___日

原料名称	需使用量	现有存量	需购量	市场参考价		
				甲	乙	丙
花菜						
芹菜						
番茄						
……						

（二）长期订货法

长期订货法多用于日消耗量变化不大、单位价值不高的鲜活原料的采购。采用长期订货法时，需注意以下几点内容。

① 餐饮企业与某一供应商签订合约，由供应商以固定价格每天或每隔数天供应规定数量的某种或某几种原料，直到餐饮企业或供应商感到有必要改变已有供应合约时。

② 要求供应商每天或每隔数天把餐饮企业的某种或某几种原料补充到一定数量。餐饮企业逐一确定原料的最高储备量。由餐饮企业或供应商盘点现存量，以最高储备量减去现存量得出当日需购数量。

③ 可借用"采购定量卡"（表6-2-2）对相关内容进行记录。

表6-2-2 采购定量卡

原料名称	最高储存量	现存量	需购量
鸡蛋	5箱	3箱	2箱
鲜奶	80千克	20千克	60千克
……			

长期订货法也可用于某些消耗量较大且需要经常补充的物资，如餐巾纸。由于大量的餐巾纸会占用很大的仓库面积，因此，由供应商定期送货会更经济。

四、干货及可冷冻储存原料采购数量控制

干货属于不易变质的食品原料，包括粮食、香料、调味品等。可冷冻储存的原料包括各种肉类、水产品。许多餐饮企业为减少采购成本、获得供应商的折扣优惠，往往会大批量进货。但是这样可能会造成原料的积压和资金的占用，因此必须对采购数量严加控制。

（一）定期订货法

定期订货法是干货原料采购中最常用的一种方法。因为餐饮原料品种多，使用频繁，为减少进货次数，使采购员有更多的时间去处理鲜活原料的采购，餐饮企业可以把同类原料或向同一供应商采购的原料，定期在同一天采购。把不同类别的原料或向不同供应商采购的原料，安排在不同日期，使验收员和仓管员的作业量平均分布。

例如某餐厅每月订购罐装梨一次，平均消耗量每天10罐，订购期为4天，即送货日在订货日后第4天。仓管员通过盘点，发现库存还有50罐罐装梨。

由以上信息可以确定采购数量。但是，期末需存量并不是理想的4×10罐，考虑到交通运输、天气或供应情况等方面的原因，很多餐饮企业都在期末需存量中加上一个保险储备量，以防不测。这个保险储备量一般为理论期末需存量的50%，这样，实际期末需存量为：

$$期末需存量＝（日平均消耗量×订购期天数）×150\%$$

在定期订货法中，订货周期固定不变，但每次订货的数量是任意的。每到某种原料的订货日，仓管员应对该原料的库存数量进行盘点，然后确定本次的订货数量。订货数量的具体的计算方法如下：

$$需订货数量＝下期需用量－实际库存量+期末需存量$$

其中，下期需用量为订货周期内餐饮企业的预测耗用原料量，其计算公式为：

$$下期需用量＝日平均消耗量×订货周期天数$$

上述案例中的订货数量的计算过程为：

$$订货数量＝（30×10）－50+（10×4）×150\%＝310（罐）$$

（二）永续盘存卡订货法

永续盘存卡订货法也称订货点采购法或定量订货法，是通过查阅永续盘存卡（表6-2-3）上原料的结存量，对达到或接近订货点储量的原料进行采购的方法，一般被大型餐饮企业所采用。使用永续盘存卡订货法的前提是对每种原料都建立一份永续盘存卡，并确定每种原料的最高储备量和订货点量。

表6-2-3 食品原料永续盘存卡

编号：

品名： 规格：　　　　单价：		最高储存量： 订货点量：		
日期	订单号	进货量	发货量	结存量

1. 最高储备量

最高储备量是指某种原料在最近一次进货后可以达到但一般不应超过的储备量，一般根据原料的日均消耗量、计划采购间隔天数、仓库面积、库存金额、供应商最低送货量等来确定。

2. 订货点量

订货点量是指某原料的最低储存量（定期订货法中的期末需存量）。当原料从库房中陆续发出，库存减少到订货点量时，该原料就必须采购补充。这时，订货数量为：

订货数量＝最高储备量－日均消耗量×订货期天数

五、防止采购人员吃回扣

餐饮企业食品原料的采购成本几乎占据总成本的一半，因此，食品原料的采购工作对餐饮企业的资金周转、菜品质量优劣有重要的意义。在采购过程中，采购人员"吃回扣"现象无疑是餐饮企业在经营中最常遇到的重大问题之一。以下为有效防止采购人员"吃回扣"的方法。

（一）采购人员的选择

餐饮企业在选择采购人员时应注重个人品质，应选择为人正直、受过良好教育的人。

丁先生投资60万元，租下了一家上下两层，共500平方米的门面房，准备开家火锅店。由于自己分身乏术，丁先生将火锅店的事务交给了表姐张女士负责，并请来从事餐饮管理工作多年的小刘辅助张女士。

为了将火锅店装修成川渝竹楼风格，张女士找了一个装修队，小刘则画出草图，开出料单，之后两人一起去采购材料。在此期间，小刘只负责提建议，张女士负责结账。小刘算了一下，装修的花费应该在5万元左右，可张女士却当着小刘的面，将7万元的账单拿给了丁先生。

小刘是明白人，他不好多说什么，毕竟老板和张女士是亲戚。然而，在设备器具采购过后，张女士又拿回了5万多元的发票。熟悉行情的小刘一估算，丁先生起码又多支付给表姐6 000～7 000元的费用。

张女士这是在挖自家人墙脚，可她以后还要负责菜品的进货工作。倘若菜品成本高，那还怎么与同行竞争？因此，小刘不看好这家店的前景，并选择了离开。

半年不到，丁先生的火锅店便关门歇业了，投入的60万元资金打了水漂。

小刘认为，丁先生的问题出在过于相信表姐张女士。张女士没有正当工作，丁先生将火锅店交给她打理，也是想在经济方面支持一下表姐。然而，丁先生却并不知道表姐的为人。由此可见，在选择采购人员时，一定要慎重。

（二）供应商的选择

不要长期选择同一家供应商。选择不同的供应商有利于物料更好地流动，并且在一定程度上可以避免采购员与供应商建立"密切关系"。

（三）经常进行市场调查

企业应对市场进行定期或不定期的调查，掌握市场行情，了解货物的价格与质量、数量的关系，并与自己采购回来的物品进行对比，以便及时发现问题、解决问题。市场调查工作可以由专员负责，也可以由财务人员、行政人员，甚至是经理负责。

（四）库房人员、采购人员、厨房人员验收

库房人员、采购人员、厨房人员应独立进行验收工作，这对防止采购人员"吃回扣"非常有效，尤其在防止以次充好、偷工减料方面效果显著。一定要牢记，库房人员与厨房人员绝不可以受到采购人员的影响。

（五）有力度的财务监督

供应商、采购员报价后，财务部应进行询价、核价等工作，实行定价监控。餐饮企业可实行"双出纳"制度，两个出纳一个负责现金的支出，一个负责现金的收入，以便更好地控制现金的收支。财务部可以每周派人进行市场调查，并核实采购员的报价。

第二节　验收环节成本控制

餐饮企业在验收环节的成本控制对于确保原材料质量、降低损耗、提高整体运营效率至关重要。以下是从多个方面对餐饮企业验收环节成本控制的详细分析。

一、明确验收标准与流程

餐饮企业应根据采购计划和实际需求，明确各类原材料的验收标准，包括规格、质量、数量等。

这些标准应基于食品安全法规、行业标准以及企业自身的质量控制要求。

（一）食品验收标准

验收员在验收食品时，应确保食品外包装完好无损，商标图案等清晰明了，保质期不超过 1/3。如存在以下情况，均属于不符合标准。

① 罐头食品：凹凸罐，外壳生锈、有刮痕、有油渍等。

② 腌制食品：包装破损、有液汁流出、有腐臭味道、液汁浑浊或液汁太少、真空包装已漏气。

③ 调味品：罐盖不密封，有杂物掺入，包装破损潮湿、有油渍。

④ 食用油：漏油、包装生锈、油脂混浊不清、有沉淀物或泡沫。

⑤ 饮料类：包装不完整，液体中有凝聚物或其他沉淀物、杂物，凹凸罐。

⑥ 糖果饼干：包装破损或不完整，内含物破碎或受潮、有发霉现象。

⑦ 冲调饮品：包装不完整，有破损，凹凸罐，内含物因受潮成块状，真空包装漏气。

⑧ 米及面食：内含物混有杂物、受潮、结块、生虫或经虫蛀、发芽或发霉。

（二）生鲜验收标准

生鲜的验收主要采用感官法，包括视觉检验法、味觉检验法、嗅觉检验法、触觉检验法等。具体如图6-2-1所示。

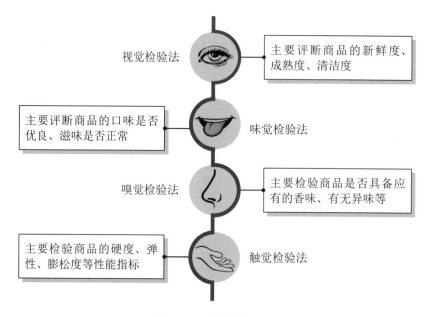

视觉检验法 —— 主要评断商品的新鲜度、成熟度、清洁度

主要评断商品的口味是否优良、滋味是否正常 —— 味觉检验法

嗅觉检验法 —— 主要检验商品是否具备应有的香味、有无异味等

主要检验商品的硬度、弹性、膨松度等性能指标 —— 触觉检验法

图6-2-1　生鲜检验方法

1. 冷冻冷藏品

① 注意保质期。收货时要检查冷冻冷藏品的保质期，如果超过保质期的三分之一，就要拒收并退回。

② 注意质量。收货时要检查冷冻冷藏品是否变质，如冷冻品是否有融化、变软的现象，包子、水饺、汤圆类是否有龟裂现象，乳品、果汁是否有膨胀、发酵现象。

③ 注意包装。在收货时要检查冷冻冷藏品的外包装是否有腐化、破损的现象，若为真空包装，则不能有脱空现象。

2. 蔬果

蔬果要新鲜、清洁、无异味、无病虫损害、成熟度适中、无外伤。收货时要扣除包装物重量，但不能随意扣重。

对于蔬果类原料，验收人员每日必须索取检验报告单。所有蔬果类原料在验收时都必须倒袋换筐。

蔬果类原料的总体要求为无腐烂、过老现象，规格均匀，无冻伤、失水、严重机械伤、病虫害、过多黄叶，利用率高，气味正常，无泥沙和外来杂物等。

（1）蔬菜类

不同的蔬菜检验注意要点如图6-2-2所示。

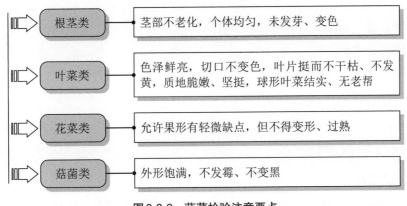

图6-2-2　蔬菜检验注意要点

（2）水果

对水果类总的感官要求为：果实结实、有弹性，汁多、肉甜、味足，手掂重量合理，未失水干缩。柄叶新鲜，果形完整、个体均匀，表皮颜色自然有光泽，无疤痕，无腐烂迹象。

（三）肉类验收标准

1. 肉类验收标准

以猪肉为例，验收标准如下。

① 肉色均匀，有光泽，脂肪洁白。外表微干或微湿润，不粘手。弹性良好，压后凹陷处会立即恢复。具有鲜猪肉的正常气味，无泥污、血污，肉边整齐，无碎肉、碎骨，按标准部位分割，精肉无多余脂肪。

② 猪肉上是否印有检疫合格印章和肉品品质检验合格印章。

③ 猪肉上是否有检验检疫刀口。

2. 运输工具要求

① 运输肉类原料的送货车应为冷藏车，温度维持在2℃左右。

② 肉类陈列工具要卫生干净。

3. 肉类验收原则

① 优先原则。肉类验收工作要在其他食材验收工作之前进行。

② 快速入库原则。验收一批，入库一批，不允许出现众多食材等待一起入库的现象。

③ 所有肉类原料从验收到入库所耗费的时间不得超过20分钟。

④ 在收货后，应迅速将肉类原料存入冷库，尽量缩短其暴露在常温下的时间。

 相关链接

肉类检验检疫票据验收

1. 猪肉检疫票据

猪肉检疫票据主要包括动物产品检疫合格证、肉品品质检验合格证（屠宰场肉品品质检验合格证）、动物及动物产品运载工具消毒证明、出境动物产品检疫合格证（非本市）、"瘦肉精"检测合格证明、非疫区证明（非本市）。

2. 其他肉类票据

其他肉类票据主要包括清真畜禽屠宰认证标志（牛羊肉）等。

二、严格执行验收操作

（一）数量核对

① 对所有到货的原材料进行数量核对，确保实际到货数量与采购订单和发票上的数量一致。
② 对于数量不符的情况，应及时与供应商沟通解决。

（二）质量检查

① 对原材料的外观、色泽、气味、保质期等进行全面检查，确保原材料符合质量要求。
② 对于不符合质量要求的原材料，应坚决予以退货或换货处理。

（三）规格确认

① 核对原材料的规格是否与采购订单一致，包括尺寸、重量、包装等。
② 对于规格不符的原材料，应及时与供应商沟通协商处理方案。

三、加强验收人员管理

（一）专业培训

① 对验收人员进行专业培训，使其掌握原材料验收的专业知识和技能。
② 提高验收人员的专业素质和责任心，确保验收工作的准确性和公正性。

（二）责任落实

① 明确验收人员的职责和权限，责任落实到人。
② 对于因验收不严导致的质量问题或损耗情况，应追究相关人员的责任并予以相应处罚。

四、建立验收记录与反馈机制

（一）验收记录

对每次验收的原材料进行详细记录，包括名称、规格、数量、质量情况、供应商信息等。这些记录应作为后续财务核对、库存管理和供应商评估的重要依据。

（二）反馈机制

建立验收反馈机制，对验收过程中发现的问题及时向上级汇报并与供应商沟通解决。通过反馈机制不断优化验收流程和提高验收效率。

五、验收时需做好防盗工作

在做好验收工作的同时，也要做好防盗工作，以防原材料丢失。
① 应指定专人负责验收工作，而不能是谁有空谁验收。

② 验收工作和采购工作应分别由专人负责。

③ 如果验收员兼管其他工作，应尽可能将交货时间安排在验收员空闲时段。

④ 原材料应运送到指定验收区域。

⑤ 验收之后，尽快将原材料送入仓库，防止食品变质和被职工偷盗。

⑥ 不允许推销员、送货员进入仓库或食品生产区域。此外，验收、检查区域应靠近仓库入口。

⑦ 仓库入口处的大门应加锁，大门外应安装门铃。送货人到达之后，应先按门铃。

第三节　库存环节成本控制

餐饮企业在库存环节的成本控制是提升经营效益、减少浪费的重要环节。以下是一些具体的成本控制策略。

一、制订合理的采购计划

（一）根据需求确定采购量

厨师长或厨房主管应根据服务区的经营收支、物资储备情况，合理确定物资采购量，避免过量采购导致的库存积压和浪费。

餐饮企业应参考历史销售数据，分析季节、节假日等因素对食品销量的影响，从而预测未来的需求量，制订合理的采购计划。

（二）定期分析市场价格

设立兼职物价员，定期对日常消耗的原辅料进行市场询价，确保采购价格合理。同时进行需求预测，通过对市场趋势、顾客偏好以及竞争对手情况的分析，提前预判食材的需求变化，避免盲目采购导致的库存积压或短缺。

（三）与供应商建立合作关系

与信誉良好、质量可靠的供应商建立长期稳定的合作关系，确保食材的稳定供应和卓越质量。同时，与供应商保持密切沟通，及时了解市场动态和价格变化，为制订采购计划和库存管理策略提供参考依据。

二、实施精细化管理

（一）先进先出

在发放原料时，应遵循先进先出的原则，确保食材的新鲜度，减少过期食材。

（二）分类管理

将食材按照种类、保质期、存储条件等因素进行分类存储，确保食材的安全性和新鲜度。同时，通过分类管理，可以更方便地进行库存盘点和调整。

（三）设定安全库存和警戒库存

根据食材的消耗速度和补货周期，设定合理的安全库存和警戒库存，一旦库存量低于警戒线，及时启动补货流程。在保证正常营业的情况下，尽量做到零库存或低库存，减少仓库存储成本和管理成本。例如，库存量能保证 1～2 天的正常营业即可。

三、定期盘点与调整

（一）定期盘点

餐饮企业应建立定期库存盘点制度，对库存食材进行全面清点，确保库存数据的准确性。通过盘点，可以及时发现库存异常，如短缺、过期等问题，并采取相应措施进行调整。小型餐饮企业可以每月末自行盘点，大型餐饮企业则可以安排更频繁的盘点。

（二）动态调整库存量

根据实际销售情况和库存状况，动态调整库存量。例如，在销售旺季适当增加库存量，以满足顾客需求；在销售淡季则减少库存量，避免库存积压。

（三）及时处理滞销菜品

及时分析滞销菜品情况，避免原材料变质造成的损失。对于接近保质期的库存原材料，应提醒厨房及时安排使用或调整采购计划。

四、建立出入库及领用制度

（一）严格出入库手续

制订严格的库存管理出入库手续，所有原材料的出入库都需经过严格审批和记录。

（二）规范领用制度

各部门领用原辅料时，需先填制领料单，由部门负责人签字后生效，严禁无单领料或白条领料。

1. 领用责任

① 领用人需对所领用的食材负责，确保其在使用过程中符合食品安全标准和规定用量。

② 如发现食材存在质量问题或数量不符等情况，应及时向仓库管理人员反馈并处理。

2. 监督与考核

① 餐厅管理层应定期对食材出入库及领用制度的执行情况进行监督和考核，确保制度得到有效落实。

② 对于违反制度的行为，应给予相应的处罚和纠正措施。

五、采用现代化管理手段

（一）引入库存管理系统

餐饮企业可利用库存管理系统对食材的采购、入库、出库、盘点等环节进行实时监控和管理，提高库存管理的效率和准确性。

（二）数据分析与预警

餐饮企业可以通过数据分析系统，实时监控库存情况，对库存异常情况进行预警，及时采取措施解决问题。同时通过数据分析工具对库存数据进行深入分析，找出库存管理中存在的问题和改进空间，为制订更加科学的采购计划和库存管理策略提供数据支持。

综上所述，餐饮企业严格控制食材的库存量需要从制订合理的采购计划、实施精细化管理、定期盘点与调整、制定出入库及领用制度、采用现代化管理手段等多个方面入手。通过综合运用这些措施，餐饮企业可以实现对食材库存量的有效控制，降低库存成本，提高经营效益。

第四节　粗加工环节成本控制

粗加工在烹饪中也被称为初步加工，例如活鸡、活鸭的宰杀，鱼的宰杀，菜的挑选、洗涤等都属于粗加工环节的工作。粗加工过程中的成本控制工作主要是科学准确地测定各种原料的净料率。

一、粗加工环节对成本的影响

（一）影响原料出材率的因素

在粗加工过程中，有四个因素会影响原料的出材率，具体内容如图6-2-3所示。

因素一　原材料质量

以马铃薯为例，如果马铃薯个大、浑圆，用刮皮刀将外层马铃薯皮刮掉后，其出材率可以达到85%以上。如果马铃薯个小或外观凹凸不平，其出材率可能就只有65%。原材料质量对出材率的影响占比达25%，如果原材料质量不理想，就会产生25%的损耗率

因素二　粗加工厨师的技术水平

粗加工厨师的技术水平是很重要的影响因素。粗加工厨师的技术水平是指厨师对原料的特点的了解程度、熟练操作程度
粗加工厨师技术水平对出材率的影响占比达25%。也就是说，如果粗加工厨师技术水平较一般，则将损失25%的原料

因素三　加工工具的优劣

刀和砧板是粗加工厨师使用的两个主要加工工具。
（1）砧板中间凹凸不平、周围破裂，刀不锋利等，都会给粗加工厨师造成很大麻烦，无论多么熟练的粗加工厨师，面对不尽如人意的工具，其技巧都很难得到发挥
（2）加工刀具一定要锋利，长短、宽窄都要恰到好处。加工厨师要根据宰杀对象的特征挑选合适的工具

因素四　科学的加工方法

科学的加工方法是指预先规划好从何处下手，到何处终结，中间需要几个步骤，使下刀比例以及深浅程度都合适，不造成任何浪费。例如，剔一只鸡，应从鸡肋处下手剔第一刀，最后一刀在腿骨处收尾。科学的加工方法对出材率的影响占比达25%，只有当上述这四种因素均得到最佳控制时，加工后的出材率才能达到最理想状态

图6-2-3　影响原料出材率的因素

（二）做好粗加工工作可提高5%左右的毛利率

根据实际经验，做好粗加工工作可以将毛利率提高5%。例如，如果月均总收入原本为200万元，则可以提升10万元的毛利。

二、蔬菜的粗加工

蔬菜的粗加工是指根据不同蔬菜种类和烹饪规定，对蔬菜进行择、削等处理，如择去干老叶子、削去皮根须、摘除老帮等。

① 一般蔬菜的择除部分可根据规定的净料率确定。部分蔬菜的净料率如表6-2-4所示。

表6-2-4　部分蔬菜的净料率

毛料品名	净料处理项目	净料		下脚料、废料损耗率/%
		品名	净料率/%	
白菜	除老叶、帮、根，洗涤	净菜心	38	62
菠菜	除老叶、根，洗涤	净菜	80	20
时令冬笋	剥皮、去老根	净冬笋	35	65
时令春笋	剥皮、去老根	净春笋	35	65
无叶莴苣	削皮、洗涤	净莴苣	60	40
无壳茭白	削皮、洗涤	净茭白	80	20
刀豆	去尖头、除筋、洗净	净刀豆	90	10
蚕豆、毛豆	去壳	净豆	60	40
西葫芦	削皮、去籽、洗涤	净西葫	70	30
茄子	去头、洗涤	净茄子	90	10
冬瓜、南瓜	削皮、去籽、洗涤	净瓜	75	25
小黄瓜	削皮、去籽、洗涤	净黄瓜	75	25
大黄瓜	削皮、去籽、洗涤	净黄瓜	65	35
丝瓜	削皮、去籽、洗涤	净丝瓜	55	45
卷心菜	除老叶、根，洗涤	净卷心菜	70	30
芹菜	除老叶、根，洗涤	净芹菜	70	30
青椒、红椒	除梗、籽，洗涤	净椒	70	30
菜花	除叶、梗，洗涤	净菜花	80	20
大葱	除老皮、根，洗涤	净大葱	70	30
大蒜	除老皮、根，洗涤	净大蒜	70	30
圆葱	除老皮、根，洗涤	净圆葱	80	20
山药	削皮、洗涤	净山药	66	34
青、白萝卜	削皮、洗涤	净萝卜	80	20

续表

毛料品名	净料处理项目	净料		下脚料、废料损耗率/%
		品名	净料率/%	
马铃薯	削皮、洗涤	净马铃薯	80	20
莲藕	削皮、洗涤	净莲藕	75	25
蒜苗	去头、洗涤	净蒜苗	80	20

② 将经过择、削处理过的蔬菜原料放到水池中进行洗涤。洗涤基本步骤如下：第一遍洗净泥土等杂物；第二遍用高锰酸钾溶液浸泡蔬菜，浸泡的时间一般为5～10分钟；将用消毒液浸泡过的蔬菜放在流动水池内清洗干净，蔬菜上不允许有残留的消毒液。

③ 将经过清洗的蔬菜捞出，放于专用的带有漏眼的塑料筐内，送到各厨房的专用货架上。

提醒您：

将水池中放满水，若洗西蓝花等虫子多的菜，水中要加盐。

三、畜肉类的粗加工

畜肉类的粗加工是指按照既定的切割规格并使用专用工具，对肉块、带骨的排骨等原料进行加工。一般的畜肉类产品在买回来之前就已经被加工好了。

四、活禽的粗加工

活禽的基本加工步骤如图6-2-4所示。

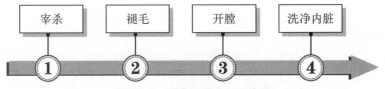

图6-2-4　活禽的基本加工步骤

（一）宰杀

① 准备大碗，碗中放入少量食盐及适量清水（夏天用冷水，冬天用温水）。

② 用左手抓住禽类的翅膀并用小指钩住禽类的一只脚，右手准备切割。

③ 拔去颈毛，用刀割断禽类的气管与血管。

④ 割完后右手捉禽头，左手抬高，倾斜禽身，让禽血流入大碗，放尽后用筷子搅拌，使血液凝固。

（二）褪毛

① 老鸡最好使用开水褪毛，一岁左右的鸡鸭用90℃左右的热水为宜。冬季禽类的毛较厚，在褪毛时可适当提高水温；夏季则适当降低水温，如果水温过高，则会使禽类的皮肤破裂。

② 拔毛时，先将去禽类脚、嘴上的硬皮和壳，然后顺着毛的方向轻压禽身，拔去翼毛，

再逆着毛的方向拔去颈毛，最后拔除全身的羽毛。

③用80℃热水浸烫禽类，禽类的毛便会自然脱落。

🔷 **提醒您：**

> 拔毛前必须等待鸡鸭完全断气、双脚不再抽动。

（三）开膛

开膛是为了取出内脏，但需要按烹调要求确定开剖方向。全鸡（或鸭）有腹开、肋开、背开三种剖开法，如图6-2-5所示，但都要保持禽类的形状。需切块或切丝时，只需剖开腹部取出内脏即可。

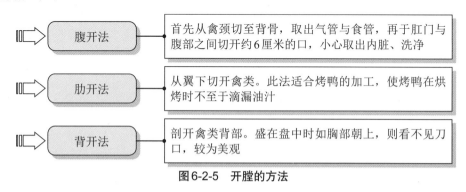

| 腹开法 | 首先从禽颈切至背骨，取出气管与食管，再于肛门与腹部之间切开约6厘米的口，小心取出内脏、洗净 |

| 肋开法 | 从翼下切开禽类。此法适合烤鸭的加工，使烤鸭在烘烤时不至于滴漏油汁 |

| 背开法 | 剖开禽类背部。盛在盘中时如胸部朝上，则看不见刀口，较为美观 |

图6-2-5　开膛的方法

🔷 **提醒您：**

> 开膛取出内脏时，千万不要弄破肝脏与胆囊。因为鸡鸭的肝脏属于上等材料，而胆囊有苦汁，倘若破损，其肉便会有苦味。

（四）洗净内脏

鸡鸭的内脏，除嗉囊、气管、食管及胆囊外，大都可食用，内脏的清洗方法如表6-2-5所示。

表6-2-5　内脏的清洗方法

序号	内脏名称	洗涤方法	注意事项
1	胗	先除去结肠部分，然后剖开胗，刮去里面的污物，剥去内壁黄皮并洗净	胗内污物需去除干净
2	肝	剖胸时取出肝脏，摘去胆囊后清洗	不要弄破胆囊，以免使肝脏染上苦味
3	肠	除去附在肠上的东西，接着用剪刀剖开肠子，再用明矾、粗盐除去肠壁的污物与黏液，洗净后用水烫	烫水时间不宜过长，时间一长肠便会变硬，无法咀嚼
4	鸡心	将鸡心放在流动的清水下冲洗，用手轻轻搓去表面的血块和杂质，初步去除污物。再用刀从鸡心的尖头部分将其片开，以便更好地清理内部，仔细挑出鸡心内部明显的血块，确保清理干净	用手掰开片好的鸡心，切除动脉部分，因为这部分口感较差且可能含有较多杂质

部分家禽类食材的净料率如表 6-2-6 所示。

表6-2-6　部分家禽类食材的净料率

毛料品名	净料处理项目	净料		下脚料、废料损耗率/%
		品名	净料率/%	
土鸡	宰杀，去头、爪、内脏	净鸡	62	38
野鸡	宰杀，去头、内脏，洗净	净野鸡	75	25
野鸭	宰杀，去头、内脏，洗净	净野鸭	75	25
光鸭	去头、内脏，洗涤	熟鸭	60	40
光鸡	煮熟，整理分档	净鸡 其中： 　胗肝 　肠 　脚 　带骨肉	94 8 3 8 75	6
鸭胗	去黄皮污物，洗涤	净胗	85	15
活公鸡	宰杀，洗涤，分档	净鸡	67	15
		胗、肝、心、脚、肾等	18	
活母鸡	宰杀，洗涤，分档	净鸡	70	13
		胗、肝、心、脂肪、脚等	17	

五、淡水鱼的粗加工

① 将鱼放在案板上，左手按住鱼身，右手用擀面杖或刀背在鱼头上猛击几下，使鱼昏迷。

② 将打晕的鱼放在水槽里并刮掉鱼鳞。

③ 抠开鳃盖挖掉鱼鳃。

④ 用小刀或者剪刀剖开鱼肚，从泄殖孔下刀，一直剖到鳃盖下方。

⑤ 挖出鱼的内脏，靠近鱼头位置的鱼心和食管也要挖出。

⑥ 用清水清洗掉鱼体表和腹腔内的脏物，鱼肚里的黑色内膜也要仔细洗净。

⑦ 将杀好的鱼用清水彻底冲洗干净并放入盘中备用。

部分淡水鱼的净料率如表 6-2-7 所示。

表6-2-7　部分淡水鱼的净料率

毛料品名	净料处理项目	净料		下脚料、废料损耗率/%
		品名	净料率/%	
鲤鱼、鲢鱼	宰杀，去鳞、鳃、内脏，洗涤	净全鱼	80	20
鲫鱼、鳜鱼	宰杀，去鳞、鳃、内脏，洗涤	净鱼块	75	25
大、小黄鱼	宰杀，去鳞、鳃、内脏，洗涤	炸全鱼	55	45
净黑鱼、鲤鱼	剔肉切片	净鱼片	35	65
净鲢鱼	剔肉切片	净鱼片	30	70
活鳝鱼	宰杀，去头、尾、肠、血，洗净	鳝段、丝	62/50	38/50

六、海产品的粗加工

在对海产品进行粗加工时要注意以下事项。

① 宰杀海鱼时，应先从鳃口处放血，然后去鳞，从口中取出内脏。

② 在加工海蟹时，应先开壳，然后去鳃。

③ 宰杀黏液多或带沙的海鲜时，应先用开水洗净黏液和泥沙，再除去内脏。

④ 在加工贝壳类海鲜时，应用力从两壳之间的缝隙插入，开壳洗净泥沙。

⑤ 鱿鱼应除去内脏、外皮。

部分海产品的净料率如表6-2-8所示。

表6-2-8　部分海产品的净料率

毛料品名	净料处理项目	净料		下脚料、废料损耗率/%
		品名	净料率/%	
净鳜鱼	剔肉切片	净鱼片	40	60
鲳鱼	宰杀，去头、鳞、鳃、内脏，洗涤	无头净鱼	80	20
带鱼	宰杀，去头、鳞、鳃、内脏，洗涤	无头净鱼	74	26
鲅鱼	宰杀，去鳞、鳃、内脏，洗涤	净鱼	76	24
大虾	去须、脚	净虾	80	20
比目鱼	宰杀，去内脏、皮、骨，洗涤	净鱼	59	41
净鳜鱼	剔肉切成泥茸	净鱼泥茸	45	55

七、干货原料的粗加工

干货在不受潮、不返潮的情况下可以保存一年以上的时间。干鱼肚、干燕窝以及干竹笋等的保质期都比较长。

> **提醒您：**
>
> 干货便于储存和运输，但在食用之前需要涨发。

干货原料粗加工主要是指干货的涨发。干货的品种多，涨发的方法也各不相同。因此，只有掌握正确的涨发方法，才能大大提高干货的出成率。

干货原料的涨发方法主要包括水发法、火发法、碱发法、油发法、盐发法。如果能根据不同原料选用不同的涨发方法，那么便可以节省可观的成本。

粗加工厨师在对干货原料进行加工时，需要掌握其净料率（表6-2-9）。

表6-2-9　部分干货的净料率

毛料品名	净料处理项目	净料		下脚料、废料损耗率/%
		品名	净料率/%	
刺参	拣洗，泡发	净水发刺参	400～500	
干贝	拣洗，泡发	水发干贝	200～250	

续表

毛料品名	净料处理项目	净料		下脚料、废料损耗率/%
		品名	净料率/%	
海米	拣洗，泡发	水发海米	200～250	
蜇头	拣洗，泡发	净水发蜇头	130	
海带	拣洗，泡发	净水发海带	500	
干蘑菇	拣洗，泡发	水发蘑菇	200～300	
黄花菜	拣洗，泡发	水发黄花菜	200～300	
竹笋	拣洗，泡发	水发竹笋	300～800	
冬菇	拣洗，泡发	水发冬菇	250～350	
香菇	拣洗，泡发	水发香菇	200～300	
黑木耳	拣洗，泡发	水发黑木耳	500～1000	
笋干	拣洗，泡发	水发笋干	400～500	
玉兰片	拣洗，泡发	水发玉兰片	250～350	
银耳	拣洗，泡发	净水发银耳	400～800	
粉条	拣洗，泡发	净湿粉条	350	
带壳花生	剥去外壳	净花生仁	70	30
带壳白果	剥去外壳	净白果仁	60	40
带壳栗子	剥去外壳	净栗子肉	63	37

八、做好收台工作

收台是指粗加工厨师对自己的工作台进行收拾与整理。

粗加工厨师在收台时，应做好相应的工作，以减少浪费、节约成本。

（一）整理货架

整理货架是指将用于陈列蔬菜等加工品的货架进行全面整理。具体工作如下所述。

① 将货架上的所有原料、用具等取下，清扫货架。

② 对于剩余的无需保鲜的原料，应摆放在固定位置上，以便下次使用。

③ 用于加工和盛放蔬菜的工具应摆放在货架的固定位置上，以便于取用。

（二）余料处理

将剩余的加工好的蔬菜、肉类、水产品等原料，放置在专用料盒内，包上保鲜膜，放入恒温箱内存放，留待下一餐使用。

（三）清理台面

将料盒、刀、墩等清洗干净，并用干抹布擦干水，放回货架固定存放位置或储存柜内，然后将料理台的台面及其四周用抹布擦拭干净。

（四）清洗水池

先清除不锈钢水池内的污物和杂质，然后用浸过清洗剂的抹布由内而外擦拭一遍，再用清水冲洗干净，并用抹布擦干。

第五节　配份环节成本控制

粗加工后就需要进行细加工，配份环节也就是细加工过程。配份环节即厨房中俗称的"配菜"，也被称为配膳。配份是指将加工成形的各种原料加以配比。配份是决定主、配料成本的重要环节。切配时应根据原料的实际情况，整料整用，大料大用，小料小用，下脚料综合利用，以降低菜品成本。

一、配菜师的重要性

（一）配菜师是制作菜品的核心人员

配菜师是菜品制作过程中非常重要的核心人员，菜品原料用量的多少取决于配菜师。主料、配料、调料这三个要素的成本构成菜品成本。以鱼香肉丝为例，主料为330克通脊肉丝，125克竹笋丝；配料为50克香菇或25克木耳丝；调料包括豆瓣辣酱、酱油、盐、糖、醋、蒜、葱、姜、淀粉、红油等。配菜师掌管着三大料中的主料和配料的用量。

（二）配菜师的素质是成本控制的关键

每一道菜品成本的大小取决于配菜师，如果配菜师未能控制好用量，那么将导致菜品成本增加。

某餐厅配菜师成本意识不强，在配鳝鱼丝时仅凭目测，每次都配半盘鳝鱼丝。经称量，每盘鳝鱼丝约为350克，成本比售价高出4元，即餐厅每销售出一盘鳝鱼丝要损失4元。

现在餐饮企业的数量众多，竞争激烈，原材料普遍涨价，因此，只做好标准成本卡是远远不够的，成本控制必须与真实成本挂钩。这就要求配菜师具有能控制好成本的能力。

二、切配师的常用刀法

（一）直刀法

直刀法的特点是刀与菜墩呈直角。直刀法适用于动物性及植物性原料，分为直切、推切、拉切、锯切、铡切、滚刀切、劈和剁，具体内容如表6-2-10所示。

表6-2-10　直刀法简介

序号	类别	操作说明	图示
1	直切	又叫跳切，从上往下垂直下刀，并垂直提刀	

序号	类别		操作说明	图示
2	推切		刀与原料垂直，刀的前部先接触材料，将刀由后往前推去，一刀推到底	
3	拉切		刀由前往后拉，一刀拉到底	
4	锯切		切时刀先向前推，然后再往后拉，像拉锯一样	
5	铡切		右手提起刀柄，左手握住刀背前端，刀柄翘起，刀尖下垂，将刀尖对准原料所要切的部位，用力将刀柄压下去。或把刀按在要切的部位上，左右两手同时摇切下去，用力要均衡	
6	滚刀切		每切一刀，就把原料滚动一次	
7	劈	直劈	把刀对准要切的部位，用力向下直劈	
		跟刀劈	将刀刃先砍入原料要劈的部位内部，然后使刀与原料一齐起落	
		拍刀劈	刀对准原料要劈的部位，右手握紧刀柄，左手用力拍打刀背，将原料劈开	

续表

序号	类别		操作说明	图示
8	剁	排剁	双手同时各执一把刀，一上一下地剁下去	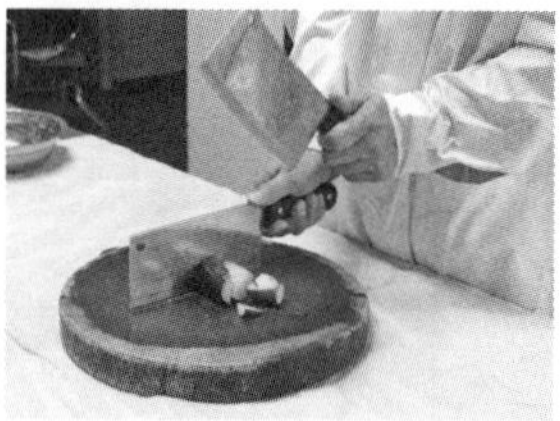
		直剁	左手按稳原料，右手提刀垂直剁下去	

（二）斜刀法

斜刀法的特点是刀与菜墩呈一定角度，斜刀法适用于脆性、黏滑的原料。斜刀法包括正斜刀法和反斜刀法，具体内容如表 6-2-11 所示。

表6-2-11　斜刀法简介

序号	类别	操作说明	图示
1	正斜刀法	刀的右侧与菜墩呈40°～50°角，左手按料，刀刃向左切进原料，进刀后向左后方拉动，正斜刀法适用于软嫩原料，如鸡脯、腰片、鱼肉	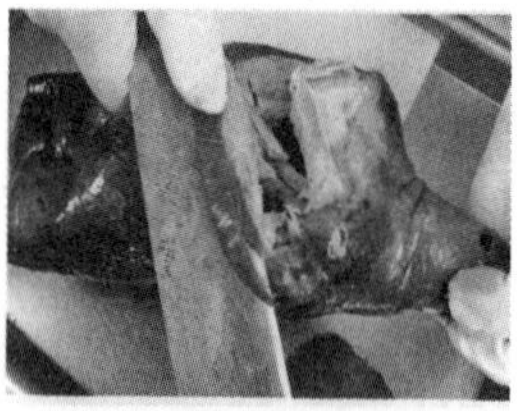
2	反斜刀法	刀的右侧与菜墩呈130°～140°角，运用推力，左手按料，刀身斜抵住左手指节向下切。反斜刀法适合脆性而黏滑的原料，如熟牛肉、葱段、姜片等	

（三）平刀法

平刀法的特点是刀与菜墩平行，平刀法适用于无骨的动物性原料、韧性原料及脆性的蔬菜。操作时要按稳原料，用力不要过大，食指与中指间留一段空隙。平刀法分为四种类别，具体内容如表 6-2-12 所示。

表6-2-12　平刀法简介

序号	类别	操作说明	图示
1	平刀切	刀与砧板平行，按要求的厚度，将刀平行切进原料	

序号	类别	操作说明	图示
2	推刀切	刀与砧板平行，切进原料后向前推。推刀切适用于煮熟回软的脆性原料	
3	拉刀切	刀与砧板平行，切进原料后向后拉。拉刀切多用于韧性原料	
4	抖刀切	为了美化原料，在刀进入原料后可采取波浪式前进的切法	

三、制定统一配份标准

（一）菜品配份标准

菜品配份标准的具体内容如表 6-2-13 所示。

表6-2-13　菜品配份标准

菜品名称	分量	主料		辅料		料头		盛器规格	备注
		名称	数量	名称	数量	名称	数量		
鱼香肉丝	1份	猪肉丝	120克	莴笋丝	30克	姜、蒜米	各8克	7寸条盘	
				木耳丝	15克	鱼眼葱	10克		
麻婆豆腐	1份	豆腐	150克	牛肉末	30克	蒜苗	15克	7寸条盘	
……									

（二）点心成品配份标准

点心成品配份标准的具体内容如表 6-2-14 所示。

表6-2-14　点心成品配份标准

名称	分量	主料		辅料		盛器规格	备注
		名称	数量	名称	数量		
小笼包子	1个	发酵面团	30克	肉馅	15克	2寸圆碟	
清汤面条	1份	面条	30克	菜心	10克	2寸汤碗	

续表

名称	分量	主料		辅料		盛器规格	备注
		名称	数量	名称	数量		
玻璃烧卖	1个	烧卖皮	1张	肉馅	20克	2寸圆碟	
……							

（三）面团配份标准

面团配份标准的具体内容如表 6-2-15 所示。

表 6-2-15　面团配份标准

菜品名称	数量	主料		辅料		备注
		名称	数量	名称	数量	
油酥面团	800克	面粉	500克	猪油	100克	冷水200毫升
……						

（四）馅料配份标准

馅料配份标准的具体内容如表 6-2-16 所示。

表 6-2-16　馅料配份标准

菜品名称	数量	主料		辅料		料头		适用范围
		名称	数量	名称	数量	名称	数量	
豆沙馅	500克	绿豆	350克	白糖	130克	油	20克	
……								

（五）臊子配份标准

臊子配份标准的具体内容如表 6-2-17 所示。

表 6-2-17　臊子配份标准

菜品名称	数量	主料		辅料		料头		适用范围
		名称	数量	名称	数量	名称	数量	
猪肉脆臊	500克	猪肉	450克	红糖	15克	料酒、盐、味精、胡椒粉	适量	
				香葱	2根			
……								

第六节　烹调环节成本控制

烹调环节是指通过加热和调制，将加工、切配好的原料制作成菜品的过程。餐饮产品的烹饪环节，一方面关乎菜品质量，另一方面也与成本控制密切相关。烹饪环节对菜品成本的影响主要有图 6-2-6 所示两个方面。

① 调味品的用量

烹制一款餐饮产品，所用的调味品较少，在成本中所占比重较低，但从餐饮产品的总量来看，所耗用的调味品及其成本也是相当可观的，特别是油、味精及糖等。所以在烹饪过程中，要严格执行调味品的成本规格，这不仅会使菜品质量较稳定，也可以使成本更精确

② 菜品质量及其废品率

在烹饪过程中应提倡一锅一菜，专菜专做，并严格按照操作规程进行操作，掌握好烹饪时间及温度。如果宾客来餐厅就餐，对菜品有意见并要求调换，就会影响服务质量并增加菜品成本。因此，要求每位厨师努力提高烹饪技术和创新能力，合理投料，力求不出或少出废品，这样才能有效地控制烹饪过程中的菜品成本

图6-2-6 烹饪环节对菜品成本的影响

一、统一制汁节省成本

制作菜品时经常需要制作各种汤汁，如糖醋汁、番茄汁、果汁等。为了节省成本，可统一制汁，即每天早上由制汁厨师把汤汁制作好，然后统一分发给每位厨师，那么厨师就不用再制作所需的各种汤汁了。统一制汁有两点好处，具体内容如下所述。

（一）节省制汁时间

厨师在制作菜品时会用到某种汤汁，而这种汤汁又需要十几样原料和调料才能调配，那么，厨师可能会花费很长时间去制作这种汤汁，这将影响上菜速度。如果汤汁已准备好，就可以节省很多时间。

（二）统一菜品质量

统一制汁就相当于统一了菜品口味，而口味统一，菜品的质量便可统一。例如，某餐饮企业雇用了20位厨师，而每位厨师调出来的糖醋汁味道都不一样，这可能会导致客人今天用餐后很满意，过几天来吃却发现味道发生了很大变化，进而产生意见。而统一制汁就不会出现这个问题。

有的餐饮企业设有一个专门用来制作汤汁的工作间，制汁之后把汤汁放到调料车上，厨师烹饪时把汤汁放入锅里就可以了。即使原来的制汁人员离职也没关系，新来的制汁人员只要知道调配比例即可。

二、热菜主要调味汁规格

（一）麻辣味汁

麻辣味汁的具体规格如表6-2-18所示。

表6-2-18 麻辣味汁规格（配制20份菜）　　单位：克

调味品名	数量	备注
红油海椒	30	（1）可以用100克红油代替30克红油海椒（2）所有调料配好之后加开水750克（或鲜汤）调制
花椒粉	20	

续表

调味品名	数量	备注
红酱油	30	（1）可以用100克红油代替30克红油海椒 （2）所有调料配好之后加开水750克（或鲜汤）调制
精盐	30	
味精	20	
白糖	30	
料酒	50	
姜末	20	
香油	20	

（二）糖醋味汁

糖醋味汁的具体规格如表6-2-19所示。

表6-2-19　糖醋味汁规格（配制15份菜）　　　　　单位：克

调味品名	数量	备注
醋	150	（1）将250克清水加入调料中，然后在锅中熬化调料，再加些香油 （2）糖醋汁在锅中熬制时一定要浓稠
酱油	10	
精盐	8	
白糖	250	
色拉油	50	
姜末	10	
蒜米	20	
香油	50	

（三）茄汁

茄汁的具体规格如表6-2-20所示。

表6-2-20　茄汁规格（配制20份菜）　　　　　单位：克

调味品名	数量	备注
精盐	15	（1）将色拉油倒入锅中烧热，之后放入蒜泥及番茄酱炒香，再加入清水500克，炒匀即可 （2）炒制时不能勾芡，要以茄汁自芡
醋	50	
白糖	300	
姜末	10	
番茄酱	200	
色拉油	200	
蒜泥	30	

三、冷菜主要调味汁规格

（一）鱼香味汁

鱼香味汁的具体规格如表 6-2-21 所示。

表6-2-21　鱼香味汁规格（配制15份菜）　　　　单位：克

调味品名	数量	备注
精盐	15	将调料拌匀后洒在白煮后的食材中
酱油	50	
醋	30	
白糖	20	
泡红辣椒末	50	
姜米	50	
蒜米	50	
葱白	50	
红油	100	
味精	30	
芝麻油	50	

（二）糖醋味汁

凉菜糖醋味汁的具体规格如表 6-2-19 所示。

四、浆、糊调制规格

（一）制糊规格

制糊规格如表 6-2-22 所示。

表6-2-22　制糊规格　　　　单位：克

用料	鸡蛋	鸡蛋清	干细淀粉	精炼菜油	备注
全蛋糊	1个		50		
蛋清糊		1个	40		
……					

（二）制浆规格

制浆规格如表 6-2-23 所示。

表6-2-23　制浆规格　　　　单位：克

品名	鸡蛋	鸡蛋清	干细淀粉	精炼菜油	备注
全蛋浆	1个		40		
蛋清浆		1个	30		
……					

五、掌握过油技巧

餐饮企业的食用油消耗量比较大，厨师应注意节约用油，掌握过油技巧，从而达到节约成本的目的。过油技巧如图 6-2-7 所示。

技巧一 ▶ 选用大豆油

> 餐饮企业一般应选用大豆油。大豆油营养全面，含有23种人体所必需的氨基酸。而花生油只含有15种氨基酸，价格却比大豆油贵

技巧二 ▶ 热油下锅

> 在将原料过油时，要注意把握好油温。有些厨师在油刚热时就放原料，结果很多油被原料吸收，顾客在吃菜时油会从菜里往外冒。因此，在将原料过油时，油温应高一些。油温一般可从0℃一直上升到240℃，油一般在20℃左右融化，因此加温到七成，就可以放原料了

技巧三 ▶ 将调料中的红油炒出来

> 在炒制过程中，如何将调料中的红油炒出来，也是一门学问。如麻婆豆腐、鱼香肉丝、干烧鱼、回锅肉，这类菜品都需要红油。炒红油的时候一定要使用小火，在几秒钟之内将调料里的红油炒出来。如麻婆豆腐，加入汤烧，油比水轻，油在上面漂，水在下面，出锅时不用兑明油，红油就在上面漂着，可节省重新放红油的成本

图6-2-7 过油技巧

六、加强对厨师的监控

餐饮企业应从操作规范、制作数量、出菜质量、剩余食品等几个方面加强对厨师的监控，具体内容如图 6-2-8 所示。

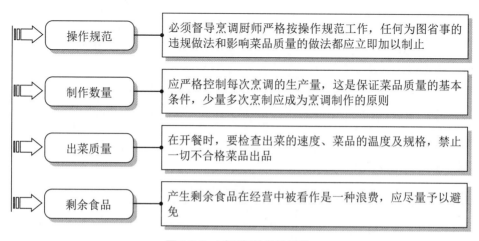

操作规范	必须督导烹调厨师严格按操作规范工作，任何为图省事的违规做法和影响菜品质量的做法都应立即加以制止
制作数量	应严格控制每次烹调的生产量，这是保证菜品质量的基本条件，少量多次烹制应成为烹调制作的原则
出菜质量	在开餐时，要检查出菜的速度、菜品的温度及规格，禁止一切不合格菜品出品
剩余食品	产生剩余食品在经营中被看作是一种浪费，应尽量予以避免

图6-2-8 对厨师的监控措施

第七节　利用标准菜谱控制成本

标准菜谱以菜谱的形式，列出用料配方，规定制作程序，明确装盘形式和盛器规格，指明菜品的质量标准和每份菜品的可用餐人数、成本、毛利率和售价。

一、标准菜谱的作用

标准菜谱主要有图 6-2-9 所示的作用。

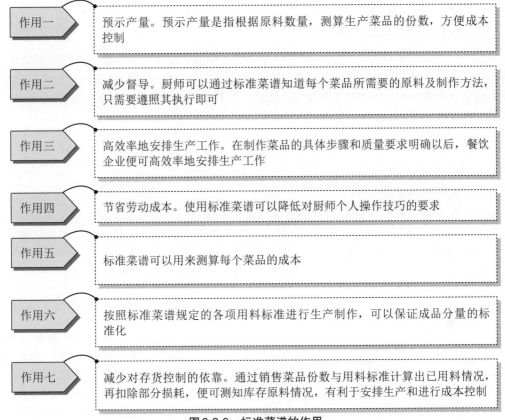

作用一	预示产量。预示产量是指根据原料数量，测算生产菜品的份数，方便成本控制
作用二	减少督导。厨师可以通过标准菜谱知道每个菜品所需要的原料及制作方法，只需要遵照其执行即可
作用三	高效率地安排生产工作。在制作菜品的具体步骤和质量要求明确以后，餐饮企业便可高效率地安排生产工作
作用四	节省劳动成本。使用标准菜谱可以降低对厨师个人操作技巧的要求
作用五	标准菜谱可以用来测算每个菜品的成本
作用六	按照标准菜谱规定的各项用料标准进行生产制作，可以保证成品分量的标准化
作用七	减少对存货控制的依靠。通过销售菜品份数与用料标准计算出已用料情况，再扣除部分损耗，便可测知库存原料情况，有利于安排生产和进行成本控制

图 6-2-9　标准菜谱的作用

二、标准菜谱的内容

一般来说，标准菜谱的内容主要包括以下几点。

（一）基本信息

标准菜谱中的基本信息包括菜品编号、生产方式、盛器规格、烹饪方法、精确度等。基本信息虽然不是标准菜谱的主要部分，但却是不可缺少的基本项目，而且必须在设计之初就设定好。

（二）标准配料及配料量

菜品的质量好坏和价格高低很大程度上取决于烹调菜品所用的主料、配料和调味料等的种类与数量。标准菜谱在这方面做出了规定，为菜品实现质价相称、物有所值提供了基础。

（三）规范烹制程序

烹制程序是对烹制菜品所采用的烹调方法、操作步骤、要领等方面所做的技术性规定。这是餐饮企业为了保证菜品质量，而对厨房生产的最后一道工序进行的规范。

烹制程序的规范内容包括烹制某一菜品所用的炉灶、炊具、原料配份方法、投料次序、型坯处理方式、烹调方法、操作要求、烹制温度和时间、装盘造型、点缀装饰等。

（四）烹制份数和标准份额

厨房的菜品多数是单独进行烹制的，有时也会多份一起烹制。标准菜谱对每种菜品、面点的烹制份数都进行了规定，以保证菜品质量。

（五）每份菜品的标准成本

规定每份菜品的标准成本是为了对菜品生产进行有效的成本控制，最大限度地降低成本，提高菜品的市场竞争力。标准菜谱对配料及配料量都有规定，由此可以计算出每份菜品的标准成本。由于食品原料的市场价格不断变化，因此，要及时调整每份菜品的成本标准。

（六）成品的彩色图片

餐饮企业应制作一份标准菜品，并进行拍照，以便作为衡量成品质量最直观的参照标准。

（七）食品原料质量标准

只有使用优质原料，才能加工烹制出好菜品。标准菜谱中对所有原料的质量都做出了规定，如食品原料的规格、数量、感官性状、产地、产时、品牌、包装要求、色泽、含水量等，以确保菜品质量达到最优标准。

三、标准菜谱的设计过程

标准菜谱的设计和制作应该由简到繁，逐步完善，并充分调动厨师的积极性，反复试验，使标准菜谱中的各项规定都科学合理，成为厨师生产操作准则，以规范厨师在烹调菜品过程中的行为。

标准菜谱的设计要求文字简明易懂，名称、术语规范，项目排列合理，易于操作实施。标准菜谱的设计过程如图6-2-10所示。

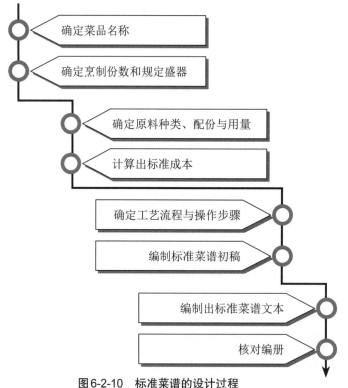

确定菜品名称

确定烹制份数和规定盛器

确定原料种类、配份与用量

计算出标准成本

确定工艺流程与操作步骤

编制标准菜谱初稿

编制出标准菜谱文本

核对编册

图6-2-10　标准菜谱的设计过程

四、编制标准菜谱的程序

虽然不同餐饮企业编制标准菜谱的程序各有特色，但是其基本程序却是相同的，餐饮企业编制标准菜谱的基本程序如表 6-2-24 所示。

表6-2-24 编制标准菜谱的基本程序

序号	程序	操作说明
1	确定主配料及其数量	确定菜品原料和主要成本，并确定原料数量。有的菜品只能批量制作，则需按平均分摊测算
2	确定调味料品种和用量	明确调味料的品种和品牌，因为不同厂家、不同品牌的调味料的质量差别较大，价格差距也较大，调味料只能根据批量分摊的方式测算
3	根据主配料和调味料的用量，计算成本、毛利及售价	随着市场行情的变化，单价、总成本会不断变化，因此，企业应认真全面地进行核算工作
4	规定加工制作步骤	将必需的、主要的、易产生歧义的步骤加以统一
5	确定盛器，落实盘饰用料及式样	根据菜品形态与原料形状，确定盛装菜品的餐具的规格、样式、色彩等，并根据餐具的色泽与质地确定盘饰
6	明确产品特点及其质量标准	标准菜谱既是培训、生产制作的依据，又是检查、考核的标准，其内容应明确具体，才能切实可行
7	填写标准菜谱	将以上内容按项填写到标准菜谱中，要求字迹工整、意思表达清楚
8	按标准菜谱培训员工，统一生产出品标准	按标准菜谱的技术要求，对各个岗位的员工进行操作培训，以规范厨师作业标准，从根本上统一生产出品标准

提醒您：

标准菜谱是控制工具和厨师的工作手册，可以变通其制作形式，但一定要有实际指导意义。

五、标准菜谱的制作要求

标准菜谱的制作要求包括以下几点内容。

① 内容简单易懂，形式便于阅读。

② 原料名称准确。如醋，应注明是白醋、香醋还是陈醋。此外，原料数量应准确，并按使用顺序排列。

③ 由于烹调的温度和时间对产品质量有直接的影响，因此，在制作标准菜谱时，应详细标明操作时的加热温度范围和时间范围。

④ 列出所用餐具的大小，因为它也是影响菜品质量的一个因素。

⑤ 说明菜品的质量标准和上菜方式，要言简意赅。

⑥ 任何会影响菜品质量的制作程序都要被准确规定。

下面提供几份餐饮企业的标准菜谱，供读者参考。

【范本01】▶▶▶

××餐饮企业标准菜谱（一）

菜名：鹿尾炖鸭　　　　用于：宴会　　　宴会总成本：××元
规格：10寸汤盅（10位用）　售价：××元

| 用料名称 | 数量/克 | 第一次测算成本/元 | | 第二次测算成本/元 | | 制作程序 | 备注 |
		单价	成本	单价	成本		
鲜鹿尾 姜片 料酒	900 20 25					（1）将鲜鹿尾用开水泡洗后切成段 （2）起锅放油爆香姜片，放入鹿尾煸透，倒入料酒，装入炖盅内	干鹿尾洗净即可，不需要用开水泡
光鸭 杜仲 桂圆肉 枸杞 火腿片 高汤	1 250 32 20 8 40 1 500					（1）光鸭焯水断血洗净，连同其他用料一起装入盅内，加入高汤 （2）将盅盖封好上笼蒸3小时	蒸炖时间根据蒸锅压力而定，以蒸至原料酥烂脱骨为准
料酒 精盐	25 35					取出盅，加入调料，之后上笼再蒸半小时，即可上桌	上桌时垫上垫盘

【范本02】▶▶▶

××餐饮企业标准菜谱（二）

菜品：油浸鲜鱼　　　　用途：宴会　　　批量：10
总成本：××元　　　　总售价：××元

用料名称	数量/千克	单价/元	成本/元	制作程序	剩余原料的存放或用途	使用工具	盛装方法
草鱼	10	10	100	锅内注入清水，开火烧沸。水沸后放入盐和绍酒各250克、花生油500克，并放入姜片和葱段	内脏交给粗加工间		
葱	1.5	5	7.5				
姜	1.5	10	15				
香菜叶	0.25	4	4				
调料	4	10	40				
……							
合计							

第八节 完善服务减少浪费

服务过程中服务不当也会引起菜品成本的增加，餐厅必须加强对服务人员的职业道德教育并进行经常性的业务技术培训，使他们端正服务态度，树立良好的服务意识，提高服务技能，并严格按规程为客人服务，力求不出或少出差错，尽量降低菜品成本。

一、避免出现服务不当

服务不当会导致菜品成本增加，服务不当主要表现在以下几点。
① 服务员在填写菜单时没有重复核实客人所点菜品，以至于上错菜。
② 服务员偷吃菜品而造成菜品数量不足，引起客人投诉。
③ 服务员在传菜或上菜时打翻菜盘、汤盆。
④ 传菜差错。如传菜员将 2 号桌客人所点菜品送至 1 号桌，而 1 号桌客人并未拒绝。

二、菜单填写必须准确

（一）常见菜肴计量单位

中餐菜肴的计量单位，因客人人数、需要菜品的分量及盛装器皿的不同而有所不同。高档的海鲜产品有的按份、有的按例计量。

菜品不同，规格不同，分量也不同，因此计量单位各不相同。海鲜和肉类一般用斤和两计量，现在一般用国际统一的计量单位千克或克来计量。

菜肴的分量除可用大、中、小例表示之外，也可用阿拉伯数字来注明。不过无论用哪种计量单位，都要注明盛装菜品的净样数量，使投料量透明，便于客人监督。

（二）记入菜品数量

菜的配制按码盘数量一般分为大、中、小例盘。一般炒时蔬的例盘量为 4～8 两，即 200～400 克。

以汤菜为例，1 例盘汤的分量为 6 碗（小碗），供 2～5 位客人的用量。

（三）点菜单的填写要求

① 服务员应准备好笔和点菜夹，将带有号码的点菜单夹在点菜夹内，以备使用。
② 服务员填写点菜单（表 6-2-25）时，字迹要工整，记录要准确。

表6-2-25 点菜单

No. : _____

日期		服务员		台号		房号		人数	
品名		数量	价格	品名			数量		价格
凉菜			蒸菜				主食		

③ 服务员应注明桌号（房间号）、菜名、菜的分量、填写点菜单的时间、点菜员姓名及值台服务员姓名。如果是套菜，要在点菜单上注明桌数。

一家餐饮企业承接了一个20桌的婚宴订单，婚宴结束后，客人顺利地买了单。没想到第二天，该企业接到婚宴客人投诉，说宴席上没上鱼，准备讨个说法。经调查后，客人确实在订餐时点了"黄椒蒸鲈鱼"，但在营业部下单时，点菜员开漏了分单，导致厨房没有出品。

查明原因后，经理当即向客人赔礼道歉，并再三承认了错误，征询客人意见后，将20桌"黄椒蒸鲈鱼"的费用退还给客人，与此同时，部门内部对当事人进行了批评与处罚。

④ 服务员应标清楚计量单位。对于高档海鲜，服务员一定要向客人介绍清楚计量单位是"克"，还是"千克"，免得在结账时出现价差，使客人无法接受。

⑤ 服务员应标清菜肴器皿的规格、分量。

⑥ 冷菜、热菜、点心、水果要分单填写，分部门下单。

⑦ 点菜单上菜品的顺序要和上菜顺序一致。

⑧ 一定要在点菜单上注明顾客的特殊要求。

 **相关链接** ‹··

点菜前须做好的准备

一、记住推荐菜

餐饮企业为了满足顾客的需要，在菜肴的原料选取、烹调方法、口感和造型上不断推陈出新。在每一天或每周都会推出一道或几道特色菜、风味菜供顾客品尝。服务员必须记住这些菜肴的名称、原料、味道、典故和适合的顾客群体，以顺利地将菜品信息及时传递给顾客。

二、记住沽清单的内容

沽清单是厨房在了解当天缺货原料、积压原料情况后开具的一种推销单，也是一种提示单。它告诉服务员当日的推销品种、特价菜、所缺菜品，避免服务员在当日为客人服务时遭遇难堪、指责等。

所以，服务员须记住沽清单的内容，当客人点到当天没有的菜品时，一般可以用"对不起，今天刚刚卖完"来回答，然后要及时为客人介绍一道口味相近的菜品，以免引起客人的不满。

三、必须熟悉菜牌

服务员应了解所推销菜肴的品质和配制方式。当客人无法决定要吃什么时，服务员可以提供建议。最好先建议客人选择高中等价位菜式，再建议便宜价位菜式，因为前者的利润较高。在生意高峰期，服务员应减少对一些加工手续比较烦琐的菜式的推荐，否则会加大厨房的工作负担，影响上菜速度。

三、内部员工管理

员工偷吃菜品的现象在许多餐饮企业中都存在。员工的这种行为不仅不卫生，而且还会影响餐饮企业的形象。

餐饮企业可以实行连环制，来杜绝员工偷吃菜品的现象：倘若发现一个员工偷吃，则告诉他，一个月内如果能抓住其他偷吃的人员，那他偷吃的事就算了。如果抓不着，那么这个月因偷吃行为造成的所有损失全部由他来承担，并继续这项"工作"三个月。这样就可以有效地防止员工偷吃。

王先生和一位朋友到一家饭店吃饭，其间各要了一份"凉拌花生"和"红烧鱼块"，可能因为当时客人太多，他等了半个小时也没有上菜，于是他就到厨房问。就在这时，王先生看见一名服务员端着一盘"凉拌花生"走过来，令王先生吃惊的是，这名服务员边走边用手拿着花生吃。

王先生顺着服务员望去，这名服务员竟然走到了自己的桌子旁并把"凉拌花生"放在桌子上。王先生在气愤之下找到了经理，经理当即对那名员工进行了批评，给王先生换了一份"凉拌花生"，并向王先生道了歉。

四、尽量减少传菜差错

传菜部主要承接楼面与厨房、明档之间的传菜工作，是餐饮企业不可缺少的部门。因此，餐饮企业要做好对传菜人员的培训工作，从而控制成本。

某餐饮企业的传菜员每人配有一枚印有专属编号的图章。当传菜员将菜品传送到位时，传菜员要在台卡上相应菜品的后面盖上自己的图章。这些图章的数量将作为绩效管理的考核点，每传一道菜品，传菜员便可以得到一毛钱的绩效工资。

自从该餐饮企业采用这种"计点式"的绩效管理办法以来，传菜员的工作积极性得到了很大的提高。以前传菜员是"推"着传菜，现在传菜员是争着传菜。

（一）传菜员岗位职责

① 按餐饮企业规定着装，守时并服从指挥。

② 开餐前要搞好区域卫生，做好餐前准备。

③ 保证"对号上菜"，熟知餐饮企业菜品的特色、制作原理和配料搭配。

④ 熟记餐厅的房间号、台号，保证传菜工作准确无误。

一家酒楼的二楼和三楼分别接待了两场规模较大、标准较高的婚宴。由于当时人手紧张，传菜部门申请从其他部门调配人手。所有人员到位后，都集中安排至备餐间进行传菜工作。在传菜过程中，一名传菜员因没听清楚传菜要求，将二楼的"大盘鸡"传送至三楼，导致三楼多上了一道菜。还好部门经理及时发现，并采取解决措施。但因传菜的失误，还是使二楼的菜上慢了，导致客人对此表示了不满。

⑤ 在传菜过程中，应做到轻、快、稳，不与客人争论，做到"礼"字当先、"请"字不断，并做到六不端——温度不够不端、卫生不够不端、数量不够不端、形状不对不端、颜色不对不端、配料不对不端，严把菜品质量关。

⑥ 餐前准备好调料及传菜工具，主动配合厨房做好出菜前的准备工作。

⑦ 天冷时应备好菜盖。

⑧ 负责前后台的协调工作，及时通知前台服务人员菜品的变更情况，做好厨房与楼面的联系、沟通工作。

⑨ 安全使用传菜间的物品、工具，及时使用垃圾车协助前台人员撤掉脏餐具、剩余食品，餐具要轻拿轻放。

⑩ 做好整理工作，垃圾要按桌倒，空酒瓶要摆放整齐。

⑪ 传菜员在传菜领班的直接指挥下完成传递菜肴的服务工作。传菜员对领班的工作安排

必须遵循"先服从后讨论"的原则。

⑫ 传菜员要按照相应的规格水准，做好开餐前的准备工作。

⑬ 传菜员应确保所有传菜用的餐具、器皿都清洁、明亮、无缺口。

⑭ 传菜员在工作中应保持促销意识，抓住机会向客人推荐餐厅的各项服务及各种优惠政策，提高顾客在餐厅的消费水平。

⑮ 当客人要求的服务项目无法满足时，传菜员应及时向客人推荐补偿性服务项目。

⑯ 传菜员在工作中发现本企业有不完善的制度或须改进的服务，必须及时向上一层领导反馈，并想办法解决问题。

（二）传菜员主要工作的操作程序

1. 优先服务程序

① 先上客人要求先上的菜。

② 先上冷盘。

③ 保持菜品温度，从厨房取出的菜一律加上盘盖，到顾客桌上再取下。

2. 传菜操作程序

传菜操作程序的具体内容如表 6-2-26 所示。

表 6-2-26　传菜操作程序

序号	时间段	操作程序
1	开餐前	（1）检查传菜间卫生，整理好各种用具 （2）准备好开餐前各种菜式的配料及走菜用具，并主动配合厨师做好出菜的工作
2	开餐时	（1）开餐时按要求站立，有次序地出菜 （2）接到菜单时，应根据不同菜式准备配料和用具 （3）厨房出菜时，应马上给该菜配上合适的配料，并告诉领班划单 （4）出菜必须用托盘 （5）出菜时须将菜送到所属的餐台边，由服务员端上台，并等服务员将菜盖放回托盘后才能离开

3. 清理传菜间

① 清洗用过的餐具并将其放入柜中。

② 整理各种酱料、调料。

③ 将所有设备和柜子擦拭一遍。

4. 检查工作

仔细检查物品是否整齐归位摆放。

第九节　收款环节成本控制

餐厅不仅要抓好从原料采购到菜品生产及服务过程中的成本控制，更要抓好收款环节成本控制，才能保证盈利。收款过程中的任何差错、漏洞都会引起菜品成本的上升。

一、尽量避免出现跑单现象

（一）提前预防

餐饮企业有时会发生跑单的现象，为了预防跑单现象的发生，服务员应特别留意以下几种情况。

① 生客，特别是一个人来就餐的客人，比较容易趁服务员繁忙时，假装上厕所或出去接打电话或到门口接人等，趁机溜掉。

② 如果来了一桌人吃饭，但却越吃人越少，那么他们难免会有先逐步撤离，到最后只剩下一两个人好借机脱身的嫌疑。

③ 对坐在餐厅门口的客人要多加注意。

④ 对快要用餐完毕的客人要多留心，哪怕是客人想要结账，也要有所防备。

⑤ 对于不考虑价格，哪样贵点哪样的客人，一定要足够的重视。

一般来说，公司即使是宴请重要的客人，也不可能全都点很贵的菜式，只要有一两个高档的、拿得出手的菜就可以了，而且汤水和其他家常菜、冷盘也会占一定比例，这也是点菜的均衡艺术，更何况公司的宴请也会有一定的限额，是不可以任由员工胡吃海喝的。

（二）客人逐个离场

当发现客人逐个离场时，服务员要给予高度重视并做好以下几点工作。

① 若忙于服务其他客人，不方便注意这些客人的动态，则应及时向主管报告，请求主管抽调人手，派专人盯着剩余的客人。

② 如果客人提出要上洗手间，那么应派同性的服务员护送；如果客人提出要到餐厅外接电话，那么应请客人先结账再出去。

③ 负责服务的人员和负责迎宾的人员要注意这些客人的言行举止，发现可疑情况需立刻报告，并安排专人跟踪，直至顾客结账。

④ 不要轻易相信客人留下的东西有价值，如果其有心跑单，会故意将不值钱的包像宝贝一样地抱住，目的就是吸引服务员的注意，然后将包故意放在显眼的位置，让服务员以为他还会回来取，从而留有足够的离开时间。

一家餐厅来了一群穿着气派的人，其中一人手里紧紧抱着一个手提包，给人一副包里的东西非常贵重、需要小心保管的样子。这些人一坐下，就急着点高档菜品、酒水，什么贵吃什么，什么好喝什么，使得餐厅的工作人员都以为来了一群有钱的大老板，所以服务极为周到、热情。经理逐位奉送了自己名片和餐厅的贵宾卡，希望这些阔绰的大老板们多多光临。

等"老板们"酒足饭饱后，随着带头者的一个眼神，这些人就开始陆续撤退了。有的先行告退，有的上洗手间，有的借口室内信号不好，要到外面打电话，剩下的那个人趁服务员不注意，将那只包留在显眼的位置上，并将烟、打火机也留在桌上，造成上洗手间的假象。当服务员进来发现人都不在但那只大包还在时，便认为客人只是上洗手间去了。

等到餐厅快要结束营业时，那些"老板们"仍然连影子都没有，服务员才开始着急起来，赶紧向楼面经理和主管报告。当大家小心翼翼地打开那只包时，发现原来这只"贵重"的包竟然是用人造革做的，并且里面塞满了破布和旧报纸。

（三）客人没有付账就离开餐厅

一旦遇到客人没有付账即离开餐厅的情况，服务员要注意处理技巧，既不能使餐饮企业蒙受损失，又不能让客人丢面子并得罪客人，影响餐饮企业声誉和效益。

出现客人不结账就离开餐厅这种情况时，服务员可按下面两种方法去处理问题。

① 马上追出去，并小声把情况说明，请客人补付餐费。

② 如客人与朋友在一起，应请客人站到一边，再将情况说明，这样，可以使客人不至于在朋友面前丢面子。

二、结账时确认客人房间号

在为包间客人结账时，包间服务员一定要陪同客人前往收银台或由包间服务员代为结账，以免弄错包间号或消费金额，给餐饮企业带来损失。

又是一个周末，包间已坐满人。到了晚上九点多时，很多包间都要结账。这时，六七个客人来到收银台买单（包间服务员没有在旁陪同），并说自己是 5 号包间的客人。收银员收款时也没有做任何核对，就打印出 5 号包间的点菜单和账单让客人签字，并收了款（现金结算），当时这个包间的费用是 1 500 多元。

过了半个小时左右，另外一批客人也过来结账了。收银员问他们是几号包间的，客人说是 5 号包间，陪在一旁的包间服务员也证实这批客人确实是 5 号包间的，通过核对账单及订餐人的姓名、电话，再一次证明现在的这批客人才是在 5 号包间用餐的客人，于是又一次按5 号包间的费用结账（同样也是现金结算）。

随后通过检查，第一批客人实际上是在 6 号包间用餐的客人，该包间的实际消费费用是2 500 多元。由于工作人员的疏忽，餐厅少收了 1 000 多元的餐费。楼面经理得知此事后做出了这样的处理：由包间的服务员及当值收银员共同赔付这 1 000 多元的餐费。

三、实施单据控制以控制现金收入

单据控制是餐饮企业有效控制现金收入的重要手段。单据控制的原则是"单单相扣，环环相连"。餐饮企业的现金、餐单、菜品的关系如图 6-2-11 所示。

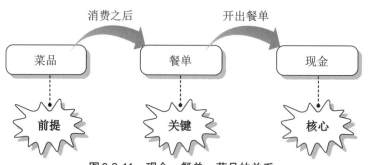

图6-2-11　现金、餐单、菜品的关系

通过图 6-2-11 可以看到，餐饮企业首先提供菜品供客人消费，然后开出餐单，最后收回现金。在这三者中，菜品是前提，现金是核心，而餐单是关键。因此，餐饮企业要想控制现金收入就要将菜品传递线、餐单传递线、现金传递线协调统一起来。

四、有效监管收银人员

（一）现场巡视

① 管理人员要经常在收银台周围巡查。

②　经常检查废纸篓中作废的小票，在规定时间内清理收银台的遗留散货、杂物，确保机台无遗留的有效商品条码、小票及其他单据等。

③　立即纠正收银员在收银台放计算器或涂改液的行为。

④　每天查看后台的相关报表。

⑤　定期盘点收银台的营业款和备用金，并认真记录盘点情况。

⑥　确保收银人员在进入收银工作区时身上无私人钱财。

（二）备用金核查

①　备用金核查的过程为：询问收银员备用金是否清点准确→清点备用金→填写"备用金情况抽查表"→请收银员签名确认。

②　核查人员每天应有选择地对备用金进行核查，收银员应积极配合。

③　核查人员应填写"备用金情况抽查表"，并由收银员签字确认。

④　核查人员在核查备用金时如发现异常情况，应报上级领导处理。

（三）收银机出现异常情况

收银机异常情况是指因网络故障或系统异常等，所有收银机都不能正常工作，需要采用手工收银的情况。发生此种情况时，餐饮企业应注意以下几点内容。

①　收银员和抄写人员需在第一单交易和最后一单交易中注明收银员号、收银台号、每一笔交易的流水号，并在收银单上签名。

②　收银纸应整卷使用，不能拆散使用；如收银纸因故被撕断，则需在断口的上半部分和下半部分补签名，并注明收银台号、流水号。

③　手工收银单第一联给客人作为消费凭证，第二联留存供查账及补录入。

④　如客人使用银行卡付款，收银员应在手工收银单上注明卡号及开户行。

五、制定收银标准制度

（一）散客收款

①　收银员收到服务员送来的订菜单，留下第一联，经核对无误后立即在"收入登记表"上登记以备结账。

②　客人用餐完毕后，由值班服务员负责通知收银员结账，收银员将订单中的数额加总后开具两联账单。值班服务员向客人收款，客人交款后，服务员持账单和票款到收银台交款。收银员点清款项后在账单第二联加盖印章并将此联与找零交给服务员，由其转交给客人。

③　收银员应将账单第一联与订单第一联订在一起装入结算凭证专用纸袋内。

（二）团体客人收款

①　当团体客人就餐时，餐厅服务员需根据团队就餐通知单开具订单并交给收银员，收银员在订单的第二、第三、第四联上盖章，之后交给服务员，同时留存第一联，并放入账单箱。

②　在团体客人就餐结束后，值班服务员需开具两联账单，让团队领队签字后，应立即将团队账单（第二联）送至楼面收银员处，让其代为收款，第一联和订单订在一起，装入结算凭证专用纸袋内。

（三）宴会收款

①　在宴会举办前，一般需要客人至少提前三个小时支付预订押金或抵押支票。

②　预订员按预订要求开具宴会订单（一式四联），并在订单上注明预收押金数额或抵押支票价值，然后将宴会订单和预订押金或抵押支票一起交给收银员，收银员按宴会订单核价后在订单上盖章，第一联由收银员留存，第二联交给厨房备餐，第三联交给酒吧，据以提供酒水，第四联交值班服务员。

③　宴会开始后，客人如需增加酒水和饭菜，则由值班服务员开具四联订单，第一联由收银员留存，与宴会订单订在一起，第二联交给厨房，第三联交给酒吧，第四联由服务员自己保存。

④　宴会结束后，值班服务员通知客人到收银台结账，收银员按宴会订单开具发票，收取现金（注意扣除预订押金）或签发支票或信用卡。

⑤　将发票存根和宴会订单订在一起装入结算凭证专用袋内。

（四）重要客人收款

①　重要客人（VIP）到餐厅就餐，一般由经理级的管理人员签批"重要客人接待通知单"和"公共用餐通知单"，提前送给餐厅主管，餐厅主管接到通知后应立即安排接待工作。

②　收银员按通知单的规定开具订单并请客人付款。收银员将订单、通知单和账单订在一起装入结算凭证专用纸袋内。

（五）汇总日结

①　收银员清点当日营业收入，填好缴款单。随后，与领班或主管一起再次清点现金，检查票据的填写情况。

②　一切确认无误后，收银员和主管或领班将营业款装入专用交款袋中并加盖两人印章，随后一同将专用交款袋放入财务部设置的专用金柜。收银员按收入登记表填报餐厅订单汇总表（一式三份，收银员自留一份，餐厅经理和财务部成本核算员各一份），营业日报表（一式三份，核算员、统计员各一份，收银员自留一份备查）。

第十节　通过菜品创新降低成本

企业进行成本控制，除保持成本不上升外，更希望成本每年都有一定的降低幅度，但成本降低总有一个限度，到了某一个限度后，如果不是创新技术、工艺，增加或改进设备等，成本很难再降低，管理上稍一松懈还有可能提高。

成本降低到一定程度后，餐企只能依靠创新来降低成本：通过技术创新来降低原料用量或寻找新的、价格便宜的菜品原料替代原有老的、价格较高的原料；通过工艺创新来提高原料利用率，降低原料的损耗量，提高成品率或一级品率；通过工作流程和管理方式创新来提高劳动生产率、设备利用率以降低单位产品的人工成本与固定成本含量；通过营销方式创新来增加销量，降低单位产品营销成本。不断创新，用有效的激励方式来激励创新，才是餐企不断降低成本的根本出路和关键所在。

一、菜品创新要点

（一）菜品原料

近年来市场上不断涌现出各种新奇的烹饪食材，有的是从国外引进的，有的是国内最近才开发出的新品种。餐饮企业要多做市场调查，搜集符合餐饮企业生产经营理念的食材，进行合理的技术改革，摆脱传统饮食观念的束缚。

（二）菜品色彩

菜品色彩是由固有色、光源色、环境色共同作用的结果。色彩搭配要根据原料固有色彩，用异色搭配法和花色搭配法，使菜品五彩缤纷、赏心悦目。

（三）口味形态

餐饮企业可在口味形态上进行创新。

① 利用原料本身特有的味道来制作调和。

② 利用多种酱汁复合调和产生独特的味道，如粤菜中常用到的各式酱汁，中西餐中用各种调味品复合调和产生新式味道等。

③ 改变烹饪技巧，运用精细烹饪工艺和酿造工艺使原料自身味道发生改变，产生新的味道。

提醒您：

可在食材加工制作的过程中以独特烹饪手法进行色彩美化与转变，如炭烤、火烹、拔丝、焖烧、竹烹等。

（四）烹饪技法

中餐烹饪技法有 20～30 种，每种技法都有其独特之处。菜品的色、香、味主要靠烹调技法来实现。

二、菜品创新的"四性"标准

（一）新颖性

新颖性是指菜品的造型、口味均要新颖，不能是"换汤不换药"。如烹饪糖醋排骨，原来用的是糖醋汁，如果把糖醋汁改成茄汁或橙汁，菜品只是口味变化了而已，并不具备新颖性。

（二）独特性

独特性是指菜品不仅要与其他菜品不同，还要与其他餐饮企业相同的菜品不同，做到"人无我有，人有我特，人特我优"。

（三）经济性

餐饮企业可以用暂时用不着的下脚料进行菜品研发，对使用下脚料研发出新菜品的工作人员进行奖励，从而减少浪费，增加利润。

如将茄子去头之后，茄头上面还有一些茄子皮，可将茄子皮加点盐和生粉，上蒸笼一蒸，就可以做成粉蒸茄皮这道菜，蘸蒜蓉汁吃，别具一番风味；也可以把较厚的茄子皮切成丝，沾上脆皮糊，烹饪成椒盐炸茄皮。又如冬天的大葱须很长，可以把葱须切下洗净，然后放在油里炸，就可以得到葱油；葱须还可炒梅豆、干虾。再如姜皮，将其洗干净之后榨成汁，可以做成姜汁，在醋中加入姜汁，将会使醋的味道更香。对于芹菜叶，很多餐饮企业都将它扔掉，其实芹菜叶可以做芹菜粥、芹菜饼、菜团子等。

【范本03】▶▶▶ --

××餐饮企业开发的菜根菜叶菜品

川菜厨房开发菜品	鲁菜厨房开发菜品
1.妯娌腌菜坛	1.泡菜葱根
2.香菜根拌海米	2.菜根泡葱根
3.菠菜根炝拌蛤蜊肉	3.葱根拌老虎菜
4.酱腌白菜根	4.芥末白菜帮
5.芹菜根炒鱿鱼丝	5.跳水西蓝花根
6.葱根煎咸菜	6.老腊肉炒兰花根
7.菜叶小豆腐	7.冰镇芥蓝根
8.花生米拌芹菜叶	8.泡椒兰花根
9.菜团子	9.炝拌大头菜根
10.香菜油	10.芥辣西瓜皮
11.菜叶饼	11.姜汁菠菜根
	12.酸菜菠菜根

（四）优良性

在进行菜品创新时，餐饮企业一定要明确其优点、卖点，使创新出的菜品更容易被客人接受。

三、菜品创新的"四化"标准

菜品创新的"四化"标准如图6-2-12所示。

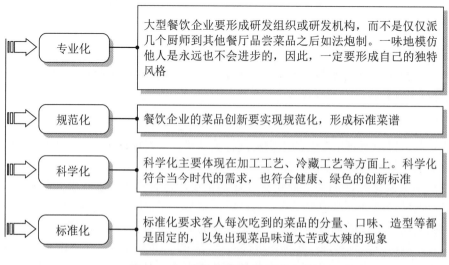

图6-2-12 菜品创新的"四化"标准

四、菜品创新的基本原则

餐饮企业在创新菜品时，需要遵循的基本原则如表 6-2-27 所示。

表6-2-27 菜品创新的基本原则

序号	原则	具体内容
1	食用为首	创新菜品首先应具有食用性，客人觉得好吃才行
2	注重营养	创新菜品必须是卫生的、有营养的。相关人员在对菜品进行创新时，应了解并熟悉菜品含有的营养价值
3	关注市场	关注市场是指餐饮企业应准确分析、预测未来的饮食潮流，做好开发工作，时刻关注消费者的价值观念、消费观念，从而设计、创造出新菜品，引导消费者
4	适应大众	应坚持使用较为大众化的原料。大众化的原料价廉物美，更易被广大老百姓接受
5	易于操作	创新菜品的烹制过程应简单，尽量减少工时耗费。从管理的角度来看，过于繁复的工序无法适应现代经营的需要，无法满足顾客对时效性的要求
6	主次分明	要遵循烹饪规律、烹调原理，主次分明，不要把过多时间和精力放在装潢和包装上
7	质量稳定	保证菜品质量稳定的前提是菜品所用的菜具标准、原料保持一致、制作流程规范、严格控制出品时间，同一菜品在色、形、味上统一，盛器也要严格统一

五、新菜品开发步骤

新菜品的开发步骤如图 6-2-13 所示。

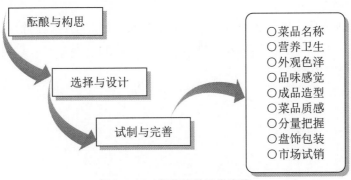

图6-2-13 新菜品的开发步骤

（一）酝酿与构思

新菜品的开发是从酝酿与构思开始的。而新的创意主要来源于对广大顾客需求的调查和烹饪技术的不断积累。

（二）选择与设计

在选择与设计创新菜品时，应先考虑如下几个问题。

① 对原料的要求是什么。

② 准备调制成什么口味。

③ 使用什么烹调方法。

④ 造型的风格特色是怎样的。

⑤ 对器具、装盘有哪些要求。

为了便于资料归档，厨师长要提供详细的创新菜品备案资料。

六、建立创新机制

（一）指标模式

厨师长把菜品创新的总任务指标分解成若干的小任务指标，然后分配给每个分厨房或班组，分厨房或班组再把指标分配给每个厨师，规定其在一定时间内完成菜品的创新任务。厨房菜品创新的总任务指标则根据餐饮企业菜品更换更新计划而定。

（二）晋升激励

餐饮企业应将菜品创新与晋升联系起来，为每个员工建立职业生涯发展档案，当员工具备一定条件时，就有晋升的机会。厨房员工晋升的重要条件之一是要有创新菜品，创新菜品数量越多，员工晋升的机会就越多，工资待遇也就越高。

（三）成果奖励

在创新菜品正式推出后，应给予菜品创新人一定的奖励，奖励一般可以分为如下两部分。

① 对于创造出符合创新条件并已在餐饮企业推出销售的菜品的人员，一次性给予数量不等的奖励。

② 对于一些销售效果特别突出，甚至为餐饮企业创造了巨大的经济效益、赢得了较好的社会效益的创新菜品，则根据该菜品创造的营业额给予相应厨师一定的奖励。

（四）额外福利

将厨师的创新菜品成果与各种额外福利联系起来。如对于那些创新菜品成果突出的厨师，除了给予一定的奖励外，还优先安排其以公费形式到外地学习，参加各种类型的培训班，以提高其创新的积极性。

第三章 餐饮企业费用控制

餐饮企业的支出费用是其成本的重要组成部分，常见的支出费用包括人工费用，水、电、燃气费，餐具损耗费用，低值易耗品费用，广告宣传费用，外包业务费用以及其他支出费用。通过节省各项费用，餐饮企业可以提高利润。

第一节 人工费用控制

一、餐饮企业人工费用的构成

人工费用是指一定时期内餐饮企业在生产经营中使用劳动力而发生的各项直接和间接的费用总和。在餐饮企业，人工费用主要包含：员工工资、社会保险、福利费、员工教育费、劳动保护费、员工住房费和其他人工费用。餐饮企业劳动力包含：高层及中低层管理人员、服务员、厨师、厨房其他工作人员、保洁员、保安、维修人员、行政人员、财务人员、销售人员等。人工费用占总成本费用的比率因企业定位和所经营的菜系的不同而有很大区别，一般在 20%～40% 之间。

餐饮企业人工费用的构成如图 6-3-1 所示。

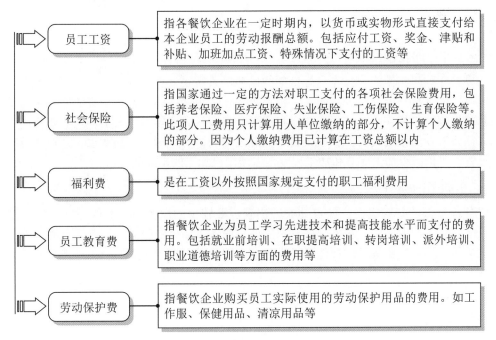

员工工资	指各餐饮企业在一定时期内，以货币或实物形式直接支付给本企业员工的劳动报酬总额。包括应付工资、奖金、津贴和补贴、加班加点工资、特殊情况下支付的工资等
社会保险	指国家通过一定的方法对职工支付的各项社会保险费用，包括养老保险、医疗保险、失业保险、工伤保险、生育保险等。此项人工费用只计算用人单位缴纳的部分，不计算个人缴纳的部分。因为个人缴纳费用已计算在工资总额以内
福利费	是在工资以外按照国家规定支付的职工福利费用
员工教育费	指餐饮企业为员工学习先进技术和提高技能水平而支付的费用。包括就业前培训、在职提高培训、转岗培训、派外培训、职业道德培训等方面的费用等
劳动保护费	指餐饮企业购买员工实际使用的劳动保护用品的费用。如工作服、保健用品、清凉用品等

图 6-3-1

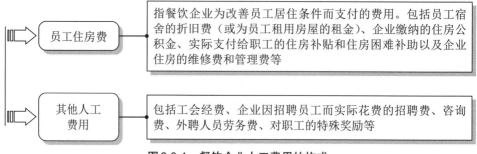

图6-3-1　餐饮企业人工费用的构成

二、影响人工费用的因素

人工费用的高低直接与所使用的员工人数和员工的工作效率有关。因此任何影响用工数和工作效率的因素都会影响人工费用。

影响人工费用的因素有许多，具体如图 6-3-2 所示。

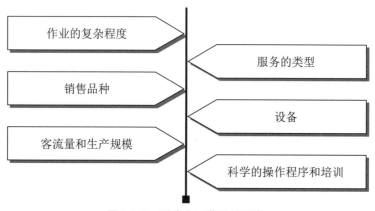

图6-3-2　影响人工费用的因素

（一）作业的复杂程度

如果餐厅购买制作好并预先分好份额的原料，只需要极少的制作工夫，只需要在销售前加热即可，那么就只需要较少的职工，也不需要什么厨师。如果所有购进的原料都需要进行复杂的粗加工，包括宰杀、切割、洗涤和切配，那么就需要较多的人工，还需要较高水平的厨师，需要专业的采购人员、验收人员，同时还增加了对管理人员的要求。企业若要减少人员的设置，可以减少加工环节和加工程度，多使用已加工的半成品。

（二）服务的类型

服务程度低的餐饮类型，如自助餐、快餐需要较少的服务员，对服务技术的要求也较低。反之，服务程度高的，服务程序复杂的就餐服务，如桌餐服务、宴会派菜服务就需要较多的服务员，同时对服务员的技能要求也较高。因此开发自助服务的产品可使企业精简人员的编制。

（三）销售品种

菜单品种较少的餐厅，只需要较少的烹调和服务人员，而且需要较少的原料采购和保管人员。反之，就需要较多的人员。

（四）设备

在厨房中使用现代化的加工机械例如洗碗机、削皮机、切片机、锯骨机等代替传统的人工操作可以减少人工，同时提高工作效率。

（五）客流量和生产规模

由于餐饮企业产品的生产和销售几乎是同时进行的，产品的生产数量与当时客流量的大小直接相关，因而人员配备要与不同时段的销售数量相匹配。餐饮企业在配备员工人数和安排班次时必须预计不同时段的客流量，找出客流规律，合理地安排班次和员工人数。

（六）科学的操作程序和培训

对每一项服务或操作制定科学的操作程序，并通过培训使员工熟练实施，将会帮助员工提高工作效率，减少工作差错。也可达到少用工、多出活的效果。

三、人员配备与工资测算

（一）测算业务需求

餐厅需要多少员工与营业量有关，因而餐饮企业在进行员工配备时，必须对营业量进行分析。

根据每日就餐人数和菜品销售量，能较准确地估计每日的营业量。这样餐饮企业就能根据对每日营业量的预测来配备员工数。

表 6-3-1 是一个餐厅连续五周的午餐就餐人数的统计。

表6-3-1　××餐厅午餐就餐人数统计　　　　　　单位：人

日期	星期一	星期二	星期三	星期四	星期五	星期六	星期日
第一周	81	124	108	129	158	175	159
第二周	75	90	125	137	140	190	179
第三周	92	119	130	108	128	219	192
第四周	85	105	108	114	170	168	161
第五周	95	145	113	110	139	149	142
中位数	85	119	113	114	140	175	161

表 6-3-1 中最后一行中位数，是连续五个周同一天的就餐人数按数值大小排列后位居中间的数，所以星期一的中位数为 85，星期二为 119，以此类推。由于就餐人数的多少会受一些意外因素的影响，所以必须尽可能搜集比较多的资料，这里统计了连续五周的数据，从数据来看，每周的同一天，就餐人数也会因为各种因素的影响而各不相同，有高有低，为了取得比较有代表性的数值，我们采用取中位数的方法，中位数是该组数据的中间值，所以相对来说有比较好的代表性。

表 6-3-2 为同期晚餐就餐人数的统计。

表6-3-2　××餐厅晚餐就餐人数统计　　　　　　　　　单位：人

日期	星期一	星期二	星期三	星期四	星期五	星期六	星期日
第一周	114	143	128	159	198	205	169
第二周	90	128	138	167	180	250	199
第三周	112	157	150	148	178	239	200
第四周	105	114	108	150	190	200	175
第五周	145	120	130	110	149	189	142
中位数	112	128	130	150	180	205	175

同样用中位数的方法估计出晚餐的营业量，以便于员工数量的安排。

（二）确定工作定额

员工人数的安排除了与营业量有关外，还与工作定额有关。工作定额是指在一定时间内每个员工提供服务或生产产品的数量。工作定额通常以供餐的时数作为时间单位，也有以小时或每班的工作时数作为时间单位。例如每餐服务数、每小时服务数、每天服务数等。服务数量一般用客人服务数、菜品服务数、营业收入金额等来表示。

如××餐厅以每餐服务的客人数作为工作定额。如表6-3-3所示。

表6-3-3　××餐厅工作定额

餐次	服务员	厨师	洗碗
早餐	30～40客人/餐	50～60客人/餐	100～120客人/餐
午晚餐	25～30客人/餐	30～40客人/餐	80～90客人/餐

如果认为以每餐服务的客人数作为工作定额不太合适，也可以用每位服务员每天的营业额作为工作定额。如酒吧服务员的工作定额为2 000元/天。

（三）工作安排和人员需求测算

根据上述的工作定额可以决定餐厅的员工配备数。如根据表6-3-1～表6-3-3的资料，可以制订××餐厅的员工配备计划。制订计划时，需考虑每餐需要多少员工，计算方法为：需要的员工数＝就餐人数/工作定额。如星期一午餐所需要的员工数＝85/30＝3（人），以此类推。具体如表6-3-4所示。

表6-3-4　××餐厅员工配备数　　　　　　　　　单位：人

日期	餐次	星期一	星期二	星期三	星期四	星期五	星期六	星期日
预计就餐人次数	午餐	85	119	113	114	140	175	161
预计就餐人次数	晚餐	112	128	130	150	180	205	175
服务员人数	午餐	3	4	4	4	5	6	6
服务员人数	晚餐	4	5	5	5	6	7	6
洗碗工人数	午餐	1	2	2	2	2	2	2
洗碗工人数	晚餐	2	2	2	2	2	3	2

续表

日期	餐次	星期						
		一	二	三	四	五	六	日
厨师人数	午餐	3	3	3	3	4	5	4
	晚餐	3	4	4	5	5	6	5

根据每日需要的员工数，便可安排出一周内每日各个员工的班次。如表 6-3-5～表 6-3-7 所示。

表6-3-5 ××餐厅服务员班次表

项目		星期一		星期二		星期三		星期四		星期五		星期六		星期日	
		午	晚	午	晚	午	晚	午	晚	午	晚	午	晚	午	晚
服务员需要数		3	4	4	5	4	5	4	5	5	6	6	7	6	6
员工工作时间安排	张三	休		休		10:00～14:00 17:00～21:00		10:00～14:00 17:00～21:00		10:00～14:00 17:00～21:00		10:00～14:00 17:00～21:00		10:00～14:00 17:00～21:00	
	李四	10:00～14:00 17:00～21:00		休		休		10:00～14:00 17:00～21:00		10:00～14:00 17:00～21:00		10:00～14:00 17:00～21:00		10:00～14:00 17:00～21:00	
	王五	10:00～14:00 17:00～21:00		10:00～14:00 17:00～21:00		10:00～14:00 17:00～21:00		休		10:00～14:00 17:00～21:00		10:00～14:00 17:00～21:00		休	
	赵六	休		10:00～14:00 17:00～21:00		休		10:00～14:00 17:00～21:00		10:00～14:00 17:00～21:00		10:00～14:00 17:00～21:00		10:00～14:00 17:00～21:00	
	马七	休		10:00～14:00 17:00～21:00		10:00～14:00 17:00～21:00		10:00～14:00 17:00～21:00		休		10:00～14:00 17:00～21:00		10:00～14:00 17:00～21:00	
	刘八	10:00～14:00 17:00～21:00		17:00～21:00		10:00～14:00 17:00～21:00		17:00～21:00		17:00～21:00		17:00～21:00		10:00～14:00 17:00～21:00	
	袁九	17:00～21:00		10:00～14:00 17:00～21:00		17:00～21:00		休		10:00～14:00 17:00～21:00		10:00～14:00 17:00～21:00		10:00～14:00 17:00～21:00	

注：共需要7名服务员。

表6-3-6　××餐厅洗碗工班次表

项目		星期一		星期二		星期三		星期四		星期五		星期六		星期日	
		午餐	晚餐	午餐	晚餐	午餐	晚餐	午餐	晚餐	午餐	晚餐	午餐	晚餐	午餐	晚餐
洗碗工需要数		1	2	2	2	2	2	2	2	2	2	2	3	2	2
员工工作时间安排	秦十	休	休	休	休	10:00~14:00 17:00~21:00	10:00~14:00 17:00~21:00	10:00~14:00 17:00~21:00	10:00~14:00 17:00~21:00	10:00~14:00 17:00~21:00	10:00~14:00 17:00~21:00	10:00~14:00 17:00~21:00	10:00~14:00 17:00~21:00	10:00~14:00 17:00~21:00	10:00~14:00 17:00~21:00
	曹十一	10:00~14:00 17:00~21:00	10:00~14:00 17:00~21:00	10:00~14:00 17:00~21:00	10:00~14:00 17:00~21:00	休	休	休	休	10:00~14:00 17:00~21:00	10:00~14:00 17:00~21:00	10:00~14:00 17:00~21:00	10:00~14:00 17:00~21:00	10:00~14:00 17:00~21:00	10:00~14:00 17:00~21:00
	周十二	17:00~21:00	17:00~21:00	10:00~14:00 17:00~21:00	10:00~14:00 17:00~21:00	10:00~14:00 17:00~21:00	10:00~14:00 17:00~21:00	10:00~14:00 17:00~21:00	10:00~14:00 17:00~21:00	休	休	17:00~21:00	17:00~21:00	休	休

注：共需2名正式工，1名临时工。

表6-3-7　××餐厅厨师班次表

项目		星期一		星期二		星期三		星期四		星期五		星期六		星期日	
		午餐	晚餐	午餐	晚餐	午餐	晚餐	午餐	晚餐	午餐	晚餐	午餐	晚餐	午餐	晚餐
厨师需要数		3	3	3	4	3	4	3	5	4	5	5	6	4	5
员工工作时间安排	齐十三	休	休	休	休	10:00~14:00 17:00~21:00	10:00~14:00 17:00~21:00	10:00~14:00 17:00~21:00	10:00~14:00 17:00~21:00	10:00~14:00 17:00~21:00	10:00~14:00 17:00~21:00	10:00~14:00 17:00~21:00	10:00~14:00 17:00~21:00	10:00~14:00 17:00~21:00	10:00~14:00 17:00~21:00
	徐十四	10:00~14:00 17:00~21:00	10:00~14:00 17:00~21:00	10:00~14:00 17:00~21:00	10:00~14:00 17:00~21:00	休	休	休	休	10:00~14:00 17:00~21:00	10:00~14:00 17:00~21:00	10:00~14:00 17:00~21:00	10:00~14:00 17:00~21:00	10:00~14:00 17:00~21:00	10:00~14:00 17:00~21:00
	施十五	休	休	10:00~14:00 17:00~21:00	10:00~14:00 17:00~21:00	10:00~14:00 17:00~21:00	10:00~14:00 17:00~21:00	10:00~14:00 17:00~21:00	10:00~14:00 17:00~21:00	10:00~14:00 17:00~21:00	10:00~14:00 17:00~21:00	10:00~14:00 17:00~21:00	10:00~14:00 17:00~21:00	休	休
	杨十六	10:00~14:00 17:00~21:00	10:00~14:00 17:00~21:00	休	休	休	休	10:00~14:00 17:00~21:00	10:00~14:00 17:00~21:00	10:00~14:00 17:00~21:00	10:00~14:00 17:00~21:00	10:00~14:00 17:00~21:00	10:00~14:00 17:00~21:00	10:00~14:00 17:00~21:00	10:00~14:00 17:00~21:00
	路十七	休	休	10:00~14:00 17:00~21:00	10:00~14:00 17:00~21:00	10:00~14:00 17:00~21:00	10:00~14:00 17:00~21:00	17:00~21:00	17:00~21:00	休	休	10:00~14:00 17:00~21:00	10:00~14:00 17:00~21:00	10:00~14:00 17:00~21:00	10:00~14:00 17:00~21:00
	陈十八	10:00~14:00 17:00~21:00	10:00~14:00 17:00~21:00	17:00~21:00	17:00~21:00	17:00~21:00	17:00~21:00	17:00~21:00	17:00~21:00	17:00~21:00	17:00~21:00	17:00~21:00	17:00~21:00	17:00~21:00	17:00~21:00

注：共需6名厨师。其中最后1名厨师也可以雇定时临时工。

针对餐饮业每日营业的高峰和清淡时段客源变化大、供餐时间不连贯的特点，为节省人工往往可采取以下措施。

① 利用分班制。安排员工在上午工作几个小时，下午工作几个小时，在餐厅不营业或营业清淡时间可以不安排或少安排员工上班。但是每天最多分两班。

② 雇用临时工。餐厅中有许多工作属非技术或半技术工种，可以雇用临时工。这样可以减少人工成本，但也要注意为保证服务和产品质量，必须以正式工为主，即使雇用临时工，也最好保持相对稳定的雇佣关系，这样可以保证人员来源和服务质量的稳定性。

另外还有需要配备的固定员工，如管理人员、采购员、库房管理员、收银员、勤杂员等。

（四）工资预算

当员工数量确定之后，便可以按员工数量和工资标准进行工资预算。仍以 ×× 餐厅为例，具体数据如表 6-3-8 所示。

表6-3-8　××餐厅每月工资预算

工种	人数／人	工资标准／元	总额／元
厨师	6	5 000	30 000
服务员	7	800	5 600
洗碗工	2	500	1 000
洗碗工（临时工）	1	420	420
收银员	2	850	1 700
经理	1	6 000	6 000
财务	2	1 800	3 600
采购员	1	1 500	1 500
库房管理员	1	1 200	1 200
勤杂员	1	500	500
合计	24		51 520

工资预算一旦制定，就应该用该预算来控制工资费用的实际发生额，以使工资费用控制在合理的水平。所谓合理的水平就是能保证正常经营的最低费用水平。

四、人工成本控制方法

（一）定岗、定员

定岗、定员工作不仅会直接影响劳动力成本的开支、员工队伍士气，而且对餐饮企业的生产效率、服务质量以及餐饮经营管理有着不可忽视的影响。餐饮企业经营者应综合考虑以下因素，合理进行定岗、定员工作。

① 餐厅档次和布局。

相关链接

怎样合理安排餐厅动线

餐厅动线是指客人、服务员、食品与器皿在餐厅内流动的方向和路线。

客人动线应以从大门到座位之间的通道畅通无阻为基本要求。一般来说，餐厅中客人的动线采用直线为好，避免迂回绕道，任何不必要的迂回曲折都会使人产生一种混乱的感觉，影响或干扰客人的情绪和食欲。餐厅中客人的流通通道要尽可能宽敞，动线以一个基点为准。

餐厅中服务人员的动线长度对工作效率有直接的影响，原则上动线越短越好。在安排服务人员动线时，注意一个方向的动线不要太集中，尽可能除去不必要的曲折。可以考虑设置一个"区域服务台"，既可存放餐具，又可缩短服务人员的行走路线。

② 食品原料的成品、半成品化。
③ 菜单的品种。
④ 员工的技术水准和熟练程度。
⑤ 客流量和生产规模。

（二）劳动力安排

人工成本控制的前提是保证服务质量，餐饮企业的经营者必须合理安排能确保其服务质量的劳动力。为此，应注意以下两点内容。

1. 最低劳动力

最低劳动力是指不随业务量变化而变化的、企业经营所必需的劳动力。如餐厅经理、会计、主厨师长、收银员、维修工等。这部分固定劳动力的工资占餐厅人工成本支出的较大部分。对于最低劳动力，餐饮企业应有固定的劳动力标准，并尽可能将其安排在关键岗位上。

2. 变动劳动力

变动劳动力是指随着业务量水平的变化而上下浮动的劳动力，具体是指当餐饮企业生产更多的菜品、接待更多的客人时，将需要更多的服务人员和生产人员。企业应根据淡、旺季来解雇或招聘这些人员，以减少费用开支。餐饮企业中至少有50%的工种可以根据需要来灵活调配。企业如果能科学地进行劳动力安排，那么便能降低劳动力成本。

（三）确定劳动生产率

餐饮企业衡量劳动生产率的指标主要有两个，即标准生产率和劳动分配率。以下是对这两个指标的详细解释。

1. 标准生产率

标准生产率是衡量企业中平均每位员工所创造利润大小的指标。它反映了餐饮企业的生产效率和员工的工作效率。

标准生产率可以通过企业的销售额减去餐饮原料成本后，再除以员工人数来计算。具体公式为：标准生产率＝（销售额－餐饮原料成本）/员工人数。

为了提高标准生产率，餐饮企业首先要积极开拓市场，节约开支，提高企业的毛利；其次是要合理地安排员工的班次和工作量，尽可能减少员工的雇用数量。

标准生产率的确定方法如图6-3-3所示。

图6-3-3 标准生产率确定方法

通过利用图6-3-3所示的两种方法，企业可以清楚地算出员工的标准生产率，餐饮企业可根据标准生产率和来客数量进行工作分配；分配时需注意每位员工的工作量是否合适，以免影响工作质量。

一家餐饮企业共有五名服务员、一个大厅和七个包间，包间分布在大厅的两边。最大的包房设有两张桌子，共二十四个餐位，最小的包房有八个餐位。顾客一般会选择在包间用餐，由于餐厅设有专门的迎宾和点菜人员，因此，服务员的主要工作便是传菜和上菜。该餐厅员工工作分配的具体内容如下所述。

① 将员工分为两个班次，每个班次中都有服务员、迎宾员、点菜员，这些人员在营业高峰期是同时存在的。要保障在餐厅经营的整个时段，都有相关人员提供服务，并做好下一个班次的准备工作。如果经营时间是11:00～22:00，那么一个班次的工作时间可为10:00～14:00，17:00～22:00；另一个班次为12:00～21:00。

② 给最大的包间专门安排一名服务员，其他包间基本上做到每两间安排一名服务员，大厅如果有客人，则由迎宾员及点菜员提供服务。

③ 七个包间中最大的包间要接待两桌顾客，由于只有五个服务员，人手比较紧张，因此要至少储备一名服务员。

另外，餐饮企业还要注意以下几点内容。

① 餐饮企业要对卫生、服务、收捡等工作做好明确的安排，既讲究分工又讲究合作。

② 要界定好每个班次人员所负责的具体事务，在任务完成后方可下班。否则会形成恶性循环：上一个班次将工作推给下一个班次，下一个班次又推给上一个班次。

③ 如果其他工作已完成，且已到达下班时间，但还有一两桌客人时，可以灵活安排人员值班。

2. 劳动分配率

劳动分配率表示人工费占毛利额的比例。它反映了人工成本投入产出水平，是衡量餐饮企业人工成本相对水平高低程度的重要指标。劳动分配率可以通过企业的人工费除以毛利额来计算。具体公式为：**劳动分配率＝一定时期内人工成本总额 / 同期增加值额**。

劳动分配率的高低受多种因素影响，包括员工的薪资水平、工作效率、企业的毛利水平等。如果企业能够精简人员或雇佣低薪职工，同时保持较高的毛利水平，那么劳动分配率就会降低，从而提高企业的盈利能力。

（四）员工岗位设置

餐饮企业应把员工安排在最合适的工作岗位上，使其发挥出最大的工作效能。员工岗位设置的要点如表6-3-9所示。

表6-3-9　员工岗位设置的要点

序号	要点	说明	备注
1	量才使用，因岗设人	（1）应考虑岗位的人员素质要求，即岗位任职条件。上岗的员工要能胜任其岗位职责 （2）认真细致地了解员工的特长、爱好，尽可能地照顾员工意愿，让其有发挥聪明才智、施展才华的机会	不要因人设岗，否则将会给餐饮经营留下隐患
2	不断优化岗位组合	优化餐饮企业岗位组合是必需的，同时应利用激励和竞争机制，创造一个良好的工作、竞争环境，使各岗位的员工组合达到最优	在实际操作过程中，餐饮企业可能会出现一些员工学非所用或用非所长或班组群体搭配欠佳等现象
3	利用分班制	根据每日营业中客源的变化情况，餐饮企业应灵活安排员工的工作时间	在不营业或营业清淡时段可不安排或少安排员工上班
4	雇用临时工	为节省开支、方便管理，餐饮企业可雇用临时工	在保证人力需要的同时，注意对临时工进行技术培训，以保证服务质量
5	制定人员安排表	人员安排表是一种对人员的预算，说明员工人数应随顾客人数的增加而相应增加，随着顾客人数的减少而相应减少	根据经营情况和所能提供的服务及设备条件，制定人员安排表

（五）提高工作效率

提高工作效率是降低成本的关键，餐饮企业应认真研究整个工作过程中的每个步骤，改变操作流程，精简员工的无效劳动；不同程度地使用机器设备，努力实现厨房工作的机械化、自动化；尽力改善食品卫生条件，减轻员工的体力劳动，提高劳动效率。

① 尽量使用自动化水平高的厨房用具。在保证质量的前提下，缩短切配和烹调时间，减少工作人员。例如，以自动洗碗机代替人工。

② 利用电脑完成点菜、收银工作，缩短工作时间，提高工作效率。

③ 注重员工培训，提高员工服务技能，避免成本浪费。

 相关链接

培训费用由谁承担

员工培训包括新入职培训和在职培训。为了提高员工的基本素质，餐饮企业需要对员工进行培训。不要认为培训会浪费钱，培训可以吸引、培养、留住员工，提高餐饮企业的核心竞争力。如果培训达到预期效果，就可以激发员工的个人潜能，从而提高员工的工作积极性。

《中华人民共和国劳动法》第六十八条规定："用人单位应当建立职业培训制度，按照国家规定提取和使用职业培训经费，根据本单位实际，有计划地对劳动者进行职业培训。从事技术工种的劳动者，上岗前必须经过培训。"

由此可见，用人单位为劳动者进行岗前培训等一般培训，是用人单位应尽的法定义务，同时也是劳动者享有的法定权利。因此，用人单位不得要求劳动者承担岗前培训产生的培训费用，也无权向劳动者追索这些培训费用。

《中华人民共和国劳动法》第三条规定："劳动者享有平等就业和选择职业的权利、取得劳动报酬的权利、休息休假的权利、获得劳动安全卫生保护的权利、接受职业技能培训的权利、享受社会保险和福利的权利、提请劳动争议处理的权利以及法律规定的其他劳动权利。劳动者应当完成劳动任务，提高职业技能，执行劳动安全卫生规程，遵守劳动纪律和职业道德。"

④ 重新安排餐厅内外场的设施和动线流程，以减少时间的浪费。

⑤ 改进工作分配的结构，使其更符合实际需要。

⑥ 加强团队合作精神培训，以提高工作效率。

⑦ 尽可能一人兼数职或雇用钟点工，如楼面经理、营业主管可兼任迎宾员；维修工、司机、库管、财务可兼任传菜员；库管兼酒水员；吧台主管、迎宾主管兼任办公室文员。

（六）非薪金形式人工成本控制

非薪金形式人工成本控制的具体内容如表6-3-10所示。

表6-3-10 非薪金形式人工成本控制

序号	形式	说明
1	工作服	（1）掌握员工流动情况，做好工作服的发放、回收工作 （2）注意工作服的选料、制作、保养、洗涤等工作
2	员工用餐	合理安排员工用餐时间，尽量避开客人用餐高峰期；按定员定额发卡，减少浪费
3	人员流动	过高的员工流失率不仅会降低餐饮企业总体服务质量，还会增加人员招聘费用和新员工培训费用，影响工作效率

相关链接

招聘环节把好关，降低员工流失率

目前，餐饮企业的员工流失率是非常高的。留住员工不仅要留住员工的人，更要留住员工的心，真正关心和照顾好每一个员工。

合理的流失率有利于保持员工活力，但如果流失率过高，餐饮企业将蒙受直接损失（包括离职成本、替换成本、培训成本等）并影响到工作的连续性、工作质量和其他员工的稳定性。因此要做好防范措施，降低员工流失率。

在员工招聘入口把好关，能起到"过滤层"作用，"淘"进合适员工，在成功招聘员工的同时，又能保持员工在餐饮企业的可持续发展，为降低员工流失率起到"预防免疫"作用。

一、员工思想

在员工招聘时应从战略上考虑员工在餐饮企业的可持续发展性，为降低员工流失率起到第一层过滤防范作用。

1. 价值取向

成功的员工招聘应该关注员工对餐饮企业的组织文化、价值追求的认可程度。倘若与餐饮企业文化不能融合，即使是很有能力和技能的员工，对餐饮企业的发展也会有不利的影响。在进行筛选工作的时候，餐饮企业要让应聘者充分了解餐饮企业的工作环境、企业文化。

2. 团队融合度

在招聘过程中，除了关注员工基本素质外，还应认真分析其拟加入团队的成员特点，如团队成员的学历、性别、年龄、观念、价值取向等。尽量减少不必要的团队磨合成本，增加员工与团队的融合度。

3. 招聘与培训的有机结合

在招聘员工时，企业应考虑员工的长远发展，针对岗位要求在员工上岗前对其进行导向性培训（包括环境介绍、业务熟悉、了解工作关系、了解餐饮企业文化等），让员工适应新岗位。

二、提供真实信息

餐饮企业在招聘员工时需要提供真实、准确、完整的职位信息，只有这样，雇员与餐饮企业才可能相匹配，从而实现比较低的流失率。

三、告知餐饮企业的发展前景

餐饮企业良好的发展前景是留住员工的因素之一。在招聘员工时，企业应明确告知员工自身的战略、发展目标以及内部管理机制，包括餐饮企业的管理策略、员工观念、价值观等。

如果员工感觉餐饮企业的发展前景不明朗，无法实现自身目标，那么员工最终会选择离开。

四、引入职业生涯规划概念

餐饮企业应根据员工的个性特点、岗位性质对其进行职业生涯规划设计。在招聘员工时，不同岗位的员工，职业生涯规划设计的内容也不同。

对一般岗位的员工，只需结合其意愿告知其努力方向，以及其在餐饮企业的大致发展方向即可，而不需要花太多的精力。

第二节　水、电、燃气费控制

餐饮企业为了维持利润，有必要控制水、电、燃气的消耗。因为水、电、燃气费在每个月的运营开支里都占很大一部分，而这会直接影响餐饮企业销售毛利率。

一、水费的有效控制

（一）前期控制措施

餐饮企业在前期装潢设计、购买设备时，就要考虑到节水问题。如选择购买节水龙头、节水型马桶等。

（二）充分利用二次水

餐饮企业在营业过程中要充分利用可二次利用的水，具体如图 6-3-4 所示。

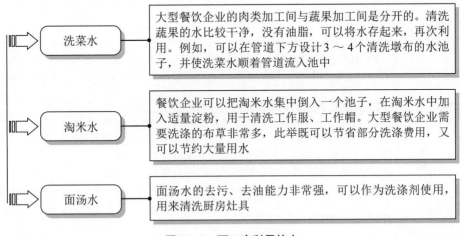

洗菜水	大型餐饮企业的肉类加工间与蔬果加工间是分开的。清洗蔬果的水比较干净，没有油脂，可以将水存起来，再次利用。例如，可以在管道下方设计 3～4 个清洗墩布的水池子，并使洗菜水顺着管道流入池中
淘米水	餐饮企业可以把淘米水集中倒入一个池子，在淘米水中加入适量淀粉，用于清洗工作服、工作帽。大型餐饮企业需要洗涤的布草非常多，此举既可以节省部分洗涤费用，又可以节约大量用水
面汤水	面汤水的去污、去油能力非常强，可以作为洗涤剂使用，用来清洗厨房灶具

图 6-3-4　可二次利用的水

（三）常见节水措施

1. 使用节水龙头

餐饮企业应根据用水的要求和特点，使用相应的节水龙头。如在卫生间安装感应型节水龙头；在冲洗车辆、垃圾箱所用的水管的出水口处加装水嘴，以便随时开关。

2. 在员工洗澡间安装插卡用水的电表

有的餐饮企业员工较多，员工每天都要洗澡，耗水量很大。因此，企业可在洗澡间安装插卡用水的电表，控制员工的用水量。

3. 采用静置解冻法

倘若采用合理的方法对厨房冷冻食品进行解冻，便可以节约大量水资源。餐饮企业一般应采用静置解冻法，这样既可省水，又可提高原材料的出成率。

很多餐饮企业在解冻时，会用水冲洗冷冻食品，并且至少要冲洗半个小时。这不仅会消耗大量水，而且可能会降低原材料的出成率。

4. 海鲜鱼缸配备水循环过滤装置

每个大型鱼缸大约要用三吨水，如果几天换一次水，那么将会产生巨大的费用。如果安装上过滤装置，使水能够长时间进行循环，那么便可以节约大量水资源。

二、电费的有效控制

餐饮企业的空调、冰箱、冰柜以及照明设备都会耗电，企业需采取一些措施控制电费。

提醒您：

节约能源成本的重点在于随时将可关掉的电源关掉。

（一）空调

对空调的控制主要包括调节控制、开启 - 关闭控制及维护控制，具体内容如图 6-3-5 所示。

控制一　调节控制

> （1）只有正确设定好空调的温度，才能节约能源。在冬季使用空调制热功能时，温度应设为20℃；在夏季使用空调制冷功能时，温度应设为26℃
> （2）用餐区温度的测量以顾客坐下时，头部的高度为准
> （3）厨房区温度的测量，以服务员站立时头部的高度为准
> （4）为维持适宜温度，应在夏、冬两季调整空调的设定温度
> （5）其他季节依餐厅外的天气状况及温度做合理调整
> （6）依照楼面营运状况，适时调整空调温度和运行状态

控制二　开启－关闭控制

> （1）如果餐厅拥有独立式空调设备，那么可拟定间隔式启动的时间表，一次开启1台或2台空调
> （2）打烊后，关闭排油烟机，避免餐厅热气或冷气的流失

控制三　维护控制

> （1）每星期至少清洁一次空气过滤网和冷凝器散热网，必要时及时更换
> （2）定期检查空调设备内部，注意是否有损坏、异响、异味
> （3）每周检查空气入口及回风装置。调好空气流向，勿使其直接向下或对着墙壁及其他障碍物
> （4）清洁面板内的恒温器。用软毛刷将恒温器及其毛细管、护盖上的灰尘油垢清除掉。如发现毛细管卷曲，应及时予以更换（注意，操作时须关闭电源开关）
> （5）每年检查2次冷媒管和通风管，注意是否有腐蚀、损坏的现象，周边是否有漏油现象（表示冷媒外泄）或风管连接处松落，并及时予以维修
> （6）保持冷冻圈清洁，用软毛刷清理其表面尘垢
> （7）检查蒸发器滴盘，确定其是否清洁及干燥

图6-3-5　空调控制

（二）冷藏、冷冻系统

冷藏、冷冻系统对维持原料、半成品的品质起着极为重要的作用。餐饮企业必须定期检查这两个系统。

1. 调整控制

设置除霜计时器，以节约能源。除霜时间最好选在进货后 2 小时、人员不会进出冷库或开启冰箱时。除霜时间的设定应避开电力需求的高峰时段。冷藏库除霜时间一般为 15～30 分钟，冷冻库除霜时间一般为 60 分钟。

2. 开启－关闭控制

在进货时，不要关闭压缩机。卸货后再重新启动比让机组继续运作的花费高。在取货或盘点时，勿让冷库的门开着，不可为了进出的方便而将空气帘推到旁边或取下。相关人员在进出冷库前应先做好计划，以减少往返次数。

3. 维护控制

与空调一样，使冷藏、冷冻系统得到良好保养，是降低能源成本最有效率的方法之一，也有助于延长相关设备的使用寿命。

餐饮企业应制订保养计划，并牢记如图 6-3-6 所示要点。

要点一　每周检查冷冻库、冷藏库、冰箱的门垫是否完整；清除尘垢或食物残渣，并注意设备是否有裂缝及损坏现象。同时需检查冷藏门边的加热器是否运行正常，以防结冰

要点二　定期以白纸检查设备的垫圈。方法是轻轻打开冰箱门，将白纸贴着门边放置，然后再关上门，纸便会夹在冰箱箱体与橡胶垫圈中。关上门后，将被夹住的纸抽出，如果能轻易取出，则说明垫圈太松；如果垫圈紧密度合适，则需用力才能将纸取出。在每一扇门的顶端及底部重复此项测试

要点三　所有冷藏（冻）机组的冷凝器及散热器的线圈均应保持清洁。倘若线圈位置靠近厨房排风口，便容易堆积油垢，而油垢如同磁场，易于吸附尘土。应使用手电筒检查线圈内部的清洁状况

要点四　检查除霜计时器上的时间设定是否正确

要点五　每周检测一次冷库、冰箱的温度。如温度不符合要求，则调整温度控制开关，直到温度符合要求为止

图6-3-6　冷藏、冷冻系统维护控制的要点

（三）生产区设备

餐饮企业的生产区设备是主要的能源消耗者，能源费用占总能源费用的 50%～60%，企业如想节省能源就该先从此处着手。

对使用独立电表及煤气的餐饮企业而言，应根据实际用量分析生产区设备实际的能源用量。生产区设备能源使用控制要点如图 6-3-7 所示。

要点一 ▶ 调节控制

白天不需使用的设备应予以关闭

要点二 ▶ 开启－关闭控制

整体设备的设计基于营运高峰期的负载需求。鉴于营运活动并非全天候处于高峰状态，因此，企业可以在一天中的非高峰时段选择性地关闭部分设备。
在营运平缓时应注意生产区设备的运行情况，找出关闭设备的适当时机，根据设备关机时间拟定时间表，并使每位服务员都彻底了解时间表及使用设备的正确程序

要点三 ▶ 维护控制

餐饮企业只有正确地维护生产区设备，才能经济地运用它。企业一定要参阅设备保养手册，并了解下列重要作业。
（1）保持烟道、烟道壁及排油烟机的清洁
（2）根据保养计划，检查相关设备
（3）检查煤气的密封圈、阀门是否完好无损、清洁无垢

图6-3-7 生产区设备能源使用控制要点

（四）照明设备

餐饮企业的照明设备其实是一种营销工具，既可以使餐厅保持明亮，又有助于吸引顾客进入餐厅。

餐饮企业在控制照明设备时应注意以下几点内容。

1. 颜色识别

餐饮企业可以将各种电灯开关按需要分为四个部分，每部分用一种颜色，以便识别。

红色：任何时段都要保持开启。

黄色：开店时开启。

蓝色：天空阴暗及傍晚黄昏时开启。

绿色：视需要开启。

2. 照明

照明设备可选择荧光灯、卤钨灯、LED 灯等节能灯具，有条件的还可采用声光控灯具。下面总结几点注意事项。

① 使用节能型的照明设备。

② 将餐饮企业各区域的照明设备、广告灯箱等的开关纳入定人、定岗、定时、定责任的管理范围内，并根据自然环境的实际情况设定严格的开闭时间，餐饮企业应针对重点部位规划监测点位，进行重点控制。

③ 员工区域及公共区域可使用声控照明或声光控照明，最大限度地节约电能。

3. 其他事项

① 各后勤岗点下班时应随手关灯。

② 通过声音、红外线等方式控制走道灯。

③ 餐饮包厢备餐时开启工作灯，开餐后开启主灯光。

④ 使用节能灯，将非对客区域的射灯全部更换为节能灯。

三、燃气费用控制

大多数餐饮企业都以燃气为燃料来加工食品。企业应根据食物制作所需要的标准时间，合理使用燃气炉。

燃气的使用者一般是厨师。因此，为了节约成本，经营者要对厨师用气进行控制，要求厨师尽可能充分利用热量，减少热量损失，缩短用火时间。图6-3-8是可以采用的几种节气方法。

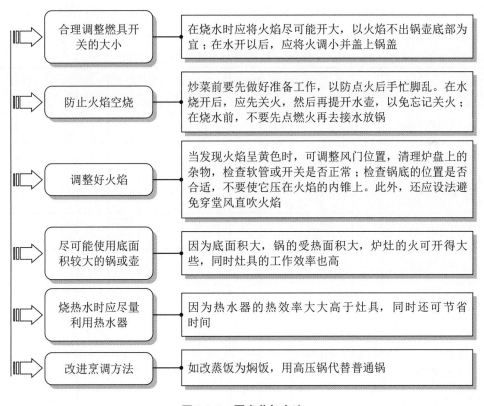

合理调整燃具开关的大小	在烧水时应将火焰尽可能开大，以火焰不出锅壶底部为宜；在水开以后，应将火调小并盖上锅盖
防止火焰空烧	炒菜前要先做好准备工作，以防点火后手忙脚乱。在水烧开后，应先关火，然后再提开水壶，以免忘记关火；在烧水前，不要先点燃火再去接水放锅
调整好火焰	当发现火焰呈黄色时，可调整风门位置，清理炉盘上的杂物，检查软管或开关是否正常；检查锅底的位置是否合适，不要使它压在火焰的内锥上。此外，还应设法避免穿堂风直吹火焰
尽可能使用底面积较大的锅或壶	因为底面积大，锅的受热面积大，炉灶的火可开得大些，同时灶具的工作效率也高
烧热水时应尽量利用热水器	因为热水器的热效率大大高于灶具，同时还可节省时间
改进烹调方法	如改蒸饭为焖饭，用高压锅代替普通锅

图6-3-8 厨房节气方法

四、节能减排管理

（一）加强员工培训管理

只有每位员工都主动做好节约资源的工作，餐饮企业才能成功实现资源节约。为此，餐饮企业要注意以下三点内容。

① 重视节约资源的宣传教育工作，提高员工对节能减排工作的紧迫性和重要性的认识，定期对员工进行设备使用培训。

② 增强全体人员的节能环保意识，积极鼓励员工进行节能减排创新。

③ 对员工的节水、节电、节气行为实施制度化监控。如禁止员工用流动水冲融冰冻食品。

（二）提高客人的节能意识

餐饮企业可在餐厅中的公共区域设置节能、低碳宣传角，提高客人的节能意识。

（三）奖励制度

餐饮企业可在员工中开展节能培训和讨论工作，调动员工节能的积极性，并设立员工节能创新奖等。

五、使用能源控制表单

企业可以使用能源控制表单，有效地记录能源使用情况，及时发现能源使用中的问题，并及时采取措施予以解决。表 6-3-11 和表 6-3-12 为企业经常使用的能源控制表单，供读者参考。

表6-3-11 能源使用情况表

月份		1	2	3	4	5	6	7	8	9	10	11	12	备注
电	本月抄表数													
	上月抄表数													
	本月耗电数													
	电费总价													
水	本月抄表数													
	上月抄表数													
	本月用水数													
	水费总价													
燃气	本月抄表数													
	上月抄表数													
	本月用气数													
	燃气费总价													
合计费用														
营业额														
占营业额比例/%														

表6-3-12　能源使用情况评估表

餐厅：_____　　评估日期：_____　　评估人：_____

项目	评估标准	实际结果
水	（1）清洗间水流速标准：1.5米/秒 （2）水龙头水流量标准：小于8升/分 （3）热水水温标准：82℃ （4）开水水温标准：87℃ （5）热水器维护：1次/月 （6）供水系统漏水检修标准：0处漏水点 （7）每月用水情况记录和分析（能源使用情况表）	
电	（1）采用最新色点系统控制照明 （2）采用最新色点系统控制空调 （3）及时更新设备开启、关闭时间表并张贴公布 （4）餐厅用餐区温度检查标准：冬季20℃，夏季26℃ （5）餐厅工作区温度检查标准：冬季20℃，夏季26℃ （6）冷冻、冷藏货物进货状况检查记录符合计划要求 （7）最近一次对冷冻、冷藏系统设备的维护保养记录符合计划要求 （8）每月空调保养记录符合计划要求 （9）电力设备系统漏电检修符合计划要求 （10）每月用电情况记录（能源使用情况表）符合计划要求	
煤气及其他能源	（1）每月煤气使用情况记录（能源使用情况表） （2）当月煤气设施完好 （3）其他能源使用状况，请具体说明	
设备保养日历	（1）设备温度标准符合计划需求 （2）设备清洁度符合计划要求 （3）设备维护、保养记录	
其他	（1）在管理层会议、员工会议上讨论能源使用情况 （2）张贴能源使用图并更新 （3）当月能源费用控制状况是否符合预估要求，如果不符合，要附分析情况及行动计划	

六、编制节能降耗方案

　　餐饮企业可以编制节能降耗方案，对能源使用予以控制，以下提供一个范本，供读者参考。

【范本04】▶▶▶ ---

××餐饮企业节能降耗方案

一、节约用电

（一）包房

　　餐饮企业应按开餐时间（11:20或17:20）控制包房灯光。客人到来前和走后均开一组灯，客人到来时开所有灯。有窗的房间，特别是在夏天或天气晴朗时不用开灯，等客人到时才开所有的灯。

（二）大厅

在每日开餐前及收餐后，都只打开一组灯。在开餐时（11:20 或 17:20），将所有灯光打开。在 13:00 和 20:00 左右，应根据实际来客情况考虑是否要将天花灯或部分区域的灯关上。如果只余下一两桌客人，那么除关闭天花灯外还要把相邻区筒灯关闭，最后只开一组灯。

（三）传菜部

① 餐饮企业应在 10:00 打开库房中的灯，然后在中午及晚上的营业时间将库房灯关闭。

② 员工如需在电梯口折叠毛巾，则可打开电梯口的两组灯，待工作完毕后将灯关闭。

③ 当包房翻台时，应将窗帘拉开，尽量不开灯，冬天可开 1～2 组日光灯，不开天花灯。

④ 开餐时将过道灯全部打开，收档时随手关闭。

⑤ 值班人员在最后收档时，应将传菜部的灯全部关闭。

⑥ 设立节能专职人员，不断加强员工节能意识。

⑦ 人走灯灭，下班时拔掉该拔的插头，关掉电源。

（四）厨房

① 在营业高峰期后，关掉部分电气设备，结合具体情况定时关闭抽风机和鼓风机，关闭无人区域的电灯，勤检修电气设备，保证设备良好运转。

② 在不使用电气设备时，应将其关闭。

③ 设立节能专职人员，规范烹调过程。

④ 下班时拔掉厨房中该拔的插头，关闭电源。

（五）其他

① 收餐后将饮水机、电视机、毛巾柜等电器的插头拔掉。

② 客人少或天气好时，电梯间可只开一组灯，在无人时只开应急灯。

③ 有客人时才开空调，晚上客人走后可以关闭空调。

二、节约用水

① 客人离开后要检查是否关闭水龙头。

② 在清洗水果蔬菜等食品时，应尽可能少用水。

③ 冲洗餐具时，要注意及时关闭高压水枪。

④ 严格控制炒菜时的用水量。

⑤ 减少原料解冻降温的用水量，尽量做到自然解冻。

三、节约用气

① 控制厨房蒸箱、蒸柜的用气量。

② 平日炒菜时，应注意节约用气，炒菜完毕后拧紧气阀。

第三节　餐具损耗费用控制

一、关于餐具破损

（一）餐具破损规律分析

① 玻璃器皿和瓷器破损率最高。

② 楼面使用的小餐具损耗率较低，厨房使用的大餐具损耗率较高。

③ 由服务员清洗的餐具损耗率较低，由洗涤部清洗的餐具损耗率较高。

④ 由服务员保管的餐具损耗率较低，由洗涤部管理的餐具损耗率较高。

（二）餐具破损原因分析

餐具破损的原因主要有两个：一是人为损坏，二是因为使用时间长或质量差而造成的自然破损。具体原因如下所述。

① 餐具没有放稳。

② 托盘上装得餐具太多，支撑不住以致餐具掉落。

③ 运送餐具时，由于装得太多或不整齐，在经过不平的路面时，导致餐具滑落。

④ 洗碗间餐具台上餐具太多太乱，服务员不方便整理，使餐具继续堆积以致压破或倾倒。

⑤ 将玻璃杯装入不合适的杯筐中，使杯子因受挤压而破损。

⑥ 生意清淡时，员工打闹嬉戏造成餐具破损。

⑦ 由于地滑，员工摔倒而造成餐具破损。

⑧ 餐具叠放太高，由于不稳造成斜倒而破损。

⑨ 壶类餐具的小配件丢失，如椒盐瓶的皮盖、酱醋壶的盖等。

⑩ 因装车不正确而使餐具受压破损。

⑪ 员工因心情不好而摔打餐具。

⑫ 新员工对操作规范还不太清楚，对预防餐具破损没有意识。

⑬ 在擦拭餐具时，由于用力过猛，致使餐具损坏。

（三）餐具破损预防方法

① 将餐具重新归类，按要求放到盆中。一般情况下先洗玻璃器皿，再洗瓷器。清洗盆中最多放 3~4 个玻璃器皿或放 8 个左右瓷器。

② 一个托盘放八套杯具是最安全的。

③ 倘若客人情绪激动时，服务员应适当提醒客人放轻松并移开其面前的餐具。

④ 服务员应加强端托盘平稳度的练习。

⑤ 应加强新员工对餐具的爱护意识，并安排老员工进行重点指导。

二、关于餐具流失

（一）餐具流失原因

① 员工无意间将餐具同垃圾一起倒入垃圾桶。

② 没有及时回收外卖餐具。

③ 其他部门借用后并未归还。

④ 员工或其他人员将餐具拿走。

⑤ 盘点时不认真，记错数。

（二）餐具流失预防措施

1. 餐饮企业内部餐具

（1）坚持使用餐具出入登记表（表 6-3-13），每天营业结束后，由洗涤组和厨房值班人员对在厨房存放的餐具进行盘点，由值班管理人员抽检后签字确认。第二天由会计根据餐具出入登记本填写餐具损耗登记表（表 6-3-14）。

表6-3-13   餐具出入登记表

值班管理人员：

序号	名称	数量	备注	检查人签名

表6-3-14   餐具损耗登记表

序号	名称	数量	登记时间	登记人

（2）楼面员工在下班前要填写楼面餐具交接表（表6-3-15），与管理人员和值班员工交接完毕后才可下班。

表6-3-15   楼面餐具交接表

台号	交接内容	交接时间	交接人	检查人

2. 餐饮企业外部餐具

餐饮企业外部餐具主要指的是被随餐配送或出借的餐具。

如需送餐，则应准确填写送餐餐具登记表（表6-3-16），一式两联，由双方核定后签字确认。餐具回收时，回收人需认真核对登记表，如出现餐具短缺情况，则需在第一时间向当值管理人员汇报，并签字确认。

表6-3-16　送餐餐具登记表

日期：

接单人	下单时间	送餐人	送达时间	送餐客房确认
收餐人	收餐时间	餐具确认	收餐客房确认	领班/主管确认
		齐□　　否□		

餐具名称	数量	餐具名称	数量

备注：

如果是将餐具出借给其他餐饮企业或相关单位，一定要填写好餐具出借登记表（表6-3-17），保证记录的准确性，以便及时追回所借餐具。

表6-3-17　餐具出借登记表

用途：　　　　　　　　　　借用单位：

品名	数量	借用日期	归还日期	备注

三、不同部门餐具管理职责

（一）洗涤部

洗涤部要保证从本部门出去的餐具是完好无缺的，这也是保证餐具零破损的基础。

① 洗碗工检查餐具后，应将残渣刷净，并分类存放以待洗涤。

② 在清洗过程中，餐具必须按规格摆放，按秩序清洗。

③ 清洗好或消毒好的餐具必须按规格、大小分类，整齐叠放。

④ 每天下班前，洗涤部值班人员要将餐具存入保洁柜中，且不能将餐具堆放得太高，以防其倒塌损坏。

⑤ 使用筐子装餐具时，所放餐具的数量不能超过筐子容量的70%。

⑥ 洗涤部领班要监督洗碗工按规定清洗餐具，当发现餐具破损时，应立即开出报损单。

（二）厨房部

① 荷台员工每天在上班时应检查所备餐具有无破损，将已破损的餐具挑出，做好记录并

分开存放，然后上报厨师长。

②荷台员工在准备餐具时，如发现某类餐具突然大量缺失，要立即上报厨师长，查明原因。

③餐具应专菜专用。

（三）传菜部

①传菜部要按要求核对菜品质量及餐具配套情况，并对餐具逐一进行破损检查。

②如果上菜时发现餐具破损或是菜品与餐具不配套，则应立即退回菜品。

③营业期间，传菜组必须协助服务员将用过的餐具送回洗碗间。

④传菜员在传递餐具的过程中要小心谨慎，传菜领班需要做好监督工作。

（四）楼面部

①服务员在上菜前，要检查餐具是否符合标准。

②服务员发现盛装菜品的餐具破损时，应立即退回菜品并做好记录；如果管理人员发现破损餐具上桌，那么一切责任将由服务员负责。

③服务员在收拾餐具时，应轻拿轻放，并严格做到大、小餐具分类摆放。各区域领班负责监督工作。

④撤餐员负责检查服务员撤回的餐具是否完整无损。撤餐人员在撤餐时应同值台服务员一同巡视桌面并对餐具的破损情况进行检查。

⑤服务员要保管好自己所负责桌台的小餐具。如果小餐具出现不明原因的损耗，则由服务员自己进行赔偿。

> **提醒您：**
>
> 如果是中途撤餐，服务员要请撤餐员检查餐具情况，确保餐具完整无缺。

四、客人损坏餐具的处理

（一）常规处理

客人如在就餐中损坏餐具，则应进行赔偿。服务员要及时为客人换上新的餐具，迅速清理现场，然后委婉地告诉客人需要赔偿。客人没有异议时，服务员需及时告知吧台损坏餐具的数量、名称、赔偿价格、桌号及客人姓名，并将上述信息记录在客人损坏餐具登记表（表6-3-18）中。

表6-3-18　客人损坏餐具登记表

日期：　　　　　　　　　　　　　　　　服务员：

客人姓名	客人桌号	餐具名称	餐具数量	赔偿价格	备注

如果客人是主宾或主人，则要顾及客人面子，在适当时机委婉告诉客人。

赔偿金额按照餐饮企业赔偿规定执行，营业结束后，服务员要及时上报领班，然后申领新餐具，并填写餐具申领表（表6-3-19）。

表6-3-19　餐具申领表

日期：　　　　　　　　　　　　　　　　　　领班：

餐具名称	申领数量	申领时间	负责人

（二）免赔情况

如果客人是老顾客，那么当其不愿赔偿时则可以免赔。当然，倘若客人坚持不赔偿，也可以免赔。但不同的管理人员拥有不同的免赔权限。如10元以下，领班有权免赔；30元以下，主管有权免赔；50元以上，则需要上报经理。

倘若出现免赔情况，相关人员应及时做好登记，填写餐具免赔单（表6-3-20）。损坏餐具者和餐饮企业管理人员均需在餐具免赔单上签字。免赔情况要写在值班记录上，并在例会时向上级汇报。

表6-3-20　餐具免赔单

时间：

餐具名称	
餐具数量	
餐具价额	
情形说明：	
备注：	
客人签字：　　　　　　　餐厅负责人签字：	

◆ 提醒您：

免赔的原则是既要维护餐饮企业利益，又要照顾客人面子，能赔偿时最好赔偿，结果最好使双方都满意。

五、员工餐具管理

（一）赔偿

① 员工在工作中不慎损坏餐具后，应立即上报领班并申领餐具，可以不立即赔偿，但应先填写员工餐具损坏记录表（表6-3-21），月底一次性赔偿。

表6-3-21　员工餐具损坏记录表

日期：　　　　　　　　　　　　　　　　　　　记录人：

员工姓名	班组	餐具名称	餐具数量	餐具价格	备注

② 员工如是故意（因工作态度不好）损坏餐具，领班有权当场开赔偿单，并且赔偿金额为进价的双倍。

③ 所有赔偿以罚款形式上报餐厅和财务部，并做好记录。

④ 赔偿金额在10元以下的由领班签批，50元以下的由经理签批，50元以上的需要总经理签批。

⑤ 餐具损耗率按比例分配到各班组，月底盘点时损耗率在指标范围之内的班组，组内员工可免于处罚。若损耗率超过指标，员工需按餐具进价赔偿。

⑥ 对于班组餐具损耗率超标部分，按进价进行平摊处罚，班组负责人负有连带责任。

（二）奖励

如果班组餐具损耗率在控制范围内，餐饮企业可将日常处罚所得用于奖励餐具保管得好的员工。

六、做好餐具损耗及盘点记录

餐饮企业在每月月底进行餐具盘点，汇总一个月内破损的餐具数量，填写餐具盘点表（表6-3-22）并在公告栏中向公司所有员工展示。同时在每月月底，要制作并填写餐具损耗月报表（表6-3-23）。

表6-3-22　餐具盘点表

月份：　　　　　　　　　　　　　　　　　　　记录人：

名称	上月数量	本月数量	本月领用	报废	破损	流失	备注
骨碟							
小碗							
汤匙							
味碟							
小钢化杯							
筷子							
烟灰缸							
牙签筒							
红酒杯							

续表

名称	上月数量	本月数量	本月领用	报废	破损	流失	备注
洋酒杯（圆）							
四角杯							
小公杯							
果叉							
公杯							
毛巾碟							
洗手盅							
茶壶							
冰桶							
饭碗							
大水杯							
托盘							
开水瓶							
小汤匙							
茶杯（旧）							
茶杯（新）							
三寸碟							
名片座							
日台布							
……							

表6-3-23　餐具损耗月报表

月份：　　　　　　　　　　　　　　记录人：

餐具名称	数量	单价	赔偿者	金额	日期

第四节　低值易耗品控制

餐饮企业的低值易耗品包括一次性筷子、餐巾纸、餐巾布、洗涤剂、拖把、地刮子、抹布、皮手套、清洁球、冰盒等。虽然每件物品的价格都比较低廉，但是每个月全部物品总计费用却较大。

一、一次性使用产品控制

一次性使用产品包括餐巾纸、牙签、一次性筷子、洗涤剂、卫生纸等。这些产品价格低，因此，其费用往往被人忽略。

大型餐饮企业对这些物品的消耗较大。要控制一次性使用产品的消耗量，就必须做到节约，专人、专管、专盯，计算好其使用量，并填写一次性使用产品每日登记表（表6-3-24）。

表6-3-24　一次性使用产品每日登记表

记录人：　　　　　　　　　　　　　　　　日期：

类别	领用数	领用人	消耗数	浪费数	备注
餐巾纸					
牙签					
一次性筷子					
洗涤剂					
卫生纸					
……					

二、可重复使用产品控制

可重复使用产品包括桌布、口布、小毛巾、陶瓷器具、玻璃器具等。只要掌握正确的使用方法，降低损坏率，延长其使用寿命，就能节约成本。

比如在订购餐具时，不能只考虑外观，还要考虑实用性。餐饮企业一定要购买便于保存、运输、洗涤的餐具。盘子应尽可能选择圆形的，因为圆形盘子的使用时间更久。有些形状很特别的餐具容易碰碎，也会给清洗带来一定的难度，增加报损率。玻璃器皿的选择也应遵循这一点，玻璃器皿易碎，其数量应控制在餐具总数的25%以下。

三、办公用品消耗控制

办公用品包括计算机、日常办公用纸、笔等。计算机应专人专用，尽量减少其维修次数，延长其使用寿命，以降低成本。打印纸可双面使用，笔用完之后可换笔芯，尽量不购买新笔。

餐饮企业在保证正常运转、营业的情况下，应尽可能地节省办公用品费用，并对办公用品的使用情况进行登记。表6-3-25为餐饮企业常用的办公用品使用登记表，供读者参考。

表6-3-25　办公用品使用登记表

日期	用品名	数量	用途	签字	备注

第五节　广告宣传费用控制

一个有效的餐饮企业广告可以对潜在客人的消费态度、消费行为产生影响，为餐饮企业产品创造良好的形象并增加销售收入。

一、餐饮企业广告预算

广告预算是餐饮企业和其广告部门对广告活动所需费用的计划和匡算，它规定了在广告计划期内，餐饮企业进行广告活动所需的费用总额、广告的使用范围和广告的使用方法。

（一）广告预算分类

广告预算可以按不同的标准分类。

① 按广告计划期长短可分为长期广告预算和短期广告预算。

② 按广告计划范围大小可分为总的广告预算和单一商品的广告预算。

③ 按产品所处的生命周期，可以分为新产品广告预算和成熟产品广告预算。

此外，按不同广告媒体、不同广告地区，还可以划分为多种不同种类的广告预算。

在广告总预算的指导下，餐饮企业应根据实际情况，将大致确定的广告费用分配到不同的产品、地区、媒体上。表 6-3-26 为餐饮企业常用的年度广告预算分配表，供读者参考。

表6-3-26　年度广告预算分配表

费用项目		第一季度/元			第二季度/元			第三季度/元			第四季度/元			占预算比例/%
媒体发布费用	电视													
	报纸													
	广播													
	杂志													
	路牌													
	网络													
	其他													

续表

费用项目		第一季度/元		第二季度/元		第三季度/元		第四季度/元		占预算比例/%
制作费用	电视									
	报纸									
	广播									
	杂志									
	路牌									
	网络									
	市场设备									
	POP广告（卖点广告）、DM广告（直接邮寄广告）等									
	促销品									
	市场活动									
合计										

（二）广告预算的费用项目

一般可以列入广告预算的具体费用项目如表 6-3-27 所示。

表6-3-27　广告预算的费用项目

序号	项目	说明	费用比例
1	广告媒体费	广告媒体费是指购买广告媒体时间和空间的费用	80%～85%
2	广告设计制作费	广告设计制作费是指广告设计人员的报酬、广告设计制作的材料费用、工艺费用、运输费用等	5%～15%
3	广告调查研究费	广告调查研究费是指调研、咨询费用，购买统计部门和调研机构的资料所支付的费用，广告效果检测费用等	5%
4	广告部门行政费用	广告部门行政费用是指广告人员的工资费用、办公费用，广告活动的业务费，公关费，与其他营销活动的协调费用等	2%～7%

餐饮企业可以制作一份广告活动预算表（表 6-3-28），对广告费用进行预算。

表6-3-28　广告活动预算表

制作人：　　　　　　　　　　　　制作时间：

项目		费用/元	计划执行时间	备注
市场调研费				
广告设计费	报纸			
	杂志			
	电视			
	广播			
	网络			
	其他			
广告制作费	印刷			
	摄制			
	制作			
	其他			
媒体租金	报纸			
	杂志			
	电视			
	广播			
	网络			
	其他			
服务费				
管理费				
其他杂费				
备用金				
预算费用总计				

审核：　　　　　　　　　　　　批准：

（三）广告预算的作用

广告预算是以经费形式说明广告计划，在财务上决定了广告计划执行的规模和进程。广告预算具有控制广告活动、评估广告效果、规划经费使用、提高广告效率的作用。

二、影响广告预算的因素

餐饮企业在编制广告预算时，除了确定广告费用的范围，明确广告预算的内容外，还必须了解影响广告预算的因素，如图6-3-9所示。

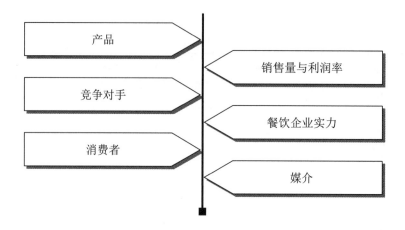

图6-3-9　影响广告预算的因素

（一）产品

大多数产品在市场上都要经历引入期、成长期、成熟期和衰退期四个阶段，处于不同阶段的同一产品，其广告预算费用有很大的差别，如图 6-3-10 所示。

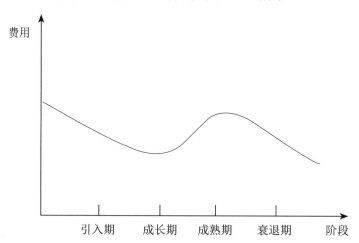

图6-3-10　产品不同阶段广告预算费用

餐饮企业要在市场上推出一种新的产品，无疑要设定较多的广告预算费用，以使产品被大众接受。当产品进入成熟期时，其广告预算的费用应维持在一个稳定的水平上，以保持产品的畅销状态。而产品一旦进入衰退期，其广告预算的费用将大幅削减。

（二）销售量与利润率

餐饮企业为了增加销售量，往往会采取增加广告投入的方式。一般情况下，广告费用增加了，企业的销售量和利润也会相应地增加。反之，如果增加了广告投入，销售量和利润却上不去，那么肯定要挫伤企业的积极性，从而使企业削减广告预算费用。

（三）竞争对手

广告是餐饮企业进行市场竞争的一个手段，广告预算费用的多少也会受到竞争对手的影响。竞争对手之间的市场竞争，往往以广告宣传的形式表现出来。

提醒您：

在一定程度上，广告的竞争会演变为广告预算费用的竞争。即使竞争对手增加较少的广告预算费用，餐饮企业为与其抗衡，也会迅速做出反应。

（四）餐饮企业实力

餐饮企业的广告预算费用的高低会受其财力状况、技术水平、生产能力和人员素质的影响。

① 规模大、实力强的餐饮企业可以制定规模较宽裕的广告预算。

② 如果企业的资金实力较弱、规模较小，则在编制广告预算时，应量力而行，不可盲目求大。

（五）消费者

消费者是市场的主体，也是广告宣传的受众，消费者的行为不仅影响市场的走向，也影响餐饮企业广告预算费用的制定。

① 当消费者对某种商品较为冷淡时，餐饮企业应该加大对其的广告宣传力度，刺激消费，使消费者逐渐认同该商品。

② 商品已被消费者认同，在消费者心目中有较高的地位时，餐饮企业可以适当地控制或减少广告预算的规模。

（六）媒介

不同的传播媒介有不同的广告受众、广告效果和价格。

① 一般来说，电视广告的费用最高，其次是报纸、广播和杂志，网络广告的费用相对较低。

② 由于各种电视和广播节目的覆盖范围、收视（听）率的差异，以及报纸、杂志的发行量、权威性和版面等的不同，广告的价格费用也有明显差别。

三、广告预算分配

广告预算分配的具体内容如表 6-3-29 所示。

表 6-3-29　广告预算分配

序号	分配标准	说明
1	广告时间	（1）根据广告活动的期限来规划预算分配，年度广告预算被分配给长期的广告活动，而季度和月度的广告预算则用来满足中短期广告活动的资金需求 （2）按广告信息传播时机分配，广告预算的分配要满足市场销售时机要求
2	市场区域	（1）有产品销售基础的地区的广告预算要比新开发地区少，人口密度大的地区的广告预算要比人口密度小的地区多，全国性市场的广告预算要多于地方性市场的广告预算 （2）最基本的广告预算分配应以保证餐饮企业在某地区预计实现的广告目标为基础，广告预算应不少于某产品在该地区维持竞争地位所需要的基本费用
3	广告对象	（1）以工商企业、社会团体用户为对象的广告预算占广告预算费用的比重较小 （2）以最终消费者为对象的广告预算占广告预算费用的比重较大
4	传播媒介	（1）传播媒介之间的分配：根据广告计划所选定的各种媒介分配广告费用 （2）传播媒介之内的分配：根据对同一媒体不同时期的广告需求来分配广告预算费用

四、广告预算控制管理

广告预算付诸实施后，餐饮企业必须加强对广告预算的有效控制和管理，这样才能达到既定的广告目标，使广告费用用得适度、合理，并避免出现各种偏差。

（一）控制管理的前提

广告预算的控制管理要建立在明确的广告计划之上，广告计划越具体明确，广告预算控制和管理就越有效。餐饮企业倘若不清楚广告宣传的目标和计划，就不能合理分配广告预算，更谈不上对广告预算的管理。

（二）广告预算控制管理内容

广告预算控制管理是指依据广告计划中的各项目标和指标去衡量广告预算的执行情况，纠正执行过程中的错误。广告预算控制管理是和广告活动同时展开的，只要有广告费用的使用，就要进行广告预算控制管理。

五、制作广告预算书

广告预算书一般以图表的形式将广告预算的费用、计划和分配详尽地列出来。预算书横向分为项目、开支内容、费用和执行时间，纵向为项目的明细分类，如市场调研费、广告设计费、广告制作费、媒体租金、服务费、公关费、促销费等。广告预算书后面一般还附加一段说明文字，对预算书的内容进行解释。

广告预算书的格式和内容不能千篇一律，要视具体的业务项目而定。有的项目也可具体化，如其他杂费开支一栏可具体分为：邮电、运输、差旅、劳务等费用；也可增加项目，如广告机构办公费或管理费、人员工资或者服务费等。广告预算书的基本格式如表6-3-30所示。

表6-3-30　广告预算书

预算委托单位：		负责人：	
预算单位：		负责人：	
广告预算项目：		期限：	
广告预算总额：		预算员：	
广告预算时间：		预算书编号：	

项目	开支内容	费用	执行时间
市场调研费	1. 文献检索		
	2. 实地调查		
	3. 研究分析		
广告设计费	1. 报纸		
	2. 杂志		
	3. 电视		
	4. 广播		
	5. 其他		

续表

项目	开支内容		费用	执行时间
广告制作费	1. 印刷			
	2. 摄制			
	3. 工程			
	4. 其他			
媒体租金	1. 报纸			
	2. 杂志			
	3. 电视			
	4. 广播			
	5. 其他			
公关促销费	1. 公关			
	2. 促销	A市场		
		B市场		
		C市场		
		D市场		
服务费				
管理费				
其他杂费				
机动费用				
总计				

第六节　外包业务费用控制

一、员工招聘外包

　　小型餐饮企业一般没有专门的人力资源部，员工招聘往往由经营者亲自负责。如果是大型餐饮企业，则会有专人负责员工招聘。不过，现在许多公司往往采取招聘外包，将招聘人员的要求提供给招聘公司，然后由招聘公司负责招聘员工。

（一）招聘外包服务公司

　　餐饮企业可以请专门的招聘外包服务公司负责员工的招聘。

　　正规招聘外包服务公司拥有精通餐饮行业的招聘顾问、实力强大的执行顾问以及高效的复合式招聘工具，能够为客户量身定做全方位的整合招聘解决方案，让客户享受高质量的服务，帮助客户单位迅速填补空缺职位，最终使餐饮企业的生产力和业绩得到提高。

（二）如何委托招聘

1. 什么是委托招聘

委托招聘是指企业将自己的招聘业务部分或者全部委托给招聘服务公司。委托招聘根据委托周期的长短分为一个月内的"短期"、半年内的"中期"和一年内的"长期"三种委托。根据服务内容可以分为"半委托"和"全委托"两大类。下面是××餐饮连锁企业的委托招聘函范本，供读者参考。

【范本05】▶▶▶ --

××餐饮连锁企业委托招聘函

甲方：　　　　××餐饮连锁企业
乙方：　　　　××人力资源有限公司

甲方因业务发展需要，现委托乙方代为招聘，招聘职位的具体内容和要求如下。

一、招聘职位

职位：　　　　　　　　　　　　人数：

入职时间：　　　　　　　　　　学历：

性别：　　　　　　　　　　　　年龄：

专业：　　　　　　　　　　　　薪资水平：

二、职位要求

1.

2.

3.

三、必备技能或资格

1.

2.

3.

四、语言要求

1.

2.

3.

甲方联系人：

----

2. 委托招聘服务内容与流程

招聘服务公司为客户提供招聘信息发布、简历接收、简历筛选、初试通知、初试和评估、提交候选名单、协助安排复试等系列化、可选择的服务内容，客户可以根据自身需要及业务深度，自由选择并决定招聘服务公司在招聘业务中的参与程度。这个程度也决定了招聘服务公司付出的成本和服务收费金额的高低。图6-3-11是某招聘服务公司招聘流程。

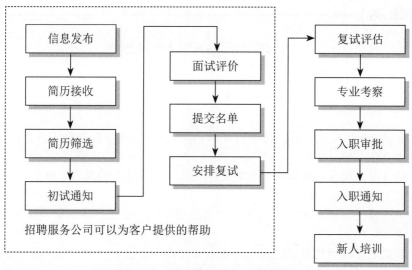

图6-3-11 某招聘服务公司招聘流程

3. 委托招聘好处

委托招聘的好处是可以简化业务，降低风险。

餐饮企业可以放心地将部分流程交给招聘服务公司处理，使人力资源部门可以将精力集中于人力利用效率、员工发展、团队稳定性和文化传承等核心业务上，摆脱无休止的单纯招聘的困扰，在最短的时间内提供用人保障，降低待岗产生的隐性成本。

提醒您：

如非急需外包招聘，企业可用最简单的方法，即在餐饮企业门口贴上一张简单的招聘启事来招聘员工。如果害怕无人应聘，那么可以在网络上发布招聘信息。

二、餐具清洁外包

餐饮企业一定要选择与正规的餐具消毒企业合作，该餐具消毒企业必须符合如图 6-3-12 所示的几点要求。

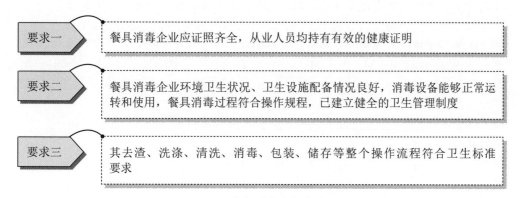

图6-3-12 餐具消毒应符合的要求

下面提供一份 ×× 餐饮企业与餐具清洁服务公司签订的外包合同范本，供读者参考。

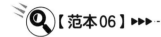

××餐饮企业餐具清洁外包合同

甲方：　　　　　　××餐具清洁公司
乙方：　　　　　　××餐饮连锁企业

为了让消费者用上放心餐具，经甲乙双方平等、友好协商，达成如下协议。

一、甲方责任

1. 甲方须在约定的时间内到乙方指定的地点收、送餐具，并与乙方确认清洗数量和破损情况，作好记录，请乙方签字确认。

2. 如在甲方清洗期间餐具丢失，甲方需承担全部赔偿责任，清洗破损率为2%，超过部分由甲方负责。

3. 甲方清洗的餐具须达到当地卫生标准。如经乙方验收未达标，乙方有权要求甲方在指定的时间内返工。

二、乙方责任

1. 乙方按照约定时间将待清洗餐具放置在指定地点。

2. 乙方需按时向甲方支付本合同约定的服务费用。每延时1天，乙方须向甲方支付上月服务费用的2%作为违约金。

三、品种数量

根据乙方需要，甲方首批提供的六件套餐消毒餐具为：饭餐具、平碟、水杯、茶盅、筷子、调羹。

四、费用收取

根据甲乙双方协商，甲方向乙方收取服务费。其收费标准为：套餐餐具每套人民币××元。

五、结算方式

月结，即每月结算一次，每月××日为结算对账时间，根据上月实际用量，每月××日按实结付。由甲方委派专职人员，凭双方签字认可的收送单结付。

六、合同期内，不允许单方面终止合同，任何一方未经另一方同意即终止合同的行为均视为违约，按本合同第七条执行。

七、本合同经签字生效后，双方如有违反本合同条款的行为均为违约行为，被违约方除执行合同相应条款外，还有权向违约方收取占合同期内预计金额5%的违约金。

八、本合同一式两份，双方各执一份。其他未尽事宜由双方友好协商解决。合同一经双方签字，即具有法律效力。合同期满后经双方协商甲方可优先续约。

九、合同有效时间：从　　　年　　月　　日至　　　年　　月　　日，合同有效期为　　月。

甲方（盖章）：　　　　　　　　　　乙方（盖章）：
法定代表人：　　　　　　　　　　　法定代表人：
委托代理人：　　　　　　　　　　　委托代理人：
地址：　　　　　　　　　　　　　　地址：
电话：　　　　　　　　　　　　　　电话：
手机：　　　　　　　　　　　　　　手机：
签订日期：　　　年　　月　　日　　签订日期：　　　年　　月　　日

第七节 其他支出费用控制

一、最大程度利用租金

餐饮企业的租金需要每月支付，是一个重要支出部分。餐饮企业在签订房屋租赁合同时，要明确租金的相关事项。

（一）延长营业时间

由于每月租金是固定的，因此，餐饮企业可以通过延长营业时间来提高每小时租金的利用率。如麦当劳、永和大王等都是 24 小时营业。当然，不是所有的餐饮企业都适合 24 小时营业，这要由餐饮企业的类型、周围环境等因素来决定。

（二）提高翻台率

提高翻台率，可以增加有效用餐客人数，从而增加餐饮企业收入。提高翻台率的方法如表 6-3-31 所示。

表 6-3-31　提高翻台率的方法

序号	方法名称	具体操作	备注
1	缩短客人用餐时间	从客人进入到离开每一个环节只要缩短一点时间，客人用餐时间就可以缩短，当然翻台时间自然缩短	要求每个员工都要尽力在自己工作范围内提高效率，缩短客人等待时间
2	候餐增值服务	对客人殷勤款待，增加免费服务，如免费饮用茶水，免费擦鞋，报刊免费阅览，免费的茶坊休息区等	迎宾和礼宾的工作重点是留住客人，让客人等位，避免客人流失
3	运用时间差	（1）运用对讲机，在确定有台位买单的情况下，等位区的迎宾员或礼宾员就可以开始为客人点菜 （2）当客人准备离开时，该桌值台服务员会在桌上放置"温馨提示牌"，一方面提醒客人小心地滑并带好随身物品，另一方面提醒其他员工，准备好翻台工具	大厅与外面等位区的配合是关键
4	设置广播	（1）餐饮企业设置广播，每隔 10 分钟广播一次，内容安排可以是感谢客人用餐，提醒客人就餐的注意事项等 （2）第一次广播播放时间选在大厅台位只剩几桌的情况下，全店员工都会知道客人马上要排队，应该加快工作速度	广播的作用不仅是在提醒客人，更重要的是在提醒员工
5	提前为下一环节做准备	（1）在客人点菜后，应及时询问其是否需要添加主食或小吃，如果不需要的话服务员就开始核单并到吧台打单 （2）当客人不再用餐时，应提前将翻台工具准备好 （3）买单后客人如未立即离开，可征询客人的意见，先清收台面和椅套围裙	每一个服务人员在服务中，都应该为下一环节提前作准备

续表

序号	方法名称	具体操作	备注
6	效率与美感	可以选择由传菜组员工专门负责翻台的清洁卫生工作，传菜组员工不仅工作速度快，而且动作优美	翻台时要特别注意卫生，既要效率，也要注意美感
7	全员动员	（1）由服务员负责缩短客人用餐时间，勤分鱼、分菜，勤做台面 （2）传菜员和保洁员负责缩短收台时间，要做到收台迅速，迅速清理卫生 （3）后厨人员负责缩短上菜时间，出品时间应快速、准确 （4）管理人员负责巡台协调，随时注意各桌客人用餐情况，对各部门没有做到位的情况进行提醒	只有全员参与，才能全方位缩短时间，在翻台高峰期，各部门甚至要交叉帮忙，以提高翻台率为前提

　　餐厅在每个客人的餐桌上放置一个计时沙漏（图6-3-13）也有助于提高翻台率。

图6-3-13　餐厅计时沙漏

（三）开外卖口

　　如果餐饮企业的店面比较大，可以选择开设外卖口，既可卖自己餐饮企业的产品，也可以租给其他人，比如有的餐饮企业门口就有卖馋嘴鸭、珍珠奶茶等客人可能需要的食品或饮料的外卖口。当然，大家最熟悉的莫过于麦当劳的甜品站了。

　　但是，外卖口的开设一定不要影响餐饮企业的整体形象，或是造成喧宾夺主的局面。

（四）处理好与房东的关系

　　做生意讲究"和气生财"，因此，餐饮企业应处理好与房东的关系。如果与房东关系不好，其可能会比较苛刻；而如果与房东关系很好，那么许多事情就会比较好处理，比如免费使用房东的库房、车棚等，这可以节约一大笔开支。

（五）租金交付时间

　　租金尽量不要按年交付，最好是半年一交或按季交，因为按年付房租的话，一旦经营不善或其他原因导致餐饮企业无法经营下去，已交付的房租就要不回来了，会造成资金浪费。

二、刷卡手续费和微信（支付宝）提现手续费

许多餐饮企业都可以刷卡消费。这样做在为顾客提供方便的同时也产生了刷卡的手续费，而手续费由商家自己支付。餐饮业的刷卡手续费为 2%，相对于超市、商场等零售行业平均不高于 0.8% 的手续费来说是比较高的。

因此，当客人结账时，服务员或收银员应尽量建议客人支付现金或使用支付宝（微信）支付。支付宝和微信收款时并不需要支付手续费，但也要注意，在将支付宝和微信中的钱提现时是需要支付手续费的。2016 年 3 月 1 日起，微信支付停止对转账功能收取手续费。同日起，个人用户的微信零钱提现功能开始收取手续费。收费方案：按提现金额的 0.1% 收取手续费，每笔至少收取 0.1 元。每位用户可获赠 1 000 元免费提现额度。对个人用户的微信零钱提现功能收费并非微信追求营收之举，而是为了支付银行收取的手续费。当然，企业版的尚未有提现收取手续费的规定。餐饮企业在使用支付宝和微信收款的时候，尽量不要因贪图方便而使用个人用户版。

三、折旧费

餐饮企业折旧费是一项经常性支出项目，因此要进行合理控制。一般来讲，餐饮企业折旧主要针对的是各种固定资产。

作为固定资产的营业设施，其价值会逐年降低，需要进行折旧处理。又因为其收益也是逐年取得的，需要考虑货币的时间价值。

资产折旧额直接影响着餐饮企业的成本、利润以及现金流量，是一项很关键的财务数据。正确地计提固定资产折旧，是实现固定资产价值补偿、实物更新和保证餐饮企业持续经营的必要条件。

折旧计算方法有许多种，会计报告中应该说明此报告究竟采用了哪些折旧计算方法，并且餐饮企业所使用的折旧方法必须相对稳定，不可随意更换。计提折旧的方法有直线折旧法、工作量法、年数总和法、余额递减法等。

（一）直线折旧法

直线折旧法是最简单的折旧计算方法，又称平均年限折旧法，是按照固定资产的可使用年限每年提取同等数量的折旧额。其计算公式为：

$$年折旧额 = \frac{固定资产原值 - 估计残值}{固定资产预计可使用年限}$$

如某餐饮企业购入一台中式炊具，购入成本为 8 000 元，运输安装成本为 500 元，预计该设备可使用年限为 10 年，估计残值为 500 元。根据上面的公式，便能计算出该中式炊具每年折旧额应是：

年折旧额 =（8 500 - 500）÷ 10 = 800（元）

直线折旧法的前提是假设固定资产在整个使用期间内每年的损耗完全一致，因此，计算出来的结果往往与实际情况有较大的差距，但是这种计算方法较为简单，因此被餐饮企业广泛使用。

（二）货币时间价值

固定资产的价值是在其寿命期中逐年消耗的，同时这种投资的收益也是在一段时间里逐年得到的。由于货币有时间价值，即不同年份所得到的收益价值不同，今天得到的 5 000 元

收益和一年后得到的 5 000 元收益，尽管数额相同，但是它们的价值明显不同，因为如果将今天得到的 5 000 元存入银行或进行投资，在一年后它的价值至少是 5 000 元再加上一年利息额，这里的利息增值就体现了货币的时间价值。

为计算简便，假设投资回报率是 10%，以 1 000 元本金连续存三次，即每存满一年后取出再次存入，各年的本金价值计算如下。

一年后价值：$1 000 \times (1+10\%) = 1 100$（元）

二年后价值：$1 000 \times (1+10\%) \times (1+10\%) = 1 000 \times (1+10\%)^2 = 1 210$（元）

三年后价值：$1 000 \times (1+10\%)^3 = 1 331$（元）

四、有效控制停车费

就餐免费泊车，在车位紧张、停车难的城市中一直是很多餐饮企业揽客的普遍招数。但是免费泊车却也是有成本的，这方面控制好了则可以节省一笔不少的开支。

（一）餐饮企业自有停车场

如果餐饮企业有自己的停车场，那么停车费的管理会比较简单，只需要安排保安人员进行管理就可以了。

 相关链接

停车场常见问题处理

在餐饮企业门口的停车场中，经常会发生一些摩擦碰撞事件，有些小偷也在打车子里面财物的主意，因此餐饮企业需要做好各项应对措施。

① 停车场出具的收款收据上应标示"车辆丢失风险自负，停车场概不负责"的声明，作出风险警示（泊车风险警示符合《中华人民共和国消费者权益保护法》规定。该法第十八条第一款规定："经营者应当保证其提供的商品或者服务符合保障人身、财产安全的要求。对可能危及人身、财产安全的商品和服务，应当向消费者作出真实的说明和明确的警示，并说明或标明正确使用商品或者接受服务的方法以及防止危害发生的方法。"据此规定，经营者不仅要提供安全的服务，而且要对可能发生的危害作出明确的警示，停车场经营者提示"车主自负泊车风险"正是法律所要求的）。

② 停车场入口应设立大型警示牌，此牌应相当醒目，让车主一眼就可以看见。内容可为提示其保管好贵重物品，特别是现金等，以及"车辆丢失风险自负，停车场概不负责"的声明。

③ 咨询当地有关法律部门，了解发生此类事件应该怎样解决，有没有什么方法让餐饮企业的损失降到最低。

④ 如有必要在停车场里安装摄像头，在保安室与值班经理的办公室中都应该接入一个显示端。

（二）租用停车场

许多餐饮企业都是通过租用停车场来为客人提供停车服务的，因此需要支付租用停车场的费用。

餐饮企业在租用停车场时，一定要与对方签订停车场租用合同。下面是某餐饮企业停车场租用合同范本，供读者参考。

【范本07】▶▶▶ --

××餐饮企业停车场租用合同

甲方：_____物业管理公司　　　　乙方：_____

法定代表人：_____　　　　法定代表人：_____

住址：_____　　　　　　　住址：_____

邮编：_____　　　　　　　邮编：_____

联系电话：_____　　　　　联系电话：_____

1. 乙方因规模扩大、顾客人数增多，因此需要更多停车位置，特向甲方租用停车场地。

2. 根据《中华人民共和国民法典》及其他有关法律、法规的规定，出租方和租借方在平等、自愿、协商一致的基础上就停车场租用事宜达成停车场租用合同，合同如下：

第一条　租借方向出租方租借停车用地为_____平方米，地点：_____。

第二条　交租方式为由银行办理转账入户，甲方账户为：_____。

第三条　出租金额应按月计算，而每月_____日被定为交租日期，租金为每月_____元人民币，交租期限不得超过每月的_____日。

第四条　租借方如逾期付款，每逾期一日按_____%计算利息。

第五条　乙方对其车辆行驶保管责任。

第六条　乙方除了停放其车队的车辆外，还有权对外经营车辆保管业务。

第七条　乙方自行办理消防、公安、工商、税务等一切相关的法律手续。

第八条　如乙方延迟两个月未交清租金，合同将自动解除，甲方可收回场地。

第九条　水电费由乙方自理。

第十条　租借方对该土地仅作停车用地使用，并没有出售权，在使用期间不得擅自改变土地用途，否则要承担租借方的一切经济损失。

甲方（盖章）：_____　　　乙方（盖章）：_____

法定代表人（签字）：_____　　　　法定代表人（签字）：_____

_____年___月___日　　　　　　　　　　　_____年___月___日

签订地点：_____　　　　　签订地点：_____

第四章　餐饮企业成本费用核算

餐饮总成本是由原料成本和经营费用两大类构成的。餐饮企业必须加强日常成本核算工作，及时检查和监督实际成本是否偏离目标成本，如果偏离目标成本，要及时查出偏离的原因，并采取相应措施。

第一节　餐饮原料成本核算

一、餐饮原料的组成要素

餐饮原料由主料、配料、调料三类要素构成，如图6-4-1所示。

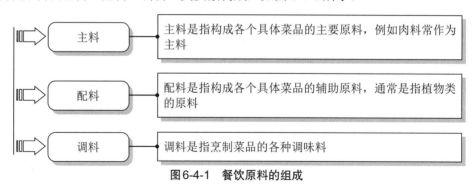

主料	主料是指构成各个具体菜品的主要原料，例如肉料常作为主料
配料	配料是指构成各个具体菜品的辅助原料，通常是指植物类的原料
调料	调料是指烹制菜品的各种调味料

图6-4-1　餐饮原料的组成

> **提醒您：**
>
> 主配料的区别是餐饮行业约定俗成的，不一定是量上的区别。由于食品原料的选择范围非常大，各种原料的来源不同，其特点、味性也不同，因此，要认识每一种原料的特点和味性不是件容易的事。

二、与餐饮原料相关的概念

（一）毛料

毛料是指未经加工处理过的食品原料。有些原料本身是半成品，但餐饮企业却可能视其为毛料，因为这些原料半成品还需要经过加工才能参与配菜，一旦经过加工后，其原料成本便会发生变化（尽管有时这种变化不是很大）。

（二）净料

净料是指经过加工后，可用来搭配和烹制食品的半成品。所有的原料在采购回来后都必须经过加工，如清洗、刀工处理、热处理等，就算是一些本身已经是半成品的原料，也要经过相应的处理，如鲮鱼罐头，开罐倒出后也存在着一个成本变化的问题。

（三）净料成本

净料成本是指毛料经加工处理后成为净料的成本变化，又称为起货成本。

提醒您：

进货价格和进货质量是影响净料成本的两大因素，原料采购价格的高低直接决定了净料成本的高低，进货质量的好坏也会影响净料成本的高低。

（四）净料率

净料率是指食品原料经初步加工后可用部分的重量占加工前原材料总重量的比率，它是表明原料利用程度的指标，其计算公式为：

$$净料率 = \frac{加工后可用原料重量}{加工前原料总重量} \times 100\%$$

在原料品质与其加工方法和技术水平一定的条件下，食品原料在加工前后的重量变化是有一定规律可循的。因此，净料率对成本核算、食品原料利用状况分析及其采购、库存管理等方面，都有着很大的实际作用。

实例 ▶▶▶

某餐饮企业购入带骨猪肉 16 千克，经初步加工处理后剔出骨头 4 千克，求猪肉的净料率。

$$
\begin{aligned}
猪肉的净料率 &= \frac{加工后可用原材料重量}{加工前原材料总重量} \times 100\% \\
&= [(16-4) \div 16] \times 100\% \\
&= 75\%
\end{aligned}
$$

实例 ▶▶▶

某餐饮企业购入海带 3 千克，经涨发后得水发海带 8.5 千克，但从涨发后的海带中拣洗出不合格的海带和污物 0.2 千克，求海带的净料率。

$$
\begin{aligned}
海带的净料率 &= \frac{加工后可用原材料重量}{加工前原材料总重量} \times 100\% \\
&= [(8.5-0.2) \div 3] \times 100\% \\
&= 276.67\%
\end{aligned}
$$

三、一料一档成本核算

一料一档指一种原料经过加工处理后只有一种净料，下脚料已无法利用。其成本核算是以毛料价值为基础，直接核算净料单位成本，计算公式为：

$$净料单位成本 = \frac{毛料进价总值}{净料总重量}$$

 实例 ▶▶▶ --

某餐饮企业购入原料甲 15 千克，进价为 5.7 元 / 千克。经初步加工处理后得净料 11.25 千克，下脚料没有任何利用价值，求原料甲的净料成本。

根据净料单位成本的计算公式，原料甲的净料单位成本 $= \dfrac{毛料进价总值}{净料总重量} =$ $15×5.7÷11.25 = 7.6$（元 / 千克）

如果毛料经初步加工处理后，除得到净料外，尚有可以利用的下脚料，则在计算净料成本时，应先在毛料总值中减去下脚料的价值，其计算公式为：

$$净料单位成本 = \frac{毛料进价总值 - 下脚料价值}{净料总重量}$$

 实例 ▶▶▶ --

某餐饮企业购入原料乙 10 千克，进价 6.8 元 / 千克。经初步加工处理后得净料 7.5 千克；下脚料 1 千克，单价为 2 元 / 千克；废料 1.5 千克，没有任何利用价值。求原料乙的净料成本。

根据净料单位成本的计算公式，原料乙的净料单位成本 $= \dfrac{毛料进价总值 - 下脚料价值}{净料总重量} =$ $（10×6.8–1×2）÷7.5 = 8.8$（元 / 千克）

四、一料多档成本核算

一料多档指一种原料经加工处理后可以得到两种以上的净料。食品原料经加工处理形成不同档次的净料后，各档净料的价值是不相同的。这时，要分别核算不同档次的成本。为此，要分别确定不同档次原料的价值比率，然后才能核算不同档次的净料单位成本。其核算公式为：

$$各档净料单位成本 = \frac{毛料进价总值 × 各档原料价值比率}{各档净料重量}$$

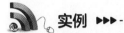 **实例** ▶▶▶ --

某餐饮企业购入鲢鱼60千克，进价为9.6元/千克，根据菜肴烹制需要进行宰杀、剖洗后，得净鱼52.5千克，其中鱼头17.5千克，鱼中段22.5千克，鱼尾12.5千克，鱼鳞、内脏等废料7.5千克（没有利用价值）。根据各档净料的质量及烹调用途，该餐饮企业确定鱼头总值应占毛料总值的35%，鱼中段占45%，鱼尾占20%，求鱼头、鱼中段、鱼尾的净料成本。

鲢鱼进价总值＝60×9.6＝576（元）

鱼头的净料单位成本＝鲢鱼进价总值×鱼头的价值比率÷鱼头净料总重量
    ＝576×35%÷17.5
    ＝201.6÷17.5
    ＝11.52（元/千克）

鱼中段的净料单位成本＝鲢鱼进价总值×鱼中段的价值比率÷鱼中段净料总重量
    ＝576×45%÷22.5
    ＝259.2÷22.5
    ＝11.52（元/千克）

鱼尾的净料单位成本＝鲢鱼进价总值×鱼尾的价值比率÷鱼尾净料总重量
    ＝576×20%÷12.5
    ＝115.2÷12.5
    ≈9.22（元/千克）

五、半成品成本核算

半成品是指经过制馅处理或热处理后的半成品，如虾胶、鱼胶等。半成品成本核算的公式是：

$$半成品成本＝\frac{毛料总值-辅料总值+调味成本}{净料率}$$

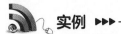 **实例** ▶▶▶ --

每500克鱼肉的进货价格是8元，制作鱼胶的调味料成本是1元，由鱼肉制作成鱼胶的净料率是95%，无辅料值，求鱼胶的净料成本。

鱼胶净料成本＝（8+1）÷95%≈9.47（元）

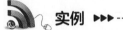 **实例** ▶▶▶ --

已知干鱼白每500克的进价是100元，经过涨发后的净料率是450%，无副料值，其中耗油约300克，每500克食用油的价格是8元，求涨发后的鱼白的净料成本。

耗油成本＝（300÷500）×8＝4.8（元）

鱼白净料成本＝（100+4.8）÷450%≈23.3（元）

每500克鱼白净料成本是23.3（元）。

在计算半成品净料成本时，关键是净料率的确定，净料率最好进行实际的测定。

六、调味成本核算

调味成本核算方法有两种：一种是计量法，属传统做法；另一种是估算法，属现代较流行的做法。

计量法就是根据实际使用的调味料数量，按照每500克的进价来计算实际的调味成本。这种计算方法比较烦琐，较少使用。

最常使用的是估算法，即根据餐饮企业本身的实际情况，计算出每种销售规格的菜品的平均调味成本。

提醒您：

估算法只适用于一般品种的成本核算。如果是一些比较高档的品种，应该使用计量法，这样才能准确算出调味成本。

七、常用成本核算公式

在餐饮企业中，掌握成本核算的基本公式，有利于实现控制成本的目的。

（一）出成率

出成率也称净料率、拆卸率、出品率，指的是食品原料经过拣、洗、宰杀、拆卸、涨发、初熟后的净重同原料重量的比率。出成率计算公式为：

$$出成率 = \frac{加工后原料重量}{加工前原料重量} \times 100\%$$

 **实例** ▶▶▶

某餐饮企业采购回5千克雪梨，经去皮去核后剩4.5千克净料，则
雪梨的出成率 = （4.5÷5）×100% = 90%

（二）原料成本

原料成本计算公式为：

$$原料成本 = 毛料单价 \div 出成率 \times 净料重量$$

 实例 ▶▶▶

番茄采购单价为8元/千克，其出成率为90%，某道菜需番茄0.2千克，那么这道菜中番茄的原料成本 = 8÷90%×0.2 = 1.78（元）

（三）售价

售价为成本与毛利的总和，售价的计算公式为：

$$售价＝成本＋毛利$$

在餐饮企业刚营业时，计算售价会面临一个问题，即原料的组成没有确定下来，每道菜的成本也就不能明确

1. 量化成本

在计算成本前，应与厨师一起确定每道菜的原料组成。

以宫保鸡丁为例，鸡丁应放多少？花生是用大花生米还是小花生米（大花生米成本 10.6 元／千克；小花生米 9.6 元／千克）？花生米应放多少？葱用多少？上述这些问题只有与厨师沟通，才能确定。在了解菜品的原料组成后，才能量化其成本。

2. 每道菜的售价

计算出成本后，应与负责人沟通确定销售毛利率，基于以上两个数字，即可计算出每道菜的售价：

$$售价＝\frac{原料成本}{1-销售毛利率}$$

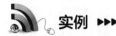 **实例** ▶▶▶ --

原料成本为 7.5 元，销售毛利率为 58%，那么售价＝ 7.5÷（1–58%）≈18（元）

....

（四）销售毛利率

销售毛利率对于制作成本卡（即确定商品和服务的成本结构）以及计算成本来说必不可少，是控制成本的主要依据，销售毛利率的计算公式为：

$$销售毛利率＝\frac{毛利额}{售价}×100\%$$

（五）加工前原料重量

前文计算净料重量同毛料重量的比率，所得的是出成率。现在计算过程正好相反，即已知净料重量和出成率倒推毛料重量，计算公式为：

$$加工前原料重量＝\frac{加工后原料重量}{出成率}$$

上面这个公式经常会在对食材进行盘点时用到。

（六）月平均销售毛利

计算月平均销售毛利需要用到的公式有：

$$本月原料成本＝上月盘点总额＋本月领用额–月末盘点总额$$

$$月平均销售毛利＝总营业额–本月原料成本$$

$$月平均销售毛利率＝月平均销售毛利÷总营业额$$

第二节　餐饮产品成本核算

一、餐饮产品成本核算方法

餐饮产品成本核算方法主要包括先分后总法和先总后分法两种。其中，先分后总法适用于单件产品的成本核算，先总后分法适用于成批产品的成本核算。

（一）单件产品成本核算方法

单件产品成本核算采用先分后总法。具体方法为先随机选择产品，测定单件产品的实际成本消耗，然后根据测定结果，计算成本误差，最后填写抽样成本核算报表，分析原因，并提出改进措施。

 实例 ▶▶▶ --

"碧绿鲜带子"中的鲜带子每 500 克的进价是 25 元，净料率是 95%，用量是 150 克，西蓝花每 500 克的进价是 3 元，净料率是 65%，用量是 200 克，调味料成本是 1 元，求该菜品的成本。

鲜带子净成本＝（25÷95%）×（150÷500）≈7.89（元）

西蓝花净成本＝（3÷65%）×（200÷500）≈1.85（元）

原料总成本＝7.89+1.85+1＝10.74（元）

"碧绿鲜带子"的原料总成本是 10.74 元。

（二）批量产品成本核算方法

批量产品成本核算是根据一批产品的生产数量和各种原料的实际消耗来进行的。批量产品成本核算采用先总后分法，其计算公式为：

$$单位产品成本＝\frac{本批产品所耗用的原料总成本}{产品数量}$$

其成本核算方法包括如下三个步骤。

① 根据实际生产耗用情况，核算本批产品的各种原料成本和单位产品成本。

② 比较单位产品的实际成本和标准成本，计算成本误差。

③ 填写生产成本记录表。若成本误差较大，则应分析原因，再采取相应的控制措施。

 实例 ▶▶▶ --

现有猪肉包子 60 个，用料：面粉 1 千克，单价为 4 元 / 千克；猪肉 500 克，单价为 30 元 / 千克；酱油 150 克，单价为 5 元 / 千克；味精 3 克，葱末 50 克，姜末 5 克，共计 1 元。求猪肉包子的单位成本。

每个猪肉包子成本＝（4×1+30×0.5+5×0.15+1）÷60≈0.35（元）

二、宴会成本核算

（一）分析"宴会通知单"，明确成本核算前提条件

"宴会通知单"（表6-4-1）是根据客人的预订要求制定的。其内容包括用餐人数、餐费标准、起止时间、餐费安排、酒水标准、客人禁忌和特殊要求等。它既是进行宴会成本核算的客观依据，也是其前提条件。

因此，在正式进行成本核算前，管理人员要先掌握和分析"宴会通知单"的相关内容和数据。

表6-4-1　宴会通知单

记录人：

用餐人数		餐费标准	
开始时间		结束时间	
餐费安排			
酒水标准			
客人禁忌			
特殊要求			
其他			

（二）计算宴会用餐的餐费标准，确定可容成本

宴会用餐的费用可根据用餐人数和天数来确定。但在实际工作中，宴会用餐多是按早、中、晚三餐安排的。

此外，还要考虑到宴会用餐的毛利率，确定可容成本（客人的餐费标准除去毛利以后的食品原料成本）。

（三）根据宴会实际成本计算宴会成本

在掌握单件产品成本计算方法以后，计算宴会产品实际成本的方法是：将组成宴会的各种产品成本相加，其总值即为该宴会产品的成本，用公式可表示为：

$$宴会成本＝宴会产品（1）成本＋宴会产品（2）成本＋宴会产品（N）成本$$

实例 ▶▶▶

某宴会由四类产品组成，其中A组产品，用主料成本240元，辅料成本80元；B组产品，用面粉5千克，（每千克成本2.4元），黄油0.8千克（每千克成本28元），其他辅料成本为40元，C组产品，用熟苹果馅3千克（已知苹果进价每千克5元），熟品率为60%，其他原料成本共计85元；D组产品成本为200元，试求此宴会的产品成本。

（1）分别计算各组产品成本

A组产品成本＝240+80＝320（元）

B组产品成本＝2.4×5+28×0.8+40＝34.4+40＝74.4（元）

C 组产品成本＝5×（3÷60%）+85 ＝ 110（元）

D 组产品成本＝200（元）

（2）求宴会产品总成本

宴会产品总成本＝320+74.4+110+200 ＝ 704.4（元）

答：此宴会产品的总成本 704.4 元。

....

（四）根据客人预订标准计算宴会成本

根据客人预订标准计算宴会成本的计算公式为：

$$宴会成本＝宴会标准×宴会成本率$$

 实例 ▶▶▶ --

某公司预订 100 人自助餐，标准为每人 120 元，按规定此自助餐的成本率为 40%，试计算自助餐的总成本

解：自助餐总成本＝120×100×40% ＝ 4 800（元）

答：该自助餐的总成本为 4 800 元。

....

三、火锅成本核算

火锅的成本由汤底、酱料、涮菜三部分组成。因此在进行成本核算时，必须制作三个不同的表格。

（一）汤底

在进行汤底成本核算时，可以利用表 6-4-2 所示的汤底成本核算表。

表6-4-2　汤底成本核算表

汤底名称：

用料名称	毛料重量	净料重量	毛料单价	成本	出成率
主要用料					
辅料					
调料					

按照表 6-4-2，就可计算出每种汤底的总成本。

$$总成本＝主料成本＋辅料成本＋调料成本$$

一般汤底主料为鸡、鸭、鱼、骨头等肉类食材，辅料为油、蔬菜等，调料则包括辣椒、大蒜、酱、醋等。

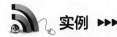 **实例** ▶▶▶ --

计算乌江鱼火锅的汤底成本的过程如下。

鲢鱼净重量为 0.5 千克，单价为 20 元 / 千克，出成率为 85%，成本 ＝ 0.5×20÷85%≈ 11.76（元）。

鱼的主要烹饪调料的净重量为 0.25 千克，单价为 10 元 / 千克，出成率为 100%，成本 ＝ 0.25×10÷100% ＝ 2.50（元）。

辅料有红油和丝瓜两种。

红油的用量为 0.15 千克，单价为 12 元 / 千克，出成率为 100%，成本 ＝ 0.15×12÷100% ＝ 1.80（元）。

丝瓜的用量为 0.25 克，单价为 6 元 / 千克，出成率为 70%，成本 ＝ 0.25×6÷0.7≈2.14（元）。

调料 5 元，燃气 2 元。油、盐、酱、醋等调料的分量很轻，只能粗略估计。

乌江鱼火锅的总成本是：11.76+2.50+1.80+2.14+5+2 ＝ 25.20（元）。

乌江鱼火锅的售价是 50 元，则其毛利为：50–25.20 ＝ 24.80（元）。乌江鱼火锅的毛利率为：24.8÷50×100% ＝ 49.60%。

（二）酱料

酱料种类众多，有纯香油、香辣汁、麻辣汁、蒜蓉汁、麻酱汁等。

在此，以蒜蓉汁为例，进行成本核算。

 实例 ▶▶▶ --

蒜蓉汁制作比较简单，只需要大蒜、香油、味精、盐即可。现在以一桶（100 份小碟）蒜蓉汁为例说明。

大蒜：单价为 10 元 / 千克，净料重量为 2 千克，出成率为 100%，成本为 20 元。

香油：单价为 20 元 / 千克，净重量为 2 千克，出成率为 100%，成本为 40 元。

味精：单价为 10 元 / 千克，净重量为 0.5 千克，出成率为 100%，成本为 5 元。

盐：单价为 4 元 / 千克，净重量为 1 千克，出成率为 100%，成本 4 元。

原材料成本合计为 69 元。一桶蒜蓉汁可分为 100 份，每份售价为 4 元，总售价是 400 元。

毛利 ＝ 400–69 ＝ 331（元）。

销售毛利率 ＝ 331÷400≈82.75%

每份的利润 ＝ 331÷100 ＝ 3.31（元）。

（三）涮菜

火锅涮菜种类非常多，茶树菇、草菇、竹笋、毛肚、牛蹄筋、羊肋卷、羊肉卷、鸭血等都是经常使用的原料。其中羊肉卷最为常见。

有的餐饮企业在一天中，使用到的羊肉卷可能占到火锅涮菜总重量的 40%。现在的羊肉卷售价大概在 50 元 / 千克，每盘净料的重量是 250 克，羊肉卷的出成率是 80%，质量高的，可以达到 95%。

实例 ▶▶▶ --

　　要计算羊肉卷的成本，可用毛料单价除以出成率，再乘以净料重量。如毛料的单价是 50 元，出成率是 80%，净料重量为 0.5，则成本 ＝ 50÷0.8×0.5 ＝ 31.25（元），毛利 ＝ 50–31.25 ＝ 18.75（元）销售毛利率 ＝ 18.75÷50×100% ＝ 37.5%。

　　毛利率有高有低，毛利平均在 35% 就有一定利润空间了，当然也需要考虑房租等因素。

　　综上所述，火锅成本的计算公式为：

$$火锅成本＝汤底成本＋酱料成本＋涮菜成本$$

提醒您：

　　如果使用了 80 种原料，因为各个原料的销售毛利率有高有低，如果要计算平均毛利率，就要把 80 种原料的毛利率加起来再除以 80。

四、餐饮企业常用成本报表

（一）餐饮食品成本日报表

餐饮食品成本日报表如表 6-4-3 所示。

表6-4-3　餐饮食品成本日报表

餐厅名：　　　　　　　　　　　　年　月　日
本日数：　　　　　　　　　　　　本月累计数：

原材料类别	当日成本		本月成本	
	金额	成本率	本月累计金额	成本率
乳品				
水产				
肉类				
粮油				
珍品				
干果蜜饯				
调味料				
家禽				
其他				
合计				

成本核算员：

（二）餐饮食品成本月报表

通常餐饮企业需要为餐饮部门安排一名专职核算员，每天营业结束后或第二天早晨对当天或前一天的营业收入、进料和领料的原始记录及时进行盘存清点，做到日清月结，计算出当月食品成本。表6-4-4为餐饮食品成本月报表，供读者参考。

表6-4-4　餐饮食品成本月报表

收入项	金额/元	支出项	金额/元
菜品		人工	
酒水		水电气费	
香烟		折旧费	
其他		其他	
总计		总计	
利润			

第三节　餐饮成本的会计处理

餐饮成本可分为直接成本和间接成本两大类。直接成本是指餐饮成品中具体的材料费，包括食物成本和饮料成本，也是餐饮业务中最主要的支出。间接成本是指操作过程中所引发的其他费用，如人力资源费用和一些固定的开销（又称为经常性费用）。人力资源费用包括员工的薪资、奖金、食宿费、培训费和福利等，经常费则指租金、水电费、设备的折旧费、利息、税金、保险和其他杂费。

一、原材料的核算

原料材料指经过加工后构成产品实体的各种原材料和材料，如餐饮企业使用的大米、面粉、肉类、蔬菜、水产品和豆制品等。

（一）原材料的计价

餐饮企业外购的原材料的计价应以在采购过程中发生的实际成本为准，其实际成本由含税价格和采购费用两部分组成，具体如图6-4-2所示。

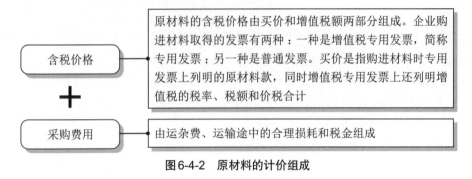

图6-4-2　原材料的计价组成

（二）原材料的核算

1. 原材料购进的核算

① 以生产部门（厨房、生产加工车间）提交的"原材料请购单"为依据，采购员应提供多家供应商的报价并报经上级同意后办理采购手续。购进后，将原材料直接交给生产部门，由其验收签字确认，办理出入库手续后连同发票交财会部门入账。

② 仓库保管员以定额管理要求提出的"原材料请购单"为依据，采购员采购后交仓库验收，填写"入库单"后交财会部门入账。

企业支付原材料价款和采购费用时，其会计分录如下。

借：在途物资
　　贷：银行存款

企业收到原材料并验收入库时，其会计分录如下。

借：原材料
　　贷：在途物资

 实例 ▶▶▶ --

××餐饮企业向某农产品公司采购冬菇 1 000 千克，每千克 30 元，货款 30 000 元，增值税 5 100 元，运杂费为 150 元，采用托收承付结算。

① 银行转来某农产品公司托收凭证，并附来专用发票联及运杂费凭证，经审核无误后，当即承付，应做如下会计分录。

借：在途物资——冬菇　　　　　　　　　　　　　　　　　35 250
　　贷：银行存款　　　　　　　　　　　　　　　　　　　35 250

② 上述材料运到，由库管员验收入库，根据仓库送来的入库单，经审核无误后，应做如下会计分录。

借：原材料——原料及主要材料——干货类（冬菇）　　　　35 250
　　贷：在途物资——冬菇　　　　　　　　　　　　　　　35 250

"在途物资"是资产类账户，用以核算企业采购但尚未到达和虽已到达但尚未验收入库的在途材料。

所需的原材料主要在同城采购，往往是钱货两清，为简化核算手续，大多可以直接在"原材料"账户核算。

餐饮企业采购原材料取得的发票主要是普通发票，普通发票上列示的单价和金额是含税单价和含税金额。

 实例 ▶▶▶ --

某餐厅 5 月 2 日发生以下业务。

① 某餐厅从××粮店购进面粉和大米并取得普通发票，列明大米 1 000 千克，单价 6 元，金额 6 000 元；面粉 500 千克，单价 3 元，金额 1 500 元，货款尚未支付，货品已验收入库，另以现金垫付运费 50 元，应做如下会计分录。

借：原材料——原料及主要材料——粮食类　　　　　　　　7 500
　　贷：应付账款——××粮店　　　　　　　　　　　　　7 450
　　　　库存现金　　　　　　　　　　　　　　　　　　　　50

② 购进河虾并取得普通发票，列明河虾 20 千克，单价 40 元，金额 800 元；桂花鱼 15 千克，每千克 40 元，金额 600 元，均以现金支付，已由厨房直接领用，应做如下会计分录。

借：原材料——原料及主要材料——水产　　　　　　　　　1 400

　　贷：库存现金　　　　　　　　　　　　　　　　　　　　1 400

借：主营业务成本　　　　　　　　　　　　　　　　　　　　1 400

　　贷：原材料——原料及主要材料——水产　　　　　　　　1 400

"原材料"属资产类账户，用以核算企业库存各种原材料的实际成本，当购进原材料并验收入库和原材料发生盘盈时，计入借方；当耗用原材料和原材料发生盘亏时，计入贷方；期末余额在借方，表示企业库存原材料的实际成本。"原材料"账户除按材料类别设置二级账户进行核算外，还应按品种设置明细账进行明细核算。

2. 原料及主要材料发出的核算

生产部门（厨房、生产车间）根据生产需要领用原料及主要材料时，应填制领料单据以领料，如领料单数量较多，可由仓库定期编制并填写"领料单汇总表"交财会部门，财会部门据以记账，应编制会计分录如下。

借：主营业务成本

　　贷：原材料

 实例 ▶▶▶ --

5 月 1 日，××餐饮企业厨房领用大米 150 千克，单价 6 元，金额 900 元，应做如下会计分录。

借：主营业务成本　　　　　　　　　　　　　　　　　　　　900

　　贷：原材料——原料及主要材料——粮食类　　　　　　　900

如发生原料及主要材料调拨业务，应以仓库保管员填写的"原材料调拨单"作为调拨依据。

3. 原料及主要材料存储的核算

原料及主要材料存储的核算是指对购进原料及主要材料尚未投入生产加工之前的仓储阶段进行的核算。

原料及主要材料发生盘盈、盘亏或毁损时，应由仓库保管员填写"原材料盘点短缺（溢余）报告单"或"原材料报损单"报有关部门，在查明原因前，财会部门将原料及主要材料的溢余或毁损金额记入"待处理财产损溢"账户，以做到账实相符。查明原因后，应区别不同情况，结转有关账户。

 **实例** ▶▶▶ --

5 月 28 日，某餐饮企业盘点库存原料及主要材料后，送交财会部门的原材料盘点短缺（溢余）报告单见下表。

原材料盘点短缺（溢余）报告单

品名	计量单位	单价/元	账存数量	实存数量	短缺		溢余		原因
					数量	金额/元	数量	金额/元	
大米	千克	6	500	495	5	30			待查
面粉	千克	3	200	202			2	6	待查
合计						30		6	

① 经财会部门审核无误后，据以调整原料及主要材料账面结存数额，应编制会计分录如下。

借：待处理财产损溢——待处理流动资产损溢　　　　　　　　　30
　　贷：原材料——原料及主要材料——粮食类　　　　　　　　　30
借：原材料——原料及主要材料——粮食类　　　　　　　　　　　6
　　贷：待处理财产损溢——待处理流动资产损溢　　　　　　　　6

② 经查明，盘亏的大米5千克是发料过程中的差错，经领导批准予以转账，编制会计分录如下。

借：管理费用——存货盘亏及毁损　　　　　　　　　　　　　　30
　　贷：待处理财产损溢——待处理流动资产损溢　　　　　　　　30

③ 经查明，盘盈的面粉2千克属自然溢余，经领导批准，予以转账，应编制如下会计分录。

借：待处理财产损溢——待处理流动资产损溢　　　　　　　　　　6
　　贷：管理费用——存货盘亏及毁损　　　　　　　　　　　　　6

- -

 相关链接

发出原料及主要材料的计价

企业购进的原料及主要材料均按取得时的实际成本计价入账，但每一次新增原料及主要材料的单价往往有所不同，因此，在发出原料及主要材料时，可根据经营管理的需要和企业的具体情况，在个别计价法、加权平均法、先进先出法等方法中选择一种计价方法。计价方法一经确定，在同一会计年度内不得随意变更。这些方法也适用于同属于原材料的燃料和物料用品。

一、个别计价法

个别计价法是以每一批原材料的实际进价作为该批原材料发出成本的一种方法，其成本计算公式如下：

原材料发出成本＝原材料发出数量×该批次原材料购进单位成本

采用个别计价法时，购进的原材料应分别存放，以一货一卡设置明细账或按品种及进货批次分户登记明细账。发出原材料时，应在发料单上注明进货批次，以便计算该批原材料的实际成本。

采用个别计价法计算原材料耗用成本最为准确，但计算起来工作量很大，适用于单价较高、收发次数较少的原材料，其成本结转可分散在平时进行。

二、加权平均法

加权平均法是在会计期末按原材料在计算期内的加权平均单价来计算原材料发出成本和期末结存成本的一种方法，也称全月一次加权平均法，其计算公式如下：

加权平均单价＝（期初原材料结存金额＋本期原材料收入金额－本期原材料盘亏金额）÷（期初原材料结存数量＋本期原材料收入数量－本期原材料盘亏数量）

本期原材料发出成本＝本期原材料发出数量×加权平均单价

在日常工作中，加权平均单价常常除不尽，计算的结果就会产生尾差。为保证期末库存原材料金额的准确性，通常采用倒挤成本的方法，将尾差轧在耗用成本中。原材料盘亏金额通常按期初结存单价计算。

某餐饮企业3月份有关"原材料—原料及主要材料—粮食类（面粉）"的收发业务情况如下。

期初结存数量500千克，单价2元。3月2日购进300千克，单价2.1元；3月15日购进400千克，单价2.05元；3月26日购进200千克，单价1.98元。3月1日、9日、17日、26日分别发出200千克、300千克、200千克、200千克。3月25日盘亏15千克。

按加权平均法计算本期发出材料、结存材料成本。

加权平均单价＝（500×2+300×2.1+400×2.05+200×1.98-15×2）÷（500+300+400+200-15）≈2.0332（元／千克）

期末原材料实际成本＝（500+300+400+200-200-300-200-200-15）×2.0332≈986.10（元）

本期发出原材料成本＝500×2+300×2.1+400×2.05+200×1.98-15×2-986.10＝1829.90（元）

加权平均法计算原材料发出成本较为均衡，也较准确，但计算工作量大，适用于收发次数少、前后进货成本相差幅度较小的原材料，其成本结转集中在月末进行。

企业无论采用哪一种方法来计算原料及主要材料发出成本，都要根据计算结果编制结转发出原材料成本的会计分录，即借记"主营业务成本"科目，贷记"原材料—原料及主要材料"科目。

（三）食品原材料清选整理（初加工）的核算

餐饮企业购进的食品原材料尤其是鲜活原材料，如肉类、鱼虾、蔬菜、家禽等，易腐烂变质，新鲜程度变化快，毛料与净料差异较大，需要进行清选、分等、拣洗、宰杀、拆卸等加工；一些干货，如海参、蹄筋等也需经过泡发加工处理后才能使用。清选整理工作可在企业内部进行，也可委托外单位进行。

1. 食品原材料清选整理的账务处理原则

食品原材料清选整理的账务处理原则如图6-4-3所示。

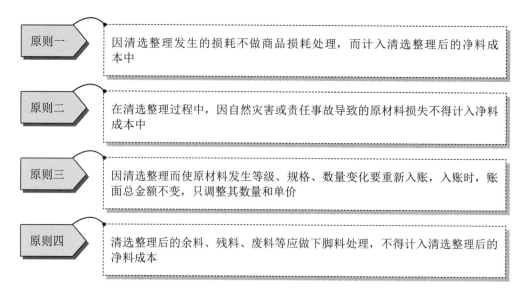

图6-4-3　食品原材料清选整理的账务处理原则

2. 食品原材料清选整理的账务处理

餐饮企业可在"原材料——食品原材料"二级明细账下设"清选户",核算需要清选整理的原材料。

① 拨付原材料进行清选整理或购进后直接交付整理时,编制会计分录如下。

借:原材料——食品(清选户)
　　贷:原材料——食品原材料
　　　　银行存款

　**实例** ▶▶▶ --

　　××餐饮企业餐厅某日购进活鱼60条,重量75千克,单价20元,价款1 500元。购进后直接交付清选整理,财会部门根据有关凭证,应编制如下会计分录。

借:原材料——食品原材料(清选户)　　　　　　　1 500
　　贷:银行存款　　　　　　　　　　　　　　　　　　　　1 500

----

　　② 清选整理后材料的单位成本核算。采用一定方法计算清选整理后材料的单位成本,并根据计算结果和其他资料编制"食品原材料清选整理单",财会部门根据转来的"食品原材料清选整理单",应编制如下会计分录。

借:原材料——食品原材料(某净料)
　　贷:原材料——食品原材料(清选户)

　**实例** ▶▶▶ --

　　假定活鱼经过宰杀、清除脏物等成为净鱼60条,总重量为68千克,根据资料编制"食品原材料清选整理单"见下表。

食品原材料清选整理单

清选部门：　　　　　　　　　　　　_____年___月___日　　　　　　　　　　编号：

清选整理前					清选整理后				
名称	数量	重量	单价	金额	名称	数量	重量	单价	金额
鱼	60条	75千克	20元	1 500元	净鱼	60条	68千克	22.06元	1 500元
合计				1 500元	合计				1 500元

财会部门根据上表编制会计分录如下。

借：原材料——食品原材料（净全鱼）　　　　　　　　　　　　　　　1 500

　　贷：原材料——食品原材料（清选户）　　　　　　　　　　　　　　　1 500

相关链接 ⋯⋯⋯⋯⋯⋯⋯⋯⋯⋯⋯⋯⋯⋯⋯⋯⋯⋯⋯⋯⋯⋯⋯⋯⋯⋯⋯

清选整理后净料单价的计算

原材料清选整理完毕后，应调整其数量和单价（即单位成本）。清选后净料单价的计算应根据不同的情况进行，清选整理后净料单价的计算见下表。

清选整理后净料单价的计算

情况	计算公式	备注
原材料清选整理后只有一种净料，无可作价的下脚料	净料单价＝清选整理原材料总成本÷清选整理后净料重量	—
原材料清选整理后有一种净料，还有可作价的下脚料	净料单价＝（清选整理前原材料成本－下脚料金额）÷清选整理后净料重量	—
原材料清选整理为若干种净料	在此情况下，如果其中只有一种净料的单价没有可供参考的成本资料，则其计算公式如下： 净料单价＝（清选整理前原材料成本－其他净料成本之和）÷该种净料重量	如果各种净料均有可供参考的成本资料，应本着"主要净料成本定得高些，次要净料成本定得低些"的原则确定；反之，如果各种净料均无可供参考的成本资料，则要分别计算其单位成本

在实际工作中，从事饮食制品的单位由于每日购进鲜活原材料的品种数量很多，清选整理后的净料逐一过秤计量工作量大，因此，通常采用"成本系数法"和"净料率法"计算净料的单位成本。

一、成本系数法

成本系数法是指某种原材料净料的单位成本与其毛料单位成本的比率，其计算公式为：

$$成本系数 = \frac{某种原材料净料单位成本}{某种原材料毛料单位成本}$$

净料单位成本则用毛料购进总成本除以净料重量求得，其计算公式如下：

$$净料单位成本 = \frac{毛料购进总成本}{净料重量}$$

成本系数确定后，购进鲜活原材料清选整理后净料的单位成本则可直接根据成本系数计算，其计算公式为：

某种原材料净料单位成本＝该种原材料毛料单位成本 × 成本系数

某餐厅购进毛鸭 50 千克，单价 8 元，清选整理后为 40 千克，则毛鸭的净料单位成本为：50×8÷40 ＝ 10（元），成本系数为：10÷8 ＝ 1.25。假定某日又购进该种毛鸭 30 千克，单价 8.5 元，则其净料单位成本为：8.5×1.25≈10.63（元）

但要注意的是成本系数不是一成不变的，餐饮企业应根据毛料价格的变动及毛料的等级等因素，做好适时合理的调整。

二、净料率法

净料率也称成货率，是指净料重量与毛料重量的比率，其计算公式为：

$$净料率 = \frac{净料重量}{毛料重量} \times 100\%$$

确定出净料率后，购进原材料清选整理后的净料重量可用以下公式求得：

净料重量＝毛料重量 × 净料率

接上例，假定采用净料率法计算净料单位成本，则：

$$该种毛鸭净料率 = \frac{40}{50} \times 100\% = 80\%$$

某日购进 30 千克、单价 8.5 元的毛鸭，其净料单位成本计算如下：

净料重量 ＝ 30×80% ＝ 24（千克）

净料单位成本 ＝ （30×8.5）÷24≈10.63（元）

对于泡发料，因经过泡发，数量必然发生变化，因此也需要重新计算其单位成本，计算公式为：

$$泡发料单位成本 = \frac{干货总成本}{泡发材料总量}$$

如泡发过程中加用其他材料，则用其他材料成本与干货总成本之和除以泡发后材料总量，求得泡发料单位成本。

3. 原材料加工的核算

餐饮企业有时根据经营服务的需要，将某种原材料加工成另一种原材料或半成品。加工形式有自行加工和委托外单位加工两种。在此，就委托外单位原材料加工的核算进行论述。

为了核算委托外单位加工原材料的成本，企业应在"原材料"账户下设"委托加工原材料"专户或者"委托加工物资"科目核算。其借方登记委托加工的原材料成本、支付的加工费用，以及为加工原材料支付的往返运杂费；贷记登记加工完成并入库原材料成本和剩余原材料成本，期末余额在借方，反映尚在加工中的原材料成本。该账户应按加工原材料的类别进行明细核算。

① 委托加工原材料的核算。企业根据合同，将原材料拨付加工时，应填制"委托加工原材料发料单"（一式数联），仓库据此发料后，将其中一联送财会部门记账，应编制如下会计分录。

借：委托加工物资（原材料——委托加工原材料）
　　贷：原材料——××类别

② 运杂费、加工费、相关税金等的核算。委托加工原材料支付的运杂费和加工费均应计入委托加工原材料的成本。支付时，应编制如下会计分录。

借：委托加工物资（原材料——委托加工原材料）
　　贷："银行存款"或"库存现金"等

③ 收回加工成品和多余原材料的核算。委托加工的原材料加工完成后，企业有关部门应及时进行质量和数量的验收，检查原材料的耗用情况，审核无误、验收合格后，应填制"委托加工原材料收料单"（一式数联），仓库据此验收入库后将其中一联交财会部门记账。如有剩余未用完的原材料，应与加工成品一并收回。收回加工成品和剩余原材料时应编制如下会计分录。

借：原材料——某类加工成品
　　　　——某类剩余原材料
　　贷：委托加工物资（原材料——委托加工原材料）

二、燃料的核算

燃料指生产加工过程中可以燃烧发热以产生热能的各种物质，如煤炭、焦炭、汽油、柴油、天然气和煤气等。

餐饮企业购入的各种燃料，比照原材料的核算方法进行。耗用的燃料应根据不同的情况进行核算，餐饮企业生产中耗用的燃料应列入"主营业务成本"账户。若是酒店的餐饮部门或者不独立核算的车队耗用的燃料应列入"销售费用"账户，其他部门耗用的燃料则应列入"管理费用"账户。

燃料领用的核算方法如图6-4-4所示。

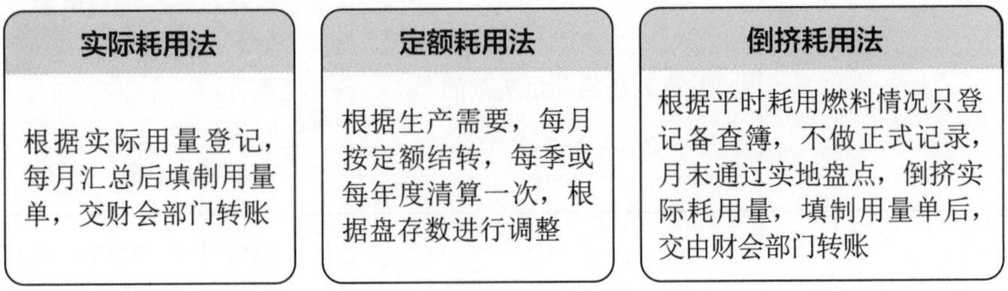

实际耗用法	定额耗用法	倒挤耗用法
根据实际用量登记，每月汇总后填制用量单，交财会部门转账	根据生产需要，每月按定额结转，每季或每年度清算一次，根据盘存数进行调整	根据平时耗用燃料情况只登记备查簿，不做正式记录，月末通过实地盘点，倒挤实际耗用量，填制用量单后，交由财会部门转账

图6-4-4　燃料领用的核算方法

燃料短缺溢余的核算与原料及主要材料相同。

燃料的核算一般采用实际耗用法，根据实际使用量登记，每月汇总后填制用量单，根据用量单编制如下会计分录。

借：主营业务成本
　　贷：库存现金
　　　　银行存款

 **实例** ▶▶▶ --

　　某饮食企业月初结存煤气成本为 200 元，当月购进煤气成本为 2 000 元，月末盘点结存的煤气成本为 400 元，则该企业本月共耗用煤气为 200+2000–400 ＝ 1 800（元）。
　　财会部门对本月耗用的燃料编制会计分录如下。

借：主营业务成本　　　　　1 800
　　贷：银行存款　　　　　　1 800

三、物料用品的核算

　　物料用品是指企业用于经营业务、日常维修、劳动保护方面的材料物资、零配件及日常用品、办公用品、包装物品等。

（一）物料用品购进的核算

　　餐饮企业所需物料用品数量较大，其采购的方法有两种：一种是直接采购，另一种是预先定购。从市场上直接采购物料用品的核算方法与原料及主要材料的核算方法相同，不再重述。餐饮企业对于有特殊要求的物料用品，如印有企业名称的餐饮用具等，可采取预先订购的办法。预订物料用品的款项有两种结算办法，其账务处理见表6-4-5。

表6-4-5　预订物料用品的账务处理

结算方法	业务	账务处理
预付订金或全部货款，按合同规定定期发货	预付货款	借：预付账款 　　贷：银行存款
	收到物料用品并验收入库后	借：原材料——物料用品 　　贷：预付账款
	发货后还需补足货款的	借：原材料——物料用品 　　贷：应付账款 付尾款时， 借：应付账款 　　贷：银行存款
预先订货，发货后采用托收承付等方式结算	餐饮企业根据合同规定验单或验货相符以后，承付货款	借：原材料——物料用品 　　贷：应付账款 或做如下会计分录 借：原材料——物料用品 　　贷：银行存款

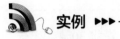 **实例** ▶▶▶ --

某餐饮企业向××工艺厂订购作为纪念品的绸布折扇 4 000 只，每只 3 元，金额共计 12 000 元，合同规定先付 40% 订金，交货时再付其余 60% 的货款。

① 支付订金时，作会计分录如下

借：预付账款——××工艺厂   4 800

  贷：银行存款   4 800

② 收到绸布折扇，并收到专用发票，货款共计 12 000 元（含税），当即签发转账支票支付其余 60% 的货款，绸布折扇已验收入库，其会计分录如下。

借：原材料——物料用品——绸布折扇   12 000

  贷：预付账款——××工艺厂   4 800

    银行存款   7 200

....

（二）物料用品领用的核算

餐饮企业有关部门或人员在领用物料用品时应填制领料单，办理领料手续，保管人员应将领料单定期汇总编制成"耗用物料用品汇总表"送交财会部门据以入账，财会部门根据物料用品的不同用途编制如下会计分录。

借：销售费用（销售部门领用）

  贷：原材料——物料用品

或者编制如下会计分录。

借：管理费用（管理部门领用）

  贷：原材料——物料用品

耗用物料用品汇总表见表 6-4-6。

表6-4-6　耗用物料用品汇总表

_____年___月___日起至_____年___月___日止   领料部门：

名称及规格	单位	单价	月　日		……		月　日		合计	
			数量	金额	数量	金额	数量	金额	数量	金额

复核签章：   制表人签章：

实例 ▶▶▶ --

　　某餐厅楼面领用花瓶 20 只，单价 10 元；烟缸 30 个，单价 3.5 元；桌布 30 条，单价 20 元。以上物品共计 905 元。办公室领用信笺 10 个，单价 5 元；信封 100 个，单价 0.2 元；圆珠笔 30 支，单价 1 元。办公室领用的物品共计 100 元。其会计分录如下。

　　　　借：销售费用——物料消耗　　　　　　　　　　905
　　　　　　管理费用——办公费　　　　　　　　　　　100
　　　　　　贷：原材料——物料用品　　　　　　　　　　　　1 005

四、包装物的核算

　　餐饮企业的包装物主要指的是为顾客打包用的饭盒或袋子。

（一）包装物购进的核算

　　餐饮企业单独购进包装物时，应按购进的实际成本和增值税金额编制如下会计分录。

　　借：周转材料——包装物
　　　　贷：银行存款（应付票据或应付账款）

 **实例** ▶▶▶ --

　　某餐饮企业从商场购进一批包装用塑料盒共计 3 000 元，支付增值税 510 元，运费 20 元，包装物已验收，价款签发转账支票付讫。财会部门根据业务部门报来的有关凭证，应编制如下会计分录。

　　　　借：周转材料——包装物　　　　　　　　　　　3 530
　　　　　　贷：银行存款　　　　　　　　　　　　　　　　　3 530

提醒您：

　　随货购进不单独计价是指包装物的价格不在供货单位的发票单上单独列出，而将其包括在商品价格中，企业收到随货购进不单独计价的包装物时无须单独核算。

（二）包装物回收的核算

　　回收已随商品出售的包装物，如纸箱、酒瓶等，为保护包装物的安全，应在"备查簿"中登记。企业代其他单位垫付的回收包装物款项在"其他应收款"账户核算，将回收的包装物交给托收单位时，要将垫付的款项收回，并收取一定的手续费。

（三）包装物领用的核算

　　① 用于打包饭菜的不单独计价的包装物可按期结转其成本，其会计分录如下。
　　借：销售费用
　　　　贷：周转材料——包装物
　　② 随同饭菜、食品一同出售的单独计价的包装物，在收到款项时，其会计分录如下。

借：银行存款
　　贷：其他业务收入
结转该部分包装物成本时，其会计分录如下。
借：其他业务成本
　　贷：周转材料——包装物

五、低值易耗品的核算

餐饮企业的低值易耗品主要是指一些餐具、厨具、桌椅等。

（一）低值易耗品购进的核算

餐饮企业购进低值易耗品应以低值易耗品的购进价格加上可以直接认定的运输费、装卸搬运费作为其成本，如购进多种低值易耗品且发生的运输费、装卸搬运费不易按品种划分时，也可以直接将其列入"销售费用"账户下的"运输费""包装费"二级明细账户。

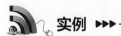 **实例** ▶▶▶ --

某餐饮企业下属一分店于2月15日购进桌凳50套，单价560元，金额共计28 000元，以支票付讫，同时以现金380元支付运杂费，桌凳已验收入库，应编制如下会计分录。

借：周转材料——低值易耗品——在库低值易耗品　　　　　28 380
　　贷：银行存款　　　　　　　　　　　　　　　　　　　28 000
　　　　库存现金　　　　　　　　　　　　　　　　　　　　　380

（二）低值易耗品领用和摊销的核算

1. 领用

餐饮企业有关部门在领用低值易耗品时，应填制"领用单"办理领用手续，交财会部门据以入账。低值易耗品领用后，在使用过程中不断磨损，其价值也随之逐渐减少，这部分减少的价值作为企业的费用入账。低值易耗品领用单见表6-4-7。

表6-4-7　低值易耗品领用单

领用部门：　　　　　　　　　　　　　　　　　　　　_____年___月___日

品名	规格型号	数量	单价	金额	用途	备注

领用部门经理：　　　　　　批准人：　　　　　　领用人：　　　　　　库管员：

填写说明：

1.本单一式三联，一联仓库留存，一联报财会部门核算，一联领用部门存查。

2.此单为通用单，适用于领用除原材料以外的物品。

3.营业部门领用的低值易耗品应列入"销售费用"账户，管理部门领用的则应列入"管理费用"账户。

2. 摊销

低值易耗品摊销的方法有一次摊销法、分次摊销法等，企业可根据低值易耗品的各种特点及管理的要求选用。

（1）一次摊销法

一次摊销法是指在领用低值易耗品时将其全部价值一次摊入当期费用的方法。采用这种方法时，应编制如下会计分录。

　　借：销售费用——低值易耗品摊销
　　　　贷：周转材料——低值易耗品

或者编制如下会计分录。

　　借：管理费用——低值易耗品摊销
　　　　贷：周转材料——低值易耗品

提醒您：

　　低值易耗品的核算可否采用一次摊销法？采用一次摊销法核算虽手续简便，但餐饮企业费用负担不均衡。低值易耗品一经领用就注销了其账面价值，形成账面无价资产，而不利于实物管理。这种方法适用于价值低、使用期限短、一次领用不多的低值易耗品。

实例 ▶▶▶

某餐饮企业××门店领用一批桌布共计3 200元，根据领料单应编制如下会计分录。

　　借：销售费用——低值易耗品摊销——××门店　　　　　　　　3 200
　　　　贷：周转材料——低值易耗品——桌布　　　　　　　　　　　3 200

（2）分次摊销法

分次摊销法是指领用低值易耗品时按预计使用时间分次将其价值摊入费用的方法。采用这种方法需在低值易耗品账户下设置"在库低值易耗品""在用低值易耗品"和"低值易耗品摊销"三个明细账户。

实例 ▶▶▶

××餐饮企业购进餐车4部，每部450元。

（1）餐车已验收入库，价款以转账支票付讫，应编制如下会计分录。

　　借：周转材料——低值易耗品——在库低值易耗品　　　　　1 800
　　　　贷：银行存款　　　　　　　　　　　　　　　　　　　　1 800

（2）楼面领用餐车4部，采用分次摊销法分两次摊销，予以入账，应编制如下会计分录。

　　借：周转材料——低值易耗品——在用低值易耗品　　　　　1 800
　　　　贷：周转材料——低值易耗品——在库低值易耗品　　　　1 800

领用时摊销其价值的50%，应编制如下会计分录。

　　借：销售费用——低值易耗品摊销——楼面　　　　　　　　　900
　　　　贷：周转材料——低值易耗品——在用低值易耗品　　　　　900

（3）餐车使用 10 个月后不能用作报废处理时，再摊销 50%，应编制如下会计分录。

借：销售费用——低值易耗品摊销——楼面　　　　　　　　　900

　　贷：周转材料——低值易耗品——在用低值易耗品　　　　　900

提醒您：

　　餐饮企业无论采用哪种方法进行摊销，在购进低值易耗品时，都应全额记入"周转材料—低值易耗品"账户，领用时再按选定的方法进行摊销，以全面反映餐饮企业购置低值易耗品的总额。在用低值易耗品和使用部门退回仓库的低值易耗品应加强实物管理，并在备查簿上进行登记。

（三）低值易耗品修理和废弃的核算

1. 低值易耗品修理

为充分发挥低值易耗品的使用效能，延长其使用期限，节约费用开支，企业对使用中的低值易耗品应进行经常性的维修和保养。修理低值易耗品耗用的材料和支付的费用应列入"管理费用——修理费"账户，编制如下会计分录。

借：管理费用——修理费

　　贷：银行存款（库存现金）

 实例 ▶▶▶

　　××餐饮企业修理冰柜两台，以库存现金支付上门修理费 60 元、维修材料费 140 元，应编制如下会计分录。

借：管理费用——修理费　　　　　　　　　　　　　　　　200

　　贷：库存现金　　　　　　　　　　　　　　　　　　　　200

---

2. 低值易耗品报废

企业的低值易耗品在使用过程中由于磨损而丧失使用效能时，应按规定手续报请批准废弃。低值易耗品废弃时，应将残料估价入库或出售。由于摊销的方法不同，低值易耗品废弃时的处理方式也不同。低值易耗品废弃时的账务处理见表 6-4-8。

表6-4-8　低值易耗品废弃时的账务处理

序号	业务	账务处理
1	废弃的低值易耗品已无账面余额	应将其残值冲减有关费用，即 借：原材料/库存现金/银行存款 　　贷：销售费用/管理费用
2	若废弃的低值易耗品是采用五五摊销法摊销时	应将摊余价值与残值的差额记入"销售费用"或"管理费用"账户，同时转销有关账户的账面价值

实例 ▶▶▶ -

　　××餐饮企业有3套桌椅不能使用，经批准报废，每套实际成本600元，已摊销50%，假定无残值，根据有关凭证，应编制如下会计分录。

借：销售费用——低值易耗品摊销　　　　　　　　　　　　900

贷：低值易耗品——在用低值易耗品　　　　　　　　　　900

- -

六、职工薪酬的核算

（一）概述

　　职工薪酬是指企业为获得职工提供的服务或解除劳动关系而给予的各种形式的报酬或补偿。

　　职工薪酬包含的内容有以下几方面。

　　① 职工工资、奖金、津贴和补贴。

　　② 职工福利费。

　　③ 基本医疗保险费、基本养老保险费、失业保险费、工伤保险费和生育保险费等社会保险费。

　　④ 住房公积金。

　　⑤ 工会经费和职工教育经费。

　　⑥ 非货币性福利。

　　⑦ 因解除与职工的劳动关系而给予的补偿。

　　⑧ 其他与获得职工提供的服务相关的支出。

（二）职工工资、奖金、津贴和补贴的核算

　　餐饮企业主要采用计时工资。企业在按月计算职工应发工资时，应根据劳动部门、人力资源部门等提供的考勤记录及其他有关资料，按职工出勤、缺勤情况计算职工应发工资。

　　在实际工作中，企业是通过编制工资结算单来结算工资的。财会部门根据工资结算单进行账务处理。工资结算单见表6-4-9。

表6-4-9　工资结算单

姓名	工资	缺勤应扣工资		应发工资	资金	津贴和补贴		应发薪酬合计	代扣款项					合计	实发金额
		病假工资	事假工资			中夜班补贴	副食品补贴		住房公积金	基本养老保险费	基本医疗保险费	失业保险费	个人所得税		

 **实例** ▶▶▶ --

某市某餐厅 9 月支付的工资情况：所有人员的工资总额为 60 500 元，其中经营人员工资 54 300 元，管理人员工资 6 200 元，住房公积金 4 235 元，养老保险费 4 840 元，医疗保险费 1 210 元，失业保险费 605 元，应交个人所得税 105 元，实际用支票从银行取出现金，现金支付工资 49 505 元。

（1）15 日，计提本月应付工资，做分录如下。

借：应付职工薪酬——经营人员工资	54 300	
——管理人员工资	6 200	
贷：库存现金	49 505	
其他应付款——住房公积金	4 235	
——养老保险费	4 840	
——医疗保险费	1 210	
——失业保险费	605	
应交税费——应交个人所得税	105	

（2）9 月 15 日，按照工资结算单实发金额 49 505 元，签发现金支票提取现金，根据现金支票存根，做分录如下。

借：库存现金	49 505
贷：银行存款	49 505

（3）30 日，将本月份发放的职工薪酬进行分配，做分录如下。

借：销售费用——职工薪酬	54 300
管理费用——职工薪酬	6 200
贷：应付职工薪酬——经营人员工资	54 300
——管理人员工资	6 200

··

（三）职工福利费、工会经费和职工教育经费的核算

职工福利费是指用于职工医疗卫生、生活困难补助、集体福利设施等的费用。根据规定，职工福利费按工资总额的一定比例提取。工资总额是指企业在一定时期内直接支付给本企业全部职工的劳动报酬总额，包括职工工资、奖金、津贴和补贴。

工会经费是指工会组织开展各项活动所需的经费。根据规定，工会经费按工资总额的2%提取。

职工教育经费是指企业用于职工学习先进技术和科学文化的经费。根据规定，职工教育经费按工资总额的 1.5% 提取。

企业在提取职工福利费、工会经费和职工教育经费时，按营业人员工资总额提取的，列入"销售费用"账户；按企业行政管理人员和长期病假人员工资总额提取的，列入"管理费用"账户。

 **实例** ▶▶▶ --

接上例，该餐厅 9 月份发放职工的工资总额为 60 500 元，其中业务经营人员 54 300 元，管理人员 6 200 元，按本月工资总额的 14%、2% 和 1.5%，分别计提职工福利费、工会经费和职工教育经费，金额计算公式如下。

职工福利费＝60 500×14%＝8 470（元）

工会经费＝60 500×2%＝1 210（元）

职工教育经费＝60 500×1.5%＝907.50（元）

应编制如下会计分录。

借：销售费用——职工薪酬　　　　　　　　　9 502.50（54 300×17.5%）

　　管理费用——职工薪酬　　　　　　　　　1 085.00（6 200×17.5%）

　　　贷：应付职工薪酬——职工福利　　　　　　　　　　　8 470.00

　　　　　　　　　　——工会经费　　　　　　　　　　　　1 210.00

　　　　　　　　　　——职工教育经费　　　　　　　　　　907.50

企业在支付职工福利费、职工教育经费和支付工会组织经费时，应编制如下会计分录。

借：应付职工薪酬——职工福利

　　贷：银行存款

　　　　库存现金

（四）基本医疗保险费、基本养老保险费、失业保险费等社会保险费和住房公积金的核算

基本医疗保险费、基本养老保险费、失业保险费和住房公积金的缴纳额度每个地区的规定都不同，但基数都是工资总额。以下以某市的规定为例加以说明。

基本医疗保险费是指由职工、企业和国家共同缴纳的用于职工医疗保险的费用，企业按工资总额的10%缴纳，再缴纳工资总额1%的大额医疗互助保险，职工按工资总额的2%缴纳，再加3元大额医疗互助保险。

基本养老保险费是指由职工和企业缴纳的用于职工退休后支付职工退休金的费用，企业按工资总额的20%缴纳，职工按工资总额的8%缴纳。

失业保险费是指由职工和企业共同缴纳的用于职工失业的保险费用，企业按照工资总额的1%缴纳，职工按工资总额的0.2%缴纳。

住房公积金是指企业及其在职职工缴存的长期住房储金，企业按工资总额的12%缴纳，职工按工资总额的12%缴纳。企业负担的医疗保险费已包含在职工福利费内，因此在计提时只需在"应付职工薪酬"的二级明细账户内进行划转。企业负担的基本养老保险费、失业保险费等社会保险费和住房公积金在按月计提时，应根据不同的人员分别编制如下会计分录。

借：销售费用

　　管理费用

　　贷：应付职工薪酬

职工负担的基本医疗保险费、基本养老保险费、失业保险费和住房公积金在发放职工薪酬时予以代扣，列入"其他应付款"账户。

企业按照规定将基本医疗保险费、基本养老保险费、失业保险费等社会保险费缴纳给社会保险事业基金结算管理中心，将住房公积金缴纳给公积金管理中心时，应编制如下会计分录。

借：应付职工薪酬

　　其他应付款

　　　贷：银行存款

 实例 ▶▶▶ --

接上例的资料对社会保险费和住房公积金进行计提和缴纳的核算。

① 按工资总额的 10% 计提医疗保险费，其会计分录如下。

借：应付职工薪酬——职工福利　　　　　　　　　　　　　　6 050

　　贷：应付职工薪酬——社会保险费　　　　　　　　　　　6 050

② 按工资总额的 20%、1% 和 12% 分别计提基本养老保险费、失业保险费和住房公积金，其会计分录如下。

借：销售费用——职工薪酬（54 300×33%）　　　　　　　　17 919

　　管理费用——职工薪酬（6 200×33%）　　　　　　　　　2 046

　　　贷：应付职工薪酬——社会保险费（60 500×21%）　　　12 705

　　　　　应付职工薪酬——住房公积金（60 500×12%）　　　7 260

③ 将本月应交的基本医疗保险费、基本养老保险费、失业保险费和住房公积金（含为职工代扣的部分）分别缴纳给社会保险事业基金结算管理中心和公积金管理中心时，其会计分录如下。

借：应付职工薪酬——社会保险费　　　　　　　　　　　　18 755

　　应付职工薪酬——住房公积金　　　　　　　　　　　　　7 260

　　其他应付款——住房公积金（60 500×12%）　　　　　　　7 260

　　　　　　　——基本养老保险费（60 500×8%）　　　　　4 840

　　　　　　　——基本医疗保险费（60 500×2%＋3）　　　1 213

　　　　　　　——失业保险费（60 500×0.2%）　　　　　　　121

　　　贷：银行存款　　　　　　　　　　　　　　　　　　39 449

"应付职工薪酬"是负债类账户，用以核算企业根据规定应付给职工的各种薪酬。企业发生职工各种薪酬时，记入贷方；支付职工各种薪酬时，记入借方；期末余额在贷方，表示企业尚未支付的职工薪酬。

"其他应付款"账户是负债类账户，用以核算企业除应付票据、应付账款、预收账款、应付职工薪酬、应付利息、应付股利、应交税费等以外的其他各项应付、暂收的款项。发生各种其他应付、暂收款项时，计入贷方；支付或归还时，计入借方；期末余额在贷方，表示尚未支付的其他应付款项。

七、销售费用的核算

餐饮企业的销售费用是指在经营中发生的各项费用，包括运输费、装卸费、包装费、保管费、保险费、燃料费、展览费、广告宣传费、邮电费、水电费、差旅费、洗涤费、物料消耗、折旧费、修理费、低值易耗品摊销、营业部门人员的工资、福利费、工作餐费、服装费和其他营业费用。发生上述费用时，应编制如下会计分录。

借：销售费用
　　贷：库存现金
　　　　银行存款
　　　　累计折旧
　　　　应付职工薪酬

 实例 ▶▶▶ --

（1）为扩大知名度，某连锁餐饮企业在电视台黄金时段发布酬宾广告，为期一个月，费用为 38 000 元，费用通过银行支付，其会计分录如下。

借：销售费用——广告费　　　　　　　　　　　　　　　38 000
　　贷：银行存款　　　　　　　　　　　　　　　　　　　　38 000

（2）某餐厅印刷一批食品打包盒，供外卖使用，共 2 000 元，并用现金支付，其会计分录如下。

借：销售费用——包装费　　　　　　　　　　　　　　　2 000
　　贷：库存现金　　　　　　　　　　　　　　　　　　　　2 000

八、管理费用的核算

管理费用是指餐饮企业行政管理部门为组织和管理企业经营活动而发生的各种费用，包括企业的董事会和行政管理部门在企业经营管理中发生的或者应由企业统一负担的公司经费（行政管理部门人员工资、福利费、工作餐费、服装费、办公费、差旅费、会议费、物料消耗、低值易耗品摊销、燃料费、水电费、折旧费、修理费及其他行政经费等）、工会经费、职工教育经费、劳动保险费、外事费、租赁费、咨询费、审计费、诉讼费、排污费、绿化费、土地使用费、土地损失补偿费、技术转让费、研究开发费、聘请注册会计师和律师费、应从成本中列支的房产税、车船使用税、城镇土地使用税、印花税、燃料费、水电费、折旧费、修理费、无形资产摊销、低值易耗品摊销、开办费摊销、交际应酬费、坏账损失、存货盘亏和毁损、上级管理费以及其他管理费用等。

发生上述费用时，应编制如下会计分录。

借：管理费用
　　贷：库存现金
　　　　银行存款
　　　　应付职工薪酬
　　　　应交税费
　　　　累计摊销

 **实例** ▶▶▶ --

某餐厅 8 月共发生了下列费用：厨房设备折旧费 1 300 元，缴纳印花税 150 元，车辆维修费 1 500 元，其会计分录如下。

借：管理费用——折旧费	1 300
——印花税	150
——交通费	1 500
贷：累计折旧	1 300
库存现金	1 650

九、财务费用的核算

财务费用是指企业为进行资金筹集等活动而发生的各项费用，包括利息支出（减利息收入）、汇兑损益、金融机构手续费，以及企业发生的现金折扣或收到的现金折扣等。

① 利息净支出指短期借款利息、长期借款利息、应付票据利息、票据贴现利息、应付债券利息、长期应付融资租赁款利息、长期应付引进国外设备款利息等利息支出减去企业银行存款获得的利息收入后的净额。

② 汇兑损失是指企业兑换外币时因市场汇价与实际兑换汇率不同而形成的损失或收益，因脱离汇率变动期末调整外币账户余额而形成的损失或收益。当发生收益时，应冲减损失。

③ 金融机构手续费包括开具汇票的银行手续费等。

④ 现金折扣包括企业向客户承诺的现金折扣和收到的现金折扣。

为购建固定资产而筹集资金所发生的费用，在固定资产尚未完工交付使用前发生的或者虽已投入使用但尚未办理竣工决算之前发生的，应计入固定资产价值内，不在本账户核算。

财务费用的账务处理见表6-4-10。

表6-4-10　财务费用的账务处理

序号	业务	账务处理
1	企业发生财务费用时	借：财务费用 　贷：预提费用 　　银行存款 　　长期借款 　　应付利息
2	发生的应冲减财务费用的利息收入、汇兑收益	借：银行存款 　　长期借款 　贷：财务费用

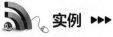

实例 ▶▶▶

① 某连锁餐饮企业2023年12月发生的财务费用有预提短期借款利息10 000元，收到银行转来的利息收入通知单，本月存款利息收入8 000元，通过转账支付银行的手续费500元，期末将"财务费用"科目的余额转入"本年利润"科目，甲公司的账务处理如下。

应付短期借款利息，应编制如下会计分录。

| 借：财务费用 | 10 000 |
| 贷：应付利息 | 10 000 |

收到利息收入时，应编制如下会计分录。

借：银行存款　　　　　　　　　　　　　　　　　　　　　　　8 000
　　贷：财务费用　　　　　　　　　　　　　　　　　　　　　　　　8 000

支付银行手续费时，应编制如下会计分录。

借：财务费用　　　　　　　　　　　　　　　　　　　　　　　500
　　贷：银行存款　　　　　　　　　　　　　　　　　　　　　　　　500

结转本年利润时，应编制如下会计分录。

　　结转本年利润＝ 10 000 ＋ 500 － 8 000 ＝ 2 500（元）

借：本年利润　　　　　　　　　　　　　　　　　　　　　　　2 500
　　贷：财务费用　　　　　　　　　　　　　　　　　　　　　　　　2 500

② 某餐饮企业于 2024 年 1 月 1 日向银行借入经营用短期借款 300 000 元，期限 6 个月，年利率 5%，该借款本金到期后一次归还，利息分月预提，按季支付，假定所有利息均不符合利息资本化条件。

每月末，预提当月应计利息：

300 000×5%÷12 ＝ 1 250（元）

会计分录如下。

借：财务费用　　　　　　　　　　　　　　　　　　　　　　　1 250
　　贷：应付利息　　　　　　　　　　　　　　　　　　　　　　　　1 250

③ 某餐饮企业于 2024 年 1 月 1 日向银行借入生产经营用短期借款 300 000 元，期限 6 个月，年利率 5%，该借款本金到期后一次归还，利息分月预提，按季支付。假定 1 月份将其中的 100 000 元暂时作为闲置资金存入银行，并获得利息收入 350 元。假定所有利息均不符合利息资本化条件。

1 月末，预提当月应计利息：

300 000×5%÷12 ＝ 1 250（元）

应编制如下会计分录。

借：财务费用　　　　　　　　　　　　　　　　　　　　　　　1 250
　　贷：应付利息　　　　　　　　　　　　　　　　　　　　　　　　1 250

同时，当月取得的利息收入 350 元应作为冲减财务费用处理，应编制如下会计分录。

借：银行存款　　　　　　　　　　　　　　　　　　　　　　　350
　　贷：财务费用　　　　　　　　　　　　　　　　　　　　　　　　350

第七篇

连锁餐饮企业管理与运营

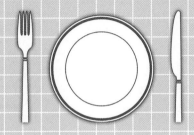

第一章 连锁餐饮策划

传统餐饮的品牌与产品建立周期比较长，而餐饮连锁经营则可以快速复制拓展市场，在发展周期与模式复制上都有着更大优势。根据相关数据表明，2023 年，中国餐饮市场连锁化率达到 21%，比上年提高 2 个百分点。餐饮连锁化正在引领餐饮增长率。中国餐饮市场也具有极大的发展潜力。

第一节 连锁经营认知

连锁经营顺应了社会化大生产的潮流，为商品的流通创造了更广泛的空间。目前在工业发达国家，连锁经营已是一种非常重要的流通业态，现在全世界连锁经营的销售额已经占全球销售总额的 60%～70%。

一、连锁经营的概念

连锁经营是一种商业组织形式和经营制度，是指经营同类商品或服务的若干个企业，以一定的形式组成一个联合体，在整体规划下进行专业分工，并在分工的基础上实施集中化管理。连锁经营有一个核心企业称为总部或总店，其他分散经营的店铺称为分部或分店。

> **提醒您：**
>
> 与连锁经营相对的经营模式为多店经营，是在资金、人力的支持下，发展多店铺经营，但是店铺之间没有多大联系，发展到一定规模后很难突破瓶颈。

二、连锁经营的核心

连锁经营的核心是规模经营、效益优先，即连锁经营要保证图 7-1-1 所示的六个统一。

三、连锁经营的特征

连锁经营主要具有图 7-1-2 所示的五个特征。

图 7-1-1 连锁经营的核心

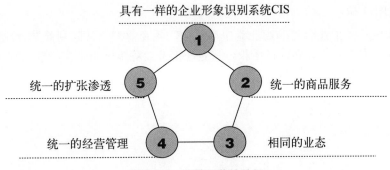

图7-1-2　连锁经营的特征

（一）具有一样的企业形象识别系统

企业形象识别系统CIS（Company Identify System）包括理念识别系统（MI）、视觉识别系统（VI）、行为识别系统（BI）。

理念识别系统是指连锁企业的经营理念、企业文化、工作价值观等的统一，是企业识别系统最重要的组成部分。视觉识别系统是对连锁企业的商标、标准字号、外观、装潢等进行统一设计，有利于消费者识别。行为识别系统包括员工的着装、礼节、口号、仪表、语言等，要使消费者产生认同感。

（二）统一的商品服务

各连锁店不仅销售的商品种类要一致，店内的商品摆设、价格、所进行的促销活动等都要一致。保证顾客无论去哪一家门店消费都有相同的感觉，享受到一致的商品和服务。

（三）相同的业态

所谓业态是指企业为满足不同的消费者需求而形成的不同服务形态。连锁总部按照消费者需求和市场状况，组织商品销售，设置相应的服务形态。

比如，百胜餐饮集团旗下包括肯德基、必胜客、小肥羊、东方既白、塔可钟等不同业态。虽然连锁总部发展不同的业态，但是其加盟者通常只选择一种业态加盟。

（四）统一的经营管理

连锁总部无论是对直营店还是加盟店的经营进行管理，都应要求其产品或服务达到质量标准。连锁业强调标准化、一致化，而管理制度就是维护标准化的工具，因此必须建立一套标准化经营管理制度系统。

（五）统一的扩张渗透

连锁企业的总店和分店的扩张渗透战略必须一致，也就是说它们扩张和渗透的方向、广度、速度都必须统一。

除此之外，连锁经营还有其他的特征，如双方建立长期合作关系、双方共同分享经济利益、双方都是独立的法律实体、加盟者自负盈亏承担经济责任等。

四、连锁经营的方式

连锁经营的主要方式有自由连锁、直营连锁、特许加盟连锁、托管特许连锁四种。

（一）自由连锁

自由连锁经营是指在激烈的商业竞争环境中，各企业为了共同利益结合成事业合作体，各成员是独立法人，具有较高的自主权，只是在部分业务范围内合作经营，以达到共享规模效益的目的。其组织形式如图 7-1-3 所示。

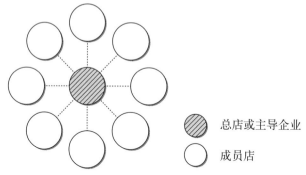

图 7-1-3　自由连锁的组织形式

1. 自由连锁的特点

① 成员店的所有权、经营权和财务核算都是独立的，可以使用成员店自己的店名商标。

② 总店或主导企业与成员店之间并不存在经营权的买卖关系，他们主要是靠合同和商业信誉建立一种互助互利的、松散的关系，以达到规模经营的目的。

③ 总店与成员店之间是协商和服务的关系。

2. 自由连锁的缺点

① 总店对成员店的约束力有限，难以提升整体素质，容易失去整体效益，而且各店素质不一，企业形象也不易维持。

② 对于整体营销计划与策略的执行往往不能达到最佳水平。

（二）直营连锁

直营连锁指由总公司直接经营连锁店，即由公司总部直接经营、投资、管理各个直营分店的经营形态。其组织形式如图 7-1-4 所示。

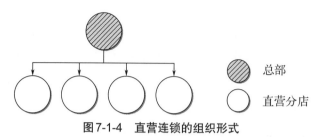

图 7-1-4　直营连锁的组织形式

1. 直营连锁的特点

① 每一家直营分店的所有权都属于同一主体。

② 实行总部统一核算制度，各连锁店只是一个分设销售机构，销售利润全部由总部支配。

③ 总部与其下属分店之间的关系属于企业内部的专业化分工关系，在经营权方面基本高度集中。

2. 直营连锁的缺点

① 各直营分店缺乏自主权和应变的弹性，难以把握地区性的市场机会。

② 相对于其他连锁形式，直营连锁的投资大、成本高，分店增长速度慢。

（三）特许加盟连锁

特许加盟是特许人与受许人之间的一种契约关系。根据契约，特许人向受许人提供一种独特的商业经营特许权，并给予受许人人员训练、组织结构、经营管理、商品采购等方面的指导和帮助，受许人向特许人支付相应的费用。其组织形式如图 7-1-5 所示。

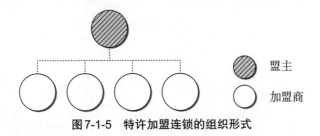

盟主

加盟商

图 7-1-5 特许加盟连锁的组织形式

1. 特许加盟连锁的特点

① 各加盟商之间以及加盟商与盟主之间的资产都是相互独立的。

② 各加盟商与其盟主都是独立核算的企业，加盟商在加盟时必须向盟主一次性交纳品牌授权金，并在经营过程中按销售额或毛利额的一定比例向盟主上缴"定期权利金"。

③ 盟主与加盟商之间的关系是平等互利的合作关系。

2. 特许加盟连锁的缺点

① 特许连锁体系存在排他性，在一定程度上减少了市场扩展的机会，而且使新的加盟商在选择上受到某种限制。

② 当特许连锁体系逐渐扩大后，会出现区域问题、文化问题等。

（四）托管特许连锁

托管特许连锁是指主导企业（通常为拥有知名自主商品品牌和良好商誉的连锁公司或厂商）以订立合同的方式，把自主开发的商品、商标、商号、服务技术或营业设施在一定区域范围内的营销权授予加盟店铺，允许他们按合同规定开展营销活动，由此而形成的商业组织。其组织形式如图 7-1-6 所示。

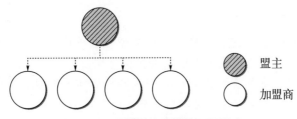

盟主

加盟商

图 7-1-6 托管特许连锁的组织形式

1. 托管特许连锁的特点

① 加盟商之间以及加盟商与盟主之间的资产都是相互独立的。

② 盟主拥有各加盟店的经营权，但不对加盟店的盈利作出承诺。

③ 各加盟商只有建议权、监督权和利益分享权，并需要支付管理费和各项费用。

④ 除主要管理人员外，其他人员都由盟主指导招聘，但人员归各加盟商管理，盟主不承担人员工资及其他责任。

2. 托管特许连锁的缺点

① 各加盟商没有经营自主权，工作的自主性受到限制，对盟主的依赖性增强。

② 盟主需要有很强的管理控制、人员开发与培训能力，这给许多公司带来困难。

（五）不同连锁经营方式的对比

不同连锁经营方式的对比如表 7-1-1 所示。

表 7-1-1　不同连锁经营方式的对比

项目	自由连锁	直营连锁	特许加盟连锁	托管特许连锁
所有权	总店和各成员店的所有权是相互独立的	总部和各直营单店的所有权属于同一主体	盟主和各加盟商的所有权是相互独立的	盟主和各加盟商的所有权是相互独立的
经营权	总店和各成员店的经营权是相互独立的	总部拥有经营权	各加盟商拥有经营权	总部拥有经营权
总部与各连锁店的连接点	合同或商业信誉	所有权、经营权	特许合同	托管特许合同（经营权包含在内）

 相关链接

连锁经营的积极作用

1. 把无形资产变成有形的资本运营

对于那些已经取得成功的餐饮店，它们往往在市场上已经享有一定的声誉，树立了自己的品牌，同时它们也拥有了专有的产品、技术以及管理运作经验。如何把自己的品牌发扬光大，把属于自己的名称、标志、技术、产品以及运作管理经验等抽象的无形资产变为有形的资金来获取利润，达到资本增值的目的，成立餐饮连锁公司就是有效途径之一。

2. 加快餐饮店扩张的进程

我国的餐饮业正处于迅速发展时期，许多经营者成功地开了一家餐饮店后，很自然地想开第二家店，将自己的业务继续拓展。但单纯依赖自己的资源来扩大经营规模，是一件很不容易的事。比如资金问题，开一家餐饮店和开两家、三家以至于更多家餐饮店所需要的资金量，以及由此产生的财务费用，是完全不同的。

连锁经营的好处在于，它是利用别人的资源来扩展自己的业务，同时也让加盟者使用自己的无形资产来获得必要的利润。成功的连锁餐饮店，他们不仅仅出售菜品和酒水，更是品牌、管理、经营理念的输出，而加盟者的加入也大大减轻了餐饮店在人力、物力、财力上的负担，不仅通过收取加盟费获得额外利润，而且实现了低成本扩张餐饮店的目的，在降低了经营风险的同时，实现了规模经济效益。

3. 不断增加品牌价值

连锁餐饮店形成的知名品牌，实际上是在市场竞争中的强势品牌，"知名"即餐饮店的知晓度、美誉度、信任度、追随度高。通常消费者对品牌的知晓度越高，满意度越高，信任感越强，对品牌越忠诚，该品牌的价值也就越高。因此增加品牌价值，首先要提高品牌的知晓度。而连锁经营的餐饮店能够在短时间内迅速扩张，覆盖较为广大的区域甚至是国际化市场，品牌价值增值速度极快。

第二节　连锁企业组织结构设计

组织结构是指一个组织内各构成要素以及它们之间的相互关系，主要涉及企业部门构成、基本的岗位设置、权责关系、业务流程、管理流程及企业内部协调与控制机制等，其目的是帮助企业围绕其核心业务建立起强有力的组织管理体系。

一、连锁企业组织结构的组成

通常来说，连锁企业包括总部—分店或总部—地区分部—分店两种结构。

（一）连锁总部结构——为门店赋能

连锁总部是为门店提供服务的单位，通过总部的标准化、专业化、集中化管理使门店作业单纯化、高效化。

（1）总部职能

其基本职能主要有政策制定、店铺开发、商品管理、促销管理、店铺督导等，由不同的职能部门分别负责。

（2）主要部门构成

一般来说，连锁总部的职能部门主要有拓展部、营运部、商品部、财务部、管理部、营销部等。连锁总部运营标准化体系如图7-1-7所示。

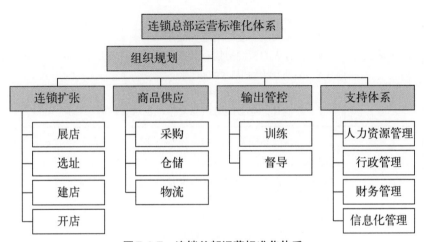

图7-1-7　连锁总部运营标准化体系

具体来说，连锁总部各部门的职能如表 7-1-2 所示。

表7-1-2　连锁总部各部门的职能

序号	部门	具体职能
1	拓展部	（1）在开设新店或发展加盟店时进行商圈调查 （2）制定选址标准、设备标准和投资标准 （3）决定新店的建设方式：自行建店、收购店或租店 （4）开店流程安排及进度控制 （5）开店工程招标、监督及验收 （6）新开分店的设备采购与各分店设备的维修保养 （7）新开分店的投资效益评估
2	营运部	（1）拟定各分店营业目标和总的营业目标并督促执行 （2）对分店的经营进行监督和指导 （3）编制营运手册并监督、检查其执行情况 （4）营运人员调配及工作分派 （5）门店经营情况及合理化建议的反馈与处理
3	商品部	（1）商品组合策略的拟订及执行 （2）商品价格策略的拟订及执行 （3）商品货源的把握、新产品开发与滞销商品淘汰 （4）配送中心的经营与管理
4	财务部	（1）负责融资、用资、资金调度 （2）编制各种财务会计报表 （3）审核凭证、账务处理及分析 （4）每日营业核算 （5）发票管理 （6）申报、缴纳税金，进行年度预决算 （7）会计电算化及网络管理
5	管理部	（1）企业组织制度的确定 （2）人事制度的制定及执行 （3）员工福利制度的制定与执行 （4）制订人力资源规划，安排人员招聘、培训 （5）奖惩办法的拟定及执行 （6）企业合同管理及公司权益的维护 （7）其他有关业务的组织与安排，也可与财务部合并
6	营销部	（1）分店商品配置、陈列设计及改进 （2）促销策略的制定与执行 （3）企业广告、竞争状况调查分析 （4）企业形象策划及推出 （5）公共关系的建立与维护 （6）新市场开拓方案及计划的拟订工作，也可并入营运部

（二）连锁分部——加强区域的管理

连锁分部是连锁总部为加强对某一区域连锁分店的组织管理，在该区域设立的二级组织机构。这样总部的部分职能就转移到各区域分部的相应部门中去了，总部主要承担计划制订、监督执行，协调各区域分部同门店的关系的职能。

连锁分部标准化体系如图 7-1-8 所示。

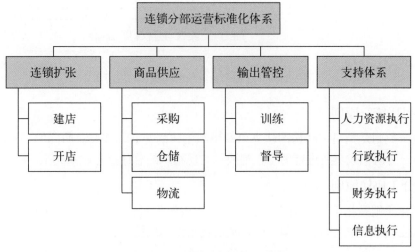

图7-1-8 连锁分部标准化体系

（三）门店标准化——提高开店成功率

门店是总部政策的执行单位，是连锁企业直接向顾客提供商品及服务的单位。其基本职能如图 7-1-9 所示。

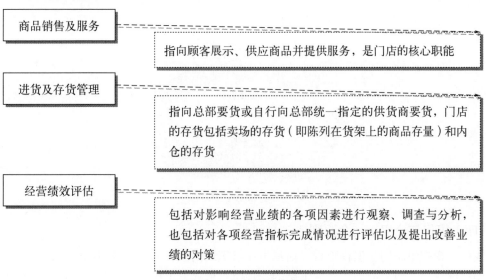

图7-1-9 门店的基本职能

二、连锁企业组织结构设立的原则

连锁企业组织结构设立的原则如图 7-1-10 所示。

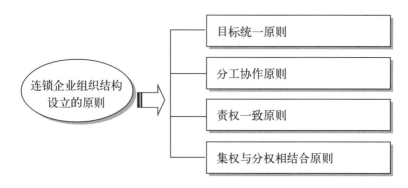

图7-1-10 连锁企业组织结构设立的原则

（一）目标统一原则

目标统一原则是指组织结构的建立以及组织工作的开展，都要有明确的目标，组织的每个部门和每一个组织成员所进行的工作都要与实现组织的总体目标联系起来。

（二）分工协作原则

分工协作原则是指组织结构应能准确反映实现组织目标所必需的各项任务和工作分工，并确保这些任务和工作之间的协调一致，从而使组织实现精干、高效。

（三）责权一致原则

责权一致原则是指为保证组织结构的完善和组织工作的有效进行，在设计组织结构时，职位的职权和职责要一致，包括图 7-1-11 所示的内容。

图7-1-11 责权一致原则

（四）集权与分权相结合原则

集权是指把组织的管理权限较多地集中在组织最高领导层的一种组织形式；分权是指把组织的管理权限适当分散到组织中下层的一种组织形式。集权与分权相结合原则是指在组织工作中必须正确处理好集权与分权的关系，这样才能保证组织结构的有效运行。

三、连锁企业组织结构的类型

连锁企业组织结构的类型主要有以下三种。

（一）职能型组织结构

职能型组织结构如图 7-1-12 所示。

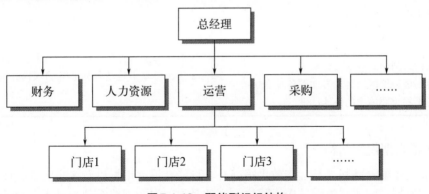

图7-1-12 职能型组织结构

在总部对门店进行直营，且门店数量不多，总部能够掌控的情况下，可采用此结构。此结构的优劣势如表 7-1-3 所示。

表7-1-3 职能型组织结构的优劣势

优势	劣势
·具体部门实现专业分工，关键能力得以聚集，保证高效运作效率 ·各部门的人员配置精简 ·便于在某个部门内深入进行技能开发 ·能在一个稳定的环境内卓有成效地运作	·由于职能上的限制，大量工作需要跨部门交涉，以致减缓决策制定进程 ·内部决策由于受到职能上的限制，不能直接反映客户需求 ·制定重大决策时需通过高层人员的批准才能获得跨部门协调

（二）地区型组织结构

地区型组织结构如图 7-1-13 所示。

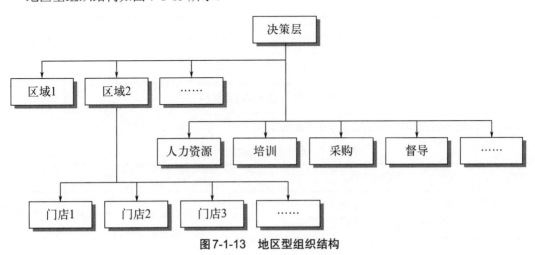

图7-1-13 地区型组织结构

随着企业规模的扩大和跨地区发展，总部已经无法对门店进行完全直接管理，需要引入区域管理的概念对门店进行间接掌控。采用地区型组织结构，总部能在职能上对各门店进行支持，加强监督，实现跨区域发展。此结构的优劣势如表 7-1-4 所示。

表7-1-4　地区型组织结构的优劣势

优势	劣势
・决策权下放 ・由于负责人及联系人明确，能够确保客户满意度 ・职能部门之间能高效地进行协调 ・部门容易适应地区及客户方面的各种变化 ・能适应不稳定环境中的快速动变	・各个业务单元只关注本地区市场，很难形成区域联合 ・对内部技术的侧重减少了协同促销的机会 ・资源分享不足及独立业务的规模经济效应导致高成本

（三）混合型组织结构

当企业运作单一品牌，且运作效果很好时，可能会根据市场以及客户需求，往多品牌或者横向品牌发展，混合型组织便应运而生。也就是说，混合型组织架构是指在总部的统一管理下发展不同的公司或者不同的品牌，对区域或品牌进行规划和管理。其组织结构如图7-1-14所示。

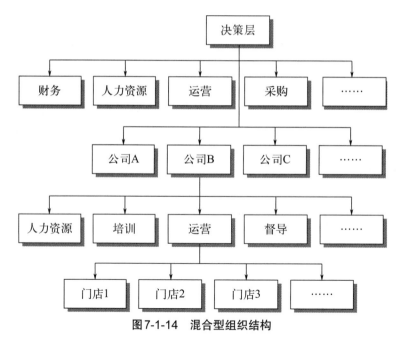

图7-1-14　混合型组织结构

混合型组织结构的优劣势如表7-1-5所示。

表7-1-5　混合型组织结构的优劣势

优势	劣势
・总部统一指导，授权分公司管理运营 ・注重外部问题可以保证服务更能满足客户需要 ・对市场形势的变化作出更快的反应，如有需要，能够迅速传递和分享资源 ・能够使用灵活的、针对性强的方案来进行市场开发	・可能会重复建立一些职能部门 ・影响规模经济效益 ・分公司协调难度高 ・总部管控力度弱

四、连锁企业组织结构设计的内容

连锁企业组织结构设计应包含以下内容。

① 按照企业战略目标要求，建立合理的组织架构，包括管理层次和职能部门的建立。

② 按照业务性质进行分工，确定各个部门的职责范围。

③ 按照所承担的职责赋予各个部门、各管理人员相应的权利。

④ 明确上下级之间、个人之间的领导和协调关系，建立畅通的信息沟通渠道。

⑤ 设计企业的业务流程、管理流程和相应的组织文化，以保证所建立的组织结构有效地运转。

⑥ 根据企业内外部环境因素的变化，适时地调整组织结构。

相关链接

××餐饮企业组织结构方案

一、××餐饮企业组织结构

××餐饮企业组织结构如下图所示。

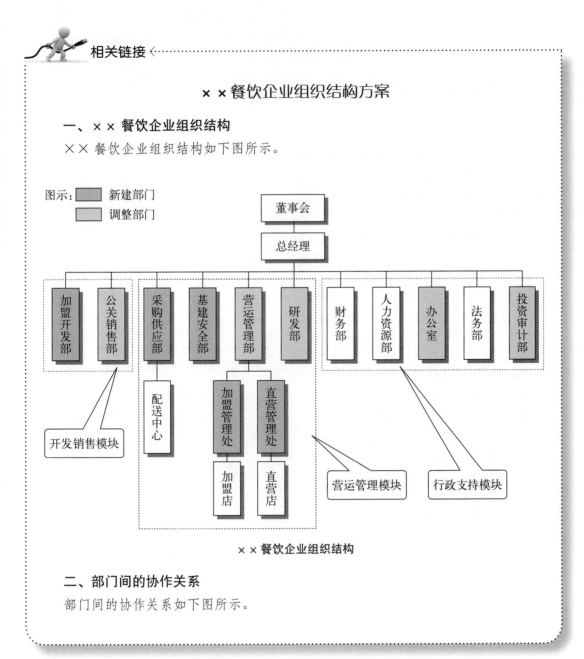

××餐饮企业组织结构

二、部门间的协作关系

部门间的协作关系如下图所示。

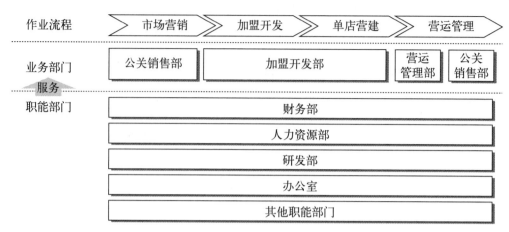

部门间的协作关系

三、各部门主要职责

1. 加盟开发部主要职责

① 分店开发规划的拟定及批准执行。

② 确定分店地点定位标准。

③ 商圈调查，确定网点。

④ 分店投资可行性分析，效益评估。

⑤ 加盟商评估标准的制定。

⑥ 加盟商评估。

⑦ 负责与加盟商签约。

⑧ 加盟店的营建支持。

2. 公关销售部主要职责

① 负责公司的 CIS 设计、宣传及维护。

② 负责公司品牌推广计划的制订并指导实施。

③ 负责长短期促销计划的制订并指导实施。

④ 广告媒体选择及内容设计。

⑤ 公关活动的策划和举办。

⑥ 价格策略的制定和执行。

⑦ 负责对所有计划、方案实施过程进行追踪及对结果进行评估。

⑧ 市场的调查和分析。

⑨ 重要客户关系的管理和维护。

3. 采购供应部主要职责

① 负责对公司所需采购的半成品、原料及设备的市场变化与行业规律做调查和了解。

② 负责签订采购合同、结算货款及解决后续问题。

③ 协助制定配送中心的存货控制模型（安全库存、最高库存、最佳订货量等）。

④ 制订配送计划及排班表。

⑤ 接受营运中各直营/加盟店的订货要求，合理安排送货。

⑥ 根据各分店的要货情况进行配组，然后进行分送。

⑦ 为各直营 / 加盟店建立配送档案。

4. 基建安全部主要职责

① 负责公司基本建设项目的立项、上报、审批并组织实施。

② 负责公司及直营店建设装修项目的招标、选定建筑商。

③ 负责对外委托建设过程的监理工作。

④ 负责公司及直营店改造项目的组织建设。

⑤ 负责公司对外委托项目的完工验收。

⑥ 负责公司各门店的安全生产工作。

⑦ 负责公司的安全保卫工作。

5. 营运管理部主要职责

① 负责各单店经营目标的拟定及督导执行。

② 负责将公司的服务和品质标准及管理规定传递给各单店。

③ 给予直营或加盟店指导支持，包括：营业指导、单店管理、人事管理等。

④ 负责单店经营业务的监督和指导，确保其符合公司的基本要求。

⑤ 负责单店经营服务标准执行情况的检查与监督。

⑥ 负责单店经营情况合理化建议的反馈和处理。

6. 研发部主要职责

① 负责市场开发、营建、营运过程中各类相关标准的组织制定。

② 对加盟店的菜品创新开发工作进行组织、指导和管理。

③ 组织进行各种方便食品、酒品饮料的开发。

④ 负责服务的研究总结。

⑤ 负责各种新型厨用设备的开发。

⑥ 负责其他产品的研究和开发。

⑦ 组织已开发产品的推广应用。

7. 财务部主要工作职责

① 组织各单位编制年度财务预算，归纳、分析并综合平衡公司的财务收支，编制年度预算报公司总经理办公会批准。

② 遵照国家会计准则，建立健全公司会计核算体系，督促、监督公司各部门执行财务制度和有关金融法规。

③ 负责公司成本核算、成本控制。

④ 负责账务处理，各项费用、凭证的审核。

⑤ 负责各项财务会计报表的编制及财务分析工作。

⑥ 负责每日营业现金收支统计。

⑦ 负责分店会计的作业指导。

⑧ 做好公司有关财务基础资料的整理、保管工作。

8. 人力资源部主要职责

① 负责制订公司人力资源规划。

② 负责公司所需人员的招聘、面试、调查、考核及安排上岗。

③ 负责员工劳资管理及奖惩和福利保险制度的制定与实施。

④ 负责人事档案管理。

⑤ 负责检查公司的员工手册及规章制度执行情况。

⑥ 负责公司各层次人员的培训计划制订及实施。

⑦ 负责公司各层次人员的绩效考核。

9. 办公室主要职责

① 负责文件及报告的拟定、收、发、存档。

② 负责召开公司会议及会议纪要的撰写。

③ 负责开具公司对外的所有证明。

④ 负责公章的保管及使用。

⑤ 负责检查公司一切程序及规定是否得到执行。

⑥ 兼管公司的总务、后勤工作。

⑦ 负责合同及档案管理。

⑧ 负责建立公司及各加盟店的信息系统模型。

⑨ 对收集的信息进行处理分析，为高层管理人员的决策提供信息支持，并经上级批准后及时反馈给相关部门。

⑩ 对公司及各加盟店的系统硬件进行维护。

⑪ 负责各信息点工作人员培训。

10. 法务部主要职责

① 负责公司的法律事务、知识产权保护、维权打假工作。

② 负责公司所有的对外诉讼事务。

③ 负责公司的合同管理，严格合同审核，参与重要合同的签订。

④ 负责公司的公证、鉴证等事务。

⑤ 负责公司经营过程中的法律咨询工作，对重大事务提供专项法律意见。

⑥ 监督、协调各加盟店的法律方面的工作。

11. 投资审计部主要职责

① 负责公司发展战略的制定。

② 负责投资项目可行性分析。

③ 负责投资项目的管理。

⑤ 负责直营店的投资预案审批。

⑤ 负责公司资本运作。

⑥ 负责公司内部审计工作。

第三节　连锁扩张模式选择

对于连锁餐饮企业来说，直营和加盟各有千秋。对于一个新生连锁品牌或者正在扩张中的连锁品牌，可根据以下三个标准来判断该选择哪种模式来实施自己的连锁战略。

一、看总部和分店的主要纽带

现在的投资人对于连锁企业，都会有以下共识。

如果总部和分店是以产品为主要纽带的，可以考虑采用加盟连锁的模式，因为这样的连锁体系提供标准化产品容易，产品品质有保障；企业可以管控加盟商。

如果总部和分店以服务为主要纽带，服务相对难以标准化，服务品质难以保障，所以更宜采用直营连锁模式来扩张市场。这是因为总部和分店都是以服务为利润来源，双方吃的是一块蛋糕，对于总部来说，监管是个难题。如果采用加盟的方式，总部向分店收取营业额的分成和品牌使用费，同时向分店提供品牌、管理技术并收取相应的费用，以这种无形的投入和分店长期分成，其控制力和财务监管会日益弱化。

所以，很多风险投资公司更关注以直营为主的企业。

二、看总部对分店的掌握能力

优秀的连锁品牌都具备对分店的管控能力，如麦当劳、肯德基、小肥羊等连锁餐饮企业。常见的控制方法有：品牌使用权控制、产品控制、IT 系统的控制、客源的控制等。

很多成熟的连锁企业总部，都会把上述内容作为加盟的前提条件，并把这些内容清楚、明确地写在加盟合作协议中，从而以法律的形式确保自己对分店的控制。

有时总部对分店的控制是通过提供服务的形式进行的。也就是说，总部既是服务者，同时也给加盟商赋能。

可以发现，连锁企业总部对分店的控制手段越多，其对分店的掌控能力就越强；相反，连锁企业总部对分店的控制如果仅仅是依靠一张简单的合同，那么连锁企业总部对分店的掌控能力就较弱。

因此不同类型的连锁企业可以根据自己不同发展阶段采取相应的模式来扩张企业规模。

三、看分店对总部的依赖度

如果分店对总部连锁体系的依赖度非常高，离开总部的连锁体系之后，分店开不下去，或者生意很差，总部就可以考虑通过加盟连锁来扩张市场；如果分店对总部连锁体系的依赖度不高，或者比较低，离开总部的连锁体系之后，分店同样可以开下去，甚至生意还不错，总部就要考虑通过直营连锁来扩张市场。

事实上，整个连锁体系的扩张是连锁企业总部综合实力和控制能力的展现，取决于连锁企业总部的管理团队、资金、技术、管理和所处市场。

连锁企业总部好比是整个连锁体系的"地基"，这个"地基"决定着整个连锁体系的规模、质量和未来。直营连锁模式好比是连锁企业总部"自己复制自己的能力"，而特许加盟连锁模式实际上是连锁企业总部"自己和别人一起复制自己的能力"，只有同时拥有这两种能力的连锁企业，才是最优秀、最有前途的连锁企业。

第四节　连锁开发选址

餐饮行业进行连锁经营，其连锁店的位置对连锁店的经营有着决定性的影响，选址不当，将导致经营的失败。

一、选址中应考虑的因素

在连锁餐饮店选址的过程中，必须对潜在地址的相关因素进行详细的分析，影响连锁餐饮店营业地址选择的因素从宏观上讲包括地理因素、社会因素、文化因素、经济因素和市场因素等，具体如图 7-1-15 所示。

图7-1-15　选址中应考虑的因素

（一）地区经济

餐饮消费是在人们有足够的资金满足日常衣、食、住、行等基本需要之后，使用可自由支配资金进行的消费。一个地区人们的收入水平、物价水平都会影响人们可供消费的金钱数量和他们必须支付的价格。一般地，当人们的收入增加时，人们愿意为更高价值的产品和服务买单，尤其是餐饮消费的质量和档次会有所提高，因此，连锁餐饮企业一般应选择在经济繁荣、经济发展速度较快的地区。

（二）区域规划

在确定连锁店地址之前，必须向当地有关部门咨询潜在地点的区域建筑规划，了解和掌握哪些地区被规划为商业区、文化区、旅游区、交通中心、居民区、工业区等。因为区域规划往往会涉及建筑物的拆迁和重建，如果未经了解就盲目地选定地址，在成本收回之前就遇到拆迁，会使连锁餐饮企业蒙受巨大的经济损失，或者失去原有的地理优势。同时，掌握区域规划后便于连锁餐饮企业根据不同的区域类型，确定不同的经营形式和经营规格等。

（三）文化环境

文化教育、民族习惯、宗教信仰、社会风尚、社会价值观念和文化氛围等因素构成了一个地区的社会文化环境。这些因素影响了人们的消费行为和消费方式，决定了人们收入的分配方向。一般而言，文化素质高的人对餐饮消费的环境、档次的要求比文化素质低的人要高。文化环境的不同，影响连锁经营的规格和规模。

（四）消费时尚

一段时期的流行时尚，往往能在很大程度上影响消费者的消费方式和方向。随着人们消费水平的提高、卫生观念的增强，人们在餐饮消费上越来越注意就餐的环境卫生，这样外表装修美观、舒适、洁净的连锁餐饮店就越来越为人们所接受。

（五）竞争状况

一个地区餐饮行业的竞争状况可以从两个不同的维度来分析，如图 7-1-16 所示。

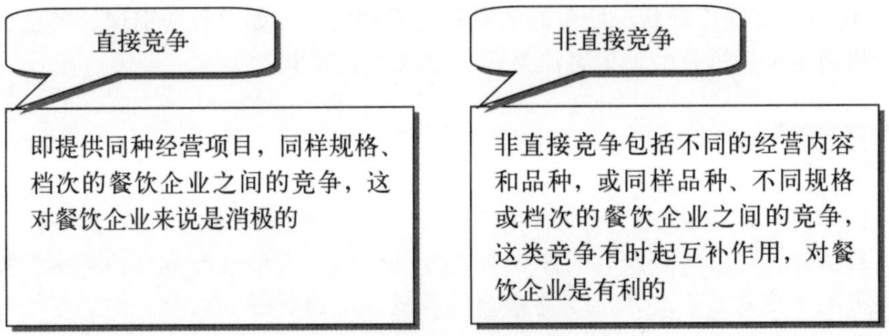

图7-1-16　餐饮行业的竞争状况

在选择连锁经营区域时，如果无任何一种形式的竞争，企业将具有垄断地位；如果有任何一种形式的竞争，都是值得连锁餐饮企业在投资前认真研究和考虑的。竞争既是一种威胁，又是一种潜在的有利条件，只要把竞争对手作为一面镜子认真分析其优势或劣势，就便于我们在竞争中掌握主动权。

（六）地点特征

地点特征是指与餐饮经营活动相关的位置特征。如连锁店所在的区域与政治中心、购物中心、商业中心、旅游中心以及饮食服务区的距离。连锁店所处的地点直接影响餐厅经营的项目和服务内容。

（七）街道形式

对这个因素的分析聚焦于餐饮业连锁经营的选址模式主要是基于街道和交通的形式会吸引人们到这个地方来，还是人口因旅游而发生移动。

（八）交通状况

（1）交通条件评估

从企业经营的角度来看，对交通条件的评估主要有以下两个方面。

① 在开设地点附近，是否有足够的停车场。中国的停车场实际占地面积在城市规划中的比例较小。许多连锁餐饮店没有自己固定的停车场，通常是停放在餐饮店门前；即使有大的停车场，也很可能是和别的企业单位共用。这样在车辆停放的时候就会产生很多问题，给连锁餐饮店造成麻烦。因此，是否有足够的停车空间就成了不得不考虑的一个首要问题。

② 连锁餐饮店原料供应是否容易。这就要考虑可供连锁餐饮店利用的运输动脉能否适应原料配送的需求，如果运货费用明显上升，经济效益就会受到影响。

（2）交通条件分析

为方便顾客就餐，促进上座率的提升，连锁餐饮企业在选址时可对交通条件做如下分析。

① 设在边沿区商业中心的连锁餐饮店，要分析门店与车站、码头的距离和方向。通常距离越近，客流量越多，就餐就越方便。开设地点还应该考虑客流来去方向，如选在面向车站、码头的位置，以下车、下船客流为主；选在临近市内公共汽车站的位置，则以上车的客流为主。

② 设在市内公共汽车站附近的连锁餐饮店，要分析公共车站的性质，是中途站还是终始站，是主要停车站还是通常停车站。通常来说，主要停车站客流量大，连锁餐饮店能够吸引的潜在顾客较多，中途站与终始站的客流量无统一规律，有的中途站多于终始站，有的终始站多于中途站。

③ 要分析市场交通管理状况所引起的有利与不利条件，如单行线街道、禁止车辆通行街道、与人行横道距离较远都会造成客流量在一定水平上减少。

提醒您：

> 关于目标地点的街道交通状况信息可以从公路信息查询系统和当地政府机关获得。如果交通数据最近还没有被统计出来，那么可以选取一天中最有意义的样本数据作为参考。交通状况往往意味着客源，获得本地区车辆流动的数据以及行人的分析资料，可以保证连锁餐饮店建成后有充足的客源。

（九）客流规律

① 分析客流类型。通常连锁餐饮店客流可分为图 7-1-17 所示的三种类型。

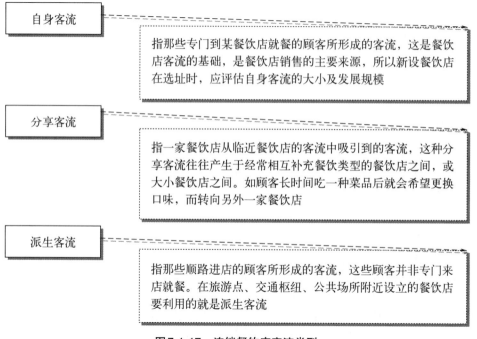

图7-1-17　连锁餐饮店客流类型

② 分析客流目的、速度和滞留时间。不同地区客流规模虽可能一样，但其目的、速度、滞留时间各不一样，要先做详细分析，再做地址选择。

比如，在公共场所附近、车辆通行干道，客流规模虽然很大，但客流目的不是就餐，同时客流速度快，滞留时间较短。

③ 分析街道两侧的客流规模。同样一条街道，两侧的客流规模由于光照条件、公共场所、交通条件设施等影响而有所差异。另外，人们骑车、步行或驾驶汽车都是靠右行，往往习惯光顾行驶方向右侧的连锁餐饮店。鉴于此，开店地点应尽量选择客流较多的一侧。

④ 分析街道特点。选择连锁餐饮店开设地点还应该分析街道特点与客流规模的关系。交叉路口客流集中，能见度高，是最佳开店地点；如果由于街道两端的交通条件不同或通向地区不同，客流主要来自街道一端，表现为一端客流集中，纵深处逐渐减少的特征，这时候店址应设在客流集中的一端；还有一些街道，中间地段客流规模大于两端，将店址设置在中间

地段更能招揽潜在客户。

（十）规模和外观

连锁餐饮店位置的地面形状以长方形、方形为好，必须有足够大的空间容纳建筑物、停车场和其他必要设施。三角形或多边形的地面除非它非常大，否则是不足取的。同时在对地点的规模和外观进行评估时也要考虑到未来消费的可能。

（十一）餐饮店的可见度和形象特征

连锁餐饮店的可见度是指连锁餐饮店位置的明显程度，也就是说无论顾客从哪个角度看，都可以获得对连锁餐饮店的感知。连锁餐饮店可见度是根据各地往来的车辆和徒步旅行的人员的视角来进行评估的，这对坐落于交通拥挤的高速公路旁的连锁餐饮店是重要的，连锁餐饮店的可见度往往会影响连锁餐饮店的吸引力。

同时餐饮企业无论在经营内容、方式、菜品质量、服务、装潢等方面，还是在所选地址上都应具有明显的突出的形象特征，这对坐落在拥挤的商业中心的连锁餐饮店尤为重要，形象特征会增加整个连锁餐饮企业的吸引力。

（十二）经济成本

连锁餐饮店连锁经营的关键因素之一就是经济成本，在选择连锁餐饮店地址时就应充分考虑所在地区影响将来经营成本的因素，具体如图 7-1-18 所示。

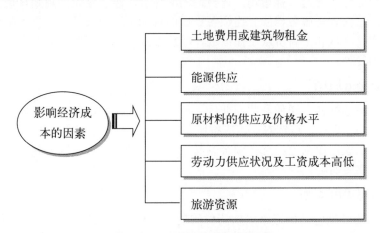

图7-1-18　影响经济成本的因素

① 土地费用或建筑物租金。土地费用或租金是在逐渐上涨的，而且连锁餐饮企业在投资时，土地费用或建筑物租金所占的比重也是较大的。城市不同区域、不同街道、不同地段其土地费用或租金相差是很大的。因此在选址时，应选择土地费用或租金合理的，有较大潜在优势的位置。

② 能源供应。能源主要是指水、电、天然气等经营必须具备的基本条件，基本标准是"三通一平"。在这些因素中，水的质量尤为重要，因为水质的好坏直接关系到烹调的效果。

③ 原材料的供应及价格水平。餐饮企业每天都必须大量采购鲜活的原材料，如果所在地区原材料供应不足，会影响餐饮企业的服务水平和声誉，如从外地空运会增加成本，影响企业经营。如原材料有供应，那么货源是否充足，价格是否合理、稳定，都是在选择连锁经营区域时需要考虑的因素。

④ 劳动力供应状况及工资成本高低。餐饮企业需要使用许多掌握技术的人员，如厨师或具有一定技能的服务人员等。潜在市场上是否有企业所需要的人员及其工资标准对连锁餐厅尤为重要，这关系到整个连锁企业的服务水平和声誉，以及向其他地区的拓展问题。

⑤ 旅游资源。这一因素主要影响着过往行人的多少、旅客的种类等，因此对旅游资源一定要仔细分析，综合其特点，选择适当的位置和餐饮的种类。

二、连锁餐饮店选址的原则

连锁餐饮店的选址是一项复杂的工作，在考虑上述基本因素的基础上，还应确定具体的经营场所。选择具体的经营场所时应遵循图 7-1-19 所示的基本原则。

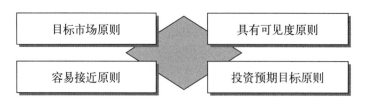

图7-1-19　连锁餐饮店选址的原则

（一）目标市场原则

任何餐饮企业都要根据目标市场，选择适当的地点，建立相应的规模，选择相应的设施设备和相应的经营内容与服务档次。连锁餐饮店的目标市场一般是工薪收入阶层，地址宜选择商业中心、居民区域和工薪阶层工作区域，经营方式上可分析餐饮业连锁经营的选址模式选择快餐、自助餐等。

（二）容易接近原则

连锁餐饮店应选择在交通便利的商业区、经济区、文化区，要尽可能地设置规模相当的停车场，以方便顾客来往；连锁餐饮店应按所在地人们行进、停留的规律选址。

总之，连锁餐饮店原则上应选择顾客容易接近的地段和位置，因为顾客是根据方便性来决定进入哪家餐饮店的。

（三）具有可见度原则

连锁餐饮店的可见度是指连锁餐饮店位置的明显程度，比如说选址的位置无论在街头、街中、巷尾，应让顾客从任何一个角度看，都能获得对连锁餐饮店的规模和外观的感知，当然这需要从建筑、装饰等几个方面来完善。一般而言，连锁餐饮店宜紧靠某条主要街道、繁华的商业区域或某个公寓区。

（四）投资预期目标原则

连锁餐饮店在选址时，除考虑外部因素外，还应考虑自身的条件，如经营品种、方式等，要以能实现预期投资目标的标准来衡量地理位置的优越程度。

三、连锁餐饮店选址的模式和方法

对于连锁餐饮企业，复制一个门店首先要做的是什么呢？肯定是选址，因为只有有了实体店铺平台，才能开始提供产品和服务。通过上面的讨论分析，我们可以建立一个可复制的选址"一三模型"，如图 7-1-20 所示。

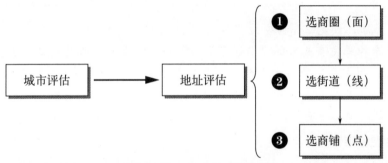

图7-1-20 选址"一三模型"

选址"一三模型"就是一个前提和三个步骤，一个前提就是选择进入城市的前提，即城市评估，三个步骤就是选择具体店铺地址的三步，即地址评估。

（一）城市评估

对于连锁复制选址，首先应当对准备进入的城市或已经进入的城市进行综合评估，收集各种相关数据。具体如下。

① 城市背景资料。地理位置、人口数量、人口密度、区域划分、城市发展规划、公共交通、竞争对手、政府优惠政策等。

② 城市经济资料。经济水平、居民收入水平、房价、物价、所属行业发展状况等。

传统做法一般看人均收入、城市的发展状况等，但这种一上来就进入细节的方式，实际上往往使一线人员忽略了一个宏观大前提：城市的类型。

 相关链接

城市类型

城市大概可分为以下3类。

1. 工业化城市

这种城市的功能单一，人口较少，大都是某个或某几个大型企业的员工和家属。根据工业项目不同，又可分为：矿业城市（如大庆、克拉玛依、抚顺），重工业城市（如鞍山、本溪），轻工业城市（如东莞、番禺）。到了20世纪80年代还出现了电子及高科技工业城市，但都依附于大型城市周围，属于卫星城。

工业化城市的居民中，工业企业员工占比很大，居民呈"金字塔形"消费结构，一线工人的数量大，收入稳定，当然绝对值不高，而且居民对购物时尚的追求不会太超前。那些商品种类丰富且复杂、档次和价格带很宽的零售商不易成功，而由于这类城市中很少有极贫困阶层，因此低价、散乱的业态也很难成功。

2. 交通枢纽城市

一般这类城市的形成是两个因素作用的结果：地理位置和行政区划。它们的建城时间都很早，大多有百年的历史，是商品和信息的集散地，又可分为：门户型（进入某个地区的必经之地，如山海关），交叉型（几个交通干线交叉的地方，如武汉、郑州），港口型（是一个主要的出海港或内陆港，如大连、秦皇岛），地区核心型（某个地区的核心城市，如沈阳、西安）。

这类城市的居民有典型的"纺锤型"消费结构，即有少量特别富有的阶层和非常贫困的居民，而中层部分占大多数，而且中层群体里有一大批消费意识超前的顾客。这类城市吸纳的业态都比较先进，传统业态不占优势。虽然某些城市中层的收入也不高，但在跟风心理的驱使下，会把价格往上抬高。

3. 混合型城市

混合型城市是上面两种城市功能的混合，其中很多是受政府政策的影响而形成，往往成为特大型城市或城市群，又可分为：工业中心城市（依托围绕其周围的工业卫星城或园区发挥其交通枢纽的优势，如深圳），经济贸易中心城市（依托其在经济和贸易方面的软硬件优势，大力开发新兴工业园区和工业卫星城：如上海、北京），行政中心城市（首都、省政府所在地同时也是工业城市：如北京、长春）。

该类城市兼具上面两种城市的特性，比较复杂，但由于各种传统或现代业态都比较发达，所以竞争很激烈。

在进入一个新城市前，我们都应该对城市的性质进行分类，以确定自己的业态类型、目标顾客、商品结构、价格带、竞争方法等。因为在各种城市中，往往对服装（时尚程度、价格水平）、食品（健康与否、新奇与否、价格水平）等方面的需求差异很大。例如，沿海港口城市和内陆矿业城市之间，对于食品结构的需求就大不一样。因此针对什么城市，应考虑什么变量，最后要开什么样的店，是需要决策者和拓展者不断摸索总结的。一般来说，政府规划者如果对城市有清晰的定位，并将各类资源集中于该定位，即可保证该城市的稳定发展。这些城市是选址者的首选。一旦企业对某类城市的特性掌握比较全面，开店成功率高，那么以后就可以大大节省在同类城市的选址成本，并为该类城市的新店开业提供很多信息、经验支持。

对相关数据进行分析，包括分析该城市的经济发展速度、城市规模、是否适合开连锁店；分析进入该城市的投入产出比，需要开多少家店才能基本覆盖成本；分析预测第一年的营业额及各项费用支出，分析预测第二年的增长趋势；分析客流规律及消费潜力、交通地理条件、竞争激烈度、人力成本、广告宣传成本、人文状况；分析其他影响经营的因素，如政府的工作效率等。在此基础上，形成该城市的评估报告，作为连锁企业进入该城市选址的前提依据。

（二）地址评估

1. 选商圈

分析该城市各区域的商圈个数、商圈名称和类型，确定城市核心商圈、次级商圈与辅助商圈。对商圈的成熟度、发展规划、潜力、辐射范围、有无竞争对手等情况进行分析，以便选择符合定位、适合进入的商圈。

商圈

一、商圈的类别

商圈的变化时时牵动着业绩的发展，因此在开店时，商圈的设定异常重要。

（一）按交通模式划分

商圈按交通模式大致上可分为两种。

① 徒步为主的商圈。例如商业区、住宅区等，以店为中心半径约1000米，以顾客走得到且快速方便到达为主。

② 车辆动线为主体的商圈。例如交叉路口附近及郊区外主干路上的商圈，有方便的停车空间及良好的视觉效果，可满足流动人口的就餐需求。

（二）以区域大小划分

① 临近中心型。商圈的半径在500～1500米，即徒步商圈，此类型商圈分布在每个地区人口较密集的地方或商业集中地。

② 地区中心型。商圈的半径一般在3000米左右，我们称之为生活商圈。

③ 大地区中心型。比地区中心型商圈范围更广的商圈。

④ 副都市型。通常指公共汽车路线集结的地方，乘客可以在此转换车，从而形成交通集散地。

⑤ 都市型。商圈覆盖的范围可能是整个都市的四周，其交通流或人流可能来自四面八方。

二、商圈的实地环境

若依通常的习惯，常将商圈的实地环境分成下列几种。

① 住宅区。住宅区内的户数须达1000户左右，如以每户4人来计算，则人数将达4000人左右。

② 教育区。教育区及附近有大、中、小学等学校的地区，其中私立学校附近较为理想，因其学生大多消费水平比较高。当然也不能忽视补习班，补习班集中区也是理想的区域。

③ 办公区。办公区指办公大楼林立的地区，一栋办公大楼内的员工人数可能超过一二千人，尤其办公大楼内的上班族外食比例非常高。

④ 商业区。商业区指商业行为集中的地方，由于过路客的增加，形成各种连锁餐饮店聚集之处，以快餐为主。

⑤ 娱乐区。娱乐区指以休闲消费为主的区域，通常玩乐之后需要补充体力。

不难发现，住宅区的顾客群较为稳定，而且一般性的消费也较固定，若该区域有交通主动脉，则该区的业绩有上升的可能（因为会增加部分的外来客）。

三、商圈店址调查与评估

店址选择的好坏，在开店战略中是至关重要的。店铺经营失败的主要原因有以下三点。

① 地点选择失败。

② 不熟练的评估人员致使调查资料不准与判断失误。

③ 许多连锁餐饮企业的连锁加盟部为了达到开店数量的目标而盲目开店，因此产生了许多失败店。

由上述因素可以发现，商圈实地调查及评估的准确性是十分重要的。大体而言，连锁餐饮店在开店之前，实地调查作业应精心细致。如考虑店面出入的人口流量多少，附近有几家同类店或不同类店，其营业情形如何、商品的内容如何、价位的高低等，均是衡量的重点。

四、商圈实地调查的要点

（一）开店地点周围住户的情形

开店地点周围住户的情形，即所谓的居民居住条件，主要包含以下几类。

① 住宅的种类。包括单身住宅、普通小区住宅（分大、中型）、公寓（分电梯大楼、普通公寓）、高级住宅。以上的住宅周边都适合开设连锁餐饮店，但老人住宅区则不太适合。

② 住户的构成。连锁餐饮店的客户群以 20 岁以上的青壮年为主，单身男女尤其重要。蓝领及白领阶层以及服务业人员都是比较理想的目标客户。

有助于连锁餐饮店设立的地址，有以下几种：① 中小型企业（内部没餐厅）附近，② 中大型医院附近，③ 大学、专科及高中职校附近，④ 车站附近，⑤ 大型集中住宅区。

选择商圈应详细考虑如下因素：① 地区内人口及户数的增加，② 车站新设计划，③ 学校的建设计划，④ 马路新设、增设及拓宽计划，⑤ 小区住宅的兴建计划。

（二）商圈内的竞争性

商圈内的大型店、同类店或商业聚集较多时，要先确定是否还有设店的空间。

在地点位置详细图中，可了解店铺周围 1500 米内交通、道路、住宅及公共场所的位置关系，进而判断该点的位置是否理想。

方法如下：以预开的连锁餐饮店的位置为中心点，以 500 米、1000 米、1500 米为半径画圆，在圆内标注道路、住宅及公共场所后再进行分析与判断。

将车辆动线标示清楚，这时店铺设立地点附近的相关位置清清楚楚，可以很清楚地判断哪一点比较有利，车辆的动线在哪里汇集，哪一点广告效果比较理想，哪里停车较方便等。

最后再把距离内的商圈标注清楚，就可以很清楚地判断该点是否可以设店了。

2. 选街道

当我们确定进入某个城市之后，就要按功能对其进行区域划分。一般我们对城市区域类别做如下划分，如图 7-1-21 所示。

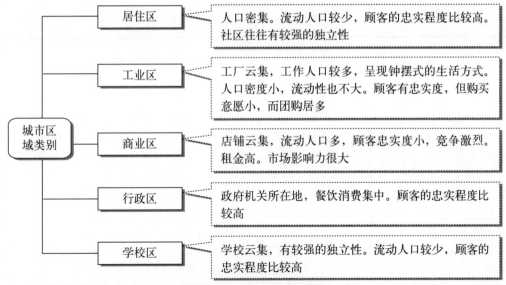

图7-1-21　城市区域类别

对所选商圈的街道条件、人流车流、竞争情况、吸引情况等进行分析。

① 街道条件。街道长度、街道宽度、店铺数量、人流出入口、街道成熟度。

② 人流车流。人流量、车流量（早、中、晚）。

③ 竞争情况。典型竞争门店数量。

④ 吸引情况。有无对所属行业顾客群产生吸引力的设施或条件。

3.选商铺

选商铺时主要进行两方面的评估：外部评估和内部评估。

① 外部评估。评估人流量、车流量、门店可视范围、门前空地面积、门前道路宽度、邻铺类型等。

② 内部评估。评估门店的面积、建筑结构、招牌长度、门面长度、配套水电条件、租金等。

 相关链接

××餐饮企业选址调查表

	地点		记分
选址地点交通概况	交通状况	□主干道　　□次干道　　□支道　　□有隔离带　　□无隔离带 路宽　　米、距站牌　　米、公交车　　路	
	地址属性	□商业区　　　　□半商半住区　　　　□住宅区	
店铺结构概况	室外	主楼　　层、楼龄　　年、店铺在　　楼，门面宽　　米、高　　米，招牌宽　　米、高　　米，门前空场　　平方米	
	室内	室内平面形状为　□正方形　　　□长方形　　　□不规则 使用面积　　平方米、长　　米、宽　　米、高　　米 卷闸门　□有□无，玻璃门窗　□有□无，洗手间 □有□无	

续表

租赁条件 概况	先前租户从事　　行业、租期　　年、租金　　元/月、押金　　元、 免租期　　天 租金调幅：□租期内不调□每年上调　　% 转手费　　元	
商圈分析 概况	邻铺概况	左右两边五家店铺依次为 左：　　、　　、　　、 右：　　、　　、　　、 晚上关门时间平均为：　　时，空铺左　家、右　家
	第一商圈 （半径 500米）	约有住户　　户，约　　人，人均收入　　元，16～40岁居民 约占　　%、上班族约占　　%、从商人员约占　　%、当地居 民约占　　%、学生约占　　%、游客约占　　% 人流统计： 周一至周五上午9:30～11:30　　人、双休日　　人； 13:30～15:30　　人、双休日　　人； 17:00～19:00　　人、双休日　　人； 20:00～22:00　　人、双休日　　人
	第二商圈 （半径 500～ 1000米）	约有住户　　户，约　　人，人均收入　　元，16～40岁居民 约占　　%、上班族约占　　%、从商人员约占　　%、当地居 民约占　　%、学生约占　　%、游客约占　　%
	第三商圈 （半径 1000～ 1500米	约有住户　　户，约　　人，人均收入　　元，16～40岁居民 约占　　%、上班族约占　　%、从商人员约占　　%、当地居 民约占　　%、学生约占　　%、游客约占　　%
第一商圈内店 铺营运分布概 况与竞争对手 分析（半径 500米内）	店铺营运 分布概况	大型超市□有□无，日平均客流约　　人，距选择店　　米 学校□有□无，有　　家（其中小学　　所，学生约　　人， 距选择店　　米；中学　　所，学生约　　人，距选择店　　米； 大学　　所，学生约　　人，距选择店　　米）
	竞争对手 分析	竞争店　□有　□无，有　　家 第一家距选择店　　米，营销模式为　　，规模　　平方米， 经营品种为　　，营运状况：□优□一般□差 第二家距选择店　　米，营销模式为　　，规模　　平方米， 经营品种为　　，营运状况：□优　□一般　□差
SWOT分析	Strengths（优势）：　　　　　　　　Weakness（劣势）： Opportunities（机会）：　　　　　Threats（威胁）：	

相关链接

××店铺选址及店面评估表

选址地点及交通概况	地点	省 市 县 区 路 号
	交通	□主干道 □次干道 □支道 □有隔离带 □无隔离带 离过街人行横道的距离 米
	状况	路宽 米、距站牌 米、公交车 路,公交车站台候车人流量状况
	地址属性	□商业步行街 □校内学生商圈 □校外学生商圈 是否在社区人流动线位置:
店铺结构概况	室外	主楼 层、楼龄 年、店铺在 楼,商铺朝向 ,门面宽 米、高 米,门前空场 平方米,停车位 个,人行道 米,门口/招牌障碍物: ,现有招牌宽 米、高 米,可做宽 米、高 米
	室内	室内平面形状 □正方形 □长方形 □不规则
		使用面积 平方米、长 米、宽 米、高 米
		卷闸门 □有□无,洗手间 □有□无,仓库□有□无
		电力状况 / 给排水状况 / 电力增容
租赁条件概况	租赁情况	前租户从事 行业、租期 年、每月租金 元、押金 元
		免租期: □ 无免租期
		租金调幅:□租期内不调 □每 年上调 % 转让费 元

续表

商圈分析概况	邻铺概况	左右两边五家店铺依次为 左： 右： 上午开门时间：　　时，晚上关门时间为：　　时	
	商圈	人流统计： 周一至周五 9:30～11:30　　人、双休日　　人； 周一至周五 13:30～15:30　　人、双休日　　人； 周一至周五 17:00～19:00　　人、双休日　　人； 周一至周五 20:00～22:00　　人、双休日　　人。	
		周围 15～28 岁人口约占　　%、学生约占　　%、上班族约占　　%、从商人员约占　　%、当地居民约占　　%、游客约占　　%	
		有利因素	学校□、宾馆□、酒店□、酒吧□、娱乐城□、卡拉OK□、电影院□、公交站□、图书馆□、小商品市场□、菜市场□、公园□、写字楼□、食肆□、医院□、运动场□、停车场□、城中村□、工厂宿舍□、旅游点□、政府机构□
		写字楼　　座，入驻情况：　　　　，消费层次：　　　　，临近菜市场　　米，海鲜档　　档，水果档　　档，面包档　　档	
商圈内店铺营运分布概况及竞争对手分析（半径500米内）	店铺营运分布概况	大型超市□有□无、日均客流约　　人、距店　　米	
		小学　　所，学生约　　人、距选择店　　米 中学　　所，学生约　　人、距选择店　　米 大学　　所，学生约　　人、距选择店　　米	
	竞争对手分析	竞争店：□有　□无，有　　家	
		第一家距选择店　　米、营销模式为　　　　，经营规模　　平方米，经营品种为　　　　，营运状况 □优　□一般　□差	
		第二家距选择店　　米、营销模式为　　　　，经营规模　　平方米，经营品种为　　　　，营运状况□优　□一般　□差	
审核	考察人意见		
	拓展部意见		
	连锁运营部		
	总经理		

第二章　连锁餐饮运营

连锁经营、品牌战略是提高餐饮企业竞争力的着力点，是未来餐饮业经营模式的主要发展方向。因此餐饮企业应该随趋势而变，让思维转变，这样才能在越来越激烈的市场竞争中立于不败之地。

第一节　中央厨房管理

据统计，在我国成规模的连锁餐饮企业中，74% 的企业已经自建中央厨房，这也表明中央厨房在连锁餐饮企业中所扮演的角色越来越重要，在品质、服务、清洁方面完全与国际标准全面接轨，并建立起后勤生产、烹制设备、餐厅操作三大标准运营体系。

一、中央厨房的定义

所谓中央厨房是指由餐饮连锁企业建立的，具有独立场所及设施设备的工厂。其主要生产过程是将原料按照菜单制作成成品或者半成品，配送到各连锁经营店进行二次加热或者加工成销售组合后销售给顾客，也可以直接加工成成品或销售组合后直接配送销售给顾客。

中央厨房有半成品加工和成品加工两种加工方式，如图 7-2-1 所示。

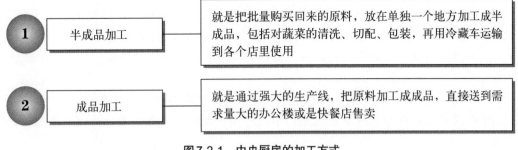

| 1 | 半成品加工 | 就是把批量购买回来的原料，放在单独一个地方加工成半成品，包括对蔬菜的清洗、切配、包装，再用冷藏车运输到各个店里使用 |
| 2 | 成品加工 | 就是通过强大的生产线，把原料加工成成品，直接送到需求量大的办公楼或是快餐店售卖 |

图 7-2-1　中央厨房的加工方式

　相关链接

自建中央厨房的连锁餐企代表

1. 呷哺呷哺

人气爆棚、客流量超大的呷哺店是怎么处理菜品的呢？为什么后厨一共才 6 个人，

就能满足每天上万人的就餐需求呢？这背后的秘密就是呷哺有独立的中央厨房，呷哺的中央厨房设立在北京，52 家店的菜品都是从这里出货。

首先由各个店厨师长提前计算出自己店的日需求出菜量，报告给中央厨房的管理人员；然后中央厨房的管理人员将任务分配给操作工人，操作工人对菜品进行初步加工，比如清洗、切菜、包装等；最后再由冷藏车配送到各个分店去进行最后的加工，比较远的地方就用飞机运输，绝对保证了蔬菜的新鲜度和供应的及时性。

现在很多连锁餐厅都是这么做的，集中在一个地方加工，很多工作可以用机器做，节省了人力、物力和成本。当然所有的菜都是大批量定时采购的，既保证了新鲜度又有优惠。

2. 肯德基

肯德基利用中央厨房把鸡翅、鸡排、鸡腿等都先加工成半成品，再运到各个店里做最后一道加工，然后就可以卖了，所以你看到肯德基厨房很干净，出餐也很快，正是因为背后有庞大的中央厨房在支撑。

3. 望湘园

望湘园在 2008 年就建立了自己的中央厨房。中央厨房有点像规模化生产的食品工厂，能集中完成食品成品或半成品的加工制作，并直接配送至门店。目前他们在餐厅销售的熟制品有三分之一在中央厨房基本上已经加工好了，配送到门店后厨师们只要把 1～2 种中央厨房配好的调料包加入烹饪就行了。

4. 丰收日

丰收日在 2015 年前就成立了自己的中央厨房，经过两次硬件改建，加工及仓储面积达 6500 多平方米，加工配送的半成品达 120 多种，原料及物资类超 300 种，全程冷链物流配送辐射上海、杭州、南京，市区内车程不超 90 分钟，跨省配送不超三小时便可送达。

丰收日建造中央厨房是为了提升效率，但为了不降低风味，不能把菜品数缩减得太厉害，只能一道一道菜分解，中央厨房内车间、设备、流程、品控的设置和研发、采购、物流与终端厨房是平行的，所有部门一同为菜品服务。始终坚持这个思维顺序，才是标准化的唯一出路。

比如，"红烧肉"是丰收日的招牌之一，每一块猪肉都由中央厨房挑选、分割，经 3 小时焖煮定型，冷却包装后配送至门店，终端厨房只需加热、装盘即可，标准化率达 95% 以上。

二、中央厨房的优势

中央厨房在十年前还是一个新概念、新名词，但近几年，中央厨房在整体成本规划、系统管理、品质和安全控制方面得到了整个行业的基本肯定，已成为各连锁餐饮企业的发动机。具体来说，中央厨房具有图 7-2-2 所示的几个优势。

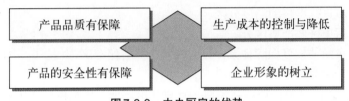

图 7-2-2　中央厨房的优势

（一）产品品质有保障

① 原材料统一采购，质量可控。

② 采用机械化加工与流水线生产模式，产品生产规格符合标准。

③ 产品配方标准化、数据化，加工工艺统一，确保了产品口味及质量的稳定。

（二）产品的安全性有保障

① 通过原辅料统一验收标准的制定和实施，从源头严把产品质量关。

② 采用机械化、集中式的生产加工方式，减少产品污染环节。

③ 通过设置食品安全及操作安全的关键控制点，确保产品及员工的双安全。

④ 人员操作相对集中，便于专职品控人员到现场监督检查，及时发现问题，降低食品安全风险。

（三）生产成本的控制与降低

① 原辅料集中采购，大宗物品的采购在价格上有明显的优势。

② 产品配方标准化、机械化程度的提高，可减少技术人员的使用，建立"去厨师化、去技师化"的生产模式，大幅节省人工成本。

③ 机械化及人工智能设备的使用，可大幅提高产能，减少人员使用数量，降低人工成本。

④ 减少店面加工间的面积和人员操作步骤，增加店面的销售面积，同时也能让员工有更多的时间做更多的工作，真正做到"减员增效"。

（四）企业形象的树立

① 标准、统一、规范的产品及服务，能够在广大顾客心中树立良好的企业形象。

② 产品规格的标准化、口味的统一化能增强顾客黏性，打造"经典味道，百年老店"。

③ 产品研发更新及生产加工调整反应迅速，能够更快地适应市场的变化。

④ 产品制作的标准化、生产的规模化能够确保产品迅速且大规模地复制，为店面的扩张提供充分保障。

三、中央厨房的筹建

餐饮是高强度、密集型、重复型的行业，在连锁企业发展过程中，员工越来越多，操作步骤和流程越来越多，此时追求的是稳定压倒一切，建立承担标准化实施任务的中央厨房就是战略的需求。从现在的发展趋势来看，中央厨房模式是未来必然趋势，中央厨房是推动餐饮企业连锁化、规模化、品牌化发展的有效经营模式，中央厨房的作用和价值已经得到行业的认可。

（一）规划设计

中央厨房应按照功能进行严格分区，具体要求如下。

① 对各个区域进行严格的温度分区。

② 洁净区与污染区要严格区分。

③ 建立加工车间洁净度保障体系。设入货区、原料储存区、加工区、成品包装区、成品储存出货区，并严格区分开。

建造中央厨房之前必须合理规划场地，有效利用场地，根据供应链需要建造场地，避免建造"无用"的场地从而增加企业的负担。在场地规划上需要留有多余的空间，随着餐饮行业的发展，企业需要调整不同的战略，灵活面对各种状况，未来可能出现机械化中央厨房代替现有的人工加工中央厨房的情况，可能要根据市场需求和发展现状做相对应的场地调整，保证中央厨房具有拓展性以便面对将来的机遇。

提醒您：

中央厨房并不是设计出来的，是系统性、专业性策划出来的，它不单单需要建设加工厂地，还需要合理规划、安排流程和管理运作。

（二）平面布局

中央厨房的平面布局应达到以下要求。

① 应符合产品加工工艺，使人流、物流、气流、废弃物流畅通。

② 人员进入车间前，应进行一次、二次更衣，风淋，洗手，消毒，不可直接进入车间。

③ 操作人员应能直接到达各自的操作区域，避免清洁区与污染区人员动线相互交叉。

④ 避免污染物和非污染物的动线交叉。

⑤ 避免生、熟品之间的交叉污染。

⑥ 加大清洁区空气压力，防止污染区空气向清洁区倒流。

⑦ 气流从低温区向高温区流动。

⑧ 严格按照工艺要求合理选择加工设备、物流设备、制冷设备。

⑨ 严格遵循节能的原则并注重投资的合理性。

⑩ 注重环境卫生，防虫防鼠。

⑪ 长远规划，分步实施。

（三）成本估算

建设中央厨房是一笔不小的投资项目。

以建造一个1000平方米有生产以及储存功能的中央厨房为例，初步预算大概需要300万元，其中场地装修需要80万～100万元，加工设备的购买以及冷库配套建设需要150万元，其他费用接近50万元。

① 设备投入。建造中央厨房对设备的要求非常高，市面上好的设备和差的设备价格相差高达三倍以上，好的设备能够保证食材的高效率生产，使用寿命相对比较长久，对食材的处理也比较专业，且在运行保养费用上有很大的优势。

② 装修规划。在装修上面尽量选择较低成本的装修方式，无需花大量的金钱在装修上，中央厨房可能会随着业务发展和产品结构更改而进行调整或重造。

（四）筹建时机

建设中央厨房要结合企业自身的综合实力水平和需求去建造。

如果企业名下有 6 家门店（餐厅）以上，以及年餐饮主营收入在 3500 万元以上，可以考虑建设中央厨房；2000 万元以下的餐饮企业没必要规划建设功能完善的中央厨房。盲目跟风建设中央厨房只会损耗金钱和时间。

如果门店面积达到 200～500 平方米可以考虑建设小型加工厂，以满足集中加工配送的需求，通过小型加工厂将食材统一规范化，并逐渐发展门店和扩大加工厂规模，当企业规模达到建设需求时即可建造中央厨房。中央厨房的建造应根据企业自身需求发展逐步推进并不是一蹴而就的。若有经验丰富的运作团队，开拓市场、筹建市场、筹建中央厨房可以同步进行，若没有经验丰富的运作团队，则需要先拓展市场待到时机成熟时筹建中央厨房。

相关生产中央厨房设备的企业给出以下建议。

① 年营业额在 600 万～1500 万元之间，门店面积达到 200～500 平方米建议建设小型加工中心。

② 年营业额在 1500 万～2000 万元之间可以考虑规划中央厨房。

③ 年营业额在 2000 万～5000 万元之间可建设 1000 平方米的中央厨房。

④ 年营业额在 5000 万元以上可考虑建设 3000 平方米的中央厨房以及物流中心。

四、中央厨房的标准化管理

标准化就是将各个加工环节的关键步骤数据化，让这些数据可见、可量、可描述。比如产品形状、重量、温度、时间、动作要求。具体来说，中央厨房的标准化管理包括图 7-2-3 所示几个方面的内容。

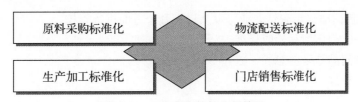

原料采购标准化　　物流配送标准化

生产加工标准化　　门店销售标准化

图 7-2-3　中央厨房的标准化管理

（一）原料采购标准化

对于食品安全问题，应从采购环节就严把质量关。具体来说，餐饮企业可从以下几个方面进行管控。

① 原料验收标准的制定。

② 采购原料品牌的把控。

③ 中央厨房与门店对产品质量的认定。

（二）生产加工标准化

对于生产加工标准化，餐饮企业可以从以下几个方面进行管控。

① 采购、品控、生产原料验收检验标准的统一。

② 产品加工规格标准。

③ 标准化的产品配方。

④ 标准的操作规范。

⑤ 成品包装规格标准。

⑥ 容器使用规范的标准。

比如，味千拉面的中央厨房按照 7S（整理、整顿、清扫、清洁、素养、安全、节约）管理模式，所有食品的清洗、分类、分切、搅拌都有严格标准，半成品生产过程中的杀菌、检验、包装、进入冷库的流程脉络清晰，不同食品的保鲜都有各自的标准体系，并且精准称量。对于一个 110 克的面里面有多少根面条，大家都了然于心。

在中央厨房里，没有专业的大厨，所有员工都是来自一线。这种去厨师化的理念保证了从中央厨房出来的食品都是标准化的，保证了全国所有门店提供的 100 个菜品，以及每一份小料的分量、口味都是一模一样的。

从中央厨房运到各门店的拉面，煮面的时间均由电脑控制，盛放拉面的笊篱在规定时间过后自动浮出水面，全面排除了人为失误的因素。而面条汤底则由工厂统一熬制，厨师所要做的就是把面倒入碗中，以规定姿势盛入汤底，最后放入按比例调配好的配菜，整个过程只要 3 分钟。

（三）物流配送标准化

对于物流配送标准化，餐饮企业可以从以下几个方面进行管控。
① 库内作业操作规范。
② 产品打包配置。
③ 车辆容积。
④ 车辆装载量。
⑤ 温控车厢运输温度。

（四）门店销售标准化

对于门店销售标准化，餐饮企业可以从以下几个方面进行管控。
① 中央厨房、门店商品验收标准。
② 供、需方商品基础信息。
③ 产品使用标准。
④ 产品鲜度管理标准。

> **提醒您：**
>
> 产品标准化落地需三步走：即各类标准、制度、规范的制定；标准的严格执行；标准执行情况的现场监督检查。

五、中央厨房的智能化管理

智能化管理能使中央厨房的运作过程进一步简化，降低加工成本，还能使成品在质量、口味上的统一性更为明显，满足标准化生产要求。

（一）厨房设备的升级

餐饮企业可用主食生产线、全自动洗切流水线、自动分装流水线、智能化自动炒菜锅等取代人工操作。目前还有餐饮企业引入了先进的烹饪机器人，它能在生产过程中有效控制油温，杜绝高温产生有害物质，且能够实现自动投料、自动翻炒，做到高效烹饪、标准烹饪和科学烹饪。

（二）用大数据监控生产过程

与此同时，餐饮企业还需要利用互联网智能技术对食品生产全过程进行大数据监控、解析和把关，提升食品品质的同时严防食品安全问题。

（三）提升配送过程的智能化水平

除了生产，中央厨房的运作过程中还包括了食品配送。因此提升配送过程的智能化水平也是关键点之一。

中央厨房的食品配送主要分为两类，需要低温储存的食品采用冷藏厢式货车进行运输，熟食通过保温箱进行运输。运送过程中企业可以利用温控系统实时监测并反馈食品的储藏情况，并通过 RFID（射频识别）、GPS（全球定位系统）、GPRS（通用无线分组业务）等信息技术对运输车辆进行定位监测，确保运输车辆管理的可追溯性。

（四）提升食品检测的智能化水平

运用智能化食品安全检测设备对餐食进行检测，利用大数据库对检测数据进行记录，并帮助处理程序存储和显示关键的性能指标，集中整合监测力量，形成统一监管网络。

第二节　菜品研发与推广管理

菜品研发创新已成为餐饮企业经营策略的重要内容之一，是企业可持续发展的动力源泉。所以企业必须紧紧围绕自身特点，围绕市场需求，紧扣时代脉搏，紧密结合社会需求，根据市场定位、企业文化及经营特点和消费者的心理与生理需求，利用各类新的原料，经过独特的构思设计，研发创作出较为新颖的菜品。

一、菜品研发与创新

（一）菜品研发与创新的基本原则

菜品研发与创新的基本原则，具体如图 7-2-4 所示。

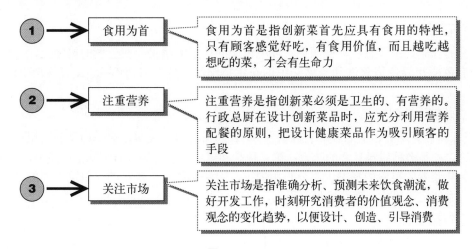

图 7-2-4

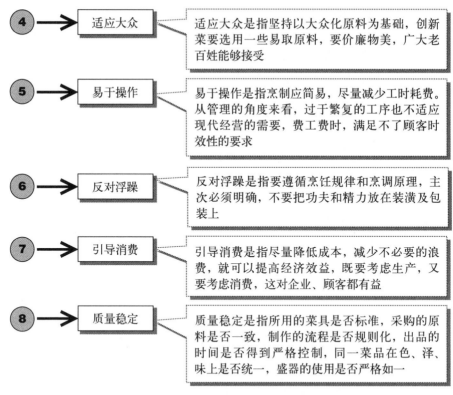

图7-2-4 菜品研发与创新的基本原则

（二）菜品创新的实现途径

菜品创新要迎合客人，价格合理，物有所值；菜品色、香、味、形俱佳，具有味觉美，视觉美，嗅觉美；安全卫生，上菜速度快；要求知、求奇、求特等。菜品创新要从以下几方面去实现。

1. 菜品原料的创新

不断从国际引进烹饪原料，有些菜品原料的搭配，也要不断深化改革，搜集海陆空三界奇珍异食，打破旧的传统观念，以突出原料创新。

2. 色彩创新

菜肴的色彩是由固有色、光源色、环境色共同作用的结果，在色彩的搭配上，要根据原料的固有色彩用异色搭配法和一席菜中的花色搭配法，使菜肴五颜六色、五彩缤纷、和谐悦目。

3. 口味形态的创新

"五味调和百味香，五味调和百味鲜。"菜肴的味型种类很多，第一种是利用原料本身的味道；第二种是多种原料复合的味道；第三种是利用中西餐各种复合调味品改变原料的滋味，复合成美味菜肴。菜肴的形态大部分是由刀工、刀法的种类来决定的，但更主要的是靠配菜去完善，靠塑造去美化，使菜肴形态逼真，美观大方，使就餐者赏心悦目，食欲大增。

4. 烹饪技法创新

烹饪技法有几十种，每种都有不同的特点，菜肴的色、香、味、形、质、养主要靠烹调技法来实现，一字之差且口味各异。传统烹调技艺也存在一些不科学的程序和制法，必须在创新过程中加以解决。烹调技艺要按菜品质量和制作程序去选择，避免制作过程中的营养流失，要逐步向标准化、工业化、现代化方向发展。作为一名好厨师，就要研究新技艺，创造新菜肴。

5. 中西餐结合创新

中西餐各具特色，南国之味，北国之风，异国奇特，若将中西餐结合起来，既具有本土的主味，又有异国的别味，令人陶醉。

6. 挖掘古菜绝技

日月轮回，菜肴有时也要轮回，更别有一番风味，例如成都公馆菜、谭氏官府菜、三国菜、蜀王菜、民俗民风菜等至今都被人们欣赏，相关餐厅生意火爆，因此更要挖掘古式菜品。

7. 器皿创新

俗话说"人是桩桩，全靠衣裳"。菜肴也是一样，菜肴离不开器皿，而器皿衬托菜肴。器皿的选择应与菜肴的类别相适应，菜肴千姿百态，而器皿也应随着菜肴的变化而变化；器皿的色彩应与菜肴的色彩相适应，器皿的色彩与菜肴的色彩之间有着调和与对比的关系，弥补菜肴图案造型的不足；器皿的形状、花纹应与菜肴的图形、料形搭配，要配合得体。总之器皿和菜肴的搭配，要突出菜肴的艺术美和观赏美；器皿的质地要与菜肴的价格相吻合。菜肴贵在色、味、形，而器皿的价值在于它是精美的工艺品，两者结合，美食与美器相配，方显出色、香、味、形、质、养、皿俱全的佳肴珍馐的特色。

8. 菜单创新

菜单形式多种多样，五花八门。目前最实用的有图形菜单与实物鲜活菜单，使客人心明眼亮，明明白白消费，实实在在享用。

9. 其他方面创新

从历史文化、竞争对手、营养健康等方面着手，进行标准的研制开发，不断推陈出新。

【案例】 ▶▶

×× 餐饮企业新菜品的研发方式

菜品研发是支撑团队持续成长的力量，但需要厨师团队有一套科学合理并持之以恒的菜品研发机制，那么菜品研发方式有哪些？如何进行菜品研发呢？下面介绍菜品研发的方式以及进行菜品创新的技巧，供读者参考。

一、菜品研发理念

老菜新做、传承"吃文化"、中西结合、料理无国界是厨师团队研发菜品的四大理念。

老菜新做，就是发扬传统技法优势，融合时尚理念，回归菜肴原汁原味。

传承"吃文化"，就是将传统菜品的吃法与文化传承下来，如将古老的菜品变成中国的物质文化遗产，提高菜品的附加值。

中西结合，是将传统中餐、西餐的烹饪技法和调味技术的优点相融合，实现菜品优势资源互补。

料理无国界，即拿来主义，不管是哪个国家的菜品，只要能够得到客人的认可，客人喜欢，就是一道好菜，西班牙菜、墨西哥菜、意大利菜、俄罗斯菜都可以拿来借鉴学习。

二、菜品四化

家常菜精细化、融合菜口味化、高档菜平民化、特色菜标准化是厨师团队研发菜品时应把握的四个方向。

家常菜精细化，就是让喜爱吃家常菜的食客能够体验到精细料理，从家常菜中吃出档次。

融合菜口味化，就是融合菜要既中看又中用，既要好吃也要有好味道。

高档菜平民化，就是认识到有些高档菜品华而不实的缺点，将它们改良成价格不高、更容易被老百姓接受的菜品。

特色菜标准化，即在保持自己研发的特色菜的特殊口味时，还要保证菜品加工的标准化。

三、菜品创新高招

1.每年推出四个美食节

某些酒店一年四季都会推出具有不同特点的美食节：春季推出野山菌、野菜美食节，夏季推出海鲜美食节，秋季推出菜系美食节（比如推出川菜美食节、淮扬菜美食节、湘菜美食节、鲁菜美食节），冬季推出暖冬美食节（使用各种暖冬食材，采用烫煲的形式上菜）。四个美食节搭配主菜单、试销菜单推出，扩大了客人的选择范围，既有持续旺销菜，也有应季菜。

2.出巨资作为试菜费用

团队与合作伙伴每年拿出10万～30万元作为专门的试菜基金，用来研发创新菜，并且每年还会举办厨师创新菜大赛、厨师基础技能大赛。每个合作店都有菜品研发小组，他们会用试菜基金研发新菜，每个店里拿出自己前三名的优秀菜品，与其他合作店的优秀菜品进行比赛，最终在创新菜大赛获胜的厨师将会得到创新菜奖，并会获得丰厚的奖金。

3.走出去，请进来

交流、学习是厨师研发新菜的必备环节，经理经常带厨师去旺店吃饭，学习旺店菜品的优点，将别人菜品的优点吸纳到自己的菜品体系中来。另外，还会定期请某个菜系、某个菜品领域的专业人士来店指导厨艺，并指出现在菜品的缺点和不足，以帮助我们提高。

4.新菜品经过试卖探市场

厨房出品部和厨师创新菜大赛评选出来的菜品都是比较优秀的，有些菜品经过出品部负责人修改以后更加出彩，这些新菜都会放在试卖菜单上推出。经过试卖以后，在试卖菜品中销售排在前三名的冷菜、前三名的面点、前五名的热菜有资格进入主菜单上进行销售。

5.试卖菜单不设销售提成

主菜单上销售的菜品，不管菜品毛利高低，基本都有销售提成，提成低至五毛，高至几十元，菜品提成的高低是按照整个餐厅菜品毛利的稳定性来设定的。但在试卖菜牌上的菜品是没有销售毛利的，这样可以得到顾客的真实喜好反馈，根据试卖菜牌上的销售统计，可以知道哪些菜品是顾客比较喜欢的，而那些不被客人接受的菜品，就是要被淘汰的。

（三）新菜品研发程序

新菜品的研发程序包括从新菜品构思创意到投放市场所经历的全过程。这样的过程一般可分为三个阶段，即酝酿与构思、选择与设计、试制与完善。新菜品的研发程序，具体如图7-2-5所示。

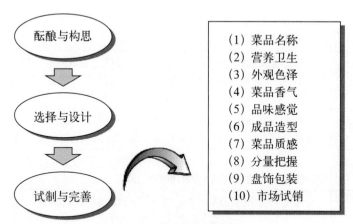

图 7-2-5　新菜品的研发程序

研发新菜品时在任一方面考虑不周全，都会带来菜品的质量问题。

1. 酝酿与构思

所有新菜品的产生都是从酝酿与构想创意开始的。新创意主要来源于广大顾客的需求和烹饪技术的不断积累。

2. 选择与设计

餐厅厨师长在选择与设计创新菜品时，首先要考虑的是选择什么样的突破口，具体考虑方向如下所示。

① 对原料有什么要求？
② 准备调制什么味型？
③ 使用什么烹调方法？
④ 使用什么面团品种？
⑤ 配置何种馅心？
⑥ 造型的风格特色是什么？
⑦ 对器具、装盘有哪些要求。

为了便于资料归档，行政总厨要提供详细的创新菜品备案资料。

3. 试制与完善

试制与完善的具体内容，如表 7-2-1 所示。

表 7-2-1　试制与完善的具体内容

序号	内容	具体说明
1	菜品名称	菜品名称既能反映菜品特点，又具有某种意义。创新菜品命名的总体要求是，名实相符、便于记忆、启发联想、促进传播
2	营养卫生	营养卫生是指做到菜品原料搭配合理，菜品的营养构成比例合理。在加工过程中始终要保持清洁，包括原料处理是否干净，盛菜器皿、菜品是否卫生等

续表

序号	内容	具体说明
3	外观色泽	外观色泽是指创新菜品显示的颜色和光泽，它包括自然色、配色、汤色、原料色等，菜品色泽是否悦目、和谐，是菜品成功与否的重要一项
4	菜品香气	创新菜品的香气是不能忽视的因素，气味会影响顾客的饮食心理和食欲。因此，香气是辨别食物、认识食物的主观条件
5	品味感觉	品味感觉是指菜品所呈现出的滋味，包括菜品原料味、芡汁味、佐汁味等，它是评判菜品最重要的一项指标。味道的好坏，是顾客评价创新菜品最重要的标准
6	成品造型	菜品的成品造型要形象优美自然；选料讲究，主辅料配比合理，特殊装饰品要与菜品协调一致，并符合卫生标准；装饰时生、熟要分开，其汁水不能影响主菜
7	菜品质感	在食品原料采购、加工、熟制等全过程中精心安排，合理操作，并具备一定的制作技艺，才能达到预期的目的和要求
8	分量把握	分量把握是指菜品制成后，观察菜品原料构成的数量，包括菜品主配料的搭配比例与数量，料头与芡汁的多少等。原料过多，会使整个盘面显得臃肿、不清爽；原料不足，或数量较少，会使整个盘面显得干瘪，有欺骗顾客之嫌
9	盘饰包装	盘饰包装是指要对创新菜品进行必要、简单明了、恰如其分的装饰。要求装饰内容寓意美好健康，盘饰与造型协调，富有美感。不能过分装饰、以副压主、本末倒置
10	市场试销	市场试销是指通过试销得到反馈信息，供制作者参考、分析和不断完善。赞扬固然可以增强管理者与制作者的信心，但批评能帮助制作者克服缺点

（四）菜品研发的权责部门（人员）

1. 研发管理职责——厨政部

厨政部是公司菜品研发工作的职能管理部门，负责菜品研发的计划制订、组织、监督和成果鉴定等活动。

（1）厨政部经理

① 负责组织制定或修订菜品研发管理制度，实现菜品研发的规范化管理。

② 组织制订菜品研发计划，组织、协调和指挥研发工作。

③ 组织菜品研发项目的立项申报工作。

④ 组织菜品研发成果评定和奖励等工作。

⑤ 组织确定菜品结构，编制公司标准菜目录和菜品标准，实现菜品标准化、规范化。

（2）菜品研发管理员

① 负责制定或修订菜品研发管理制度、菜品研发流程，上报批准后组织执行。

② 负责编制公司年度菜品研发计划和研发费用预算，上报审批。

③ 组织和督促各单店根据公司下达的年度菜品研发计划，申报各自的研发项目。

④ 负责组织各单店研发项目的立项评审和结题评审，确定项目预算。

⑤ 跟踪各单店菜品研发实施过程，组织、指导、监督各单店实施菜品研发工作。

⑥ 审批预算内的研发费用支出，控制项目研发费用的使用。

⑦ 收集创新菜品的销售量、效益、顾客反馈等信息，组织研发成果评定、提出奖励

建议。

（3）厨政管理员

① 协助开展菜品研发计划的制订、下达和组织实施工作，及时发现问题并协调解决。

② 协助组织创新菜品的研究立项、成果评审等工作。

2. 研发辅助管理职责——其他部门

（1）规划经营部

① 组织编制公司年度经营计划，督促厨政部制订和执行公司菜品研发计划。

② 参与创新菜品研究成果的评审和鉴定。

③ 参与创新菜品促销活动的组织和策划。

（2）财务部

① 在编制公司年度全面预算过程中，为研发预算的编制和预算总额的确定提供指导。

② 参与单店研发项目预算的评审。

③ 审批预算外项目研发开支。

④ 负责各研发项目研发成本的核算。

3. 研发实施管理职责——单店经理

① 根据单店经营需要，会同厨师长研究并提出单店新菜品研究需求，编制单店菜品研究计划。

② 审查后厨提出的研发项目。

③ 审查其费用预算。

④ 组织初审创新菜品的费用支出后上报。

⑤ 检查新菜品研发的进度，审批项目研发开支，协助处理出现的问题。

⑥ 组织创新菜品试销的前厅推广和顾客调查，收集调查反馈意见。

4. 研发实施管理职责——厨师长

厨师长是单店菜品研发的总责任人，其职责为如下。

① 协助店经理制订单店年度菜品研究计划和预算。

② 负责根据公司下达的研发计划组织立项申报。

③ 审查研发项目预算。

④ 确定项目负责人，明确项目研究的目标、时间和验收标准。

⑤ 协助研究人员形成创新思路。

⑥ 提供必要的研制条件。

⑦ 监督研发进展情况，及时解决出现的问题。

5. 研发实施职责——项目负责人

① 全面负责项目的创意构思设计。

② 拟制试验菜谱方案。

③ 进行试验试制。

④ 改进完善菜品。

⑤ 记录研制过程数据。

⑥ 申请店内评审试销及改进。

⑦ 试制研发费用申请。

⑧ 整理提交最终的研究成果资料。

（五）菜品研发的模式

菜品研发，包括现有菜品改进和全新菜品研发两种模式。

1. 现有菜品改进

现有菜品改进模式如图7-2-6所示。

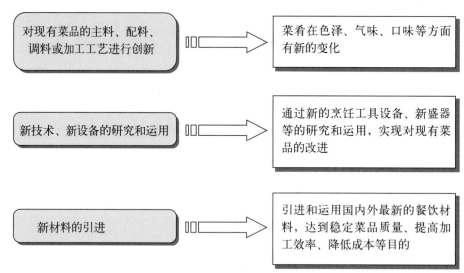

图7-2-6　现有菜品改进模式

2. 全新菜品研发

全新菜品研发的模式如图7-2-7所示。

图7-2-7　全新菜品研发的模式

（六）菜品研发管理流程

菜品研发管理流程如图7-2-8所示。

1. 制订菜品研发计划

（1）制订菜品研发计划的目的

① 筹划公司核心能力。

② 引导单店创新。

③ 统筹各单店研发能力。

（2）制订菜品研发计划流程

制订菜品研发计划流程如图7-2-9所示。

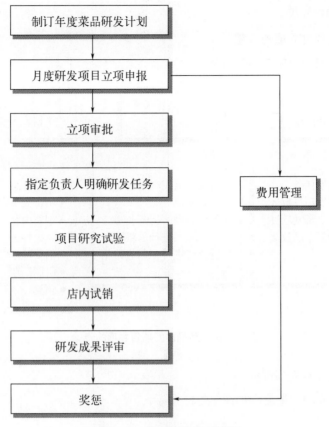

图 7-2-8　菜品研发管理流程

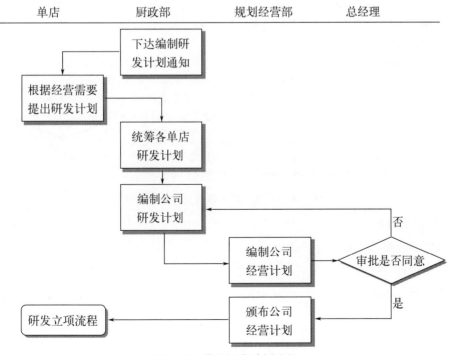

图 7-2-9　菜品研发计划流程

2.菜品研发项目立项

（1）菜品研发项目立项的步骤

研发项目立项的步骤如图 7-2-10 所示。

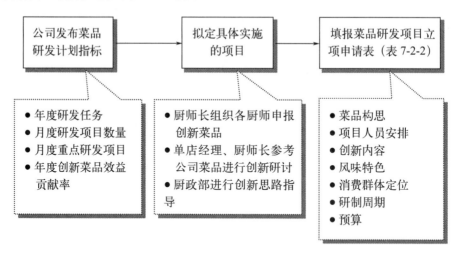

图7-2-10　菜品研发项目立项的步骤

（2）菜品研发项目立项审批

菜品研发项目立项审批流程如图 7-2-11 所示。

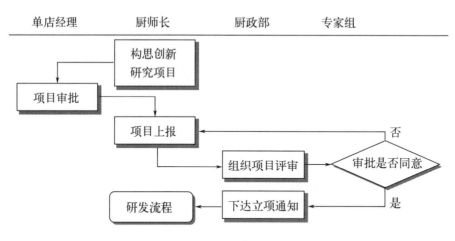

图7-2-11　菜品研发项目立项审批流程

（3）审批的内容

① 各店厨师能力资源分布情况。

② 研发项目可行性。

③ 研发项目必要性。

④ 创新能力效率等。

表7-2-2　菜品研发项目立项申请表

编号：

菜品名称			
菜品类别	冷菜类（　）热菜类（　）汤菜类（　）粥品类（　）烧烤类（　）烧卤类（　）		
申报单店			
销售收入及排名			
申报时间	20　年　月　日	菜品试验周期	年　月～　年　月
制作人		联系电话	
菜品概述			
申报单位签章			
备注			

注：1.菜品类别栏中，在相应的类别上打钩；项目编号由申报单位填写。
　　2.菜品概述栏应简要描述申报理由及菜品研发投入、盈利目标。
　　3.申报单位签章栏需要有申报单位主管领导、厨师长签名，并加盖本单位公章。
　　4.菜品立项申请表应附有相应的详细菜品制作工艺说明。

3.菜品研发

（1）研发项目的组织

研发项目的组织如图7-2-12所示。

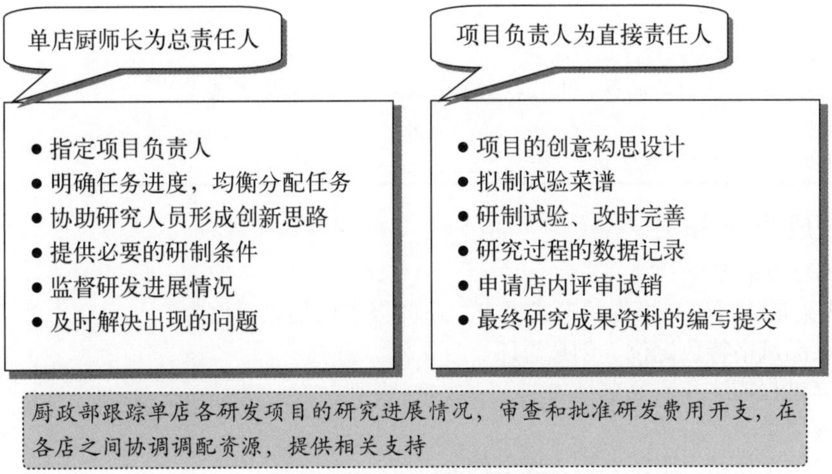

图7-2-12　研发项目的组织

（2）菜品研发

① 构思新菜品的风味、特色，选定主配料、调味品和加工方法等。

② 根据设计要求进行试菜，试验加工烹制方法。

③ 根据试验情况，调整和完善菜品。

④ 核算成本，确定毛利和售价。

（3）研发结果

① 创新菜品标准。

② 主料、配料、调料等各种原料的质量、数量配比。

③ 加工、烹制等生产工艺、过程中的注意事项。

④ 盛器盘饰、装盘要求等。

⑤ 主要技术指标。

⑥ 成本核算。

（4）创新菜单店试销

① 研究阶段结束后，先由单店组织对其进行一个月的试销考察。

② 单店制定促销方案，以桌牌图片、特价打折等适当的形式宣传促销，安排前厅服务人员进行创新菜品的推销介绍。

③ 在顾客消费后应征询其对新菜品的意见，填报"新菜品顾客评价单"，收集市场意见作为评审的参考。

④ 单店收集汇总"新菜品顾客评价单"，最少搜集 30 份顾客评价资料，才能进入菜品申报阶段。

新菜品顾客评价单

尊敬的顾客朋友：

衷心感谢您对我们的新菜品进行评价，您的评价对我们的改进工作十分重要，谢谢！

菜品名称：

您认为该菜品是否适合您的口味？

① 十分满意　② 比较满意　③ 比较不满意　④ 不满意　⑤ 其他

您对该菜品的配料是否满意？

① 十分满意　② 比较满意　③ 比较不满意　④ 不满意　⑤ 其他

该菜品定价多少，您感觉能接受？

① 8 元以下　② 8～12 元　③ 12～16 元　④ 16～20 元　⑤ 其他

您感觉该菜品外形、色泽是否满意？

① 十分满意　② 比较满意　③ 比较不满意　④ 不满意　⑤ 其他

欢迎您提出其他宝贵意见：＿＿＿＿＿＿＿＿＿＿＿＿＿＿＿

---

4. 研发成果验收鉴定

（1）研发成果提交

研发成果最终以研究报告的形式提交，研究报告包括以下内容。

① 新菜品风格特色定位、创意思路。

② 研究过程描述和研究总结。

③ 标准菜谱。

④ 试销情况总结（附顾客调查表原件）。

⑤ 客户意见反馈汇总分析。

⑥ 核心技术及说明。

如果有核心技术需要保密，可以作为报告的附件另行提交，由厨政部专项管理。

（2）研发资料的审查

① 单店审查。单店在创新菜品申报之前，厨师长要进行认真审查。审查主要包括以下

内容。

a. 创新项目是否具备申报条件。

b. 项目是否具有创新性。

c. 研究过程资料是否齐全。

② 厨政部审查。厨政部主要审查资料的规范性和完整性，指导单店按照要求上报所有研究成果。

（3）研发成果鉴定评审流程

研发成果鉴定评审流程如图 7-2-13 所示。

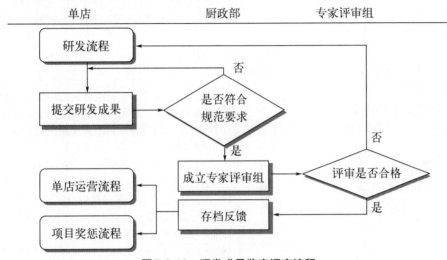

图 7-2-13　研发成果鉴定评审流程

5. 研发工作考核与奖惩

研发工作考核和奖惩对象与内容如图 7-2-14 所示。

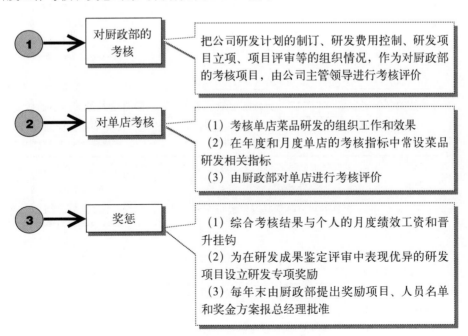

图 7-2-14　研发工作考核和奖惩对象与内容

6. 研发费用管理

（1）研发费用种类

研发费用包括以下几个方面。

① 原料费用。

② 设备费用。

③ 差旅费、学习培训费。

④ 试销推广费用。

⑤ 其他费用。

（2）研发费用管理原则

研发费用管理原则如图7-2-15所示。

（3）年度研发预算的编制

年度研发预算的编制流程如图7-2-16所示。

原则一 ▷ 总额管理

> （1）公司年度菜品研发费用支出限定在公司董事会确定批准的额度之内。一般为公司上年度利润额的 1% ～ 5%
> （2）研发预算总额由厨政部负责管理控制，通过审批各单店研究项目数量和经费额度来控制预算总额

原则二 ▷ 预算控制

> （1）预算内原料审批由单店经理负责，审批后到厨政部备案（高级原料经单店经理审批后由总经理审批）。预算外审批由厨政部、财务部和总经理联席审批
> （2）设备费用、差旅费、试销推广费用由项目负责人提出申请，单店经理审批后，3000元以内的预算开支提交厨政部经理审批即可。超过3000元或者超出预算的费用，厨政部经理审批意见后经总经理批准方可开支

图7-2-15　研发费用管理原则

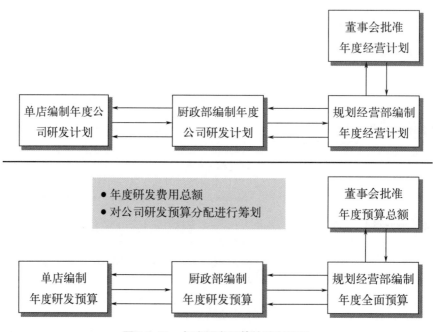

图7-2-16　年度研发预算的编制流程

（4）研发项目预算

单店拟定研究项目的同时，要编制详细的研发预算，上报厨政部。

① 研发试验的原料费用预算。

② 设备费用预算。

③ 差旅费用预算。

④ 试销推广费用等预算。

（5）厨政部审核项目预算

厨政部在组织评审申请立项的项目的过程中，要进行项目预算的审核。审批项目预算条目的必要性，删除预算中不必要的开支项目。

确定立项项目的研发费用预算，经厨政部经理审批后随《研发项目立项通知书》一起下达给申请人。

厨政部的预算审查原则如下。

① 保证年度和月度研发预算额度得到有效控制。

② 控制固定资产设备的添置，力求充分发挥现有资源能力，避免重复采购，减少闲置资源造成的浪费。

③ 厉行节约，减少和控制不必要的开支预算（例如无目的或效果不佳的外地出差、考察等）。

（6）项目经费卡——控制项目预算的工具

厨政部负责给每个项目建立"项目经费卡"，"项目经费卡"保存在项目负责人手中。从项目立项开始详细记录每一项开支。库房接到"研发项目领料单"后，核算领用原料总金额，在"项目经费卡"上给予登记。对于差旅费、推广费用和其他开支，财务部在费用报销时在"项目经费卡"上登记。厨政部可以查阅每个项目的"项目经费卡"上费用的累计和结余，作为审查和控制费用的依据。

（7）研发费用开支的归属

原料费用——列入单店成本，单店承担。

其他开支（设备费、差旅费、推广费等）由分公司承担。

研发费用开支审批流程如图 7-2-17 所示。

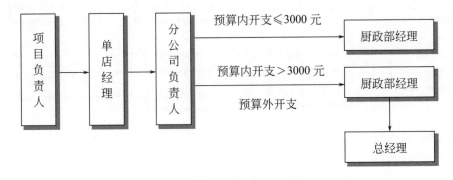

图7-2-17　研发费用开支审批流程

【范本】▶▶▶ --

××店菜肴开发和创新管理规定

一、菜肴的开发和创新说明及时间安排

菜肴的开发和创新有别于菜谱的制作，也有别于新店的菜肴定位。它主要是指已成型、正在运转的酒店进行每季、每月或每一个阶段菜肴的开发和创新。因此它必须以每个店已形成的"定位"为中心，围绕已有菜谱进行新菜肴的开发和研究。切记：千万不能因菜肴的研发和创新而影响及改变餐饮店已有的定位。一般情况下，主要分为季节性菜单和台卡菜单两种菜单的开发及创新，时间安排如下。

（一）季节性菜单

① 春季菜单于每年的 3 月 15 日左右上桌。

② 夏季菜单于每年的 5 月 15 日左右上桌。

③ 秋季菜单于每年的 9 月 15 日左右上桌。

④ 冬季菜单于每年的 12 月 15 日左右上桌。

（二）台卡菜单时间安排（针对季节性菜单的制作周期）

① 春季台卡菜单于每年 4 月 15 日上桌（菜肴数量 15 道）。

② 夏季台卡菜单分 2 次上桌，第一次于每年的 6 月 15 日上桌，第二次于每年的 7 月 15 日上桌（菜肴数量 15 道）。

③ 秋季台卡菜单于每年的 10 月 25 日上桌（菜肴数量 15 道）。

二、菜肴开发和创新的负责部门及负责人（即菜单开发和创新的组织结构）

① 负责部门：厨政部。

② 负责人：厨师长。

③ 成员：厨政部全体员工。

三、菜肴开发和创新的流程（如何做）

（一）流程图

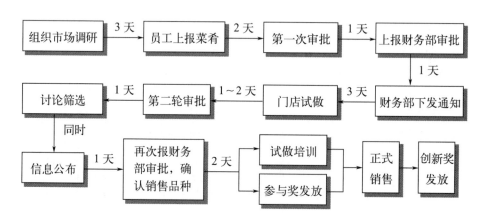

（二）流程图详解

1.组织市场调研

由厨师长组织所在店员工根据季节性菜单和台卡菜单所需进行原料及餐具市场调研，并填写"市场调研表"（备注：可根据实际情况向公司申请资源或去其他餐饮酒店学习）。

2.员工上报菜肴

根据季节变化和菜单更新需求，原则上针对季节性菜单，每位员工上报 4～5 道菜肴，针

对台卡菜单，每位员工上报2～4道菜肴，员工需以"菜肴制作标准表"的形式提交上报菜肴。上报时间为当月20日前。

3. 第一次审批

由总经理组织所有参与菜肴创新的人员参加座谈会进行讨论删减，讨论形式基本为总经理报菜，创新人员进行讲解，所有人员举手表决，赞成人数超过总人数的2/3，则菜肴通过，由厨政部经理填写"创新菜肴上报财务审核表"，汇总上报财务部审核，财务部审核后下发通知至门店。所有参与人员根据审批结果进行菜肴试做。财务审批结束时间为当月25日前。

4. 第二轮审批

由总经理组织，参与人员为营销经理、前厅经理、本店厨师长或同档次店的厨师长。评定前厨政部准备好菜卡，菜肴不记名上桌评定，评定时先评定员工菜肴，厨师长的菜肴最后进行评定。此次评审由参与评审人员填写"创新菜肴评审表"，根据评审结果填写"创新菜肴评比得分汇总表"。结束时间为当月27日前。

5. 讨论筛选

根据"创新菜肴评比得分汇总表"的结果进行筛选，筛选时应考虑以下因素。

（1）菜肴的数量

季节性菜单一般的排版先后顺序为：① 所在店特色主卖菜肴，② 冷菜，③ 季节特色菜肴，④ 热菜。

根据此排版来看，筛选新菜时一般要把握好以下几个方面：炒菜筛选，烧菜筛选，下水、煲仔类菜品筛选，其余根据实际情况筛选，要考虑各档口工作量大小。季节性菜单中菜肴总数不超过20道，台卡菜单中菜肴总数不超过12道。

（2）菜肴的价格

一般要将菜肴的售价控制在一个合理的范围内，既要考虑菜肴综合毛利，也要考虑酒店的定位，并结合财务部意见最终确定销售价格。筛选时间为当月29日前。

6. 信息公布

将统计后的"创新菜肴评比得分汇总表"及时、准确地张贴于公共信息栏处，以便员工知晓具体评选结果。

7. 再次上报财务部审批

将第二轮的筛选情况再次上报财务部进行审批。

8. 试做培训

厨政部经理组织员工根据"菜肴制作标准表"，针对部分技术含量高的菜肴进行现场操作培训；前厅部组织所有服务人员对菜肴进行直观的认识了解，以便向顾客推荐。厨政部经理将菜单内容交由办公室文员进行打印，打印好的样稿由厨政部经理审核同意后方可批量打印给前厅正式使用（于次日中午11:30前交给前厅部负责人）。

9. 参与奖发放

根据第二轮菜肴筛选情况，总经理将在全体员工大会对有菜肴入选菜单的员工进行奖励，每道菜肴50元，金额可累加。

10. 正式销售

厨政部可根据前厅收集到的顾客意见及季节的变化对菜肴做微调，但调整的情况一定要准确、及时地通知前厅部，信息传达务必保持畅通、及时。正式销售时间为当月5日前。

四、奖励

（一）参与奖

对于积极参与并经过第二轮筛选有菜肴被选入季节性菜单或台卡菜单的人员，给予每道菜50元的奖励，一人若有多道菜肴选入菜单，则奖励可累计。奖励于筛选信息公布后次日发放。

（二）创新奖

根据季节性菜单和台卡菜单的使用周期对菜肴销售量进行统计排名，其中标准单下单的菜肴不计入销售统计。

① 每月根据创新菜肴的销售排行榜，排名前两位的创新菜，奖励其创意者100～300元的现金或礼品。

参与制作的相关人员奖励分配如下。

a. 炉头操作人　奖金为创意者奖金总额的50%（即50～150元现金或礼品）。

b. 案板（含水台）操作人　奖金为创意者奖金总额的30%（即30～90元现金或礼品）。

c. 打荷操作人　奖金为创意者奖金总额的10%（即10～30元现金或礼品）。

d. 勤杂操作人　奖金为创意者奖金总额的10%（即10～30元现金或礼品）。

备注：奖励的现金或礼品根据门店当月的经营目标完成情况而定。

② 根据当月经营目标完成情况，创新菜连续三个月销售较好，对此菜的创意者另奖励现金100～300元，三个月后不再给予奖励，此菜被选入菜谱作为长期销售。

a. 若菜肴的创意者和操作者并非同一人时，则奖金由提供创意的人员和实际操作者对半平分。

b. 部门经理级以上管理人员不参与上述奖励。

c. 奖励时间为每次结束统计后的5个工作日内，必须由店总经理在全体员工大会上进行表彰发放。

d. 员工领取奖励时必须由厨师长进行统计，并由员工签字确认。

二、新菜品上市推广

（一）评估新品上市的合理性、可行性

1. 市场背景分析及上市目的分析

① 营运部负责该菜品品类市场的总体趋势分析。

② 该菜品品类市场的区隔及市场占比分析（按功能、口味、价格等要素区隔）。

③ 得出结论：新品定位的市场整体趋势看好。

④ 产品选项迎合了某些市场机会：上市这个新品的目的正是利用这些市场机会，达到销量、品牌的成长效果。

2. 新菜品描述及核心利益分析

① 对新菜品的口味、包装、规格、价格、毛利、目标消费群等要素进行详细描述。

② 各要素相较于竞争菜品的优势，如：本菜品与竞争菜品进行匿名口味测试的结果统计、本菜品在价格和通路利润方面比竞争菜品优胜多少？

③ 新菜品相较于竞争菜品有什么特别优势（即产品的核心利益），这可以给新菜品上市提供有力的支持。

④ 最后得出结论：我们有充足的优势。

（二）制定新菜品推广方案

各餐饮实体店的推广方案由销售部牵头，餐厅部、膳食部、采购部共同参与制定，由销售部形成文案。新菜品推广方案的内容包括以下几点。

① 本月新菜品分配及定价明细。

② 菜品推介用语（服务人员、销售人员、点菜人员不同）。

③ 菜品制作技能培训时间及方式。

④ 宣传推广方式（宴请、赠送、酒店所有人员口头宣传、销售人员拜访客户宣传、制作别样的菜牌、易拉宝宣传、条幅宣传等方式）。

⑤ 装饰装点方式（环境氛围营造：展台设计、挂旗等）。

⑥ 激励措施。

某餐饮企业新菜品销售激励措施如下。

① 奖励人员：点菜员。

② 按照月度菜品满意度和销量进行奖励，只有推销的某菜品的销量和满意度均在前 3 名的才给予奖励，具体的月度奖励方式由餐饮实体店在推广方案中明确。

③ 每年由市场营销中心根据每月的平均菜品销量和满意度，从每个餐饮实体店中评出 1 名明星点菜员，由集团统一奖励。

（三）实体店新菜品的推广

1. 实体餐厅部

实体餐厅部在推广新菜品时要做好表 7-2-3 所示的工作。

表 7-2-3 实体餐厅部推广新菜品的要点

项目	内容	需注意细节
新菜品推广准备工作	根据公司销售部提供的菜品基础资料，编写本月新菜品推介用语（点菜员与服务员不同）	
日工作	1.班前会上由领班对巡台时发现服务人员对新菜品推销的方式、推销语言的灵活度及顾客针对新菜品提出的问题等进行重点讲解、培训，不断提高服务员对新菜品的推广技能 2.意见征询和反馈 （1）无论是零点还是宴会，餐厅服务员必须主动向客人介绍新菜品，并听取客人对本餐新菜品的意见或评价，如果有酒店或公司的招待，要及时向宴请人员询问客户对新菜品的意见，并将征询的意见填写在"新菜品顾客意见征询表"上，每日交于餐厅领班处，由领班签字确认 （2）如果客人选用标准菜，客户在看菜单时，服务人员等要主动向客人介绍本餐菜单中的新菜品，给客人留下印象，并在餐中听取客人对新菜品的意见，同时在客人就餐将要结束时，要主动向客人征询对新菜品的意见，并将意见填写在"新菜品顾客意见征询表"上 （3）餐厅部班组负责人指定人员每餐就餐完毕将征询的新菜品意见汇总到餐厅统计的"新菜品顾客意见征询表" （4）餐厅部负责人在次日晨会上将顾客意见及时反馈给膳食部，以利于膳食部及时掌握客人对新菜品的评价 3.及时补充"新菜品顾客意见征询表" 4.每天统计零点或宴会点菜的桌数	零点厅和宴会厅的意见征询量不少于新菜品销量的80%，宴会标准（有新菜品入单的标准菜品）的意见征询量不少于新菜品销量的100%；意见需罗列，如有重复意见可在意见后划"正"字，月底可以统一计算意见量

续表

项目	内容	需注意细节
周工作	领班每周将本班组的"新菜品顾客意见征询表"汇总后与本周零点或宴会点菜总桌数一同以电子版形式交于销售文员处	1.每款新菜品的意见累计统计即可,无须分周统计;每月汇总一次
月工作	领班每月将本班组的"新菜品顾客意见征询表"汇总后与本月零点或宴会点菜总桌数一同以电子版形式交于销售文员处	2.每周统计周期:周六至下周五,周日上交。每月统计周期:本月1日至本月30日,下月2日上午上交 3.点菜总桌数每天记录,每周上交本周点菜总数、每月上交本月点菜总数

2.实体店厨房

实体店厨房在推广新菜品时要做好表 7-2-4 所示工作。

表7-2-4　实体店厨房推广新菜品的要点

项目	内容	需注意细节
新菜品推广准备工作和试销工作	1.厨房负责人需谨慎考虑本店的实际情况进行选菜,每个餐厅只能选择3～5款新菜 2.及时将新菜品的基本资料发给厨政部 3.对餐厅人员进行新菜品操作流程培训,并将操作流程提供给实体餐饮店销售部,写入本实体餐饮店新菜品推广方案中 4.对菜品制作人员不断进行新菜品的制作过程及口味特点培训,保证菜品的制作工艺、流程等符合标准 　要现场对服务人员进行新菜品的制作过程及口味特点等培训,并解答培训过程中服务人员提出的疑问 5.新菜品试销期间,要向餐厅、销售人员主动了解客户的意见和消费倾向,并据此调整、改良新菜品 6.配合餐厅部摆设新菜品的展台	提供的新菜品基本资料需全面、专业
日工作	1.在宴会菜单中要保证新菜品50%的入单率,且宴会标准菜单上要将新菜品特别标明,以给客人留下印象 2.在推销新菜品的过程中要保质保量,为顾客提供符合研发标准的菜品 3.每日统计新菜品的销量(注意按新菜品推广区域统计,且宴会按照宴会点菜和宴会标准分别统计)	每个厨房都记录新菜品的销量来源(零点厅或宴会厅)
周工作	每周向本实体店销售部上交一次新菜品销量统计表	每周分别统计,不可累计。每周统计周期:周六至下周五,周日上交
月工作	每月向实体店销售部上交新菜品月度销量统计表	每月统计周期:本月1日至本月30日,下月2日上午上交

在实体店推广新菜品的过程中,为了便于统计新菜品的受欢迎程度,可以设计一些表格来进行数据统计分析。如表 7-2-5～表 7-2-12 所示。

表 7-2-5 点菜桌数统计表

日期	中午点菜桌数	下午点菜桌数	总点菜桌数

表 7-2-6 ××酒店____月份____楼菜品意见汇总（零点厅）

菜品名称	意见总量	意见类别	意见数量	具体意见
		好		
		中		
		不好		
		好		
		中		
		不好		

表 7-2-7 ××酒店____月份____楼菜品意见汇总（宴会厅）

菜品名称	意见总量	意见类别	意见数量	具体意见
		好		
		中		
		不好		
		好		
		中		
		不好		

表 7-2-8 ××酒店____月份____楼菜品意见汇总（宴会标准）

菜品名称	意见总量	意见类别		意见数量	具体意见
		好			
		中			
		不好	菜品质量		
			菜品搭配		
			菜品口味		
			上菜速度		
			其他		

表7-2-9　销量统计表（厨房统计）

1.零点厅

菜名	销售份数							
	周一	周二	周三	周四	周五	周六	周日	总计

统计人：厨师长_____

2.宴会厅

菜名	销售份数							
	周一	周二	周三	周四	周五	周六	周日	总计

统计人：厨师长_____

注：1.无论菜品大份、小份都按"一份"统计。

2.如是按"位"上菜，则无论一桌几位客人，都算作"一份"统计。

表7-2-10　新菜品统计表（销售部统计）

推广区域	菜品名称	零点			宴会点菜			宴会标准		备注
		销量	点击率	满意度	销量	点击率	满意度	销量	满意度	

注：1.点击率＝新菜品销量/点菜总桌数。

2.满意度＝（"好"意见量×100%+"中"意见量×80%+"不好"意见量×60%）/意见总量。

3.新菜品销量为"0"份时，需在备注上标注原因。

表7-2-11 新菜品实体意见汇总（推广第二个月的新菜品）

推广区域	分类	菜品名称	实体原因
	精品类		
	加强推销类		
	质量改进类		
	取消类		

表7-2-12 月份新菜品基本资料

实体：

菜品名称	主配料	口味特点	制作工艺介绍	菜品营养功效	菜品研发构思/菜品卖点

（四）统计、分析

市场营销中心根据新菜品的点击率、销量及顾客满意度对各实体店上交的新菜品信息进行统计分析。

1. 零点菜品

① 测算零点新菜品点击率。测算完成后计算标准点击率及满意度。新菜品点击率及满意度统计表如表 7-2-13 所示。

表7-2-13 新菜品点击率及满意度统计表

推广区域	分类	菜品名称	销量	点击率	满意度	具体意见和原因	公司领导意见
	精品类						
	加强推销类						
	质量改进类						
	取消类						

② 统计计算新菜品的销量、点击率及满意度，进行新菜品类型分析，新菜品类型分析图如图 7-2-18 所示。

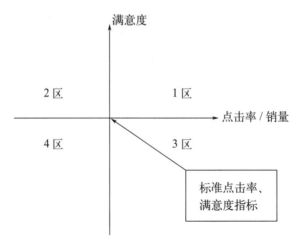

1区的满意度指标在标准满意度指标之上，点击率在标准点击率之上，可确定为"精品类"菜品；2区的满意度指标在标准满意度指标之上，点击率在标准点击率指标之下，可确定为"加强推销类"菜品；3区满意度指标在标准满意度指标之下，点击率在标准点击率指标之上，可确定为"质量改进类"菜品；4区满意度指标在标准满意度指标之下，点击率在标准点击率指标之下，可确定为"取消类"菜品

图7-2-18　新菜品类型分析图

2. 宴会菜品

① 宴会零点菜品信息的统计分析同上。② 宴会标准菜品：只根据菜品满意度并结合具体意见对菜品进行分析。设计宴会菜品征询表。统计计算新菜品的满意度和顾客意见，进行新菜品类型分析。

满意度在标准满意度之上，且客户不满意意见较少，可确定为"精品类"菜品。

满意度在标准满意度之上，但客户不满意意见相对较多，可确定为"质量改进类"菜品，根据客户意见进行菜品改良。

满意度在标准满意度之下，且客户不满意意见较多，可确定为"取消类"菜品。

第三节　供应链优化管理

完善的餐饮供应链是以餐饮企业为核心，联合原料供应商、物流服务商、消费者等节点组成的网状链。未来餐饮供应链的成熟度将决定餐饮产业能否由分散走向集中，企业能否由量变走向质变。

一、餐饮供应链简介

（一）供应链的概念

供应链是以客户需求为导向，以提高质量和效率为目标，以融合资源为手段，实现产品设计、采购、生产、销售、服务等全过程高效协同的组织形态。随着信息技术的发展，供应链已进入与互联网、物联网深度融合的智慧供应链新阶段。

（二）餐饮供应链的概念

餐饮供应链是餐饮行业的基础应用，是以提供餐饮店所需的各类食材为主要目的，包括原料采购、生产加工、配送、销售到回收处理等环节，以信息技术来协调和联结链条上各节点有关主体，融合所有节点物流、信息流、资金流的组织形态。

在激烈竞争下，餐饮业的快速发展、互联网餐饮的信息化升级必然会带来上下游供应链的整合和优化。

（三）餐饮供应链的主要流程

餐饮企业运营流程多而复杂，包括采购流程、生产流程、物流配送流程、客户服务流程、客户信息管理流程、反馈流程（信息流、资金流）等，如图 7-2-19 所示。这些流程正是构成餐饮供应链的主要流程。

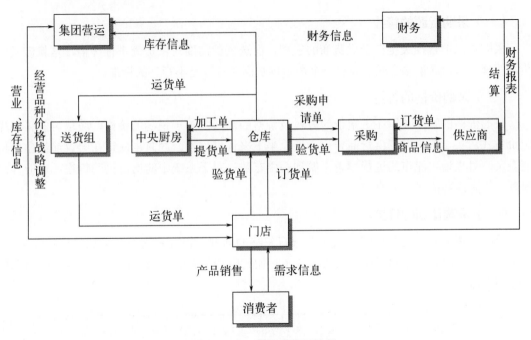

图 7-2-19　餐饮供应链流程

（四）餐饮供应链一般模型

餐饮供应链中，原料生产者、供应商为餐饮企业提供餐饮原料，由流通企业（配送中心）进行配送，餐饮企业用原料进行产品的生产，并销售给消费者。如图 7-2-20 所示。

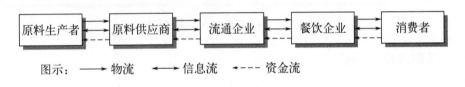

图 7-2-20　餐饮供应链一般模型

二、采购环节的优化

采购有四个管控核心，分别是货源、价格、计划、验收，如图 7-2-21 所示。

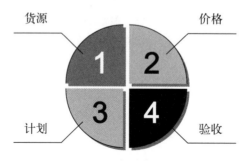

图7-2-21　采购的管控核心

（一）采购货源的管控

采购货源的管控关键在于供货商的选型，而选型就需要对供货商进行评估，这就涉及供货商管理体系，简单来说就是要有一个衡量供货商"行还是不行"的标准。

（二）采购价格的管控

采购价格的管控关键在于定价的方式及价格的高低。对于采购的价格，应尽可能采用先定价方式，买卖双方召开供货商定价会议，坐下来谈好价格。同时也应该在会议前派出价格巡查员，对当地主流市场进行摸查，做到心中有数。对于系统中的历史采购价格，也应导出整理，作为谈判依据。

（三）采购计划的管控

采购计划的管控是被很多餐饮企业一直忽略的问题。很多餐饮企业采购的随意性很大，基本上是看一眼仓库，然后就出去买东西了。如此随意的采购行为，会带来图 7-2-22 所示的两个不良后果。

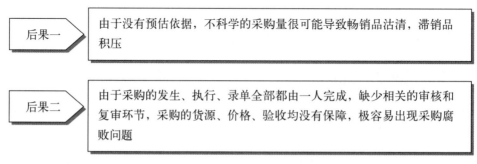

后果一　由于没有预估依据，不科学的采购量很可能导致畅销品沽清，滞销品积压

后果二　由于采购的发生、执行、录单全部都由一人完成，缺少相关的审核和复审环节，采购的货源、价格、验收均没有保障，极容易出现采购腐败问题

图7-2-22　随意采购行为带来的后果

（四）采购验收的管控

采购验收的管控关乎来货质量，进而关乎原料出成率，对成本有重大影响，因此是采购环节中的关键，采购验收一定要坚持"开袋、上秤、三方验收"。采购货源的三方验收如图7-2-23 所示。

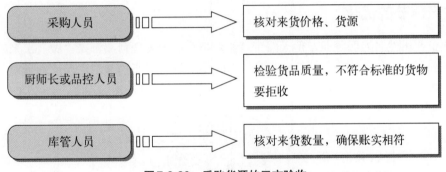

图 7-2-23　采购货源的三方验收

通过这三层审批，三个角色各尽其责，采购验收环节就得以管控起来。

> **提醒您：**
>
> 　　餐饮企业可以使用智能电子秤，上秤验收的同时在秤上即完成入库条码打印、入库单生成的工作，避免在系统上二次录入产生的工作量及可能发生的错误。

三、仓储环节的优化

供应链中的一切问题，最终都会体现在库存数据上，由此可见库存管理的重要性。对于餐饮企业来说，仓储管理的重点可以归纳为图 7-2-24 所示的两点。

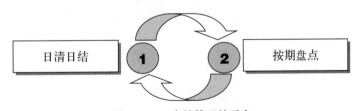

图 7-2-24　仓储管理的重点

（一）日清日结

日清日结表示当日单据要当日录入完毕并审核确保正确，以保证当日的出库存台账与实际货物发生的出入库"账实相符"，这正是日清日结要做到的。

事实证明，80% 以上的毛利问题其实与真正的损耗无关，而是因为账目混乱造成的统计错误。也正是因为账目混乱，才导致其中隐藏着大量管理漏洞，进一步导致了"纵容犯罪"。

（二）按期盘点

按期盘点即有明确的盘点周期，并且到达周期后要按照规定严格对货物进行盘点。

一般来说，快餐门店应每日盘点，正餐门店应每十日进行一次盘点，中央厨房应进行月末大盘，这是最为理想的管理方式，因为一旦拉长盘点周期，会导致不可控因素的增加。然而很多餐饮企业，尤其是中餐门店，难以做到高频度盘点，那么我们可以建议对酒水进行日盘、对重点原料进行周盘、月末进行大盘。

四、生产环节的优化

餐饮企业虽然名为服务业，但天然带有工业特征，因为任何菜都是"做"出来的，加工过程的客观存在，是餐饮业与流通业最本质的区别。餐饮的生产管理需要找到最为落地有效的方法，既不能太正规，也不能不正规，拿捏分寸很重要，具体来说如图 7-2-25 所示。

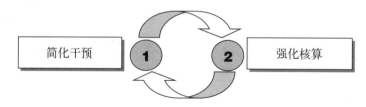

图 7-2-25　生产环节的管控要点

（一）简化干预

简化干预指的是对于可管可不管的环节，尽可能减少管理。餐饮企业不能为了管而管，不是越精细化就越好，找到最适合自己的精细化程度才是最佳选择。

比如，天财商龙云供应链中，对于存在"半成品"却又没有办法精细管理"半成品"的餐饮企业，提供了"按 BOM（物料清单）盘点"的功能，可以由系统自动将在制半成品反推回原材料，强化了核算的同时简化了半成品管理流程。

（二）强化核算

强化核算这一点对于餐饮企业是非常重要的。比如，北京和合谷餐饮管理有限公司已经将"双厨房"理论化，所谓"双厨房"就是中央厨房与门店厨房。那么这里面就包含了两个生产的配方，一个是中央厨房的 BOM，一个是门店的成本卡。中央厨房的生产又分为"拆分净料加工"与"组合加工"。

① 拆分净料加工又称为粗加工。餐饮企业中凡是择挑、洗净、泡发、切配、分割、缓化、预煮等，都可纳入拆分净料加工进行管理。拆分净料加工关注的是母材的出成率与子料的产出率，这是考察母材质量、工作质量的重要指标。

② 腌制、炒制等由多种原料组合为成品的组合加工，则更关注理论投料量与实际投料量的对比值，即生产分差率，这是考察在生产过程中原料利用率及标准化程度的重要指标。

五、配送环节的优化

连锁餐饮企业门店货品常见的配送模式有图 7-2-26 所示的四种。

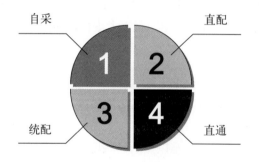

图 7-2-26　常见的配送模式

（一）自采

门店不通过配送中心，直接从供货商处买东西。自采对于餐饮单店来说，是非常常见的采购模式，甚至是唯一的采购模式。但对于连锁餐饮企业来说，自采越多表示标准化程度越低，总部在物流管控中起的作用就越小。这种模式在正餐酒楼中应用的比例相对较高。在快餐与简餐业态的连锁企业，应该尽可能减少门店自采，实行总部统一配送，以保证货品来源的可靠性与管理的标准化，以便让开店模式复制的风险降到最低。

（二）直配

门店从配送中心订货，配送中心不做处理，直接将单子转发给供货商，供货商直接给门店送货，这个场景虽然和配送中心有关系，但配送中心对于货物既不加价，也不提供物流服务，只是把单子过一下。这是一种有"授权"的自采，相对于普通自采来说，总部虽然并不统一配送，却对门店的供货商有管理权力，可以通过系统数据监管门店的货物来源。

（三）统配

门店从配送中心订货，配送中心从自己的仓库发货给门店，这是连锁餐饮企业最简单、最标准的配送方式。如果配送中心在统配过程中以明码标价的方式加入合理利润，那么统配在某种程度上就是配送中心的销售行为，这更加符合配送中心与门店分别以独立法人身份进行独立核算的运作模式，在"营改增"政策下，这是一种非常合适的方式。因此统配程度的高低，代表了一个连锁餐饮企业标准化水平的高低。尤其对于快餐和简餐业态的连锁企业，应该尽可能提高统配的占比。

（四）直通

门店从配送中心订货，配送中心不做处理，直接将单子转发给供货商，供货商直接给门店送货，这个场景与直配非常类似，虽然配送中心不管送货，但配送中心却需要加利润，俗称"扒皮"。直通本质上仍然是一种"统配"，因为从财务角度来说，只要配送中心加了利润，就必须在账上记录入库和出库，相当于配送中心先进货，再发货，这就与统配没有区别了。但由于实际物流中，供货商是直接送货到门店的，所以直通是"只过账，不过货"，用直配的方式完成了统配的销售。

六、门店环节的优化

门店是餐饮企业的销售终端，在连锁餐饮企业诞生之前，所谓的餐饮企业其实就是指门店本身。而在供给侧改革政策下，餐饮企业在追求轻资产运营的过程中，再一次回归门店本质。当采购、生产、物流均可以进行外包时，餐饮企业经营者就应该将更多精力集中在自己所擅长的门店运营领域，让门店多赚钱、控成本。对于门店管理来说，应该关注图 7-2-27 所示的三个核心。

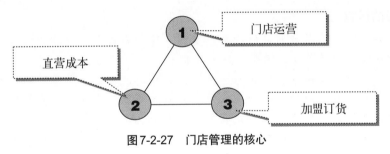

图 7-2-27 门店管理的核心

（一）门店运营

门店运营的核心在"开源"。再进行细分，又包含客流结构与菜品结构两方面。

① 客流结构。通过妥善的会员营销手段，提高客流量，提升会员转化率，增强消费黏性和顾客忠诚度，不断提升企业的营业额。

② 菜品结构。通过对菜品成本及盈利能力的分析，对菜品进行结构性调整，缩减菜单，提高高毛利菜的销量，淘汰亏本菜。

（二）直营成本

直营成本控制的核心在于"节流"。每一家店都是一个独立法人实体，对于采购、仓储、销售都应有一套独立的体系。因此连锁餐饮企业应加强直营门店的成本管控。

（三）加盟订货

加盟订货的核心在于"监管"。加盟店是目前连锁餐饮企业非常重要的组成部分，同时它们也是餐饮企业中的一个特殊群体。总部对于加盟店来说，更多处在监管防控的层面上，主要监管防控加盟店的串货跑单问题。因为加盟店从总部订货，不仅是总部的利润来源，同时也是维持品牌口味统一性的重要保障。所以串货跑单行为往往都是连锁总部所不能容忍的。对于这方面的监管，最重要的就是用数据说话，找到问题门店，挖掘证据，有针对性地排查。

相关链接

新餐饮时代下的供应链管理

随着国家食品健康监管的加强，餐饮行业对食品安全越发重视，消费升级和市场规模不断扩大，带来了新机遇，同时餐饮企业对物流供应链更加依赖，但是物流追溯难、信息系统薄弱等问题却成为其进一步发展的桎梏。

1. 面临的问题

有数据显示，从田间地头到消费者的餐桌，生鲜产品的流通需要经历50多个环节，这个过程让蔬菜商品的损耗居高不下，其中城市冷链配送环节尤其关键。生鲜食材作为餐饮业的核心，自然会受此波及。食材品类和物流环节多导致物流追溯难、断链问题时有发生，加之跨地区服务标准机制不一，冷链城市配送未协同，都是餐饮业面临的共同问题。

大多数连锁餐饮企业在此方面的建设尚不完善，供应链信息系统薄弱，尤其是中央厨房和供应链环节的信息系统存在明显缺陷。

2. 应对的措施

随着消费升级、消费者对品质的要求变高，连锁餐饮企业面临的挑战更大，所以在市场风云中及时紧跟潮流、把握方向非常重要。

据悉，真功夫、小南国、海底捞、西贝、新辣道、金百万等多家连锁餐企注重全程可追溯，将眼光投向冷链物流服务市场，冷链物流基础设施、公共信息平台等社会冷链资源日渐丰富；传统中央厨房正在转型，专业化、工厂化特点突出，中央厨房共享化成为新潮流；末端物流的共享共配模式兴起。此外大数据、信息系统的应用也成了关注的热点。基于此，"新餐饮"成了一个趋势热词。

3.大数据助力供应链升级

有专家指出，我们即将步入新餐饮时代，新餐饮的特点是在保障食材品质安全的前提下，基于互联网、移动互联网的应用，并在大数据、物联网等技术赋能下，实现快速、高效的信息匹配，在这个过程中信息透明、万物互联，从而将订单低成本、高效率地送达目的地。

在这个过程中，我们必须借助技术的力量，拥抱互联网，注重大数据的挖掘。

随着消费升级和市场规模扩大，连锁餐饮企业的冷链物流体系进入了升级发展阶段，在现阶段，更合理、更优化的冷链物流模式层出不穷，冷链物流体系逐步完善。供给侧改革和消费升级营造了良好的发展空间，食品加工、物流运输等基础建设不断完善，加之 AI、大数据、物联网等技术的赋能，餐饮行业将焕发新活力，新业态不断涌现，餐饮新物流时代即将到来。

第四节　连锁餐饮企业培训管理

连锁餐饮企业要保障门店的快速稳定扩张，在培训这个环节就必须严格要求。品牌对于连锁餐饮企业的重要性不言而喻，员工失职造成顾客的不满意、门店产品失去稳定性、服务态度不好给顾客留下差的印象，这些都会影响连锁品牌的整体口碑和形象。

一、培训机构的设立

连锁餐饮企业可以在总部设立教育培训部、培训中心，各连锁店设立培训室来做好培训工作。

（一）教育培训部

连锁餐饮企业总部设立的教育培训部负责培训活动的计划和控制，包括培训需求分析、设定培训目标、建立培训档案等，具体职责如下。

① 负责培训制度的拟定及修改。

② 负责培训计划的拟订。

③ 负责向培训中心下发培训计划。

④ 负责建立连锁餐饮企业培训工作档案，内容包括培训时间、培训方式、培训师、受训对象、培训人数、培训内容、学习情况等。

⑤ 负责建立连锁店员工培训档案。将各连锁店员工接受培训的具体情况和培训结果详细记录备案，包括培训时间、培训地点、培训内容、培训目的、培训效果自我评价、培训者对受训者的评语等。

（二）培训中心

培训中心主要负责培训计划的执行与培训活动的具体实施。具体职责如下。

① 负责培训实施方案的拟定。

　　② 负责各项培训费用预算的拟定。

　　③ 负责各项培训课程的拟定。

　　④ 负责聘请培训师。

　　⑤ 负责培训课程的组织。

　　⑥ 负责部分培训教材的编撰与修改。

　　⑦ 负责培训实施情况的督导、追踪与考核。

　　⑧ 负责培训评估工作的组织。

　　⑨ 负责培训相关档案的整理与上报。

（三）各连锁店培训室

　　各连锁店培训室负责协助教育培训部进行培训的实施、评价，同时也要组织连锁店内部的培训。具体职责如下。

　　① 负责培训需求与计划的呈报。

　　② 负责配合教育培训部进行相关培训的实施、评价与测验。

　　③ 负责专业培训规范的制定及修改，培训师人选的推荐。

　　④ 负责连锁店内部专业培训课程的组织及成果汇报。

　　⑤ 负责专业培训教材的编撰与修改。

　　⑥ 负责受训员工完训后的督导与追踪，以确保培训成果。

二、培训内容的制定

　　连锁餐饮企业的培训内容主要包括经营意识和理念的培训、岗位知识与技能的培训、管理制度和服务规范的培训以及人员素质的培训，如图 7-2-28 所示。

内容一　经营意识和理念的培训

　　不断开展关于餐饮企业文化、价值观、经营理念的培训，建立起连锁餐饮企业与连锁店员工之间的相互信任关系

内容二　岗位知识与技能的培训

　　不断对在岗员工进行专业知识、岗位职责、操作规程和专业技能的培训，使员工掌握完成本职工作所必需的基本知识，熟练运用并不断提高岗位技能，并保证餐饮企业产品质量的标准化与稳定性

内容三　管理制度和服务规范的培训

　　不断开展餐饮企业内部管理制度及服务规范的培训，保证各连锁店在管理模式及服务标准上的规范性与一致性

内容四 ▷ 人员素质的培训

> 不断开展心理学、人际关系学、社会学等方面的培训，满足员工自我实现的需要

图7-2-28 培训内容

三、培训阶段的划分

连锁餐饮企业的培训一般分为连锁店开业前的培训和连锁店经营过程中的培训两个阶段。

（一）连锁店开业前的培训

连锁店开业前的培训包括表 7-2-14 所示的两个部分。

表7-2-14 连锁店开业前的培训

序号	培训对象	具体说明
1	潜在加盟商	该项培训主要为评估连锁经营加盟者的潜力而设。培训的内容包括企业文化与经营哲学、对餐厅经营的描述、有关连锁经营的实际操作经验等。该项培训可以在总部进行
2	托管特许外派人员	该项培训主要是指连锁总部在向托管特许连锁店派驻人员之前对外派人员进行的托管模式、经营管理、专业技能、制度规范等方面的培训，使外派人员能够迅速有效地在连锁店开展工作，保障连锁店运营管理工作的顺利进行

（二）连锁店经营过程中的培训

连锁店经营过程中的培训主要是指总部在连锁店运营的过程中对连锁店所有员工进行的培训，具体可分为初期开业培训、经营期间连续性培训和经营期间短期培训。具体如表 7-2-15 所示。

表7-2-15 连锁店经营过程中的培训

序号	培训阶段	具体说明
1	初期开业现场培训	该项培训主要在连锁店开业期间为其提供协助而设。培训的内容包括管理人员经营管理培训、岗位技能培训、管理制度与服务规范的宣传、解决技术问题等
2	经营期间连续性培训	该项培训主要指在连锁店经营业务期间，总部针对连锁店在经营过程中产生的问题对连锁店人员进行经营管理、岗位技能、管理制度等方面的培训
3	经营期间短期培训	总部应根据市场、业务、技术的发展变化随时为连锁店人员举办相应的短期培训，使连锁店人员及时掌握新的技术，推动连锁经营业务的发展

四、潜在加盟商培训

（一）培训的流程

连锁餐饮企业在开业前对潜在加盟商的培训流程如图 7-2-29 所示。

（二）培训计划的制订

① 教育培训部根据加盟开发部提供的潜在加盟商信息编制并发放潜在加盟商培训需求调查表（表 7-2-16），加盟开发部组织潜在加盟商填写该表并上报至教育培训部。

② 教育培训部根据加盟开发部上报的潜在加盟商培训需求调查表制订潜在加盟商培训计划经分管经理审批后，下发给培训中心，培训中心根据培训计划制定潜在加盟商实施方案，具体包括组织培训的部门及负责人、培训的目标和内容、培训的对象、培训师、培训的形式和方法、培训计划表、培训经费预算等。具体培训流程如图 7-2-29 所示。

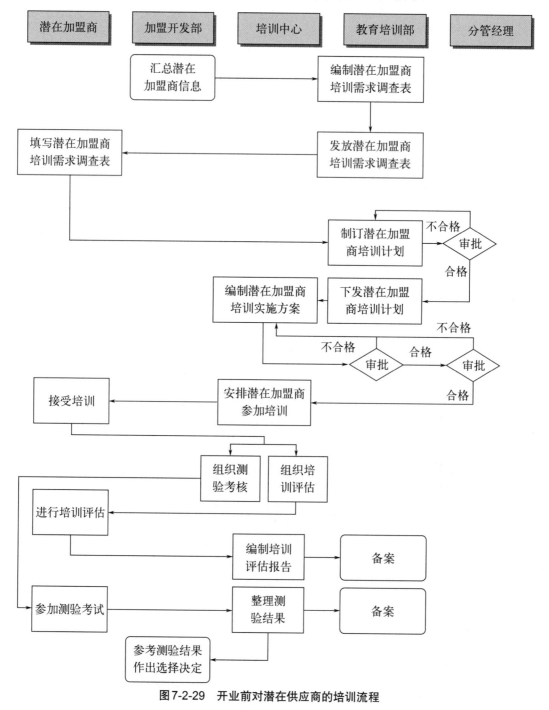

图 7-2-29　开业前对潜在供应商的培训流程

表7-2-16 潜在加盟商培训需求调查表

日期：＿＿＿年＿＿＿日

姓名		性别	
学历		联系方式	
工作经历：			
培训理由：			
个人培训需求：			
培训项目	培训形式		培训时间
其他：			

注：培训形式指教室授课、幻灯片演示、录像片演示、研讨会等。

③ 实施方案经教育培训部及分管经理同意和批准后，以餐饮企业连锁总部文件的形式下发到相关部门。

（三）培训内容的设定

开业前对潜在加盟商集中培训的主要内容如表 7-2-17 所示。

表7-2-17 潜在加盟商培训的内容

序号	培训内容	具体说明
1	连锁餐饮企业的企业文化与经营理念	（1）连锁餐饮企业简史 （2）连锁餐饮企业章程 （3）连锁餐饮企业CI（企业形象），包括企业精神、企业宗旨、企业目标、经营方针、企业作风等 （4）连锁餐饮企业标识系统
2	连锁餐饮企业经营管理模式	（1）连锁餐饮企业经营描述 （2）连锁餐饮企业的经营模式，包括模式的设计原则、模式描述、模式结构图、企业的组织结构与部门职责等 （3）连锁餐饮企业加盟商指南
3	相关法律与规定	（1）《中华人民共和国商标法》 （2）《中华人民共和国产品质量法》 （3）《中华人民共和国消费者权益保护法》 （4）《中华人民共和国广告法》 （5）《中华人民共和国反不正当竞争法》 （6）《中华人民共和国食品安全法》 （7）《商业特许经营管理条例》

序号	培训内容	具体说明
4	餐饮服务业经营管理模式	（1）餐饮服务业基本知识，包括餐饮服务的起源、商业性与非商业性的餐饮服务企业、餐饮服务设施的类型与餐饮服务业的未来等 （2）餐饮企业的组织结构 （3）餐饮服务业市场营销管理 （4）餐饮服务经营中的营养问题 （5）菜单管理 （6）标准食品成本与定价策略 （7）食品制作准备，包括采购、验收、储存、发放等 （8）食品制作管理 （9）餐饮服务的管理 （10）卫生与安全管理 （11）硬件的设计、布局和设备管理 （12）财务管理

（四）培训的组织实施

① 培训中心应根据培训实施方案按期实施并负责该项培训的全盘事宜，如培训场地安排、教材分发、通知培训师及受训的潜在加盟商。

② 各项培训课程开展时，参加培训的潜在加盟商应签到，培训中心对各潜在加盟商的出席情况进行备案，建立潜在加盟商培训记录表（表7-2-18）并上交教育培训部备案。

③ 各项培训结束时，根据具体情况举行测验或考核。测验或考核可由培训中心或培训师负责主持，测验或考核题目由培训师于开课前送交培训中心备案。培训测验或考核的结果将作为最终加盟者的选择参考。

表7-2-18 潜在加盟商培训记录表

No.

培训项目			
学　　时		培训教师	
培训时间	年　月　日		
培训地点		培训人数	
缺席人员名单			
学习内容			
考核方式	□理论考试　　□绩效评估　　□操作技能　　□其他		
评估结论		时间：	
培训签到表			

（五）培训后的评估与反馈

培训结束后，培训中心负责组织培训结束后的评估工作，以判断培训是否取得预期效果，并形成书面报告上报教育培训部备案。

① 评估对象包括培训师和培训组织者。

② 评估可以采取调查表的形式。每项培训结束时，培训中心应视实际需要组织受训的潜在加盟商填写培训工作评价表（表 7-2-19）并汇总意见。

表 7-2-19　培训工作评价表

日期：＿＿＿年＿＿＿月＿＿＿日

培训项目				
培训师		培训方式		
对老师的评价	老师敬业程度	□优	□好	□尚可　　□劣
	讲授水平	□优	□好	□尚可　　□劣
	讲授方式	□十分生动	□生动	□一般　　□不生动
	理论与实际的联系程度	□密切联系	□有些联系	□无联系
	老师对学员的要求	□非常严格	□严格	□不严格
对教材的评价	教材适用性	□适用	□基本适用	□不适用
	教材难度	□较难	□适中	□较简单
	教材逻辑性	□合理	□适中	□不合理
对培训组织者的评价	培训内容	□优	□好	□尚可　　□劣
	培训方式	□优	□好	□尚可　　□劣
	培训时间	□太长	□适合	□不足
	培训设施	□优	□好	□尚可　　□劣
	培训收获	□较大	□一般	□较少　　□无
	建议：			

五、托管特许外派人员培训

（一）培训的流程

托管特许外派人员培训流程如图 7-2-30 所示。

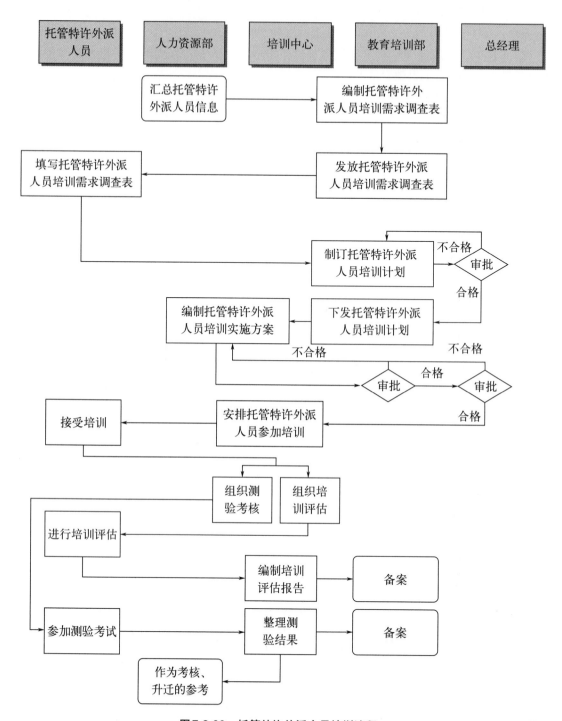

图7-2-30　托管特许外派人员培训流程

其中，托管特许外派人员的来源主要有以下两种。

① 社会招聘。人力资源部根据招聘的相关规定和托管特许业务情况从社会外聘人才，办理入职手续后由教育培训部对其进行必要的培训。

② 餐饮企业内部储备。餐饮企业根据托管特许业务开展的需要选拔相关人员，由人力资源部负责管理，教育培训部将根据实际情况对其进行必要的培训。

（二）培训计划的制订

① 教育培训部根据餐饮企业人力资源部提供的托管特许外派人员信息编制并发放托管特许外派人员培训需求调查表（表7-2-20），人力资源部组织托管特许外派人员填写该表并上报至教育培训部。

② 教育培训部根据人力资源部上报的托管特许外派人员培训需求调查表制订托管特许外派人员培训计划，经总经理审批后，下发给培训中心，培训中心根据培训计划制定具体的培训实施方案，包括组织培训的部门负责人、培训的目标和内容、培训的对象、培训师、培训的形式和方法、培训计划表、培训经费预算等。

③ 实施方案经教育培训部及总经理同意和批准后，以餐饮企业连锁总部文件的形式下发到各相关部门与连锁店。

表7-2-20　托管特许外派人员培训需求调查表

日期：_____年___月___日

姓名		性别	
年龄		学历	
备选类别		联系方式	
工作经历：			
培训理由：			

个人培训需求：

培训项目	培训形式	培训时间

其他：

注：培训形式指教室授课、幻灯片演示、录像片演示、研讨会等。

（三）培训内容的设定

托管特许外派人员培训的主要内容如表 7-2-21 所示。

表7-2-21　托管特许外派人员培训的主要内容

培训内容	培训对象	具体内容
连锁餐饮企业的企业文化与经营理念	全体托管特许外派人员	（1）连锁餐饮企业简史 （2）连锁餐饮企业章程 （3）连锁餐饮企业CI宣言，包括企业精神、企业宗旨、企业目标、经营方针、企业作风等 （4）连锁餐饮企业标识系统
托管特许模式	全体托管特许外派人员	（1）托管特许经营模式描述 （2）连锁餐饮企业托管特许经营模式，包括模式的设计原则、模式描述、模式结构图、特许总部及连锁店组织结构与部门职责等
相关法律法规	全体托管特许外派人员	（1）《中华人民共和国商标法》 （2）《中华人民共和国产品质量法》 （3）《中华人民共和国消费者权益保护法》 （4）《中华人民共和国广告法》 （5）《中华人民共和国反不正当竞争法》 （6）《中华人民共和国食品安全法》 （7）《商业特许经营管理条例》
餐饮服务业经营管理模式	备选的连锁店总经理	（1）餐饮服务业基本知识，包括餐饮服务的起源、商业性与非商业性的餐饮服务企业、餐饮服务设施的类型与餐饮服务业的未来等 （2）餐饮企业的组织结构 （3）餐饮服务业市场营销管理 （4）菜单管理 （5）标准食品成本与定价策略
技术规范的培训	备选的连锁店厨师长	（1）厨师工作的各项规章制度 （2）常用烹饪工具及设备知识 （3）烹饪原料的鉴别与保藏 （4）原料的初加工处理 （5）切配技术 （6）不同菜肴的制作技术 （7）菜品创新的方法与技术 （8）厨房菜品成本控制与核算 （9）安全生产知识及应急预案 （10）《中华人民共和国食品安全法》等

续表

培训内容	培训对象	具体内容
专业知识的培训	备选的连锁店财务管理人员、营销管理人员、经理等	（1）针对财务管理人员的培训内容包括：餐饮服务业财务管理、连锁餐饮企业托管特许财务管理手册等 （2）针对营销管理人员的培训内容包括：餐饮服务业市场营销管理、连锁餐饮企业促销管理手册等 （3）针对经理的培训内容可包括：餐饮服务的管理、连锁餐饮企业连锁店服务手册等

（四）培训的组织实施

① 实施方案经教育培训部及公司主管领导同意和批准后组织实施。

② 培训中心根据培训实施计划按期实施并负责该项培训的全盘事宜，如培训场地安排、教材分发、通知培训师及受训托管特许外派人员。

③ 各项培训课程开展时，参加培训的人员应签到，培训中心对员工上课、出席情况进行备案、考核，建立托管特许外派人员培训档案并上报教育培训部备案。

（五）培训后的评估与反馈

培训结束后，由培训中心组织对培训师及培训组织者的评估工作，以判断培训是否取得预期效果，并形成书面报告上报教育培训部备案。

评估对象包括培训师和培训组织者。

评估可以采取调查表的形式，每项培训结束时，培训中心应视实际需要组织受训的托管特许外派人员填写培训工作评价表并汇总意见，上报教育培训部备案。

结束培训的人员或者由人力资源部直接外派至连锁店工作，或者由人力资源部管理，作为未来外派人员。

六、初期开业现场培训

（一）培训的流程

初期开业现场的培训流程如图 7-2-31 所示。

（二）培训计划的制订

① 教育培训部根据连锁企业管理部提供的连锁店开业信息编制并发放初期开业现场培训需求调查表（表 7-2-22），连锁企业管理部组织各连锁店员工填写该表并报至教育培训部。

② 教育培训部根据连锁企业管理部上报的初期开业现场培训需求调查表制订连锁店初期开业现场培训计划，经总经理审批后，下发给培训中心，培训中心根据培训计划制定具体的培训实施方案，具体包括组织培训的部门负责人、培训的目标和内容、培训的对象、培训师、培训的形式和方法、培训计划表、培训经费的预算表（表 7-2-23）等。

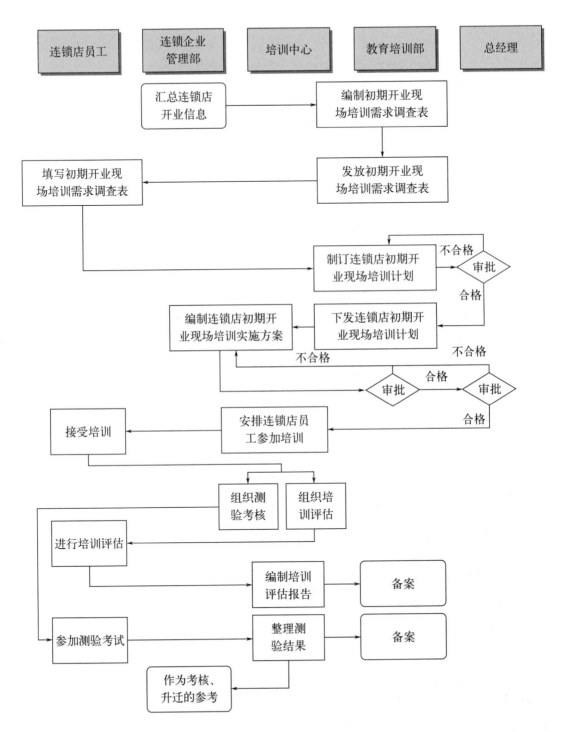

图7-2-31　初期开业现场的培训流程

表7-2-22　初期开业现场培训需求调查表

日期：_____年____月____日

员工姓名		性别	
年龄		学历	
所属连锁店		部门	
职务		联系方式	
工作经历：			
培训理由：			
个人培训需求：			
培训项目	培训形式		培训时间
其他：			

注：培训形式指教室授课、幻灯片演示、录像片演示、研讨会等。

表7-2-23　培训经费预算表

课程名称：　　　　　　　　　　　　　　　　　　　　____年____月____日

单位	参加人员	培训科目	时数	讲课费	总计	盖（签）章
财务管理部			教育培训部		分管经理	

③ 实施方案经教育培训部及总经理同意和批准后，以餐饮企业连锁总部文件的形式下发到各相关部门与连锁店。

（三）培训内容的设定

初期开业现场培训主要包括表 7-2-24 所示的内容。

表7-2-24　初期开业现场培训的内容

培训内容	培训对象	培训课程
连锁店经营管理理论与实务	各连锁店总经理、副总经理	（1）连锁店发展规划的制订 （2）部门与岗位的设置 （3）人力资源管理 （4）营销管理 （5）财务管理 （6）设备维护
服务规范	各连锁店服务人员	（1）餐饮服务管理 （2）连锁店服务礼仪、流程、标准、规范 （3）处理投诉的技巧
技术规范	各连锁店餐厅热菜厨师、冷荤厨师、面点厨师等技术人员	（1）厨师工作的各项规章制度 （2）常用烹饪工具及设备知识 （3）烹饪原料的鉴别与保藏 （4）原料的初加工处理 （5）切配技术 （6）不同菜肴的制作技术 （7）菜品创新的方法与技术 （8）厨房菜品成本控制与核算 （9）安全生产知识及应急预案 （10）《中华人民共和国食品安全法》等
相关制度	各连锁店全体员工	（1）企业人事管理制度 （2）企业行政管理制度 （3）企业财务管理制度

注：① 服务、技术规范培训主要采取现场操作指导的形式。

② 管理理论与实务及相关制度的培训可采取教室授课、幻灯片展示、研讨会的形式。

（四）培训的组织实施

① 培训中心应根据培训实施方案按期实施并负责该项培训的全盘事宜，如培训场地安排、教材分发、通知培训师及受训连锁店相关人员。

② 各项培训课程开展时，参加培训的人员应签到，培训中心对员工上课、出席情况进行备案、考核，建立连锁经营个人培训档案，并上报教育培训部备案。

③ 受训人员应准时出席，因故不能参加者应提前办理请假手续。

④ 各项培训结束时，根据具体情况举行测验或考核。测验或考核可由培训中心或培训师负责主持，测验或考核题目由培训师于开课前送交培训中心备案。各项培训测验或考核缺席者，事后一律补考，补考不列席者，一律按零分处理。培训测验或考核成绩，作为考核及升迁的参考。每项培训结束后一周内，培训师应将员工的成绩评定出来，登记在员工培训考核成绩表上（表7-2-25），连同试卷送培训中心，培训中心经过整理汇总后上报教育培训部备案以完善连锁经营个人培训档案。

⑤ 培训中心也可要求受训人员写出培训课程心得报告（表7-2-26），总结在思想、知识、技能、作风上的进步，与培训成绩一起放进连锁经营个人培训档案并上报教育培训部备案。

⑥ 各连锁店应编制初期开业现场培训实施结果报告，经由连锁企业管理部转送教育培训部，以反馈近阶段各连锁店员工培训实施情况。

表7-2-25 员工培训考核成绩表

日期：____年____月____日

员工姓名		培训方式	
培训项目			
考核项目		培训前	培训后
能力			
能力			
能力			
态度			
态度			
培训师评价：			
培训组织者评价：			

表7-2-26 培训课程心得报告

姓名：_____ 单位：_____ 职务：_____ ____年____月____日

项目	心得内容
个人启示	
课程学习感想	
可马上应用于工作上的内容	
综合总结	
对本次课程的建议	

（五）培训后的评估与反馈

培训结束后，培训中心负责组织培训结束后的评估工作，以判断培训是否取得预期效果，并形成书面报告上报教育培训部。

① 评估对象包括培训师和培训组织者。

② 评估可以采取调查表的形式。每项培训结束时，培训中心应视实际需要组织受训员工填写培训工作评价表并汇总员工意见。

七、经营期间连续性培训

（一）培训的流程

经营期间连续性培训的流程如图 7-2-32 所示。

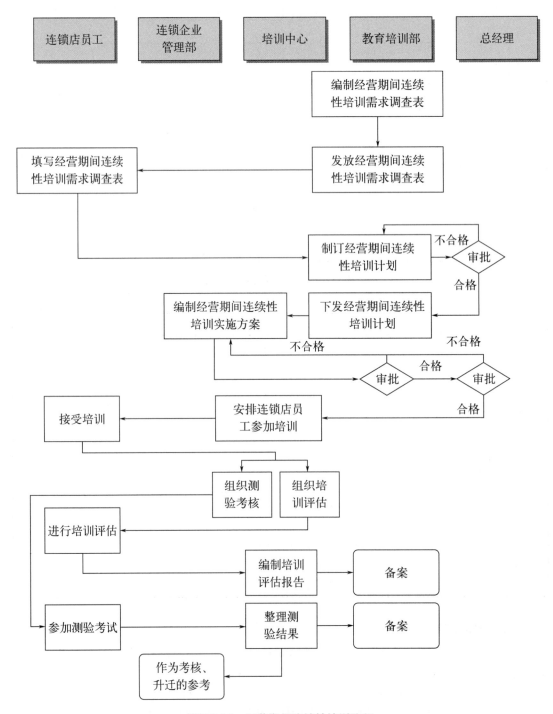

图7-2-32 经营期间连续性培训流程

（二）培训计划的制订

① 教育培训部每月编制并发放连锁店经营期间连续性培训需求调查表（表 7-2-27），连锁企业管理部组织各连锁店员工填写该表并报至教育培训部。

② 教育培训部根据连锁企业管理部上报的连锁店经营期间连续性培训需求调查表制订连锁店经营期间连续性培训计划并下发给培训中心，培训中心根据培训计划编制具体的培训实施方案，包括组织培训的部门负责人、培训的目标和内容、培训的对象、培训师、培训的形式和方法、培训计划表、培训经费预算等。实施方案经教育培训部及公司主管领导同意和批准后，以餐饮企业连锁总部文件的形式下发到各相关部门与连锁店。

表 7-2-27　连锁店经营期间连续性培训需求调查表

日期：_____年____月____日

员工姓名		性别	
年龄		学历	
所属连锁店		部门	
职务		联系方式	
工作职责：			
工作中遇到的问题：			
培训理由：			
个人培训需求：			
培训项目	培训形式		培训时间
其他：			

注：培训形式指教室授课、幻灯片演示、录像片演示、研讨会等。

（三）培训内容的设定

连锁店经营期间连续性培训的内容如表 7-2-28 所示。

表7-2-28　连锁店经营期间连续性培训的内容

培训内容	培训对象	培训课程
以问题为导向的连锁店经营管理理论与实务	各连锁店总经理、副总经理	主要针对连锁店在经营过程中出现的有关经营管理方面的问题进行培训，如连锁店发展规划的制定实施、部门与岗位的运行，在人力资源管理、营销管理、财务管理、设备维护及前台餐厅后厨的营运管理等方面产生的问题等
以问题为导向的服务规范	各连锁店餐厅服务人员	主要是连锁店的服务人员在营业过程中遇到问题的解决方法与技巧、注意事项
以问题为导向的技术规范	各连锁店餐厅技术人员	连锁店的技术人员在营业过程中遇到问题的解决方法与技巧、注意事项

注：① 服务、技术规范培训主要采取现场操作指导的形式。
② 管理理论与实务的培训可采取教室授课、幻灯片展示、研讨会的形式。

（四）培训的组织实施

① 培训中心应依据培训实施计划按期实施并负责该项培训的全盘事宜，如培训场地安排、教材分发、通知培训师及受训连锁店相关人员。

② 各项培训课程开展时，参加培训的人员应签到，培训中心对员工上课、出席情况进行备案、考核，建立连锁经营个人培训档案并上报教育培训部备案。受训人员应准时出席，因故不能参加者应提前办理请假手续。

③ 各项培训结束时，根据具体情况举行测验或考核。测验或考核可由培训中心或培训师负责主持，测验或考核题目由培训师于开课前送交培训中心备案。各项培训测验或考核缺席者，事后一律补考，补考不列席者，一律按零分处理。培训测验或考核成绩，作为考核及升迁的参考。

④ 每项培训结束后一周内，培训师应将员工的成绩评定出来，登记在培训考核成绩表上，连同试卷送培训中心，培训中心经过整理汇总后上报教育培训部备案以完善连锁经营个人培训档案。

⑤ 培训中心也可要求受训人员写出培训课程心得报告，总结在思想、知识、技能、作风上的进步，与培训成绩一起放进连锁经营个人培训档案并上交教育培训部备案。

⑥ 各连锁店应编制连锁店经营期间连续性培训实施结果报告（表 7-2-29）经由连锁企业管理部转送教育培训部，以反馈近阶段各连锁店员工培训实施情况。

表 7-2-29　连锁店经营期间连续性培训实施结果报告

部门		负责人		填表日期		
培训项目1	参加人数		培训日期		培训人	
	组训人		考核人			
	培训主题					
	完成情况					
	培训效果					
培训项目2	参加人数		培训日期		培训人	
	组训人		考核人			
	培训主题					
	完成情况					
	培训效果					
副总经理意见				人力资源部意见		
总经理意见						

（五）培训后的评估与反馈

培训结束后，培训中心负责组织培训结束后的评估工作，以判断培训是否取得预期效果，并形成书面报告上报教育培训部。

评估对象包括培训师和培训组织者，评估可以采取调查表的形式。每项培训结束时，培训中心应视实际需要组织受训员工填写培训工作评价表并汇总员工意见。

八、经营期间短期培训

（一）培训的流程

经营期间短期培训流程如图 7-2-33 所示。

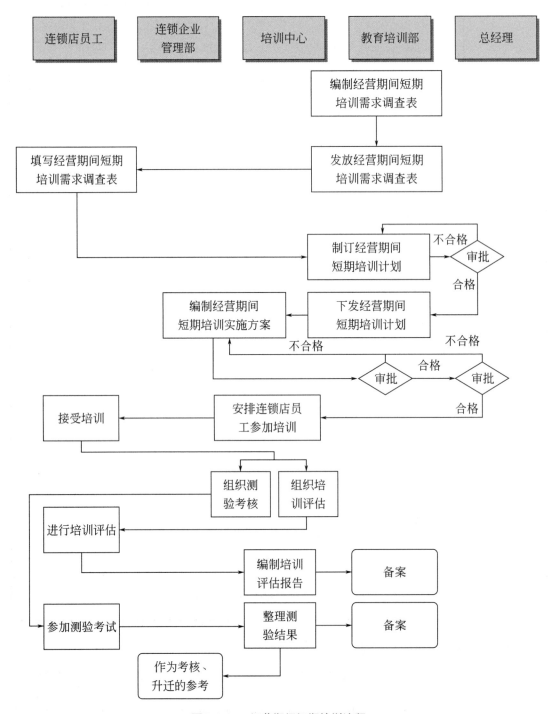

图 7-2-33　经营期间短期培训流程

（二）培训计划的制订

① 教育培训部编制并发放连锁店经营期间短期培训需求调查表（表 7-2-30），连锁企业管理部组织各连锁店员工填写该表并报至教育培训部。

② 教育培训部根据连锁企业管理部上报的连锁店经营期间短期培训需求调查表制订连锁店经营期间短期培训计划，经总经理审批后，下达给培训中心。

③ 培训中心根据培训计划编制具体的培训实施方案，具体包括组织培训的主办部门负责人、培训的目标和内容、培训的对象、培训师、培训的形式和方法、培训计划表、培训经费预算等。

④ 实施方案经教育培训部及总经理同意和批准后，以餐饮企业连锁总部文件的形式下发到各相关部门与连锁店。

表 7-2-30　连锁店经营期间短期培训需求调查表

日期：_____ 年 ____ 月 ____ 日

员工姓名		性别	
年龄		学历	
所属连锁店		部门	
职务		联系方式	
工作职责：			
培训理由：			
个人培训需求：			
培训项目	培训形式		培训时间
其他：			

注：培训形式指教室授课、幻灯片演示、录像片演示、研讨会等。

（三）培训内容的设定

连锁店经营期间短期培训的内容主要包括以下方面。

① 最新的连锁经营理论与成功案例。培训对象为连锁店的所有员工。

② 最新的相关法规与政策。培训对象为连锁店的所有员工。

③ 人员素质的培训，包括管理者的素质、人际关系学、心理学等。培训对象为连锁店的所有员工。

（四）培训形式的安排

培训的形式主要可采取教室授课、研讨会等形式。培训地点可以选择连锁店或总部的培训中心。

（五）培训的组织实施

① 培训中心应依据培训实施计划按期实施并负责该项培训的全盘事宜，如培训场地安排、教材分发、通知培训师及受训连锁店相关人员。

② 各项培训课程开展时，参加培训人员应签到，培训中心对员工上课、出席情况进行备案、考核，建立连锁经营个人培训档案并上报教育培训部备案。

③ 受训人员应准时出席，因故不能参加者应提前办理请假手续。

④ 各项培训结束时，根据具体情况举行测验或考核。测验或考核可由培训中心或培训师负责主持，测验或考核题目由培训师于开课前送交培训中心备案。

⑤ 各项培训测验或考核缺席者，事后一律补考，补考不列席者，一律按零分处理。培训测验或考核成绩，作为考核及升迁参考。

⑥ 每项培训结束后一周内，培训师应将员工的成绩评定出来，登记在培训考核成绩表上，连同试卷送培训中心，培训中心经过整理汇总后上报教育培训部备案以完善连锁经营个人培训档案。

⑦ 培训中心也可要求受训人员写出培训课程心得报告，总结在思想、知识、技能、作风上的进步，与培训成绩一起放进连锁经营个人培训档案并上报教育培训部备案。

（六）培训后的评估与反馈

培训结束后，培训中心负责组织培训结束后的评估工作，以判断培训是否取得预期效果，并形成书面报告上报教育培训部。

评估对象包括培训师和培训组织者，评估可以采取调查表的形式。每项培训结束时，培训中心应视实际需要组织受训员工填写培训工作评价表并汇总员工意见。

参考文献

[1] 马俊英.怎样开一家赚钱的餐馆.北京：中国商业出版社，2003.

[2] 吴一夫.开店、管店、转店最新实用手册.北京：中国言实出版社，2006.

[3] 曾郁娟，黄华.餐馆投资百问百答.北京：中国物资出版社，2005.

[4] 王穗萍.中餐服务指南.广州：中山大学出版社，2005.

[5] 邹金宏.实用餐饮营业及营销.广州：中山大学出版社，2005.

[6] 曾郁娟.餐馆赢在细节.北京：中国物资出版社，2007.

[7] 张世琪.餐馆卖场设计.沈阳：辽宁科学技术出版社，2002.

[8] 温俊伟.中小餐馆赚钱金点子.广州：中山大学出版社，2005.

[9] 千高原.餐馆经营金点子.北京：中国纺织出版社，2003.

[10] 于保政.餐馆服务实用手册.北京：中国物资出版社，2005.

[11] 孔永生.餐馆细微服务.北京：中国旅游出版社，2007.

[12] 陈企华.决定开餐厅盈亏的18个关键.北京：中华工商联合出版社，2007.

[13] 罗光明，赵建民.餐饮管理运行细则.沈阳：辽宁科学技术出版社，2007.

[14] 罗光明，赵建民.连锁餐饮加盟与管理.沈阳：辽宁科学技术出版社，2007.

[15] 陈树.餐饮服务员岗位职业技能培训教程.广州：广东经济出版社，2007.

[16] 田均平，等.如何开家餐馆.北京：化学工业出版社，2011.

[17] 张燕，张静.餐饮店铺如何做账.北京：中国经济出版社，2010.

[18] 马俊英.怎样开一家赚钱的餐馆.北京：中国商业出版社，2003.

[19] 曾郁娟，黄华.餐馆投资百问百答.北京：中国物资出版社，2005.

[20] 薛永刚，孙勇兴.餐饮服务业规范化管理速查实用百科.广州：广东经济出版社.2014.

[21] 宁小军.餐饮企业成本控制与精细化管理.北京：化学工业出版社，2015.

[22] 朱新展.图说餐饮管理系列：餐饮企业成本控制与会计核算全案.北京：化学工业出版社，2018.

[23] 杨雅蓉.餐饮企业员工培训管理指南（图解版）.北京：化学工业出版社，2018.

[24] 方辉.餐饮企业营销模式与活动策划.广州：广东经济出版社.2016.

[25] 江美亮.餐饮企业采购＋互联网.北京：化学工业出版社，2017.

[26] 姜崇斌.餐饮企业精益管理与过程控制全案（图解版）.广州：广东经济出版社，2015.

[27] 陈素娥.餐饮企业营销推广•促销方案•电子商务.北京：化学工业出版社，2017.

[28] 陈素娥.餐饮企业营销促销一本通.北京：化学工业出版社，2013.

[29] 段青民.餐饮企业成本控制手册（图解版）.北京：人民邮电出版社，2011.